税法虽规定繁杂，但有规律可循；

税法虽千变万化，但万变不离其宗；

把握规律，找准变化，通过考试，梦想成真。

吴卫华

中华会计网校
www.chinaacc.com
正保远程教育旗下品牌网站
美国纽交所上市公司（代码：DL）

梦想成真®
系列辅导丛书

2020年 注册会计师全国统一考试

税 法

应试指南 上册

■ 奚卫华 主编　■ 中华会计网校 编

感恩20年相伴 助你梦想成真

人民出版社

责任编辑：薛岸杨

特邀编辑：张园园　潘炫名　赵　喆

图书在版编目（CIP）数据

税法应试指南：全 2 册 . 2019/中华会计网校编；
奚卫华主编. —北京：人民出版社，2019.4（2020.3 重印）
ISBN 978-7-01-020308-9

Ⅰ.①税… Ⅱ.①中… ②奚… Ⅲ.①税法–中国–
资格考试–自学参考资料 Ⅳ.①D922.22

中国版本图书馆 CIP 数据核字（2019）第 005373 号

税法应试指南（上下册）
SHUIFA YINGSHI ZHINAN

中华会计网校　编

人民出版社出版发行

（100706　北京市东城区隆福寺街 99 号）

三河市荣展印务有限公司印刷　新华书店经销

2019 年 4 月第 1 版　2020 年 3 月第 2 次印刷
开本：787×1092　1/16　印张：37.5
字数：984 千字

ISBN 978-7-01-020308-9　定价：90.00 元（全 2 册）

版权所有　侵权必究
邮购地址　100706　北京市东城区隆福寺街 99 号
人民东方图书销售中心　电话：010 - 65250042　65289539
中华会计网校财会书店　电话：010 - 82318888

前　言

正保远程教育

发展：2000—2020年：感恩20年相伴，助你梦想成真

理念：学员利益至上，一切为学员服务

成果：18个不同类型的品牌网站，涵盖13个行业

奋斗目标：构建完善的"终身教育体系"和"完全教育体系"

中华会计网校

发展：正保远程教育旗下的第一品牌网站

理念：精耕细作，锲而不舍

成果：每年为我国财经领域培养数百万名专业人才

奋斗目标：成为所有会计人的"网上家园"

"梦想成真"书系

发展：正保远程教育主打的品牌系列辅导丛书

理念：你的梦想由我们来保驾护航

成果：图书品类涵盖会计职称、注册会计师、税务师、经济师、财税、实务等多个专业领域

奋斗目标：成为所有会计人实现梦想路上的启明灯

图书特色

 考情分析及应试方法

解读考试**整体情况**，
了解大纲**总体框架**

一、辅导教材内容体系

注册会计师证书是会计行业最具含金量的证书，其社会认可度高、业界认同感强，是多少会计工作者的追求和梦想。但注会考试科目多、难度大、通过率低、对专业要求甚高，因此了解考试的特点，掌握好的学习方法，选择有针对性的复习资料就显得尤为重要。在《经济法》科目备考过程中，考生应当熟知考核内容，熟悉命题规律，熟练掌握应试技巧，达到理解到位、记忆精准、运用自如的程度，从而胸有成竹地走进考场。为了帮助考生达到这一目标，本

二、考核特点分析

对《经济法》科目的考试，很多考生存在以下两大误区：

误区之一：经济法是注会考试中最容易的一个科目。很多考生误认为，经济法在注会考试六大科目中是最简单的，所以我们少花点时间没问题的。实际情况是，经济法科目不是最难的科目，但也并非是最简单的科目。仅就通过率而言，根据中注协已经公布的注册会计师各科目

应试指导及同步训练

考情解密

历年考情概况

本章可谓经济法科目基础之基础，内容较少，在考试中一直处于"弱势"地位，属于"丐中丐"级别。从近几年考试情况来看，本章所占的分值较小，平均在 2.5 分左右，一般以客观题形式进行考核。

考点详解及精选例题

一、法律基本概念

（一）法的概念与特征 ★①
1. 法的特征
（1）法是一定物质生活条件决定的统治阶级意志的体现；

（3）法是国家强制力保证实施的（法实施主要依赖于社会主体自觉遵守，只有不遵守时，才由国家机器保证实施）；
（4）法是调整人的行为和社会关系的行为规范；
（5）法是确定社会关系参加者的权利和义务的规范。

同步训练 限时10分钟

一、单项选择题

1. 下列规范性文件中，属于行政法规的是（ ）。
A. 全国人民代表大会常务委员会制定的《中华人民共和国证券法》
B. 国务院制定的《中华人民共和国公司登记管理条例》

D. 10 年后，小明属于限制民事行为能力人
5. 甲公司与乙公司签订一份运输货物的合同，下列关于该法律关系的说法中，不正确的是（ ）。
A. 该法律关系是相对法律关系
B. 甲公司与乙公司是该法律关系的主体

本章知识串联

法的概念与特征

法律体系：宪法及宪法相关法、刑法、行政法、民商法、经济法、社会法、诉讼与非诉讼程序法

法律基本概念

宪法：全国人大制定，效力最高

法律
效力仅次于宪法

- 深入**解读**本章考点及考试变化内容
- 全方位**透析**考试，**钻研考点**
- **夯实**基础，快速**掌握**答题技巧
- 本章知识体系**全呈现**

易错易混知识点辨析

避开**设题陷阱**   快速**查漏补缺**

一、无效民事法律行为 VS 可撤销民事法律行为 VS 效力待定民事法律行为

这是三种不同的民事法律行为效力状况，各自包含的行为类型是特定的，不存在交叉的。

实战演练

【例题1·单选题】下列行为中属于无效民事法律行为的是（ ）。
A. 甲误以为李大为李二而与之订立的合同

司独自生活。在其成长过程中，发生以下事项：6 岁时，爸爸教其一把小提琴；10 岁时，易易赠其凤凰一台；15 岁时，都某用压岁钱购买价值 10 万余元的古董钢琴一架。时都某及其行为的效力说法正确的有（ ）。

实战演练

【例题1·单选题】甲公司业务员李某经公司授权到乙公司购买台式电脑若干，李某到乙公司后与乙公司销售经理相谈甚欢，于是表

考前预测试题

- 名师**精心预测**，模拟演练，**助力通关**

一、单项选择题（本题型共24小题，每小题1分，共24分）

1. 下列关于我国的法律渊源说法正确的是（ ）。
A. 全国人大常委会负责解释法律，其作出的法律解释与法律具有同等效力
B. 中国证监会发布的《上市公司信息披露

一、单项选择题（本题型共24小题，每小题1分，共24分）

1. 根据法律规范是否允许当事人进行自主调整，及按照自己的意愿设定权利和义务的标准进行区分，可以将法律规范分为强行性规法和任意性规法。《合同法》规定"违反法律、行政法规的强制性规定的合同无

4. 刘某谎称是甲企业推销员，向乙推销甲企业产品，并用伪造的甲公司公章与不知情的乙签订了买卖合同。则下列说法中正确的是（ ）。
A. 刘某的行为属于表见代理
B. 乙可以催告甲在 1 个月内予以追认，如果甲未作表示，视为追认
D. 沉默也可以作为意思表示

5. 下列关于诉讼时效起算的说法中，不正确的是（ ）。
A. 当事人约定同一债务分期履行的，诉讼时效期间自最后一期履行期限届满之日起计算
B. 无民事行为能力人或者限制民事行为能

目　录 CONTENTS

上　　册

下　　册

第3部分　易错易混知识点辨析

第4部分　考前预测试题

正保文化官微

关注正保文化官微，
回复"勘误表"，
获取本书勘误内容。

第 1 部分

2020

考情分析及应试方法

智慧启航

　　世界上最快乐的事，莫过于为理想而奋斗。

——苏格拉底

2020 年考情分析及应试方法

一、考试总体情况

（一）考试地位

"税法"科目是注册会计师专业阶段考试中难度适中的一个科目，目前考试采用机考模式，从考试情况看，题目的阅读量适中，客观题考核内容主要集中于税法基本规定，主观题主要考核考生应用税法基本规定解决实际问题的能力，尤其注重各个税种应纳税额计算的考核。

"税法"试卷总分为 100 分，60 分及格。题型分为"单项选择题""多项选择题''计算问答题"和"综合题"，其中"单项选择题""多项选择题"为客观题，由考生在 ABCD 四个备选选项中进行选择，"计算问答题"和"综合题"为主观题，需要考生写出计算过程或以文字方式作答。历年税法考试考核内容全面，章章有题，难度分布较为合理，税法基本规定的考核占 60%～70%左右，有一定难度的题目占 20%～30%，非常难的题目占 10%左右。为此我们在复习之处提醒各位亲爱的考生，在考试中遇到不会的题目属于正常，切莫慌神，影响情绪。

（二）注意事项

1. 培养对税法的兴趣是通过考试的首要条件

对于税法，很多初学者最大的印象就是条文多、枯燥乏味，为了通过考试不得不学习。如果您带着这种心态学习税法，那会是一个痛苦的过程。其实税法与我们的生活密切相关。美国政治家本杰明·富兰克林曾经说过"在这个世界上，只有死亡和纳税是不可避免的。"这足以说明税收的重要性，学好税收，不仅仅是通过考试的问题，而且学好税收可以为未来的纳税筹划奠定基础。如果您在学习税法的过程中，能够和企业实践、个人生活相连，能够解决实践问题，您会发现，税法是那么的迷人……希望我们一起在税收的殿堂中遨游，享受学习税收、利用税收解决实际问题的乐趣；希望我们能够通过紧张的学习，达到"蓦然回首，那人却在灯火阑珊处"的感觉——通过一步步的积累和一点一滴的浸染，在不知不觉中提升自己。

2. 多动手总结有利于强化记忆

税法的规定纷繁繁杂，无论是在我的日常教学还是考试辅导过程中，学生反映最多的问题就是记不住，税种多、每个税种规定的都有所不同，学着学着就混淆了。如何解决这个问题？建议各位同学不仅要听老师讲课，更要自己多做总结，做横向总结和纵向总结，比如在增值税中学习了"视同销售"，在企业所得税中也学习了"视同销售"，就要比较一下两者的相同与不同。要准备一个小本子，要把小本子上的要点写得满满的哦，装在兜里，随时能够拿出来翻一翻、背一背。

3. 大量练习是通过考试的必要条件

预计 2020 年考试难度和往年基本持平。"税法"考试虽然考查全面，但是重点突出，历年考试的综合题主要集中于增值税和企业所得税两大税种，计算问答题主要集中于消费税、土地增值税、个人所得税等税种以及国际税收上，其中 2019 年个人所得税改革后，至 2020 年期间个人所得税经历了预扣预缴和汇算清缴的过程，其税收规定日渐完善，在考试中所占分值可能会逐步有所上升；税法考试虽然知识点零散，但是也有规律可循，对于各个具体税种而言，主要考核纳税人、征税对象、计税依据和税收优惠等方面的规定，尤其是对于相对简单的小税种而言，税收优惠的考核比较重要；税法考试虽然计算量较大，但是可以通过练习等方式找出计算过程中的易错点和规律，提高计算速度和准确率。作为中国目前最具含金量的会计执业资格证书，要想通过考试绝非易事，需要付出相应努力。考生在复习备考的过程中，不仅需要全面掌握教材内容，更需要通过大量的练习以强化对知识点的复习和理解。我们在和广大考生交流过程中，发现很多考生普遍存在的问题是：一听就会，一做就错。之所以出现这一问题，就是缺乏练习的结果。通过练习不仅可以检验复习的效果，提升对知识点的理解和掌握，发现复习中的疏忽和遗漏之处，做到查缺补漏，而且还可以总结命题的规律，提高做题的速度和技巧。在进行练习的过程中，通过总结题目的考点、易错点、关联知识点，加深对这些知识点的印象，并做到横向、纵向关联记忆，达到事半功倍的效果。

4. 提升答题技巧有助于通过考试

要想通过"税法"考试，还需要掌握一定的答题技巧。要答好选择题，不仅需要掌握必备的知识，还需要提升答题技巧，做到对知识点的融会贯通，你将胜券在握，考生可以参考一下下面的技巧：

（1）运用排除法。如果不能一眼看出正确答案，应首先排除明显荒诞、拙劣或不正确的答案。一般来说，对于选择题，尤其是单项选择题，题目与正确的选项大多直接摘自于指定教材或法规，其余的备选选项要靠命题者自己去设计，即使是高明的命题专家，有时为了凑选项，所写出的备选选项也有可能一眼就能看出是错误的。尽可能排除一些选项，就可以提高你选出正确答案而得分的概率。

（2）运用猜测法。如果你不知道确切的答案，也不要放弃，要充分利用所学知识去猜测。一般来说，排除的选项越多，猜测正确答案的可能性就越大。

（3）运用比较法。直接把各选项答案加以比较，并分析它们之间的不同点，集中考虑正确答案和错误答案的关键所在。

二、教材内容体系

2020年注册会计师《税法》教材共有十四章，可以分为四部分。
第一部分：税法总论（第一章）
第二部分：税收实体法——各税种的介绍（第二章至第十一章）
第三部分：国际税收业务（第十二章）
第四部分：税收征管法和税务行政法制（第十三、十四章）
《税法》教材结构总览如下：

教材结构	框架内容	章节	分值及比例	难易程度
第一部分税法总论	税法总论	第1章	一般分值2~5分，占总分值3%左右	★

教材结构	框架内容	章节	分值及比例	难易程度
第二部分税收实体法	流转税法：增值税法、消费税法	第 2、3 章	合计分值 30~35 分，占总分值 33%左右	★★★
	所得税法：企业所得税法、个人所得税法	第 4、5 章	合计分值 30~35 分，占总分值 33%左右	★★★
	其他税法：14 个税种	第 6~11 章	合计分值 20~25 分，占总分值 23%左右	★★
第三部分	国际税收业务：国际税收税务管理实务	第 12 章	一般分值 3~8 分，占总分值 7%左右	★★★
第四部分	税收征收管理法和税务行政法制	第 13、14 章	合计分值 4~5 分左右，占总分值 5%左右	★

三、命题规律及应试方法

（一）命题规律

2019 年的"税法"科目考试仍然采用机考模式，题型为四种，分别是单项选择题、多项选择题、计算问答题、综合题。2019 年"税法"考试的题型、题量没有变化。预计 2020 年考试题型、题量也不会变化，仍为 44 题。具体题型、题量和分值如下表所示：

	题型	分值及题量
客观题	单项选择题	1 分×24 题＝24 分
	多项选择题	1.5 分×14 题＝21 分
主观题	计算问答题	6 分×4 题＝24 分
	综合题	15 分×1 题＋16 分×1 题＝31 分
合计与说明	44 题 100 分(此外，每年计算问答题中有 1 道 5 分的英语加分题

（二）应试方法

从过去几年的"税法"考试情况来看，易、中、难的题目兼具，选择题覆盖全书的知识点，经常涉及非重点税种的税法要素的表述及应纳税额计算，从近几年情况看，选择题中应纳税额计算类题目的比重略有降低，文字性选择题的比重略有上升，而且每年都有一两道考查得特别细的文字性表述题，这需要我们的考生看书做到全面细致，但是出于通过考试需要，更重要的是把握重点章节；主观题的计算主要集中在增值税法、消费税法、企业所得税法、个人所得税法、土地增值税法、资源税法和国际税收(虽然国际税收不一定每年都有计算题，但近几年出主观题的概率相对较高，需要引起广大考生重视)中，所以对这几个章节的计算题、综合题应有的放矢地进行大量练习，以掌握命题规律。

具体学习方法如下：

1. 精读指定教材，归纳总结，夯实基础

通读、精读 2020 年的教材，有些重点章节、重要考点要反复学习研究，并配合以适量的典型例题，对其中涉及应用、操作的政策进行深入理解，以达到熟练运用的目的。对于教材中的一些政策、金额倍数的规定，要善于归纳总结，对比记忆。基础不牢，地动山摇；稳扎稳打、步步为营，才能为后续的学习和工作铺平道路。

在学习的过程中，要注意运用"反刍式"学习方法，每天在结束学习时，如同放电影一样回忆当天所学内容；第二天在学习新内容之前，对于前一天所学内容进行简单回忆后再学习新内容；完成每章的学习时，需要回忆本章内容再继续下一章内容的学习。通过这种方式，提高记忆的效果。

2. 借助参考资料，反复强化练习

在学习过程中除了准备 2020 年的教材之外，建议再准备一些参考资料。教材和参考资料结合在一起使用，会大大提高学习效率。在每年考试之后，总有许多考生反映题目不难，但时间不够难以完成，这和平时习题演练不够是有很大关系的。考生大多都有一定的实际工作经验，对税法的领悟力强但记忆力差、缺乏考试技巧，这需要通过加强练习来弥补。

3. 提高复习效率，事半功倍

如何有效地复习迎考，如何提高复习的效率，是每一个考生都会面临的问题。我们根据多年的体会，结合"税法"科目的特点，总结了以下 5 个要点，供考生参考。

（1）树立并坚定必胜的信心。

与其他类型的考试有所不同，注册会计师考试属于资格考试，严格以"60 分"为标准，不存在人为调整"分数线"的情况。也就是说，只要及格，就过关了。考生应付这种"过关"性的考试，实际上就是挑战自我。要成功挑战自我，关键是要对自己充满信心。考生需要分析自己的长处，以便强化自信心；对于短处要积极地面对，不要被低落的情绪所控制。经验告诉我们，更多地看到"光明"的一面，暂时忽视"阴暗面"，对于恢复和树立自信心是很重要的。

（2）制订并实施复习计划。

也许有些考生认为，制订计划没有什么意义；还有些考生认为即使制订了计划也可能因为各种各样的事情导致计划无法完成，最终不能实施。的确，计划只是迎接考试的一种安排，是自我约束的一种规则。但制订计划的过程，能够让我们确定方向、明晰需要关注的问题和需要采取的措施，因此，即使不能完全按计划行动，制订计划对学习也是有百利而无一害的。当然制订的计划要具有可实施性，为了让自己实施起来更加愉悦，建议在制订计划时留有一定余地，比如每周按照 6 天安排学习计划，一旦家中或单位有事，可以利用每周 1 天的机动时间追赶进度，这样让自己能够按进度完成任务并略有提前，您就会在心情相对愉悦的情形下学习。总之，对考生来说，有计划和没有计划相比，总是利多弊少，因此，制订计划不可忽视。那么，如何制订复习计划呢？

首先，要抓住重点。前面我们已经指出了《税法》考试的重点章节和难易程度，考生应把主要的时间和精力用于这些重点章节上。

其次，要合理安排复习轮次。一般来说，复习是一个由不熟悉到熟悉、从不掌握到掌握的过程，因此要不断重复地学习。最好能有三个轮次的复习：

第一轮次的目的主要是弄懂相关知识点，解决"懂"的问题。

第二轮次的复习要把相关知识点串起来，以求对相关知识的全面了解和整体把握，达到"通"的水平。

第三轮次的目的是要熟悉和掌握考核内容，达到"熟"的水平。俗话说，"熟能生巧"，当达到"熟"的程度时，考生一定能过关。许多考生仅仅停留在"懂"的层次，对于许多问题掌握得还不牢靠、不扎实、不熟练，结果可想而知。

最后，要留有余地。计划毕竟只是一种对未来行动的打算，在计划实施过程中，有许多不确定因素会干扰计划的推进，因此，在制订计划时要留有余地，不要满打满算。

（3）理清思路。

许多考生经常会产生这样的感觉，看书的时候，好像没有什么不理解的，书本一合上，脑子里似乎什么都没有。这说明，我们对所学知识缺乏整体上的把握。当我们需要处理复杂的问题时，思路是否清晰是关键。"税法"课程所涉及的知识繁杂，要在短时间内迅速掌握，并非易事。除了需要掌握基本的税法概念以外，对每一个税种，需要有一个基本的、统一的分析框架，用于梳理相关知识。尽管教材提供这种思考或梳理线索，但这些线索并不统一，缺少严密的逻辑联系。

根据我们十多年从事教学和研究的体会，每一税种都会涉及 4 个基本问题：①谁应该缴纳这种税？即谁应承担依法纳税的义务？或者说，政府应对谁征税？②按什么缴税？即征税对象是什么？或者说，政府对什么征税？③应缴多少税？即按什么计税依据和税率来征？④怎么缴税？即什么时候缴税？缴到哪里或缴给谁？用什么方式缴税？前三个问题，由税收实体法（有关税种的法律）规范，对应的是三个税收基本要素：即纳税人、征税对象和税率。后一个问题，由税收程序法（税收征管法和税收行政法制）规范，但税收实体法中也会有所涉及。以上 4 个基本税收问题，就是 4 个基本的思路，是考生梳理思路的主要框架。对于考生来说，在复习每一税种时，都可以从这 4 个方面着手。

（4）突破重点。

"税法"考试的重点是明确的。对于被列为重点的增值税、消费税、企业所得税、个人所得税、土地增值税五章内容，一定要达到前面所说的"熟"的程度，当然也并不是说这些税种的所有内容均要求熟悉，也有一些细枝末节的内容可以放弃，比如一些特殊行业的管理规定。

对于非重点章，在时间和精力的安排上要相应减少，在时间非常有限的情况下，对于一些预计分值很小的章节可以选择战略性放弃。

（5）熟悉"税法"考试的历年考题。

在命题规则没有很大改变的情况下，对于"税法"考试近几年的试题要潜心研究，因为2020 年考试无论在试题结构上，还是在难易程度上，应该与其相差不大。此外，重要的考点，在考题中会以不同的形式重复出现，比如增值税的税率。这也是不少已过关考生的一个经验。因此，熟悉历年考题，对于提高复习效率是很有帮助的。这不仅有助于熟悉题型，还有助于模拟练习。考生不妨像正式考试那样，在规定的考试时间内，采取闭卷的方式考考自己。然后，对照标准答案，分析原因，巩固考核内容。

最后，希望这本辅导书能帮助大家顺利通过"税法"考试，梦想成真！

关于左侧二维码，你需要知道——

2020年考试变化讲解

亲爱的读者，无论你是新学员还是老考生，本着"逢变必考"的原则，今年考试的变动内容你都需要重点掌握。扫描左侧二维码，网校名师为你带来2020年本科目考试变动解读，助你第一时间掌握重要考点。

第 2 部分

2020

应试指导及同步训练

智慧启航

执着追求并从中得到最大快乐的人，才是成功者。

——梭罗

第1章 税法总论

考情解密

历年考情概况

本章作为"税法"科目的基础知识，是学习税法不可缺少的部分。虽然本章属于非重点章节，考试平均分值在 3 分左右，但本章内容对于理解后续章节的具体规定比较重要，因此建议各位考生仔细研读。在考试中均以客观题的形式出现，主要围绕税法原则、税法要素、税收立法权的划分、税收收入的划分等知识点进行考核。

近年考点直击

考点	主要考查题型	考频指数	考查角度
税法原则	单选题、多选题	★★★	(1) 分清哪些是基本原则，哪些是适用原则；(2) 各个原则的具体含义
税法要素	单选题、多选题	★★	考查具体的税法要素，尤其是征税对象、税目、税率等基本要素
税收立法	单选题、多选题	★★★	分清哪些是税收法律、税收法规、税收规章
税收收入的划分	单选题、多选题	★★	分清哪些是中央政府固定收入，哪些是地方政府固定收入，哪些是共享收入

学习方法与应试技巧

本章属于理论性内容，记忆点多，学习方法主要是看书记忆。本章直接出题考查的分数不高，但是它是学习税法的基础，很多地方不仅仅需要记忆，更需要理解。本章有些内容较为抽象，第一遍学习时难以理解，可以用"生吞活剥"的方式学习，建议大家学习完整本书的内容之后，再次复习本章内容，细细研读，往往会有更深入的理解和体会。

考试中，本章考点比较集中，主要围绕"近年考点直击"表格中的几个考点出题，我们要做的就是理解后进行记忆，多归纳总结，考前针对性地看一下，会做选择性题目即可。

本章2020年考试主要变化

本章内容无变动。

考点详解及精选例题

一、税法概念

扫我解疑难

（一）税收与税法的概念（见表1-1）★①

表1-1　税收与税法的含义与特征

概念	含义	内涵特征
税收	政府为了满足社会公共需要，凭借政治权力，强制、无偿地取得财政收入的一种形式	（1）分配关系本质：税收是国家取得财政收入的一种重要工具，其本质是一种分配关系； （2）国家税权：国家征税的依据是政治权力，有别于按生产要素进行的分配；税收分配是以国家为主体进行的分配； （3）税收目的：国家征税的目的是满足社会公共需要
税法	国家制定的用以调整国家与纳税人之间在纳税方面的权利及义务关系的法律规范的总称。税法是税收制度的核心内容	（1）义务性法规——以规定纳税人的义务为主；并不是指税法没有规定纳税人的权利，而是指纳税人的权利是建立在其纳税义务的基础之上，处于从属地位。税法属于义务性规范是由税收的无偿性和强制性特点所决定。 （2）综合性法规

【例题1·多选题】下列关于税收与税法的含义与特征的表述，错误的有（　　）。

A. 税收是国家取得财政收入的一种重要工具，其本质是一种分配关系

B. 税法是国家制定的用以调整国家与纳税人之间在征纳税方面的权利及义务关系的法律规范的总称

C. 由于税法是义务性法规，因此税法只规定了纳税人的义务，而未规定纳税人的权利

D. 税法属于义务性法规的这一特点是由税收的固定性特点所决定的

解析 税法是义务性法规，指的是以规

关于"扫我解疑难"，你需要知道——

亲爱的读者，下载并安装"中华会计网校"APP，扫描对应二维码，即可获赠知识点概述分析及知识点讲解视频（前10次试听免费），帮助您夯实相关考点内容。若想获取更多的视频课程，建议选购中华会计网校辅导课程。

---

① 本书采用★级进行标注，★表示了解，★★表示熟悉，★★★表示掌握。

定纳税人的义务为主；并不是指税法没有规定纳税人的权利，而是指纳税人的权利是建立在其纳税义务的基础之上，处于从属地位，所以选项C错误。税法属于义务性法规的这一特点是由税收的无偿性和强制性特点所决定的，所以选项D错误。 **答案▶ CD**

真题精练（客观题）

（2016年单选题）下列权力中作为国家征税依据的是（ ）。

A. 管理权力

B. 政治权力

C. 社会权力

D. 财产权力

解析▶ 国家征税依据的是政治权力，而非财产权力，它有别于按生产要素进行的分配。 **答案▶ B**

（二）税收法律关系★★

税收法律关系是税法所确认和调整的，国家与纳税人之间、国家与国家之间以及各级政府之间在税收分配过程中形成的权利与义务关系。

1. 税收法律关系的构成（见表1-2）

税收法律关系由三个方面构成：法律关系的主体、客体以及内容。

表1-2 税收法律关系的构成

构成要素	内容
税收法律关系的主体	（1）双主体： 国家各级税务机关和海关：国家各级税务机关、海关； 纳税主体：纳税人（自然人、法人和非法人单位等）； 对税收法律关系中权利主体另一方的确定，在我国采取的是属地兼属人的原则。 （2）权利主体双方法律地位是平等的，但权利和义务不对等
税收法律关系的客体	征税对象
税收法律关系的内容	征纳双方各自享有的权利和承担的义务，这是税收法律关系中最实质的东西，也是税法的灵魂

2. 税收法律关系的产生、变更与消灭

税法是引起税收法律关系的前提条件，但税法本身并不能产生具体的税收法律关系。税收法律关系的产生、变更与消灭由税收法律事实来决定。税收法律事实可以分为税收法律事件和税收法律行为。（见表1-3）

表1-3 税收法律事实的构成

类别	含义	举例
税收法律事件	不以税收法律关系权力主体的意志为转移的客观事件	自然灾害
税收法律行为	税收法律关系主体在正常意志支配下做出的活动	纳税人开业经营、转业或停业

3. 税收法律关系的保护

此处需要注意，税收法律关系主体的权利义务不对等，但是税收法律关系的保护对权利主体双方是平等的。

【例题2·多选题】 下列关于税收法律关系的构成，说法正确的有（ ）。

A. 我国的征税主体包括各级税务机关、海关和财政机关

B. 税法是引起税收法律关系的前提条件，但税法本身并不能产生具体的税收法律关系

C. 对税收法律关系中纳税主体的确定，我国采取的是属地兼属人原则

D. 税收法律关系的保护对双利主体双方是平等的

解析▶ 我国的征税主体包括各级税务

机关和海关，不包括财政机关，因此选项A错误。 **答案** ▶ BCD

【例题3·单选题】下列关于税收法律关系的表述中，正确的是（ ）。

A. 税法是引起法律关系的前提条件，税法可以产生具体的税收法律关系

B. 税收法律关系中权利主体双方法律地位并不平等，双方的权利义务也不对等

C. 代表国家行使征税职责的各级国家税务机关是税收法律关系中的权利主体之一

D. 税收法律关系总体上与其他法律关系一样，都是由权利主体、权利客体两方面构成

解析 ▶ 税法是引起税收法律关系的前提条件，但税法本身并不能产生具体的税收法律关系。税收法律关系的产生、变更与消灭由税收法律事实来决定，因此选项A错误；税收法律关系中权利主体双方的权利义务不对等，但双方的法律地位是平等的，因此选项B错误；税收法律关系是由税收法律关系的主体、客体和内容三方面构成，因此选项D错误。 **答案** ▶ C

（三）税法与其他法律的关系（见表1-4）★★

税法属于国家法律体系中一个重要部门法，它是调整国家与各个经济单位及公民个人间分配关系的基本法律规范。性质上属于公法，不过与宪法、行政法、刑法等典型公法相比，税法仍具有一些私法的属性，如课税依据私法化、税收法律关系私法化等。税法是我国法律体系的重要组成部分。

深入辨析税法与其他法律间的关系属性，是解决税法适用范围的基础，同时对于增强税法与整个法制体系的协调性也是十分必要的。

表1-4 税法与其他法律的关系

要点	关系
税法与宪法	宪法是我国的根本大法，它是制定所有法律、法规的依据和章程； 税法是国家法律的组成部分，要依据宪法的原则制定； 《宪法》第56条规定："中华人民共和国公民有依照法律纳税的义务"； 《宪法》第33条规定："中华人民共和国公民在法律面前一律平等"
税法与民法	民法是调整平等主体之间财产关系和人身关系的法律规范，其调整方法的主要特点是平等、等价和有偿； 税法明显带有国家意志和强制的特点，其调整方法要采用命令和服从的方法
税法与刑法	刑法是关于犯罪、刑事责任与刑罚的法律规范的总和； 税法则是调整税收征纳关系的法律规范，其调整范围不同，但二者对违反税法都规定了处罚条款。违反税法不一定是犯罪
税法与行政法	行政法大多为授权性法规，而税法则是一种义务性法规； 税法具有经济分配的性质，并且经济利益由纳税人向国家无偿单面转移

【例题4·多选题】下列关于税法与其他法律的关系的说法中，正确的有（ ）。

A.《宪法》是国家的根本大法，是立法的基础。税法应依据《宪法》的原则制定

B. 民法调整方法的主要特点是平等、等价和有偿，而税法调整方法要采用命令和服从的方法

C. 税法与刑法调整的范围不同，但两者也有着密切的联系，违反了税法，并不一定就是犯罪

D. 税法与行政法有十分密切的联系，都属于义务性法规

解析 ▶ 税法与行政法有十分密切的联系，但是行政法大多为授权性法规，而税法

则是一种义务性法规。 **答案▶** ABC

【例题 5・单选题】 下列法律中，明确确定"中华人民共和国公民有依照法律纳税的义务"的是（ ）。

A.《中华人民共和国宪法》

B.《中华人民共和国民法通则》

C.《中华人民共和国个人所得税法》

D.《中华人民共和国税收征收管理法》

解析▶《宪法》第56条规定："中华人民共和国公民有依照法律纳税的义务"。

答案▶ A

二、税法原则 ★★★

扫我解疑难

税法的原则反映税收活动的根本属性，是税收法律制度建立的基础。税法原则包括税法基本原则和税法适用原则（见表1-5）。此部分内容是历年的重要考点，2017～2019年连续三年都在这个知识点出题，需要特别关注。需要各位考生掌握哪些属于税法基本原则，哪些属于税法适用原则，及各个原则的具体含义。

表1-5 税法原则的基本规定

	税法原则	含义
基本原则	税收法定原则（核心）	是指税法主体的权利义务必须由法律加以规定，税法的各类构成要素皆必须且只能由法律予以明确。税收法定原则包括税收要件法定原则和税务合法性原则
	税收公平原则	即税收负担必须根据纳税人的负担能力分配，负担能力相等，税负相同（横向公平）；负担能力不等，税负不同（纵向公平）
	税收效率原则	包含两方面：一是经济效率；二是行政效率。前者要求税法的制定要有利于资源的有效配置和经济体制的有效运行，后者要求提高税收行政效率，节约税收征管成本
	实质课税原则	指应根据客观事实确定是否符合课税要件，并根据纳税人的真实负担能力决定纳税人的税负，而不能仅考虑相关外观和形式
适用原则	法律优位原则	其基本含义为法律的效力高于行政立法的效力。具体表现为：税收法律>税收行政法规>税收行政规章
	法律不溯及既往原则	一部新法实施后，对新法实施之前人们的行为不得适用新法，而只能沿用旧法
	新法优于旧法原则	新法、旧法对同一事项有不同规定时，新法的效力优于旧法。但是当新税法与旧税法处理普通法与特别法的关系时，以及某些程序性税法引用"实体从旧，程序从新"原则时，可以例外
	特别法优于普通法的原则	对同一事项两部法律分别定有一般和特别规定时，特别规定的效力高于一般规定的效力
	实体从旧、程序从新原则	包括两个方面：一是**实体税法不具备溯及力**；二是**程序性税法在特定条件下具备一定的溯及力**
	程序优于实体原则	在诉讼发生时税收程序法优于税收实体法。主要是为了确保国家课税权的实现，不因争议的发生而影响税款的及时、足额入库

【知识点拨】 应用举例

（1）实体从旧、程序从新：2019年3月31日前，增值税税率为16%、10%、6%；2019年4月1日后，增值税税率调整为13%、9%、6%。假设税务机关在2020年1月进行纳税检查时，发现A公司隐瞒了2019年3月销售货物的销售额，少计算缴纳增值税，A公司在补缴增值税时应该按照16%的税率，还是13%的税率补税？根据实体从旧的原则，A公司应该按照16%的税率补税。

（2）新法优于旧法：李某在2018年10月5日取得工资收入，计算缴纳个人所得税时允许扣除5000元，2019年1月1日后取得的综合所得不仅仅允许扣除5000元的基本费用，还可以进行专项附加扣除，这体现新法优于旧法原则，因为在2018年9月30日以前扣除的是3500元。

（3）法律不溯及既往：企业2012年初申报2011年企业拥有货车的车船税时，不需要按2012年1月1日开始实施的车船税法的规定以整备质量每吨来确定单位税额。

【例题6·单选题】（　　）是指应根据客观事实确定是否符合课税要件，并根据纳税人的真实负担能力决定纳税人的税负，而不能仅考虑相关外观和形式。

A. 税收公平原则

B. 税收法定原则

C. 实质课税原则

D. 程序优于实体原则

解析 ▶ 实质课税原则是指应根据客观事实确定是否符合课税要件，并根据纳税人的真实负担能力决定纳税人的税负，而不能仅考虑相关外观和形式。 **答案** ▶ C

【例题7·单选题】为了确保国家课税权的实现，不因争议的发生而影响税款的及时、足额入库。这一做法适用的原则是（　　）。

A. 程序优于实体

B. 实体从旧，程序从新

C. 特别法优于普通法

D. 法律不溯及既往

解析 ▶ 适用程序优于实体原则，是为了确保国家课税权的实现，不因争议的发生而影响税款的及时、足额入库。 **答案** ▶ A

【例题8·多选题】下列关于税法适用原则的表述中，正确的有（　　）。

A. 程序性税法不具备溯及力，实体税法在特定条件下具备一定的溯及力

B. 一部新法实施后，对新法实施之前人们的行为不得适用新法，而只能沿用旧法

C. 对同一事项两部法律分别定有一般和

特别规定时，特别规定高于一般规定的效力

D. 法律优位原则明确了税收法律的效力高于税收行政法规的效力，税收行政法规的效力低于税收行政规章的效力

解析 ▶ 选项A，实体税法不具备溯及力，程序性税法在特定条件下具备一定的溯及力；选项D，税收行政法规的效力高于税收行政规章的效力。 **答案** ▶ BC

【应试思路】法律优位原则明确了税收法律的效力高于税收行政法规的效力，对此可以进一步推论为税收行政法规的效力高于税收行政规章的效力。

真题精练（客观题）

1.（2019年单选题）某税务稽查局2019年6月对辖区内一家企业进行的税务检查时，发现该企业2018年6月转增的注册资金按万分之五的税率缴纳了印花税，检查结束后，检查人员告知该企业可去申请退还印花税已缴纳金额的50%。该检查人员的这一做法遵循的税法适用原则是（　　）。

A. 税收效率原则

B. 税收公平原则

C. 法律不溯及既往原则

D. 新法优于旧法原则

解析 ▶ 自2018年5月1日起，对按万分之五税率贴花的资金账簿减半征收印花税。因此在2018年6月企业应适用新法，不再适用之前旧法万分之五的规定，此种处理方式体现了"新法优于旧法"的规定。

答案 ▶ D

2.（2017年多选题）下列关于税法原则的表述中，正确的有（　　）。

A. 税收法定原则是税法基本原则中的核心

B. 税收行政法规的效力优于税收行政规章的效力体现了法律优位原则

C. 税收效率原则要求税法的制定要有利于节约税收征管成本

D. 制定税法时禁止在没有正当理由的情况下给予特定纳税人特别优惠这一做法体

现了税收公平原则

解析 ▶ 选项 A，税收法定原则是税法基本原则的核心。选项 B，法律优位原则在税法中的作用主要体现在处理不同等级税法的关系上。法律优位原则明确了税收法律的效力高于税收行政法规的效力，对此还可以进一步推论为税收行政法规的效力优于税收行政规章的效力。选项 C，税收效率原则包含两方面：一是经济效率；二是行政效率。前者要求税法的制定要有利于资源的有效配置和经济体制的有效运行，后者要求提高税收行政效率，节约税收征管成本。选项 D，税收公平原则源于法律上的平等性原则，所以许多国家的税法在贯彻税收公平原则时，都特别强调"禁止不平等对待"的法理，禁止对特定纳税人给予歧视性对待，也禁止在没有正当理由的情况下对特定纳税人给予特别优惠。

答案 ▶ ABCD

3. (2014 年单选题)下列各项税法原则中，属于税法适用原则的是(   )。
A. 税收公平原则　　B. 税收法定原则
C. 实质课税原则　　D. 程序优于实体原则

解析 ▶ 选项 ABC，属于税法的基本原则；选项 D，属于税法的适用原则。　**答案** ▶ D

三、税法要素

扫我解疑难

(一)总则

主要包括立法依据、立法目的、适用原则等。

(二)纳税义务人★

纳税义务人是指税法规定的直接承担纳税义务的单位和个人。

纳税义务人有两种基本形式：自然人和法人。

【相关链接】 负税人——实际负担税款的单位与个人。

扣缴义务人——代扣代缴(包括预扣预缴)义务人(企业所得税、个人所得税等)和代收代缴义务人(消费税)。

对负税人和扣缴义务人的理解如图 1-1 所示。

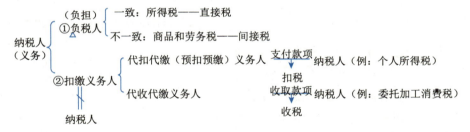

图 1-1　对负税人和扣缴义务人的理解

(三)征税对象★★

(1)含义：征税对象又叫课税对象、征税客体，指税法规定对什么征税，是征纳税双方权利义务共同指向的客体或标的物。

(2)作用：是区别一种税与另一种税的重要标志。

(3)征税对象按其性质的不同，通常可划分为流转额、所得额、财产、资源、特定行为五大类，通常也因此将税收分为相应的五大类：流转税(商品和劳务税)、所得税、财产税、资源税和特定行为税。

【相关链接】 课税对象与计税依据(税基)

计税依据(税基)：是税法规定的据以计算各种应征税款的依据或标准。

课税对象与计税依据(税基)之间的关系：课税对象是指征税的目的物，如房产税以房屋为课税对象；而计税依据是在目的物已经确定的情况下，对目的物计算税款的依据和标准，如房产税以房屋租金收入或房产计余值作为计税依据；课税对象是从质的方面对征税所作的规定，而计税依据则是从量的方面对征税所作的规定，是课税对象量的表现。两者可能一致，也可能不一致。课税对象与计税依据的比较见表1-6。

表1-6　课税对象与计税依据的比较

课税对象与计税依据关系	表现形态	举例
一致	价值形态	所得税
不一致	物理形态	房产税、耕地占用税、车船税

【例题9·单选题】下列关于课税对象和计税依据的说法，错误的是(　　)。

A. 课税对象是征纳税双方权利义务共同指向的客体或标的物

B. 课税对象是区别一种税与另一种税的重要标志

C. 计税依据是在目的物已经确定的情况下，对目的物计算税款的依据和标准

D. 课税对象是从量的方面对课税作出的规定，计税依据是从质的方面对课税作出的规定

解析　课税对象是从质的方面对课税作出的规定，计税依据是从量的方面对课税作出的规定。

答案　D

(四)税目★

税目是在税法中对征税对象分类规定的具体的征税项目，反映具体的征税范围，是对课税对象质的界定。

并非所有税种都需要规定税目，有些税种不分课税对象的具体项目，一律按照课税对象的应税数额采用同一税率计征税款，则无须设置税目，如企业所得税。有些税种具体课税对象比较复杂，需要规定税目，如消费税。课税对象、税目与计税依据(税基)的关系(见表1-7)。

表1-7　课税对象、税目与计税依据(税基)的关系

概念	含义	与课税对象关系	作用或形式
税目	税法中对征税对象分类规定的具体的征税项目，反映具体的征税范围	对课税对象质的界定	1. 明确具体的征税范围 2. 贯彻国家税收调节政策的需要
计税依据(税基)	据以计算征税对象应纳税款的直接数量依据，解决对征税对象课税的计算问题	对课税对象的量的规定	1. 从价计征 2. 从量计征

(五)税率(见表1-8)★★

税率是对征税对象的征收比例或征收额度，是计算税额的尺度，也是衡量税负轻重与否的重要标志。

表1-8　我国现行的税率

税率形式	含义	具体分类及应用举例
比例税率	即对同一征税对象，不分数额大小，规定相同的征收比例	(1)单一比例税率(如车辆购置税)； (2)差别比例税率(如城市维护建设税)； (3)幅度比例税率(如契税)
累进税率	即按征税对象数额的大小划分为若干等级，不同等级的课税数额分别适用不同的税率，课税数额越大，适用税率越高	(1)超额累进税率(如个人所得税中的综合所得)； (2)超率累进税率(如土地增值税)

税率形式	含义	具体分类及应用举列
定额税率	即按征税对象确定的计算单位，直接规定一个固定的税额	如耕地占用税、城镇土地使用税、车船税等

在累进税率中，全额累进税率计算简单，但存在不合理现象——在级距临界点附近容易出现税额增加超过课税对象数额增加的不合理现象。超额累进税率可以避免税额增加超过课税对象数额增加的不合理现象，但计算复杂。为了简化超额累进税率下应纳税额的计算，引入了速算扣除数。

速算扣除数=按全额累进方法计算的税额-按超额累进方法计算的税额

按超额累进方法计算的税额=按全额累进方法计算的税额-速算扣除数

【例题10·单选题】 下列税种中采用定额税率的是(   )。

A. 房产税　　　　B. 耕地占用税

C. 土地增值税　　D. 个人所得税

解析 房产税采用的是比例税率；土地增值税采用的是超率累进税率；个人所得税采用的是比例税率和超额累进税率。　**答案** B

【例题11·多选题】 我国现行税收制度中，没有采用的税率形式有(   )。

A. 超率累进税率

B. 定额税率

C. 负税率

D. 超倍累进税率

解析 我国现行税收制度中，采用的税率形式包括比例税率、定额税率、超额累进税率和超率累进税率。　**答案** CD

(六)纳税环节

纳税环节，指税法规定的征税对象在从生产到消费的流转过程中应当缴纳税款的环节。如流转税在生产和流通环节纳税、所得税在分配环节纳税等。

(七)纳税期限★

纳税期限是指税法规定的关于税款缴纳时间即纳税时限方面的限定。

税法关于纳税时限的规定有三个概念：

一是纳税义务发生时间，是指应税行为发生的时间；

二是纳税期限，税法规定了每种税的纳税期限，即每隔固定时间汇总一次纳税义务的时间；

三是缴库期限，即税法规定的纳税期满后，纳税人将应纳税款缴入国库的期限。

例如，某增值税纳税人在2020年3月15日销售一批货物，增值税纳税义务发生，而该纳税人以一个月为一期纳税，其纳税期限为2020年3月1日至2020年3月31日，纳税期限结束后15日，该纳税人应该将应纳税款缴入国库。

增值税纳税义务发生时间举例如图1-2所示。

图1-2　增值税纳税义务发生时间举例

(八)纳税地点

纳税地点主要是指根据各个税种纳税对象的纳税环节和有利于对税款的源泉控制而规定的纳税人(包括代征、代扣、代缴义务人)的具体纳税地点。

(九)减税、免税★

减税、免税主要是对某些纳税人和征税对象采取减少征税或者免予征税的特殊规定。

（十）罚则

罚则主要是指对纳税人违反税法的行为采取的处罚措施。

（十一）附则

附则一般都规定与该法紧密相关的内容，比如该法的解释权、生效时间等。

【例题 12·多选题】 下列关于税收实体法构成要素的说法中，正确的有（　）。

A. 纳税义务发生时间是指应税行为发生的时间

B. 税目是据以计算征税对象应纳税款的直接数量依据，解决对征税对象课税的计算问题

C. 税率是对征税对象的征收比例或征收额度，是计算税额的尺度

D. 纳税人就是负税人

解析 ▶ 选项 B，税基是据以计算征税对象应纳税款的直接数量依据，解决对征税对象课税的计算问题；选项 D，纳税人不一定是负税人。　　**答案** ▶ AC

真题精练（客观题）

1.（2017 年单选题）下列税法要素中，规定具体征税范围、体现征税广度的是（　）。

A. 税率

B. 纳税环节

C. 税目

D. 征税对象

解析 ▶ 税目反映具体的征税范围，代表征税的广度。　　**答案** ▶ C

2.（2016 年单选题）下列税法要素中，能够区别一种税与另一种税的重要标志是（　）。

A. 纳税地点

B. 纳税环节

C. 纳税义务人

D. 征税对象

解析 ▶ 征税对象是区分一种税与另一种税的重要标志。　　**答案** ▶ D

四、税收立法与我国现行税法体系

扫我解疑难

（一）税收立法

1. 税收立法原则

（1）从实际出发的原则。

（2）公平原则。

（3）民主决策的原则。

（4）原则性与灵活性相结合的原则。

（5）法律的稳定性、连续性与废、改、立相结合的原则。

2. 税收立法权及其划分

（1）税收立法权是制定、修改、解释或废止税收法律、法规、规章和规范性文件的权力。它包括两方面的内容：一是什么机关有税收立法权；二是各级机关的税收立法权是如何划分的。

（2）我国税收立法权划分的具体层次。

①全国性税种的立法权，即包括全部中央税、中央与地方共享税和在全国范围内征收的地方税税法的制定、公布和税种的开征、停征权，属于全国人大及其常委会。

②经全国人大及其常委会授权，全国性税种可先由国务院以"条例"或"暂行条例"的形式发布施行。经过一段时期后，再行修订并通过立法程序，由全国人大及其常委会正式立法。

③经全国人大及其常委会授权，国务院有制定税法实施细则、增减税目和调整税率的权力。

④经全国人大及其常委会的授权，国务院有税法的解释权；经国务院授权，国家税务主管部门（财政部、国家税务总局及海关总署）有税收条例的解释权和制定税收条例实施细则的权力。

⑤经国务院授权，省级人民政府有本地区地方税法的解释权和制定税法实施细则、调整税目、税率的权力，也可在上述规定的前提下，制定一些税收征收办法，还可以在

全国性地方税条例规定的幅度内，确定本地区适用的税率或税额。

地区性地方税收的立法权应只限于省级立法机关或经省级立法机关授权同级政府，不能层层下放。所立税法可在全省（自治区、直辖市）范围内执行，也可只在部分地区执行。

3. 税收立法机关（见表1-9）★★★

表1-9 税收立法机关

分类	立法机关	形式	效力级次	举例
税收法律	全国人大及其常委会正式立法	法律	仅次于宪法，属于税法中最高级次。在税收法律体系中具有最高的法律效力	《企业所得税法》《个人所得税法》《税收征收管理法》《车船税法》《环境保护税法》《烟叶税法》《船舶吨税法》《耕地占用税法》《车辆购置税法》《资源税法》
	全国人大及其常委会授权立法	暂行条例	具有国家法律的性质和地位，其法律效力高于行政法规、部门规章等	增值税、消费税、土地增值税暂行条例
税收法规	国务院——税收行政法规	实施条例、实施细则	低于宪法、法律，高于地方法规、部门规章、地方规章，全国普遍适用	《企业所得税法实施条例》《税收征收管理法实施细则》
	地方人大（目前只有海南省、民族自治区）——税收地方法规		低于宪法、法律和行政法规	—
税收规章	财政部、税务总局、海关总署——税收部门规章	实施细则、规定、办法等	不得与税收法律、行政法规相抵触	《增值税暂行条例实施细则》《税务代理试行办法》
	省、自治区、直辖市以及省、自治区的人民政府所在地的市和国务院批准的较大的市的人民政府——税收地方规章			各地根据城市维护建设税、车船税、房产税等地方性税种暂行条例制定的实施细则

【知识链接】 目前我国已经启动增值税法、消费税法、土地增值税法、印花税法、城市维护建设税法等税种的立法工作，并有望在2020年基本完成所有税种的立法，敬请关注。

【例题13·单选题】下列各项税收法律法规中，属于部门规章的是（　）。

A.《中华人民共和国个人所得税法》

B.《中华人民共和国消费税暂行条例》

C.《中华人民共和国企业所得税法实施条例》

D.《中华人民共和国消费税暂行条例实施细则》

解析▶ 选项A属于全国人大及其常委会制定的税收法律；选项B属于全国人大及其常委会授权立法；选项C属于国务院制定的税收行政法规。 答案▶ D

【应试思路】做此类题目可以从立法机关的角度进行区分。

4. 税收立法程序

目前我国税收立法程序如表1-10所示。

表 1-10　税收立法程序

类型	提议阶段	审议阶段	通过和公布阶段
税收法律	一般由国务院授权其税务主管部门（财政部、国家税务总局及海关总署）负责立法的调研等准备工作，并提出立法方案或税法草案，上报国务院	由全国人民代表大会或其常务委员会审议通过	以国家主席名义发布实施
税收法规		由国务院负责审议	以国务院总理名义发布实施

【例题 14·多选题】下列各项中，符合我国税收立法规定的有（　　）。

A. 税收法律由国务院审议通过后以国务院总理名义发布实施

B. 国务院及所属税务主管部门有权根据宪法和法律制定税收行政法规和规章

C. 税收行政法规由国务院负责审议通过后以提案形式提交全国人大或人大常委会审议通过

D. 我国现行税收实体法中，由全国人民代表大会及其常委会制定的税收法律有《个人所得税法》《环境保护税法》和《车船税法》等

解析 ▶ 选项 A，税收法律由全国人民代表大会或其常务委员会审议通过后以国家主席名义发布实施；选项 C，税收行政法规由国务院负责审议。　　答案 ▶ BD

真题精练（客观题）

（2016 年多选题）税收立法程序是税收立法活动中必遵循的法定步骤，目前我国税收立法程序经过的主要阶段有（　　）。

A. 提议阶段　　　　B. 通过阶段

C. 审议阶段　　　　D. 公布阶段

解析 ▶ 目前我国税收立法程序主要包括以下几个阶段：（1）提议阶段；（2）审议阶段；（3）通过和公布阶段。　　答案 ▶ ABCD

（二）我国现行税法体系 ★★

税法体系就是通常所说的税收制度（简称税制）。税收制度的内容主要有三个层次，如图 1-3 所示。

图 1-3　税收制度的内容

税法的分类，具体内容见表 1-11。

表 1-11　税法的分类

分类标准	分类内容		主要内容	表现形式
税法的基本内容和效力	税收基本法		是税法体系的主体和核心，在税法体系中起着母法作用	我国目前没有
	税收普通法		根据税收基本法的原则，对基本法规定的事项分别立法实施的法律	《个人所得税法》《企业所得税法》《车船税法》《税收征收管理法》
税法的职能作用	税收实体法	商品和劳务税类	包括增值税、消费税、关税	《企业所得税法》《个人所得税法》《车船税法》
		所得税类	包括企业所得税、个人所得税、土地增值税	
		财产和行为税类	包括房产税、车船税、印花税、契税	
		资源税和环境保护税类	包括资源税、环境保护税、城镇土地使用税	
		特定目的税类	包括城市维护建设税、车辆购置税、耕地占用税、船舶吨税、烟叶税	

分类标准	分类内容		主要内容	表现形式
税法的职能作用	税收程序法	税务机关负责征收管理	《税收征收管理法》	《税收征收管理法》
		海关负责征收管理	《海关法》《进出口关税条例》等	
主权国家行使税收管辖权	国内税法		一般是按照属人或属地原则，规定一个国家的内部税收制度	—
	国际税法		主要包括双边或多边国家间的税收协定、条约和国际惯例等，一般效力高于国内税法	—

【例题 15·单选题】 下列税种中，属于特定目的税类的是( )。

A. 车辆购置税

B. 房产税

C. 印花税

D. 城镇土地使用税

解析 ▶ 房产税、印花税属于财产和行为税类，城镇土地使用税属于资源税类。

答案 ▶ A

【例题 16·多选题】 由海关负责征收的税种的征收管理按( )规定执行。

A. 税收征收管理法

B. 企业所得税法

C. 进出口关税条例

D. 海关法

解析 ▶ 由税务机关负责征收的税种的征收管理按《税收征收管理法》及各实体税法中的征管规定执行；由海关负责征收的税种的征收管理按《海关法》及《进出口关税条例》等规定执行。

答案 ▶ CD

五、税收执法

扫我解疑难

在税收执法过程中，对其适用性或法律效力的判断，一般按以下原则掌握：一是层次高的法律优于层次低的法律；二是同一层次的法律中，特别法优于普通法；三是国际法优于国内法；四是实体法从旧，程序法从新。

真题精练（客观题）

（2018 年多选题）下列各项中，属于税法适用原则的有( )。

A. 国内法优于国际法

B. 在同一层次法律中，特别法优于普通法

C. 层次高的法律优于层次低的法律

D. 实体从旧，程序从新

解析 ▶ 税法适用原则包括：①法律优位原则；②法律不溯及既往原则；③新法优于旧法原则；④特别法优于普通法的原则；⑤实体从旧、程序从新原则；⑥程序优于实体原则。在税收执法过程中，对其适用性或法律效力的判断，一般按以下原则掌握：一是层次高的法律优于层次低的法律；二是同一层次的法律中，特别法优于普通法；三是国际法优于国内法；四是实体法从旧，程序法从新。 **答案** ▶ BCD

税收执法权具体包括：税款征收管理权、税务稽查权、税务检查权、税务行政复议裁决权及其他税务管理权。

（一）税务机构设置与职能

现行税务机构设置是中央政府设立国家税务总局，原有的省及省以下国税地税机构两个系统通过合并整合，统一设置为省、市、县三级税务局，实行以国家税务总局为主与省（自治区、直辖市）人民政府双重领导管理体制。

此外，另由海关总署及下属机构负责关税征收管理和受托征收进出口增值税、消费

税等税收。

（二）税收征收管理范围划分

随着国地税合并，此处各位考生只需要分清哪些税种由税务机关征收，哪些税种由海关征收即可。海关系统负责征收：关税、船舶吨税，同时负责代征进出口环节的增值税和消费税。其他税种由税务机关负责征管。

（三）税收收入划分（见表1-12）★★★

表1-12　税收收入划分

税种	中央政府收入		地方政府收入
消费税	√		×
关税	√		×
车辆购置税	√		×
土地增值税	×		√
契税	×		√
城镇土地使用税	×		√
耕地占用税	×		√
房产税	×		√
车船税	×		√
环境保护税	×		√
烟叶税	×		√
增值税	海关代征的进口环节增值税	其余50%	其余50%
企业所得税	铁、银总部、海洋石油企业	其余60%	其余40%
个人所得税	储蓄存款利息所得（暂免）	其余60%	其余40%
城市维护建设税	铁、银、保总部		其余
资源税	海洋石油企业		其余
印花税	证券交易印花税		其余

【知识点拨】

（1）"√"代表均属于，"×"代表均不属于。

（2）资源税按领域划分，没有比例之分。

（3）增值税、所得税的分享，都要在扣除某个部分以后再按比例划分。

【例题17·多选题】根据我国分税制财政管理体制的规定，下列被列入中央政府和地方政府共享收入的税种有（　　）。

A. 消费税

B. 增值税

C. 资源税

D. 城市维护建设税

解析 ▶ 消费税属于中央政府固定收入。

答案 ▶ BCD

真题精练（客观题）

1.（2018年单选题）下列税种中，其收入全部作为中央政府固定收入的是（　　）。

A. 耕地占用税　　　B. 个人所得税

C. 车辆购置税　　　D. 企业所得税

解析 ▶ 中央政府固定收入包括消费税（含进口环节海关代征的部分）、车辆购置税、关税、海关代征的进口环节增值税等。

答案 ▶ C

2.（2015年单选题）下列税种中，属于中央政府与地方政府共享收入的是（　　）。

A. 耕地占用税　　　B. 个人所得税

C. 车辆购置税　　　D. 土地增值税

解析 ▶ 选项A、D属于地方政府固定收入；选项C属于中央政府收入。 答案 ▶ B

（四）税务检查权

税务检查包括两类：

（1）税务机关为取得确定税额所需资料，证实纳税人纳税申报的真实性与准确性而进行的经常性检查，其依据是税法赋予税务机关的强制行政检查权。

（2）为打击税收违法犯罪而进行的特别调查，它可以分为行政性调查和刑事调查两个阶段。

（五）税务稽查权

税务稽查是税务机关依法对纳税人、扣缴义务人履行纳税义务、扣缴义务情况所进行的税务检查和处理工作的总称。

税务稽查权是税收执法权的一个重要组成部分，也是整个国家行政监督体系中的一种特殊的监督权行使形式。

（六）税务行政复议裁决权

税务行政复议裁决权的行使是税收执法权的有机组成部分，该权力的实现对保障和监督税务机关依法行使税收执法权，防止和纠正违法或者不当的具体税务行政行为，保护纳税人和其他有关当事人的合法权益发挥着积极作用。

（七）其他税收执法权

其中主要的是税务行政处罚权，税务行政处罚的种类有警告（责令限期改正）、罚款、停止出口退税权、没收违法所得、收缴发票或者停止发售发票、提请吊销营业执照、通知出境管理机关阻止出境等。

六、税务权利与义务

扫我解疑难

此处需要分清哪些是纳税人的权利与义务，哪些是税务机关的权利与义务。

（一）税务行政主体的权利与义务★

（1）税务机关和税务人员的权利。

①负责税收征收管理工作。

②税务机关依法执行职务，任何单位和个人不得阻挠。

（2）税务机关和税务人员的义务（10项）。

（二）纳税人、扣缴义务人的权利与义务★★

（1）纳税人、扣缴义务人的权利。

①有权向税务机关了解国家税收法律、行政法规的规定以及与纳税程序有关的情况。

②有权要求税务机关为纳税人、扣缴义务人的情况保密（但不包括税收违法行为）。

③依法享有申请减税、免税、退税的权利。

④对税务机关所做出的决定，享有陈述权、申辩权；依法享有申请行政复议、提起行政诉讼、请求国家赔偿等权利。

⑤有权控告和检举税务机关、税务人员的违法违纪行为。

（2）纳税人、扣缴义务人的义务。

①必须依照法律、行政法规的规定缴纳税款、代扣代缴、代收代缴税款。

②纳税人、扣缴义务人和其他有关单位应当按照国家有关规定如实向税务机关提供与纳税和代扣代缴、代收代缴税款有关的信息。

③纳税人、扣缴义务人和其他有关单位应当接受税务机关依法进行的税务检查。

（三）地方各级人民政府、有关部门和单位的权利与义务

1. 地方各级人民政府、有关部门和单位的权利

（1）地方各级人民政府应当依法加强对本行政区域内税收征收管理工作的领导或者协调，支持税务机关依法执行职务，依照法定税率计算税额，依法征收税款。

（2）各有关部门和单位应当支持、协助税务机关依法执行职务。

（3）任何单位和个人都有权检举违反税收法律、行政法规的行为。

2. 地方各级人民政府、有关部门和单位的义务

（1）任何机关、单位和个人不得违反法律、行政法规的规定，擅自做出税收开征、停征以及减税、免税、退税、补税和其他与税收法律、行政法规相抵触的决定。

（2）收到违反税收法律、行政法规行为检举的机关和负责查处的机关应当为检举人保

密。真正按照税收征收管理法的立法意图，税务机关应做到依法征税，纳税人依法履行纳税义务、全面落实纳税人权利是税收征收管理法的核心问题，也是落实税收法定原则的重要途径。

（四）发展涉税专业服务促进税法遵从

涉税专业服务是指涉税专业服务机构接受委托，利用专业知识和技能，就涉税事项向委托人提供的税务代理等服务。

1. 涉税专业服务机构涉税业务内容。

（1）纳税申报代理。

（2）一般税务咨询。

（3）专业税务顾问。

（4）税收策划。

（5）涉税鉴证。

（6）纳税情况审查。

（7）其他税务事项代理。

（8）其他涉税服务。

2. 税务机关对涉税专业服务机构实施监管内容。

（1）税务机关应当对税务师事务所实施行政登记管理。

（2）税务机关对涉税专业服务机构及其从事涉税服务人员进行实名制管理。

（3）税务机关应当建立业务信息采集制度，利用现有的信息化平台分类采集业务信息，加强内部信息共享，提高分析利用水平。

（4）税务机关对涉税专业服务机构从事涉税专业服务的执业情况进行检查，根据举报、投诉情况进行调查。

（5）税务机关应当建立信用评价管理制度，对涉税专业服务机构从事涉税专业服务情况进行信用评价，对其从事涉税服务人员进行信用记录。

（6）税务机关应当加强对税务师行业协会的监督指导，与其他相关行业协会建立工作联系制度。

（7）税务机关应当在门户网站、电子税务局和办税服务场所公告纳入监管的涉税专业服务机构名单及其信用情况，同时公告未经

行政登记的税务师事务所名单。

（8）税务机关应当为涉税专业服务机构提供便捷的服务，依托信息化平台为信用等级高的涉税专业服务机构开展批量纳税申报、信息报送等业务提供便利化服务。

真题精练（客观题）

（2015年多选题）我国纳税人依法享有纳税人权利，下列属于纳税人权利的有（　　）。

A. 依法申请减免税权

B. 控告税务人员的违法违纪行为

C. 对税务机关做出的决定享有申辩权

D. 要求税务机关为纳税人的商业秘密保密

解析　纳税人、扣缴义务人的权利：（1）纳税人、扣缴义务人有权向税务机关了解国家税收法律、行政法规的规定以及与纳税程序有关的情况；（2）纳税人、扣缴义务人有权要求税务机关为纳税人、扣缴义务人的情况保密；（3）纳税人依法享有申请减税、免税、退税的权利；（4）纳税人、扣缴义务人对税务机关所做出的决定，享有陈述权、申辩权；依法享有申请行政复议、提起行政诉讼、请求国家赔偿等权利；（5）纳税人、扣缴义务人有权控告和检举税务机关、税务人员的违法违纪行为。　**答案**　ABCD

七、国际税收关系

扫我解疑难

（一）国际重复征税与国际税收协定 ★★

1. 税收管辖权

（1）国际税收是指两个或两个以上的主权国家或地区，各自基于其课税主权，在对跨国纳税人进行分别征税而形成的征纳关系中，所发生的国家或地区之间的税收分配关系。

（2）税收管辖权划分原则：属人原则和属地原则。

（3）税收管辖权的分类：居民管辖权、地

域管辖权和公民管辖权。

2. 国际重复征税

(1)国际重复征税的类型：法律性国际重复征税、经济性国际重复征税、税制性国际重复征税。

国际重复征税的类型如表 1-13 所示。

表 1-13　国际重复征税的类型

类型	概念	举例
法律性国际重复征税	不同的征税主体(不同国家)对同一纳税人的同一税源进行的重复征税	甲国居民在乙国取得的收入，甲乙两国都要征税。国际重复征税一般属于法律性国际重复征税
经济性国际重复征税	不同的征税主体(不同国家)对不同纳税人的同一税源进行的重复征税	甲国子公司用税收利润向乙国母公司支付股息，乙国就该笔股息收入缴纳所得税。一般是由于股份公司经济组织形式所引起的
税制性国际重复征税	由于各国在税收制度上普遍存在复合税制度所导致的	对房屋出租收入既要征收增值税，又要征收房产税等

(2)国际重复征税的产生。

①前提条件：纳税人所得或收益的国际化和各国所得税制的普遍化。

②根本原因：各国行使的税收管辖权的重叠。

③形式：

A. 居民(公民)管辖权同地域管辖权的重叠。

B. 居民(公民)管辖权与居民(公民)管辖权的重叠。

C. 地域管辖权与地域管辖权的重叠。

3. 国际税收协定

国际税收协定是指两个或两个以上的主权国家为了协调相互间在处理跨国纳税人征税事务和其他有关方面的税收关系，本着对等原则，经由政府谈判所签订的一种书面协议或条约，也称为国际税收条约。国际税收协定的主要内容有：

(1)协定适用范围。

(2)基本用语的定义。

(3)对所得和财产的课税。

(4)避免双重征税的办法。

(5)税收无差别待遇。

(6)防止国际偷税、漏税和国际避税。

【例题 18·多选题】 目前世界上的税收管辖权大致可以分为(　)。

A. 居民管辖权

B. 地域管辖权

C. 公民管辖权

D. 法人管辖权

解析 ▶ 目前世界上的税收管辖权大致可以分为居民管辖权、地域管辖权和公民管辖权。

答案 ▶ ABC

(二)国际避税反避税与国际税收合作★

1. 国际避税

国际避税是指纳税人利用两个或两个以上国家的税法和国家间的税收协定的漏洞、特例和缺陷，规避或减轻其全球总纳税义务的行为。

2. 国际反避税与国际税收合作

税基侵蚀和利润转移(简称 BEPS)，是指跨国企业利用国际税收规则存在的不足，以及各国税制差异和征管漏洞，最大限度地减少其全球总体税负，甚至达到双重不征税的效果，造成对各国税基的侵蚀。

我国由财政部和税务总局以经济合作与发展组织合作伙伴身份参与了 BEPS 行动计划。

一、单项选择题

1. 按照国税函〔2000〕687号的规定，对于企业以转让股权名义转让房地产的行为征收土地增值税，这样处理体现了税法基本原则中的（　　）。
   A. 税收法定原则
   B. 税收公平原则
   C. 税收效率原则
   D. 实质课税原则

2. 下列关于税法适用原则的表述中，错误的是（　　）。
   A. 程序优于实体原则是为了确保国家课税权的实现，不因争议的发生而影响税款的及时、足额入库
   B. 根据实体从旧，程序从新原则，实体税法不具备溯及力
   C. 特别法优于普通法原则打破了税法效力等级的限制
   D. 税法适用原则中的法律优位原则明确了税收行政法规的效力高于税收法律的效力

3. 下列关于税收法律关系的陈述，正确的是（　　）。
   A. 税收法律关系中享有权利的当事人主要是国家税务机关
   B. 税收法律关系的主体是税收法律关系中最实质的东西，也是税法的灵魂
   C. 税收法律关系的变化主要取决于税收法律事实
   D. 税收法律关系的保护对权利主体双方是不平等的，只保护纳税人的权利

4. 关于税收实体法构成要素，下列说法错误的是（　　）。
   A. 纳税人是税法规定的直接负有纳税义务的单位和个人，也是实际负担税款的单位和个人
   B. 征税对象是税法中规定的征纳双方权利义务共同指向的客体或标的物
   C. 税率是征税对象的征收比例或征收额度，是衡量税负轻重与否的重要标志
   D. 税目反映具体的征税范围，是对课税对象质的界定

5. 采用超额累进税率征收的税种是（　　）。
   A. 资源税
   B. 土地增值税
   C. 个人所得税
   D. 企业所得税

6. 下列各项税收法律法规中，属于国务院制定的行政法规的是（　　）。
   A. 中华人民共和国个人所得税法
   B. 中华人民共和国税收征收管理法
   C. 中华人民共和国企业所得税法实施条例
   D. 北京市房产税暂行条例实施细则

7. 按照税法的基本内容和效力的不同，可以将税法分成（　　）。
   A. 中央税法与地方税法
   B. 税收实体法与税收程序法
   C. 国际税法与国内税法
   D. 税收基本法与税收普通法

8. 增值税属于（　　）税法。
   A. 财产、行为税
   B. 资源税
   C. 特定目的税
   D. 商品和劳务税

9. 下列税种中，属于中央与地方共享税的是（　　）。
   A. 增值税
   B. 消费税
   C. 契税
   D. 土地使用税

10. 下列选项中，不属于纳税人的权利的是（　　）。
    A. 有权要求税务机关对企业的情况保密
    B. 依法享有申请减税、免税、退税的

权利

C. 依法享有申请行政复议、提起行政诉讼、请求国家赔偿等权利

D. 负责税收征收管理工作

11. 下列各项中，属于产生国际重复征税前提条件的是( )。

A. 各国行使的税收管辖权的重叠

B. 纳税人所得或收益的国际化和各国所得税制的普遍化

C. 地域管辖权与地域管辖权的重叠

D. 复合税制度的普遍化

12. 下列关于国际税收协定的表述，错误的是( )。

A. 国际税收协定就处理的税种不同来划分，可分为所得税的国际税收协定、遗产税和赠与税的国际税收协定

B. 国际税收协定是以国际税法为基础的

C. 国际税收协定必须首先明确其适用范围，包括缔约国双方或各方的人和税种的范围，这是协定执行的前提条件

D. 根据各类所得和一般财产价值的不同性质，对缔约国各方行使居民管辖权和来源地管辖权的范围分别做出对等的约束性规定，是国际税收协定的主要内容之一

二、多项选择题

1. 税法是国家制定的用以调整国家与纳税人之间在征纳税方面的权利及义务关系的法律规范的总称。税法的特点包括( )。

A. 义务性法规

B. 授权性法规

C. 单一性法规

D. 综合性法规

2. 下列关于税法与其他法律关系的表述中正确的有( )。

A. 宪法在现代法治社会中具有最高的法律效力，是立法的基础，税法是国家法律的组成部分，是依据宪法的原则制定的

B. 税法与民法一样，其调整方法的主要特点是平等、等价和有偿

C. 刑法是关于犯罪、刑事责任与刑罚的法律规范的总和，税法则是调整税收征纳关系的法律规范，其调整的范围不同，两者也有着密切的联系

D. 行政法大多为授权性法规，而税法是义务性法规

3. 下列属于税法基本原则的有( )。

A. 税收法定原则

B. 实质课税原则

C. 法律优位原则

D. 程序优于实体原则

4. 下列关于税法原则的表述中，正确的有( )。

A. 新法优于旧法原则属于税法的适用原则

B. 税法主体的权利义务必须由法律加以规定，这体现了税收法定原则

C. 税法的原则反映税收活动的根本属性，包括税法基本原则和税法适用原则

D. 税法适用原则中的法律优位原则明确了税收法律的效力高于税收行政法规的效力

5. 下列各项目中，属于我国税收法律关系权利主体的有( )。

A. 各级税务机关

B. 各级人民政府

C. 海关

D. 财政机关

6. 下列关于税法构成要素的说法中，正确的有( )。

A. 税法的构成要素既包括实体性的内容，也包括程序性的内容

B. 税法的构成要素是所有完善的单行税法都共同具备的

C. 征税对象、税率、纳税环节、减税免税都属于税法的构成要素

D. 税法构成要素中，附则一般都规定与该法密切相关的内容，比如该法的纳税地点、生效时间等

7. 下列关于累进税率的陈述，正确的

有（　　）。

A. 累进税率条件下，不同等级的课税数额分别适用不同的税率，课税数额越大，适用税率越高

B. 累进税率一般在所得课税中使用，能正确处理税收负担的纵向公平问题

C. 全额累进税率计算方法简便，但税收负担不合理

D. 一般情况下，对于同样的课税对象数量，按全额累进方法计算出的税额比按超额累进方法计算出的税额多

8. 下列属于人大及其常委会授权立法的有（　　）。

A.《资源税暂行条例》

B.《土地增值税暂行条例》

C.《税收征收管理法实施细则》

D.《增值税暂行条例》

9. 下列说法中符合税收立法程序规定的有（　　）。

A. 税收立法程序是指有权的机关，在制定、认可、修改、补充、废止等税收立法活动中，必须遵循的法定步骤和方法

B. 目前我国税收立法程序主要包括：提议阶段、审议阶段、通过和公布阶段

C. 税收法律，由国务院审议通过后，以国务院总理名义发布实施

D. 税收法规由国务院负责审议

10. 关于税收立法权的划分，下列说法正确的有（　　）。

A. 经全国人大及其常委会的授权，国务院有权制定在全国范围内征收的地方税税法

B. 经全国人大及其常委会授权，国务院有调整税率的权力

C. 经全国人大及其常委会授权，国务院有制定税法实施细则的权力

D. 经全国人大及其常委会授权，国务院有权制定中央税税法

11. 下列属于资源税和环境保护税类的税种有（　　）。

A. 耕地占用税

B. 房产税

C. 环境保护税

D. 城镇土地使用税

12. 税收执法权是指税收机关依法征收税款，依法进行税收管理活动的权力，具体包括（　　）。

A. 税务检查权

B. 税务行政复议裁决权及其他税务管理权

C. 税务稽查权

D. 税款征收管理权

13. 下列属于地方政府收入的税种有（　　）。

A. 企业所得税

B. 契税

C. 车辆购置税

D. 烟叶税

14. 下列关于税务机关和纳税人的权利与义务的说法中，正确的有（　　）。

A. 税务机关依法执行职务，任何单位和个人不得阻挠

B. 纳税人、扣缴义务人和其他单位应当接受税务机关依法进行的税务检查

C. 纳税人、扣缴义务人和其他有关单位应当按照国家有关规定如实向税务机关提供与纳税和代扣代缴、代收代缴税款有关的信息

D. 任何单位和个人都有权检举违反税收法律、行政法规的行为

15. 涉税专业服务机构包括（　　）。

A. 税务师事务所

B. 税务代理公司

C. 律师事务所

D. 财税类咨询公司

16. 下列各项中，属于国际重复征税产生原因的有（　　）。

A. 地域管辖权与地域管辖权的重叠

B. 居民（公民）管辖权与收入管辖权的重叠

C. 居民（公民）管辖权与地域管辖权的

重叠

　　D. 居民(公民)管辖权与居民(公民)管辖权的重叠

17. 下列各项中，属于国际税收协定内容的有(　　)。

A. 对所得和财产的课税

B. 避免双重征税的办法

C. 税收无差别待遇

D. 防止国际偷、漏税和国际避税

同步训练答案及解析

一、单项选择题

1. D 【解析】实质课税原则是指应根据客观事实确定是否符合课税要件，并根据纳税人的真实负担能力决定纳税人的税负，而不能仅考虑相关外观和形式。所以税务机关的处理是体现了实质课税原则的。

2. D 【解析】税法适用原则中的法律优位原则明确了税收法律的效力高于税收行政法规的效力。

3. C 【解析】选项 A，在我国税收法律关系中，权利主体一方是代表国家行使征税职责的国家行政机关，包括国家各级税务机关和海关，另一方是履行纳税义务的法人、自然人和其他组织；选项 B，税收法律关系的内容是税收法律关系中最实质的东西，也是税法的灵魂；选项 D，税收法律关系的保护对权利主体双方是平等的，不能只对一方保护，而对另一方不予保护。

4. A 【解析】选项 A，纳税人不一定是实际负担税款的单位和个人。

5. C 【解析】资源税采用的是比例税率和定额税率，土地增值税采用的是四级超率累进税率，个人所得税采用的是比例税率和超额累进税率，企业所得税采用的是比例税率。

6. C 【解析】选项 AB 属于全国人民代表大会及其常委会制定的税收法律；选项 D，属于税收地方规章。

7. D 【解析】选项 A，是按照税收收入归属和征收管辖权限的不同划分；选项 B，是按照税法的职能作用的不同划分；选项 C，是按照主权国家行使税收管辖权的不同划分。

8. D 【解析】增值税是在商品流转过程中征收的税收，因此属于商品和劳务税法。

9. A 【解析】消费税属于中央政府固定收入，契税和土地使用税属于地方政府固定收入。

10. D 【解析】选项 D 是税务机关的权利。

11. B 【解析】纳税人所得或收益的国际化和各国所得税制的普遍化是产生国际重复征税的前提条件。各国行使的税收管辖权的重叠是国际重复征税的根本原因。

12. B 【解析】国际税收协定是以国内税法为基础的。

二、多项选择题

1. AD 【解析】税法具有义务性法规和综合性法规的特点。

2. ACD 【解析】民法是调整平等主体之间财产关系和人身关系的法律规范，其调整方法的主要特点是平等、等价和有偿；税法明显带有国家意志和强制的特点，其调整方法要采用命令和服从的方法。

3. AB 【解析】税法基本原则与税法适用原则的划分如下：

税法基本原则	税法适用原则
1. 税收法定原则(主义)	1. 法律优位原则
2. 税收公平原则	2. 法律不溯及既往原则
3. 税收效率原则	3. 新法优于旧法原则
4. 实质课税原则	4. 特别法优于普通法的原则
	5. 实体从旧，程序从新原则
	6. 程序优于实体原则

4. ABCD 【解析】四个选项均正确。

5. AC 【解析】我国税收法律关系的权利主体是双主体：一方是代表国家行使征税职责的国家税务机关(包括国家各级税务机关、海关)；另一方是履行纳税义务的人。

6. ABC 【解析】选项D，附则一般都规定与该法密切相关的内容，比如该法的解释权、生效时间等。纳税地点是单独的税法构成要素的一项，不体现在附则中。

7. ABCD 【解析】累进税率是指随着征税对象数量增大而随之提高的税率，即课税数额越大，适用税率越高。累进税率一般在所得课税中使用，可以充分体现对纳税人收入多的多征、收入少的少征、无收入的不征的税收原则，从而有效地调节纳税人的收入，正确处理税收负担的纵向公平问题。

8. ABD 【解析】属于人大及其常委会授权立法的有增值税、消费税、资源税、土地增值税暂行条例；《税收征收管理法实施细则》是国务院根据宪法规定制定的法规。

9. ABD 【解析】税收行政法规，由国务院审议通过后，以国务院总理名义发布实施，因此选项C错误。

10. BC 【解析】中央税和在全国范围内征收的地方税税法的制定、公布权，属于全国人大及其常委会。

11. CD 【解析】选项A，耕地占用税属于特定目的税类；选项B，房产税属于财产和

行为税类。

12. ABCD 【解析】税收执法权包括税款征收管理权、税务稽查权、税务检查权、税务行政复议裁决权及其他税务管理权。

13. BCD 【解析】企业所得税属于中央与地方共享税，车辆购置税属于中央政府收入。

14. ABCD 【解析】选项A，属于税务机关和税务人员的权利；选项B，属于纳税人、扣缴义务人的义务；选项C，属于纳税人、扣缴义务人的义务；选项D，属于地方各级人民政府、有关部门和单位的权利。

15. ABCD 【解析】涉税专业服务机构包括税务师事务所和从事涉税专业服务的会计师事务所、律师事务所、代理记账机构、税务代理公司、财税类咨询公司等机构。

16. ACD 【解析】国际重复征税根据产生的原因可以分为：居民(公民)管辖权同地域管辖权的重叠；居民(公民)管辖权同居民(公民)管辖权的重叠；地域管辖权与地域管辖权的重叠。

17. ABCD 【解析】国际税收协定的内容包括：协定适用范围、基本用语的定义、对所得和财产的课税、避免双重征税的办法、税收无差别待遇和防止国际偷税、漏税和国际避税。

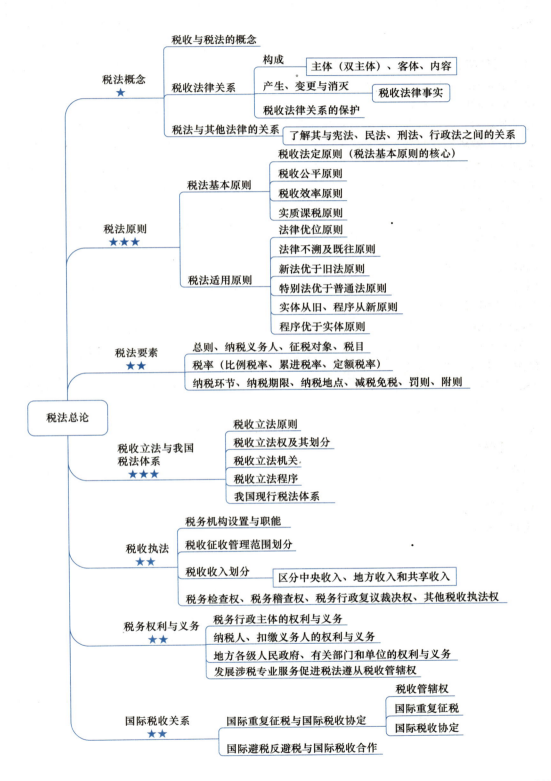

增值税法

考情解密

历年考情概况

本章是最重要的税种，是重点难点非常多的一章内容，在历年考试中占有举足轻重的地位。考生对本章内容的掌握程度，在很大程度上决定着考生能否顺利通过考试。在以往年度的考试中，本章各种题型均有涉及。计算题或综合题中，既可单独出题，也可以与消费税、关税、资源税、企业所得税等税种结合出题。

近年考点直击

考点	主要考查题型	考频指数	考查角度
增值税的征税范围	单选题、多选题	★★★	(1)将征税范围、不属于征税范围的内容以及税收优惠结合起来，考查一项业务是否需要缴纳增值税； (2)考核视同销售、混合销售、兼营行为的税务处理
一般纳税人与小规模纳税人的划分与管理	单选题、多选题	★★	注意两类纳税人的划分标准、年应税销售额的确定
增值税税率与征收率	各类题型均可涉及	★★★	无论是在选择题，还是在计算问答题或者综合题中，只要涉及增值税的计算，都需要考虑增值税的税率或征收率问题
增值税的计税方法	单选题、多选题	★★	主要是在选择题中考查什么情况下采用一般计税方法，什么情况下采用简易计税方法
销项税额	各类题型均可涉及	★★★	这是重点内容，主要考核销项税额的计算： (1)注意税率的有关规定； (2)哪些属于销售额的范围，哪些不属于销售额的范围； (3)特殊方式下销售额的确定； (4)差额计税的规定； (5)视同销售方式下销售额的确定； (6)含税销售额的转化
进项税额	各类题型均可涉及	★★★	这是重点内容，主要考核： (1)哪些进项税额允许抵扣，哪些进项税额不得抵扣； (2)农产品进项税额的抵扣； (3)旅客运输服务进项税额的抵扣； (4)道路通行费进项税额的抵扣； (5)进项税额转出的计算
一般纳税人应纳税额的计算	各类题型均可涉及	★★★	每年必考一道增值税的综合题，涉及应纳税额的计算。2020年尤其要注意加计抵减的相关规定，不仅仅考核销项税额和进项税额，而且还考核： (1)进口货物应纳税额计算； (2)出口退税

考点	主要考查题型	考频指数	考查角度
特殊行业应纳税额的计算	各类题型均可涉及	★★★	考核房地产开发企业销售开发产品、建筑服务、销售不动产、不动产经营租赁的税务处理

学习方法与应试技巧

营改增后，本章分值进一步增加，成为考试中所占分值最多的一章。对增值税的学习建议如下：

1. 首先要把握基本概念，分清一般纳税人和小规模纳税人的不同及形成此种不同的原因；

2. 明晰销项税额和进项税额的含义及两者关系，对于销项税额和进项税额要结合起来学习；

3. 对于税率与征收率、一般计税方法与简易计税方法的划分等相对繁杂的内容要注意总结，用表格、图形等形式辅助记忆；

4. 对于相对较难的出口退税要注意把握关键点，而不是纠结于细枝末节；

5. 在全面学习的基础上要注意分清重点，对于考频指数相对较低的内容可以选择适当放弃；

6. 在进行第二遍复习的过程中，需要将增值税、消费税、资源税、企业所得税等相关税种的内容结合起来复习。

虽然增值税的重点难点繁多，但是在考试中重点突出，计算问答题和综合题难度并不是很大，只要我们复习到位，增值税部分是可以拿到较高分数的。

本章2020年考试主要变化

1. 增值税税率调整，由16%税率调整为13%、10%税率调整为9%；由此带来农产品进项税额抵扣的变化；

2. 增加加计抵减、旅客运输费用进项税额抵扣的内容；

3. 不动产进项税额抵扣由分次抵扣修订为一次抵扣；

4. 财政补贴的增值税税务处理；

5. 增加增量留抵退税的内容；

6. 根据最新变动对其他政策进行更新。

考点详解及精选例题

一、增值税概述[①]

扫我解疑难

(一)增值税的概念

增值税是以商品和劳务在流转过程中产生的增值额作为征税对象而征收的一种流转税。

按照我国增值税法的规定，增值税是对在中华人民共和国境内销售货物或者加工、修理修配劳务(以下简称劳务)，销售服务、无形资产、不动产以及进口货物的单位和个人，就其销售货物、劳务、服务、无形资产、不动产(以下统称应税销售行为)的增值额和货物进口金额为计税依据而课征的一种流转税。

要想准确理解增值税，关键要理解增值额。增值额是指在商品和劳务(服务)的生产和交易过程中新增加的价值额。对于单个生产经营者而言：

增值额=销售收入额-外购货物及劳务支出金额

增值税=增值额×税率

---

① 此部分内容不属于考试内容，大家简单看看即可。本部分内容的目的是让大家了解增值税的前世今生，利于后面的学习。

（第2章 增值税法）

=（销售收入额-外购货物及劳务支出金额）×税率

=销售收入额×税率-外购货物及劳务支出金额×税率

其中"销售收入额×税率"是纳税人在销售过程中产生的税额，因此称之为"销项税额"，而"外购货物及劳务支出金额×税率"是纳税人在采购过程中支付和负担的税额，因此称之为"进项税额"，而且销售方的销项税额是购买方的进项税额，形成购销双方的制约关系，利于增值税的征收管理。

所以，增值税纳税人采用一般计税方法时：应纳增值税额=销项税额-进项税额。

（二）增值税类型

增值税是以法定增值额为课税对象征收的一种税，法定增值额与理论增值额的差别在于对固定资产的处理方式不同。由于固定资产使用时间长，其进项税额是否允许抵扣；如果允许抵扣，其进项税额是一次抵扣还是分次抵扣，各国规定不同，从而形成三种不同类型的增值税——生产型、收入型和消费型增值税。如表2-1所示。

表 2-1　增值税的类型

类型	税务处理	说明
（1）生产型增值税	不得抵扣固定资产的进项税额	我国在2008年12月31日之前采用的是生产型增值税
（2）收入型增值税	分期抵扣固定资产的进项税额	我国2016年5月1日全面营改增后至2019年3月31日之间，分期抵扣作为固定资产管理的不动产进项税额，这种做法类似于收入型增值税
（3）消费型增值税	购入时一次性抵扣固定资产的进项税额	从2009年1月1日起，我国转为消费型增值税；2019年4月1日起，将作为固定资产管理的不动产进项税额由分期抵扣改为一次性抵扣

（三）我国营改增的整体介绍

为适应经济发展的需要，避免因重复征税阻碍专业分工的发展，我国从2012年开始1月1日起在上海进行营改增试点，之后推广，并于2016年5月1日起在全国范围内全面进行营改增，营改增进程如表2-2所示。

表 2-2　营改增的进程

时间	改革内容
1. 2012年1月1日起，部分行业部分地区进行试点	在上海拉开营改增的帷幕，之后营改增试点扩大到北京、江苏、安徽、福建、广东、天津、浙江、湖北进行试点
2. 2013年8月1日起，部分行业全国范围进行试点	陆续在交通运输业、邮政电信业、7个现代服务业进行营改增试点
3. 2016年5月1日起，全部行业全国范围进行试点	在全国范围内进行全面营改增，之后陆续完善增值税的内容

二、征税范围 ★★★

扫我解疑难

（一）征税范围的一般规定（见表2-3）

1. 征税范围的5个方面

在全面营改增之后，增值税的征税范围主要分为五个方面：货物、劳务、服务、无形资产、不动产。

表 2-3　征税范围的一般规定

范围	内容
销售或者进口货物	(1)包括销售货物，也包括进口货物，进口货物在报关进口时缴纳增值税； (2)货物指的是有形动产，包括电力、热力、气体在内
销售劳务	(1)应税劳务指的是加工、修理修配劳务(应税劳务)； (2)单位或者个体工商户聘用的员工为本单位或者雇主提供加工、修理修配劳务，不属于经营活动，无需缴纳增值税
销售服务	(1)包括交通运输服务、邮政服务、电信服务、建筑服务、金融服务、现代服务、生活服务； (2)单位或者个体工商户聘用的员工为本单位或者雇主提供取得工资的服务，以及单位或者个体工商户为聘用的员工提供服务不属于经营活动，无需缴纳增值税
销售无形资产	(1)有偿转让无形资产所有权或者使用权的业务活动； (2)无形资产，包括技术、商标、著作权、自然资源使用权和其他权益性无形资产
销售不动产	(1)有偿转让不动产所有权的业务活动。不动产包括建筑物、构筑物等。构筑物，包括道路、桥梁、隧道、水坝等建造物； (2)在转让建筑物或构筑物时一并转让其所占用土地使用权的，按销售不动产缴纳增值税

【知识点拨】需要理解以下三个问题：

(1)"加工"是指委托方提供原料和主要材料，受托方按委托方要求制造货物并收取加工费的业务；如果受托方提供原料并按委托方要求制造货物，属于受托方自制货物。"修理修配"是受托对损伤和丧失功能的货物进行修复，使其恢复原状和功能的业务。

(2)加工、修理修配的对象为增值税的应税货物，即有形动产，如修理汽车、修理家用电器等。

(3)加工、修理修配劳务为增值税的应税劳务，提供这两种劳务收取的加工费，无论是货币形式还是其他经济利益，均属于有偿提供应税劳务，需要缴纳增值税。

2. 征税范围的条件

全面营改增后，纳税人所有的经营活动都应缴纳增值税。属于增值税征税范围的应税行为应同时具备四个条件：(1)应税行为是发生在中华人民共和国境内；(2)应税行为是属于《销售服务、无形资产、不动产注释》范围内的经营活动；(3)应税服务是为他人提供的；(4)应税行为是有偿的。我们解释其中的(1)和(2)两项条件。

(1)境内的判断(见表 2-4)

应税行为只有发生在境内，才需要缴纳我国的增值税，那么如何判断境内、境外呢？

表 2-4　境内的判断

类型	境内的判断
销售货物	销售货物的起运地或者所在地在境内
加工、修理修配劳务	提供的应税劳务发生在境内
销售服务、无形资产或不动产	①所销售或者租赁的不动产在境内； ②所销售自然资源使用权的自然资源在境内； ③除①和②外，销售方或者购买方在境内； ④财政部和国家税务总局规定的其他情形

下列情形不属于在境内销售服务或者无形资产(无需缴纳我国的增值税)：

①境外单位或者个人向境内单位或者个人销售完全在境外发生的服务。

②境外单位或者个人向境内单位或者个人销售完全在境外使用的无形资产。

③境外单位或者个人向境内单位或者个人出租完全在境外使用的有形动产。

④财政部和国家税务总局规定的其他情形：

a. 为出境的函件、包裹在境外提供的邮政服务、收派服务；

b. 向境内单位或者个人提供的工程施工地点在境外的建筑服务、工程监理服务；

c. 向境内单位或者个人提供的工程、矿产资源在境外的工程勘察勘探服务；

d. 向境内单位或者个人提供的会议展览地点在境外的会议展览服务。

在①~③中，各位考生要特别注意"完全在境外"的表述，如果未完全发生在境外，则需要缴纳我国的增值税。

【知识点拨1】境外单位或者个人销售的服务（不含租赁不动产）在以下两种情况下属于在我国境内销售服务，应照章缴纳增值税：

（1）境外单位或者个人向境内单位或者个人销售的完全在境内发生的服务，属于在境内销售服务，比如某外国公司在我国境内提供咨询服务；

（2）境外单位或者个人向境内单位或者个人销售的未完全在境外发生的服务，属于在境内销售服务，如境外某咨询公司向境内公司提供的开拓境内、境外市场的咨询服务。

【知识点拨2】境外单位或者个人销售的无形资产在以下两种情况下属于在我国境内销售无形资产，应照章缴纳增值税：

（1）境外单位或者个人向境内单位或者个人销售的完全在境内使用的无形资产，属于在境内销售无形资产，如境外A公司向境内B公司转让A公司在境内的连锁经营权；

（2）境外单位或者个人向境内单位或者个人销售的未完全在境外使用的无形资产，属于在境内销售无形资产，如境外C公司向境内D公司转让一项专利技术，该技术同时用于D公司在境内和境外的生产线。

上面我们介绍了境内、境外的判断，其对增值税的影响见表2-5。

表2-5　境内、境外的判断对增值税的影响

情形	影响
完全在境外发生、使用	无需缴纳我国增值税
完全在境内发生、使用	需要缴纳我国增值税
未完全在境外发生、使用	需要缴纳我国增值税

【知识点拨3】境外单位或者个人在境内发生应税行为，在境内未设有经营机构的，以购买方为增值税扣缴义务人。财政部和国家税务总局另有规定的除外。扣缴义务人扣缴增值税时按照适用税率、而非征收率扣缴。

【例题1·单选题】根据增值税现行政策规定，下列业务属于在境内销售服务、无形资产或不动产的是（　　）。

A. 境外单位向境内单位销售完全在境外发生的电信服务

B. 境外单位向境内单位出租位于境外的厂房

C. 境外单位向境内单位销售自然资源位于境外的自然资源使用权

D. 境外单位向境内单位提供交通运输服务

解析　在境内销售服务、无形资产或不动产，是指：（1）服务（租赁不动产除外）或者无形资产（自然资源使用权除外）的销售方或者购买方在境内；（2）所销售或者租赁的不动产在境内；（3）所销售自然资源使用权的自然资源在境内；（4）财政部和国家税务总局规定的其他情形。　答案　D

【例题2·多选题】根据增值税规定，下列（　　）行为应缴纳我国的增值税。

A. 美国A公司向我国企业转让其在我国的连锁经营权

B. 法国B公司将其在意大利的办公楼出租给我国企业使用

C. 英国C公司对我国企业开拓国际、国内市场提供咨询服务

D. 印度D公司为我国企业在印度的建筑

工程提供监理服务

解析 ▶ 选项 A，属于境外单位向境内单位销售在境内使用的无形资产，属于发生在境内；选项 B，出租的不动产坐落在境外，属于完全发生在境外；选项 C，属于境外单位提供的未完全发生在境外的服务；选项 D，属于境外单位向境外单位提供的完全发生在境外的服务。　　　　　　答案 ▶ AC

（2）该行为是否属于经营活动

纳税人发生的经营活动属于增值税征税范围，但非经营活动无需缴纳增值税。下列行为属于非经营活动，无需缴纳增值税。

①行政单位收取的同时符合三项条件的政府性基金或者行政事业性收费。

【相关链接】 无需缴纳增值税的政府性基金或者行政事业性收费的条件：

a. 由国务院或者财政部批准设立的政府性基金，由国务院或者省级人民政府及其财政、价格主管部门批准设立的行政事业性收费；

b. 收取时开具省级以上（含省级）财政部门监（印）制的财政票据；

c. 所收款项全额上缴财政。

②单位或者个体工商户聘用的员工为本单位或者雇主提供取得工资的服务，加工、修理修配劳务；

③单位或者个体工商户为聘用的员工提供服务；

④财政部和国家税务总局规定的其他情形。

3. 符合增值税征税范围的四个条件，但**不征收增值税**的项目

（1）行政单位收取的同时满足条件的政府性基金或行政事业性收费；

（2）存款利息；

（3）被保险人获得的保险赔付；

（4）房地产主管部门或者其指定机构、公积金管理中心、开发企业以及物业管理单位代收的住宅专项维修资金；

（5）资产重组：纳税人在资产重组过程中，通过合并、分立、出售、置换等方式，将全部或者部分实物资产以及与其相关联的债权、负债和劳动力一并转让给其他单位和个人的行为，其中涉及的货物、不动产、土地使用权转让行为，不征收增值税。

4. 不同时满足增值税征税范围的四个条件，但征收增值税的项目

主要是视同销售行为，我们在"征税范围的特殊规定"加以介绍。

（二）征税范围的特殊规定

1. 属于征税范围的特殊项目

（1）罚没物品征与不征增值税的税务处理（见表2-6）

罚没物品征与不征增值税的关键点是：是否如数上缴财政。如果如数上缴财政，不予征税，否则应予征税。

表2-6　罚没物品征与不征增值税的税务处理

情形		税务处理
执罚部门和单位查处的属于一般商业部门经营的商品，**具备拍卖条件的**，由执罚部门或单位商同级财政部门同意后，公开拍卖。其拍卖收入作为罚没收入由执罚部门和单位如数上缴财政		不予征税
执罚部门和单位查处的属于一般商业部门经营的商品，**不具备拍卖条件的**	由执罚部门、财政部门、国家指定销售单位会同有关部门按质论价，交由国家指定销售单位纳入正常销售渠道变价处理。执罚部门按商定价格所取得的变价收入作为罚没收入如数上缴财政	不予征税
	国家指定销售单位将罚没物品纳入正常销售渠道销售的	应照章征收增值税
执罚部门和单位查处的属于专管机关管理或专管企业经营的财物，应交由专管机关或专营企业收兑或收购。执罚部门和单位按收兑或收购价所取得的收入作为罚没收入如数上缴财政		不予征税

（2）运输逾期票证收入和退票费、手续费的税务处理（见表2-7）

表2-7　运输逾期票证收入和退票费、手续费的税务处理

情形	税务处理
纳税人已售票但客户逾期未消费取得的**运输逾期票证收入**	按照"**交通运输服务**"缴纳增值税
纳税人为客户办理退票而向客户收取的**退票费、手续费等收入**	按照"**其他现代服务**"缴纳增值税

（3）纳税人取得的财政补贴收入的增值税政策（见表2-8）

表2-8　财政补贴收入的增值税政策

财政补贴收入	是否缴纳增值税
与其**销售**货物、劳务、服务、无形资产、不动产的**收入或者数量直接挂钩的**	缴纳增值税
纳税人取得的其他情形的财政补贴收入	不征收增值税

（4）单用途商业预付卡和多用途商业预付卡的税务处理

①单用途商业预付卡（以下简称"单用途卡"）业务的税务处理

a. 单用途卡发卡企业或者售卡企业（以下统称"售卡方"）销售单用途卡，或者接受单用途卡持卡人充值取得的预收资金，不缴纳增值税。售卡方可按照规定，向购卡人、充值人开具增值税普通发票，不得开具增值税专用发票。

b. 售卡方因发行或者销售单用途卡并办理相关资金收付结算业务取得的手续费、结算费、服务费、管理费等收入，应按照现行规定缴纳增值税。

c. 持卡人使用单用途卡购买货物或服务时，货物或者服务的销售方应按照现行规定缴纳增值税，且不得向持卡人开具增值税发票。

d. 销售方与售卡方不是同一个纳税人的，销售方在收到售卡方结算的销售款时，应向售卡方开具增值税普通发票，并在备注栏注明"收到预付卡结算款"，不得开具增值税专用发票。

对于上述处理方式，我们以图2-1表述如下：

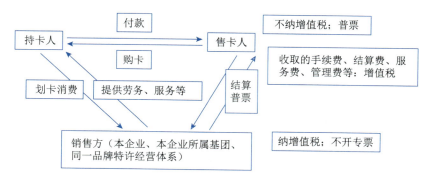

图2-1　单用途卡的业务流程与税务处理

②支付机构预付卡（以下称"多用途卡"）业务按照以下规定执行：

a. 支付机构销售多用途卡取得的等值人民币资金，或者接受多用途卡持卡人充值取得的充值资金，不缴纳增值税。支付机构可按照规定，向购卡人、充值人开具增值税普通发票，不得开具增值税专用发票。

b. 支付机构因发行或者受理多用途卡并办理相关资金收付结算业务取得的手续费、结算费、服务费、管理费等收入，应按照现行规定缴纳增值税。

c. 持卡人使用多用途卡，向与支付机构

签署合作协议的特约商户购买货物或服务，特约商户应按照现行规定缴纳增值税，且不得向持卡人开具增值税发票。

d. 特约商户收到支付机构结算的销售款时，应向支付机构开具增值税普通发票，并在备注栏注明"收到预付卡结算款"，不得开

具增值税专用发票。支付机构从特约商户取得的增值税普通发票，作为其销售多用途卡或接受多用途卡充值取得预收资金不缴纳增值税的凭证，留存备查。

对于上述处理方式，我们以图 2-2 表述如下：

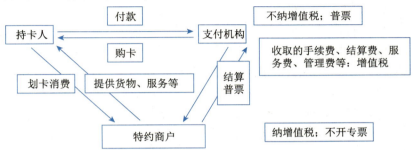

图 2-2　多用途卡的业务流程与税务处理

（5）其他特殊项目的税务处理（见表 2-9）

表 2-9　其他特殊项目的税务处理

情形	税务处理
融资性售后回租业务中，承租方出售资产的行为	不属于增值税的征税范围，不征收增值税
药品生产企业销售自产创新药，其提供给患者后续免费使用的相同创新药	不属于增值税视同销售范围
根据国家指令无偿提供的铁路运输服务、航空运输服务	属于用于公益事业的服务，无需视同销售
存款利息	不征收增值税
被保险人获得的保险赔付	不征收增值税
房地产主管部门或者其指定机构、公积金管理中心、开发企业以及物业管理单位代收的住宅专项维修资金	不征收增值税
资产重组中涉及的货物、不动产、土地使用权	不征收增值税

【知识点拨】　自 2020 年 1 月 1 日起，纳税人取得的财政补贴收入，与其销售货物、劳务、服务、无形资产、不动产的收入或者数量直接挂钩的，应按规定计算缴纳增值税。纳税人取得的其他情形的财政补贴收入，不属于增值税应税收入，不征收增值税。

【例题 3·单选题】　企业发生的下列行为中，需要缴纳增值税的是（　　）。

A. 获得的保险赔偿

B. 纳税人在资产重组过程中涉及的土地使用权转让

C. 航空运输企业已售票但未提供航空运输服务取得的逾期票证收入

D. 单位聘用的员工为本单位提供加工、修理修配劳务

解析　选项 A、B、D 均不征收增值税。选项 C，航空运输企业已售票但未提供航空运输服务取得的逾期票证收入，按照航空运输服务征收增值税。　答案　C

真题精练（客观题）

（2017 年多选题，改）企业发生的下列行为中，需要缴纳增值税的有（　　）。

A. 获得保险赔偿

B. 取得存款利息

C. 收取包装物租金

D. 取得与销售汽车数量有关的中央财政

补贴

解析 ▶ 选项 AB 不征收增值税。

答案 ▶ CD

2. 征税范围的特殊行为

征税范围的特殊行为主要包括视同销售、混合销售行为和兼营行为。

（1）视同销售货物或视同提供应税行为

单位或者个体工商户的下列行为，视同销售货物或发生应税行为：

①将货物交付其他单位或者个人代销；

②销售代销货物；

a. 受托方销售代销货物时，按实际售价计算销项税额；取得委托方增值税专用发票，可以抵扣进项税额；

b. 受托方收取的代销手续费，应按"现代服务"6%的税率征收增值税。

③设有两个以上机构并实行统一核算的纳税人，将货物从一个机构移送至其他机构用于销售，但相关机构设在同一县（市）的除外；

"用于销售"，是指受货机构发生以下情形之一的经营行为：

a. 向购货方开具发票；

b. 向购货方收取款项；

未发生上述两项情形的，则应由总机构统一缴纳增值税。

如受货机构只就部分货物向购买方开具发票或收取货款，则应区别不同情况计算并分别向总机构所在地或分支机构所在地纳税。

④将自产或者委托加工的货物用于非应税项目；

⑤将自产、委托加工的货物用于集体福利或者个人消费；

⑥将自产、委托加工或者购进的货物作为投资，提供给其他单位或者个体工商户；

⑦将自产、委托加工或者购进的货物分配给股东或者投资者；

⑧将自产、委托加工或者购进的货物无偿赠送其他单位或者个人；

⑨单位或者个体工商户向其他单位或者个人无偿提供服务，但用于公益事业或者以社会公众为对象的除外；

⑩单位或者个人向其他单位或者个人无偿转让无形资产或者不动产，但用于公益事业或者以社会公众为对象的除外；

⑪财政部和国家税务总局规定的其他情形。

【知识点拨 1】全面营改增后，受托方代销货物，属于提供代销服务，取得的手续费属于增值税的征税范围，手续费要计算增值税。

【知识点拨 2】对于自产、委托加工的货物与购买的货物的不同税务处理如表 2-10 所示。

表 2-10　自产、委托加工的货物 VS 购买的货物的不同税务处理

货物类型	用途	税务处理
自产、委托加工的货物	用于非应税项目；集体福利或个人消费；投资；分配；无偿赠送	（1）视同销售，计算销项税额； （2）所涉及的进项税额，符合规定可以抵扣
购买的货物	用于非应税项目；集体福利或个人消费（含交际应酬消费）	（1）不视同销售，无销项税额； （2）所涉及的进项税额不得抵扣；已抵扣的，作进项税转出处理
	投资；分配；无偿赠送	（1）视同销售，计算销项税额； （2）所涉及的进项税额，符合规定可以抵扣

【知识点拨 3】增值税的视同销售 ≠ 企业所得税的视同销售

增值税视同销售的判断以税法列举的情形为准，而企业所得税的视同销售则是以所

有权是否转移为准，两者判断标准不同，因此即使是同一项行为，增值税和企业所得税的判断结果也不同，也就是说不能混淆增值税的视同销售和企业所得税的视同销售。

会计、增值税及企业所得税三者对上述①~⑪的处理是不一样的，收入确认与视同销售比对如表2-11所示。

表2-11　收入确认与视同销售比对

项目		会计收入确认	增值税视同销售	企业所得税销售或视同销售
将货物交付其他单位或者个人代销		√	√	√
销售代销货物	收取手续费①	×	√	×
	视同买断	√	√	√
统一核算，异地移送		×	√	×
职工个人福利（给个人）	自产、委托加工	√	√	√
	外购	×	×	×
集体福利（食堂、浴室）	自产、委托加工	×	√	×
	外购	×	×	×
投资（自产、委托加工、外购）		√	√	√
分配（自产、委托加工、外购）		√	√	√
赠送（自产、委托加工、外购）		×	√	√
交际应酬	自产、委托加工	×	√	√
	外购	×	×	√
市场推广、广告样品耗用	自产、委托加工	×	√	√
	外购	×	√	√

注：上述表格中"√"代表确认收入或视同销售；"×"代表不确认收入或不视同销售。

【例题4·单选题】下列属于增值税视同销售行为的是（　）。

A. 将自产的货物用于无偿赠送其他单位

B. 自然人股东将资金无偿借给所投资公司

C. 将外购的货物用于个人消费

D. 设在同一县（市）的两个机构之间移送货物

解析 ▶ 选项B，无偿提供服务视同销售的主体不包括自然人；选项C，不属于视同发生应税销售行为，而是属于不得抵扣进项税额的情形；选项D，设有两个以上机构并实行统一核算的纳税人，将货物从一个机构移送至其他机构用于销售，但相关机构设在同一县（市）的除外，属于视同发生应税销售行为。　　　　　　　答案 ▶ A

【例题5·多选题】下列各项中，应视同销售货物征收增值税的有（　）。

A. 将自产摩托车作为福利发给职工

B. 将自产钢材用于修建厂房

C. 将自产机器设备用于生产服装

D. 将购进的轿车分配给股东

解析 ▶ 选项B、C不视同销售，因为属于将自产货物用于应税项目。　　　答案 ▶ AD

① 以收取手续费方式销售代销货物，由于货物的所有权并不属于受托方，因此受托方销售代销货物时收取的货款，会计上和企业所得税上都不确认收入，也不视同销售，仅对其收取的手续费确认为收入；增值税上对于销售代销货物收取的货物，需要视同销售，计算销项税额，对其收取的手续费，也要按照"现代服务"计算缴纳增值税。

【例题 6·多选题】 下列各项中属于视同销售行为应当计算销项税额的有( )。

    A. 以物易物业务

    B. 将货物交付他人代销

    C. 将购买的货物无偿赠送他人

    D. 用自产货物抵偿债务

解析 ▶ 选项 A、D 属于特殊销售行为，不是视同销售行为。　　**答案** ▶ BC

（2）混合销售行为 VS 兼营行为

如何界定混合销售行为和兼营行为，无论在考试中还是实践中都是难点问题。我们将两者的界定标准与税务处理总结如表 2-12 所示。

表 2-12　混合销售行为 VS 兼营行为的界定标准与税务处理

	界定标准	税务处理
混合销售行为	一项销售行为既涉及货物又涉及服务	以从事货物生产、批零为主的纳税人：按照销售货物缴纳增值税。 否则按照销售服务缴纳增值税
兼营行为	多项行为涉及不同税率或征收率的应税行为	分别核算适用不同税率或者征收率的销售额，未分别核算销售额的，从高适用税率或者征收率

关键：行为之间是否具有关联性和从属性

【知识点拨 1】 纳税人销售货物并提供建筑、安装服务及提供后续维修保养服务的税务处理（见表 2-13）

表 2-13　销售货物并提供建筑、安装服务及提供后续维修保养服务的税务处理

应税服务	税务处理
一般纳税人销售自产机器设备、活动板房、钢结构件等的同时提供安装服务	分别核算；分别按税率或征收率计算纳税 如果销售的是自产机器设备：安装服务可以按照甲供工程选择简易
一般纳税人销售外购机器设备的同时提供安装服务	（1）按照混合销售进行税务处理； （2）如已按兼营的有关规定，分别核算： a. 机器设备销售额按照 13% 计算纳税，安装服务按照 9% 计算纳税； b. 机器设备销售额按照 13% 计算纳税，安装服务可以按照甲供工程选择适用简易计税方法计税——征收率 3%
一般纳税人销售电梯的同时提供安装服务	安装服务可以按照甲供工程适用简易计税方法计税。 此处电梯可以是自产的，也可以是外购的
纳税人对安装运行后的机器设备、电梯提供维护保养服务	按照"其他现代服务"缴纳增值税。 注意：（1）修理修配劳务：税率 13%；（2）维修保养服务：税率 6%

【知识点拨 2】 对于混合销售行为，需要关注三点：（1）强调"一项销售行为"，这与原规定一致；（2）"混合销售"仅仅是指服务和货物的混合，不包括劳务、不动产和无形资产，例如销售不动产的同时销售家电，不能按混合销售统一适用 9% 的增值税税率，而是应该分别纳税；（3）"混合销售"的纳税人不再考虑"其他个人"，混合销售的最终判定，影响的是税率的选择，其他个人销售货物和服务，按小规模纳税人 3% 的征收率纳税，再

区分混合销售已经没有意义。

【例题 7·单选题】 根据增值税规定，下列税务处理错误的是( )。

    A. 美容院销售美容产品的同时提供美容服务，应按照兼营行为缴纳增值税

    B. 商场销售货物并提供餐饮服务，应按照兼营行为缴纳增值税

    C. 建材商店销售木地板的同时提供铺装服务，应按照 13% 的税率缴纳增值税

    D. 装修公司包工包料提供装修服务，应

按照9%的税率缴纳增值税

解析 ▶ 选项A，美容院销售美容产品的同时提供美容服务，属于一项销售行为既涉及货物又涉及服务，为混合销售行为，而非兼营行为。 **答案** ▶ A

真题精练（客观题）

（2019年单选题）下列经营行为中，属于增值税混合销售行为的是（　　）。

A. 商场销售相机及储存卡

B. 商场销售办公设备并提供送货服务

C. 疗养中心提供住宿并举办健康讲座

D. 健身房提供健身场所并销售减肥药

解析 ▶ 一项销售行为如果既涉及货物又涉及服务，为混合销售。选项B，销售货物的同时，提供运输服务，因此属于混合销售行为。 **答案** ▶ B

三、纳税人及登记管理制度

扫我解疑难

（一）纳税义务人和扣缴义务人★

1. 纳税义务人

在中华人民共和国境内销售货物或者加工、修理修配劳务（以下简称劳务），销售服务、无形资产、不动产以及进口货物的单位和个人，为增值税的纳税人。

单位采用承包、承租、挂靠经营方式下，区分以下两种情况界定纳税人（见表2-14）：

表2-14　承包、承租、挂靠经营方式下纳税人的确定

情形	纳税人
同时满足以下两个条件的： (1)以发包人名义对外经营； (2)由发包人承担相关法律责任	以发包人为纳税人
否则	以承包人为纳税人

资管产品运营过程中发生的增值税应税销售行为，以资管产品管理人为增值税纳

税人。

2. 扣缴义务人

中华人民共和国境外的单位或者个人在境内销售劳务，在境内未设有经营机构的，以其境内代理人为扣缴义务人；在境内没有代理人的，以购买方为扣缴义务人。

境外单位或者个人在境内发生应税行为，在境内未设有经营机构的，以购买方为增值税扣缴义务人。财政部和国家税务总局另有规定的除外。

真题精练（客观题）

（2018年单选题）下列承包经营的情形中，应以发包人为增值税纳税人的是（　　）。

A. 以承包人名义对外经营，由承包人承担法律责任的

B. 以发包人名义对外经营，由发包人承担法律责任的

C. 以发包人名义对外经营，由承包人承担法律责任的

D. 以承包人名义对外经营，由发包人承担法律责任的

解析 ▶ 以承包、承租、挂靠方式经营的，承包人、承租人、挂靠人以发包人、出租人、被挂靠人（以下统称发包人）名义对外经营并由发包人承担相关法律责任的，以该发包人为纳税人；否则以承包人为纳税人。 **答案** ▶ B

（二）一般纳税人和小规模纳税人的划分及登记管理★★

增值税的一般计税方法，应纳税额＝销项税额－进项税额，按照该方法计算缴纳增值税，需要纳税人有健全的会计核算。而我国纳税人众多，会计核算水平参差不齐，为了既简化增值税的计算与征收，又减少增值税征管漏洞，因此按照会计核算水平和经营规模，将增值税纳税人分为一般纳税人和小规模纳税人两类。增值税一般纳税人主要采用一般计税方法计税，小规模纳税人采用简易计税方法纳税。

1. 一般纳税人与小规模纳税人划分的标准(见表 2-15)

表 2-15　一般纳税人与小规模纳税人划分的标准

情形	具体规定
一般纳税人	超过 500 万元
小规模纳税人	500 万元及以下(含本数)
年应税销售额超过规定标准的**其他个人**	**不认定为一般纳税人**
不经常发生应税行为的单位和个体工商户	**可以选择**按小规模纳税人纳税
按照规定已登记为增值税一般纳税人的单位和个人，在 2019 年 12 月 31 日前，可转登记为小规模纳税人，其未抵扣的进项税额作转出处理	

【知识点拨】年应税销售额的界定

(1)年应税销售额，是指纳税人在连续不超过 12 个月或四个季度的经营期内累计应征增值税销售额，包括纳税申报销售额、稽查查补销售额、纳税评估调整销售额。

年应税销售额未超过规定标准的纳税人，会计核算健全，能够提供准确税务资料的，可以向主管税务机关办理一般纳税人登记。

(2)应税行为有扣除项目的纳税人，其应税行为年应税销售额按未扣除之前的销售额计算。

(3)纳税人偶然发生的销售无形资产、转让不动产的销售额，不计入应税行为年应税销售额。

(4)未发生纳税义务的预售销售额、不征税销售额，不计入应税销售额；免税销售额应计入应税销售额。

2. 办理一般纳税人登记的时间规定

纳税人在年应税销售额超过规定标准的月份(或季度)的所属申报期结束后 15 日内按照规定办理相关手续；未按规定时限办理的，主管税务机关应当在规定时限结束后 5 日内制作《税务事项通知书》，告知纳税人应当在 5 日内向主管税务机关办理相关手续；逾期仍不办理的，次月起按销售额依照增值税率计算应纳税额，不得抵扣进项税额，直至纳税人办理相关手续为止。

3. 一般纳税人生效之日

纳税人办理登记的**当月**1 日或者**次月**1 日，由纳税人在办理登记手续时自行选择。

4. 除另有规定外，纳税人登记为一般纳税人之后，不得转为小规模纳税人。

5. 同时符合以下条件的一般纳税人，可选择按照规定，转登记为小规模纳税人，其**未抵扣的进项税额作转出处理**，或选择继续作为一般纳税人：

(1)根据原有增值税一般纳税人年应税销售额 50 万元、80 万元等标准，登记为一般纳税人。

(2)转登记日前连续 12 个月(以 1 个月为 1 个纳税期)或者连续 4 个季度(以 1 个季度为个纳税期)累计应征增值税销售额(以下称应税销售额)未超过 500 万元。

转登记日前连续 12 个月(以 1 个月为 1 个纳税期)或者连续 4 个季度(以 1 个季度为 1 个纳税期)累计销售额未超过 500 万元的一般纳税人，在 2019 年 12 月 31 日前，可选择转登记为小规模纳税人。

【知识点拨】(1)一般纳税人转登记为小规模纳税人(以下称转登记纳税人)后，自转登记日的下期起，按照简易计税方法计算缴纳增值税；转登记日当期仍按照一般纳税人的有关规定计算缴纳增值税。

(2)转登记纳税人尚未申报抵扣的进项税额以及转登记日当期的期末留抵税额，计入"应交税费一待抵扣进项税额"核算。

(3)转登记纳税人在**一般纳税人期间**销售或者购进的货物、劳务、服务、无形资产、不动产，自转登记日的下期起发生销售折让、中止或者退回的，**调整转登记日当期**的销项税额、进项税额和应纳税额。

（4）转登记纳税人可以继续使用现有税控设备开具增值税发票，不需要缴销税控设备和增值税发票。

（5）转登记纳税人在**一般纳税人期间**发生的增值税应税销售行为，**未开具增值税发票需要补开**的，应当按照**原**适用税率或者征收率补开增值税发票；发生销售折让、中止或者退回等情形，需要开具红字发票的，按照**原**蓝字发票记载的内容开具红字发票；开票有误需要重新开具的，先按照**原**蓝字发票记载的内容开具红字发票后，再重新开具正确的蓝字发票。

（6）自转登记日的下期起连续不超过12个月或者连续不超过4个季度的经营期内，转登记纳税人应税销售额超过财政部、国家税务总局规定的小规模纳税人标准的，应当按规定，向主管税务机关办理一般纳税人登记。

（7）转登记纳税人按规定再次登记为一般纳税人后，**不得**再转登记为小规模纳税人。

6. 综合保税区增值税一般纳税人资格管理

综合保税区增值税一般纳税人资格试点（以下简称一般纳税人资格试点）实行备案管理。

综合保税区内企业自增值税一般纳税人资格生效之日起，适用下列税收政策：

（1）试点企业进口自用设备（包括机器设备、基建物资和办公用品）时，暂免征收进口关税和进口环节增值税、消费税（以下简称进口税收）。

（2）除进口自用设备外，购买的下列货物适用保税政策：

①从境外购买并进入试点区域的货物；

②从海关特殊监管区域（试点区域除外）或海关保税监管场所购买并进入试点区域的保税货物；

③从试点区域内非试点企业购买的保税货物；

④从试点区域内其他试点企业购买的未经加工的保税货物。

（3）销售的下列货物，向主管税务机关申报缴纳增值税、消费税：

①向境内区外销售的货物；

②向保税区、不具备退税功能的保税监管场所销售的货物（未经加工的保税货物除外）；

③向试点区域内其他试点企业销售的货物（未经加工的保税货物除外）。

试点企业销售上述货物中含有保税货物的，按照保税货物进入海关特殊监管区域时的状态向海关申报缴纳进口税收，并按照规定补缴缓税利息。

（4）向海关特殊监管区域或者海关保税监管场所销售的未经加工的保税货物，继续适用保税政策。

（5）销售的下列货物（未经加工的保税货物除外），适用出口退（免）税政策。

①离境出口的货物；

②向海关特殊监管区域（试点区域、保税区除外）或海关保税监管场所（不具备退税功能的保税监管场所除外）销售的货物；

③向试点区域内非试点企业销售的货物。

（6）未经加工的保税货物离境出口实行增值税、消费税免税政策。

（7）除财政部、海关总署、国家税务总局另有规定外，试点企业适用区外关税、增值税、消费税的法律、法规等现行规定。

【例题8·多选题】 以下各项中，应计入增值税一般纳税人确定标准的"年应税销售额"的有（ ）。

A. 免税销售额

B. 稽查查补销售额

C. 房地产开发企业预售销售额

D. 偶然发生的销售无形资产销售额

解析 ▶ 年应税销售额包括纳税申报销售额、稽查查补销售额、纳税评估调整销售额，但不包括偶然发生的销售无形资产、转让不动产的销售额；房地产开发企业预售销售额由于未发生增值税纳税义务，因此不计入应税销售额中。

答案 ▶ AB

四、税率与征收率

扫我解疑难

(一)增值税税率★★★

自 2017 年 7 月 1 日起，简并增值税税率结构，取消 13% 的增值税税率；2018 年 5 月 1 日起，将 17%、11%、6% 的增值税税率调整为 16%、10% 和 6%。同时从 2019 年 4 月 1 日起，将 16%、10% 和 6% 的税率调整为 13%、9% 和 6%。税率变动的过程中如表 2-16 所示。

表 2-16　税率变动过程

2017 年 6 月 30 日之前	2017 年 7 月 1 日~2018 年 4 月 30 日	2018 年 5 月 1 日~2019 年 3 月 31 日	2019 年 4 月 1 日之后
17%	17%	16%	13%
13%	11%	10%	9%
11%			
6%	6%	6%	6%

各位考生一定要重视增值税税率的学习，无论做何种类型的增值税计算题目，都首先要考虑增值税的税率。

1. 增值税税率的基本规定(见表 2-17、表 2-18)

表 2-17　增值税税率

税率	具体内容
13%基本税率	(1)增值税一般纳税人销售货物、进口货物，提供加工修理修配劳务，除下列适用 9% 低税率外，均适用 13% 的税率； (2)有形动产租赁服务适用 13% 的税率
9%	适用 9% 税率货物：生活必需品、初级农产品等，具体内容见表 2-18
	9% 的营改增应税行为：提供交通运输服务、邮政服务、基础电信、建筑服务、不动产租赁服务(含纳税人以经营租赁方式将土地出租给他人使用)，销售不动产，转让土地使用权
6%	金融服务、生活服务、增值电信服务、现代服务(有形动产租赁、不动产租赁除外)、销售无形资产(转让土地使用权除外)
零税率	除另有规定外，出口货物；境内单位和个人发生的跨境应税行为

表 2-18　适用 9% 税率的货物

分类	具体内容
1. 生活必需品类	(1)粮食等农产品、食用植物油(包括花椒油、橄榄油、核桃油、杏仁油、葡萄籽油和牡丹籽油，不包括环氧大豆油、氢化植物油、肉桂油、桉油、香茅油)； (2)鲜奶、符合国标规定的巴氏杀菌乳和灭菌乳(调制乳：13%)； (3)食用盐； (4)自来水、暖气、冷气、热水、煤气、石油液化气、天然气、沼气和居民用煤炭制品等
2. 文化用品类	图书、报纸、杂志、音像制品和电子出版物
3. 农业生产资料类	饲料、化肥、农机、农药、农膜。 农机：含密集型烤房设备、频振式杀虫灯、自动虫情测报灯、黏虫板、卷帘机、农用挖掘机、养鸡设备系列、养猪设备系列、不含农机零部件

分类	具体内容
4.(初级)农产品	(1)干姜、姜黄、动物骨粒的增值税适用税率为9%; (2)纳税人销售自产人工合成牛胚胎免征增值税; (3)麦芽、复合胶、人发、淀粉应适用13%的增值税税率
5.其他	如二甲醚等

2. 相关行业增值税税率总结(见表2-19)

表2-19 相关行业增值税税率总结

类型	具体情况	税务处理
与交通运输服务有关的服务	出租车公司向使用本公司自有出租车的出租车司机收取的管理费用	陆路运输服务9%
	程租、期租、湿租(既租赁交通运输工具,又配备操作人员)	交通运输服务(9%)
	干租、光租(只租赁交通运输工具,不配备操作人员)	有形动产租赁服务(13%)
	运输工具舱位承包业务	交通运输服务9%
	运输工具舱位互换业务	交通运输服务9%
	无运输工具承运业务	交通运输服务9%
	货运代理服务	经纪代理服务6%
	装卸搬运服务	物流辅助服务6%
	已售票但客户逾期未消费取得的运输逾期票证收入	交通运输服务9%
	为客户办理退票而向客户收取的退票费、手续费等收入	其他现代服务6%
与财产租赁有关的业务	有形动产租赁服务	有形动产租赁服务13%
	不动产租赁服务	不动产租赁服务9%
	出租建筑施工设备并配备操作人员	建筑服务9%
	出租建筑施工设备未配备操作人员	有形动产租赁服务13%
	融资性售后回租	金融服务中的贷款服务6%
	仓储服务	物流辅助服务6%
与建筑服务有关的业务	园林绿化	建筑服务9%
	苗木销售	销售货物(9%,农业生产者自产自销苗木免税)
	航道疏浚	物流辅助服务中的港口码头服务6%
	其他疏浚	建筑服务9%
与金融服务有关的业务	融资性售后回租	金融服务中的贷款服务6%
	经营租赁、融资租赁	租赁服务(有形动产租赁服务13%、不动产租赁服务9%)
	以货币资金投资收取固定利润或保底利润	金融服务中的贷款服务6%
	转让限售股(纳税人转让因同时实施股权分置改革和重大资产重组而首次公开发行股票并上市形成的限售股,以及上市首日至解禁日期间由上述股份孳生的送、转股)	以该上市公司股票上市首日开盘价为买入价,按照金融商品转让(6%)缴纳增值税

続表

类型	具体情况	税务处理
与软件有关的税率	销售**软件产品**	销售货物13%
	软件开发服务、软件咨询服务、软件维护服务、软件测试服务	信息技术服务中的软件服务6%
邮政服务	中国邮政集团公司及其所属邮政企业提供邮件寄递、邮政汇兑和机要通信等邮政基本服务的业务活动。包括邮册等邮品销售、邮政代理等业务活动	邮政服务9%
	其他企业销售邮品	销售货物13%
电信服务	利用固网、移动网、卫星、互联网，提供**语音通话**服务的业务活动，以及出租或者出售带宽、波长等网络元素的业务活动	**基础电信服务9%**
	利用固网、移动网、卫星、互联网、有线电视网络，提供**短信和彩信服务**、电子数据和信息的传输及应用服务、互联网接入服务等业务活动；卫星电视信号落地转接服务	**增值电信服务6%**
与代理有关的业务	邮政代理服务	邮政服务9%
	其他代理服务	经纪代理服务6%
与现代服务有关的业务	宾馆、旅馆、旅社、度假村和其他经营性住宿场所提供会议场地及配套服务的活动	会议展览服务6%
	港口设施经营人收取的港口设施保安费	港口码头服务6%
	装卸搬运服务	物流辅助服务6%
	货运代理服务	经纪代理服务6%
	将建筑物、构筑物等**不动产**或飞机、车辆等**有形动产**的广告位**出租**给其他单位或个人用于发布广告	**不动产租赁服务9%或有形动产租赁服务13%**
	车辆停放服务、**道路通行服务（包括过路费、过桥费、过闸费等）**	不动产经营租赁服务9%
	武装守护押运服务	安全保护服务6%
	安全保护服务	比照劳务派遣政策，一旦差额计税，5%征收率
	对安装运行后的电梯、机器设备提供的维护保养服务	其他现代服务6%
与生活服务有关的业务	提供餐饮服务的纳税人销售的外卖食品	餐饮服务6%
	纳税人现场制作食品并直接销售给消费者	餐饮服务6%
	在**旅游场所**经营索道、摆渡车、电瓶车、游船等取得的收入	**文化体育服务6%**
	提供**植物养护服务**	**其他生活服务6%**
与无形资产有关的业务	纳税人通过**省级**土地行政主管部门设立的交易平台转让**补充耕地指标**	转让无形资产6%

【**例题9·多选题**】根据现行政策，下列项目按照9%的税率征收增值税的有（　　）。

A．销售干姜
B．苗圃销售自种花卉

C. 销售音像制品

D. 销售麦芽

解析　苗圃销售自种花卉免征增值税；销售麦芽适用13%税率。　**答案**　AC

【例题10·多选题】 下列应税行为中，应该按照6%的税率征收增值税的有（　　）。

A. 会议展览服务

B. 工程设计服务

C. 水路运输的光租业务

D. 航空运输的湿租业务

解析　选项C，水路运输的光租业务应该按照有形动产租赁服务13%的税率计算纳税；选项D，航空运输的湿租业务应该按照交通运输服务9%的税率计算纳税。

答案　AB

真题精练（客观题）

1. （2019年单选题）出租车公司向使用本公司自有出租车的司机收取管理费用，应缴纳增值税，该业务属于增值税征税范围中的（　　）。

A. 物流辅助服务

B. 交通运输服务

C. 居民日常服务

D. 商务辅助服务

解析　出租车公司向使用本公司自有出租车的出租车司机收取的管理费用，按照陆路运输服务缴纳增值税。　**答案**　B

2. （2018年多选题）金融企业提供金融服务取得的下列收入中，按"贷款服务"缴纳增值税的有（　　）。

A. 以货币资金投资收取的保底利润

B. 融资性售后回租业务取得的利息收入

C. 买入返售金融商品利息收入

D. 金融商品持有期间取得的非保本收益

解析　金融商品持有期间（含到期）利息（保本收益、报酬、资金占用费、补偿金等）收入、信用卡透支利息收入、买入返售金融商品利息收入、融资融券收取的利息收入，以及融资性售后回租、押汇、罚息、票据贴现、转贷等业务取得的利息及

利息性质的收入，按照贷款服务缴纳增值税。选项D，金融商品持有期间取得的非保本收益，不属于利息或利息性质的收入，不征收增值税。　**答案**　ABC

3. 适用零税率的情形

中华人民共和国境内（以下称境内）的单位和个人销售的下列服务和无形资产，适用增值税零税率。

（1）国际运输服务。

（2）航天运输服务。

（3）向境外单位提供的完全在境外消费的下列服务：

①研发服务。

②合同能源管理服务。

③设计服务。

④广播影视节目（作品）的制作和发行服务。

⑤软件服务。

⑥电路设计及测试服务。

⑦信息系统服务。

⑧业务流程管理服务。

⑨离岸服务外包业务。

⑩转让技术。

（4）财政部和国家税务总局规定的其他服务。

【知识点拨】 其他零税率政策

①按照国家有关规定应取得相关资质的国际运输服务项目，纳税人取得相关资质的，适用增值税零税率政策，未取得的，适用增值税免税政策。

②境内的单位或个人提供程租服务，如果租赁的交通工具用于国际运输服务和港澳台运输服务，由出租方按规定申请适用增值税零税率。

③境内的单位和个人向境内单位或个人提供期租、湿租服务，如果承租方利用租赁的交通工具向其他单位或个人提供国际运输服务和港澳台运输服务，由承租方适用增值税零税率。境内的单位或个人向境外单位或个人提供期租、湿租服务，由出租方适用增

值税零税率。

④境内单位和个人以无运输工具承运方式提供的国际运输服务，由境内实际承运人适用增值税零税率；无运输工具承运业务的经营者适用增值税免税政策。

境内单位和个人发生的与香港、澳门、台湾有关的应税行为，除另有规定外，参照上述规定执行。

【例题 11·多选题】下列各项中适用零税率的国际运输服务有（　　）。

A. 我国某船运公司将货物自广东运往英国

B. 我国某船运公司将货物自英国运往广东

C. 我国某船运公司将货物自英国运往美国

D. 英国某船运公司将货物自美国运往我国

解析 ▶ 中华人民共和国境内的单位和个人提供的国际运输服务适用增值税零税率。国际运输服务，是指：（1）在境内载运旅客或者货物出境；（2）在境外载运旅客或者货物入境；（3）在境外载运旅客或者货物。选项 D 属于境外单位提供的完全发生在境外的服务，不属于我国增值税的征税范围。　答案 ▶ ABC

【例题 12·单选题】某航空公司为增值税一般纳税人并具有国际运输经营资质，2020 年 3 月购进飞机配件取得的增值税专用发票上注明价款 650 万元、税额 84.5 万元；开展航空服务开具普通发票取得的含税收入包括国内运输收入 1362.5 万元、国际运输收入 288.6 万元、飞机清洗消毒收入 127.2 万元。该公司 3 月应缴纳的增值税为（　　）万元。

A. 35.2　　　　　B. 38.00

C. 58.53　　　　D. 77.2

解析 ▶ 国际运输服务，适用增值税零税率；飞机清洗消毒服务属于物流辅助服务，税率为 6%。应纳增值税 = 1362.5÷(1+9%)×9%+127.2÷(1+6%)×6%-84.5 = 35.2（万元）。

答案 ▶ A

真题精练（客观题）

（2018 年单选题）境内单位和个人发生的下列跨境应税行为中，适用增值税零税率的是（　　）。

A. 向境外单位转让的完全在境外使用的技术

B. 在境外提供的广播影视节目的播映服务

C. 无运输工具承运业务的经营者提供的国际运输服务

D. 向境外单位提供的完全在境外消费的电信服务

解析 ▶ 本题考核零税率的适用范围。

答案 ▶ A

（二）征收率 ★★★

增值税的征收率一般在两种情况下适用：（1）小规模纳税人；（2）增值税一般纳税人发生应税销售行为按规定简易计税或可以选择简易计税的。

1. 征收率的基本规定

征收率一般情况下为 3%，在全面营改增之后增加了 5% 的征收率，5% 的征收率主要与不动产租售有关，此外增值税的征收率中又有减按 2%、1.5% 计税的特殊规定。（见表 2-20）

表 2-20　适用 5% 征收率的情形

类别	具体情形	征收率
不动产租售	（1）小规模纳税人的不动产租售，除另有规定外	5%
	（2）一般纳税人销售原有不动产、转让房地产老项目；出租原有不动产；原有不动产融资租赁合同；收取试点前开工的一级公路、二级公路、桥、闸通行费，可选简易计税方法的	5%

续表

类别	具体情形	征收率
不动产租售	(3)个人(含个体工商户和自然人)出租住房	减按 1.5%
	(4)一般纳税人收取试点前开工的高速公路通行费，选择适用简易计税方法的	减按 3%
其他情形	(1)一般纳税人和小规模纳税人提供劳务派遣服务选择差额纳税的	5%
	(2)一般纳税人提供人力资源外包服务，选择适用简易计税方法的	5%
	(3)纳税人转让 2016 年 4 月 30 日前取得的土地使用权，选择适用简易计税方法的	5%

除上述情形外，纳税人选择简易计税方法时，征收率均为 3%。

【知识点拨 1】 自然人销售不动产的税务处理见图 2-3。

自然人销售不动产
- 商铺：差额/1.05×5%
- 住房
  - 不满 2 年：全额/1.05×5%
  - 满 2 年
    - 一般地区：免
    - 北上广深
      - 普通住房：免
      - 非普通：差额/1.05×5%

图 2-3 自然人销售不动产的税务处理

【知识点拨 2】 劳务派遣的税务处理见表 2-21。

表 2-21 劳务派遣的税务处理

	计税方法	税率(征收率)	发票开具
一般纳税人	全额计税	6%	可开专票
	差额计税：扣除代用工单位支付给劳务派遣员工的工资、福利和为其办理社会保险及住房公积金	5%	差额部分只能开普票
小规模纳税人	全额计税	3%	可开专票
	差额计税	5%	差额部分只能开普票

【知识点拨 3】 人力资源外包服务的税务处理

纳税人提供**人力资源外包服务**，按照**经纪代理服务**缴纳增值税，**其销售额不包括受客户单位委托代为向客户单位员工发放的工资和代理缴纳的社会保险、住房公积金**；一般纳税人提供人力资源外包服务，可以选择适用简易计税方法，按照**5%的征收率**计算缴纳增值税。

2. 纳税人销售自己使用过的固定资产或物品

(1)固定资产中的有形动产进项税额抵扣的变化

在学习本部分内容之前，我们先了解一下固定资产中的有形动产进项税额抵扣的变化，见图 2-4。

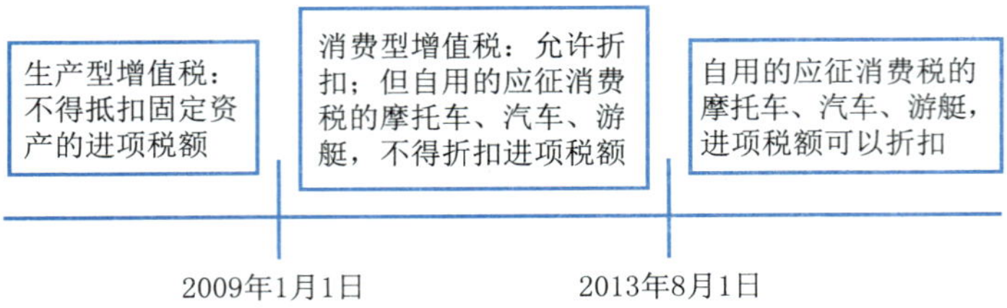

生产型增值税：不得抵扣固定资产的进项税额	消费型增值税：允许折扣；但自用的应征消费税的摩托车、汽车、游艇，不得折扣进项税额	自用的应征消费税的摩托车、汽车、游艇，进项税额可以折扣

2009年1月1日　　　　　2013年8月1日

图2-4　固定资产中有形动产进项税额抵扣的变化

(2)纳税人销售使用过的固定资产与物品的税务处理

由于纳税人购进固定资产时有的抵扣过进项税额，有的未抵扣过进项税额，因此销售时其税务处理不同，见表2-22。

表2-22　纳税人销售自己使用过的固定资产或物品

纳税人类别	情形	税务处理	计税公式	发票开具
一般纳税人	销售使用过的、**已抵扣**进项税额的固定资产	按适用税率征收增值税	销项税额=含税售价/(1+13%或9%)×13%或9%	可以开具专票
	销售使用过的、**不得抵扣**且未抵扣进项税额的固定资产	依照3%征收率减按2%征收增值税	应纳税额=含税售价/(1+3%)×2%	只能开普票，不得开专票
		可以放弃减税，按3%征收率开具发票	应纳税额=含税售价/(1+3%)×3%	可以开具专票
	销售**旧货**——进入二次流通的具有部分使用价值的货物(含旧汽车、旧摩托车和旧游艇)	依照3%征收率减按2%征收增值税	应纳税额=含税售价/(1+3%)×2%	只能开普票，不能开专票
	销售自己使用过的除固定资产、旧货外的其他物品	按适用税率征收增值税	销项税额=含税售价/(1+13%或9%)×13%或9%	可以开具专票
小规模纳税人	销售自己使用过的固定资产	减按2%的征收率征收增值税	应纳税额=含税售价/(1+3%)×2%	只能开普票，不得开具专票(包括不得由税务机关代开专票)
		可以放弃减税，按照3%征收率计税	应纳税额=含税售价/(1+3%)×3%	可以由税务机关代开专票
	销售旧货	依照3%征收率减按2%征收增值税	应纳税额=含税售价/(1+3%)×2%	只能开普票，不能开专票
其他个人	销售自己使用过的物品	免增值税	—	—

一般纳税人销售自己使用过的固定资产，在计算纳税时关键点是固定资产购进时是否抵扣过进项税额的判断(见表2-23)。

表2-23　一般纳税人固定资产购进时是否抵扣过进项税额的判断

	未抵扣	可能抵扣过
1. 购入资产时纳税人类型	小规模纳税人、营业税纳税人	一般纳税人

	未抵扣	可能抵扣过
2. 购入时点	2008 年 12 月 31 日前购入	2009 年 1 月 1 日后购入
3. 资产类型（自用的应征消费税的摩托车、汽车、游艇）	2013 年 7 月 31 日前购入	2013 年 8 月 1 日后购入
4. 资产用途	用于不得抵扣进项税额的用途	用于可以抵扣进项税额的用途
5. 未抵扣原因	—	如果由于纳税人自身原因未抵扣过进项税额，视同纳税人抵扣过进项税额

【例题 13 · 单选题】某建筑公司系增值税一般纳税人。2020 年 3 月 16 日销售一辆用过的运输用卡车，取得销售收入 60000 元。该卡车为 2015 年 5 月购入，未放弃减税优惠，则该项销售行为应纳增值税为（　）元。

A. 0

B. 1153.85

C. 1165.05

D. 1200

解析 ▶ 建筑服务于 2016 年 5 月 1 日营改增，因此该建筑公司在 2014 年购进卡车时，为营业税纳税人，未抵扣过增值税进项税额，因此销售时应该按照简易计税方法计税。应纳增值税 = 60000÷(1+3%)×2% = 1165.05(元)。

答案 ▶ C

【例题 14 · 单选题】下列关于增值税纳税人的征收率的说法中，错误的是（　）。

A. 一般纳税人销售自己使用过的按规定不得抵扣且未抵扣进项税额的固定资产，可按 3% 征收率减按 2% 征收增值税

B. 小规模纳税人销售自己使用过的除固定资产以外的物品，应按 3% 的征收率征收增值税

C. 一般纳税人选择简易计税方法计税的不动产经营租赁，适用 5% 的征收率

D. 一般纳税人销售旧货，按照 3% 的征收率征收增值税

解析 ▶ 一般纳税人销售旧货，按照 3% 的征收率减按 2% 征收增值税。　答案 ▶ D

3. 其他规定

(1)提供物业管理服务的纳税人，向服务接受方收取的自来水水费，以扣除其对外支付的自来水水费后的余额为销售额，按照简易计税方法依 3% 的征收率计算缴纳增值税。

(2)非企业性单位中的一般纳税人提供的研发和技术服务、信息技术服务、鉴证咨询服务，以及销售技术、著作权等无形资产，可以选择简易计税方法按照 3% 征收率计算缴纳增值税。

非企业性单位中的一般纳税人提供"技术转让、技术开发和与之相关的技术咨询、技术服务"，可以参照上述规定，选择简易计税方法按照 3% 征收率计算缴纳增值税。

(3)一般纳税人提供教育辅助服务，可以选择简易计税方法按照 3% 征收率计算缴纳增值税。

(4)自 2018 年 1 月 1 日起，资管产品管理人运营资管产品过程中发生的增值税应税行为，暂适用简易计税方法，按照 3% 的征收率缴纳增值税。

(5)自 2018 年 5 月 1 日起，增值税一般纳税人生产销售和批发、零售抗癌药品，可以选择简易计税方法计税；自 2019 年 3 月 1 日起，增值税一般纳税人生产销售和批发、零售罕见病药品，可以选择简易计税方法计税。

五、增值税的计税方法

扫我解疑难

增值税的计税方法，包括一般计税方法、简易计税方法和扣缴计税方法，见表 2-24。

表 2-24　增值税的计税方法

类型	适用范围	应纳税额
一般计税方法	一般纳税人销售货物或者提供应税劳务或者发生应税行为适用一般计税方法计税	当期销项税额-当期进项税额
简易计税方法	小规模纳税人、一般纳税人特定情形	当期销售额(不含增值税)×征收率
扣缴计税方法	境外单位或个人在境内发生应税行为,在境内未设有经营机构的	应扣缴税额=购买方支付的价款÷(1+税率)×税率 【知识点拨】按照税率,而非征收率扣缴增值税

（一）一般纳税人销售自产的下列货物，可选择按 3% 征收率计算纳税

（1）县级及县级以下小型水力发电单位生产的自产电力；

（2）自产建筑用和生产建筑材料所用的砂、土、石料；

（3）以自己采掘的砂、土、石料或其他矿物连续生产的砖、瓦、石灰（不含黏土实心砖、瓦）；

（4）自己用微生物、微生物代谢产物、动物毒素、人或动物的血液或组织制成的生物制品；

（5）自产的自来水；自来水公司销售自来水也可以选择简易计税；

（6）自产的商品混凝土（仅限于以水泥为原料生产的水泥混凝土）；

（7）单采血浆站销售非临床用人体血液。

（二）一般纳税人暂按 3% 征收率计算纳税的情形

（1）寄售商店代销寄售物品（包括居民个人寄售的物品在内）；

（2）典当业销售死当物品。

（三）其他可选简易计税的情形

（1）药品经营企业销售生物制品。

（2）公共交通运输服务。公共交通运输服务，包括轮客渡、公交客运、地铁、城市轻轨、出租车、长途客运、班车。

（3）经认定的动漫企业为开发动漫产品提供的动漫脚本编撰、形象设计、背景设计、动画设计、分镜、动画制作、摄制、描线、上色、画面合成、配音、配乐、音效合成、剪辑、字幕制作、压缩转码(面向网络动漫、手机动漫格式适配)服务，以及在境内转让动漫版权(包括动漫品牌、形象或者内容的授权及再授权)。

（4）电影放映服务、仓储服务、装卸搬运服务、收派服务和文化体育服务。

（5）以纳入"营改增"试点之日前取得的有形动产为标的物提供的经营租赁服务。

（6）在纳入"营改增"试点之日前签订的尚未执行完毕的有形动产租赁合同。

（7）以清包工方式提供的建筑服务。

（8）为甲供工程提供的建筑服务。

（9）销售 2016 年 4 月 30 日前取得的不动产。

（10）房地产开发企业销售自行开发的房地产老项目。

房地产开发企业中的一般纳税人以围填海方式取得土地并开发的房地产项目，围填海开工日期在 2016 年 4 月 30 日前的，属于房地产老项目，可选简易。

（11）出租 2016 年 4 月 30 日前取得的不动产。

（12）提供非学历教育服务。

（13）一般纳税人收取试点前开工的一级公路、二级公路、桥、闸通行费。

（14）一般纳税人提供人力资源外包服务。

（15）一般纳税人 2016 年 4 月 30 日前签订的不动产融资租赁合同，或以 2016 年 4 月 30 日前取得的不动产提供的融资租赁服务。

（16）纳税人转让 2016 年 4 月 30 日前取得的土地使用权。

（17）一般纳税人提供劳务派遣服务，选择差额纳税的。

（18）一般纳税人销售电梯的同时提供安装服务，其安装服务可以按照甲供工程选择适用简易计税方法计税。

（19）自 2018 年 5 月 1 日起，增值税一般纳税人生产销售和批发、零售抗癌药品，可选择按照简易办法依照 3% 征收率计算缴纳增值税。

抗癌药品范围实行动态调整，纳税人选择简易办法计算缴纳增值税后，36 个月内不得变更。

（20）自 2019 年 3 月 1 日起，增值税一般纳税人生产销售和批发、零售罕见病药品，可选择按照简易办法依照 3% 征收率计算缴纳增值税。上述纳税人选择简易办法计算缴纳增值税后，36 个月内不得变更。

【知识点拨】一般纳税人销售或提供或者发生财政部和国家税务总局规定的特定的货物、应税劳务、应税行为，一经选择适用简易计税方法计税，36 个月内不得变更。

【例题 15·多选题】增值税一般纳税人销售自产的下列货物，可选择按照简易办法依照 3% 征收率计算缴纳增值税的有（　　）。
A. 用购买的石料生产的石灰
B. 用动物毒素制成的生物制品
C. 以水泥为原料生产的水泥混凝土
D. 县级以下小型水力发电站生产的电力
【解析】以自己采掘的石料生产的石灰，可选按 3% 计税；用购买的石料生产的石灰不能依照 3% 的征收率计征增值税，因此，选项 A 错误。　　　　【答案】BCD

真题精练（客观题）

1. （2017 年多选题）下列应税货物或应税服务中，纳税人可以选择适用增值税简易计税方法计税的有（　　）。

A. 典当业销售死当物品
B. 自来水公司销售自来水
C. 商业银行提供贷款服务
D. 为甲供工程提供的建筑服务
【解析】银行贷款服务应该按照一般计税方法计税，不能选择适用简易计税方法计税。
【答案】ABD

2. （2017 年多选题）增值税一般纳税人可以选择简易计税的有（　　）。
A. 提供文化体育服务
B. 提供装卸搬运服务
C. 公共交通运输服务
D. 提供税务咨询服务
【解析】选项 ABC 一般纳税人可以选择简易计税方法计税。　　　【答案】ABC

3. （2016 年多选题）增值税一般纳税人销售自产的下列货物中，可选择按照简易办法计算缴纳增值税的有（　　）。
A. 生产建筑材料所用的砂土
B. 以水泥为原材料生产的水泥混凝土
C. 用微生物制成的生物制品
D. 县级以下小型火力发电单位生产的电力
【解析】选项 D，县级及县级以下小型水力发电单位生产的电力，可选择按照简易办法依照 3% 征收率计算缴纳增值税，注意是水力，而非火力发电。　　【答案】ABC

六、一般计税方法应纳税额的计算（见图 2-5）

扫我解疑难

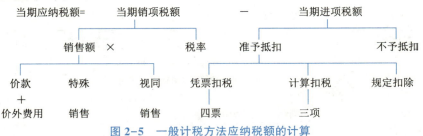

图 2-5　一般计税方法应纳税额的计算

可见，一般纳税人应纳增值税税额的计算，围绕两个关键环节：一是销项税额如何计算；二是进项税额如何抵扣。

【知识点拨】

（1）"四票"是指增值税专用发票、进口增值税专用缴款书、税收缴款完税凭证和收费公路通行费增值税电子普通发票。

（2）"三项"是指农产品收购发票、通行费发票和国内旅客运费票据。

（一）销项税额的计算 ★★★

销项税额是指纳税人发生应税行为时，按照销售额和税率计算并向购买方收取的增值税额，其计算方法为：

销项税额＝销售额×税率

1. 一般销售方式下的销售额

销售额是指纳税人发生应税行为时向购买方收取的全部价款（含消费税）和价外费用（如奖励费、违约金、延期付款利息等）。

下列项目不包括在价外费用中：

（1）受托加工应征消费税的消费品所代收代缴的消费税。

（2）以委托方名义开具发票代委托方收取的款项。

（3）同时符合三项条件代为收取的政府性基金或者行政事业性收费：

①由国务院或者财政部批准设立的政府性基金，由国务院或者省级人民政府及其财政、价格主管部门批准设立的行政事业性收费；

②收取时开具省级以上财政部门印制的财政票据；

③所收款项全额上缴财政。

（4）销售货物的同时代办保险等而向购买方收取的保险费，以及向购买方收取的代购买方缴纳的车辆购置税、车辆牌照费。

（5）航空运输企业的销售额，不包括代收

的机场建设费和代售其他航空运输企业客票而代收转付的价款。

上述费用的共同特点是：确实没有形成销售方的收入，收取款项时不应该开具纳税人的发票。除此之外的其他价外费用，无论会计制度上如何核算，均应并入销售额计算应纳税额。

【知识点拨1】 对增值税一般纳税人向购买方收取的价外费用和逾期包装物押金，应视为含税收入，在征税时换算成不含税收入再并入销售额。

【知识点拨2】 增值税的销售额以人民币计算。纳税人以人民币以外的货币结算销售额的，应当折合成人民币计算。折合率可以选择销售额发生当天或当月1日的人民币汇率中间价。确定后12个月内不得变更。

【例题16·单选题】 汽车销售公司销售小轿车时一并向购买方收取的下列款项中，应作为价外费用计算增值税销项税额的是（　　）。

A. 收取的小轿车改装费

B. 因代办保险收取的保险费

C. 因代办牌照收取的车辆牌照费

D. 因代办缴税收取的车辆购置税税款

解析 销售货物的同时代办保险等而向购买方收取的保险费，以及向购买方收取的代购买方缴纳的车辆购置税、车辆牌照费，不属于增值税销售额的范畴。　　**答案** A

2. 特殊销售方式下的销售额（见表2-25）

表 2-25　特殊销售方式下的销售额

方式	具体类型	税务处理	提示
折扣方式	折扣销售（商业折扣）	如果销售额和折扣额在同一张发票"金额"栏上分别注明的，可按折扣后的余额作为销售额征收增值税；如果将折扣额仅在发票的"备注"栏注明，则不得从销售额中减除折扣额	实物折扣：按视同销售中"无偿赠送"处理
	销售折扣（现金折扣）	不得从销售额中减除折扣额	现金折扣计入"财务费用"

方式	具体类型	税务处理	提示
折扣方式	销售折让	可以从销售额中减除折让额	纳税人发生销售退回或销售折让时，依据退回的增值税专用发票或购货方主管税务机关开具的《开具红字增值税专用发票通知单》，按退货或折让金额冲减原销售额，注意用红字贷记销项税额
以旧换新	一般货物	按新货物同期销售价格确定销售额，不得扣减旧货物的收购价格	消费税的计算也按此原则理解
	金银首饰	可按销售方实际收取的不含增值税的全部价款征收增值税	
还本销售		不得扣减还本支出	还本支出应计入财务费用或销售费用
以物易物		双方均作购销处理，以各自发出的货物核算销售额并计算销项税额，以各自收到的货物按规定核算购货额并计算进项税额。 【知识点拨】在以物易物活动中，应分别开具合法的票据，如收到的货物不能取得相应的增值税专用发票或其他合法扣税凭证的，不能抵扣进项税额	—
带包装销售货物		按照所包装货物适用税率征收增值税	随同产品出售但单独计价的包装物，按规定应缴纳增值税
包装物押金	一般货物	①如单独记账核算，时间在1年以内，又未逾期的，不并入销售额征税； ②因逾期未收回包装物不再退还的押金，应并入销售额征税	征税时注意： ①逾期包装物押金为含税收入，需换算成不含税价再并入销售额； ②税率为所包装货物适用税率
	除啤酒、黄酒外的其他酒类产品	无论是否返还以及会计上如何核算，均应在收取押金时并入当期销售额征税	
直销企业	直销企业先将货物销售给直销员，直销员再将货物销售给消费者	直销企业的销售额为其向直销员收取的全部价款和价外费用	直销员将货物销售给消费者时，应按照现行规定缴纳增值税
	直销企业通过直销员向消费者销售货物，直接向消费者收取货款	直销企业的销售额为其向消费者收取的全部价款和价外费用	—

方式	具体类型	税务处理	提示
	贷款服务	以提供贷款服务取得的全部利息及利息性质的收入为销售额	资管产品管理人运营资管产品提供的贷款服务以2018年1月1日起产生的利息及利息性质的收入为销售额
	直接收费金融服务	以提供直接收费金融服务收取的手续费、佣金、酬金、管理费、服务费、经手费、开户费、过户费、结算费、转托管费等各类费用为销售额	—
	发卡机构、清算机构和收单机构提供银行卡跨机构资金清算服务	(1)发卡机构以其向收单机构收取的发卡行服务费为销售额，并按照此销售额向清算机构开具增值税发票。 (2)清算机构以其向发卡机构、收单机构收取的网络服务费为销售额，并按照发卡机构支付的网络服务费向发卡机构开具增值税发票，按照收单机构支付的网络服务费向收单机构开具增值税发票。 (3)收单机构以其向商户收取的收单服务费为销售额，并按照此销售额向商户开具增值税发票	清算机构从发卡机构取得的增值税发票上记载的发卡行服务费，一并计入清算机构的销售额，并由清算机构按照此销售额向收单机构开具增值税发票

【知识点拨】我们以案例方式分析发卡机构、清算机构和收单机构提供银行卡跨机构资金清算服务的销售额。假设持卡人向建设银行办理了一张信用卡，持卡人在商户刷卡消费10000元，该商户的开户行为工商银行。

假设发卡机构的发卡服务费为45元，清算机构向发卡机构、收单机构各收取3.25元的网络服务费，收单机构向商户收取105元的服务费。则各方的操作如图2-6所示。

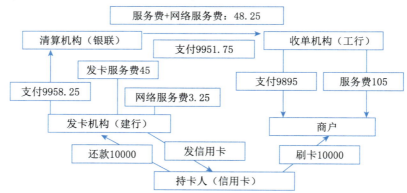

图2-6 发卡机构、清算机构和收单机构提供银行卡跨机构资金清算服务的销售额

【例题17·多选题】下列关于增值税销售额的说法，错误的有( )。

A. 纳税人为销售货物出租出借包装物而收取的押金，单独记账核算的，一律不并入销售额征税，对逾期收取的包装物押金，均并入销售额征收增值税

B. 销售货物收取的包装物租金，应该并入销售额征收增值税

C. 采取还本销售方式销售货物，其销售额就是货物的销售价格，不得从销售额中减除还本支出

D. 销售折扣可以从销售额中减除

解析 选项A，对于除啤酒和黄酒外的酒类产品，包装物押金在收取计算纳税；选

项 D，销售折扣也叫作现金折扣，不允许从销售额中减除。　　　　　　**答案** ▶ AD

3. 按差额确定销售额

在营改增之后之所以有差额计税，原因在于一些购进项目无法抵扣进项税额，如果不差额计税，会造成纳税人税收负担增加，为顺利推进营改增的改革，我国引入了差额计税制度，按差额确定销售额的情形如表2-26示。

表 2-26　按差额确定销售额的情形

情形	税务处理	提示
金融商品转让	按照卖出价扣除买入价后的余额为销售额	(1)买入价：可以选择加权平均法或者移动加权平均法进行核算，选择后 36 个月内不得变更； (2)正负差年内可以相抵，年末负差，不得转入下一个会计年度； (3)金融商品买卖不得开具增值税专用发票； (4)企业从事金融商品转让取得的收益，差额缴纳增值税； (5)个人从事金融商品转让取得的收益，免征增值税
经纪代理服务	以取得的全部价款和价外费用，扣除向委托方收取并代为支付的政府性基金或者行政事业性收费后的余额为销售额	被扣除部分不得开具增值税专用发票
	航空运输销售代理企业提供境内机票代理服务，以取得的全部价款和价外费用，扣除向客户收取并支付给航空运输企业或其他航空运输销售代理企业的境内机票净结算款和相关费用后的余额为销售额	
融资性售后回租服务（按贷款服务缴纳增值税）	允许扣除两息：以收取的全部价款和价外费用(不含本金)，扣除对外支付的借款利息、发行债券利息后的余额为销售额	向承租方收取的有形动产价款本金，不得开具增值税专用发票，可以开具普通发票
其他融资租赁服务	允许扣除两息一税：以收取的全部价款和价外费用，扣除支付的借款利息、发行债券利息、车辆购置税后的余额为销售额	—
客运场站服务	试点纳税人中的一般纳税人提供的客运场站服务，以其取得的全部价款和价外费用，扣除支付给承运方运费后的余额为销售额	—
旅游服务	试点纳税人提供旅游服务，可以选择以取得的全部价款和价外费用，扣除向旅游服务购买方收取并支付给其他单位或者个人的住宿费、餐饮费、交通费、签证费、门票费和支付给其他接团旅游企业的旅游费用后的余额为销售额	被扣除部分不得开具增值税专用发票

情形	税务处理	提示
建筑服务	试点纳税人提供建筑服务适用简易计税方法的，以取得的全部价款和价外费用扣除支付的分包款后的余额为销售额	（1）建筑服务只有简易计税时才能差额纳税； （2）分包款是指支付给分包方的全部价款和价外费用
房地产开发企业销售开发产品	房地产开发企业中的一般纳税人销售其开发的房地产项目采用一般计税方法的，以取得的全部价款和价外费用，扣除受让土地时向政府部门支付的土地价款后的余额为销售额	（1）房地产开发企业销售开发产品只有一般计税时，才能差额计税； （2）允许扣除的受让土地时向政府部门支付的土地价款包括： ①土地受让人向政府部门支付的征地和拆迁补偿费用、土地前期开发费用和土地出让收益； ②在取得土地时向其他单位或个人支付的拆迁补偿费也允许差额扣除
一般纳税人转让其 2016 年 4 月 30 日前取得（不含自建）的不动产，选择适用简易计税方法计税	以取得的全部价款和价外费用扣除不动产购置原价或者取得不动产时的作价后的余额为销售额	—
小规模纳税人转让其取得（不含自建）的不动产		
劳务派遣服务	可以选择差额计税，扣除用工单位支付给劳务派遣员工的工资、福利和为其办理社会保险及住房公积金	—

【知识点拨】证券公司、保险公司、金融租赁公司、证券基金管理公司、证券投资基金以及其他经人民银行、证监会、银保监会批准成立且经营金融保险业务的机构发放贷款后，自结息日起 90 天内发生的应收未收利息按现行规定缴纳增值税，自结息日起 90 天后发生的应收未收利息暂不缴纳增值税，待实际收到利息时按规定缴纳增值税。

【例题 18 · 多选题】下列选项可以差额计算增值税销售额的有（　　）。

A. 有形动产经营租赁

B. 客运场站服务

C. 经纪代理服务

D. 旅游服务

解析 ▶融资租赁可以差额计税，但经营租赁没有差额计税的规定。　答案 ▶BCD

【例题 19 · 多选题】下列关于增值税应税行为销售额的表述中，正确的有（　　）。

A. 金融商品转让，以卖出时取得的全部收入为销售额

B. 贷款服务，以提供贷款服务取得的全部利息及利息性质的收入为销售额

C. 经纪代理服务，以取得的全部价款和价外费用，扣除向委托方收取并代为支付的政府性基金或者行政事业性收费后的余额为销售额

D. 一般纳税人提供建筑服务，适用简易计税方法计税的，以取得的全部价款和价外费用为销售额

解析 ▶选项 A，金融商品转让，按照卖出价扣除买入价后的余额为销售额；选项 D，一般纳税人提供建筑服务，适用简易计税方法计税的，应以取得的全部价款和价外费用扣除支付的分包款后的余额为销售额。

答案 ▶BC

第 2 章 增值税法

1. （2018 年单选题）下列行为在计算增值税销项税额时，应按照差额确定销售额的是（　）。

   A. 商业银行提供贷款服务

   B. 转让金融商品

   C. 直销员将从直销企业购买的货物销售给消费者

   D. 企业逾期未收回的包装物不再退还押金

   解析 ▶ 金融商品转让，按照卖出价扣除买入价后的余额为销售额，是按照差额确定销售额的。 **答案** ▶ B

2. （2017 年单选题）对下列增值税应税行为计算销项税额时，按照全额确定销售额的是（　）。

   A. 贷款服务

   B. 一般纳税人提供客运场站服务

   C. 金融商品转让服务

   D. 经纪代理服务

   解析 ▶ 选项 BCD 差额征收增值税。 **答案** ▶ A

   4. 视同发生应税销售行为的销售额确定

   纳税人发生应税销售行为的情形，价格明显偏低或者偏高且不具有合理商业目的的，或者视同发生应税销售行为而无销售额的，主管税务机关有权按照下列顺序确定销售额：

   （1）按照纳税人最近时期销售同类货物或者应税行为的平均价格确定。

   （2）按照其他纳税人最近时期销售同类货物或者应税行为的平均价格确定。

   （3）按照组成计税价格确定。

   组成计税价格的公式为：组成计税价格 = 成本 ×（1 + 成本利润率）

   在确定视同销售的销售额时，要特别注意：（1）顺序，有同类售价按照同类售价确定，无同类售价按照组成计税价格确定；（2）组成计税价格的确定——只征增值税、不征收消费税的货物，按照"成本 ×（1 + 成本利润率）"确定，成本利润率为 10%；如果既征

增值税，又征消费税的，按照"成本 ×（1 + 成本利润率）+ 消费税"确定，其中成本利润率按照消费税中的成本利润率确定；（3）售价明显偏低或偏高无正当理由也按上述顺序确定销售额。

   5. 含税销售额的换算

   如果纳税人将价款和税款合并开具普通发票，其所收取的销货款为含增值税的销售额，应按下列公式换算为不含税销售额。此外，纳税人所收取的价外费用一般视为含税金额，也应按规定的增值税税率或征收率换算为不含税的金额，并入销售额征税。换算公式为：

   不含税销售额 = 含税销售额 ÷（1 + 增值税税率或征收率）

   【知识点拨 1】 在计算不含税销售额时到底用税率还是征收率，取决于销售方是谁，如果销售方是一般纳税人，应该用税率；如果销售方是小规模纳税人或者一般纳税人选择简易计税时，则采用征收率。

   【知识点拨 2】 价格是否含税的判断

   对于价格是否含税需要在习题中体会总结，下列总结供参考：

   ①增值税专用发票的价格是不含增值税的。因为发票上价款和税款是单独注明的，所以是不含税的。

   ②普通发票的价格往往是含税的。

   ③一般纳税人的销售价格如果没有特别指明，则是不含税的。

   ④零售价格，如果没有特别指明，一般是含税的。

   ⑤价外费用是含税的。

   ⑥隐瞒的收入是含增值税的。因为企业不可能只隐瞒不含税收入，而把税款体现在账上，这样是不打自招。

   【例题 20 · 单选题】 2020 年 3 月，某酒厂销售粮食白酒和啤酒给副食品公司，其中白酒开具增值税专用发票，注明不含税价款 50000 元，另收取包装物押金 3000 元；啤酒开具普通发票，收取的价税合计款 22600 元，

另外收取包装物押金 1500 元。就此项业务，该酒厂 2020 年 3 月增值税销项税额应为（　　）元。

  A. 6760   B. 9100

  C. 9445.13   D. 9490

  解析▶ 白酒销售额 = 50000 + 3000/（1 + 13%）= 52654.87（元）

  啤酒销售额 = 22600/（1 + 13%）= 20000（元）

  3 月销项税额 =（20000 + 52654.87）× 13% = 9445.13（元） **答案**▶ C

  (二)进项税额的确认和计算 ★★★

  1. 准予抵扣的进项税额

  (1)从销售方取得的增值税专用发票上注明的增值税额。

  第一，增值税专用发票包括税控机动车销售统一发票；

  第二，增值税一般纳税人取得 2017 年 1 月 1 日及以后开具的增值税专用发票、海关进口增值税专用缴款书、机动车销售统一发票、收费公路通行费增值税电子普通发票，取消认证确认、稽核比对、申报抵扣的期限。纳税人在进行增值税纳税申报时，应当通过本省(自治区、直辖市和计划单列市)增值税发票综合服务平台对上述扣税凭证信息进行用途确认。

  (2)从海关取得的海关进口增值税专用缴款书上注明的增值税额。

  进口货物向境外实际支付的货款低于进口报关价格的差额部分以及从境外供应商取得的退还或返还的资金，不作进项税额转出处理。

  (3)从境外单位或个人购进劳务、服务、无形资产或境内的不动产，自税务机关或扣缴义务人取得的解缴税款的完税凭证上注明的增值税额。

  中华人民共和国境外的单位或者个人在境内发生应税行为，在境内未设有经营机构的，以其境内代理人或购买方为扣缴义务人，扣缴税款时按照适用税率扣缴税款，而不是按照征收率扣缴税款。

  (4)农产品进项税额抵扣。

  农产品进项税额抵扣分为核定扣除、计算扣除、凭票抵税三种类型。

  ①农产品进项税额的凭票抵扣和计算扣除(见表 2-27)

表 2-27　农产品进项税额的凭票抵扣、计算扣除(2019 年 4 月 1 日起的最新政策)

抵扣类型	扣税凭证	用途	可以抵扣进项税额
凭票抵扣	海关进口增值税专用缴款书、9%专票	生产、加工13%税率货物	扣税凭证上注明的增值税额+1%
		用于生产或提供9%、6%等税率货物、服务	扣税凭证上注明的增值税额
计算抵扣	农产品销售发票或收购发票、3%专票	生产、加工13%税率货物	买价(或金额)×10%
		用于生产或提供9%、6%等税率货物、服务	买价(或金额)×9%
		购进烟叶可以抵扣的进项税额	买价包括价款和烟叶税；购进烟叶可抵扣进项税额 =(收购价款+价外补贴)×(1+20%)×10%(或9%)
不得抵扣	从流通环节取得普票		不得抵扣进项税额

  【知识点拨 1】 2017 年 6 月 30 日之前，购进农产品进项税额的扣除率均按照 13%确定；2017 年 7 月 1 日至 2018 年 4 月 30 日之间，农产品进项税额的扣除率按照 13%、11%确定；2018 年 5 月 1 日至 2019 年 3 月 31 日之间，农产品进项税额的扣除率按照 12%、10%确定；2019 年 4 月 1 日之后，农产品进项税额的扣除率按照 10%、9%确定。

【知识点拨 2】 烟厂购进烟叶生产卷烟时：

购进烟叶可抵扣进项税额=（收购价款+价外补贴）×（1+20%）×扣除率

其中：20%是烟叶税税率；购进烟叶用于生产卷烟的，扣除率2018年4月30日之前为13%，2018年5月1日至2019年3月31日之间为12%；2019年4月1日起为10%。

②农产品核定扣除政策见表2-28。

表2-28 农产品进项税额核定办法

核定扣除范围	核定扣除方法	方法	注意事项
自2012年7月1日起，以购进农产品为原料生产销售液体乳及乳制品、酒及酒精、植物油的增值税一般纳税人，对农产品进项税额实行核定扣除。其他纳税人仍旧采用凭票扣除和计算扣除	以购进农产品为原料生产货物	投入产出法：当期允许抵扣农产品增值税进项税额=当期农产品耗用数量×农产品平均购买单价×扣除率/（1+扣除率）	a. 当期农产品耗用数量=当期销售货物数量（不含采购除农产品以外的半成品生产的货物数量）×农产品单耗数量 b. 平均购买单价是指购买农产品期末平均买价，不包括买价之外单独支付的运费和入库前的整理费用。 期末平均买价=（期初库存农产品数量×期初平均买价+当期购进农产品数量×当期买价）/（期初库存农产品数量+当期购进农产品数量） c. 扣除率：销售货物的适用税率
		成本法：当期允许抵扣农产品增值税进项税额=当期主营业务成本×农产品耗用率×扣除率/（1+扣除率）	a. 农产品耗用率由试点纳税人向主管税务机关申请核定； b. 扣除率：销售货物的适用税率
		参照法：新办的试点纳税人或者试点纳税人新增产品的，试点纳税人可参照所属行业或者生产结构相近的其他试点纳税人确定农产品单耗数量或者农产品耗用率。次年调整。	
	购进农产品直接销售的	当期允许抵扣农产品增值税进项税额=当期销售农产品数量/（1-损耗率）×农产品平均购买单价×9%/（1+9%）	a. 损耗率=损耗数量/购进数量； b. 扣除率按照农产品9%的税率确定
	购进农产品用于生产经营但不构成货物实体的	当期允许抵扣农产品增值税进项税额=当期农产品耗用数量×农产品平均购买单价×扣除率/（1+扣除率）	

【例题 21·单选题】 某白酒生产企业2020年1月购进玉米一批用于生产白酒。当月销售1000吨白酒，主营业务成本为1800万元，农产品耗用率为80%，玉米平均购买单价为5000元/吨。按照成本法计算，当月允许抵扣的农产品进项税额为（ ）万元。

A. 130.91　　　　B. 154.29

C. 198.62　　　　D. 165.66

解析 ▶ 当期允许抵扣农产品增值税进项税额=当期主营业务成本×农产品耗用率×扣除率÷（1+扣除率），其中扣除率为销售货物的适用税率，本题中扣除率为白酒的适用税率13%。

当月允许抵扣的农产品进项税额=1800×80%×13%÷（1+13%）=165.66（万元）

答案 ▶ D

【例题 22·单选题】 某卷烟厂2020年3月收购烟叶生产卷烟（当月全部生产领用），

收购发票上注明价款 50 万元，并向烟叶生产者支付 10% 的价外补贴。该卷烟厂 3 月份收购烟叶可抵扣的进项税额为（　）万元。

A. 5　　　　　　　B. 6.6
C. 7.2　　　　　　D. 7.92

解析 ▶ 可抵扣进项税额 = 收购烟叶实际支付的价款总额 ×（1+20%）×10% = 50×（1+10%）×（1+20%）×10% = 6.6（万元）　**答案** ▶ B

真题精练（主观题）

（2015 年计算问答题节选，改）[①] 2020 年 2 月甲企业从农户收购了高粱 140000 千克，3 元/千克，总价 42 万元；所收购的高粱当月全部委托乙公司生产白酒 35000 千克，收回乙公司开具增值税专用发票金额 5 万元，税额 0.65 万元。当月收回的白酒全部销售，收取了不含税价款 100 万元。

要求：根据以上资料，按照下列顺序计算回答问题，如有计算需计算出合计数。

（1）列举至少 3 种核定扣除方法。

（2）计算高粱可抵扣进项税额（适用投入产出法）。

真题精练（主观题）答案

答案 ▶

（1）投入产出法、成本法、参照法。

（2）高粱可抵扣进项税额 = 35000×（140000÷35000）×3×13%÷（1+13%）= 48318.58（元）= 4.83（万元）

（5）道路通行费进项税额的抵扣见表 2-29。

表 2-29　道路通行费进项税额的抵扣

类型	进项税额的处理
财政票据、不征税通行费发票	不得抵扣进项税额
高速公路通行费	①收费公路通行费增值税电子普通发票注明的税额——征收率 3%；②不征税通行费发票不得抵扣进项税额
一级公路、二级公路	收费公路通行费增值税电子普通发票注明的税额——征收率 5%；不征税通行费发票不得抵扣进项税额
桥、闸通行费	通行费发票上注明的金额÷（1+5%）×5%

（6）国内旅客运输服务进项税额的抵扣

自 2019 年 4 月 1 日起，纳税人购进国内旅客运输服务，其进项税额允许从销项税额中抵扣。具体见表 2-30。

表 2-30　国内旅客运费进项税额抵扣的规定

情形		可抵的进项税额
支付的国际旅客运费		不得抵扣进项税额
支付的国内旅客运费	取得增值税专用发票	发票上注明的税额
	取得增值税电子普通发票	发票上注明的税额
	取得注明旅客身份信息的航空运输电子客票行程单	（票价+燃油附加费）÷（1+9%）×9%
	取得注明旅客身份信息的铁路车票	票面金额÷（1+9%）×9%
	取得注明旅客身份信息的公路、水路等其他客票	票面金额÷（1+3%）×3%

---

① 本题目中有关消费税的内容，各位学员可以结合第 3 章有关内容进行学习。

【知识点拨1】除增值税专用发票、增值税电子普通发票外，其他旅客运费要想抵扣进项税额，必须在票面注明旅客身份信息，否则不得抵扣进项税额，例如纸质的出租车票、定额车票等，由于未注明旅客身份信息，因此不得抵扣进项税额税额。

【知识点拨2】航空运输电子客票行程单抵扣进项税额时，只有"票价+燃油附加费"能够计算抵扣进项税额，机场建设费等不得计算抵扣进项税额。

【知识点拨3】可以抵扣进项税额的国内旅客运费限于与本单位签订了劳动合同的员工，以及本单位作为用工单位接受的劳务派遣员工发生的国内旅客运输服务。纳税人支付的劳务人员的国内旅客运费，不得抵扣进项税费。

【例题23·多选题】某建筑企业2020年支付的旅客运费中可以抵扣进项税额的有(　　)。

A. 为总经理参加国际会议购买的从北京到纽约的机票

B. 为接受的劳务派遣员工购买的从九江到北京的火车票

C. 本员工出差购买的轮船票

D. 员工在市内打车取得的纸质的票

解析 ▶ 选项A，国际旅客运费不得抵扣进项税额；选项D，由于纸质的票未注明旅客身份信息，因此无法抵扣进项税额。

答案 ▶ BC

(7)保险公司车辆修理服务进项税额抵扣问题

提供保险服务的纳税人以实物赔付方式承担机动车辆保险责任的，自行向车辆修理劳务提供方购进的车辆修理劳务，其进项税额可以按规定从保险公司销项税额中抵扣；

提供保险服务的纳税人以现金赔付方式承担机动车辆保险责任的，将应付给被保险人的赔偿金直接支付给车辆修理劳务提供方，不属于保险公司购进车辆修理劳务，其进项税额不得从保险公司销项税额中抵扣。

纳税人提供的其他财产保服务，比照上述规定执行。

(8)资产重组涉及的进项税额抵扣问题

增值税一般纳税人在资产重组过程中，将全部资产、负债和劳动力一并转让给其他增值税一般纳税人，并按程序办理注销税务登记的，其在办理注销登记前尚未抵扣的进项税额可以结转至新纳税人处抵扣。

【知识点拨1】自2019年4月1日起，不动产进项税额从分期抵扣调整为一次性抵扣进项税额。

【知识点拨2】自2013年8月1日起，增值税一般纳税人自用的应征消费税的摩托车、汽车、游艇，其进项税额准予从销项税额中抵扣。

2. 不得从销项税额中抵扣进项税额的情形(见表2-31)

表2-31　不得从销项税额中抵扣进项税额的情形

原因	具体规定	注意事项
扣税凭证不合格	扣税凭证不合格指的是未按规定取得并保存增值税扣除凭证	扣税凭证包括增值税专用发票、海关进口增值税专用缴款书、农产品收购发票与销售发票、从税务机关或者扣缴义务人取得的代扣代缴税款的完税凭证、旅客运输发票

原因	具体规定	注意事项
没有销项税额	(1)用于简易计税方法计税项目、免征增值税项目、集体福利或者个人消费的购进货物、劳务、服务、无形资产和不动产	①涉及的固定资产、无形资产、不动产,仅指专用于上述项目的固定资产、无形资产(不包括其他权益性无形资产)、不动产; ②自2018年1月1日起,纳税人租入固定资产、不动产,既用于一般计税方法计税项目,又用于简易计税方法计税项目、免征增值税项目、集体福利或者个人消费的,其进项税额准予从销项税额中全额抵扣; ③纳税人购进其他权益性无形资产无论是专用于上述项目,还是兼用于上述项目,均可以抵扣进项税额; ④纳税人的交际应酬消费属于个人消费。外购货物用于交际应酬,其进项税额不得抵扣。 具体内容总结详见知识点拨
	(2)非正常损失的购进货物,以及相关的劳务和交通运输服务	非正常损失:因管理不善造成货物被盗、丢失、霉烂变质,以及因违反法律法规造成货物或者不动产被依法没收、销毁、拆除的情形。 【知识点拨】a.自然灾害的损失不属于非正常损失,因自然灾害导致的损失,进项税额准予抵扣;b.合理损耗的进项税额允许抵扣
	(3)非正常损失的在产品、产成品所耗用的购进货物(不包括固定资产)、劳务和交通运输服务	
	(4)非正常损失的不动产,以及该不动产所耗用的购进货物、设计服务和建筑服务	
	(5)非正常损失的不动产在建工程所耗用的购进货物、设计服务和建筑服务。纳税人新建、改建、扩建、修缮、装饰不动产,均属于不动产在建工程	
	(6)购进的贷款服务、餐饮服务、居民日常服务和娱乐服务	①纳税人接受贷款服务向贷款方支付的与该笔贷款直接相关的投融资顾问费、手续费、咨询费等费用,其进项税额不得从销项税额中抵扣; ②住宿费的进项税额允许抵扣
	(7)适用一般计税方法的纳税人,兼营简易计税方法计税项目、免税项目而无法划分不得抵扣的进项税额的——按比例 一般企业不得抵扣的进项税额=当月无法划分的全部进项税额×(当期简易计税方法计税项目销售额+免税项目销售额)÷当期全部销售额	对于房地产开发企业,应该按照建筑面积比例计算可以抵扣和不得抵扣的进项税额,主管税务机关可以依据年度数据对不得抵扣的进项税额进行清算
	(8)有下列情形之一者,应当按照销售额和增值税税率计算应纳税额,不得抵扣进项税额,也不得使用增值税专用发票: ①一般纳税人会计核算不健全,或不能提供准确税务资料的; ②应当办理一般纳税人资格登记而未办理的	—
	(9)财政部和国家税务总局规定的其他情形	

第2章 增值税法

【知识点拨】购进固定资产、无形资产、不动产及其他资产进项税额抵扣的总结(见表2-32)

表2-32 购进固定资产、无形资产、不动产及其他资产进项税额抵扣的总结

	用于一般计税项目	专用于免税、简易计税、集体福利、个人消费	既用于一般计税项目,又用于免税、简易计税、集体福利、个人消费
其他权益性无形资产	可以抵扣	可以抵扣	可以抵扣
固定资产、无形资产、不动产	可以抵扣	不得抵扣	全额抵扣
其他资产	可以抵扣	不得抵扣	能分清,分清;分不清按比例抵扣

【例题24·多选题】一般纳税人发生的下列经济业务均取得了增值税专用发票,其注明的增值税额允许从当期销项税额中抵扣的有(   )。

A. 用于交际应酬的外购礼品

B. 购买的办公用品

C. 购买制造车间中央空调系统

D. 从小规模纳税人处购买的用于集体福利的物品

解析 ▶ 用于交际应酬的外购礼品属于个人消费,进项税额不得抵扣;用于集体福利的物品,无论从何处购入,进项税额均不得抵扣。 答案 ▶ BC

(三)应纳税额的计算 ★★★

1. 计算应纳税额的时间限定

(1)计算销项税额的时间限定(见表2-33)

表2-33 计算销项税额的时间限定

销售方式	纳税义务发生时间	注意事项
一般规定	纳税人发生应税行为,为收讫销售款项或者取得索取销售款项凭据的当天;先开具发票的,为开具发票的当天	只要纳税人先开出发票,无论款项是否收到,无论合同如何签订,增值税纳税义务均已发生
直接收款	不论货物是否发出,均为收到销售款或者取得索取销售款凭据的当天	纳税人生产经营活动中采取直接收款方式销售货物,已将货物移送对方并暂估销售收入入账,但既未取得销售款或取得索取销售款凭据也未开具销售发票的,其增值税纳税义务发生时间为取得销售款或取得索取销售款凭据的当天;先开具发票的,为开具发票的当天
托收承付和委托银行收款	为发出货物并办妥托收手续的当天	无论货款是否收到,纳税义务均已发生
赊销和分期收款	为书面合同约定的收款日期的当天,无书面合同的或者书面合同没有约定收款日期的,为货物发出的当天	在书面合同约定的收款日期当天,无论款项是否收到,纳税义务均已发生
预收货款	为货物发出的当天	生产销售生产工期超过12个月的大型机械设备、船舶、飞机等货物,为收到预收款或者书面合同约定的收款日期的当天
委托其他纳税人代销货物	收到代销单位的代销清单、收到全部或者部分货款的当天、发出代销货物满180天的当天三者中较早一方	—

续表

销售方式	纳税义务发生时间	注意事项
其他视同销售货物行为	货物移送的当天	—
销售应税劳务	为提供劳务同时收讫销售款或者取得索取销售款的凭据的当天	—
进口货物	报关进口当天	—
提供租赁服务采取预收款方式	收到预收款的当天	—
金融商品转让	金融商品所有权转移的当天	—
视同销售服务、无形资产或不动产情形	服务、无形资产转让完成的当天或不动产权属变更的当天	—

【知识点拨】 截止到目前，收到预收款时增值税纳税义务发生的情形：

（1）生产销售生产工期超过12个月的大型机械设备、船舶、飞机等货物；

（2）提供租赁服务。

自2017年7月1日起，提供建筑服务，收到预收款时增值税纳税义务不再发生，只是需要预缴增值税——在收到预收款时，以取得的预收款扣除支付的分包款后的余额，按照规定的预征率预缴增值税。即适用一般计税方法计税的项目预征率为2%，适用简易计税方法计税的项目预征率为3%。

按照现行规定应在建筑服务发生地预缴增值税的项目，纳税人收到预收款时在建筑服务发生地预缴增值税。按照现行规定无需在建筑服务发生地预缴增值税的项目，纳税人收到预收款时在机构所在地预缴增值税。

【例题25·多选题】 下列关于纳税义务发生时间的表述中正确的有（　　）。

A. 企业采取预收货款方式销售货物的，其纳税义务的发生时间为收到货款的当天

B. 企业采取预收货款方式销售货物的，其纳税义务的发生时间为货物发出的当天

C. 纳税人提供租赁服务采取预收款方式的，其纳税义务发生时间为收到预收款的当天

D. 先开具发票的，其纳税义务的发生时间为开具发票的当天

解析 ▶ 企业采取预收货款方式销售货物的，其纳税义务的发生时间为发出货物的当天，因此选项A错误。 答案 ▶ BCD

【例题26·单选题】 某配件厂为增值税一般纳税人，2020年2月采用分期收款方式销售配件，合同约定不含税销售额150万元，当月应收取60%的货款。由于购货方资金周转困难，本月实际收到货款50万元，配件厂按照实际收款额开具了增值税专用发票。当月厂房装修，购进中央空调，取得增值税专用发票，注明不含增值税价款10万元。假设无其他事项，当月该配件厂应纳增值税（　　）万元。

A. 5.2　　　　　　B. 10.4

C. 10.92　　　　　D. 18.2

解析 ▶ 采用分期收款销售方式的，在合同约定的收款日期，无论款项是否收到，增值税纳税义务均已发生，因此销项税额 = 150 × 60% × 13% = 11.7（万元）；自2019年4月1日起不动产进项税额允许一次性抵扣。应纳增值税 = 11.7 − 1.3 = 10.4（万元）。 答案 ▶ B

（2）进项税额抵扣的时间限定

自 2020 年 1 月 1 日起，增值税一般纳税人取得 2017 年 1 月 1 日及以后开具的增值税专用发票、海关进口增值税专用缴款书、机动车销售统一发票、收费公路通行费增值税电子普通发票，取消认证确认、稽核比对、申报抵扣的期限。纳税人在进行增值税纳税申报时，应当通过本省自治区、直辖市和计划单列市增值税发票综合服务平台对上述扣税凭证信息进行用途确认。

2. 加计抵减应纳税额

自 2019 年 4 月 1 日至 2021 年 12 月 31 日，允许生产、生活性服务业纳税人按照当期可抵扣进项税额加计 10%，抵减应纳税额；自 2019 年 10 月 1 日至 2021 年 12 月 31 日，允许生活性服务业纳税人按照当期可抵扣进项税额加计 15%，抵减应纳税额。

（1）加计抵减政策的适用范围

① 允许加计抵减的行业——四项服务

四项服务指的是邮政服务、电信服务、现代服务、生活服务取得的销售额占全部销售额的比重超过 50% 的纳税人。

a. 2019 年 3 月 31 日前设立的纳税人，自 2018 年 4 月至 2019 年 3 月期间的销售额（经营期不满 12 个月的，按照实际经营期的销售额）符合上述规定条件的，自 2019 年 4 月 1 日起适用加计抵减政策。

b. 2019 年 4 月 1 日后设立的纳税人，自设立之日起 3 个月的销售额符合上述规定条件的，自登记为一般纳税人之日起适用加计抵减政策。

c. 纳税人确定适用加计抵减政策后，当年内不再调整，以后年度是否适用，根据上年度销售额计算确定。

d. 纳税人可计提但未计提的加计抵减额，可在确定适用加计抵减政策当期一并计提。

自 2019 年 10 月 1 日至 2021 年 12 月 31 日，允许生活性服务业纳税人按照当期可抵扣进项税额加计 15%，抵减应纳税额。

生活性服务业纳税人，是指提供生活服务取得的销售额占全部销售额的比重超过 50% 的纳税人。2019 年 9 月 30 日前设立的纳税人，自 2018 年 10 月至 2019 年 9 月期间的销售额（经营期不满 12 个月的，按照实际经营期的销售额）符合上述规定条件的，自 2019 年 10 月 1 日起适用加计抵减 15% 政策；2019 年 10 月 1 日后设立的纳税人，自设立之日起 3 个月的销售额符合上述规定条件的，自登记为一般纳税人之日起适用加计抵减 15% 政策。纳税人确定适用加计抵减 15% 政策后，当年内不再调整，以后年度是否适用，根据上年度销售额计算确定。

② 纳税人出口货物劳务、发生跨境应税行为不适用加计抵减政策，其对应的进项税额不得计提加计抵减额。

纳税人兼营出口货物劳务、发生跨境应税行为且无法划分不得计提加计抵减额的进项税额，按照以下公式计算：

不得计提加计抵减额的进项税额 = 当期无法划分的全部进项税额 × 当期出口货物劳务和发生跨境应税行为的销售额 ÷ 当期全部销售额

（2）当期可抵减加计抵减额的计算

① 纳税人应按照当期可抵扣进项税额的 10%（生活服务业 15%）计提当期加计抵减额；

② 按照现行规定不得从销项税额中抵扣的进项税额，不得计提加计抵减额；

③ 已计提加计抵减额的进项税额，按规定作进项税额转出的，应在进项税额转出当期，相应调减加计抵减额。计算公式如下：

当期计提加计抵减额 = 当期可抵扣进项税额 × 10%（或 15%）

④ 当期可抵减加计抵减额 = 上期末加计抵减额余额 + 当期计提加计抵减额 - 当期调减加计抵减额

【知识点拨】只有已计提加计抵减额的进项税额按规定作进项税额转出的，才需要调减加计抵减额；如果转出的进项税额未计提过加计抵减额，发生转出时无需调减加计抵减额。

（3）实际抵减额的确定——抵减前的应纳税额 VS 可抵减加计抵减额，较小者。

实际抵减额的确定见表2-34。

表2-34　实际抵减额的确定

情形	实际抵减额
抵减前的应纳税额=0	实际抵减额=0；当期可抵减加计抵减额全部结转下期抵减
抵减前的应纳税额>0，且>当期可抵减加计抵减额	实际抵减额=当期可抵减加计抵减额
抵减前的应纳税额>0，且≤当期可抵减加计抵减额	以当期可抵减加计抵减额抵减应纳税额至零。未抵减完的当期可抵减加计抵减额，结转下期继续抵减

（4）适用加计抵减政策后的应纳税额计算（见表2-35）

表2-35　加计抵减政策对应纳税额计算的影响

情形	应纳增值税额
不适用加计抵减政策纳税人	当期销项税额－当期进项税额
适用加计抵减政策纳税人	当期销项税额－当期进项税额－当期实际加计抵减额

骗取适用加计抵减政策或虚增加计抵减额的，按照《中华人民共和国税收征收管理法》等有关规定处理。

（5）政策执行到期后的处理

加计抵减政策执行到期后，纳税人不再计提加计抵减额，结余的加计抵减额停止抵减。

【例题27·单选题】某宾馆为增值税一般纳税人，2019年12月份销项税额为35万元，进项税额为29万元，进项税额转出3万元，2019年12月份该宾馆应纳增值税为（　　）万元。

A. 5.1　　　　　　　B. 6
C. 6.4　　　　　　　D. 9

解析▶可以加计抵减的税额=（29-3）×15%=3.9（万元），应纳增值税=35-（29-3）-3.9=5.1（万元）。　　　答案▶A

3. 计算应纳税额时进项税额不足抵扣的处理——可以结转下期继续抵扣

【知识点拨1】期末留抵退税

（1）退还期末留抵税额的行业企业范围

①装备制造等先进制造业和研发等现代服务业；

②电网企业。

（2）退还期末留抵税额的纳税人条件

纳税信用等级为A级或B级。

（3）可退还的期末留抵税额=纳税人申请退税上期的期末留抵税额×退还比例

退还比例为规定期间已抵扣的增值税专用发票、海关进口增值税专用缴款书、解缴税款完税凭证注明的增值税额占同期全部已抵扣进项税额的比重。

【知识点拨2】增量留抵退税

自2019年4月1日起，试行增值税期末留抵税额退税制度。增量留抵退税将纳税人分为两类。

（1）部分先进制造业纳税人

生产并销售非金属矿物制品、通用设备、专用设备及计算机、通信和其他电子设备销售额占全部销售额的比重超过50%的纳税人。

（2）其他纳税人

具体增量留抵退税规定如表2-36所示。

表 2-36　增量留抵退税的规定

项目	一般企业（2019 年 4 月 1 日起）	部分先进制造业（2019 年 6 月 1 日起）
享受增量留抵退税的条件	(1)自 2019 年 4 月税款所属期起，连续六个月（按季纳税的，连续两个季度）增量留抵税额均大于零，且第六个月增量留抵税额不低于 50 万元	(1)增量留抵税额大于零
	(2)纳税信用等级为 A 级或者 B 级	
	(3)申请退税前36 个月未发生骗取留抵退税、出口退税或虚开增值税专用发票情形	
	(4)申请退税前36 个月未因偷税被税务机关处罚两次及以上的	
	(5)自2019 年 4 月 1 日起未享受即征即退、先征后返(退)政策的	
增量留抵税额的含义	与2019 年 3 月底相比新增加的期末留抵税额	
允许退还的增量留抵税额	增量留抵税额×进项构成比例×60%	增量留抵税额×进项构成比例
	进项构成比例，为 2019 年 4 月至申请退税前一税款所属期内已抵扣的增值税专用发票(含税控机动车销售统一发票)、海关进口增值税专用缴款书、解缴税款完税凭证注明的增值税额占同期全部已抵扣进项税额的比重	

【知识点拨 3】部分先进制造业和一般企业在享受增量留抵退税时的差别在于：（1）一般企业享受增量留抵退税的条件比部分先进制造业纳税人更为严格，主要体现在第一个条件上；（2）一般企业在计算允许退还的增量留抵税额时需要打六折计算，而部分先进制造业纳税人不需要打折计算。

4. 进项税额转出的计算方法（见表 2-37）

表 2-37　进项税额转出的计算方法

情形	应转出的进项税额
(1)以票抵税(增值税专用发票、海关进口增值税专用缴款书、税收缴款凭证)	采购成本×税率(13%、9%、6%)
(2)计算抵税 用收购发票或销售发票抵扣进项税额的农产品	农产品采购成本/(1-10%或 9%)×10%或 9%
(3)按当期实际成本计算应扣减的进项税额	无法准确确定该项进项税额的，按当期实际成本计算应扣减的进项税额。 进项税额转出数额 = 当期实际成本×税率 当期实际成本 = 进价+运费+保险费+其他有关费用
(4)利用公式计算进项税额转出	不得抵扣的进项税额 = 当月无法划分的全部进项税额×免税、简易项目销售额/当月全部销售额

【知识点拨】在计算应转出的进项税额时，应该以购进时抵扣进项税额的税率或扣除率为准计算，而非以发生非正常损失时的税率或扣除率为准。

【例题 28·单选题】某食品生产企业（产品适用税率 13%）2020 年 1 月末盘点时发现，上月从农民手中购进的玉米（库存账面成本为117500 元，已申报抵扣进项税额）因管理不善发生霉烂，使账面成本减少 38140 元（包括运费成本 520 元），支付的运费取得增值税专用发票；由于玉米市场价格下降，使存货发生跌价损失 1100 元；因管理不善丢失去年 12 月份购进未使用的过滤器一台，购进时取得增值税专用发票，固定资产账面成本 5600

元。则该企业进项税额转出额为（　　）元。

A. 5128　　　　　　B. 5256

C. 4954.8　　　　　D. 4495.46

解析 ▶ 农产品购进时应该先按照9%抵扣进项税额，等到使用时再按照用途确定是否加计抵扣1%。由于该农产品尚未使用，因此是按照9%抵扣的进项税额，转出时也需要按照9%进行转出。进项税额转出 =（38140 - 520）÷（1 - 9%）× 9% + 520 × 9% + 5600 × 13% = 4495.46（元）。　**答案** ▶ D

5. 销售折让、中止或者退回的税务处理（见表2-38）

表 2-38　销售折让、中止或者退回的税务处理

对象	税务处理
（1）销售方	因销货折让、中止或退回而退还给购买方的增值税额，应从当期的销项税额中扣减
（2）购买方	因销货折让、中止或退回而收回的增值税额，应从当期的进项税额中扣减——如未扣减，造成不纳税或者少纳税的，认定为逃避缴纳税款行为

6. 向供货方取得返还收入的税务处理（平销返利）

对商业企业向供货方收取的与商品销售量、销售额挂钩（如以一定比例、金额、数量计算）的各种返还收入，均应按照平销返利行为的有关规定冲减当期增值税进项税金。应冲减进项税金的计算公式为：

当期应冲减进项税金 = 当期取得的返还资金 ÷（1 + 所购货物适用增值税税率）× 所购货物适用增值税税率

商业企业向供货方收取的各种返还收入，一律不得开具增值税专用发票。

【例题29·多选题】某商场（增值税一般纳税人）与其供货企业达成协议，按销售量挂钩进行平销返利。2020年2月向供货方购进商品取得税控增值税专用发票，注明价款120万元、进项税额15.6万元并通过主管税务机关认证，当月按平价全部销售，月末供货方向该商场支付返利4.8万元。下列该项业务的处理符合有关规定的有（　　）。

A. 商场应按120万元计算确定销项税额

B. 商场应按124.8万元计算销项税额

C. 商场当月应抵扣的进项税额为15.6万元

D. 商场当月应抵扣的进项税额为15.05万元

解析 ▶ 当期应冲减进项税金 = 4.8 ÷（1 + 13%）× 13% = 0.55（万元），当期可抵扣进项税额 = 15.6 - 0.55 = 15.05（万元）。　**答案** ▶ AD

7. 一般纳税人注销时进项税额的处理

一般纳税人注销或被取消辅导期一般纳税人资格，转为小规模纳税人时，**其存货不作进项税额转出处理，其留抵税额也不予以退税。**

8. 金融机构开展个人实物黄金交易业务增值税的处理（了解）

整体处理方式：（1）地市级分行、支行按规定的预征率预缴增值税；（2）省级分行和直属一级分行统一清算缴纳。

七、"营改增"后主要业务应纳税额的计算

扫我解疑难

（一）建筑服务的税务处理

1. 建筑服务可以选择简易计税方法的情形：**老项目、甲供工程、清包工**；2019.10.1起，建筑服务简易计税不再实行备案制。

2. 建筑服务简易计税可以差额纳税，应纳税额 =（全部价款和价外费用 - 支付的分包款）/1.03 × 3%；分包款是指总包方支付给**分包方**的全部价款和价外费用。

3. 自2017年7月1日起，纳税人提供建筑服务收到**预收款**时，增值税纳税义务尚未发生，但是**需要预缴**增值税。

4. 建筑服务预缴增值税（见表2-39）

表 2-39　建筑服务预缴增值税

要点	具体内容	
何时预缴	（1）跨地级市提供建筑服务； （2）提供建筑服务收到预收款	
预缴税额	一般计税方法	（全部价款和价外费用－支付的分包款）÷（1+9%）×2%
	简易计税方法	（全部价款和价外费用－支付的分包款）÷（1+3%）×3%
预缴地点	跨地级市	建筑服务发生地
	本地级市	机构所在地
注意事项	（1）全部价款和价外费用扣除支付的分包款后的余额为负数的，可以结转下次预缴税款时继续扣除； （2）纳税人跨地级市提供建筑服务向服务发生地主管税务机关预缴的增值税款，可以在当期增值税应纳税额中抵减，抵减不完的，可以结转下期继续抵减； （3）应向建筑服务发生地预缴税款，超过6个月没有预缴税款的由机构所在地税务机关按规定处理； （4）小规模纳税人跨地级市提供建筑服务，月销售额未超过10万元的，当期无需预缴税款	

5. 应纳税额的计算（见表 2-40）

表 2-40　应纳税额的计算

项目	一般计税方法	简易计税方法
计税销售额	全额计税	差额计税：（全部价款和价外费用－支付的分包款）
税率或征收率	9%	3%
应纳税额	全部价款和价外费用÷（1+9%）×9%－进项税额	（全部价款和价外费用－支付的分包款）÷（1+3%）×3%

6. 建筑企业与发包方签订建筑合同后，以内部授权或者三方协议等方式，授权集团内其他纳税人（以下称"第三方"）为发包方提供建筑服务，并由第三方直接与发包方结算工程款的，由第三方缴纳增值税并向发包方开具增值税发票，与发包方签订建筑合同的建筑企业不缴纳增值税。发包方可凭实际提供建筑服务的纳税人开具的增值税专用发票抵扣进项税额。

7. 小规模纳税人跨地级市提供建筑服务，可向建筑服务发生地主管税务机关申请代开增值税发票。

真题精练（主观题）[①]

（2017 年计算问答题，6 分，改）位于甲省某市区的一家建筑企业为增值税一般纳税人，在乙省某市区提供写字楼和桥梁建造业务，2019 年 8 月具体经营业务如下：

（1）该建筑企业对写字楼建造业务选择一般计税方法。按照工程进度及合同约定，本月取得含税金额 3000 万元并给业主开具了增值税专用发票。由于该建筑企业将部分业务进行了分包，本月支付分包含税金额 1200 万元，取得分包商（采用一般计税方法）开具的增值税专用发票。

（2）桥梁建造业务为甲供工程，该建筑企业对此项目选择了简易计税方法。本月收到含税金额 4000 万元并开具了增值税普通发票。该建筑企业将部分业务进行了分包，本月支付分包含税金额 1500 万元，取得分包商开具的增值税普通发票。

（3）从国外进口一台机器设备，国外买价折合人民币 80 万元，运抵我国入关前支付的运费折合人民币 4.2 万元、保险费折

---

① 对于主观题，整体安排是和某个知识点密切相关的，我们在讲解内容中加以介绍；如果是涉及面比较广的，则在章节结束后一并介绍。

合人民币3.8万元；入关后运抵企业所在地，取得运输公司开具的增值税专用发票注明运费1万元、税额0.09万元。该进口设备既用于一般计税项目也用于简易计税项目，该企业未分开核算。

(4)将购进的一批瓷砖用于新建的自建综合办公大楼在建工程。该批瓷砖为2019年5月购进，取得经税务机关认证的增值税专用发票注明增值税税额为40万元，已计入2019年5月的进项税额进行抵扣。

(5)发生外地出差住宿费支出价税合计6.36万元，取得增值税一般纳税人开具的增值税专用发票。发生餐饮费支出价税合计3万元，取得增值税普通发票。

(其他相关资料：假定关税税率为10%，上述业务涉及的相关票据均已通过主管税务机关比对认证。)

要求：根据上述资料，按照下列顺序计算回答问题，如有计算需计算出合计数。

(1)计算业务(1)企业在乙省应预缴的增值税。

(2)计算业务(1)的销项税额。

(3)计算业务(2)企业在乙省预缴的增值税。

(4)分别计算业务(3)企业应缴纳的关税、增值税。

(5)计算业务(4)企业进项税额转出金额。

(6)计算业务(5)可抵扣的增值税进项税额。

(7)计算企业当月增值税进项税额合计。

(8)计算企业当月增值税应纳税额。

(9)计算企业应向总部机构所在地主管税务机关缴纳的增值税。

(10)计算企业应向总部机构所在地主管税务机关缴纳的城市维护建设税、教育费附加和地方教育附加。

真题精练(主观题)答案

答案▶

(1)一般纳税人跨地级市提供建筑服务，适用一般计税方法计税的，以取得的全部价款和价外费用扣除支付的分包款后的余

额，按照2%的预征率计算应预缴税款。

应预缴税款=(全部价款和价外费用−支付的分包款)÷(1+9%)×2%

业务(1)企业在乙省应预缴的增值税=(3000−1200)÷(1+9%)×2%=33.03(万元)

(2)一般纳税人跨地级市提供建筑服务，适用一般计税方法计税的，应以取得的全部价款和价外费用为销售额计算应纳税额。

业务(1)的销项税额=3000÷(1+9%)×9%=247.71(万元)

(3)一般纳税人跨地级市提供建筑服务，选择适用简易计税方法计税的，以取得的全部价款和价外费用扣除支付的分包款后的余额，按照3%的征收率计算应预缴税款。应预缴税款=(全部价款和价外费用−支付的分包款)÷(1+3%)×3%

业务(2)企业在乙省预缴的增值税=(4000−1500)÷(1+3%)×3%=72.82(万元)

(4)应纳关税=(80+4.2+3.8)×10%=8.8(万元)

进口设备应纳增值税=(80+4.2+3.8+8.8)×13%=12.58(万元)

(5)业务(4)企业进项税额转出金额为0，因为从2019年4月1日起，不动产的进项税额一次性抵扣，无需分期抵扣，因此用于不动产建设的进项税额无需转出。

(6)购进的餐饮服务，不得抵扣进项税。

业务(5)可抵扣的增值税进项税额=6.36÷(1+6%)×6%=0.36(万元)

(7)业务(1)可抵扣的进项税额=1200÷(1+9%)×9%=99.08(万元)

业务(3)可抵扣的进项税=12.58+0.09=12.67(万元)

因为只有专用于简易计税项目的固定资产不得抵扣进项税额，该设备既用于一般计税项目，又用于简易计税项目，其进项税额可以抵扣。

业务(5)可抵扣的增值税进项税额=6.36÷

$(1+6\%)\times6\%=0.36(万元)$

企业当月增值税进项税额合计 $=99.08+12.67+0.36=112.11(万元)$

(8)一般纳税人跨地级市提供建筑服务，选择适用简易计税方法计税的，应以取得的全部价款和价外费用扣除支付的分包款后的余额为销售额，按照3%的征收率计算应纳税额。

业务(2)应纳增值税税额 $=(4000-1500)\div(1+3\%)\times3\%=72.82(万元)$

企业当月增值税应纳税额 $=247.71-112.11+72.82=208.42(万元)$

(9)企业应向总部机构所在地主管税务机关缴纳的增值税 $=208.42-33.03-72.82=102.57(万元)$

(10)企业应向总部机构所在地主管税务机关缴纳的城市维护建设税、教育费附加和地方教育附加 $=102.57\times(7\%+3\%+2\%)=12.31(万元)$

(二)房地产开发企业销售自行开发的房地产项目的税务处理

1. 房地产开发企业的一般计税 VS 简易计税

对于一般纳税人而言，房地产老项目可以选择简易计税；新项目只能采用一般计税方法。

2. 纳税义务发生时间

(1)预售开发项目收到预收款时，并未发生增值税纳税义务，但是需要预缴3%的增值税；

(2)将房屋交付业主时，增值税纳税义务发生。

3. 房地产开发企业一般计税方法 VS 简易计税方法(见表2-41)

表2-41 房地产开发企业一般计税方法 VS 简易计税方法

项目	一般计税方法	简易计税方法
计税销售额	差额计税：全部价款和价外费用-支付给政府部门的土地价款	全额计税
税率或征收率	9%	5%
进项税额	可抵进项税额	不得抵扣进项税额
预缴税款(收到预收款时)	预收款÷(1+9%)×3%	预收款÷(1+5%)×3%

【知识点拨】房地产开发企业销售自行开发产品采用一般计税方式时的注意事项

(1)只有采用一般计税方法，才能差额计税；

(2)允许扣除土地价款仅限于房地产开发企业适用；

(3)允许扣除的土地价款(见表2-42)

表2-42 允许扣除的土地价款及原始凭证要求

项目	原始凭证
①土地受让人向政府部门支付的征地和拆迁补偿费用、土地前期开发费用和土地出让收益	省级以上(含省级)财政部门监制的财政票据
②在取得土地时向其他单位或个人支付的拆迁补偿费	应提供拆迁协议、拆迁双方支付和取得拆迁补偿费用凭证等能够证明拆迁补偿费用真实性的材料
③取得土地使用权支付的契税等不得差额	

(4)不是在支付土地价款时差额计税，而是在销售开发产品时才可以差额计税：

当期允许扣除的土地价款 =(当期销售房地产项目建筑面积÷房地产项目可供销售建筑面积)×支付的土地价款

4. 进项税额

如果房地产开发企业既有一般计税项目，又有简易计税项目、免税项目，无法准确划分可以抵扣和不得抵扣的进项税额，则采用下列公式计算：

不得抵扣的进项税额＝当期无法划分的全部进项税额×(简易计税、免税房地产项目建设规模÷房地产项目总建设规模)

【知识点拨1】房地产开发企业以建设规模(即建筑面积)比例计算可以抵扣和不得抵扣的进项税额；而其他企业则是以销售额比例计算可以抵扣和不得抵扣的进项税额。

【知识点拨2】一般纳税人销售自行开发的房地产项目适用一般计税方法计税的，应按照规定的纳税义务发生时间，以当期销售额和9%的适用税率计算当期应纳税额，抵减已预缴税款后，向主管税务机关申报纳税。未抵减完的预缴税款可以结转下期继续抵减。

一般纳税人销售自行开发的房地产项目适用简易计税方法计税的，应按照规定的纳税义务发生时间，以当期销售额和5%的征收率计算当期应纳税额，抵减已预缴税款后，向主管税务机关申报纳税。未抵减完的预缴税款可以结转下期继续抵减。

【例题30·多选题】房地产开发企业中的增值税一般纳税人，销售其开发的房地产项目采用一般计税方法的，其销售额应以取得的全部价款和价外费用，扣除受让土地时支付的(　　)。

A. 向政府部门支付的征地费用
B. 向政府部门支付的拆迁补偿费用
C. 向建筑企业支付的土地前期开发费用
D. 向其他单位或个人支付的拆迁补偿费用

解析 允许扣除的土地价款：(1)包括土地受让人向政府部门支付的征地和拆迁补偿费用、土地前期开发费用和土地出让收益；(2)在取得土地时向其他单位或个人支付的拆迁补偿费也允许差额扣除。　　答案 ABD

【例题31·单选题】某房地产企业为增值税一般纳税人，2017年6月1日购买一块地开发房地产项目，支付地价款800万元，2019年年末项目完工，当期销售其中的90%，取得含税销售收入2000万元，当期可以抵扣的进项税额和上期留抵税额都为0，当期应纳的增值税为(　　)万元。

A. 198.2　　　　　　　B. 116.36
C. 105.69　　　　　　 D. 99.08

解析 销售额＝(全部价款和价外费用－当期允许扣除的土地价款)÷(1+9%)＝(2000－800×90%)÷(1+9%)＝1174.31(万元)，应纳增值税＝1174.31×9%＝105.69(万元)。

答案 C

(三)转让不动产的税务处理

1. 转让不动产指的是转让二手不动产；房地产开发企业销售其开发产品不适用该规定。

2. 除其他个人外，纳税人转让不动产应该向不动产所在地主管税务机关预缴税款，向机构所在地主管税务机关申报纳税；其他个人(即自然人)转让不动产，向不动产所在地主管税务机关申报纳税。

3. 销售不动产的税务处理

自然人销售不动产的税务处理我们在图2-3中已经加以介绍了，此处不再赘述。

除自然人销售不动产外，纳税人销售不动产的税务处理如表2-43所示。

表2-43　纳税人销售不动产的税务处理

要点	销售非自建不动产		销售自建不动产	
	简易计税方法	一般计税方法	简易计税方法	一般计税方法
计税依据	差额计税	全额计税	全额计税	全额计税
税率或征收率	5%	9%	5%	9%
预缴依据	差额÷(1+5%)×5%		全额÷(1+5%)×5%	
预缴地点	不动产所在地			
申报纳税	机构所在地			

【知识点拨1】对于表2-43，我们可以总结一句话：自建全额；非自建预缴差额，申报一般计税全额，简易计税差额。

具体解释是，如果纳税人销售自建不动产，无论采用何种计税方法，无论是预缴还是纳税申报，均是全额计税；纳税人销售非自建不动产，无论采用何种计税方法，预缴时差额计税，纳税申报时如果采用一般计税方法，则全额计税；如果采用简易计税方法，则差额计税。

【知识点拨2】纳税人销售不动产时，何时采用一般计税方法？何时采用简易计税方法？

（1）小规模纳税人销售不动产，采用简易计税方法；

（2）一般纳税人销售营改增之前（2016年4月30日之前）取得的不动产，可以选择简易计税方法计税；一般纳税人销售营改增之后取得的不动产，只能采用一般计税方法计税。

【知识点拨3】纳税人销售不动产缴纳增值税差额扣除的有关规定：

纳税人以契税计税金额进行差额扣除的，按照下列公式计算增值税应纳税额：

（1）2016年4月30日及以前缴纳契税的：

增值税应纳税额=［全部交易价格（含增值税）-契税计税金额（含营业税）］÷（1+5%）×5%

（2）2016年5月1日及以后缴纳契税的：

增值税应纳税额=［全部交易价格（含增

值税）÷（1+5%）-契税计税金额（不含增值税）］×5%

【例题32·单选题】2017年6月，陈女士购买商铺一间，按不含税价款60万元依3%的税率缴纳契税1.8万元。2020年2月陈女士将所购商铺以98万元的价格出售。但因此前遭遇特殊原因，原购房发票已丢失。陈女士销售商铺增值税应纳税额（　）万元。

A. 1.90 　　　　B. 1.52

C. 1.67 　　　　D. 1.58

解析 ▶ 纳税人以契税计税金额进行差额扣除的，2016年5月1日及以后缴纳契税的，增值税应纳税额=［全部交易价格（含增值税）÷（1+5%）-契税计税金额（不含增值税）］×5%。

陈女士销售商铺的增值税应纳税额=［98÷（1+5%）-60］×5%=1.67（万元） 答案 ▶ C

（四）不动产经营租赁的税务处理

（1）纳税人提供道路通行服务不适用不动产经营租赁的有关规定；

（2）针对经营租赁而言，对融资租赁不适用；

（3）不动产所在地与机构所在地不在同一县（市）的，才需要预缴；否则不需要预缴；

（4）其他个人出租不动产，向不动产所在地主管税务机关申报纳税，无需预缴；

（5）不动产经营租赁的税务处理（见表2-44）

表2-44　不动产经营租赁的税务处理

项目	简易计税方法	一般计税方法
税率或征收率	5%	9%
预缴	租金÷(1+5%)×5%	租金÷(1+9%)×3%
预缴地点	不动产所在地	
申报纳税	机构所在地	

特别规定：个人(含个体户和自然人)出租住房，减按1.5%计算缴纳增值税

【知识点拨】纳税人出租不动产时，何时采用一般计税方法？何时采用简易计税方法？

（1）小规模纳税人出租不动产，采用简易计税方法。

（2）一般纳税人出租营改增之前（2016年4月30日之前）取得的不动产，可以选择简易计税方法计税；一般纳税人出租营改增之后取得的不动产，只能采用一般计税方法计税。

（3）小规模纳税人出租不动产，月销售额未超过10万元的，当期无需预缴税款。

【例题33·单选题】某生产企业为增值税一般纳税人，2020年2月将闲置五年的一处厂房对外出租，一次性收取全年含税租金60万元，该企业采用简易计税方法计税，则该企业2020年2月应缴纳的增值税为（　）万元。

A. 2.38   B. 2.86

C. 4.95   D. 5.5

解析 ▶ 一般纳税人出租其2016年4月30日前取得的不动产，可以选择适用简易计税方法，按照5%的征收率计算应纳税额。该企业应纳增值税=60÷（1+5%）×5%=2.86（万元）。　　　　　　　**答案** ▶ B

【例题34·单选题】2020年2月张欣有两套住房，其中一套自住，另外一套别墅出租，每月收取含增值税的租金收入112000元，张欣2月份应该缴纳（　）元增值税。

A. 1600   B. 0

C. 5333.33   D. 3262.14

解析 ▶ 应纳税额=112000÷（1+5%）×1.5%=1600（元）　　　**答案** ▶ A

八、简易征税方法应纳税额的计算

扫我解疑难

（一）应纳税额的计算

应纳税额=（不含税）销售额×征收率

（二）含税销售额的换算

简易计税方法的销售额不包括其应纳的增值税税额，纳税人采用销售额和应纳增值税税额合并定价方法的，按照下列公式换算为不含税销售额：

（不含税）销售额=含税销售额÷（1+征收率）

纳税人适用简易计税方法计税的，因销售折让、中止或者退回而退还给购买方的销售额，应当从当期销售额中扣减。

1. 销售使用过的固定资产和旧货的应纳税额=含税销售额÷（1+3%）×2%，销售使用

过的固定资产可以放弃减税。

2. 小规模纳税人发生增值税应税销售行为，合计月销售额未超过10万元（季度：季度销售额未超过30万元）的，免征增值税。

3. 按规定应当预缴增值税税款的小规模纳税人，凡在预缴地实现的月销售额未超过10万元的，当期无需预缴税款。

【知识点拨】

（1）小规模纳税人实行增值税的简易征收办法，购进货物等即使取得增值税专用发票，也不得抵扣进项税额。

（2）一般纳税人从小规模纳税人处取得的普通发票，不得作为抵扣凭证；但从小规模纳税人的主管税务机关处取得代开的增值税专用发票（包括小规模纳税人自行开具的增值税专用发票），可以作为抵扣凭证，按发票上注明的税额作进项税额处理。

【例题35·单选题】某汽修厂为增值税小规模纳税人，2020年3月取得修理收入为300000元；处置使用过的举升机一台，取得收入15000元。汽修厂3月份应缴纳增值税（　）元。

A. 8737.85   B. 9029.13

C. 9466   D. 9902.9

解析 ▶ 应纳增值税=300000÷（1+3%）×3%+15000÷（1+3%）×2%=9029.13（元）

答案 ▶ B

（三）资管产品的增值税处理办法

1. 计税方法

资管产品管理人运营资管产品过程中发生的增值税应税行为（简称资管产品运营业务），暂适用简易计税方法，按3%的征收率缴纳增值税。

2. 资管产品管理人

包括银行、信托公司、公募基金管理公司及其子公司、证券公司及其子公司、期货公司及其子公司、私募基金管理人、保险资产管理公司、专业保险资产管理机构、养老保险公司。

3. 资管产品的范围

简单了解，内容一带而过即可。

4. 资管产品的其他增值税处理规定

（1）管理人应分别核算资管产品运营业务和其他业务的销售额和增值税应纳税额。未分别核算的，资管产品运营业务不得适用上述1、2、3规定；

（2）2017年7月1日（含）以后，资管产品运营过程中发生的增值税应税行为，以资管产品管理人为增值税纳税人，按规定缴纳增值税。

九、进口环节增值税的征收

扫我解疑难

（一）进口环节增值税的征收范围及纳税人★

1. 征收范围

（1）申报进入中华人民共和国海关境内的货物，均应缴纳增值税（进料加工、来料加工除外）。

（2）2018年6月1日起，租赁期不满1年的、按照租赁征税的租赁飞机，海关停止代征进口环节增值税。进口租赁飞机增值税的征收管理，由税务机关按照现行增值税政策组织实施。

2. 纳税人

进口货物的收货人（承受人）或办理报关手续的单位和个人，为进口货物增值税的纳税义务人。

（二）进口环节增值税的适用税率★★★

进口环节的增值税税率与前面"增值税税率"的内容相同。

对进口抗癌药品，自2018年5月1日起，减按3%征收进口环节增值税。对进口罕见病药品，自2019年3月1日起减按3%征收进口环节增值税。

【知识点拨】无论一般纳税人，还是小规模纳税人，进口货物均按照增值税税率计算缴纳增值税，不能适用征收率。

（三）进口环节增值税应纳税额计算★★★

无论一般纳税人还是小规模纳税人，进口货物应缴纳的增值税，应按规定的组成计税价格和适用税率计算，不得抵扣任何税额（仅指进口环节增值税本身）。

进口货物的组成计税价格的公式为：

组成计税价格＝关税完税价格＋关税（＋消费税）

进口应纳增值税＝组成计税价格×税率

（1）在计算进口环节的应纳增值税税额时不得抵扣任何税额，即在计算进口环节的应纳增值税税额时，不得抵扣发生在我国境外的各种税金。

（2）纳税人进口货物取得的合法海关完税凭证，是计算增值税进项税额的唯一依据，其价格差额部分以及从境外供应商取得的退还或返还的资金，不作进项税额转出处理；

（3）跨境电子商务零售进口商品按照货物征收关税和进口环节增值税、消费税，以实际交易价格（包括货物零售价格、运费和保险费）作为完税价格。

【知识点拨1】进口货物应纳税款的计算顺序

（1）确定关税完税价格

关税完税价格（到岸价格）＝货价＋货物运抵我国关境输入地点起卸前的包装费、运费、保险费和其他劳务费

（2）缴纳关税

（3）如属于消费税征税范围，计算缴纳消费税

（4）缴纳增值税

进口货物应纳税额的计算可以单独出计算问答题，也可作为综合题的一项业务进行考核。

【知识点拨2】跨境电子商务零售进口增值税税收政策

1. 适用范围

从其他国家或地区进口《跨境电子商务零售进口商品清单》范围内的以下商品适用于跨

境电子商务零售进口增值税税收政策：

①所有通过与海关联网的电子商务交易平台交易，能够实现交易、支付、物流电子信息"三单"比对的跨境电子商务零售进口商品；

②未通过与海关联网的电子商务交易平台交易，但快递、邮政企业能够统一提供交易、支付、物流等电子信息，并承诺承担相应法律责任进境的跨境电子商务零售进口商品。

（2）跨境电子商务零售进口商品按照货物征收关税和进口环节增值税、消费税，购买跨境电子商务零售进口商品的个人作为纳税义务人。电子商务企业、电子商务交易平台企业或物流企业可作为代收代缴义务人。

2. 纳税人与扣缴义务人

（1）纳税人：购买跨境电子商务零售进口商品的个人；

（2）扣缴义务人：电子商务企业、电子商务交易平台企业或物流企业。

3. 税款计算

跨境电子商务零售进口商品的单次交易限值为人民币5000元，个人年度交易限值为人民币26000元。在限值以内：

（1）进口的跨境电子商务零售进口商品，关税税率暂设为0%；

（2）进口环节增值税、消费税取消免征税额，暂按法定应纳税额的70%征收。

完税价格超过5000元单次交易限值但低于26000元年度交易限值，且订单下仅一件商品时，可以自跨境电商零售渠道进口，按照货物税率全额征收关税和进口环节增值税、消费税，交易额计入年度交易额，但年度交易总额超过年度限值的，应按一般贸易管理。

真题精练（客观题）

（2017年多选题）跨境电子商务零售进口商品按照货物征收关税，下列企业可以作为代收代缴义务人的有（　　）。

A. 物流企业

B. 电子商务企业

C. 商品生产企业

D. 电子商务交易平台企业

解析 跨境电子商务零售进口商品按照货物征收关税和进口环节增值税、消费税，购买跨境电子商务零售进口商品的个人作为纳税义务人。电子商务企业、电子商务交易平台企业或物流企业可作为代收代缴义务人。　**答案** ABD

（四）进口环节增值税的管理★

（1）进口货物的增值税由海关代征。

（2）进口货物增值税纳税义务发生时间为报关进口的当天，其纳税地点应当由进口人或其代理人向报关地海关申报纳税，其纳税期限应当自海关填发海关进口增值税专用缴款书之日起15日内缴纳税款。

（3）跨境电子商务零售进口商品自海关放行之日起30日内退货的，可申请退税，并相应调整个人年度交易总额。

【例题36·单选题】某外贸进出口公司进口一批小汽车，到岸价格为折合人民币1000万元，含境外负担的税金13500美元，当月的外汇中间价为1美元=6.8元人民币，缴纳进口关税税额900万元，则该公司应纳的进口增值税为（　　）万元。（小汽车消费税税率9%）

A. 271.43

B. 270.12

C. 247

D. 245.81

解析 缴纳的增值税=（1000+900）÷（1−9%）×13%=271.43（万元）　**答案** A

【应试思路】进口货物按照组成计税价格计算增值税，组成计税价格包括进口环节的已纳消费税，不得抵扣境外的各种税金。组成计税价格=关税完税价格+关税+消费税。

第2章 增值税法

十、出口和跨境业务增值税的退（免）税和征税

扫我解疑难

（一）出口货物、劳务和跨境应税行为退（免）税的基本政策（见表 2-45）★★

表 2-45　出口货物、劳务和跨境应税行为退（免）税的基本政策

政策类型	适用范围
（1）出口免税并退税——增值税退（免）政策	鼓励出口的货物等，而且其负担了国内税收
（2）出口免税但不退税——增值税免税政策	在前一道生产、销售环节或进口环节是免税的
（3）出口不免税也不退税——增值税征税政策	国家限制或禁止出口的

（二）出口货物、劳务和跨境应税行为增值税退（免）税政策★★

1. 适用增值税退（免）税政策的范围

适用增值税退（免）税政策的范围主要包括：出口货物、视同出口货物、对外提供加工修理修配劳务、融资租赁货物和零税率的跨境应税行为等五类行为。

（1）出口企业出口货物。

向海关报关后实际离境并销售给境外单位或个人的货物，分为自营出口货物和委托出口货物两类。

（2）出口企业或其他单位视同出口的货物。

①出口企业对外援助、对外承包、境外投资的出口货物。

②出口企业经海关报关进入国家批准的出口加工区、保税物流园区、保税港区、综合保税区等特殊区域并销售给特殊区域内单位或境外单位、个人的货物。

③免税品经营企业销售的货物。

④出口企业或其他单位销售给用于国际金融组织或外国政府贷款国际招标建设项目的中标机电产品。

⑤出口企业或其他单位销售给国际运输企业用于国际运输工具上的货物。

⑥出口企业或其他单位销售给特殊区域内生产企业生产耗用且不向海关报关而输入特殊区域的水（包括蒸汽）、电力、燃气。

（3）出口企业对外提供加工修理修配劳务。

主要指的是对进境复出口货物或从事国际运输的运输工具进行的加工修理修配。

（4）融资租赁货物出口退税。

对融资租赁企业、金融租赁公司及其设立的项目子公司（以下统称融资租赁出租方），以融资租赁方式租赁给境外承租人且租赁期限在5年（含）以上，并向海关报关后实际离境的货物，试行增值税、消费税出口退税政策。

2. 增值税退（免）税办法（见表 2-46）

表 2-46　增值税退（免）税办法

退（免）税办法	适用范围
免（抵）退税办法	生产企业出口**自产**货物和视同**自产**货物、**对外提供加工修理修配劳务**，以及列名的 74 家生产企业出口非自产货物
	适用一般计税方法的零税率应税行为提供者发生零税率应税行为
	外贸企业直接将服务或自行研发的无形资产出口
免退税办法	不具有生产能力的出口企业（即外贸企业）或其他单位出口货物、劳务
	外贸企业外购服务和无形资产出口

第 2 章　增值税法

【知识点拨】境内的单位和个人提供适用增值税零税率应税服务的，可以放弃适用增值税零税率，选择免税或按规定缴纳增值税。放弃适用增值税零税率后，36个月内不得再申请适用增值税零税率。

3. 增值税出口退税率

（1）一般规定：除单独规定外，出口货物、应税服务和无形资产的退税率为其适用税率。

（2）特殊规定（简单了解，一带而过即可）

【知识点拨】适用不同退税率的货物、劳务及跨境应税行为，应分开报关、核算并申报退（免）税，未分开报关、核算或划分不清的，从低适用退税率。

4. 增值税退（免）税的计税依据（见表2-47）

表2-47 增值税退（免）税的计税依据

类型		退（免）税的计税依据
（1）生产企业出口货物、劳务及发生应税行为	除进料加工复出口货物外（一般贸易方式）	出口货物、劳务、应税行为的实际离岸价（FOB）
	进料加工复出口货物	按出口货物的离岸价扣除出口货物所耗用的保税进口料件的金额后确定
	国内购进无进项税额且不计提进项税额的免税原材料加工后出口的货物	按出口货物的离岸价扣除出口货物所含的国内购进免税原材料的金额后确定
（2）外贸企业	出口委托加工修理修配货物	加工修理修配费用增值税专用发票注明的金额。 ①外贸企业应将加工修理修配使用的原材料（进料加工海关保税进口料件除外）作价销售给受托加工修理修配的生产企业； ②受托加工修理修配的生产企业应将原材料成本并入加工修理修配费用开具发票
	其他情形	购进出口货物的增值税专用发票注明的金额或海关进口增值税专用缴款书注明的完税价格
（3）出口进项税额未计算抵扣的已使用过的设备		增值税专用发票上的金额或海关进口增值税专用缴款书注明的完税价格×已使用过的设备固定资产净值÷已使用过的设备原值。 其中，已使用过的设备固定资产净值＝已使用过的设备原值－已使用过的设备已提累计折旧
（4）免税品经营企业销售的货物		购进货物的增值税专用发票注明的金额或海关进口增值税专用缴款书注明的完税价格

5. 增值税免抵退税的计算

生产企业出口货物、劳务、服务和无形资产，适用"免、抵、退"税政策。

【知识点拨】"免、抵、退"税含义

"免"是指对生产企业出口的自产货物，免征本企业生产销售环节增值税；

"抵"是指生产企业出口自产货物所耗用的原材料、零部件、燃料、动力等所含应予退还的进项税额，抵顶内销货物的应纳税额；

"退"是指生产企业出口的自产货物在当月内应抵的进项税额大于应纳税额时，对未抵顶完的部分予以退税。

（1）一般贸易方式"免、抵、退"税的计算

出口企业全部原材料均从国内购进，

"免、抵、退"办法基本步骤为五步（见表2–48）。

表2-48 生产企业免抵退税计算

步骤	计算项目	计算公式	会计处理
第一步——剔税	免抵退税不得免征和抵扣税额	免抵退税不得免征和抵扣税额=离岸价格×外汇人民币折合率×（出口货物征税率–出口退税率）	①根据"当期免抵退税不得免征和抵扣税额"： 借：主营业务成本 　　贷：应交税费——应交增值税（进项税额转出）
第二步——抵税	当期应纳增值税额	当期应纳税额=当期内销货物的销项税额-（当期进项税额-当期免抵退税不得免征和抵扣税额）-上期末留抵税额=–A	如应纳税额为负数，为期末留抵税额；如应纳税额>0，说明抵完了，无需退税
第三步——算尺度	免抵退税额	免抵退税额=出口货物离岸价×外汇人民币折合率×退税率=B	②根据"当期免抵税额"： 借：应交税费——应交增值税（出口抵减内销产品应纳税额） 　　贷：应交税费——应交增值税（出口退税） ③根据"当期应退税额"： 借：其他应收款——应收补贴款 　　贷：应交税费——应交增值税（出口退税）
第四步——确定应退税额	应退税额	比较第二步、第三步结果中的较小者，确定为应退税额	
第五步——确定免抵税额	确定免抵税额	若应退税额为A，免抵税额为B-A；若应退税额为B，免抵税额为0	

【知识点拨】免抵退税不得免征和抵扣税额，需要作进项税额转出处理；在会计上这部分不得抵扣税金计入主营业务成本，影响损益，与企业所得税有联系。

（2）**进料加工方式"免、抵、退"税的计算**

如果出口企业有进口料件加工业务，从境外进口的原材料称为免税购进原材料，由于这些原材料进口没有征过税，出口不存在退税问题，因此要在计算不得免征和抵扣税额、免抵退税额两项时，先分别计算各自的抵减额——即增加了两个抵减额。此时"免、抵、退"办法计算步骤为七步，对比如下（见表2–49）。

表2-49 一般贸易出口和进料加工计算过程对比

一般贸易	进料加工	公式
—	第1步：计算免抵退税不得免征和抵扣税额的抵减额	免抵退税不得免征和抵扣税额抵减额=免税购进原材料价格×（出口货物征收率–出口货物退税率）=（货物到岸价+海关实征关税和消费税）×（出口货物征收率–出口货物退税率）
第1步：剔税	第2步：剔税 计算不得免征和抵扣税额	免抵退税不得免征和抵扣税额=出口货物离岸价×外汇人民币折合率×（出口货物征税率–出口货物退税率）–免抵退税不得免征和抵扣税额抵减额

一般贸易	进料加工	公式
第2步：抵税	第3步：抵税 计算当期应纳或留抵增值税税额	当期应纳税额（A）= 当期内销货物的销项税额 −（当期进项税额 − 当期免抵退税不得免征和抵扣税额）= −A<0
—	第4步：计算免抵退税额抵减额	免抵退税额抵减额 = 免税购进原材料价格 × 出口货物退税率 =（货物到岸价 + 海关实征关税和消费税）× 出口货物退税率
第3步：算尺度	第5步：算尺度：计算免抵退税额	免抵退税额（B）= 出口货物离岸价 × 外汇人民币折合率 × 出口货物退税率 − 免抵退税额抵减额
第4步：比较确定应退税额	第6步：比较确定应退税额	以当期留抵税额、当期免抵退税额二者中的较小者，确定为应退税额
第5步：确定免抵税额	第7步：确定免抵税额	若应退税额为A，免抵税额为B−A；若应退税额为B，免抵税额为0

【知识点拨1】当期免税购进原材料价格包括当期国内购进的无进项税额且不计提进项税额的免税原材料的价格和当期进料加工保税进口料件的价格，其中当期进料加工保税进口料件的价格为当期进料加工出口货物耗用的保税进口料件金额：

进料加工出口货物耗用的保税进口料件金额 = 进料加工出口货物人民币离岸价 × 进料加工计划分配率

计划分配率 = 计划进口总值 ÷ 计划出口总值 × 100%

【知识点拨2】来料加工与进料加工的区别

来料加工是对方来料，我方按其规定的花色品种、数量进行加工，我方向对方收取约定的加工费用；进料加工是我方自营的业务，自行进料，自定品种花色，自行加工，自负盈亏。

进料加工：一般来说，进口时免税，出口时与一般贸易出口产品一样，应按免抵退税办法计算退税，但是，因为进口的材料是免税的，所以，要计算"免抵退税不得免征和抵扣税额抵减额"。

来料加工：进口时免税，出口时也免税，只要单独核算，就不存在退税计算的问题。但如果来料加工耗用了国内材料，那么就要将所耗用的国内进项税金予以转出。对于来料加工未分别核算的，按来料加工销售额占全部销售额的比例计算应转出的进项税额。

【例题37·计算问答题】某自营出口的生产企业为增值税一般纳税人，出口货物的征税税率为13%，退税税率为10%。2020年2月的有关经营业务为：购进原材料一批，取得的增值税专用发票注明的价款200万元，外购货物准予抵扣的进项税额26万元通过认证。上月末留抵税款3万元，本月内销货物不含税销售额100万元，收款113万元存入银行，本月出口货物的销售额折合人民币200万元。试计算该企业当期的"免、抵、退"税额。

答案 ▶

1. 出口免税

2. 抵税

（1）当期免抵退税不得免征和抵扣税额 = 200 ×（13% − 10%）= 6（万元）

（2）应纳税额 = 100 × 13% −（26 − 6）− 3 = −10（万元），即期末留抵税额为10万元。

3. 退税

（1）"免、抵、退"税额 = 200 × 10% = 20（万元）

（2）当期应退税额 = 10（万元）

（3）当期免抵税额 = 20 − 10 = 10（万元）

【例题 38·计算问答题】 某自营出口的生产企业为增值税一般纳税人，出口货物的征税税率为13%，退税税率为10%。2020年2月有关经营业务为：购原材料一批，取得的增值税专用发票注明的价款400万元，外购货物准予抵扣的进项税额52万元通过认证。上期末留抵税款5万元。本月内销货物不含税销售额100万元，收款113万元存入银行。本月出口货物的销售额折合人民币200万元。试计算该企业当期的"免、抵、退"税额。

答案

1. 出口免税

2. 抵税

（1）当期免抵退税不得免征和抵扣税额=200×（13%－10%）=6（万元）

（2）应纳税额=100×13%－（52－6）－5=－38，即期末留抵税额为38万元。

3. 退税

（1）"免、抵、退"税额=200×10%=20（万元）

（2）当期应退税额=20（万元）

（3）当期免抵税额=20－20=0（万元），留抵税额为18万元。

真题精练（客观题）

（2016年单选题，改）某自营出口的生产企业为增值税一般纳税人，出口货物的征税税率为13%，退税税率为10%。2019年6月购进原材料一批，取得的增值税专用发票注明金额500万元、税额65万元。6月内销货物取得不含税销售额150万元，出口货物取得销售额折合人民币200万元，上月增值税留抵税额10万元。该企业当期

"免、抵、退"税不得免征和抵扣税额为（　）万元。

A. 6　　　　　　B. 20

C. 26　　　　　D. 65

解析 不得免征和抵扣税额=出口货物离岸价×外汇人民币折合率×（出口货物适用税率－出口货物退税率）=200×（13%－10%）=6（万元）　**答案** A

6. 零税率应税行为（指的是营改增部分）

由于营改增的应税行为的出口退税税率与征税税率相同，不会出现征退税率之差，因此不会出现免抵退税不得免征和抵扣税额，因此其退税的计税相对简单。

【例题 39·计算问答题】 某国际运输公司已登记为一般纳税人，该企业实行"免、抵、退"税管理办法。该企业2019年12月发生如下业务：

（1）该企业当月承接了3个国际运输业务，取得确认的收入60万元人民币；

（2）企业增值税纳税申报时，期末留抵税额为15万元人民币。

要求：计算该企业当月应退税额。

答案

当期零税率应税行为免抵退税额=60×9%=5.4万元

期末留抵税额15万元>当期免抵退税额5.4万元

当期应退税额=5.4（万元）

留抵税额9.6万元。

7. 外贸企业出口货物、劳务和应税行为增值税免退税的计算（见表2-50）。

表 2-50　外贸企业出口货物、劳务和应税行为增值税免退税的计算

类型	增值税应退税额
（1）外贸企业出口委托加工修理修配货物以外的货物、应税服务	购进货物、应税服务的增值税专用发票注明的金额或海关进口增值税专用缴款书注明的完税价格×退税率
（2）外贸企业出口委托加工修理修配货物	加工修理修配费用增值税专用发票注明的金额×出口货物退税率
（3）外贸企业兼营的零税率应税行为	外贸企业兼营的零税率应税行为免退税计税依据×零税率应税行为增值税退税率

8. 融资租赁出口货物退税的计算。

融资租赁出租方将融资租赁出口货物租赁给境外承租方、将融资租赁海洋工程结构物租赁给海上石油天然气开采企业，向融资租赁出租方退还其购进租赁货物所含增值税。其计算公式如下：

增值税应退税额＝购进融资租赁货物的增值税专用发票注明的金额或海关（进口增值税）专用缴款书注明的完税价格×融资租赁货物适用的增值税退税率

融资租赁出口货物适用的增值税退税率，按照统一的出口货物适用退税率执行。

【知识点拨1】 退税率低于适用税率的，相应计算出的差额部分的税款计入出口货物劳务成本。

【知识点拨2】 出口企业既有适用增值税"免、抵、退"项目，也有增值税即征即退、先征后退项目的，增值税即征即退和先征后退项目不参与出口项目"免、抵、退"税计算。

【知识点拨3】 实行"免、抵、退"税办法的零税率应税行为提供者如同时有货物、劳务（劳务指对外加工修理修配劳务）出口的，可一并计算"免、抵、退"税额。

（三）出口货物、劳务和跨境应税行为增值税免税政策★

1. 适用增值税免税政策的范围

来料加工复出口的货物、增值税小规模纳税人出口货物等情形，由于无进项税额可退，因此采用增值税免税不退税政策。具体内容见教材，此处不赘述。

此处需要注意，跨境电子商务综合试验区电子商务出口企业出口未取得有效进货凭证的货物，同时符合下列条件的，试行增值税、消费税免税政策：

（1）电子商务出口企业在综试区注册，并在注册地跨境电子商务线上综合服务平台登记出口日期、货物名称、计量单位、数量、单价、金额；

（2）出口货物通过综试区所在地海关办理电子商务出口申报手续；

（3）出口货物不属于财政部和税务总局根据国务院决定明确取消出口退（免）税的货物。

【知识点拨】 动漫软件出口免征增值税。

2. 进项税额的处理和计算

（1）适用增值税免税政策的出口货物劳务，其进项税额不得抵扣和退税，应当转入成本。

（2）出口卷烟不得抵扣的进项税额，依下列公式计算：

不得抵扣的进项税额＝出口卷烟含消费税金额÷（出口卷烟含消费税金额+内销卷烟销售额）×当期全部进项税额

（3）除出口卷烟外，适用增值税免税政策的其他出口货物、劳务和应税行为的计算，按照增值税免税政策的统一规定执行。

（4）纳税人发生跨境应税行为时，纳税人以承运人身份与托运人签订运输服务合同，收取运费并承担承运人责任，然后委托实际承运人完成全部或部分运输服务时，自行采购并交给实际承运人使用的成品油和支付的道路、桥、闸通行费，同时符合下列条件的，其进项税额准予从销项税额中抵扣：

①成品油和道路、桥、闸通行费，应用于纳税人委托实际承运人完成的运输服务；

②取得的增值税扣税凭证符合现行规定。

（四）出口货物、劳务和跨境应税行为增值税征税政策★

对于国家不鼓励出口的货物等，实行增值税征税政策，具体范围大家简单了解即可。征税时，销项税额和应纳税额的计算同国内销售相同。

（1）一般纳税人出口货物、劳务和跨境应税行为。

销项税额＝（出口货物、劳务和跨境应税行为离岸价−出口货物耗用的进料加工保税进口料件金额）÷（1+适用税率）×适用税率

【知识点拨】 出口货物、劳务和应税行为若已按征退税率之差计算不得免征和抵扣税额并已经转入成本的，相应的税额应转回进项税额。

（2）小规模纳税人出口货物、劳务和跨境应税行为。

应纳税额=出口货物、劳务和跨境应税行为离岸价÷（1+征收率）×征收率

【例题40·多选题】 下列出口货物、劳务和应税服务，可享受增值税免税政策的有（　）。

A. 国家计划内出口的卷烟

B. 出口企业销售给国际运输企业用于国际运输工具上的货物

C. 会议展览地点在境外的会议展览服务

D. 出口的古旧图书

解析 选项B，享受增值税退（免）税政策。　　**答案** ACD

【知识点拨】 出口退税的主要考核点。

考试中，对于出口退税业务的考核往往体现在综合题中——即在综合题中增加出口退税的业务，在答题时需要注意：

（1）出口免税，无需计算销项税额；

（2）如果征退税率存在差额，需要计算进项税额转出额——免抵退税不得免征和抵扣税额；

（3）应退税额按照免抵退税额与期末留抵税额较小方确定；

（4）免抵税额作为城建税、教育费附加的计税依据。

（五）外国驻华使（领）馆及其馆员在华购买货物和服务增值税退税管理办法★★

1. 适用范围

（1）享受退税的单位和人员，包括外国驻华使（领）馆的外交代表（领事官员）及行政技术人员，中国公民或在中国永久居留的人员除外。

（2）实行增值税退税政策的货物与服务范围：按规定征收增值税、属于合理自用范围内的生活办公类货物和服务（含修理修配劳务）。工业用机器设备、金融服务以及财政部和国家税务总局规定的其他货物和服务，不属于生活办公类货物和服务。

2. 下列情形不适用增值税退税政策：

（1）购买非合理自用范围内的生活办公类货物和服务；

（2）购买货物单张发票销售金额（含税价格）不足800元人民币（自来水、电、燃气、暖气、汽油、柴油除外），购买服务单张发票销售金额（含税价格）不足300元人民币；

（3）使（领）馆馆员个人购买货物和服务，除车辆和房租外，每人每年申报退税销售金额（含税价格）超过18万元人民币的部分，不适用增值税退税政策；

（4）增值税免税货物和服务。

3. 退税的计算

申报退税的应退税额，为增值税发票上注明的税额。增值税发票上未注明税额的，按下列公式计算应退税额：

应退税额=发票金额（含增值税）÷（1+增值税适用税率）×增值税适用税率

4. 退税管理

申报退税期限

享受退税的单位和人员，应按季度向外交部礼宾司报送退税凭证和资料申报退税，报送时间为每年的1月、4月、7月、10月。本年度购买的货物和服务（以发票开具日期为准），最迟申报不得迟于次年1月。

外交部礼宾司受理使（领）馆退税申报后，10个工作日内，对享受退税的单位和人员的范围进行确认，对申报时限及其他内容进行审核、签章，将各使（领）馆申报资料一并转送北京市税务局办理退税，并履行交接手续。

（六）境外旅客购物离境退税政策★★

1. 境外旅客：是指在我国境内连续居住不超过183天的外国人和港澳台同胞。

2. 退税物品

退税物品：由境外旅客本人在退税商店购买且符合退税条件的个人物品。但不包括下列物品：

（1）《中华人民共和国禁止、限制进出境物品表》所列的禁止、限制出境物品；

（2）退税商店销售的适用增值税免税政策的物品；

（3）财政部、海关总署、国家税务总局规定的其他物品。

3. 境外旅客申请退税，应同时符合以下条件：

（1）同一境外旅客同一日在同一退税商店购买的退税物品金额达到 500 元人民币；

（2）退税物品尚未启用或消费；

（3）离境日距退税物品购买日不超过 90 天；

（4）所购退税物品由境外旅客本人随身携带或随行托运出境。

4. 退税物品的退税率：适用 13% 税率的境外旅客购物离境退税物品，退税率 11%；适用 9% 税率的境外旅客购物离境退税物品，退税率为 8 %。

2019 年 6 月 30 日前，按调整前税率征收增值税的，执行调整前的退税率；按调整后税率征收增值税的，执行调整后的退税率。

退税率的执行时间，以退税物品增值税普通发票的开具日期为准。

5. 应退增值税额的计算公式：

应退增值税额 = 退税物品销售发票金额（含增值税）×退税率

6. 退税币种为人民币。退税方式包括现金退税和银行转账退税两种方式。

退税额未超过 10000 元的，可自行选择退税方式。退税额超过 10000 元的，以银行转账方式退税。

（七）出口货物、劳务和应税行为退（免）税管理★

此部分内容简单了解，一带而过即可。

十一、税收优惠

扫我解疑难

（一）《增值税暂行条例》规定的免税项目★★★

1. 农业生产者销售的自产农产品。

2. 避孕药品和用具。

3. 古旧图书。

4. 直接用于科学研究、科学试验和教学的进口仪器、设备。

5. 外国政府、国际组织无偿援助的进口物资和设备。

6. 由残疾人的组织直接进口供残疾人专用的物品。

7. 销售的自己使用过的物品。自己使用过的物品，是指其他个人自己使用过的物品。

（二）"营改增通知"及有关部门规定的税收优惠政策★★★

1. 下列项目免征增值税

（1）托儿所、幼儿园提供的保育和教育服务。

（2）养老机构提供的养老服务。

（3）残疾人福利机构提供的育养服务。

（4）婚姻介绍服务。

（5）殡葬服务。

（6）残疾人员本人为社会提供的服务。

（7）医疗机构提供的医疗服务。

（8）从事学历教育的学校提供的教育服务。境外教育机构与境内从事学历教育的学校开展中外合作办学，提供学历教育服务取得的收入。

（9）学生勤工俭学提供的服务。

（10）农业机耕、排灌、病虫害防治、植物保护、农牧保险以及相关技术培训业务，家禽、牲畜、水生动物的配种和疾病防治。

（11）纪念馆、博物馆、文化馆、文物保护单位管理机构、美术馆、展览馆、书画院、图书馆在自己的场所提供文化体育服务取得的第一道门票收入。

（12）寺院、宫观、清真寺和教堂举办文化、宗教活动的门票收入。

（13）行政单位之外的其他单位收取的符合规定条件的政府性基金和行政事业性收费。

（14）个人转让著作权。

（15）个人销售自建自用住房。

（16）台湾航运公司、航空公司从事海峡两岸海上直航、空中直航业务在大陆取得的运输收入。

（17）纳税人提供的直接或者间接国际货物运输代理服务。

（18）以下利息收入：

①2020年12月31日之前，对金融机构向小型企业、微型企业和个体工商户发放小额贷款；

②国家助学贷款；

③国债、地方政府债；

④人民银行对金融机构的贷款；

⑤住房公积金管理中心用住房公积金在指定的委托银行发放的个人住房贷款；

⑥外汇管理部门在从事国家外汇储备经营过程中，委托金融机构发放的外汇贷款；

⑦统借统还业务中，企业集团或企业集团中的核心企业以及集团所属财务公司按不高于支付给金融机构的借款利率水平或者支付的债券票面利率水平，向企业集团或者集团内下属单位收取的利息；

⑧自2019年2月1日至2020年12月31日，对企业集团内单位（含企业集团）之间的资金无偿借贷行为，免征增值税；

⑨自2018年11月7日起至2021年11月6日止，对境外机构投资境内债券市场取得的债券利息收入暂免征收增值税；

⑩金融同业往来利息收入；

⑪对社保基金会、社保基金投资管理人在运用社保基金投资过程中，提供贷款服务取得的全部利息及利息性质的收入和金融商品转让收入，免征增值税。

（19）下列金融商品转让收入：

①合格境外投资者（QFII）委托境内公司在我国从事证券买卖业务；

②香港市场投资者（包括单位和个人）通过沪港通、深港通买卖上海、深圳证券交易所上市A股；内地投资者（包括单位和个人）通过沪港通、深港通买卖香港联交所上市股票；

③对香港市场投资者（包括单位和个人）通过基金互认买卖内地基金份额；

④证券投资基金（封闭式证券投资基金，开放式证券投资基金）管理人运用基金买卖股票、债券；

⑤个人从事金融商品转让业务。

（20）保险公司开办的一年期以上人身保险产品取得的保费收入。

（21）再保险服务。

（22）纳税人提供技术转让、技术开发和与之相关的技术咨询、技术服务。

（23）家政服务企业由员工制家政服务员提供家政服务取得的收入。

（24）符合条件的合同能源管理服务。

（25）福利彩票、体育彩票的发行收入。

（26）军队空余房产租赁收入。

（27）为了配合国家住房制度改革，企业、行政事业单位按房改成本价、标准价出售住房取得的收入。

（28）将土地使用权转让给农业生产者用于农业生产。

【知识点拨】纳税人采取转包、出租、互换、转让、入股等方式将承包地流转给农业生产者用于农业生产，免征增值税。

（29）涉及家庭财产分割的个人无偿转让不动产、土地使用权。

（30）土地所有者出让土地使用权和土地使用者将土地使用权归还给土地所有者。

（31）县级以上地方人民政府或自然资源行政主管部门出让、转让或收回自然资源使用权（不含土地使用权）。

（32）自2018年1月1日起至2020年12月31日，免征图书批发、零售环节增值税。

（33）自2019年1月1日至2021年12月31日，对国家级、省级科技企业孵化器、大学科技园和国家备案众创空间向在孵对象提供孵化服务取得收入，免征增值税。孵化服务是指为在孵对象提供的经纪代理、经营租赁、研发和技术、信息技术、鉴证咨询服务。

2. 增值税即征即退

（1）软件产品的税务处理

①增值税一般纳税人销售其**自行开发生产的软件产品**，按**13%**的税率征收增值税后，

对实际税负超过3%的部分实行即征即退。

②增值税一般纳税人将进口软件产品进行**本地化改造后对外销售，享受增值税即征即退政策**；本地化改造：**对进口软件产品进行重新设计、改进、转换等，单纯对进口软件产品进行汉字化处理不包括在内。**

（2）自2018年5月1日至2020年12月31日，对动漫企业增值税一般纳税人销售其自主开发生产的**动漫软件，**按照13%的税率征收增值税后，对其增值税实际税负超过**3%**的部分，实行即征即退政策。

（3）一般纳税人提供**管道运输服务，**对其增值税实际税负超过**3%**的部分实行增值税即征即退政策。

（4）经人民银行、银保监会或者商务部批准从事融资租赁业务的试点纳税人中的一般纳税人，提供**有形动产融资租赁服务和有形动产融资性售后回租服务，**对其增值税实际税负超过3%的部分实行增值税即征即退政策。

（5）纳税人享受安置残疾人增值税即征即退优惠政策

①纳税人：安置残疾人的单位和个体工商户；

②纳税人本期应退增值税额＝本期所含月份每月应退增值税税额之和

月应退增值税额＝纳税人本月安置残疾人员人数×本月月最低工资标准的4倍

【知识点拨】上述所称增值税实际税负，是指纳税人当期提供应税服务实际缴纳的增值税额占纳税人当期提供应税服务取得的全部价款和价外费用的比例。

3. **扣减增值税**规定

（1）退役士兵创业就业

对自主就业退役士兵从事个体经营的，在3年（36个月）内按每户每年12000元为限额依次扣减其当年实际应缴纳的增值税、城市维护建设税、教育费附加、地方教育附加和个人所得税。

上述税收优惠政策的执行期限为2019年

1月1日至2021年12月31日，纳税人在2021年12月31日未享受满3年的，可继续享受至3年期满为止。

（2）重点群体创业就业

建档立卡贫困人口、持《就业创业证》（注明"自主创业税收政策"或"毕业年度内自主创业税收政策"）或《就业失业登记证》（注明"自主创业税收政策"或附着《高校毕业生自主创业证》）的人员从事个体经营的，自办理个体工商户登记当月起，在3年（36个月）内按每户每年12000元为限额依次扣减其当年实际应缴纳的增值税、城市维护建设税、教育费附加、地方教育附加和个人所得税。

上述税收优惠政策的执行期限为2019年1月1日至2021年12月31日，纳税人在2021年12月31日未享受满3年的，可继续享受至3年期满为止。

4. 增值税**先征后退**政策

自2018年1月1日起至2020年12月31日，对**宣传文化**执行增值税先征后退政策。

（三）财政部、国家税务总局规定的其他部分征免税项目★★★

1. 资源综合利用产品和劳务增值税优惠政策

纳税人销售自产的综合利用产品和提供资源综合利用劳务，可享受增值税即征即退政策。目录中将资源综合利用类别分为"共、伴生矿产资源""废渣、废水（液）、废气""再生资源""农林剩余物及其他""资源综合利用劳务"五大类。每一类下列举了具体的综合利用的资源名称、综合利用产品和劳务名称、技术标准和相关条件、退税比例。退税比例有30%、50%、70%和100%四个档次。

2. 免征蔬菜流通环节增值税

自2012年1月1日起，对**从事蔬菜批发、零售的纳税人销售的蔬菜免征增值税**。各种**蔬菜罐头不属于免税范围**。

3. 粕类产品征免增值税问题

豆粕属于征收增值税的饲料产品，除豆粕以外的其他粕类饲料产品，均免征增值税。

4. 制种行业增值税政策

制种企业在规定的生产经营模式下生产销售种子，属于农业生产者销售自产农业产品，应按规定免征增值税。

5. 有机肥产品免征增值税政策

纳税人生产销售和批发、零售有机肥产品免征增值税。

6. 边销茶免征增值税

自 2019 年 1 月 1 日起至 2020 年 12 月 31 日，对边销茶生产企业销售自产的边销茶及经销企业销售的边销茶继续执行免征增值税政策。

7. 债转股免征增值税

按债转股企业与金融资产管理公司签订的债转股协议，债转股原企业将货物资产作为投资提供给债转股新公司的，免征增值税。

8. 小微企业税收优惠

（1）小规模纳税人发生增值税应税销售行为，合计月销售额未超过 10 万元（以 1 个季度为 1 个纳税期的，季度销售额未超过 30 万元）的，免征增值税。

自 2019 年 1 月 1 日起，以 1 个季度为纳税期限的增值税小规模纳税人，因在季度中间成立或注销而导致当期实际经营期不足 1 个季度，当期销售额未超过 30 万元的，免征增值税。

（2）小规模纳税人发生增值税应税销售行为，合计月销售额超过 10 万元，但扣除本期发生的销售不动产的销售额后未超过 10 万元的，其销售货物、劳务、服务、无形资产取得的销售额免征增值税。

（3）适用增值税差额征税政策的小规模纳税人，以**差额后**的销售额确定是否可以享受上述规定的免征增值税政策。

（4）**其他个人（即自然人）**，采取一次性收取租金形式出租不动产取得的租金收入，可在对应的租赁期内平均分摊，**分摊后的月租金收入未超过 10 万元的，免征增值税。**

（5）小规模纳税人月销售额未超过 10 万元的，当期因开具增值税专用发票已经缴纳的税款，**在增值税专用发票全部联次追回或**者按规定开具红字专用发票后，可以向主管税务机关申请退还。

9. 自 2019 年 1 月 1 日至 2020 年供暖期结束，对供热企业向居民个人供热而取得的采暖费收入免征增值税。（供暖期，是指当年下半年供暖开始至次年上半年供暖结束的期间。）

10. 研发机构采购设备增值税政策

为了鼓励科学研究和技术开发，促进科技进步，经国务院批准，继续对内资研发机构和外资研发中心采购国产设备全额退还增值税。

11. 原对城镇公共供水用水户在基本水价（自来水价格）外征收水资源费的试点省份，在水资源费改税试点期间，按照不增加城镇公共供水企业负担的原则，城镇公共供水企业缴纳的水资源税所对应的水费收入，不计征增值税，按"不征税自来水"项目开具增值税普通发票。

12. 纳税人采取转包、出租、互换、转让、入股等方式将承包地流转给农业生产者用于农业生产，免征增值税。

13. 自 2016 年 5 月 1 日起，社会团体收取的会费，免征增值税。2017 年 12 月 25 日前已征的增值税，可抵减以后月份应缴纳的增值税，或办理退税。

14. 对赞助企业及参与赞助的下属机构根据赞助协议及补充赞助义向北京冬奥组委免费提供的，与北京 2022 年冬奥会、冬残奥会、测试赛有关的服务，免征增值税。

15. 创新企业境内发行存托凭证的免征增值税处理

（1）对个人投资者转让创新企业 CDR 取得的差价收入，暂免征收增值税。

（2）对单位投资者转让创新企业 CDR 取得的差价收入，按金融商品转让政策规定征免增值税。

（3）自试点开始之日起，对公募证券投资基金（封闭式证券投资基金、开放式证券投资基金）管理人运营基金过程中转让创新企业 CDR 取得的差价收入，三年内暂免征收增值税。

（4）对合格境外机构投资者（QFQ）、人民币合格境外机构投资者（RQIU）委托境内公司转让创新企业 CDR 取得的差价收入，暂免征收增值税。

16. 国产抗艾滋病病毒药品的免征增值税处理

自 2019 年 1 月 1 日至 2020 年 12 月 31 日，继续对国产抗艾滋病病毒药品免征生产环节和流通环节增值税。

17. 扶贫货物捐赠免征增值税

自 2019 年 1 月 1 日至 2022 年 12 月 31 日，对单位或者个体工商户将自产、委托加工或购买的货物通过公益性社会组织、县级及以上人民政府及其组成部门和直属机构，或直接无偿捐赠给目标脱贫地区的单位和个人，免征增值税。在政策执行期限内，目标脱贫地区实现脱贫的，可继续适用上述政策。

"目标脱贫地区"包括 832 个国家扶贫开发工作重点县、集中连片特困地区县（新疆阿克苏地区 6 县 1 市享受片区政策）和建档立卡贫困村。

在 2015 年 1 月 1 日至 2018 年 12 月 31 日期间已发生的符合上述条件的扶贫货物捐赠，可追溯执行上述增值税政策。

18. 社区养老托育家政服务收入免征增值税

自 2019 年 6 月 1 日至 2025 年 12 月 31 日为社区提供养老、托育、家政等服务的机构，提供社区养老、托育、家政服务取得的收入免征增值税。

19. 广播影视的免征增值税处理

自 2019 年 1 月 1 日至 2023 年 12 月 31 日，对电影主管部门（包括中央、省、地市及县级）按照各自职能权限批准从事电影制片、发行、放映的电影集团公司（含成声企业）、电影制片厂及其他电影企业取得的电影拷贝（含数字拷贝）收入、转让电影版权（包括转让和许可使用）收入、电影发行收入以及在农村取得的电影放映收入，免征增值税。对广播电视运营服务企业收取的有线数字电视基本收视维护费和农村有线电视基本收视费，免征增值税。

真题精练（客观题）

（2019 年多选题）下列金融业务中，免征增值税的有（ ）。

A. 金融机构间的转贴现业务

B. 人民银行对金融机构提供贷款业务

C. 融资租赁公司从事融资性售后回租业务

D. 商业银行提供国家助学贷款业务

解析 ▶ 选项 A，金融机构之间开展的转贴现业务免征增值税；选项 B，人民银行对金融机构的贷款利息收入免征增值税；选项 D，国家助学贷款利息收入免征增值税；选项 C，融资性售后回租按贷款服务计算增值税。 **答案** ▶ ABD

（四）增值税起征点的规定 ★★

增值税起征点仅适用于按照小规模纳税人纳税的个体工商户和其他个人。

增值税起征点幅度如下：

1. 按期纳税的，为月销售额 5000 至 20000 元（含本数）。

2. 按次纳税的，为每次（日）销售额 300 至 500 元（含本数）。

【知识点拨】 （1）个人发生销售货物、劳务和应税行为的销售额未达到增值税起征点的，免征增值税；达到起征点的，全额计算缴纳增值税。

（2）根据《财政部 税务总局 关于实施小微企业普惠性税收减免政策的通知》（财税〔2019〕13 号），对月销售额 10 万元以下（含本数）的增值税小规模纳税人，免征增值税。

（五）其他减免税政策 ★★

1. 纳税人兼营免税、减税项目的，应当分别核算免税、减税项目的销售额；未分别核算销售额的，不得免税、减税。

2. 纳税人销售货物、劳务和应税行为适用免税规定的，可以放弃免税，按照规定缴纳增值税。放弃免税后，36 个月内不得再申请免税。

【知识点拨】纳税人销售货物、提供应税劳务和发生应税行为同时适用免税和零税率规定的，优先适用零税率。

【例题 41·单选题】下列各项中，符合增值税纳税人放弃免税权有关规定的是(　　)。

A. 纳税人可以根据不同的销售对象选择部分货物放弃免税权

B. 纳税人应以书面形式提出放弃免税申请，报主管税务机关审批

C. 纳税人自税务机关受理其放弃免税声明的当月起 12 个月内不得申请免税

D. 放弃免税权的纳税人符合一般纳税人认定条件尚未登记为增值税一般纳税人的，应当按现行规定登记为增值税一般纳税人，其发生的应税销售行为可开具增值税专用发票

解析▶ 选项 A，纳税人要放弃免税规定，应全部放弃，不得部分放弃；选项 B，纳税人放弃免税，应报主管税务机关备案，而非审批；选项 C，纳税人自税务机关受理其放弃免税声明的当月起 36 个月内不得申请免税，而非 12 个月。　　答案▶ D

【例题 42·多选题】下列各项中，应当计算缴纳增值税的有(　　)。

A. 邮政部门以外的单位发行报刊

B. 农业生产者销售自产农产品

C. 电力公司向发电企业收取过网费

D. 残疾人的组织直接进口供残疾人专用的物品

解析▶ 农业生产者销售自产农产品、残疾人的组织直接进口供残疾人专用的物品免征增值税。　　答案▶ AC

十二、征收管理
扫我解疑难

(一)纳税义务发生时间、纳税期限和纳税地点★★

1. 纳税义务发生时间

纳税人发生应税行为的，其纳税义务发生时间为**收讫销售款或者取得索取销售款凭据的当天，先开具发票的，为开具发票的当天**，具体规定见表 2-33。

2. 纳税期限

根据《增值税暂行条例》的规定，增值税的纳税期限分别为 1 日、3 日、5 日、10 日、15 日、1 个月或者 1 个季度。

以 1 个季度为纳税期限的规定适用于小规模纳税人、银行、财务公司、信托投资公司、信用社，以及财政部和国家税务总局规定的其他纳税人。不能按照固定期限纳税的，可以按次纳税。

纳税人以 1 个月或者 1 个季度为一期纳税的，自期满之日起 15 日内申报纳税；以 1 日、3 日、5 日、10 日或 15 日为 1 个纳税期的，自期满之日起 5 日内预缴税款，并于次月 1 日起 15 日内申报并结清上月应纳税款。

纳税人进口货物，应当自**海关填发海关进口增值税专用缴款书**之日起 15 日内缴纳税款。

按固定期限纳税的小规模纳税人可以选择以 1 个月或 1 个季度为纳税期限，一经选择，一个会计年度内不得变更。

3. 纳税地点(见表 2-51)

表 2-51　纳税地点

情形	纳税地点
固定业户	应当向其**机构所在地**的主管税务机关申报纳税
	总机构和分支机构**不在同一县(市)**的，应当分别向各自所在地的主管税务机关申报纳税；经批准，可以由总机构汇总向总机构所在地的主管税务机关申报纳税
	固定业户到外县(市)销售货物或者劳务，应当向其**机构所在地**的主管税务机关报告外出经营事项，并向其机构所在地的主管税务机关申报纳税；未报告的，应当向**销售地或者劳务发生地**的主管税务机关申报纳税；未向销售地或者劳务发生地的主管税务机关申报纳税的，由其**机构所在地**的主管税务机关补征税款

情形	纳税地点
非固定业户	应当向**销售地或者劳务发生地**的主管税务机关申报纳税；未向销售地或者劳务发生地的主管税务机关申报纳税的，由其机构所在地或者居住地的主管税务机关补征税款
进口货物	应当向报关地海关申报纳税
扣缴义务人	应当向其机构所在地或者居住地主管税务机关申报缴纳扣缴的税款

【例题 43·单选题】 下列关于增值税纳税地点的表述，错误的是( )。

A. 固定业户销售应税服务，应当向其机构所在地的主管税务机关申报纳税

B. 扣缴义务人应当向其机构所在地或者居住地的主管税务机关申报缴纳其扣缴的税款

C. 固定业户提供应税行为，总机构和分支机构不在同一县(市)的，应当由总机构汇总向总机构所在地主管税务机关申报纳税

D. 进口货物，应当向报关地海关申报纳税

解析 ▶ 总机构和分支机构不在同一县(市)的，应当分别向各自所在地的主管税务机关申报纳税；经批准，可以由总机构汇总向总机构所在地的主管税务机关申报纳税。

答案 ▶ C

真题精练(客观题)

(2017年单选题)下列增值税纳税人中，以1个月为纳税期限的是( )。

A. 信用社   B. 商业银行

C. 保险公司   D. 财务公司

解析 ▶ 纳税人的具体纳税期限，由主管税务机关根据纳税人应纳税额的大小分别核定。以1个季度为纳税期限的规定适用于小规模纳税人、银行、财务公司、信托投资公司、信用社，以及财政部和国家税务总局规定的其他纳税人。不能按照固定期限纳税的，可以按次纳税。 **答案** ▶ C

(二)增值税一般纳税人纳税申报办法★

从注会税法考试情况看，对于纳税申报表的考核相对较少，大家了解即可。

一旦涉及填写增值税纳税申报表，注意以下两点：

纳税申报表中需要注意的事项

1. 销售额：差额纳税的，为抵减前的销售额。

2. 销项税额：差额纳税的，为抵减后的销项税额。

【例题 44·单选题】《增值税纳税申报表》(适用于增值税一般纳税人)第14项"进项税额转出"栏数据，以下( )不在本栏中反映。

A. 某工业企业已经抵扣进项税额的购进材料因管理不善被盗

B. 某电器公司将外购的油漆粉刷店铺

C. 某电视机厂将上月外购的货物用于交际应酬

D. 某商场将上月外购的商品用于职工集体福利

解析 ▶ 本题表面上考核申报表的填写，实质考核的是何种情况下需要做进项税额转出，何种情况无需进行进项税额转出。

答案 ▶ B

(三)增值税小规模纳税人纳税申报办法(简单了解，一带而过即可)

(四)"营改增"汇总纳税管理办法★

对于总分机构试点纳税人，在计算缴纳增值税时，应该按照下列方法进行：

1. 总机构应当汇总计算总机构及其分支机构应纳增值税税额，抵减分支机构已预缴和补缴的增值税后，在总机构所在地解缴入库；

2. 总机构汇总的销售额、销项税额、进项税额为总分支机构的合计数；

3. 分支机构应预缴增值税 = 应征增值税

第2章 增值税法

销售额×预征率

4. 每年的第一个纳税申报期结束后，对上一年度总分机构汇总纳税情况进行清算。

总分机构如何进行增值税清算见表2-52。

表2-52　总分机构如何进行增值税清算

一般原则	总分支机构年度清算应交增值税，按照各自销售收入占比和总机构汇总的上一年度应交增值税税额计算	
具体内容	分支机构预缴的增值税>年度清算应交增值税	通过暂停以后纳税申报期预缴增值税的方式予以解决
	分支机构预缴的增值税<年度清算应交增值税	差额部分在以后纳税申报期由分支机构在预缴增值税时一并就地补缴入库

十三、增值税发票的使用及管理

扫我解疑难

增值税一般纳税人发生应税行为，应使用增值税发票管理新系统（以下简称新系统）开具增值税专用发票、增值税普通发票、机动车销售统一发票、增值税电子普通发票。（在历年考试中涉及的较少，简单看即可）

（一）增值税专用发票 ★★

1. 专用发票的联次

专用发票由基本联次或者基本联次附加其他联次构成，基本联次为三联：发票联、抵扣联和记账联。

2. 专用发票的开具

专用发票应按下列要求开具：

（1）项目齐全，与实际交易相符。

（2）字迹清楚，不得压线、错格。

（3）发票联和抵扣联加盖财务专用章或者发票专用章。

（4）按照增值税纳税义务的发生时间开具。

（5）一般纳税人发生应税销售行为可汇总开具专用发票。

（6）保险机构作为车船税扣缴义务人，在代收车船税并开具增值税发票时，应在增值税发票备注栏中注明代收车船税税款信息。

（7）除上述规定外，"营改增"还结合实际情况对专用发票的开具作出了如下规定：

①自2016年5月1日起，纳入新系统推行范围的试点纳税人及新办增值税纳税人，应使用新系统根据《商品和服务税收分类与编码（试行）》选择相应的编码开具增值税发票。

②按照现行政策规定适用差额征税办法缴纳增值税，且不得全额开具增值税发票的（财政部、税务总局另有规定的除外），纳税人自行开具或者税务机关代开增值税发票时，通过新系统中差额征税开票功能，录入含税销售额（或含税评估额）和扣除额，系统自动计算税额和不含税金额，备注栏自动打印"差额征税"字样，发票开具不应与其他应税行为混开。

③个人出租住房适用优惠政策减按1.5%征收，纳税人自行开具或者税务机关代开增值税发票时，通过新系统中征收率减按1.5%征收开票功能，录入含税销售额，系统自动计算税额和不含税金额，发票开具不应与其他应税行为混开。

3. 专用发票的领购

一般纳税人有下列情形之一的，不得领购开具专用发票：

（1）会计核算不健全，不能向税务机关准确提供增值税销项税额、进项税额、应纳税额数据及其他有关增值税税务资料的。

（2）有《税收征收管理法》规定的税收违法行为，拒不接受税务机关处理的。

（3）有下列行为之一，经税务机关责令限期改正而仍未改正的：

①虚开增值税专用发票；

②私自印制专用发票；

③向税务机关以外的单位和个人买取专用发票；

④借用他人专用发票；

⑤未按规定开具专用发票；

⑥未按规定保管专用发票和专用设备；

⑦未按规定申请办理防伪税控系统变更发行；

⑧未按规定接受税务机关检查。

（4）新办纳税人首次申领增值税发票规定

税务机关为符合规定的首次申领增值税发票的新办纳税人办理发票票种核定，增值税专用发票最高开票限额不超过10万元，每月最高领用数量不超过25份；增值税普通发票最高开票限额不超过10万元，每月最高领用数量不超过50份。各省税务机关可以在此范围内结合纳税人税收风险程度，自行确定新办纳税人首次申领增值税发票票种核定标准。

4. 专用发票开具范围

（1）一般纳税人销售货物或者提供应税劳务和应税服务，应向购买方开具专用发票。

（2）商业企业一般纳税人零售的烟、酒、食品、服装、鞋帽（不包括劳保专用部分）、化妆品等消费品不得开具专用发票。

（3）纳税人发生应税销售行为，应当向索取增值税专用发票的购买方开具增值税专用发票，并在增值税专用发票上分别注明销售额和销项税额。

属于下列情形之一的，不得开具增值税专用发票：

①应税销售行为的购买方为消费者个人的；

②发生应税销售行为适用免税规定的。

（4）小规模纳税人自开增值税专用发票

自2019年8月份开始，我国全面推行小规模纳税人自行开具增值税专用发票。除其他个人之外的小规模纳税人发生增值税应税行为、需要开具增值税专用发票的，可以自愿使用增值税发票管理系统自行开具。

纳入自开专票试点的行业中的所有小规模纳税人，均可以自愿使用增值税发票管理系统自行开具增值税专用发票，不受月销售额标准的限制。也就是说，月销售额超过10万元(以1个季度为1个纳税期的，季度销售

额超过30万元)的试点行业小规模纳税人，发生增值税应税行为，需要开具增值税专用发票的，可以选择使用增值税发票管理系统按照有关规定自行开具增值税专用发票。

【知识点拨】其他个人委托房屋中介、住房租赁企业等单位出租不动产，需要向承租方开具增值税发票的，可以由受托单位代其向主管税务机关按规定申请代开增值税发票。

【例题45 · 多选题】对以下（   ）行为经税务机关责令限期改正而仍未改正者不得领购使用增值税专用发票。

A. 不能向税务机关准确提供有关增值税计税资料者

B. 未按规定开具增值税专用发票

C. 未按规定接受税务机关检查的

D. 销售的货物全部属于免税项目的

解析 ▶ 选项A和选项D是直接不得领购增值税专用发票，不属于经税务机关责令限期改正而未改正才不得领购增值税专用发票的情形。　　　答案 ▶ BC

【例题46 · 多选题】下列各项中，不得开具增值税专用发票的有（   ）。

A. 商业企业一般纳税人零售卷烟

B. 房地产开发企业销售自建的商品房给消费者个人

C. 某专卖店销售的劳保专用品

D. 某建筑企业一般纳税人提供建筑服务

解析 ▶ 选项C，商业企业一般纳税人销售劳保专用品，可以开具增值税专用发票；选项D，可以开具增值税专用发票。

答案 ▶ AB

5. 开具增值税专用发票后发生退货或开票有误的处理

（1）增值税一般纳税人开具增值税专用发票后，发生销货退回、开票有误、应税服务中止等情形但不符合发票作废条件，或者因销货部分退回及发生销售折让，需要开具红字专用发票，由购买方或销售方在增值税发票管理新系统中填开并上传《开具红字增值税专用发票信息表》，主管税务机关通过网络接

收《信息表》后，系统自动校验通过后，生成带有"红字发票信息表编号"的《信息表》，并将信息同步传至纳税人端系统，之后开红票。

（2）纳税人需要开具红字增值税普通发票的，可以在所对应的蓝字发票金额范围内开具多份红字发票。

6. 专用发票不得抵扣进项税额旳规定（见表2-53）

表2-53　专用发票不得抵扣进项税额的处理

项目	具体情形	税务处理
不得作为增值税进项税额的抵扣凭证	无法认证	税务机关退还原件，购买方可要求销售方重新开具专用发票
	纳税人识别号认证不符	
	专用发票代码、号码认证不符	
暂不得作为增值税进项税额的抵扣凭证	重复认证	税务机关扣留原件，查明原因，分别情况进行处理
	密文有误	
	认证不符	
	列为失控专用发票	
丢失已开具专用发票的发票联和抵扣联	如果丢失前已认证相符	购买方凭销售方提供的相应专用发票记账联复印件及销售方所在地主管税务机关出具的《丢失增值税专用发票已报税证明单》，可作为增值税进项税额的抵扣凭证
	如果丢失前未认证	购买方凭销售方提供的相应专用发票记账联复印件到主管税务机关进行认证，认证相符的凭该专用发票记账联复印件及销售方所在地主管税务机关出具的《丢失增值税专用发票已报税证明单》，可作为增值税进项税额的抵扣凭证
丢失已开具专用发票的抵扣联	如果丢失前已认证相符	可使用专用发票发票联复印件留存备查
	如果丢失前未认证	可使用专用发票发票联到主管税务机关认证，专用发票发票联复印件留存备查
丢失已开具专用发票的发票联		可将专用发票抵扣联作为记账凭证，专用发票抵扣联复印件留存备查
专用发票抵扣联无法认证的		可使用专用发票发票联到主管税务机关认证。专用发票发票联的复印件留存备查

【知识点拨】只要是丢一个，都是以原件作记账凭证，以复印件作为留存备查。

7. 增值税专用发票的管理

简单了解，内容一带而过即可。

8. 异常增值税扣税凭证

（1）异常增值税扣税凭证的范围

从2020年2月1日起，符合下列情形之一的增值税专用发票，列入异常凭证范围：

①纳税人丢失、被盗税控专用设备中未开具或已开具未上传的增值税专用发票；

②非正常户纳税人未向税务机关申报或未按规定缴纳税款的增值税专用发票；

③增值税发票管理系统稽核比对发现"比对不符""缺联""作废"的增值税专用发票；

④经税务总局、省税务局大数据分析发现，纳税人开具的增值税专用发票存在涉嫌虚开、未按规定缴纳消费税等情形的；

⑤走逃（失联）企业存续经营期间发生下列情形之一的，所对应属期开具的增值税专用发票列入异常增值税扣税凭证范围：

a. 商贸企业购进、销售货物名称严重背离的；生产企业无实际生产加工能力且无委托加工，或生产能耗与销售情况严重不符，或购进货物并不能直接生产其销售的货物且无委托加工的；

b. 直接走逃失踪不纳税申报，或虽然申报但通过填列增值税纳税申报表相关栏次，规避税务机关审核比对，进行虚假申报的。

⑦增值税一般纳税人申报抵扣异常凭证，同时符合下列情形的，其对应开具的增值税专用发票列入异常凭证范围：

a. 异常凭证进项税额累计占同期全部增值税专用发票进项税额 70%（含）以上的；

b. 异常凭证进项税额累计超过 5 万元的。

纳税人尚未申报抵扣、尚未申报出口退税或已作进项税额转出的异常凭证，其涉及的进项税额不计入异常凭证进项税额的计算。

（2）处理措施

增值税一般纳税人取得的增值税专用发票列入异常凭证范围的，应按照以下规定处理：

①尚未申报抵扣增值税进项税额的，暂不允许抵扣。已经申报抵扣增值税进项税额的，除另有规定外，一律作进项税额转出处理。

②尚未申报出口退税或者已申报但尚未办理出口退税的，除另有规定外，暂不允许办理出口退税。适用增值税免抵退税办法的纳税人已经办理出口退税的，应根据列入异常凭证范围的增值税专用发票上注明的增值税额作进项税额转出处理；适用增值税免退税办法的纳税人已经办理出口退税的，税务机关应按照现行规定对列入异常凭证范围的增值税专用发票对应的已退税款追回。

纳税人因骗取出口退税停止出口退（免）税期间取得的增值税专用发票列入异常凭证范围的，按照本条第①项规定执行。

③消费税纳税人以外购或委托加工收回的已税消费品为原料连续生产应税消费品，尚未申报扣除原料已纳消费税税款的，暂不允许抵扣；已经申报抵扣的，冲减当期允许抵扣的消费税税款，当期不足冲减的应当补缴税款。

④纳税信用 A 级纳税人取得异常凭证且已经申报抵扣增值税、办理出口退税或抵扣消费税的，可以自接到税务机关通知之日起 10 个工作日内，向主管税务机关提出核实申请。经税务机关核实，符合现行增值税进项税额抵扣、出口退税或消费税抵扣相关规定的，可不作进项税额转出、追回已退税款、冲减当期允许抵扣的消费税税款等处理。纳税人逾期未提出核实申请的，应于期满后按照第①项、第②项、第③项规定作相关处理。

⑤纳税人对税务机关认定的异常凭证存有异议，可以向主管税务机关提出核实申请。经税务机关核实，符合现行增值税进项税额抵扣或出口退税相关规定的，纳税人可继续申报抵扣或者重新申报出口退税；符合消费税抵扣规定且已缴纳消费税税款的，纳税人可继续申报抵扣消费税税款。

（3）严格限制离线开具发票

经税务总局、省税务局大数据分析发现存在涉税风险的纳税人，不得离线开具发票，其开票人员在使用开票软件时，应当按照税务机关指定的方式进行人员身份信息实名验证。

新办理增值税一般纳税人登记的纳税人，自首次开票之日起 3 个月内不得离线开具发票，按照有关规定不使用网络办税或不具备风险条件的特定纳税人除外。

（4）关于走逃（失联）企业开具增值税专用发票的认定处理。

（二）增值税普通发票★

增值税普通发票的格式、字体、栏次、内容与增值税专用发票完全一致，按发票联次分为两联票和五联票两种，基本联次为两联，第一联为记账联，销货方用作记账凭证；第二联为发票联，购货方用作记账凭证。

（三）增值税电子普通发票★

增值税电子普通发票的开票方和受票方需要纸质发票的，可以自行打印增值税电子普通发票的版式文件，其法律效力、基本用途、基本使用规定等与税务机关监制的增值税普通发票相同。

对于发票管理的其他内容大家简单了解即可。

1.（2019年综合题，15分）位于市区的某集团总部为增值税一般纳税人，拥有外贸进出口资格。2019年6月经营业务如下：

（1）内销一批服装，向客户开具的增值税专用发票的金额中分别注明了价款300万元，折扣额30万元。

（2）按不高于支付给金融机构的借款利率水平取得统借统还利息收入50万元，保本理财产品利息收入10.6万元。

（3）转让其100%控股的一家非上市公司的股权，初始投资成本2000万元，转让价5000万元。

（4）在境内开展连锁经营，取得含税商标权使用费106万元。

（5）转让位于市区的一处仓库，取得含税金额1040万元，该仓库2010年购入，购置价200万元，简易方法计征增值税。

（6）向小规模纳税人销售一台使用过的设备，当年采购该设备时按规定未抵扣进项税额，取得含税金额10.3万元，开具增值税普通发票。

（7）聘请境外公司来华提供商务咨询并支付费用20万元，合同约定增值税由支付方承担。

（8）进口3辆厢式货车，关税完税价格40万元/辆；其中一辆用于本企业生产经营，其余两辆待售。

（9）发生其他无法准确划分用途支出，取得增值税专用发票注明税额22.6万元。

（注：销售货物的增值税税率13%，进口厢式货车关税税率15%，当月未取得代扣代缴税款的完税凭证，进口业务当月取得海关进口增值税专用缴款书，上述已申报抵扣）

要求：根据上述资料，按以下顺序回答问题，每问需计算出合计数。

（1）计算业务（1）中的销项税额。

（2）判断业务（2）是否缴纳增值税，如需缴纳并计算出结果。

（3）判断业务（3）是否缴纳增值税并说明理由。

（4）计算业务（4）中的销项税额。

（5）计算业务（5）中应纳增值税额。

（6）计算业务（6）中应纳增值税额。

（7）计算业务（7）当期代扣代缴的增值税额。

（8）计算业务（8）进口厢式货车时应纳的关税、车辆购置税和增值税额。

（9）计算当期不可抵扣的进项税额。

（10）回答主管税务机关是否有权对企业按月计算的不可抵扣进项税额进行调整；如需调整，应如何进行调整。

（11）计算当期应向主管税务机关缴纳的增值税额。

（12）不考虑扣缴因素，计算当期应纳的城市维护建设税费、教育费附加及地方教育附加。

2.（2018年综合题，15分，改）某市一家进出口公司为增值税一般纳税人，2019年7月发生以下业务：

（1）从国外进口中档护肤品一批，该批货物在国外的买价为200万元人民币，由进出口公司支付的购货佣金10万元人民币，运抵我国海关卸货前发生的运输费为30万元人民币，保险费无法确定。该批货物已报关，取得海关开具的增值税专用缴款书。

（2）从境内某服装公司采购服装一批，增值税专用发票上注明的价款和税金分别为80万元和10.4万元。当月将该批服装全部出口，离岸价格为150万元人民币。

（3）将2017年购置的一处位于外省的房产出租，取得收入（含增值税）110万元。

（4）在公司所在地购置房产一处，会计上按固定资产核算，取得的增值税专用发票上注明的价款和税金分别为1500万元和135万元。

（5）从某境外公司承租仪器一台，支付租金（含增值税）174万元人民币。该境外公司所属国未与我国签订税收协定，且未在我国设有经营机构，也未派人前来我国。

（6）当月将业务（1）购进的护肤品98%销售，取得不含增值税的销售收入300万元，2%作为本公司职工的福利并发放。

（其他相关资料：销售货物、提供有形动产租赁的增值税税率为13%，出口的退税率为13%，不动产租赁的增值税税率为9%，进口护肤品的关税税率为10%，期初留抵税额为0，相关票据均已比对认证。）

要求：根据上述资料，按照下列顺序计算回答问题，如有计算需计算出合计数。

（1）计算业务（1）应缴纳的进口关税。

（2）计算业务（1）应缴纳的进口环节增值税。

（3）计算业务（2）的出口退税额。

（4）计算业务（3）在不动产所在地应预缴的增值税和应预缴的城市维护建设税。

（5）计算业务（4）当月允许抵扣的进项税额。

（6）计算业务（5）应扣缴的增值税。

（7）计算业务（5）应扣缴的企业所得税。

（8）计算业务（6）的增值税销项税额。

（9）计算当月允许抵扣的进项税额。

（10）计算当月合计缴纳的增值税（不含预缴或扣缴的增值税）。

3. （2016年综合题，15分，改）位于市区的某动漫软件公司为增值税一般纳税人，2019年7月经营业务如下：

（1）进口一台机器设备，国外买价折合人民币640000元，运抵我国入关地前支付的运费折合人民币42000元、保险费折合人民币38000元；入关后运抵企业所在地，取得运输公司开具的增值税专用发票，注明运费16000元、税额1440元。

（2）支付给境外某公司特许权使用费，扣缴相应税款并取得税收缴款凭证。合同约定的特许权使用费的金额为人民币1000000元（含按税法规定应由该动漫软件公司代扣代缴的税款）。

（3）购进一辆小汽车自用，取得的税控机动车销售统一发票上注明金额为190000元、装饰费10000元，税额合计26000元。

（4）支付公司员工工资300000元；支付办公用矿泉水水费，取得增值税专用发票，发票注明金额5000元、税额650元。

（5）将某业务单元的实物资产以及相关联的债权、负债和劳动力一并转出，收取转让款5000000元。

（6）销售自行开发的动漫软件，取得不含税销售额4000000元，销售额中有800000元尚未开具发票。

（其他相关资料：进口机器设备关税税率为12%。涉及的相关票据均已通过主管税务机关对比认证。期初留抵税额为0。）

要求：根据上述资料，按照下列顺序计算回答问题，如有计算需计算出合计数。

（1）计算业务（1）应缴纳的进口关税。

（2）计算业务（1）应缴纳的进口环节增值税。

（3）计算业务（2）应代扣代缴的增值税。

（4）分别计算业务（2）应代扣代缴的城市维护建设税、教育费附加和地方教育附加。

（5）计算业务（2）应代扣代缴的预提所得税。

（6）计算当月增值税进项税额。

（7）计算当月增值税销项税额。

（8）计算享受"即征即退"政策后实际缴纳的增值税税款。

（9）分别计算该公司应缴纳的城市维护建设税、教育费附加和地方教育附加（不含代扣代缴的税款）。

（10）计算该公司应缴纳的车辆购置税。

真题精练（主观题）答案

1. 答案 ▶

（1）销项税额=（300-30）×13%=35.1（万元）

（2）统借统还业务的利息收入可以免征增值税。保本理财产品利息收入应缴纳增值税。

应纳增值税销项税额=10.6÷（1+6%）×6%

=0.6（万元）

【思路点拨】统借统还业务中，企业集团或企业集团中的核心企业以及集团所属财务公司按不高于支付给金融机构的借款利率水平或者支付的债券票面利率水平，向企业集团或者集团内下属单位收取的利息，是免征增值税的。

保本理财产品利息收入按贷款服务缴纳增值税。

（3）无需缴纳增值税。股权转让不属于金融商品转让，不是增值税的征税范围，不缴纳增值税。

（4）销项税额=106÷（1+6%）×6%=6（万元）

（5）应纳增值税=（1040-200）÷（1+5%）×5%=40（万元）

（6）应纳增值税=10.3÷（1+3%）×2%=0.2（万元）

（7）当期代扣代缴的增值税额=20×6%=1.2（万元）

【思路点拨】合同约定增值税由支付方承担，那么20万就是对方不含税的收入，因此不再除以（1+6%）计算。

（8）关税=40×3×15%=18（万元）

车辆购置税=40×（1+15%）×10%=4.6（万元）

进口环节增值税=（40×3+18）×13%=17.94（万元）

（9）不得抵扣的进项税额=22.6×50÷（270+50+10+100）=2.63（万元）

【思路点拨】无关联的收入不参与分摊，不考虑转让仓库和使用过的设备。

（10）主管税务机关有权对企业按月计算的不可抵扣进项税额进行调整。

主管税务机关可以参照不得抵扣进项税额公式，依据年度数据对不得抵扣的进项税额进行调整。

（11）应纳增值税额=35.1+0.6+6-（17.94+22.6-2.63）+40+0.2=43.99（万元）

（12）应纳城建税、教育费附加和地方教育

附加=43.99×（7%+3%+2%）=5.28（万元）

2. 答案 ▶

（1）关税完税价格=（200 +30）+（200+30）×0.3%=230.69（万元）

关税应纳税额=230.69×10%=23.07（万元）

（2）增值税应纳税额=（230.69+23.07）×13%=32.99（万元）

（3）应退税额=80×13%=10.4（万元）

（4）应预缴的增值税=110÷（1+9%）×3%=3.03（万元）

应预缴的城市维护建设税=3.03×7%=0.21（万元）

（5）允许抵扣的进项税额135（万元），因为从2019年4月1日起，不动产的进项税额一次性抵扣。

（6）应扣缴增值税=174÷（1+13%）×13%=153.98×13%=20.02（万元）

（7）应扣缴的企业所得税=153.98×10%=15.40（万元）

（8）销项税额=300×13%=39（万元）

（9）当月允许抵扣的进项税额=32.99×98%+135+20.02=187.35（万元）

（10）当月合计缴纳增值税=110÷（1+9%）×9%+39-187.35-3.03=-142.30（万元）

3. 答案 ▶

（1）业务（1）的关税=（640000 + 42000+38000）×12%=86400（元）

（2）业务（1）应缴纳的海关进口环节增值税=（640000+42000+38000）×（1+12%）×13%=104832（元）

（3）业务（2）应代扣代缴的增值税=1000000÷（1+6%）×6%=56603.77（元）

（4）业务（2）应代扣代缴的城市维护建设税=56603.77×7%=3962.26（元）

业务（2）应代扣代缴的教育费附加=56603.77×3%=1698.11（元）

业务（2）应代扣代缴的地方教育附加=56603.77×2%=1132.08（元）

（5）业务（2）应代扣代缴的预提所得税=

$1000000 \div (1+6\%) \times 10\% = 94339.62(元)$

（6）当月增值税进项税额 $= 104832 + 1440 + 56603.77 + 26000 + 650 = 189525.77(元)$

（7）当月增值税销项税额 $= 4000000 \times 13\% = 520000(元)$

（8）销项税额 − 进项税额 $= 520000 - 189525.77 = 330474.23(元)$

增值税一般纳税人销售其自行开发生产的软件产品，按13%的税率征收增值税后，对实际税负超过3%的部分实行即征即退。销售额的3% $= 4000000 \times 3\% = 120000(元)$

实际缴纳增值税税款120000元。

（9）该公司应纳城市维护建设税 $=$ $330474.23 \times 7\% = 23133.20(元)$

该公司应缴纳的教育费附加 $= 330474.23 \times 3\% = 9914.23(元)$

该公司应缴纳的地方教育附加 $= 330474.23 \times 2\% = 6609.48(元)$

（10）该公司应纳车辆购置税 $= (190000 + 10000) \times 10\% = 20000(元)$

【真题精练（主观题）总结】

从历年考题情况看，每年都会在增值税中出综合题。有可能是增值税单独出综合题，也有可能是增值税和消费税合在一起出综合题。近5年综合题中主要考试内容如表2-54所示。

表2-54　近5年增值税综合题主要考试内容

主要考点	具体内容
征税范围及优惠	股权、非保本理财收益、资产重组不征收增值税；统借统还免税；保本理财收益缴纳增值税
销项税额	（1）将购进货物部分销售、部分用于集体福利、部分用于无偿赠送时销项税额的计算； （2）交通运输服务、建筑服务、销售货物、销售软件产品、提供修理服务销项税额的计算； （3）装卸搬运收入按照"物流辅助服务"征收增值税
进项税额	（1）将购进货物部分销售、部分用于集体福利、部分用于无偿赠送时进项税额的抵扣； （2）从国外进口货物进项税额的抵扣（此内容考试概率非常高）； （3）将已经抵扣进项税额的货物用于不动产建设的处理，不动产进项税额的抵扣①； （4）关注旅客运费进项税额抵扣（新增）； （5）运费进项税额的抵扣； （6）住宿费可以抵扣进项税额，餐饮支出不得抵扣进项税额； （7）对外支付已经扣缴的增值税可以作为进项税额进行抵扣
预缴税款	（1）建筑服务一般计税、简易计税预缴税款计算； （2）出租不动产，在不动产所在地预缴增值税和城建税的计算
出口业务	（1）贸易企业出口退税的计算； （2）国际运输服务免抵退税政策
应纳税额的计算	销售自产软件产品即征即退税款的计算，本年关注加计抵减和留抵退税问题
其他相关内容	（1）进口环节增值税、关税的计算； （2）对外支付款项应扣缴的增值税和企业所得税； （3）扣缴增值税时应缴纳的城建及附加的计算； （4）销售自产软件产品增值税即征即退对城建及教育费附加的影响； （5）购进车辆时车辆购置税的计算； （6）计算城建税及教育费附加

由于2020年教材新增了加计抵减、增值税税率变动及对农产品进项税额抵扣的影响等内容，各位学员要关注新增内容对2020年考试的影响。

———————

① 自2019年4月1日开始，不动产进项税额一次性抵扣，因此此类题目将减少。

一、单项选择题

1. 下列关于增值税的表述中，正确的是（　）。

   A. 存款利息要征收增值税

   B. 融资性售后回租业务中，承租方出售资产的行为，要征收增值税

   C. 运输工具舱位承包业务，按照交通运输服务征收增值税

   D. 支付机构销售多用途卡取得的等值人民币资金，缴纳增值税

2. 下列各项中，应视同销售征收增值税的是（　）。

   A. 将外购货物用于交际应酬

   B. 农业生产者销售自产农产品

   C. 销售代销的货物

   D. 邮局出售集邮商品

3. 关于增值税一般纳税人登记的说法，正确的是（　）。

   A. 个体工商户不能登记为一般纳税人

   B. 年应税销售额不包括稽查查补销售额

   C. 一般纳税人登记的销售额标准是指一个纳税年度的销售额

   D. 偶然发生的不动产的销售额，不计入一般纳税人登记的年销售额中

4. 下列关于增值税相关服务的表述中，错误的是（　）。

   A. 将有形动产的广告位出租给其他单位用于发布广告，按照经营租赁服务缴纳增值税

   B. 拍卖行受托拍卖取得的手续费或佣金收入，按照经纪代理服务缴纳增值税

   C. 纳税人转让因同时实施股权分置改革和重大资产重组而首次公开发行股票并上市形成的限售股，按照金融商品转让缴纳增值税

   D. 车辆停放服务，按物流辅助服务缴纳增值税

5. 下列关于增值税纳税人和扣缴义务人的相关规定，表述错误的是（　）。

   A. 单位以承包、承租、挂靠方式经营的，承包人、承租人、挂靠人（统称承包人）以发包人、出租人、被挂靠人（统称发包人）名义对外经营并由发包人承担相关法律责任的，以该发包人为纳税人

   B. 同时满足以发包人名义对外经营、由发包人承担相关法律责任这两个条件的，以发包人为纳税人

   C. 境外的单位或者个人在境内提供"营改增"应税行为，在境内未设有经营机构的，以代理人为扣缴义务人

   D. 资管产品运营过程中发生的增值税应税行为，以资管产品管理人为增值税纳税人

6. 下列关于增值税税率的表述，错误的是（　）。

   A. 融资性售后回租业务，税率为6%

   B. 转让土地使用权，税率是6%

   C. 提供不动产租赁服务，税率是9%

   D. 提供有形动产租赁服务，税率是13%

7. 下列增值税一般纳税人，不可以选择按3%征收率计算增值税的是（　）。

   A. 以自己采掘的砂、土、石料连续生产的砖、瓦、石灰

   B. 供电部门供应的电力

   C. 建筑用和生产建筑材料所用的砂、土、石料

   D. 生产销售和批发、零售抗癌药品

8. A企业为增值税一般纳税人，主营活动板房的生产与安装业务，2020年2月销售活动板房，收取不含税价款20万元，同时负责上述活动板房的安装，单独收取不含税安装费3万元。针对上述业务，2020年2月，A企业计算的增值税销项税额是（　）万元。

A. 2.3　　　　　　　B. 2.99

C. 2.87　　　　　　　D. 2.07

9. 某电器商城为增值税一般纳税人，2020年3月采取以旧换新方式销售某型号冰箱100台，该型号新冰箱市场零售价格为2500元/台，收回的旧冰箱每台作价500元。则该商城以旧换新方式销售冰箱应纳增值税（　　）元。

A. 26000　　　　　　B. 32500

C. 28761.06　　　　　D. 23008.85

10. 某生产厂家为增值税一般纳税人。2019年12月销售A商品50台，每台售价（含税）22600元，同时赠送B商品25件（B商品不含税单价为1200元/件）。该生产厂家此项业务应申报的销项税额为（　　）元。

A. 133900　　　　　B. 150800

C. 133451.33　　　　D. 160662.07

11. 某市提供劳务派遣服务的A公司为小规模纳税人，2020年2月提供劳务派遣服务，取得含税收入100万元，A公司代用工单位支付劳务派遣员工工资、社会保险及福利共计80万元，已知A公司选择差额纳税；销售自己使用过的固定资产取得含税销售额17600元，未放弃减税优惠。该公司应缴纳增值税（　　）万元。

A. 2.96　　　　　　　B. 2.95

C. 1.00　　　　　　　D. 0.99

12. 下列关于增值税销售额的表述，正确的是（　　）。

A. 经纪代理服务，以取得的全部价款和价外费用为销售额

B. 贷款服务，以提供贷款服务取得的全部利息及利息性质的收入为销售额

C. 金融商品转让，按照卖出价扣除买入价后的余额为销售额，转让金融商品出现的正负差，不得相抵

D. 航空运输销售代理企业提供境外航段机票代理服务，以取得的全部价款和价外费用为销售额

13. 某食品公司为增值税一般纳税人，主要生产销售奶油。2020年1月从农场购进鲜奶40000斤，取得符合规定的收购凭证上注明价款200000元；该食品公司生产领用部分鲜奶用于生产奶油，本月销售奶油20000斤，账簿上反映其主营业务成本为180000元。已知：鲜奶耗用率为60%。则按照成本法计算，该公司本月允许抵扣的鲜奶的进项税额为（　　）元。

A. 8917.43　　　　　B. 9818.18

C. 11571.43　　　　　D. 12424.78

14. 2019年5月15日，某增值税一般纳税人购入一座办公用楼，取得的增值税专用发票上注明价款1000万元、进项税额90万元；在2020年4月，纳税人将办公楼整体改造成员工食堂，用于集体福利。假定每月折旧额4万元，该企业应做进项税额转出的金额是（　　）。

A. 90　　　　　　　　B. 86.04

C. 85.68　　　　　　　D. 54

15. 某公司员工王华2020年2月出差，取得乘坐高铁的车票，上面注明了旅客身份信息，金额为625元，则该项业务可以抵扣的进项税额是（　　）元。

A. 18.20　　　　　　B. 29.76

C. 35.38　　　　　　D. 51.61

16. 某公司员工王某2020年1月出差，取得飞机票，上面注明了旅客身份信息，票价1820元，燃油费附加60元，机场建设费50元，该项看业务可以抵扣的进项税额是（　　）元。

A. 150.28　　　　　B. 154.40

C. 155.23　　　　　D. 159.36

17. 下列关于增值税相关规定的表述，错误的是（　　）。

A. 物业服务企业为业主提供的装修服务，按照建筑服务缴纳增值税

B. 纳税人购入基金、信托、理财产品等各类资产管理产品持有至到期，属于金融商品转让

C. 纳税人现场制作食品并直接销售给消费者，按照"餐饮服务"缴纳增值税

D. 纳税人对安装运行后的电梯提供的维护保养服务，按照"其他现代服务"缴纳增值税

18. 某生产企业为增值税小规模纳税人，2019年10月对部分资产盘点后进行处理：销售边角废料，由税务机关代开增值税专用发票，取得不含税收入4.5万元；销售两年前购入并使用过的小汽车1辆，取得含税收入6.8万元，未放弃减税优惠。该企业上述业务应缴纳增值税（　）万元。

A. 0.32　　　　　B. 0.21

C. 0.27　　　　　D. 0.16

19. 2019年8月份，天津的王先生将2015年3月购买的200万元的普通住房出售，取得含税收入360万元，8月份王先生应缴纳增值税（　）万元。

A. 0　　　　　　B. 4.66

C. 7.62　　　　　D. 17.14

20. 某企业2020年1月转让5年前建造的办公楼，取得销售收入1500万元，该办公楼账面原值900万元，已提折旧260万元，该企业为一般纳税人，选择按简易计税方法计税，2020年1月该企业应纳增值税（　）万元。

A. 28.57　　　　B. 57.14

C. 40.95　　　　D. 71.43

21. 某商贸企业为增值税一般纳税人，2019年12月进口机器一台，关税完税价格为200万元，假设进口关税税率为20%，支付国内运输企业的运输费用价税合计1.09万元（取得增值税专用发票）；本月售出，取得不含税销售额350万元，则本月应纳增值税（　）万元。

A. 19.40　　　　B. 19.41

C. 14.20　　　　D. 14.21

22. 下列关于转让不动产增值税征收管理规定的表述错误的是（　）。

A. 小规模纳税人转让其取得（不含自建）

的不动产，以取得的全部价款和价外费用扣除不动产购置原价或者取得不动产时的作价后的余额为销售额，按照5%的征收率计算应纳税额

B. 小规模纳税人转让其自建的不动产以取得的全部价款和价外费用为销售额，按照5%的征收率计算应纳税额

C. 个人转让其购买的住房，按照有关规定全额缴纳增值税的，以取得的全部价款和价外费用为销售额，按照3%的征收率计算应纳税额

D. 一般纳税人转让其2016年4月30日前自建的不动产，可以选择适用简易计税方法计税，以取得的全部价款和价外费用为销售额，按照5%的征收率计算应纳税额

23. 甲建筑安装公司为增值税一般纳税人，其机构所在地为A省，2020年1月承包B省的一项建筑服务，该建筑安装公司收取含税工程价款500万元，当月支付给分包方乙公司含税分包款150万元。甲建筑安装公司适用一般计税方法计税，则甲建筑安装公司当月应预缴的增值税为（　）万元。

A. 10　　　　　　B. 7

C. 6.42　　　　　D. 6.36

24. 下列关于进项税额抵扣的相关规定，表述错误的是（　）。

A. 增值税一般纳税人取得2017年1月1日及以后开具的增值税专用发票、海关进口增值税专用缴款书、机动车销售统一发票、收费公路通行费增值税电子普通发票，取消认证确认、稽核比对、申报抵扣的期限

B. 国际旅客运费不得抵扣进项税额

C. 自2019年4月1日起，纳税人购进农产品，取得农产品销售发票的，一律以农产品销售发票上注明的农产品买价和9%的扣除率计算进项税额

D. 纳税人从批发、零售环节购进适用免

征增值税政策的蔬菜、部分鲜活肉蛋而取得的普通发票，不得作为计算抵扣进项税额的凭证

25. 下列关于银行卡跨机构资金清算服务的表述中，错误的是（　　）。

A. 发卡机构以其向收单机构收取的发卡行服务费为销售额，并按照此销售额向收单机构开具增值税发票

B. 清算机构以其向发卡机构、收单机构收取的网络服务费为销售额，并按照此销售额分别向发卡机构、收单机构开具增值税发票

C. 清算机构从发卡机构取得的增值税发票上记载的发卡行服务费，一并计入清算机构的销售额，并由清算机构按照此销售额向收单机构开具增值税发票

D. 收单机构以其向商户收取的收单服务费为销售额，并按照此销售额向商户开具增值税发票

26. 位于市区的某动漫软件公司为增值税一般纳税人，2019年10月销售自行开发的动漫软件，取得不含税销售额4000000元，其中有700000元尚未开具发票。当月确认与销售软件产品相关的可抵扣进项税额为480258元。该企业当月实际应纳增值税（　　）元。

A. 7742　　　　　　B. 39742
C. 120000　　　　　D. 99000

27. 某餐厅2019年12月允许抵扣的进项税额为30万元，由于管理不善霉烂变质的原料转出的进项税额为3万元，其中本月购进的原料对应的进项税额为1.2万元，2019年3月之前购进并查询抵扣的原料对应的进项税额为1.8万元。该餐厅当期可抵减加计抵减额为（　　）万元。

A. 2.7　　　　　　　B. 4.05
C. 2.88　　　　　　D. 4.32

28. 某自营出口生产企业为增值税一般纳税人，出口货物的征税率为13%，退税率为10%。2019年8月进料加工出口货物

耗用的保税进口料件金额100万元。本期进项税额5万元，上期末留抵税款6万元。本月内销货物不含税销售额100万元，本月出口货物销售额折合人民币200万元。该企业当期"免、抵、退"税不得免征和抵扣税额为（　　）万元。

A. 3　　　　　　　　B. 5
C. 6　　　　　　　　D. 12

29. 对于下列出口货物劳务，不适用免征增值税政策的是（　　）。

A. 出口古旧图书

B. 非列名生产企业出口的非视同自产货物

C. 出口软件产品

D. 出口企业销售给用于国际金融组织或外国政府贷款国际招标建设项目的中标机电产品

30. 下列关于跨境电子商务零售进口商品增值税的规定表述，错误的是（　　）。

A. 跨境电子商务零售进口商品按照货物征收关税和进口环节增值税、消费税，购买跨境电子商务零售进口商品的个人作为纳税义务人

B. 对跨境电子商务零售进口商品的单次交易限值为人民币5000元

C. 跨境电子商务零售进口商品的进口环节增值税、消费税取消免征税额，暂按法定应纳税额的6-0%征收

D. 跨境电子商务零售进口商品自海关放行之日起30日内退货的，可申请退税，并相应调整个人年度交易总额

31. 某企业为增值税一般纳税人，2019年11月买入A上市公司股票，买入价240万元，支付手续费0.084万元。当月卖出其中的60%，发生买卖负差10万元。2019年12月，卖出剩余的40%，卖出价200万元，支付手续费0.06万元，印花税0.2万元。该企业2019年12月应缴纳增值税（　　）万元。（以上价格均为含税价格）

A. 3.17　　　　B. 3.38
C. 2.81　　　　D. 5.32

32. 某房地产开发企业为增值税一般纳税人，2019 年 8 月销售自行开发的房地产项目，取得含税销售收入 560 万元，另取得延期付款利息 30 万元。购买土地时向政府部门支付的土地价款总额为 200 万元，房地产项目可供销售建筑面积为 2000 平方米，当期销售房地产项目建筑面积为 800 平方米。该房地产开发企业当期的计税销售额为( )万元。

A. 440.37　　　B. 330.28
C. 467.89　　　D. 357.80

33. 某保险公司为增值税一般纳税人，2019 年 10 月取得的保费收入为 3000 万元，其中包含向境外保险公司提供的完全在境外消费的再保险收入 500 万元，以及一年期以上人身保险产品取得的保费收入 300 万元。以上金额均为不含增值税金额，则该保险公司 2019 年 10 月销项税额为( )万元。

A. 132　　　　B. 150
C. 162　　　　D. 180

34. 下列关于现行增值税税收优惠的表述中，错误的是( )。

A. 自 2019 年 1 月 1 日至 2022 年 12 月 31 日，对单位或者个体工商户将自产、委托加工或购买的货物通过公益性社会组织、县级及以上人民政府及其组成部门和直属机构，或直接无偿捐赠给目标脱贫地区的单位和个人，免征增值税

B. 社会团体收取的会费及开展经营服务性活动取得的其他收入均免征增值税

C. 增值税起征点仅限于个人，不适用于登记为一般纳税人的个体工商户

D. 小规模纳税人销售货物或者加工、修理修配劳务月销售额不超过 10 万元(按季纳税 30 万元)的，可暂免征收增值税

35. 下列关于增值税纳税期限和纳税地点的表述，错误的是( )。

A. 以 1 个季度为纳税期限的规定适用于小规模纳税人、银行、财务公司、信托投资公司、信用社，以及财政部和国家税务总局规定的其他纳税人

B. 纳税人以 1 个月或者 1 个季度为 1 个纳税期的，自期满之日起 5 日内申报纳税

C. 非固定业户销售货物、提供劳务应当向销售地、劳务发生地主管税务机关申报纳税

D. 进口货物，应当向报关地海关申报纳税

36. 在增值税专用发票认证时，不属于不得作为增值税进项税额抵扣凭证，税务机关退还原件情形的是( )。

A. 无法认证

B. 密文有误

C. 专用发票代码、号码认证不符

D. 纳税人识别号认证不符

二、多项选择题

1. 确定一项经济行为是否需要缴纳增值税，除另有规定外，一般应具备以下( )条件。

A. 应税行为是发生在中华人民共和国境内

B. 应税行为是属于《销售服务、无形资产、不动产注释》范围内的业务活动

C. 应税服务是为他人提供的

D. 应税行为是有偿的

2. 下列各项中，关于增值税混合销售和兼营行为的涉税陈述，正确的有( )。

A. 建材商店在销售建材的同时又为其他客户提供装饰服务，属于混合销售

B. 汽车制造公司在生产销售汽车的同时又为其他客户提供汽车清洗、装饰劳务，属于兼营业务

C. 塑钢门窗销售商店在销售产品的同时又为客户提供安装服务，属于混合销售

D. 纳税人销售活动板房、机器设备、钢结构件等自产货物的同时提供建筑、安装服务，属于混合销售

3. 下列关于增值税纳税人年应税销售额的表述，正确的有（　　）。

A. 年应税销售额是指纳税人在连续不超过 12 个月或四个季度的经营期内累计应征增值税销售额

B. 年应税销售额包括纳税申报销售额、稽查查补销售额、纳税评估调整销售额

C. 销售服务、无形资产或者不动产有扣除项目的纳税人，年应税销售额按扣除之后的销售额计算

D. 纳税人偶然发生的转让不动产的销售额，应计入应税行为年应税销售额

4. 下列各项中符合资管产品增值税处理办法规定的有（　　）。

A. 资管产品运营过程中发生的增值税应税行为，以资管产品管理人为增值税纳税人

B. 资管产品管理人运营资管产品过程中发生的增值税应税行为，暂适用简易计税方法

C. 资管产品管理人可选择分别或汇总核算资管产品运营业务销售额和增值税应纳税额

D. 资管产品管理人未分别核算资管产品运营业务和其他业务的销售额和增值税应纳税额，不得适用简易计税方法

5. 下列关于增值税征收率的表述，错误的有（　　）。

A. 自 2018 年 1 月 1 日起，资管产品管理人运营资管产品过程中发生的增值税应税行为，暂适用简易计税方法，按照 5% 的征收率缴纳增值税

B. 提供物业管理服务的纳税人，向服务接受方收取的自来水水费，以扣除其对外支付的自来水水费后的余额为销售额，按照简易计税方法依 3% 的征收率计算缴纳增值税

C. 一般纳税人提供教育辅助服务，可以选择简易计税方法按照 3% 征收率计算缴纳增值税

D. 小规模纳税人提供劳务派遣服务，可以选择差额纳税，以取得的全部价款和价外费用，扣除代用工单位支付给劳务派遣员工的工资、福利和为其办理社会保险及住房公积金后的余额为销售额，按照简易计税方法依 3% 的征收率计算缴纳增值税

6. 下列应税销售行为，一般纳税人可以选择简易计税方法计税的有（　　）。

A. 仓储服务

B. 文化体育服务

C. 人力资源外包服务

D. 学历教育服务

7. 汽车 4S 店销售汽车时一并向购买方收取的下列款项中，应作为价外费用计入销售额计征增值税的有（　　）。

A. 向购买方收取的手续费

B. 代购买方缴纳的车辆购置税

C. 车辆装饰费

D. 代办保险收取的保险费

8. 下列关于增值税一般纳税人销售额确定的表述中，正确的有（　　）。

A. 金融商品转让，按照卖出价减去买入价后的余额为销售额

B. 经纪代理业务，以取得的全部价款和价外费用作为销售额

C. 纳税人提供建筑服务适用简易计税方法的，以取得的全部价款和价外费用扣除支付的分包款后的余额为销售额

D. 房地产开发企业销售其营改增后开发的房地产项目，以取得的全部价款和价外费用，扣除受让土地时向政府部门支付的土地价款后的余额为销售额

9. 下列关于房地产开发企业在销售其开发产品时，差额缴纳增值税的表述正确的有（　　）。

A. 如果采用简易计税方式，可以差额纳税

B. 支付给政府部门的土地价款，允许在计算销售额时扣除

C. 在取得土地时向其他单位或个人支付的拆迁补偿费允许在计算销售额时扣除

D. 一般纳税人的房地产开发企业销售开发产品一般计税时才能差额计税

10. 下列关于销售额确定的说法中，正确的有( )。

A. 航空运输企业的销售额，不包括代收的机场建设费和代售其他航空运输企业客票而代收转付的价款

B. 一般纳税人提供劳务派遣服务，可以选择差额纳税，以取得的全部价款和价外费用，扣除用工单位支付给劳务派遣员工的工资、福利和为其办理社保及住房公积金后的余额为销售额

C. 一般纳税人提供旅游服务，可以选择以取得的全部价款和价外费用，扣除向旅游服务购买方收取并支付给其他单位或者个人的住宿费、餐饮费、交通费、签证费、门票费和支付给其他接团旅游企业的旅游费用后的余额为销售额

D. 融资租赁服务，以取得的全部价款和价外费用，扣除对外支付的借款利息(包括外汇借款和人民币借款利息)、发行债券利息后的余额作为销售额

11. 纳税人代有关部门收取的政府性基金或行政事业性收费，凡同时符合以下( )条件的，不属于价外费用，不征收增值税。

A. 由国务院或者省级人民政府及其财政、价格主管部门批准设立的行政事业性收费

B. 由国务院或者财政部批准设立的政府性基金

C. 收取时开具省级以上财政部门印制的财政票据

D. 所收款项全额上缴财政

12. 下列关于增值税计税销售额的规定，说法正确的有( )。

A. 以物易物方式销售货物，由多交付货物的一方以价差计算缴纳增值税

B. 以旧换新方式销售货物，以实际收取的不含增值税的价款计算缴纳增值税(金

银首饰除外)

C. 还本销售方式销售货物，以实际销售额计算缴纳增值税

D. 销售折扣方式销售货物，不得从计税销售额中扣减折扣额

13. 下列项目所包含的进项税额，可以从销项税额中抵扣的有( )。

A. 生产企业外购自用的小汽车

B. 因自然灾害发生损失的原材料

C. 生产企业用于经营管理的办公用品

D. 因管理不善发生损失的原材料

14. 以下经济业务中，进项税额不得从销项税额中抵扣的有( )。

A. 某企业购进的餐饮服务

B. 某商场从电视机厂购进电视机一批，作为奖励发放给优秀的员工，已经取得了增值税专用发票

C. 某汽车修理厂从小规模纳税人处购进汽车配件一批，取得了税务机关代开的增值税专用发票

D. 生产企业购进用于经营管理的办公用品，取得专用发票

15. 下列旅客运费发票可以计算抵扣进项税额的有( )。

A. 纸质出租车票

B. 注明旅客身份信息的轮船票

C. 国际机票

D. 注明旅客身份信息的高铁票

16. 下列关于提供不动产经营租赁服务增值税征收管理的有关规定，表述正确的有( )。

A. 一般纳税人出租其 2016 年 4 月 30 日前取得的不动产，可以选择适用简易计税方法，按照 5%的征收率计算应纳税额

B. 一般纳税人出租其 2016 年 5 月 1 日后取得的不动产，适用一般计税方法计税

C. 个体工商户(小规模纳税人)出租住房，按照 5%的征收率减按 1.5%计算应纳税额

D. 其他个人出租住房，按照 5%的征收

17. 关于一般纳税人转让其取得的不动产的增值税的处理规定，表述错误的有（　　）。

A. 一般纳税人转让其 2016 年 4 月 30 日前取得（不含自建）的不动产，可以选择适用简易计税方法计税，以取得的全部价款和价外费用为销售额，按照 5% 的征收率计算应纳税额

B. 一般纳税人转让其 2016 年 4 月 30 日前自建的不动产，可以选择适用简易计税方法计税，以取得的全部价款和价外费用为销售额，按照 5% 的征收率计算应纳税额

C. 一般纳税人转让其 2016 年 5 月 1 日后自建的不动产，适用一般计税方法，以取得的全部价款和价外费用，按照 5% 的预征率向不动产所在地主管税务机关预缴税款

D. 一般纳税人转让其 2016 年 5 月 1 日后取得（不含自建）的不动产，适用一般计税方法，以取得的全部价款和价外费用，按照 5% 的预征率向不动产所在地主管税务机关预缴税款

18. 北京张先生有三套住房，其中一套购于 2011 年 2 月的高档公寓于 2019 年 7 月出售，另一套位于学区的住房出租，还有一套自住。下列纳税处理正确的有（　　）。

A. 出售的公寓购买时间超过 2 年，但由于是非普通住宅，需要按全额缴纳增值税

B. 出售的公寓购买时间超过 2 年，但由于是非普通住宅，需要按差额缴纳增值税

C. 出租的住宅按租金÷（1+1.5%）×1.5% 缴纳增值税

D. 出租的住宅按租金÷（1+5%）×1.5% 缴纳增值税

19. 截至目前，提供（　　）取得的销售额占全部销售额的比重超过 50% 的纳税人，按照当期可抵扣进项税额加计 10%，抵减

应纳税额。

A. 邮政服务　　　　B. 生活服务

C. 现代服务　　　　D. 建筑服务

20. 境内单位和个人销售的下列服务和无形资产，适用增值税零税率的有（　　）。

A. 国际运输服务

B. 航天运输服务

C. 向境外单位提供的完全在境外消费的电路设计及测试服务

D. 向境外单位提供的完全在境外消费的离岸服务外包业务

21. 根据外国驻华使（领）馆及其馆员在华购买货物和服务增值税退税管理办法规定，下列情形不适用增值税退税政策的有（　　）。

A. 购买非合理自用范围内的生活办公类货物和服务

B. 使（领）馆馆员个人购买货物和服务，除车辆和房租外，每人每年申报退税销售金额（含税价格）超过 18 万元人民币的部分

C. 购买服务单张发票销售金额（含税价格）不足 300 元人民币

D. 增值税免税货物和服务

22. 下列关于增值税退（免）税办法、退税率和计税依据的表述，正确的有（　　）。

A. 境内单位和个人提供适用增值税零税率的服务，如果属于适用增值税一般计税方法的，生产企业实行“免、抵、退”税办法

B. 除另有规定外，出口货物、应税服务和无形资产的退税率为其适用税率

C. 对进料加工出口货物，企业应以出口货物人民币离岸价作为增值税退（免）税的计税依据

D. 中标机电产品增值税退（免）税的计税依据，生产企业为销售机电产品的普通发票注明的金额

23. 下列有关营改增汇总纳税管理办法的规定，表述正确的有（　　）。

A. 分支机构发生《应税服务范围注释》所列业务，按照应征增值税销售额和预征率计算缴纳增值税

B. 航空运输企业的总机构，应当汇总计算总机构及其分支机构发生《应税服务范围注释》所列业务的应纳税额，抵减分支机构发生《应税服务范围注释》所列业务已缴纳（包括预缴和补缴）的税额后，向主管税务机关申报纳税

C. 分支机构提供邮政服务，按照销售额和预征率计算应预缴税额，按月向主管税务机关申报纳税，可以抵扣进项税额

D. 中国铁路总公司汇总的销售额，为中国铁路总公司及其所属运输企业提供铁路运输及辅助服务的销售额

24. 下列行为免征增值税的有（　　）。

A. 金融同业往来利息收入

B. 边销茶生产企业销售自产的边销茶

C. 图书批发、零售环节

D. 提供管理咨询服务

25. 下列有关增值税税收优惠政策表述正确的有（　　）。

A. 按债转股企业与金融资产管理公司签订的债转股协议，债转股原企业将货物资产作为投资提供给债转股新公司的，免征增值税

B. 从事学历教育的学校提供的教育服务免征增值税

C. 对纳税人生产销售新支线飞机暂减按5%征收增值税，并对其因生产销售新支线飞机而形成的增值税期末留抵税额予以退还

D. 其他个人采取一次性收取租金的形式出租不动产，取得的租金收入可在租金对应的租赁期内平均分摊，分摊后的月租金收入不超过10万元的，可享受小微企业免征增值税优惠政策

26. 下列关于增值税纳税义务发生时间的陈述，正确的有（　　）。

A. 进口货物，增值税纳税义务发生时间

为报关进口的当天

B. 纳税人销售货物、提供应税劳务或者应税行为，先开具发票的，纳税义务发生时间为开具发票的当天

C. 纳税人提供建筑服务取得预收款，应在收到预收款时，以取得的预收款扣除支付的分包款后的余额，按照规定的预征率预缴增值税

D. 采取预收货款方式销售货物、提供应税服务，纳税义务发生时间一律为货物发出或服务提供的当天

27. 下列对纳税人丢失增值税专用发票的处理包括（　　）。

A. 处1万元以下罚款

B. 处1万元以上5万元以下罚款

C. 暂停其半年以内的专用发票领购权

D. 暂停其1年以内的专用发票领购权

28. 一般纳税人的下列情形中，不得领购增值税专用发票的有（　　）。

A. 会计核算不健全，不能向税务机关准确提供增值税销项税额、进项税额等有关增值税税务资料的

B. 未按规定接受税务检查的，经税务机关责令限期改正而仍未改正的

C. 有《税收征管法》规定的税收违法行为，拒不接受税务机关处理的

D. 未设专人保管专用发票和专用设备的

三、计算问答题

1. 某旅游公司为增值税一般纳税人，2018年10月至2019年9月期间旅游服务销售额占全部销售额的比重为70%，企业申请享受进项税额加计抵减政策。2019年12月发生以下业务：

（1）取得旅游费收入共计720万元，其中向境外旅游公司支付境外旅游费76.3万元（境外旅游公司在境内未设有经营机构，且没有代理人），向境内其他单位支付旅游交通费88万元，住宿费22万元，门票费18万元，签证费1.6万元。支付本单位导游餐饮住宿费共计2.3万元，旅游公司

选择按照扣除支付给其他单位相关费用后的余额为计税销售额，并开具普通发票（以上金额均含税）。

（2）将 2019 年 5 月在公司注册地购入的一套门面房对外出租，购入时进项税额已抵扣，本月一次性收取 6 个月含税租金 38 万元。

（3）委托装修公司对办公楼进行装修，取得该装修公司开具的增值税专用发票，注明装修费 80 万元；支付物业费，取得物业公司开具的增值税专用发票注明金额 3 万元。

（4）当月从一小规模纳税人商店购进办公用品一批，取得税务机关代开的增值税专用发票，注明价款 4 万元。

（5）本期员工出差，取得住宿费增值税专用发票，注明金额 3 万元；取得高铁票，金额合计为 8700 元。

（6）将公司一台旅游车转为职工通勤班车，该车购进时已抵扣进项税额 8.5 万元（2018 年 4 月 30 日前购进，按照 17% 抵扣进项税额），入账原值 50 万元，已提折旧 30 万元，该车评估价格 15 万元。

其他资料：本月取得的相关票据均符合税法规定并在本月认证抵扣。

要求：根据上述资料，按下列序号计算回答问题，每问需计算出合计数。

（1）计算该旅游公司取得旅游费收入的销项税额。

（2）计算该旅游公司应代扣代缴的增值税税额。

（3）计算该旅游公司应转出的进项税额。

（4）计算该旅游公司当月准予抵扣的进项税额。

（5）计算该旅游公司当月应缴纳的增值税税额。

2. 2020 年 2 月，北京自然人张某从事了如下活动：

（1）春节期间，采用"以旧换新"方式将家中一条旧金项链换成新款金项链，旧项链作价 3200 元，新项链售价 4000 元，张某补交差价 800 元。

（2）由于行程变更，退订所购买的火车票，支付票价款总额 5% 的手续费。火车票票款总额为 620 元。

（3）自驾出行，支付高速公路通行费，取得的通行费发票上注明金额 80 元。该高速公路开工建设于营改增试点之前。

（4）出租商铺，租赁期 1 年，一次性取得年租金 500000 元。

（5）将自己持有 3 年的一套非普通住房出售，取得价款 8000000 元，该套房产的购置价款为 5200000 元。

（6）蛋糕店举行开业典礼，提供免费试吃蛋糕活动，张某试吃了 68 元的蛋糕。

其他相关资料：题中所涉纳税人均为增值税一般纳税人。可以选择适用简易计税方法的，均按照简易计税方法计税；金银首饰消费税税率为 5%。

要求：根据上述资料，按照下列序号计算回答问题，每问需计算出合计数。

（1）计算业务（1）首饰店应缴纳的增值税和消费税。

（2）说明业务（2）铁路公司收取的退票手续费按何种税目缴纳增值税，并计算其应缴纳的增值税。

（3）计算业务（3）收取的高速公路通行费应缴纳的增值税。

（4）计算业务（4）张某应缴纳的增值税。

（5）计算业务（5）张某应缴纳的增值税。

（6）计算业务（6）蛋糕店应缴纳的增值税。

3. 某建筑公司为增值税一般纳税人，从事建筑、安装、装饰等多业经营，2020 年 2 月份发生如下业务：

（1）承包本市一家工厂的厂房建设工程，本月全部完工，建设施工合同中注明工程总价款为 3000 万元。另外得到对方支付的提前竣工奖 200 万元。建筑公司购进用于改造工程的材料，取得增值税专用发票，发票上注明的含税金额为 1080 万元。

（2）承包外省一家制药厂厂房改造工程，当月竣工结算，工程总价款为4500万元，发生分包支出价税合计800万元，取得分包企业开具的增值税专用发票。

（3）将"营改增"前以300万元购置的外省一间商铺出售，取得含税收入825万元。建筑公司选择简易计税方法计税。

（4）将外市新购置的一处商铺对外出租，取得当月租金收入11万元。

已知：上述金额均为含税金额，除业务（3）选择适用简易计税方法外均按一般计税方法计征增值税。

要求：根据上述资料，按照下列序号计算回答问题，每问需计算出合计数。

（1）计算业务（1）的增值税销项税额。

（2）计算业务（2）应预缴的增值税。

（3）计算业务（3）应预缴的增值税。

（4）计算业务（4）应预缴的增值税。

（5）该公司当月在机构所在地合计应缴纳的增值税。

4. 位于市区的某金融机构为增值税一般纳税人，2019年第3季度业务收支情况如下：

（1）取得贷款利息收入1400万元，另外取得加息、罚息收入50万元。

（2）开展股票买卖业务，买入价765万元，卖出价950万元，另支付手续费2.6万元。

（3）将2亿元人民币投资于某商业企业，每季度收取固定利润820万元。

（4）为电信部门代收电话费，当季度收入为850万元，支付给委托方价款836万元。

（5）受某公司委托发放贷款，金额5000万元，贷款期限3个月，年利息率为4.8%，已经收到贷款企业的利息并转交给委托方，银行按贷款利息收入的10%收取手续费。

（6）第3季度购进办公用品一批，取得增值税专用发票，价税合计金额为113万元。

已知：上述收入均为含税收入。

要求：根据上述资料，按照下列序号计算回答问题，每问需计算出合计数。

（1）计算业务（1）的增值税销项税额。

（2）计算业务（4）的增值税销项税额。

（3）计算业务（5）的增值税销项税额。

（4）计算该金融机构本季度应缴纳的增值税。

四、综合题

1. 位于市区的J公司，为房地产开发企业，系增值税一般纳税人，2019年12月发生如下业务：

（1）将自行开发的房地产项目交付业主，取得含税销售收入55000万元（为预售收入转入销售收入，预售时间为2018年5月至2019年3月份）。购买土地时向政府部门支付的土地价款总额为22000万元，房地产项目可供销售建筑面积为20000平方米，当期销售房地产项目建筑面积为10000平方米。该公司选择按一般计税方法计税。

（2）2019年4月20日购入一座办公楼，取得增值税专用发票并认证通过，专用发票上注明的金额为2000万元，增值税额为180万元。该办公楼既用于增值税应税项目，又用于集体福利。J公司按照固定资产管理办公楼，假定月折旧额为8万元。12月20日该公司将办公楼改造成员工宿舍，用于集体福利。

（3）该公司将位于市区的一处仓库对外出租，该仓库购置于2015年，购买时价格为600万元，每月取得含税租金7.8万元，选择适用简易计税办法。

（4）将公司销售部门用于跑业务的小汽车对外出售，取得含税收入8.6万元。该辆小汽车于2014年8月购进，购置原价20万元。该公司未放弃减税优惠。

（5）转让4年前自行建造的厂房，取得含税销售收入1800万元，所销售房产对应的地价款为600万元，该公司选择简易计税方法计税。

（6）进口2辆小汽车自用，关税完税价格共计28万元，支付境内不含税运费2.5万元，取得增值税专用发票。关税税率20%，小汽车消费税税率12%。

（7）J公司因业务需要与K劳务派遣公司（以下简称K公司，增值税一般纳税人）签订劳务派遣协议，K公司为J公司提供劳务派遣服务。K公司代J公司给劳务派遣员工支付工资，并缴纳社会保险和住房公积金。2019年12月，K公司共取得劳务派遣收入65万元（含税），其中代J公司支付给劳务派遣员工工资23万元、为其办理社会保险14万元及缴纳住房公积金11万元。K公司选择按差额计税方法计税，开具增值税专用发票。

（8）J公司于2019年12月开发新的房地产项目——建造度假村，购进水泥，取得增值税专用发票上注明的不含税金额50万元；购进钢筋，取得增值税专用发票上注明的不含税金额30万元；购进其他原材料，取得增值税专用发票上注明的不含税金额15万元。

（9）除上述业务外，J公司可抵进项税额为400万元。

其他相关资料：（1）本月取得的相关票据符合税法规定，并在当月通过认证并申报抵扣；（2）除特别说明外，本题目中相关业务均发生在2018年5月1日增值税税率调整后。

要求：根据上述资料，按照下列序号回答问题，如有计算需计算出合计数。

（1）计算业务（1）应确认的销项税额。

（2）计算业务（1）中55000万元的含税预售收入已经预缴了多少增值税？

（3）计算业务（2）进项税转出金额。

（4）计算J公司出租仓库12月应缴纳的房产税。

（5）计算J公司业务（4）销售自用的小汽车应缴纳的增值税。

（6）计算J公司进口小汽车应缴纳的消费税。

（7）计算K公司当月应缴纳的增值税。

（8）计算J公司当月应缴纳的增值税。（考虑已预缴的增值税）

2. 王某是一家上市公司的高管，2020年王某和其同事郭某去北方某市避暑度假3个月，在此期间，主要活动如下：

（1）王某向某汽车租赁公司租赁了一辆奔驰汽车，租期3个月，一次性支付租金16000元。

（2）去当地知名影院观看暑期档上映的影片，电影票零售价每张55元，合计支付110元。

（3）两人利用其中4天时间到著名景点旅游，并通过当地一家旅游公司预订了房间，支付房费1000元，旅游公司将其中的880元房费转交给宾馆。

（4）两人通过某订餐平台，获得了某新开业酒店免费试吃活动，免费享受了售价为168元的双人套餐，第二天在该酒店点了268元的外卖。

（5）王某和郭某参观了当地的博物馆，第一道门票费用合计80元；游览了当地景区，合计支付门票420元。

（6）在度假期间，王某一直关注股票行情，将2016年购买的股票通过证券交易机构出售，取得收入88000元，当时该股票的购买价为46000元。

（7）王某之前一直利用业余时间通过网络为某公司提供翻译服务，在度假期间仍提供翻译服务，取得收入5000元。

（8）王某在提供翻译服务时，发现其一直使用的笔记本电脑出现了问题，而且无法修复。为了追赶翻译进度，王某将其自用的笔记本电脑在当地销售，取得收入3000元，另购买一台新款笔记本电脑，花费12000元。

其他相关资料：汽车租赁公司、影院、旅游公司、餐厅均为一般纳税人；以上金额均含增值税。如果某项业务活动可以选择简易计税，则按照纳税人选择简易计税方法计算纳税。

要求：根据上述资料，按照下列序号计算回答问题，每问需计算出合计数。

(1)计算汽车租赁公司出租汽车应缴纳的增值税。

(2)计算影院电影票收入应缴纳的增值税。

(3)计算旅游公司应缴纳的增值税。

(4)计算酒店应缴纳的增值税。

(5)计算博物馆取得的收入应缴纳的增值税。

(6)计算景区取得收入应缴纳的增值税。

(7)王某销售股票是否缴纳增值税，并说明理由，如有计算，需计算出具体金额。

(8)计算王某提供翻译服务应缴纳的增值税。

(9)王某销售自己使用过的电脑是否缴纳增值税，并说明理由，如有计算，需计算出具体金额。

3. 鑫鑫宾馆系增值税一般纳税人，设有客房部、餐饮部、营销部和商场等业务部门，分别从事住宿服务、餐饮服务、会展服务和货物销售等经营业务，各业务部门的收入和成本费用等分别进行明细核算。已于2019年10月向主管税务机关提交了生活服务业《适用加计抵减政策的声明》。

该宾馆2019年10月发生与增值税相关的业务如下：

(1)住宿服务价税合计收入为3180000元，此外因住客损坏住宿设施而收取赔偿款合计21200元。

(2)餐饮服务价税合计收入为1060000元，均开具普通发票。

(3)会展服务价税合计为848000元。均开具增值税专用发票，金额合计800000元、税额合计48000元。

(4)商场销售货物价税合计为783000元，均采取现金或转账结算。其中出售农林特产取得价税合计收入为218000元。另外，因2019年3月销售的一批工艺品存在质量问题，经协商商场于当月退货，购买方无法退回原开具的增值税专用发票的发票联

和抵扣联，凭购买方填开并上传、税务机关校验的《开具红字增值税专用发票信息表》，开具红字增值税专用发票金额80000元、税额12800元。

(5)客房重新装修更换新的设施，将客房中原有300台电视机以价税合计金额160000元出售，宾馆选择按3%征收率并减按2%征收。

(6)省外出租的办公用房按协议预收2019年10-12月份房屋租赁费价税合计436000元，未开具发票。已向办公房所在地税务机关填报《增值税预缴税款表》并预缴12000元，取得办公房所在地税务机关出具的完税凭证。

(7)将营改增前以2000000元购置的省外一间商铺出售，取得价税合计收入2525000元，宾馆选择简易计税方法，并以"差额征税开具功能"开具增值税专用发票金额500000元、税额25000元。当月在商铺所在地预缴增值税25000元，取得商铺所在地税务机关出具的完税凭证。

(8)销售单用途商业预付卡价税合计金额2000000元、接受单用途商业预付卡的持卡人充值价税合计金额300000元，均开具不征税的增值税普通发票。

(9)本月餐饮部从农场、渔场处购进蔬菜、海鲜等农产品，取得增值税普通发票(免税)金额合计300000元，从小规模纳税人处购进水果等农产品，取得对方由税务机关代开的增值税专用发票，上面注明金额70000元，增值税额2100元。

(10)本月商场部从林场购进大枣一批，取得林场开具的增值税普通发票(免税)金额合计100000元，商场已经将该批大枣发往加工厂委托粽子。

(11)宾馆管理人员和员工报销出差的旅客运输费用，航空运输电子客票行程单12份，其中10份为境内航空运输，票价和燃油附加费合计金额15000元；另两份为国际航空运输，票价和燃油附加费合计金额

20000 元。铁路车票 18 份，合计票面金额 6800 元。公路客票 4 份，合计票面金额 721 元。以上旅客运输发票均载明有宾馆相关人员的身份信息。

(12) 除上述购进票据外，其他增值税专用发票上注明的增值税额为 185000 元。

(13) 支付增值税税控系统技术维护费，取得增值税专用发票 1 份，金额 1320.75 元，税额 79.25 元，价税合计金额 1400 元。

(14) 商场一批工艺品被盗，经确认该工艺品购进时取得增值税专用发票，金额 50000 元、税额 6500 元。该进项税额于 2019 年 5 月抵扣。

经核实，宾馆 2019 年 9 月增值税纳税申报后，无留抵税额；服务、不动产和无形资产扣除项无期末余额；加计抵减期末无余额；也无税额抵减的期末余额。当期开具的增值税发票都已按规定进行报税，取得的增值税专用发票以及有关扣税凭证都已登录增值税发票选择确认平台查询、选择用于申报抵扣、出口退税或者代办退税的增值税发票信息。

要求：请计算该企业 2019 年 10 月份应纳增值税。

同步训练答案及解析

一、单项选择题

1. C 【解析】存款利息不征收增值税。融资性售后回租业务中，承租方出售资产的行为不属于增值税的征税范围，不征收增值税。支付机构销售多用途卡取得的等值人民币资金，不缴纳增值税。

2. C 【解析】选项 A，属于将外购货物用于个人消费，不视同销售；选项 B，免征增值税；选项 D，按照邮政服务缴纳增值税。

3. D 【解析】选项 A，年应税销售额超过规定标准的其他个人不能登记为一般纳税人；选项 B，年应税销售额包括纳税申报销售额、稽查查补销售额、纳税评估调整销售额；选项 C，按现行一般纳税人登记政策规定，纳税人连续不超过 12 个月或四个季度的经营期内累计销售额超过规定标准，应在申报期结束后 15 个工作日内办理一般纳税人资格登记手续。

4. D 【解析】车辆停放服务，按不动产经营租赁服务缴纳增值税。

5. C 【解析】境外的单位或者个人在境内提供"营改增"应税行为，在境内未设有经营机构的，以购买方为扣缴义务人。

6. B 【解析】销售无形资产（转让土地使用权除外），税率是 6%；转让土地使用权，税率是 9%。

7. B 【解析】电力按照 13% 的税率计算增值税。

8. C 【解析】纳税人销售活动板房、机器设备、钢结构件等自产货物的同时提供建筑、安装服务，应分别核算货物和建筑服务的销售额，分别适用不同的税率或者征收率。应纳增值税 = 20×13% + 3×9% = 2.87（万元）。

9. C 【解析】采取以旧换新方式销售货物的，除金银首饰外，应按新货物的同期销售价格确定销售额，不得扣减旧货物的收购价格。应纳增值税 = 2500÷（1 + 13%）×13%×100 = 28761.06（元）。

10. A 【解析】赠送的货物要视同销售，计算增值税。此项业务应申报的销项税额 = 22600÷（1 + 13%）×50×13% + 25×1200×13% = 133900（元）。

11. D 【解析】该公司应缴纳增值税 = （100-80）÷1.05×5% + 17600÷（1 + 3%）×2%÷10000 = 0.99（万元）

12. B 【解析】选项 A，经纪代理服务，以取得的全部价款和价外费用，扣除向委托方收取并代为支付的政府性基金或者行政事业性收费后的余额为销售额；选项 C，金融商品转让，按照卖出价扣除买入价后的余额为销售额，转让金融商品出现的正负差，按盈亏相抵后的余额为销售额；选项 D，航空运输销售代理企业提供境外航段机票代理服务，以取得的全部价款和价外费用，扣除向客户收取并支付给其他单位或者个人的境外航段机票结算款和相关费用后的余额为销售额。

13. D 【解析】当期允许抵扣农产品增值税进项税额 = 当期主营业务成本×农产品耗用率×扣除率÷(1+扣除率) = 180000×60%×13%÷(1+13%) = 12424.78(元)

14. B 【解析】不得抵扣的进项税额 = 已抵扣进项税额×不动产净值率
不动产净值率 = (不动产净值÷不动产原值)×100% = (1000-4×11)÷1000×100% = 95.6%
不得抵扣的进项税额 = 90×95.6% = 86.04(万元)，因此应转出进项税额 86.04 万元。

15. D 【解析】铁路旅客运输进项税额 = 票面金额÷(1+9%)×9% = 625÷(1+9%)×9% = 51.61(元)

16. C 【解析】航空旅客运输进项税额 = (票价+燃油附加费)÷(1+9%)×9% = (1820+60)÷1.09×9% = 155.23(元)

17. B 【解析】纳税人购入基金、信托、理财产品等各类资产管理产品持有至到期，不属于金融商品转让。

18. C 【解析】小规模纳税人的征收率为3%。销售自己使用过的固定资产减按2%的征收率计算增值税。应纳增值税 = 4.5×3%+6.8÷(1+3%)×2% = 0.27(万元)。

19. A 【解析】个人将购买 2 年以上(含 2 年)的普通住房对外销售的，免征增值税。

20. D 【解析】一般纳税人销售其 2016 年 4 月 30 日前自建的不动产，可以选择适用简易计税方法，以取得的全部价款和价外费用为销售额，按照 5% 的征收率计算应纳税额。该企业应纳增值税 = 1500÷(1+5%)×5% = 71.43(万元)。

21. D 【解析】进口关税 = 200×20% = 40(万元)
进口环节增值税 = (200+40)×13% = 31.2(万元)
本月应纳增值税 = 350×13%-31.2-1.09÷(1+9%)×9% = 14.21(万元)

22. C 【解析】个人转让其购买的住房，按照有关规定全额缴纳增值税的，以取得的全部价款和价外费用为销售额，按照5%的征收率计算应纳税额。

23. C 【解析】一般纳税人跨地级市提供建筑服务，适用一般计税方法计税的，应预缴税款 = (全部价款和价外费用-支付的分包款)÷(1+9%)×2%。甲建筑安装公司当月应预缴的增值税 = (500-150)÷(1+9%)×2% = 6.42(万元)。

24. C 【解析】自 2019 年 4 月 1 日起，纳税人购进农产品，取得农产品销售发票的，以农产品销售发票上注明的农产品买价和9%或10%的扣除率计算进项税额。

25. A 【解析】发卡机构以其向收单机构收取的发卡行服务费为销售额，并按照此销售额向清算机构开具增值税发票，因此选项 A 错误。

26. B 【解析】动漫企业销售自主研发的动漫软件，实际税负超过 3% 的部分即征即退。
应纳增值税 = 4000000×13% - 480258 = 39742(元)
销售额的 3% = 4000000×3% = 120000(元)
39742(元)<120000(元)
实际缴纳增值税税款 39742 元。

27. C 【解析】自 2019 年 10 月 1 日起，生活服务业纳税人应按照当期可抵扣进项税额的 15% 计提当期加计抵减额。按照现行规定不得从销项税额中抵扣的进项税额，不得计提加计抵减额；已计提加计抵减额的进项税额，按规定作进项税额转出的，应在进项税额转出当期，相应调减加计抵减额。2019年3月购进并查询抵扣的原料对应的进项税额为1.8万元由于并未加计抵减，因此也无需调减加计抵减额。当期可抵减加计抵减额 = 30×15%－1.2×15% = 4.32（万元）

28. A 【解析】"免、抵、退"税不得免征和抵扣税额 = 净出口额×（出口货物征税率－出口货物退税率）=（200－100）×（13%－10%）= 3（万元）

29. D 【解析】出口企业销售给用于国际金融组织或外国政府贷款国际招标建设项目中的中标机电产品，适用退（免）税政策。

30. C 【解析】跨境电子商务零售进口商品的进口环节增值税、消费税取消免税额，暂按法定应纳税额的70%征收。

31. D 【解析】金融商品转让，按照卖出价扣除买入价后的余额为销售额，转让金融商品出现的正负差，按盈亏相抵后的余额为销售额。

该企业应缴纳增值税 =（200－240×40%－10）÷（1+6%）×6% = 5.32（万元）

32. C 【解析】房地产开发企业中的一般纳税人销售自行开发的房地产项目，适用一般计税方法计税，按照取得的全部价款和价外费用，扣除当期销售房地产项目对应的土地价款后的余额计算销售额。

当期允许扣除的土地价款 =（当期销售房地产项目建筑面积÷房地产项目可供销售建筑面积）×支付的土地价款 =（800÷2000）×200 = 80（万元）

计税销售额 =（全部价款和价外费用－当期允许扣除的土地价款）÷（1+9%）=（560+30－80）÷（1+9%）= 467.89（万元）

33. A 【解析】保险公司开办的一年期以上人身保险取得的保费收入，以及境内保险公司向境外保险公司提供的完全在境外消费的再保险服务收入，免征增值税。

销项税额 =（3000－500－300）×6% = 132（万元）。

34. B 【解析】社会团体收取的会费免征增值税，开展经营服务性活动取得的其他收入，一律照章缴纳增值税。

35. B 【解析】纳税人以1个月或者1个季度为1个纳税期的，自期满之日起15日内申报纳税。

36. B 【解析】无法认证，纳税人识别号认证不符，专用发票代码、号码认证不符，不得作为增值税进项税额抵扣凭证，税务机关退还原件。密文有误，暂不得作为增值税进项税额的抵扣凭证，税务机关扣留原件，查明原因，分别情况进行处理。

二、多项选择题

1. ABCD 【解析】确定一项经济行为是否需要缴纳增值税，根据《营业税改征增值税试点实施办法》（财税〔2016〕36号），除另有规定外，一般应同时具备以下四个条件：①应税行为是发生在中华人民共和国境内；②应税行为是属于《销售服务、无形资产、不动产注释》范围内的业务活动；③应税服务是为他人提供的；④应税行为是有偿的。

2. BC 【解析】选项A，建材商店在销售建材的同时又为其他客户提供装饰服务，属于兼营行为，并不是混合销售行为；选项D，纳税人销售活动板房、机器设备、钢结构件等自产货物的同时提供建筑、安装服务，不属于混合销售，应分别核算货物和建筑服务的销售额，分别适用不同的税率或者征收率。

3. AB 【解析】销售服务、无形资产或者不动产有扣除项目的纳税人，年应税销售额按扣除之前的销售额计算，因此选项C错误；纳税人偶然发生的转让不动产、无形资产的销售额，不计入应税行为年应税销售额，因此选项D错误。

4. ABCD 【解析】四个选项的说法均正确。

5. AD 【解析】选项A，自2018年1月1日起，资管产品管理人运营资管产品过程中发生的增值税应税行为，暂适用简易计税方法，按照 3% 的征收率缴纳增值税；选项 D，小规模纳税人提供劳务派遣服务，可以按照有关规定，以取得的全部价款和价外费用为销售额，按照简易计税方法依 3% 征收率计算缴纳增值税，也可以选择差额纳税，以取得的全部价款和价外费用，扣除用工单位支付给劳务派遣员工的工资、福利和为其办理社保及住房公积金后的余额为销售额，按照简易计税方法依 5% 的征收率计算缴纳增值税。

6. ABC 【解析】一般纳税人提供非学历教育服务可以选择简易计税方法计税。

7. AC 【解析】销售货物的同时代办保险等而向购买方收取的保险费，以及向购买方收取的代购买方缴纳的车辆购置税、车辆牌照费，不属于价外费用，不并入销售额征收。

8. ACD 【解析】经纪代理业务，以取得的全部价款和价外费用，扣除向委托方收取并代为支付的政府性基金或者行政事业性收费后的余额为销售额。

9. BCD 【解析】房地产开发企业销售开发产品，只有在采用一般计税方式时才能差额纳税，因此选项 A 错误。

10. ABC 【解析】选项 D，融资租赁服务，以取得的全部价款和价外费用，扣除对外支付的借款利息（包括外汇借款和人民币借款利息）、发行债券利息和车辆购置税后的余额作为销售额。

11. ABCD 【解析】同时符合以下条件代为收取的政府性基金或者行政事业性收费，不属于价外费用：（1）由国务院或者财政部批准设立的政府性基金，由国务院或者省级人民政府及其财政、价格主管部门批准设立的行政事业性收费；（2）收取时开具省级以上财政部门印制的财政票据；（3）所收款项全额上缴财政。

12. CD 【解析】以物易物方式销售货物，双方发生既买又卖业务，分别按购销业务处理；以旧换新业务中，只有金银首饰以旧换新，按实际收取的不含增值税的价款计税，其他货物以旧换新均已新货物不含税价计税，不得扣减旧货物的收购价格。

13. ABC 【解析】因管理不善发生损失的原材料，其进项税额是不得抵扣的。

14. AB 【解析】选项 A，营改增以后，购进的贷款服务、餐饮服务、居民日常服务和娱乐服务，不得抵扣进项税额；选项 B，电视机厂将外购电视机发给员工，属于用于职工福利，不得抵扣进项税额。

15. BD 【解析】由于纸质出租车票未注明旅客身份信息，因此不得抵扣进项税额；国内旅客运费可以抵扣进项税额，国际旅客运费不得抵扣进项税额，因此国际机票不得抵扣进项税额。

16. ABC 【解析】其他个人出租住房，按照 5% 的征收率减按 1.5% 计算应纳税额

17. AD 【解析】选项 A，一般纳税人转让其 2016 年 4 月 30 日前取得（不含自建）的不动产，可以选择适用简易计税方法计税，以取得的全部价款和价外费用扣除不动产购置原价或者取得不动产时的作价后的余额为销售额，按照 5% 的征收率计算应纳税额；选项 D，一般纳税人转让其 2016 年 5 月 1 日后取得（不含自建）的不动产，适用一般计税方法，纳税人应以取得的全部价款和价外费用扣除不动产购置原价或者取得不动产时的作价后的余额，按照 5% 的预征率向不动产所在地主管税务机关预缴税款，向机构所在地主管税务机关申报纳税。

18. BD 【解析】北上广深四地的个人，出售的购买超过 2 年非普通住宅按差额缴纳增值税，普通住宅免税；个人出租住宅，减按 1.5% 缴纳增值税，应纳税额＝租金÷（1+5%）×1.5%。

19. AC 【解析】自2019年4月1日至2021年12月31日，提供邮政服务、电信服务、现代服务、生活服务（以下称四项服务）取得的销售额占全部销售额的比重超过50%的纳税人，按照当期可抵扣进项税额加计10%，抵减应纳税额；自2019年10月1日起，生活服务加计15%抵减。

20. ABCD 【解析】选项ABCD均适用增值税零税率。

21. ABCD 【解析】上述四个选项均不适用增值税退税政策。

22. ABD 【解析】对进料加工出口货物，企业应以出口货物人民币离岸价扣除出口货物耗用的保税进口料件金额的余额为增值税退（免）税的计税依据。

23. ABD 【解析】选项C，分支机构提供邮政服务，按照销售额和预征率计算应预缴税额，按月向主管税务机关申报纳税，不得抵扣进项税额。

24. ABC 【解析】提供管理咨询服务按照"鉴证咨询服务"缴纳增值税。

25. ABCD 【解析】本题四个选项均是正确的。

26. ABC 【解析】采取预收货款方式销售货物，为货物发出的当天，但生产销售生产工期超过12个月的大型机械设备、船舶、飞机等货物，为收到预收款或者书面合同约定的收款日期的当天。同时，以预收款方式提供有形动产租赁服务，收到预收款时发生增值税的纳税义务。

27. AC 【解析】对违反规定发生被盗、丢失专用发票的纳税人，按《税收征收管理法》和《发票管理办法》的规定，处以1万元以下的罚款，并可视具体情况，对丢失专用发票的纳税人，在一定期限内（最长不超过半年）停止领购专用发票。

28. ABC 【解析】未设专人保管专用发票和专用设备的，经税务机关责令限期改正而仍未改正的，才属于不得领购增值税专用发票的情形。

三、计算问答题

1.【答案】

（1）纳税人提供旅游服务，可以选择以取得的全部价款和价外费用，扣除向旅游服务购买方收取并支付给其他单位或者个人的住宿费、餐饮费、交通费、签证费、门票费和支付给其他接团旅游企业的旅游费用后的余额为销售额。

销项税额＝（720−76.3−88−22−18−1.6）÷（1+6%）×6%＝29.10（万元）

（2）境外单位或者个人向境内单位或个人提供的完全发生在境外的服务，无需缴纳我国的增值税。扣缴义务人应扣缴税额为0万元。

（3）将外购的旅游车转为职工通勤班车，属于将外购货物用于集体福利，不得抵扣进项税。已经抵扣的进项税要做进项税转出处理。

应转出的进项税额＝（50−30）×17%＝3.40（万元）

【思路点拨】由于购进时是按照17%的税率抵扣进项税额，因此转出时按照17%的税率进行转出。

（4）当月准予抵扣的进项税额＝80×9%+3×6%+4×3%+3×6%+0.87/1.09×9%−3.40＝4.35（万元）

（5）该旅游公司当期可以加计抵减的进项税额＝（80×9%+3×6%+4×3%+3×6%+0.87/1.09×9%）×15%＝1.16（万元）

【思路点拨】由于转出进项税额的旅游车是2018年4月30日之前购进的，当时未加计抵减，因此转出时不减少加计抵减额。

该旅游公司当月应纳增值税＝29.10+38÷（1+9%）×9%−4.35−1.16＝26.73（万元）

2.【答案】

（1）业务（1）首饰店应纳增值税和消费税＝800÷（1+13%）×（13%+5%）＝127.43（元）

（2）铁路公司为客户办理退票而向客户收取的退票费、手续费等收入，按照其他现代服务缴纳增值税。

应纳增值税=620×5%÷(1+6%)×6%=1.75（元）

（3）收取的高速公路通行费应纳增值税=80÷(1+3%)×3%=2.33（元）

（4）出租房屋应纳增值税为0。

【思路点拨】 其他个人（即自然人），采取一次性收取租金形式出租不动产取得的租金收入，可在对应的租赁期内平均分摊，**分摊后的月租金收入未超过10万元的，免征增值税。**

（5）业务（5）应纳增值税=(8000000－5200000)÷(1+5%)×5%=133333.33（元）

（6）业务（6）应纳增值税=68÷(1+13%)×13%=7.82（元）

3.**【答案】**

（1）业务（1）增值税销项税额=(3000+200)÷(1+9%)×9%=264.22（万元）

（2）业务（2）在建筑服务发生地应预缴的增值税=(4500－800)÷(1+9%)×2%=67.89（万元）

（3）业务（3）在不动产所在地应预缴税款=(825－300)÷(1+5%)×5%=25（万元）

（4）业务（4）在不动产所在地应预缴税款=11÷(1+9%)×3%=0.3（万元）

（5）业务（1）销项税额264.22，可抵进项税额=1080÷(1+13%)×13%=124.25（万元）。

业务（2）销项税额=4500÷(1+9%)×9%=371.56（万元）；可抵进项税额=800÷(1+9%)×9%=66.06（万元），已经预缴67.89万元增值税。

业务（3）应纳增值税=(825－300)÷(1+5%)×5%=25（万元），已经预缴25万元增值税。

业务（4）销项税额=11÷(1+9%)×9%=0.91（万元），已经预缴0.3万元增值税。

该公司当月在机构所在地合计缴纳增值税=(264.22+371.56+0.91)－(124.25+66.06)+25－(67.89+25+0.3)=378.19（万元）

元)

4.**【答案】**

（1）贷款服务，以提供贷款服务取得的全部利息及利息性质的收入为销售额。

贷款利息收入的增值税销项税额=(1400+50)÷(1+6%)×6%=82.08（万元）

（2）经纪代理服务，以取得的全部价款和价外费用，扣除向委托方收取并代为支付的政府性基金或者行政事业性收费后的余额为销售额。

代收电话费的增值税销项税额=(850－836)÷(1+6%)×6%=0.79（万元）

（3）该金融机构受托发放贷款，取得的手续费收入应缴纳增值税。

收取的手续费的增值税销项税额=5000×4.8%÷12×3×10%÷(1+6%)×6%=0.34（万元）

（4）金融企业从事股票买卖业务，以股票的卖出价减去买入价后的余额为销售额。

增值税销项税额=(950－765)÷(1+6%)×6%=10.47（万元）

以货币资金投资收取的固定利润或者保底利润，按照贷款服务缴纳增值税。

增值税销项税额=820÷(1+6%)×6%=46.42（万元）

可以抵扣的进项税=113÷(1+13%)×13%=13（万元）

第3季度应缴纳的增值税=82.08+0.79+0.34+10.47+46.42－13=127.10（万元）

四、综合题

1.**【答案】**

（1）当期允许扣除的土地价款=（当期销售房地产项目建筑面积÷房地产项目可供销售建筑面积）×支付的土地价款=(10000÷20000)×22000=11000（万元）

销项税额=(55000－11000)÷(1+9%)×9%=3633.03（万元）

（2）业务（1）已经预交的增值税=55000÷(1+10%)×3%=1500（万元）

【思路点拨】 由于其预售时间为2018年5

月至 2019 年 3 月期间，在此期间，销售不动产的增值税税率为 10%，因此当时是按照"预售收入÷(1+10%)×3%"预交增值税的。

(3)不动产净值率=［2000-(8×8)］÷2000×100%=96.8%

不得抵扣的进项税额=180×96.8%=174.24(万元)

2019 年 4 月 1 日之后购进的不动产，允许一次性抵扣进项税额，因此购进时已经全额抵扣过进项税额，本月应该转出进项税额 174.24 万元。

(4)对外出租仓库，按不含税租金收入计算房产税。

应纳房产税=7.8÷(1+5%)×12%=0.89(万元)

(5)业务(4)应纳税额=8.6÷(1+3%)×2%=0.17(万元)

【思路点拨】 由于该房地产开发企业 2014 年为营业税纳税人，购进小汽车未抵扣进项税，销售自己使用过的不得抵扣且未抵扣进项税额的固定资产，依照 3% 征收率减按 2% 征收增值税。

(6)消费税计税价格=28×(1+20%)÷(1-12%)=38.18(万元)

进口环节的消费税=38.18×12%=4.58(万元)

(7)K 公司应缴纳增值税=(65-23-14-11)÷(1+5%)×5%=0.81(万元)

(8)业务(3)应纳增值税额=7.8÷1.05×5%=0.37(万元)

业务(5)应纳增值税=1800÷1.05×5%=85.71(万元)

业务(6)进口环节应纳增值税=38.18×13%=4.96(万元)，业务(6)可抵进项税额=4.96+2.5×9%=5.19(万元)。

业务(7)J 公司可以抵扣的进项税额为 0.81 万元

业务(8)无需分期抵扣进项税额，可抵扣进项税额=(50+30+15)×13%=12.35(万元)

元)。

J 公司当月应纳增值税=3633.03-(5.19+0.81+12.35+400-174.24)-1500(预交)+0.37+0.17+85.71=1975.17(万元)

2.【答案】

(1)汽车租赁公司应缴纳增值税=16000÷(1+13%)×13%=1840.71(元)

(2)电影放映服务可以选择简易计税。

影院电影票收入应纳增值税=110÷(1+3%)×3%=3.20(元)

(3)旅游公司提供的代订宾馆服务应纳增值税=(1000-880)÷(1+6%)×6%=6.79(元)

(4)酒店应缴纳增值税=(168+268)÷(1+6%)×6%=24.68(元)

【思路点拨】 无偿提供餐饮服务应视同发生应税行为缴纳增值税。

(5)博物馆取得的收入不缴纳增值税。

理由：纪念馆、博物馆、文化馆、文物保护单位管理机构、美术馆、展览馆、书画院、图书馆在自己的场所提供文化体育服务取得的第一道门票收入，免征增值税。

(6)景区取得收入应缴纳的增值税=420÷(1+3%)×3%=12.23(元)

【思路点拨】 提供游览场所按照文化服务缴纳增值税，文化体育服务可以选择简易计税方法计税。

(7)王某销售股票，不缴纳增值税；

因为个人从事金融商品转让业务免征增值税。

(8)翻译服务按照咨询服务缴纳增值税，但其他个人适用简易办法征税。

应纳增值税=5000÷(1+3%)×3%=145.63(元)

(9)王某销售自己使用过的电脑不缴纳增值税；理由：其他个人销售自己使用过的物品，免征增值税。

3.【答案】

(1)销项税额

业务 1 销项税额=(3180000+21200)÷(1+

6%）×6%＝181200（元）

业务 2 的销项税额＝1060000÷（1＋6%）×6%＝60000（元）

业务 3 的销项税额＝48000（元）

业务 4 的销项税额＝218000÷（1＋9%）×9%＋（783000－218000）÷（1＋13%）×13%－12800＝70200（元）

业务 6 销项税额＝436000÷（1＋9%）×9%＝36000（元），预缴税额12000元。

业务 8 销项税额为 0。

销项税额合计＝181200＋60000＋48000＋70200＋36000＝395400（元）

（2）进项税额

业务 9 可以抵扣的进项税额＝（300000＋70000）×9%＝33300（元）

业务 10 可以抵扣的进项税额＝100000×10%＝10000（元），因为该批大枣用于加工13%税率货物，因此扣除率为10%。

业务 11 可以抵扣的进项税额＝（15000＋6800）÷（1＋9%）×9%＋721÷（1＋3%）×3%＝1821（元）

业务 12 可以抵扣的进项税额 185000 元

可以抵扣的进项税额合计＝33300＋10000＋1821＋185000＝230121（元）

业务 14 转出的进项税额为 6500 元。

（3）按一般计税方法计算的应税业务，抵减前的应纳增值税额。

应纳税额＝395400－（230121－6500）＝171779（元）

（4）当期加计抵减税额

当期计提加计抵减额＝230121×15%＝34518.15（元）

当期调减加计抵减额＝6500×15%＝975（元）

当期可抵减加计抵减额＝34518.15－975＝33543.15（元）

（5）实际加计抵减额

应纳税额 171779 元＞可抵减加计抵减额 33543.15 元，实际加计抵减额 33543.15 元。

一般计税方法应纳税额＝171779－33543.15＝138235.85（元）

（6）简易计税应纳税额及预缴税额

业务 5 的应纳税额＝160000÷（1＋3%）×2%＝3106.80（元）

业务 7 应纳税额＝25000 元；预缴25000 元。

（7）业务 13 全额抵减应纳税额为 1400 元。

2019 年 10 月应纳税额＝138235.85＋3106.80＋25000－25000－1400＝139942.65（元）

征税范围与纳税义务人 ★★★ —— 征税范围

- 一般规定：销售货物或者加工、修理修配劳务，销售服务、无形资产、不动产以及进口货物
- 特殊规定
  - 特殊项目
  - 特殊行为
    - 视同销售
    - 混合销售行为

一般纳税人和小规模纳税人的登记管理 ★★

- 一般纳税人与小规模纳税人划分的标准
- 办理一般纳税人登记的时间规定

税率与征收率 ★★★

- 基本税率（13%）、低税率（9%、6%）、零税率、征收率、兼营行为的税率选择

计税方法 ★★

- 一般计税方法
- 简易计税方法
- 扣缴计税方法

一般计税方法应纳税额的计算 ★★★

- 销项税额的计算（注意特殊销售方式下的销售额）
- 进项税额的计算（注意凭票抵扣、计算抵扣、加计抵减、增量留抵退税、核定扣除和不予抵扣的情况）
- 应纳税额的计算

简易计税方法应纳税额的计算 ★★★

- 应纳税额的计算：应纳税额＝（不含税）销售额×征收率
- 含税销售额换算：（不含税）销售额＝含税销售额÷(1＋征收率)
- 资管产品的增值税处理办法

进口环节增值税的征收 ★★

- 进口环节增值税的征收范围及纳税人、适用税率、应纳税额的计算及管理

出口和跨境业务增值税的退（免）税和征税 ★★

- 出口退（免）税的基本政策
- 出口货物、劳务和跨境应税行为增值税退（免）税政策（注意免、抵、退的计算）
- 出口货物、劳务和跨境应税行为增值税免税政策
- 出口货物、劳务和跨境应税行为增值税征税政策
- 外国驻华使（领）馆及其馆员在华购买货物和服务增值税退税管理办法
- 境外旅客购物离境退税政策
- 出口货物、劳务和应税行为退（免）税管理

税收优惠 ★★★

- 《增值税暂行条例》规定的免税项目
- "营改增通知"及有关部门规定的税收优惠政策
- 财政部、国家税务总局规定的其他部分征免税项目

征收管理 ★★

- 纳税义务发生时间、纳税期限、纳税地点、"营改增"汇总纳税管理办法

增值税发票的使用和管理 ★

- 增值税专用发票、增值税普通发票、增值税电子普通发票、机动车销售统一发票、"营改增"后纳税人发票的使用、"营改增"后税控系统使用问题

增值税法

消费税法

考情解密

历年考情概况

本章是税法科目中较为重要的一章,从历年考题分析来看,本章在历年考试中会以各种题型出现。常见的考试题型是:1道单选题,1道多选题,1道计算问答题(可能单独考核消费税的计算,也可能与增值税结合起来考核)。同时在增值税的综合题中也可能会与消费税结合出题。客观题多以考查文字性的知识点为主,也不排除计算性内容的考核。历年考试中题量一般在3~5题,平均分值10分左右。

近年考点直击

考点	主要考查题型	考频指数	考查角度
征税范围	单选题、多选题	★★★	(1)考核15个税目的范围;(2)考核15个税目的具体规定;(3)与增值税结合起来,考核哪些选项既要征收增值税,又要征收消费税
税率	单选题、多选题	★★	主要考核从价定率、从量定额和复合计税的范围
计税依据	单选题、多选题	★★★	(1)销售额的范围;(2)销售数量的确定
应纳税额的计算	单选题、多选题、计算问答题、综合题	★★★	(1)在客观题中计算消费税的应纳税额,尤其注意卷烟、白酒复合计税问题;(2)结合增值税在各种题型中考查消费税的计算

学习方法与应试技巧

在主观题中,消费税往往和增值税、关税等税种结合在一起出题,因此学习消费税时要注意:

1. 在学习增值税的基础上,结合增值税对销售额的有关规定,学习消费税的知识,注意总结消费税与增值税的相同与不同之处,尤其要注意两者计税依据、抵扣税额的比较;

2. 在计算消费税应纳税额时,要关注其税率(从价定率、从量定额、复合计税)的规定、计税依据的一般规定与特殊规定(换、抵、投),注意外购、委托加工收回应税消费品连续加工应税消费品的抵扣问题,委托加工收回直接销售和加价销售征税的差异;

3. 多做练习,通过做题总结和掌握消费税相关的重点内容。

本章2020年考试主要变化

新增燃料油的税收优惠。

考点详解及精选例题

我国现行消费税是对**特定**消费品和**特定**的消费行为按流转额征收的一种商品税。

我国消费税的特点：

（1）征收范围具有选择性，目前仅对15个税目的应税消费品征收消费税。

（2）征税环节具有单一性，除另有规定外，绝大部分应税消费品只在生产、委托加工和进口环节征收。

（3）平均税率水平比较高且税负差异大，税率最低1%，最高56%加每支烟0.003元的定额税。

（4）计税方法具有灵活性，既有从价定率计征，又有从量定额和复合计税。

一、纳税义务人与征税范围

扫我解疑难

（一）消费税的纳税义务人

消费税的纳税义务人包括两大类：

1. 在我国境内生产、委托加工和进口应税消费品的单位和个人——我国现行消费税属于特别消费税，对15类消费品征收消费税；

2. 国务院确定的销售应税消费品的其他单位和个人，主要指的是卷烟的批发企业，金银首饰、铂金首饰、钻石及钻石饰品、超豪华小汽车的零售企业，进口自用超豪华小汽车的机构及人员。

消费税主要在生产、委托加工和进口环节征收，但也有特殊规定，具体见表3-1。

表3-1　应税消费品与征税环节

应税消费品	征税环节
1. 金银首饰、钻石及钻石饰品	零售环节缴纳消费税，其他环节无需缴纳消费税
2. 卷烟	双环节征税，不仅在生产、委托加工、进口环节征税，同时在批发环节加征一道消费税
3. 超豪华小汽车	双环节征税，不仅在生产、委托加工、进口环节征税，同时在零售环节（含进口自用）加征一道10%的消费税
4. 其他应税消费品	生产、委托加工、进口环节缴纳，其他环节不缴纳消费税

【知识点拨1】卷烟（不包括雪茄烟和烟丝）、超豪华小汽车双环节征收消费税，其他应税消费品单环节征收消费税——一次课征制。

【知识点拨2】金银首饰、钻石及钻石饰品只是将征税环节由生产、委托加工、进口环节改为零售环节，而不是双环节征税。

（二）征税范围和征税环节

消费税的征税范围分布于五个环节：生产、委托加工、进口、批发和零售应税消费品，消费税具体征税范围与征税环节如表3-2所示。

第3章 消费税法

表 3-2 消费税征税范围与征税环节

环节	情形		税务处理
生产环节	(1)对外销售、投资入股、抵偿债务、换取生产资料与消费资料等		缴纳消费税
	(2)自用	①自用于连续生产应税消费品	不纳消费税
		②用于其他方面	缴纳消费税
	(3)视为应税消费品的生产行为	工业企业以外的单位和个人的下列行为： ①将外购的消费税非应税产品以消费税应税产品对外销售的； ②将外购的消费税低税率应税产品以高税率应税产品对外销售的	缴纳消费税
委托加工环节	**委托方**提供原料和主要材料，**受托方只收取加工费和代垫部分辅助材料**加工的应税消费品		**委托方是消费税的纳税人；除个人(含个体工商户)外，受托方代收代缴消费税。** 如果受托方是**个人(含个体工商户)**，委托方须在收回加工应税消费品后向所在地主管税务机关缴纳消费税
进口环节	进口报关单位或个人，为消费税的纳税人		由海关代征消费税
批发环节	卷烟		只有卷烟在批发环节加征消费税，雪茄烟、烟丝等仅在生产、委托加工和进口环节征收消费税。从事卷烟批发的单位和个人，为消费税的纳税人
零售环节	(1)金银首饰、铂金首饰、钻石及钻石饰品； (2)超豪华小汽车		(1)在零售环节征收消费税的金银首饰，仅限于金、银和金基、银基合金首饰以及金、银和金基、银基合金的镶嵌首饰； (2)超豪华小汽车：每辆不含增值税零售价格≥130万元的乘用车和中轻型商用客车，即乘用车和中轻型商用客车子税目中的超豪华小汽车

【例题1·单选题】根据消费税规定，成品油纳税环节是( )。

A. 批发环节

B. 加油站加油环节

C. 生产销售环节

D. 消费者购买环节

解析 ▶ 成品油的纳税环节是生产销售环节。

答案 ▶ C

【例题2·多选题】下列各项中，应同时征收增值税和消费税的有( )。

A. 批发环节销售的卷烟

B. 零售环节销售的金基合金首饰

C. 生产环节销售的普通化妆品

D. 进口环节取得外国政府捐赠的小汽车

解析 ▶ 选项 C 征收增值税不征收消费税；外国政府、国际组织无偿援助的进口物资和设备属于增值税免税项目，因此选项 D 免征增值税。

答案 ▶ AB

【例题3·多选题】下列关于超豪华小汽车征收消费税的规定，表述正确的有( )。

A. 自 2016 年 12 月 1 日起，"小汽车"税目下增设"超豪华小汽车"子税目

B. 征收范围为每辆零售价格 130 万元(不含增值税)及以上的乘用车和中轻型商用客车

C. 对超豪华小汽车，在生产(进口)环节按现行税率征收消费税基础上，在零售环节加征消费税，税率为 5%

D. 将超豪华小汽车销售给消费者的单位和个人为超豪华小汽车零售环节纳税人

解析▶ 对超豪华小汽车，在生产（进口）环节按现行税率征收消费税基础上，在零售环节加征消费税，税率为10%。 **答案**▶ ABD

【例题4·单选题】下列单位中属于消费税纳税人的是（ ）。

A. 受托加工化妆品的企业

B. 销售不含增值税零售价120万元小汽车的汽车4S店

C. 进口普通化妆品的外贸公司

D. 委托加工卷烟的企业

解析▶ 受托加工化妆品的企业代收代缴消费税，不是消费税的纳税人。 **答案**▶ D

真题精练（客观题）

1.（2019年多选题）某商场2019年5月零售的下列首饰中，应缴纳消费税的有（ ）。

A. 翡翠项链   B. 金银首饰

C. 玉石手镯   D. 钻石戒指

解析▶ 金银首饰、铂金首饰、钻石及钻石饰品在零售环节征消费税。其他贵重首饰及珠宝玉石在生产、委托加工、进口环节征收消费税。 **答案**▶ BD

2.（2018年单选题）下列应税消费品中，除在生产销售环节征收消费税外，还应在批发环节征收消费税的是（ ）。

A. 卷烟   B. 超豪华小汽车

C. 高档手表   D. 高档化妆品

解析▶ 在卷烟批发环节加征一道复合税；超豪华小汽车在零售环节加征一道消费税；高档手表和高档化妆品仅在生产、委托加工和进口环节征收。 **答案**▶ A

3.（2017年单选题）下列消费品中，应在零售环节征收消费税的是（ ）。

A. 卷烟   B. 钻石

C. 高档手表   D. 镀金首饰

解析▶ 金银首饰、铂金首饰、钻石及钻石饰品在零售环节征收消费税，限于金基、银基合金首饰以及金、银和金基、银基合金的镶嵌首饰，钻石及钻石饰品，不包括镀金首饰。 **答案**▶ B

【考题点评】2017～2019年的考题都考核了消费税的征税环节问题，提请大家注意。

（三）税目★★

现行消费税包括15个税目，具体内容如表3-3所示。

表3-3　消费税税目

税目	子目	注释
一、烟	1. 卷烟 2. 雪茄烟 3. 烟丝	(1)卷烟复合计税； (2)卷烟批发环节加征一道消费税(复合税)； (3)批发企业在计算纳税时不得扣除已含的生产环节的消费税税款。 【知识点拨】卷烟与雪茄烟、烟丝的不同。只有卷烟复合计税、双环节征税；雪茄烟与烟丝单环节征税、从价定率征税
二、酒	1. 白酒 2. 黄酒 3. 啤酒 4. 其他酒	(1)自2014年12月1日起，取消酒精消费税； (2)对饮食业、商业、娱乐业举办的啤酒屋(啤酒坊)利用啤酒生产设备生产的啤酒应当征收消费税；果啤属于啤酒，按啤酒征收消费税； (3)调味料酒不征消费税； (4)葡萄酒适用其他酒子目征收消费税
三、高档化妆品	包括高档美容、修饰类化妆品、高档护肤类化妆品和成套化妆品	(1)高档美容、修饰类化妆品和高档护肤类化妆品是指生产(进口)环节销售(完税)价格(不含增值税)在10元/毫升(克)或15元/片(张)及以上的美容、修饰类化妆品和护肤类化妆品。 (2)不包括舞台、戏剧、影视演员化妆用的上妆油、卸妆油、油彩

税目	子目	注释
四、贵重首饰及珠宝玉石	—	（1）金银首饰、铂金首饰和钻石及钻石饰品，在零售环节征收消费税； （2）出国人员免税商店销售的金银首饰征收消费税
五、鞭炮、焰火	—	不包括体育上用的发令纸、鞭炮药引线
六、成品油	包括汽油、柴油等7个子目	（1）航空煤油暂缓征收消费税； （2）汽油统一按照无铅汽油税率征收消费税； （3）同时符合下列条件的纯生物柴油免征消费税： ①生产原料中废弃的动物油和植物油用量所占比重不低于70%； ②生产的纯生物柴油符合国家《柴油机燃料调和生物柴油（BD10）》标准。 （4）橡胶填充油、溶剂油原料属于溶剂油征收范围； （5）润滑油包括矿物性润滑油、植物性润滑油、动物性润滑油和化工原料合成润滑油； （6）润滑脂应当征收消费税，变压器油、导热类油等绝缘油类产品不征收消费税； （7）纳税人利用废矿物油为原料生产的润滑油基础油、汽油、柴油等工业油料免征消费税。该政策实施期限延长至2023年10月31日
七、小汽车	1. 乘用车 2. 中轻型商用客车 3. 超豪华小汽车	（1）对于购进乘用车或中轻型商用客车整车改装生产的汽车，应按规定征收消费税； （2）不属于本税目征收范围，不征收消费税： ①电动汽车； ②车身长度≥7米、并且座位10~23座（含）以下的商用客车； ③沙滩车、雪地车、卡丁车、高尔夫车。 （3）超豪华小汽车的征收范围为每辆不含增值税零售价格≥130万元的乘用车和中轻型商用客车。超豪华小汽车在零售环节、进口自用环节加征10%的消费税。即超豪华小汽车双环节征收消费税：生产、委托加工、进口环节+零售环节、进口自用10%
八、摩托车	轻便摩托车、摩托车（两轮、三轮）	（1）最大设计车速不超过50千米/小时，发动机气缸总工作容量不超过50毫升的三轮摩托车不征收消费税； （2）气缸容量<250毫升的小排量摩托车不征收消费税
九、高尔夫球及球具	—	高尔夫球杆的杆头、杆身和握把属于本税目的征收范围
十、高档手表	—	每只不含增值税销售价格≥10000元的手表
十一、游艇	—	（1）要求游艇的长度介于以下范围：8米≤长度≤90米； （2）游艇中的无动力艇和帆艇不属于本税目的范围
十二、木制一次性筷子	—	未经打磨、倒角的木制一次性筷子属于本税目征税范围
十三、实木地板	—	包括各类规格的实木地板、实木指接地板、实木复合地板及用于装饰墙壁、天棚的侧端面为榫、槽的实木装饰板。未经涂饰的素板也属于本税目征税范围

第3章 消费税法

税目	子目	注释
十四、电池	—	包括原电池、蓄电池、燃料电池、太阳能电池和其他电池： (1)自2015年2月1日起对电池征收消费税； (2)对无汞原电池、金属氢化物镍蓄电池（又称"氢镍蓄电池"或"镍氢蓄电池"）、锂原电池、锂离子蓄电池、太阳能电池、燃料电池和全钒液流电池免征消费税； (3)2015年12月31日前对铅蓄电池缓征消费税；自2016年1月1日起，对铅蓄电池按4%税率征收消费税
十五、涂料	—	自2015年2月1日起对涂料征收消费税； 对施工状态下挥发性有机物(VOC)含量≤420克/升的涂料免征消费税

【知识点拨】消费税的税目是考试的重点内容，基本每年都会在这部分内容中出题。消费税最近几年的最新变化（常常是考试的重点，需要大家关注）：

(1)取消酒精、汽车轮胎消费税；

(2)将电池、涂料纳入消费税征税范围；

(3)将化妆品税目更名为高档化妆品，取消对普通美容、修饰类化妆品征收消费税；

(4)对超豪华小汽车在零售环节加征10%消费税。

真题精练（客观题）

1.(2019年单选题)下列商品属于消费税征收范围的是( )。
A.高尔夫车　　B.酒精
C.溶剂油原料　　D.鞭炮药引线
解析▶溶剂油原料属于溶剂油征收范围，溶剂油属于成品油，征收消费税。 答案▶C

2.(2018年多选题)目前属于消费税征税范围的有( )。
A.铅蓄电池　　B.高尔夫车
C.变压器油　　D.翡翠首饰
解析▶高尔夫车、变压器油不属于消费税征税范围。 答案▶AD

3.(2017年单选题)下列消费品中，暂缓征收消费税的是( )。
A.石脑油　　B.溶剂油
C.航空煤油　　D.润滑油
解析▶航空煤油的消费税暂缓征收。 答案▶C

4.(2016年单选题)企业生产销售的下列产品中，属于消费税征税范围的是( )。
A.电动汽车
B.体育用鞭炮药引线
C.销售价格为9000元的手表
D.铅蓄电池
解析▶电动汽车、体育用鞭炮药引线和价格低于10000元的手表不属于消费税征税范围。 答案▶D

5.(2015年单选题)下列产品中，属于消费税征税范围的是( )。
A.轮胎　　B.电池
C.卡丁车　　D.酒精
解析▶从2014年12月1日起，汽车轮胎、酒精不再征收消费税，卡丁车不属于消费税的应税范围。 答案▶B

(四)税率★★

1.一般规定

消费税采用比例税率和定额税率两种形式，对卷烟和白酒实行定额税率与比例税率相结合的复合计税方式(见表3-4)。

表3-4 税率形式

消费品	形式
啤酒、黄酒、成品油	定额税率
卷烟、白酒	复合计税
其他应税消费品	比例税率

【知识点拨1】特别注意，只有卷烟和白酒复合计税。雪茄烟、烟丝、除白酒外的其

他酒类产品均不采用复合计税方式。

【知识点拨 2】特别注意，只有卷烟和白酒复合计税。雪茄烟、烟丝、除白酒外的其他酒类产品均不采用复合计税方式。

(1)烟的税率(见表 3-5)。

他酒类产品均不采用复合计税方式。

表 3-5　烟的税率

情形	界定	税率
甲类卷烟	每标准条(200 支)不含增值税调拨价格≥70 元	生产、委托加工、进口环节的税率：56%+0.003 元/支
乙类卷烟	每标准条不含增值税调拨价格<70 元	生产、委托加工、进口环节的税率：36%+0.003 元/支
卷烟批发环节	复合计税：11%+0.005 元/支 【知识点拨】批发环节纳税人之间销售的卷烟不缴纳消费税。批发企业在计算纳税时不得扣除已含的生产环节的消费税税款	
雪茄烟	生产、委托加工、进口环节的税率：36%	
烟丝	生产、委托加工、进口环节的税率：30%	

【知识点拨 1】卷烟的换算

1 标准箱 = 250 标准条，1 标准条 = 200 支；1 标准箱 = 50000 支，因此生产、委托加工、进口环节卷烟的定额税率相当于每标准箱 150 元，每标准条 0.6 元，每支 0.003 元；批发环节卷烟的定额税率相当于每标准箱 250 元，每标准条 1 元，每支 0.005 元。

【知识点拨 2】批发环节卷烟征税的规定

①批发卷烟的纳税人销售给纳税人以外的单位和个人的卷烟于销售时纳税。纳税人之间销售的卷烟不缴纳消费税——即卷烟批发商将卷烟销售给批发商无需缴纳消费税。

②纳税人兼营卷烟批发和零售业务的，应当分别核算批发和零售环节的销售额、销售数量；未分别核算批发和零售环节销售额、销售数量的，按照全部销售额、销售数量计征批发环节消费税。

③卷烟批发企业的机构所在地，总机构与分支机构不在同一地区的，由总机构申报纳税。

④批发企业在计算纳税时不得扣除已含的生产环节的消费税税款。

(2)酒的税率(见表 3-6)。

表 3-6　酒的税率

类型		税务处理
白酒		20%比例税率，0.5 元/500 克定额税率
啤酒	甲类啤酒：每吨不含增值税出厂价格(含包装物及包装物押金)≥3000 元	250 元/吨
	乙类啤酒：每吨不含增值税出厂价格(含包装物及包装物押金)<3000 元	220 元/吨
	包装物押金不包括重复使用的塑料周转箱的押金	
配制酒	以蒸馏酒或食用酒精为酒基，具有国家相关部门批准的国食健字或卫食健字文号并且酒精度≤38 度的配制酒	按"其他酒"10%适用税率征收消费税
	以发酵酒为酒基，酒精度≤20 度的配制酒	
	其他配制酒	按"白酒"适用税率征收消费税

2. 特殊规定

从高适用税率的情形：

（1）纳税人生产销售不同税率的应税消费品未分别核算的；

（2）纳税人将不同税率的应税消费品组成成套消费品销售的——即使分别核算也从高适用税率。

【例题5·多选题】实行从量定额和从价定率相结合计算应纳消费税的消费品有（   ）。

A. 啤酒　　　　　B. 黄酒

C. 白酒　　　　　D. 卷烟

解析 ▶ 只有卷烟和白酒复合计税，啤酒和黄酒从量定额计税。　**答案** ▶ CD

【例题6·单选题】某烟草批发企业为增值税一般纳税人，从烟厂购买卷烟50箱，支付不含税金额300万元，2020年2月将购进的卷烟20箱销售给位于A地的烟草批发商，取得不含税销售收入160万元；其余的销售给位于B地的零售单位，取得不含税销售收入270万元。则该烟草批发企业应缴纳消费税（   ）万元。

A. 32.5　　　　　B. 45

C. 30.45　　　　　D. 0

解析 ▶ 烟草批发企业将从烟厂购买的卷烟销售给零售单位，那么烟草批发企业要再缴纳一道批发环节的消费税。销售给其他卷烟批发企业，不缴纳批发环节消费税。应缴纳的消费税 = 270 × 11% + 30 × 250 ÷ 10000 = 30.45（万元）。　**答案** ▶ C

二、计税依据

扫我解疑难

消费税应纳税额的计算主要分为从价计征、从量计征和从价从量复合计征三种方法。

（一）计税依据的一般规定（见表3-7）★★★

表3-7　计税依据的一般规定

方法	计税依据的确定
从价计征	应税消费品的销售额包括销售应税消费品从购买方收取的全部价款和价外费用。计税销售额含消费税税款，但不含增值税税款。 【知识点拨1】含税销售额的换算 应税消费品的销售额=含增值税的销售额÷(1+增值税税率或征收率) (1)销售方为一般纳税人，含增值税销售额÷(1+增值税税率)； (2)销售方为小规模纳税人，含增值税销售额÷(1+征收率)。 【知识点拨2】计算消费税的销售额与计算增值税的销售额一般是一致的。同样要注意，下列项目不包括在内： (1)同时符合两项条件的代垫运输费用； (2)同时符合三项条件代为收取的政府性基金或者行政事业性收费。 其他价外费用，无论是否属于纳税人的收入，均应并入销售额计算征税。 【知识点拨3】白酒生产企业向商业销售单位收取的"品牌使用费"应并入白酒的销售额中缴纳消费税
从量计征	(1)纳税人销售应税消费品的，为应税消费品的销售数量。 (2)自产自用应税消费品的，为应税消费品的移送使用数量。 (3)委托加工应税消费品的，为纳税人收回的应税消费品数量。 (4)进口的应税消费品，为海关核定的应税消费品进口征税数量
复合计征	只有卷烟、白酒采用复合计征方法，计税依据为销售额和销售数量

1. 包装物押金的税务处理（见表3-8）

（1）应税消费品连同包装销售的，并入应税消费品的销售额中征收消费税。

（2）包装物不作价随同产品销售，而是收取押金，此项押金则不应并入应税消费品的销售额中征税。

表3-8　包装物押金的税务处理

产品		时点	增值税	消费税	企业所得税
一般产品		收取时	不纳	不纳	不纳
		逾期未收回或收取时间超过1年时	按不含税销售额纳税	纳（成品油除外，因为从量定额计税）	纳
酒类产品	黄酒、啤酒	收取时	不纳	不纳	不纳
		逾期未收回或收取时间超过1年时	按不含税销售额纳税	不纳（定额税率）	纳
	其他酒类产品	收取时	纳税	纳税	不纳
		逾期未收回或收取时间超过1年时	不纳	不纳	纳

【知识点拨】对于收取的包装物押金：

①企业所得税上是一视同仁的，收取时不纳税，逾期未收回或收取时间超过1年时才纳税。

②增值税和消费税：一般产品（包括啤酒和黄酒），在收取时不纳税，逾期未收回或收取时间超过1年时才纳税，但由于啤酒和黄酒是从量定额征收消费税，不是以销售额为计税依据，因此押金逾期未收回或收取时间超过1年时不需要缴纳消费税；除啤酒、黄酒之外的其他酒类产品，则是收取时就缴纳增值税和消费税。

（3）包装物既作价随同产品销售，又收取押金，凡逾期未归还的，均并入销售额中纳税。

【例题7·多选题】下列各项关于从量计征消费税计税依据确定方法的表述中，正确的有（　　）。

A. 销售应税消费品的，为应税消费品的销售数量

B. 进口应税消费品的为海关核定的应税消费品数量

C. 以应税消费品投资入股的，为应税消费品移送使用数量

D. 委托加工应税消费品的，为加工完成的应税消费品数量

解析 ▶ 选项D，委托加工应税消费品的，以纳税人收回的应税消费品数量作为消费税计税依据。

答案 ▶ ABC

（二）计税依据的特殊规定 ★★★

1. 纳税人通过自设非独立核算门市部销售的自产应税消费品，应当按照门市部对外销售额或销售数量征收消费税。

2. 四项用途从高计税（简称投、抵、换）：纳税人用于投资入股、抵偿债务以及换取生产资料和消费资料等方面的应税消费品，应当以纳税人同类应税消费品的最高销售价格为依据计算消费税。

【知识点拨】对于四项用途的应税消费品，消费税按照最高售价计税，而增值税则是按照平均售价计税，大家要特别注意增值税和消费税的不同。

3. 卷烟计税价格的核定

自2012年1月1日起，卷烟消费税最低计税价格核定范围为卷烟生产企业在生产环节销售的所有牌号、规格的卷烟。

计税价格的核定公式为：

某牌号、规格卷烟计税价格＝批发环节销售价格×（1-适用批发毛利率）

4. 白酒最低计税价格的核定

（1）核定范围。

白酒生产企业销售给销售单位的白酒，

生产企业消费税计税价格低于销售单位对外销售价格（不含增值税，下同）70%以下的，税务机关应核定消费税最低计税价格。自2015年6月1日起，纳税人将委托加工收回的白酒销售给销售单位，消费税计税价格低于销售单位对外销售价格（不含增值税）70%以下的，也应核定消费税最低计税价格。

（2）核定标准。

白酒生产企业销售给销售单位的白酒，生产企业消费税计税价格高于销售单位对外销售价格70%（含70%）以上的，税务机关暂不核定消费税最低计税价格。

（3）重新核定。

已核定最低计税价格的白酒，销售单位对外销售价格持续上涨或下降时间达到3个月以上、累计上涨或下降幅度在20%（含）以上的白酒，税务机关重新核定最低计税价格。

（4）计税价格的适用。

已核定最低计税价格的白酒，生产企业实际销售价格高于消费税最低计税价格的，按实际销售价格申报纳税；实际销售价格低于消费税最低计税价格的，按最低计税价格申报纳税。

【例题8·多选题】企业生产销售白酒取得的下列款项中，应并入销售额计征消费税的有（　　）。

A. 优质费　　　B. 包装物租金
C. 品牌使用费　　D. 包装物押金

解析 ▶ 上述选项均属于消费税计税依据的范畴。　　**答案** ▶ ABCD

【例题9·多选题】纳税人销售应税消费品收取的下列款项，应计入消费税计税依据的有（　　）。

A. 集资款
B. 增值税销项税额
C. 未逾期的啤酒包装物押金
D. 白酒品牌使用费

解析 ▶ 集资款、白酒品牌使用费属于价外费用，要并入计税依据计算消费税。增值税销项税额不需要并入消费税的计税依据。

啤酒从量计征消费税，包装物押金不计算消费税。　　**答案** ▶ AD

【例题10·单选题】某化妆品厂为增值税一般纳税人，2020年3月发生以下业务：8日销售高档化妆品400箱，每箱不含税价600元；15日销售同类化妆品500箱，每箱不含税价650元。当月以200箱同类化妆品与某公司换取精油。该厂当月应纳消费税（　　）元。

A. 84750　　　　B. 102750
C. 103500　　　D. 104250

解析 ▶ 应纳消费税＝（600×400+650×500+650×200）×15%＝104250（元）　　**答案** ▶ D

【例题11·单选题】下列关于消费税计税依据说法正确的是（　　）。

A. 委托加工啤酒从量定额的计税依据为委托方收回的啤酒数量

B. 通过自设非独立核算门市部销售自产应税消费品时，应按移送给非独立核算门市部销售额或数量计征消费税

C. 纳税人用于投资入股的应税消费品，应当以纳税人同类应税消费品的平均售价作为计税依据计算纳税

D. 纳税人将不同税率的应税消费品组成成套消费品销售的，按照各自税率征收消费税

解析 ▶ 选项B通过自设非独立核算门市部销售自产应税消费品时，应按门市部对外销售额或销售数量计征消费税；选项C纳税人用于投资入股的应税消费品，应当以纳税人同类应税消费品的最高销售价格作为计税依据计算纳税；选项D纳税人将不同税率的应税消费品组成成套消费品销售的，应从高适用税率。　　**答案** ▶ A

三、应纳税额的计算

扫我解疑难

（一）生产销售环节应纳消费税的计算★★★

1. 直接对外销售应纳消费税的计算（见表3-9）

表 3-9　直接对外销售应纳消费税的计算

计税方法	适用范围	计税依据	计税公式
从量定额	啤酒、黄酒、成品油	销售数量	销售数量×单位税额
复合计税	白酒、卷烟	销售额、销售数量	销售额×比例税率+销售数量×单位税额
从价定率	其他应税消费品	销售额	销售额×比例税率

【知识点拨】对于采用复合计税的白酒、卷烟，在考试时要注意：计算单位统一，以及千万不要落掉从量定额计税部分的税额。

【例题 12·计算问答题】某化妆品生产企业为增值税一般纳税人。2020 年 3 月 5 日向某大型商场销售高档化妆品一批，开具增值税专用发票，取得不含增值税销售额 30 万元，增值税额 3.9 万元；3 月 20 日向某单位销售高档化妆品一批，开具普通发票，取得含增值税销售额 4.52 万元。计算该化妆品生产企业上述业务应纳消费税额。

答案 ▶

高档化妆品应税销售额 = 30+4.52÷（1+13%）= 34（万元）

应纳消费税额 = 34×15% = 5.1（万元）

2. 自产自用应纳消费税的计算

（1）用于本企业连续生产应税消费品——不缴纳消费税（躲过初一，躲不过十五的，初一不纳税，十五再纳税）。

（2）用于其他方面：于移送使用时纳税。

【知识点拨】用于其他方面是指：用于生产非应税消费品、在建工程、管理部门、非生产机构，提供劳务，以及用于馈赠、赞助、集资、广告、样品、职工福利、奖励等方面。特别注意：将应税消费品用于必要的生产经营过程，不征收消费税，比如用于产品质量检验耗费的应税消费品既不缴纳消费税，也不缴纳增值税。

（3）组成计税价格及税额的计算（见表 3-10）。

纳税人自产自用的应税消费品，凡用于其他方面，应当纳税的，按下列方法确定销售价格：

①按纳税人生产的同类消费品的售价计税；

②无同类消费品售价的，按组成计税价格计税。

组成计税价格 = 成本+利润+消费税税额

表 3-10　组成计税价格的确定

征税方式	消费税	增值税	成本利润率
从价定率	（成本+利润）÷（1-消费税比例税率）		按消费税中应税消费品的成本利润率
从量定额（啤酒、黄酒、成品油）	按销售数量征消费税	成本+利润+消费税税额	10%
复合计税	（成本+利润+自产自用数量×消费税定额税率）÷（1-消费税比例税率）		按消费税中应税消费品的成本利润率

【知识点拨 1】在确定计税价格时特别注意：（1）顺序——有售价，按售价；无售价，按组成计税价格；（2）注意确定组成计税价格时增值税与消费税的关系以及成本利润率的确定。

【知识点拨 2】纳税人生产的应税消费品，用于销售时纳税；纳税人自产的应税消费品，用于连续生产应税消费品的，不纳税；用于其他方面的，于移送使用时纳税。

【例题 13·单选题】下列各项中，应当征收消费税的是（　）。

A.化妆品厂作为样品赠送给客户的普通

化妆品

    B. 用于产品质量检验耗费的高尔夫球杆

    C. 白酒生产企业向百货公司销售的试制药酒

    D. 轮胎厂移送非独立核算门市部待销售的汽车轮胎

解析 用于产品质量检验耗费的高尔夫球杆属于必要的生产经营过程，不征收消费税。从 2014 年 12 月 1 日起，取消汽车轮胎消费税。 **答案** C

【例题 14·单选题】 2020 年 1 月某化妆品生产企业生产一批新型高档化妆品。该批化妆品生产成本为 50000 元，当月将其中的 70% 作为福利发放给职工，剩余 30% 用于广告样品，该化妆品无同类产品售价。2020 年 1 月该化妆品生产企业就上述业务应纳消费税（　　）元。（已知成本利润率均为 5%，高档化妆品消费税税率为 15%）

    A. 2779.42   B. 6485.29

    C. 8823.53   D. 9264.71

解析 将自产高档化妆品用于集体福利、广告样品，属于视同销售，缴纳消费税，无同类售价的，按组价计算。应纳消费税 = $50000 \times (1 + 5\%) \div (1 - 15\%) \times 15\% = 9264.71$（元）。 **答案** D

【例题 15·单选题】 某地板企业为增值税一般纳税人，2020 年 1 月销售自产地板两批：第一批 800 箱取得不含税收入 160 万元，第二批 500 箱取得不含税收入 113 万元；另将同型号地板 200 箱赠送福利院，300 箱发给职工作为福利。实木地板消费税税率为 5%。该企业当月应缴纳的消费税为（　　）万元。

    A. 16.8   B. 18.9

    C. 18.98   D. 19.3

解析 将自产地板赠送给福利院和发给职工作福利，均属于自产应税消费品用于其他方面，要视同销售，于移送使用时按照纳税人生产的同类消费品的销售价格计算纳税，注意：这里不是"换、抵、投"业务，不用最

高售价，而是平均价。

应纳消费税 $= [(160 + 113) \div (800 + 500) \times (200 + 300) + 160 + 113] \times 5\% = 18.9$（万元） **答案** B

（2017 年多选题）纳税人发生的下列行为中，应征收消费税的有（　　）。

    A. 白酒厂将自产的白酒赠送给客户

    B. 葡萄酒厂将自产的葡萄酒用于连续生产酒心巧克力

    C. 化妆品厂将自产的高档化妆品作为福利发给职工

    D. 汽车制造厂将自产的小汽车用于工厂内部的行政部门

解析 纳税人自产自用的应税消费品，除用于连续生产应税消费品外，凡用于其他方面的，于移送使用时纳税。用于其他方面是指纳税人用于生产非应税消费品、在建工程、管理部门、非生产机构、提供劳务，以及用于馈赠、赞助、集资、广告、样品、职工福利、奖励等方面。所谓"用于生产非应税消费品"，是指把自产的应税消费品用于生产《消费税暂行条例》税目、税率表所列 15 类产品以外的产品，酒心巧克力属于非应税消费品。

    答案 ABCD

（二）委托加工环节应纳消费税的计算 ★ ★ ★

    1. 委托加工应税消费品的确定

    委托加工的应税消费品，是指由委托方提供原料和主要材料，受托方只收取加工费和代垫部分辅助材料加工的应税消费品。

    【知识点拨】 下列行为不属于委托加工：

    ① 由受托方提供原材料生产的应税消费品；

    ② 受托方先将原材料卖给委托方，再接受加工的应税消费品；

    ③ 由受托方以委托方名义购进原材料生产的应税消费品。

2. 委托加工环节代收代缴税款的税务处理(见表3-11)

表3-11 委托加工环节代收代缴税款的税务处理

税种	委托方	受托方
增值税	增值税的负税人	纳税人
消费税	消费税的纳税人	除个人外，代收代缴消费税
	如果受托方是**个人(含个体工商户)**，委托方须在收回加工应税消费品后向所在地或者居住地主管税务机关缴纳消费税； 如果受托方没有代收代缴消费税，委托方应补缴税款	

【知识点拨】委托方补缴税款的依据如表3-12所示。

表3-12 委托方补缴税款的依据

情形	依据
(1)收回的应税消费品已经直接销售的	按销售额计税
(2)收回的应税消费品尚未销售或不能直接销售的(如收回后用于连续生产等)	按组成计税价格计税
备注：如果发现委托加工应税消费品的受托方没有代收代缴税款，对**受托方**处以应代收代缴税款**50%以上3倍以下**的罚款	

3. 组成计税价格及应纳税额计算

(1)受托方以加工费用作为增值税的计税依据。

(2)消费税的计税依据。

委托加工的应税消费品，按照受托方同类消费品的销售价格计算纳税；没有同类消费品销售价格的，按照组成计税价格计算纳税——即有售价，按售价计税；无售价，按照组成计税价格计算纳税。委托加工的计税价格如表3-13所示。

表3-13 委托加工的计税价格

第一顺序	第二顺序	
受托方同类应税消费品的售价	从价定率	(材料成本+加工费)÷(1-消费税比例税率)
	复合计税	(材料成本+加工费+委托加工数量×消费税定额税率)÷(1-消费税比例税率)

【知识点拨】

(1)材料成本：不含增值税的材料成本；但对于酒类产品，由于其农产品进项税额核定扣除，因此农产品材料成本中不扣除农产品进项税额；

(2)加工费：包括代垫辅助材料的成本，但是不包括随加工费收取的增值税和代收代缴的消费税。

4. 委托方销售委托加工收回的应税消费品的税务处理(见表3-14)

表3-14 委托方销售委托加工收回的应税消费品的税务处理

情形	税务处理
以不高于受托方的计税价格出售的，为直接出售	不再缴纳消费税
委托方以高于受托方的计税价格出售的，不属于直接出售	按规定缴纳消费税，在计税时准予扣除受托方已代收代缴的消费税

【例题16·单选题】 甲厂将一批原材料送交乙厂进行委托加工，该批原材料不含税价格10万元，受托方代垫辅料收费1万元（含税），另收取加工费3万元（含税），假定该消费品消费税税率为5%，则该项委托加工组成计税价格为（　）万元。

A. 13.68　　　　B. 14.25

C. 14.74　　　　D. 15

解析 ▶ 组成计税价格=［10+（1+3）÷1.13］÷（1-5%）=14.25（万元）　**答案** ▶ B

【例题17·单选题】 甲企业为增值税一般纳税人，2020年1月外购一批木材，取得的增值税专用发票注明价款50万元、税额6.5万元；将该批木材运往乙企业委托其加工木制一次性筷子，取得税务局代开的小规模纳税人运输业专用发票注明运费1万元、税额0.03万元，支付不含税委托加工费5万元。假定乙企业无同类产品对外销售，木制一次性筷子消费税税率为5%。乙企业当月应代收代缴的消费税为（　）万元。

A. 2.62　　　　B. 2.67

C. 2.89　　　　D. 2.95

解析 ▶ 木制一次性筷子从价计征消费税，委托加工环节，应代收代缴的消费税=组成计税价格×消费税税率，其中，组成计税价格=（材料成本+加工费）÷（1-消费税税率）。甲企业支付的运费1万元应计入材料成本中。乙企业当月应代收代缴的消费税=（50+1+5）÷（1-5%）×5%=2.95（万元）。　**答案** ▶ D

真题精练（客观题）

（2016年多选题）下列关于缴纳消费税适用计税依据的表述中，正确的有（　）。

A. 委托加工应税消费品应当首先以受托人同类消费品销售价格作为计税依据

B. 换取生产资料的自产应税消费品应以纳税人同类消费品平均价格作为计税依据

C. 作为福利发放的自产应税消费品应以纳税人同类消费品最高价格作为计税依据

D. 投资入股的自产应税消费品应以纳税人同类应税消费品最高售价作为计税依据

解析 ▶ 选项B，应该以纳税人同类应税消费品最高售价作为计税依据；选项C，应该以纳税人同类消费品平均售价作为计税依据。　**答案** ▶ AD

（三）进口环节应纳消费税的计算 ★★★

纳税人进口应税消费品，按照组成计税价格和规定的税率计算应纳税额，组成计税价格的确定如表3-15所示。

表3-15　进口应税消费品组成计税价格的确定

征税方式	消费税	增值税
从价定率	（关税完税价格+关税）÷（1-消费税比例税率）	
从量定额（啤酒、黄酒、成品油）	按海关核定的进口数量征消费税	关税完税价格+关税+消费税税额
复合计税（卷烟、白酒）	（关税完税价格+关税+进口数量×消费税定额税率）÷（1-消费税比例税率）	

【知识点拨1】 自2016年12月1日起，对我国驻外使领馆工作人员、外国驻华机构及人员、非居民常住人员、政府间协议规定等应税（消费税）进口自用，且完税价格130万元及以上的超豪华小汽车消费税，按照生产（进口）环节税率和零售环节税率（10%）加总计算，由海关代征。

【知识点拨2】 价内税（消费税）与价外税（增值税）的区分

价内税与价外税的最直接的区别在于计税依据。价内税的计税依据含本税种税款，而价外税的计税依据不包括本税种的税款。

消费税属于价内税。在计算应纳消费税时，如果题目中直接给出销售价格，销售价格中含消费税，直接用售价乘以消费税税率计算应纳消费税；如果没有同类售价，在计算组价时，需要除以（1-消费税税率），将消费税包含在计税依据中。

【知识点拨3】 自产自用、委托加工、进口应税消费品的计税依据总结（见表3-16）

表 3-16　消费税的计税依据总结

类型	第一顺序		第二顺序
自产自用	按纳税人生产的同类消费品的售价计税	从价定率	（成本+利润）÷（1-消费税比例税率）
		复合计税	（成本+利润+自产自用数量×定额税率）÷（1-消费税比例税率）
委托加工	受托方同类应税消费品的售价	从价定率	（材料成本+加工费）÷（1-消费税比例税率）
		复合计税	（材料成本+加工费+委托加工数量×定额税率）÷（1-消费税比例税率）
进口	从价定率：（关税完税价格+关税）÷（1-消费税比例税率）		
	复合计税：（关税完税价格+关税+进口数量×消费税定额税率）÷（1-消费税比例税率）		

【例题 18·单选题】 某商贸公司，2020年2月从国外进口一批粮食白酒（合计5000公斤），已知该批粮食白酒的关税完税价格为900000元，按规定应缴纳关税180000元，粮食白酒的消费税税率为20%，定额消费税为0.5元/斤。该批粮食白酒进口环节应缴纳的消费税税额为（　）元。

　A. 271250　　　　B. 339062.5

　C. 273750　　　　D. 276250

解析 ▶ 组成计税价格=（900000+180000+5000×0.5×2）÷（1-20%）=1356250（元）

应缴纳消费税税额=1356250×20%+5000×0.5×2=276250（元）　**答案** ▶ D

(四)已纳消费税扣除的计算 ★★★

纳税人用外购或委托加工收回的已税消费品连续生产应税消费品，允许按生产领用数量计算扣除外购或委托加工收回的已纳消费税。允许抵扣的原因是因为消费税除卷烟、超豪华小汽车外，实行一次课征制。

1. 外购应税消费品已纳消费税的扣除

（1）外购应税消费品连续生产应税消费品。

对外购已税消费品连续生产应税消费品销售时，可按当期生产领用数量计算准予扣除外购应税消费品已纳的消费税税款。扣除范围包括：

①用外购已税烟丝生产的卷烟；

②用外购已税高档化妆品生产的高档化妆品；

③用外购已税珠宝玉石生产的贵重首饰及珠宝玉石；

④用外购已税鞭炮、焰火生产的鞭炮、焰火；

⑤以外购已税杆头、杆身和握把为原料生产的高尔夫球杆；

⑥以外购已税木制一次性筷子为原料生产的木制一次性筷子；

⑦以外购已税实木地板为原料生产的实木地板；

⑧外购已税汽油、柴油、石脑油、燃料油、润滑油用于连续生产应税成品油。

已纳消费税税款计算公式为：

当期准予扣除的外购应税消费品已纳税款=当期准予扣除的外购应税消费品买价×外购应税消费品适用税率

当期准予扣除的外购应税消费品买价=期初库存的外购应税消费品买价+当期购进的应税消费品买价-期末库存的外购应税消费品买价

纳税人用外购的已税珠宝玉石生产的改在零售环节征收消费税的金银首饰（镶嵌首饰），在计税时一律不得扣除外购珠宝玉石的已纳税款。

自2015年5月1日起，从葡萄酒生产企业购进、进口葡萄酒连续生产应税葡萄酒的，准予从葡萄酒消费税应纳税额中扣除所耗用应税葡萄酒已纳消费税税款。如本期消费税应纳税额不足抵扣的，余额留待下期抵扣。

（2）外购应税消费品后销售（自己不生产，直接销售）。

对自己不生产应税消费品，而只是购进后再销售应税消费品的工业企业，其销售的化妆品、鞭炮焰火和珠宝玉石，凡不能构成最终消费品直接进入消费品市场，而需进一步生产加工的，应当征收消费税，同时允许

扣除上述外购应税消费品的已纳税款。

2. 委托加工收回的应税消费品已纳税款的扣除（见表3-17）

对委托加工收回消费品连续生产应税消费品，其已纳的消费税，可按当期生产领用数量从当期应纳消费税税额中扣除，其扣税规定与外购已税消费品连续生产应税消费品的扣税范围、扣税方法、扣税环节（领用扣税）相同。

表3-17 委托加工应税消费品已纳税款的扣除

用途	税收政策	注意事项
委托方将委托加工产品收回后，用于销售的	不高于受托方的计税价格出售：在销售时不再缴纳消费税	将受托方代收代缴的消费税随同应支付的加工费一并计入委托加工的应税消费品成本
	售价高于受托方的计税价格，为非直接销售：按规定缴纳消费税，同时准予扣除受托方已代收代缴的税款	
委托加工产品收回后用于连续生产应税消费品	已纳税款按规定准予抵扣	将受托方代收代缴的消费税计入"应交税费——应交消费税"科目的借方，待最终应税消费品缴纳消费税时予以抵扣

【知识点拨1】 在抵扣已纳消费税时，注意：

（1）酒（除外购、进口葡萄酒可抵外）、小汽车、高档手表、游艇、电池、涂料，不抵税；

（2）同类消费品才能抵税；

（3）按生产领用数量抵扣已纳消费税 VS 增值税的购进扣税法，即只有生产领用，才能抵扣已纳消费税，而增值税在抵扣进项税额时，采用的是购进扣税法，只要购进，无论是否使用，均允许抵扣进项税额。

（4）要求——继续生产扣税，零售、委托加工不抵税。

【知识点拨2】 增值税与消费税的联系

（1）一般情况下，对于同一个纳税人的同一项经营行为，如果既征增值税，又从价定率征收消费税，则两者的计税依据是一致的——不含增值税、含消费税的销售额。

①委托加工的问题：委托方纳消费税；受托方纳增值税；由于不是同一个纳税人的

同一项经营行为，因此增值税和消费税的计税依据不同；

②四类用途（简称投、抵、换）：消费税按最高售价 VS 增值税按平均售价；

③白酒消费税有最低计税价格，而增值税没有最低计税价格。

（2）增值税普遍扣税且采用购进扣税法；消费税只有9种情形下扣税，而且是按生产领用数量扣税。

【知识点拨3】《国家税务总局关于发布已失效或废止的税收规范性文件目录的通知》国税发〔2006〕62号规定，国税发〔1994〕130号"对企业用外购或委托加工的已税摩托车连续生产摩托车（如用外购两轮摩托车改装三轮摩托车），在计征消费税时，允许扣除外购或委托加工的已税汽车轮胎和摩托车的买价或已纳消费税税款计征消费税"的规定已失效。

【例题19·多选题】 下列应税消费品中，准予扣除外购已纳消费税的有（　　）。

A. 以已税烟丝为原料生产的卷烟

B. 以已税珠宝玉石为原料生产的贵重珠宝首饰

C. 以已税低档白酒为原料连续生产的高档白酒

D. 以已税润滑油为原料生产的润滑油

解析 以已税低档白酒连续生产的高档白酒不得扣除外购已纳消费税。 **答案** ABD

【例题20·单选题】2020年1月A企业委托B企业加工一批烟丝，A企业提供原材料成本20万元，支付不含税加工费3万元，B企业按照本企业同类烟丝销售价格35万元代收代缴A企业消费税10.5万元，A企业将委托加工收回烟丝的20%以15万元的价格销售给C卷烟厂，A企业就上述行为应缴纳消费税（　　）万元。

A. 2.4　　　　B. 4.2

C. 2.8　　　　D. 3.5

解析 将委托加工收回烟丝的20%以15万元的价格销售给C卷烟厂属于委托加工收回后加价销售的情形，需要缴纳消费税，同时可以抵扣受托方代收代缴的消费税。A企业应缴纳消费税 = 15×30% − 35×20%×30% = 2.4（万元）。 **答案** A

【例题21·单选题】2020年3月某首饰厂从某商贸企业购进一批珠宝玉石，增值税发票注明价款50万元，增值税税款6.5万元，打磨后再将其销售给首饰商城，收到不含税价款90万元。已知珠宝玉石消费税税率为10%，该首饰厂以上业务应缴纳消费税（　　）万元。

A. 4　　　　B. 5

C. 9　　　　D. 14

解析 对自己不生产应税消费品，而只是购进后再销售应税消费品的工业企业，其销售的高档化妆品、鞭炮焰火和珠宝玉石，凡不能构成最终消费品直接进入消费品市场，而需进一步生产加工的，应当征收消费税，同时允许扣除上述外购应税消费品的已纳税款。应纳消费税 = 90×10% − 50×10% = 4（万元）。 **答案** A

真题精练（客观题）

（2015年多选题）下列产品中，在计算缴纳消费税时准许扣除外购应税消费品已纳消费税的有（　　）。

A. 外购已税烟丝生产的卷烟

B. 外购已税白酒加工生产的白酒

C. 外购已税手表镶嵌钻石生产的手表

D. 外购已税实木素板涂漆生产的实木地板

解析 选项B，除葡萄酒外，酒类产品不允许抵税；选项C，高档手表不允许抵税，而且钻石和高档手表不属于同类应税消费品，也不得抵税。 **答案** AD

（五）特殊环节应纳消费税的计算

1. 卷烟批发环节应纳消费税的计算

卷烟在批发环节加征一道复合计征的消费税。

（1）税率：11%+0.005元/支；

（2）计税依据。

①纳税人应将卷烟销售额与其他商品销售额分开核算，未分开核算的，一并征收消费税；

②纳税人销售给纳税人以外的单位和个人的卷烟于销售时纳税。纳税人之间销售的卷烟不缴纳消费税；

（3）卷烟批发企业的机构所在地，总机构与分支机构不在同一地区的，由总机构申报纳税；

（4）批发企业在计算纳税时不得扣除已含的生产环节的消费税税款。

【例题22·计算问答题】某市烟草集团公司属增值税一般纳税人，持有烟草批发许可证，2020年2月购进已税烟丝800万元（不含增值税），委托M企业加工甲类卷烟500箱（250条/箱，200支/条），M企业每箱收取0.1万元加工费（不含税），当月M企业按正常进度投料加工生产卷烟200箱交由集团公司收回，集团公司将其中20箱销售给烟草批发商N企业，取得含税销售收入83.62万元；80箱销售给烟草零售商Y专卖店，取得不含税销售收入 320 万元；100 箱作为股本与 F 企业合资成立一家烟草零售经销商 Z 公司。

说明：烟丝消费税率为 30%，甲类卷烟生产环节消费税为 56% 加 0.003 元/支。

要求：根据以上资料，按以下顺序回答问题，每问需计算出合计数。

（1）计算 M 企业当月应当代收代缴的消费税。

（2）计算集团公司向 N 企业销售卷烟应缴纳的消费税。

（3）计算集团公司向 Y 专卖店销售卷烟应缴纳的消费税。

（4）计算集团公司向 Z 公司投资应缴纳的消费税。

答案 （1）组成计税价格 = （材料成本 8000000/500×200 + 1000×200 + 200×50000× 0.003）÷(1−56%) = 7795454.55（元）

M 企业当月应代收代缴的消费税

= 7795454.55×56% + 200×50000×0.003（定额税）

= 4395454.55（元）= 439.55（万元）

（2）应纳消费税为零

【思路点拨】 在卷烟批发环节，纳税人销售给纳税人以外的单位和个人的卷烟于销售时纳税。纳税人之间销售的卷烟不缴纳消费税。

（3）应纳消费税 = 320×11% + 80×50000× 0.005÷10000 = 37.2（万元）

（4）应纳消费税 = 320÷80×100×11% + 100 ×50000×0.005÷10000 = 46.5（万元）

2. 超豪华小汽车零售环节应纳消费税的计算

自 2016 年 12 月 1 日起，超豪华小汽车在零售环节加征 10% 的消费税。

（1）超豪华小汽车的范围。

每辆不含增值税零售价格 ≥130 万元的乘用车和中轻型商用客车

（2）纳税人：将超豪华小汽车销售给消费者的单位和个人。

（3）税率：10%。

（4）应纳税额计算。

①一般情况：应纳税额 = 零售环节不含增值税销售额×零售环节税率（10%）

②国内汽车生产企业直接销售给消费者的超豪华小汽车

应纳税额 = 不含增值税销售额×（生产环节税率+零售环节税率）

【知识点拨】 对超豪华小汽车，在生产（进口）环节按现行税率征收消费税基础上，在零售环节加征消费税，税率为 10%。

【例题 23·单选题】 2019 年 8 月，某汽车 4S 店（为增值税一般纳税人）向消费者个人销售小汽车 6 辆，不含增值税的销售价格为 150 万元/辆。该 4S 店就上述业务应纳消费税（   ）万元。

A. 90

B. 45

C. 50

D. 0

解析 超豪华小汽车征收范围为每辆零售价格 130 万元（不含增值税）及以上的乘用车和中轻型商用客车。对超豪华小汽车，在生产（进口）环节按现行税率征收消费税基础上，在零售环节加征消费税，税率为 10%。应纳税额 = 零售环节不含增值税销售额×零售环节税率 = 150×10%×6 = 90（万元）。

答案 A

3. 金银首饰、铂金首饰、钻石及钻石饰品零售环节应纳消费税的计算

（1）金银首饰零售环节征税范围。

仅限于金基、银基合金首饰以及金、银和金基、银基合金的镶嵌首饰；钻石及钻石饰品。

（2）金银首饰零售环节征税税率：5%。

对既销售金银首饰，又销售非金银首饰的生产、经营单位：分别核算销售额。凡划分不清楚或不能分别核算的：

①在生产环节销售的，一律从高适用税率（10%）；

②在零售环节销售的，一律按金银首饰征收消费税。

（3）计税依据——不含增值税的销售额（见表 3−18）。

表 3-18　金银首饰消费税计税依据

情形		计税依据
一般规定	不含增值税的销售额	不含税销售额＝含税销售额÷（1+13%）
特殊规定	金银首饰与其他产品组成成套消费品销售	按销售额全额征收消费税
	金银首饰连同包装物销售	包装物应并入金银首饰的销售额，计征消费税
	带料加工的金银首饰（非金银首饰零售企业）	按受托方销售同类金银首饰的销售价格确定计税依据征收消费税；没有同类金银首饰销售价格的，按照组成计税价格计算纳税
	以旧换新（含翻新改制）方式销售金银首饰	按实际收取的不含增值税的全部价款确定计税依据征收消费税

【例题 24·单选题】某金店（中国人民银行批准的金银首饰经销单位）为增值税一般纳税人，2020 年 2 月采取"以旧换新"方式销售 24K 纯金项链 100 条，每条新项链对外零售价格 3000 元，旧项链作价 2800 元，从消费者手中每条收取新旧项链差价款 200 元，假定该月初无留抵税额，本月没有购进业务，该项"以旧换新"业务应纳增值税和消费税合计为（　）元。

A. 3185.84　　　　　B. 3600
C. 47787.61　　　　D. 54000

解析 ▶ 应纳增值税和消费税合计＝100×200÷（1+13%）×（13%+5%）＝3185.84（元）

答案 ▶ A

【知识思路】金银首饰以旧换新，以实际收到的不含增值税的全部价款作为计税依据，计算增值税和消费税。

（六）消费税出口退税的计算 ★

除国务院另有规定外，对纳税人出口应税消费品，免征消费税，具体规定如表 3-19 所示。

表 3-19　消费税的出口退税

情形	税务处理
有出口经营权的外贸企业购进应税消费品直接出口，以及外贸企业受其他外贸企业委托代理出口应税消费品	出口免税并退税
有出口经营权的生产性企业自营出口或生产企业委托外贸企业代理出口自产的应税消费品	出口免税但不退税
其他企业委托外贸企业代理出口应税消费品	出口不免税也不退税

【知识点拨】生产企业出口应税消费品，增值税和消费税适用的政策不同。

生产企业出口应税消费品，增值税："免、抵、退"税。

生产企业出口应税消费品，消费税：免税不退税。之所以采用免税不退税政策，是因为未缴纳过消费税，无税可退。

【例题 25·多选题】企业出口的下列应税消费品中，属于消费税出口免税并退税范围的有（　）。

A. 生产企业委托外贸企业代理出口的应税消费品

B. 有出口经营权的生产企业自营出口的应税消费品

C. 有出口经营权的外贸企业购进用于直接出口的应税消费品

D. 有出口经营权的外贸企业受其他外贸企业委托代理出口的应税消费品

解析 ▶ 选项 AB 属于出口免税但不退税的范围。

答案 ▶ CD

真题精练（客观题）

1.（2019 年单选题）下列出口应纳税消费品的

行为中，适用消费税免税不退税政策的是（　　）。

A. 商业批发企业委托外贸企业代理出口卷烟

B. 有出口经营权的酒厂出口自产白酒

C. 有出口经营权的外贸企业购进高档化妆品直接出口

D. 外贸企业受其他外贸企业委托代理出口实木地板

解析 ▶ 选项 A，不免税也不退税；选项 CD，出口免税并退税。　　答案 ▶ B

2. （2018年多选题）下列各项中，适用消费税出口免税并退税政策的有（　　）。

A. 有出口经营权的外贸企业购进应税消费品直接出口

B. 生产企业委托外贸企业代理出口自产的应税消费品

C. 有出口经营权的生产性企业自营出口应税消费品

D. 外贸企业受其他外贸企业委托代理出口应税消费品

解析 ▶ 选项 B、C 适用免税但不退税政策。

答案 ▶ AD

四、征收管理 ★★

扫我解疑难

（一）征税环节

消费税主要在生产、委托加工和进口环节征收，但也有特殊规定，具体应税消费品与征税环节如表 3-20 所示。

表 3-20　应税消费品与征税环节

应税消费品	征税环节
（1）金银首饰、铂金首饰、钻石及钻石饰品	零售环节缴纳消费税，其他环节无需缴纳消费税
（2）卷烟	双环节征税，不仅在生产、委托加工、进口环节征，同时在批发环节加征一道消费税
（3）超豪华小汽车	双环节征税，不仅在生产、委托加工、进口环节征，同时在零售环节（含进口自用）加征一道 10% 的消费税
（4）其他应税消费品	生产、委托加工、进口环节缴纳，其他环节不缴纳消费税

（二）纳税义务发生时间（见表 3-21）

对消费税纳税义务发生时间的学习，大家要注意与增值税纳税义务发生时间的学习结合起来，两者的规定是基本相同的。

表 3-21　消费税纳税义务发生时间

行为		纳税义务发生时间
销售应税消费品	赊销和分期收款方式	书面合同约定的收款日期的当天，书面合同没有约定收款日期或者无书面合同的，为发出应税消费品的当天
	预收货款方式	发出应税消费品的当天
	托收承付和委托银行收款方式	发出应税消费品并办妥托收手续的当天
	其他结算方式	收讫销售款或取得索取销售款凭据的当天
自产自用行为		移送使用的当天
委托加工行为		纳税人提货的当天
进口行为		报关进口的当天

（三）纳税期限（见表3-22）

对于能够按期纳税的，根据纳税人应纳税额的大小，分别有1日、3日、5日、10日、15日、1个月或1个季度。对于不能按期纳税的，可按次纳税。

表3-22　消费税的纳税期限

纳税申报机关	纳税申报时间
向税务机关申报	以1个月或以1个季度为一期纳税的：期满之日起15日内
	以1、3、5、10或15日为一期纳税的：期满之日起5日内预缴，于次月1日起15日内申报并结清
向海关申报	海关填发海关进口消费税专用缴款书之日起15日内

（四）纳税地点（见表3-23）

表3-23　消费税的纳税地点

应税行为	纳税地点
自产自销和自产自用行为	纳税人机构所在地或者居住地
委托加工行为	除受托方为个人外，由受托方向机构所在地或者居住地主管税务机关代收代缴消费税
进口行为	报关地海关
到外地（外县、市）销售或委托外地代销	纳税人机构所在地或居住地
总分支机构不在同一县（市）	但在同一省（自治区、直辖市）范围内，经审批，可以在总机构所在地

【知识点拨1】纳税人销售的应税消费品，如因质量等原因发生退货的，其已缴纳的消费税税款可予以退还，但不能自行直接抵减应纳税款。

【知识点拨2】纳税人直接出口的应税消费品办理免税后，发生退关或者国外退货，复进口时已予以免税的，可暂不办理补税，待其转为国内销售的当月申报缴纳消费税。

【例题26·多选题】下列各项中，符合消费税纳税地点规定的有（　　）。

A. 进口应税消费品的，由进口人或其代理人向报关地海关申报纳税

B. 纳税人总机构与分支机构不在同一县的，分支机构应向总机构申报纳税

C. 委托加工应税消费品的，由委托方向受托方所在地主管税务机关申报纳税

D. 纳税人到外县销售自产应税消费品的，应向纳税人机构所在地或居住地申报纳税

解析　选项B，纳税人总机构与分支机构不在同一县的，应该向各自机构所在地申报纳税，经批准可以在总机构所在地纳税；选项C，委托加工应税消费品的，除受托方为个人外，由受托方向机构所在地或者居住地主管税务机关代收代缴消费税。答案　AD

【例题27·多选题】甲市某汽车企业为增值税一般纳税人，2020年2月在甲市销售自产小汽车300辆，不含税售价18万元/辆，另收取优质费2万元/辆；将200辆小汽车发往乙市一经贸公司代销，取得的代销清单显示当月销售120辆，不含税售价18.5万元/辆。小汽车消费税税率为5%，则该汽车企业当月应向甲市税务机关申报缴纳的消费税为（　　）万元。

A. 296.55　　　　　　B. 300

C. 407.55　　　　　　D. 411

解析　纳税人到外县（市）销售或者委托

外县(市)代销自产应税消费品的,于应税消费品销售后,向机构所在地或者居住地主管税务机关申报纳税,本题委托代销的应在甲市税务机关申报缴纳消费税。向甲市税务机关缴纳的消费税=[300×(18+2÷1.13)+120×18.5]×5%=407.55(万元)。 **答案▶ C**

真题精练(客观题)

1. (2016年单选题,改)某市高尔夫球具生产企业2020年3月1日以分期收款方式销售一批球杆,价税合计为135.6万元,合同约定于6月5日、9月5日各支付50%价款,6月5日按照约定收到50%的价款,但并未给客户开具发票,已知高尔夫球具的消费税税率为10%,该企业6月就该项业务应缴纳的消费税为( )万元。

   A. 6   B. 12
   C. 13.56   D. 0

   解析▶ 分期收款方式销售货物,以合同约定的收款日期为纳税义务发生时间,6月5日收到50%价款,所以确认50%的收入。应纳税额=135.6÷(1+13%)×50%×10%=6(万元)。 **答案▶ A**

2. (2016年单选题,改)下列关于消费税征收管理的说法中正确的是( )。

   A. 消费税收入分别划入中央库和地方库
   B. 委托个体工商户加工应税消费品应纳的消费税由受托方代扣,向其机构所在地主管税务机关申报缴纳
   C. 消费税纳税人总分支机构在同一地级市但不同县的,由市级税务机关审批同意后,可汇总缴纳消费税
   D. 纳税人销售的应税消费品,如因质量等原因发生退货的,其已缴纳的消费税款可予以退还,但不能自行直接抵减应纳税款

   解析▶ 选项A,消费税属于中央政府收入,入中央库不入地方库;选项B,委托个体工商户进行加工,消费税由委托方回机构所在地缴纳,不是由受托方代收代缴;选项C,消费税总分机构在同一地级

市,但是不在同一县市的,由省级税务机关批准同意,可以由总机构汇总向总机构所在地的主管税务机关申报缴纳消费税。 **答案▶ D**

3. (2016年多选题,改)甲企业从境外进口一批高档化妆品,下列关于该业务征缴消费税的表述中正确的有( )。

   A. 甲企业应向报关地海关申报缴纳消费税
   B. 甲企业应当自海关填发进口消费税专用缴款书之日起15日内缴纳税款
   C. 海关代征的消费税应分别入中央库和地方库
   D. 甲企业使用该进口已税高档化妆品生产高档化妆品准许扣除进口环节缴纳的消费税

   解析▶ 选项C,海关代征的消费税属于中央政府固定收入,应该入中央库。 **答案▶ ABD**

真题精练(主观题)

1. (2019年计算问答题,6分)甲卷烟厂为增值税一般纳税人,2019年5月发生的业务如下:

   (1)采用分期收款的方式销售A类卷烟180箱,销售额为650万元,合同规定当月收取价款的70%,实际收到40%。采用直接收款的方式销售B类卷烟80箱,销售额为380万元。

   (2)进口一批烟丝,价款为300万元,甲卷烟厂另行承担并支付运抵我国口岸前的运输和保险费用8万元。

   (3)将200箱B类卷烟转移给下设的非独立核算门市部,门市部当月将其销售,取得销售额900万元。

   (4)外购一批烟丝,增值税专用发票上注明价款165万元,税额21.45万元,当月领用80%用于继续生产卷烟。

   (5)税务机关发现,2019年3月甲厂接受乙厂委托加工一批烟丝,甲厂未代收代缴消费税。已知乙厂提供烟叶的成本为95万元,甲厂收取不含税加工费20万元,乙厂

尚未销售收回的烟丝。

（其他相关资料：A类、B类卷烟均为甲类卷烟，甲类卷烟增值税税率为13%，消费税税率为56%加每箱150元，烟丝消费税为30%，进口烟丝关税税率为10%。以上销售额和费用均不含增值税。）

要求：根据上述资料，按照下列序号回答问题，如有计算需计算出合计数。

（1）计算业务（1）当月应缴纳的消费税税额。

（2）计算业务（2）应缴纳的增值税、消费税额。

（3）计算业务（3）应缴纳的消费税额。

（4）计算甲厂国内销售卷烟应缴纳的消费税额。

（5）计算乙厂应补缴的消费税额，并说明甲厂未代收代缴消费税应承担的法律责任。

2. （2018年计算问答题，6分，改）甲酒厂为增值税一般纳税人，主要经营粮食白酒的生产与销售，2019年6月发生下列业务：

（1）以自产的10吨A类白酒换入乙企业的蒸汽酿酒设备，取得乙企业开具的增值税专用发票上注明价款20万元，增值税2.6万元。已知该批白酒的生产成本为1万元/吨，不含增值税平均销售价格为2万元/吨，不含增值税最高销售价格为2.5万元/吨。

（2）移送50吨B类白酒给自设非独立核算门市部，不含增值税售价为1.5万元/吨，门市部对外不含增值税售价为3万元/吨。

（3）受丙企业委托加工20吨粮食白酒，双方约定由丙企业提供原材料，成本为30万元，开具增值税专用发票上注明的加工费8万元、增值税1.04万元。甲酒厂同类产品售价为2.75万元/吨。

（其他相关资料：白酒消费税税率为20%加0.5元/500克，粮食白酒成本利润率为10%。）

要求：根据上述资料，按照下列序号回答问题，如有计算需计算出合计数。

（1）简要说明税务机关应核定白酒消费税最低计税价格的两种情况。

（2）计算业务（1）应缴纳的消费税额。

（3）计算业务（2）应缴纳的消费税额。

（4）说明业务（3）的消费税纳税义务人和计税依据。

（5）计算业务（3）应缴纳的消费税额。

3. （2017年计算问答题，6分）甲礼花厂2017年6月发生如下业务：

（1）委托乙厂加工一批焰火，甲厂提供原料成本37.5万元，当月乙厂将加工完毕的焰火交付甲厂，开具增值税专用发票，注明收取加工费5万元。

（2）将委托加工收回的焰火60%用于销售，取得不含税销售额38万元，将其余的40%用于连续生产A型组合焰火。

（3）将生产的A型组合焰火的30%以分期收款方式对外销售，合同约定不含税销售额36万元，6月28日收取货款的70%，7月28日收取货款的30%，当月货款尚未收到，另将剩余的20%赠送给客户。

其他相关资料：焰火消费税税率为15%

要求：根据上述资料，按照下列序号回答问题，如有计算需计算出合计数。

（1）计算业务（1）中乙厂代收代缴的消费税。

（2）列出业务（2）中用于销售的焰火是否应缴纳消费税，并说明理由，如果需要缴纳，计算应缴纳的消费税。

（3）计算业务（3）中赠送客户焰火计征消费税计税依据的金额。

（4）计算业务（3）中准予扣除的已纳消费税税款。

（5）计算业务（3）中本月应缴纳的消费税。

4. （2017年计算问答题，6分，改）甲白酒生产厂，2019年8月发生如下业务：

（1）销售薯类白酒20吨，取得不含税销售额60万元，同时向购买方收取品牌使用费5万元，包装物押金0.8万元。

（2）生产粮食白酒 80 吨，8 月 10 日销售给 A 商贸公司 30 吨，取得不含税销售额 180 万元，8 月 20 日销售给 B 商贸公司 20 吨，取得不含税销售额 130 万元，余下 30 吨用于抵偿所欠乙企业的债务。

（3）委托丙厂加工 10 吨粮食白酒，甲厂提供粮食等原材料成本共计 22 万元，当月丙厂将加工好的白酒交付给甲厂，开具的增值税专用发票注明收取加工费 5 万元。

其他相关资料，白酒消费税税率为 20% 加 0.5 元/500 克。

要求：根据上述资料按照下列序号回答问题，如有计算需计算出合计数。

（1）计算业务（1）应缴纳的消费税。

（2）计算业务（2）中甲酒厂以白酒抵偿债务应缴纳的消费税。

（3）计算业务（3）丙厂应代收代缴的消费税。

真题精练（主观题）答案

1. 答案 ▶

（1）纳税人采用赊销和分期收款结算方式的，消费税纳税义务的发生时间为书面合同约定的收款日期的当天。

业务（1）应缴纳的消费税额 =（650×56% + 180×150÷10000）×70% + 380×56% + 80×150÷10000 = 470.69（万元）

（2）业务（2）进口烟丝的组成计税价格 =（300+8）×（1+10%）÷（1−30%）= 484（万元）

进口环节应缴纳的增值税 = 484×13% = 62.92（万元）

业务（2）进口环节应缴纳的消费税 = 484×30% = 145.2（万元）

业务（2）合计应缴纳的增值税、消费税额 = 62.92+145.2 = 208.12（万元）

（3）纳税人通过自设非独立核算门市部销售的自产应税消费品，应按门市部对外销售额或者销售数量征收消费税。

业务（3）应缴纳的消费税额 = 900×56% + 200×150÷10000 = 507（万元）

（4）将外购烟丝用于连续生产卷烟的，可以按照生产领用量抵扣外购烟丝已纳的消费税。

甲厂国内销售卷烟应缴纳的消费税 = 470.69 + 507 − 165×30%×80% = 938.09（万元）

（5）委托加工的应税消费品提货时受托方没有按照规定代收代缴消费税，委托方要补缴税款，收回的应税消费品尚未销售或不能直接销售的，按照组成计税价格计税补缴。

乙厂应补缴的消费税额 =（95+20）÷（1−30%）×30% = 49.29（万元）

甲厂未代收代缴消费税，主管税务机关应处以甲厂应代收代缴的消费税 50% 以上 3 倍以下的罚款。

2. 答案 ▶

（1）白酒生产企业销售给销售单位的白酒，生产企业消费税计税价格低于销售单位对外销售价格（不含增值税）70% 以下的，税务机关应核定消费税最低计税价格。

纳税人将委托加工收回的白酒销售给销售单位，消费税计税价格低于销售单位对外销售价格（不含增值税）70% 以下的，税务机关也应核定消费税最低计税价格。

（2）业务（1）应缴纳的消费税 = 2.5×10×20% + 10×0.5÷10000×2000 = 6（万元）

（3）业务（2）应缴纳的消费税 = 3×50×20% + 50×0.5÷10 000×2000 = 35（万元）

（4）业务（3）的纳税人为丙企业。

该业务的实质是甲酒厂受托加工应税消费品，纳税人为委托方丙企业，计税依据为受托方的同类消费品的销售价格。

（5）业务（3）应缴纳的消费税 = 2.75×20×20% + 20×0.5÷10000×2000 = 13（万元）

3. 答案 ▶

（1）乙厂应代收代缴的消费税 =（37.5+5）÷（1−15%）×15% = 7.5（万元）

第 3 章 消费税法

（2）需要交纳消费税。委托加工业务中，受托方的计税价格 $=（37.5+5）÷（1-15\%）=50$（万元）。$50×60\%=30$（万元），低于售价38万元，属于非直接销售。此处属于将委托加工收回的应税消费品以高于受托方的计税价格出售，需要缴纳消费税。

应纳消费税 $=38×15\%-7.5×60\%=5.7-4.5=1.2$（万元）

（3）赠送客户计征消费税的计税依据的金额 $=36÷80\%×20\%=9$（万元）

（4）应按生产领用数量抵扣已纳消费税。

准予扣除的已纳消费税 $=（37.5+5）÷（1-15\%）×15\%×40\%=3$（万元）

（5）纳税人采取分期收款结算方式的，消费税纳税义务发生时间为书面合同约定的收款日期的当天。

业务（3）6月份应纳消费税 $=36×70\%×15\%+36÷80\%×20\%×15\%-3=2.13$（万元）

4. **答案** ▶

（1）应纳消费税 $=600000×20\%÷10000+（50000+8000）÷1.13×20\%÷10000+20×2000×0.5÷10000=15.03$（万元）

（2）以白酒抵债按照最高售价作为计税依据。

应纳消费税 $=[1300000÷20×30×20\%+30×2000×0.5]÷10000=42$（万元）

（3）组成计税价格 $=$（材料成本+加工费+委托加工数量×定额税率）÷（1-比例税率）$=（220000+50000+10×2000×0.5）÷（1-20\%）=350000$（元）

丙厂应代收代缴的消费税 $=$ 组成计税价格×比例税率+委托加工数量×定额税率 $=（350000×20\%+10×2000×0.5）÷10000=8$（万元）

【真题精练（主观题）总结】

从近几年的考试情况看，每年都会有一道消费税的计算题，该计算题可能单独考消费税，也可能将消费税和增值税结合在一起考核。从历年出题情况看，会在不同征税环节出题——生产销售、自产自用、委托加工、委托加工后销售或使用、批发和零售等环节，也会通过变换税目的方式出题——卷烟、白酒、小汽车等。近几年，在消费税的主观题中主要考核了以下内容：

（1）消费税的征收范围，例如酒精不再征收消费税；

（2）分期收款方式下的纳税义务发生时间；

（3）卷烟、白酒等复合计税应纳税额的计算——不要落掉从价定率或从量定额的税款计算；从价定率与从量定额的计量单位要统一；

（4）纳税人通过自设非独立核算门市部销售的自产应税消费品，应按门市部对外销售额或者销售数量征收消费税；

（5）委托加工应税消费品纳税人和扣缴义务人的确定；代收代缴消费税的计算；如果未代收代缴，委托方如何纳税以及受托方应承担何种法律责任；

（6）将委托加工的应税消费品收回后销售的税务处理；

（7）将外购或委托加工应税消费品用于连续生产应税消费品可按生产领用数量抵扣已纳消费税；

（8）投抵换四项用途消费税按最高售价计税；增值税按平均售价计税；

（9）将应税消费品分发给职工、无偿赠送的税务处理；将应税消费品用于生产非应税消费品消费税的处理；

（10）进口环节消费税和增值税的计算；

（11）税务机关应核定白酒消费税最低计税价格的情况；

（12）计算相关业务应纳增值税。

一、单项选择题

1. 根据消费税的现行规定，下列车辆属于"小汽车"税目征收范围的是（　　）。

   A. 电动汽车

   B. 卡丁车

   C. 每辆含增值税零售价格160万元的乘用车

   D. 雪地车

2. 下列关于消费税税目烟的说法，正确的是（　　）。

   A. 卷烟无论在生产销售环节还是批发环节，均采用复合计税方法计征消费税

   B. 卷烟、雪茄烟、烟丝在生产、委托加工、进口环节征收消费税后，在批发环节加征一道消费税

   C. 从事卷烟批发的纳税人之间销售的卷烟征收消费税

   D. 卷烟批发企业的机构所在地，总机构与分支机构不在同一地区的，应各自向机构所在地的税务机关申报缴纳消费税

3. 下列不属于消费税"高档化妆品"税目征收范围的是（　　）。

   A. 高档美容类化妆品

   B. 成套化妆品

   C. 高档护肤类化妆品

   D. 普通修饰类化妆品

4. 下列选项中，既征收消费税又征收增值税的是（　　）。

   A. 粮食白酒的生产和批发环节

   B. 金银首饰的生产和零售环节

   C. 金银首饰的进口环节

   D. 高档化妆品的生产销售环节

5. 以下关于消费税税率的叙述中，错误的是（　　）。

   A. 消费税采用比例税率和定额税率两种形式，以适应不同应税消费品的实际情况

   B. 卷烟在批发环节加征一道复合税，税率为11%加0.005元/支

   C. 消费税根据不同的税目或子目确定相应的税率或单位税额

   D. 纳税人将不同税率的应税消费品组成成套消费品销售的，从低适用税率

6. 下列无需按照纳税人同类应税消费品的最高销售价格作为计税依据计算消费税的是（　　）。

   A. 用于换取生产资料的应税消费品

   B. 用于发放给职工的应税消费品

   C. 用于投资入股的应税消费品

   D. 用于抵偿债务的应税消费品

7. 下列关于销售数量的确定的说法错误的是（　　）。

   A. 销售应税消费品的，为应税消费品的销售数量

   B. 自产自用应税消费品的，为应税消费品的移送使用数量

   C. 委托加工应税消费品的，为纳税人收回应税消费品后的销售数量

   D. 进口的应税消费品，为海关核定的应税消费品进口征税数量

8. 某商场珠宝首饰区，2020年3月零售珍珠项链，取得含税收入55000元，零售金银首饰，取得含税收入50000元，零售铂金首饰，取得含税收入36000元。金银首饰在零售环节的消费税税率5%。当月珠宝首饰区应缴纳的消费税为（　　）元。

   A. 3805.31　　　　B. 4500

   C. 6238.94　　　　D. 7050

9. 某市区的汽车4S店，2020年2月1日以预收货款方式销售了一辆价税合计为160万元的乘用车，合同约定客户于2月10日、3月10日各支付50%价款；2月10日按照合同约定收到50%的价款，但未给客户开具发票。3月15日发货给客户，该汽车4S店3月份就该业务应缴

纳的消费税为（ ）万元。

A. 0   B. 6.90

C. 14.16   D. 20.69

10. 某酒厂2019年12月销售粮食白酒12000斤，不含税售价为5元/斤，随同销售的包装物价格7254元；本月销售礼品套装6000套，不含税售价为300元/套，每套包括粮食白酒2斤，单价80元；干红酒2斤，单价70元。该酒厂12月应纳消费税（ ）元。

A. 483000   B. 478550

C. 391450.80   D. 391283.89

11. 某酒厂为增值税一般纳税人，主要生产粮食白酒和啤酒。2019年5月至12月份的业务如下：销售粮食白酒50000斤，取得不含税销售额105000元；销售甲类啤酒150吨，每吨不含税售价3050元。另外本年收取粮食白酒品牌使用费4520元；本年销售粮食白酒收取包装物押金9360元，销售啤酒收取包装物押金1130元。2019年12月，该酒厂将销售粮食白酒的包装物押金中的3390元返还给购货方，其余包装物押金不再返还。该酒厂2019年5-12月份应纳的消费税为（ ）元。

A. 86250   B. 92250

C. 85956.64   D. 86308

12. 下列纳税人自产自用应税消费品无需缴纳消费税的是（ ）。

A. 炼油厂用于本企业基建部门车辆的自产柴油

B. 汽车厂用于管理部门的自产汽车

C. 日化厂用于交易会样品的自产高档化妆品

D. 卷烟厂用于生产卷烟的自制烟丝

13. 下列符合委托加工应税消费品规定的是（ ）。

A. 受托方代垫原料和主要材料，委托方提供辅助材料的

B. 委托方提供原料和主要材料，受托方代垫部分辅助材料的

C. 受托方负责采购委托方所需原材料的

D. 受托方提供原材料和全部辅助材料的

14. 甲企业为增值税一般纳税人，2020年2月接受某烟厂委托加工烟丝，甲企业自行提供烟叶的成本为35000元，代垫辅助材料成本2000元，发生加工支出4000元；甲企业当月允许抵扣的进项税额为320元。下列正确的是（ ）。（烟丝成本利润率为5%）

A. 甲企业应纳增值税640元，应代收代缴消费税18450元

B. 甲企业应纳增值税960元，应代收代缴消费税17571.43元

C. 甲企业应纳增值税680元，应纳消费税18450元

D. 甲企业应纳增值税7675元，应纳消费税18450元

15. 某市的甲企业委托县城的乙企业加工实木地板。甲企业提供的主要原材料实际成本为15万元，乙企业收取的不含税加工费为2万元，代垫辅助材料不含税金额为1万元。实木地板的消费税税率为5%，乙企业代收代缴消费税的组成计税价格为（ ）万元。

A. 0.95   B. 17.89

C. 18.95   D. 20.12

16. 下列外购商品中已缴纳的消费税，可以从本企业应纳消费税税额中扣除的是（ ）。

A. 从工业企业购进已税低档粮食白酒为原料生产的高档粮食白酒

B. 从工业企业购进已税珠宝玉石为原料生产的金银首饰

C. 从工业企业购进已税溶剂油为原料生产的溶剂油

D. 从葡萄酒企业购进已税葡萄酒为原料生产的葡萄酒

17. 某酒业制造公司生产各种白酒，2019年12月领用上月外购的低档白酒继续加工成高档白酒，销售给某外贸企业5000斤，

开具的增值税专用发票上注明的销售额为 500 万元；已知上月外购的低档白酒不含税价 185 万元，取得专用发票，本月生产领用外购 80% 低档白酒。该公司应缴消费税（　　）万元。

 A. 100.25   B. 147.48

 C. 130.80   D. 154.59

18. 某地板公司生产各种实木地板，2020 年 3 月，领用上月外购的地板继续加工成豪华实木地板，销售给某外贸企业 300 箱，开具的增值税专用发票上注明的销售额为 240 万元；装修办公楼使用自产的豪华实木地板 200 箱，已知上月外购实木地板 500 箱，取得增值税专用发票注明价款 300 万元，本月生产领用 80%。该地板公司应缴消费税（　　）万元。（消费税税率 5%）

 A. 5   B. 20

 C. 4.5   D. 8

19. 某外贸公司为增值税一般纳税人，2019 年 12 月从国外摩托车厂购进 250 毫升排量的摩托车 1000 辆，海关核定的每辆关税完税价为 5000 元，从境内报关地运输至该公司支付不含税运费 85200 元。则该外贸公司进口环节应缴纳的消费税和增值税合计（　　）元。（摩托车消费税税率为 3%，关税税率为 40%）

 A. 1330000   B. 1154639.18

 C. 1437334.97 D. 1453689.97

20. 下列各项中不符合消费税有关规定的是（　　）。

 A. 纳税人到外县（市）销售自产应税消费品的，于应税消费品销售后，向机构所在地或者居住地主管税务机关申报纳税

 B. 纳税人委托加工应税消费品，除受托方为个人外，由受托方向机构所在地或者居住地的主管税务机关解缴消费税税款

 C. 纳税人销售的应税消费品，因质量原因由购买者退回时，其已缴纳的消费税

税款不予退还

 D. 纳税人进口应税消费品，应当自海关填发海关进口消费税专用缴款书之日起 15 日内缴纳税款

二、多项选择题

1. 下列单位中属于消费税纳税人的有（　　）。

 A. 受托加工化妆品的企业

 B. 销售不含增值税零售价 140 万元小汽车的汽车 4S 店

 C. 进口普通化妆品的外贸公司

 D. 委托加工卷烟的企业

2. 下列属于消费税纳税范围的有（　　）。

 A. 烟叶   B. 烟丝

 C. 果啤   D. 雪茄烟

3. 下列关于金银首饰零售环节征税的表述，正确的有（　　）。

 A. 零售环节征收消费税的金银首饰仅限于金、银和金基、银基合金首饰以及金、银和金基、银基合金的镶嵌首饰

 B. 零售环节适用税率为 5%，在纳税人销售金银首饰、铂金首饰和钻石及钻石饰品时征收

 C. 金银首饰与其他产品组成成套消费品销售的，应按销售额全额征收消费税

 D. 金银首饰连同包装物销售的，包装物应并入金银首饰的销售额，计征消费税

4. 下列关于消费税税目的政策，正确的有（　　）。

 A. 超豪华小汽车征收范围为每辆零售价格 130 万元（不含增值税）及以上的乘用车和中轻型商用客车

 B. 对出国人员免税商店销售的金银首饰不征收消费税

 C. 沙滩车不属于消费税征收范围

 D. 未经打磨、倒角的木制一次性筷子属于木制一次性筷子税目征税范围

5. 下列行为中，应该从价从量复合计征消费税的有（　　）。

 A. 生产销售卷烟

 B. 生产销售白酒

C. 批发卷烟

D. 进口卷烟

6. 下列关于消费税的表述，正确的有（　　）。

A. 对自己不生产应税消费品，而只是购进后再销售应税消费品的工业企业，其销售的珠宝玉石凡不能构成最终消费品直接进入消费品市场，而需进一步生产加工的，不征收消费税

B. 白酒生产企业向商业销售单位收取的品牌使用费，应并入白酒的销售额中缴纳增值税

C. 自2016年12月1日起，国内汽车生产企业直接销售给消费者的超豪华小汽车，消费税税率按照生产环节税率和零售环节税率加总计算

D. 委托加工收回的应税消费品不加价直接销售的，不再重复缴纳消费税

7. 某一般纳税人的白酒生产企业，2020年2月将自产粮食白酒与某生产企业进行交换，用10吨粮食白酒换进生产材料一批，并取得对方开具的增值税专用发票，已知同期白酒的最高售价是每吨4万元，平均售价是每吨3.8万元，（以上售价均为不含税价，白酒适用比例税率20%，定额税率每斤0.5元）则下列说法正确的有（　　）。

A. 该企业可以做进项税额抵扣

B. 该企业增值税的计税销售额是40万元

C. 该企业就上述业务应缴纳消费税9万元

D. 不需要缴纳消费税

8. 下列关于生产企业销售白酒收取的包装物押金处理正确的有（　　）。

A. 逾期1年以上的并入销售额缴纳增值税

B. 逾期1年以上的并入销售额缴纳消费税

C. 无论是否返还均于收取时并入销售额缴纳增值税

D. 无论是否返还均于收取时并入销售额缴纳消费税

9. 下列有关消费税的表述正确的有（　　）。

A. 进口环节消费税除国务院另有规定外，一律不得给予减免税

B. 委托加工的已税烟丝已由受托方代收代缴的消费税，准予按规定从连续生产卷烟应缴纳的消费税税额中扣减

C. 对超豪华小汽车，在生产（进口）环节按现行税率征收消费税基础上，在零售环节加征消费税，税率为10%

D. 进口的高档化妆品直接在国内销售时征收消费税

10. 依据消费税的有关规定，下列消费品中，不得扣除已纳消费税的有（　　）。

A. 以委托加工收回的烟叶为原料生产的烟丝

B. 以委托加工收回的电池为原料生产的蓄电池

C. 以委托加工收回的已税石脑油为原料生产的应税成品油

D. 以委托加工收回的普通护肤品为原料生产的高档化妆品

11. 下列属于消费税出口退税政策的有（　　）。

A. 出口免税并退税

B. 出口不免税但退税

C. 出口免税不退税

D. 出口不免税也不退税

12. 下列关于消费税纳税义务发生时间，说法正确的有（　　）。

A. 某涂料生产企业销售涂料，合同约定5月20日收取价款的80%，5月20日按规定发出全部涂料，20日应确认全部收入

B. 纳税人进口摩托车，其纳税义务发生时间为报关进口的当天

C. 某汽车厂采用委托银行收款方式销售小汽车，其纳税义务发生时间为发出小汽车并办妥托收手续的当天

D. 某金银珠宝店销售金银首饰10件，收取价款25万元，其纳税义务发生时间为收款当天

13. 下列各项符合消费税纳税地点规定的有（　　）。

A. 委托加工的应税消费品，除受托方为

个体经营者外，由受托方代收代缴消费税税款

B. 卷烟批发企业的机构所在地，总机构与分支机构不在同一地区的，由总机构申报纳税

C. 进口应税消费品的，由进口人或其代理人向报关地海关申报纳税

D. 纳税人委托外县(市)代销自产应税消费品的，于应税消费品销售后，向机构所在地或者居住地主管税务机关申报纳税

三、计算问答题

1. 某市一卷烟生产企业(甲企业)为增值税一般纳税人，2019 年 11 月有关经营情况如下：

(1)从国外进口烟丝一批，已知该批烟丝关税完税价格为 120 万元，按规定缴纳关税 90 万元。入关后运抵甲企业所在地，取得运输公司开具的增值税专用发票，注明运费 6 万元、税额 0.54 万元。

(2)向农业生产者收购烟叶一批，收购凭证上注明的收购价款 800 万元，并向烟叶生产者支付了国家规定的价外补贴。将收购的烟叶直接运往乙加工厂加工烟丝，甲企业支付不含税运输费用 10 万元，取得运输公司开具的增值税专用发票。乙加工厂收取不含增值税加工费 50 万元(含代垫辅料不含税价款 20 万元)，并开具增值税专用发票。

(3)生产领用上述进口的全部烟丝和委托加工收回烟丝的 80%用于生产卷烟，当月生产甲类卷烟 1100 标准箱。

(4)将上述剩余的委托加工收回的烟丝全部销售给另一卷烟生产企业，开具的增值税专用发票，取得不含税价款 300 万元。

(5)将生产的卷烟 400 箱销售给同市丙批发企业，开具的增值税专用发票，取得不含税价款 1200 万元，由于货款收回及时给予批发企业 2%的现金折扣。

(6)丙批发企业当月向零售企业销售卷烟 280 箱，开具的增值税专用发票，取得不含税价款 1000 万元；剩余的 120 箱，销售给另一卷烟批发企业，开具的增值税专用发票，取得不含税价款 400 万元。

其他相关资料：生产环节甲类卷烟消费税比例税率56%、定额税率150 元/箱；烟丝消费税比例税率30%；批发环节卷烟消费税比例税率11%、定额税率250 元/箱；相关票据已在发票确认平台确认且于当期抵扣。

要求：根据上述资料，按照下列序号计算回答问题，每问需计算出合计数。

(1)计算甲企业进口烟丝应缴纳的消费税。

(2)计算收购烟叶准予抵扣的进项税额。

(3)计算乙企业受托加工烟丝应代收代缴的消费税。

(4)计算甲企业销售烟丝应缴纳的消费税。

(5)计算甲企业销售卷烟应缴纳的消费税。

(6)计算丙批发企业应纳消费税。

2. 张女士为 A 市甲超市财务管理人员，她从 2020 年 1 月份开始建立家庭消费电子账，6 月份从甲超市购买了下列商品：

(1)高档化妆品一瓶，支出 800 元。

(2)白酒 1000 克，支出 640 元。

(3)食品支出 1010 元，其中：橄榄油 2500 克，支出 400 元；淀粉 1000 克，支出 10 元；新鲜蔬菜 50 千克，支出 600 元。

同时她对部分商品的供货渠道和价格进行了追溯，主要数据如下表：

	高档化妆品	白酒	橄榄油	淀粉	新鲜蔬菜
供货商	B 市化妆品厂	B 市白酒厂	A 市外贸公司	A 市调料厂	A 市蔬菜公司
供货方式	自产自销	自产自销	进口销售	自产自销	外购批发
不含增值税供货价	600 元/瓶	260 元/500 克	60 元/500 克	3 元/500 克	3 元/500 克

其他相关资料：高档化妆品的消费税税率为 15%，白酒消费税税率 20% 加 0.5 元/500 克。

要求：根据上述资料，按照下列序号计算回答问题，每问需计算出合计数。

(1) 计算甲超市销售给张女士高档化妆品的增值税销项税额。

(2) 计算甲超市销售给张女士白酒的增值税销项税额。

(3) 计算甲超市销售给张女士食品的增值税销项税额。

(4) 计算张女士购买高档化妆品支出中包含的消费税税额，并确定消费税的纳税人和纳税地点。

(5) 计算张女士购买白酒支出中包含的消费税税额，并确定消费税的纳税人和纳税地点。

3. 某礼花厂 2020 年 1 月发生以下业务：

(1) 月初库存外购已税鞭炮的金额为 12000 元，当月购进已税鞭炮 300 箱，增值税专用发票上注明的每箱购进金额为 300 元。月末库存外购已税鞭炮的金额为 8000 元。其余为当月生产领用。

(2) 当月生产甲鞭炮 120 箱，销售给 A 商贸公司 100 箱，每箱不含税销售价格为 800 元；其余 20 箱通过该企业自设非独立核算门市部销售，每箱不含税销售价格为 850 元。

(3) 当月生产乙鞭炮 500 箱，销售给 B 商贸公司 250 箱，每箱销售价格为 1100 元；将 200 箱换取火药厂的火药，双方按易货价格开具了增值税专用发票；剩余的 50 箱作为福利发给职工。

其他相关资料：上述增值税专用发票的抵扣联均已经过认证；鞭炮的消费税税率为 15%。

要求：根据上述资料，按照下列序号计算回答问题，每问需计算出合计数。

(1) 计算礼花厂销售给 A 商贸公司鞭炮应缴纳的消费税。

(2) 计算礼花厂销售给 B 商贸公司鞭炮应缴纳的消费税。

(3) 计算礼花厂门市部销售鞭炮应缴纳的消费税。

(4) 计算礼花厂用鞭炮换取火药应缴纳的消费税。

(5) 计算礼花厂将鞭炮作为福利发放应缴纳的消费税。

(6) 计算礼花厂当月允许扣除的已纳消费税。

(7) 计算礼花厂当月实际应缴纳的消费税。

4. 某日化企业(地处市区)为增值税一般纳税人，2019 年 12 月发生如下业务：

(1) 与甲企业(地处县城)签订加工合同，为甲企业加工一批高档化妆品，甲企业提供的原材料成本 30 万元，加工结束后开具增值税专用发票，注明收取加工费及代垫辅助材料价款共计 12 万元、增值税 1.56 万元。

(2) 进口一批高档化妆品作原材料，关税完税价格为 70 万元，关税税率为 20%；支付海关监管区至公司仓库不含税运费 2 万元，取得增值税专用发票，本月生产领用进口高档化妆品的 70%。

(3) 将普通护肤品和 A 型高档化妆品组成成套化妆品销售，某大型商场一次购买 240 套，该日化企业开具增值税专用发票，注明金额 58 万元，其中包括普通护肤品 28 万元，A 型高档化妆品 30 万元。

(4) 销售 B 型高档化妆品取得不含税销售额 150 万元。

(5) 企业开发新型高档化妆品，生产成本为 3.2 万元，将其作为样品分发给各经销商。

(6) 月末盘点时发现，上月外购的高档护肤类化妆品(已抵扣进项税)发生非正常损失，成本为 5.86 万元，其中包括运费成本 1.86 万元。

其他相关资料：关税税率为 20%，高档化妆品的消费税税率为 15%，高档化妆品的成本利润率为 5%。本月取得的相关票据均符合税法规定，并在本月认证抵扣。

要求：根据上述资料，按下列序号计算回答问题，每问需计算出合计数。

（1）计算该企业受托加工高档化妆品应代收代缴消费税。

（2）计算该企业进口高档化妆品应纳进口消费税。

（3）计算该企业国内销售环节应纳增值税。

（4）计算该企业国内销售环节应纳消费税。

四、综合题

1. 某卷烟厂为增值税一般纳税人，2020 年 2 月份发生下列经济业务：

（1）上月向农业生产者收购烟叶 30 吨，收购成本为 48.94 万元。本月将该批烟叶运往烟丝厂加工成烟丝，取得烟丝厂开具的增值税专用发票，注明支付加工费 8 万元、增值税 1.04 万元。

（2）从某烟丝厂购进已税烟丝 200 吨，每吨不含税单价 2 万元，取得烟丝厂开具的增值税专用发票，注明货款 400 万元、增值税 52 万元，烟丝已验收入库。

（3）卷烟厂生产领用外购已税烟丝 150 吨，生产乙类卷烟 4000 标准箱，当月销售给卷烟专卖商 3600 箱，取得不含税销售额 3600 万元。

（4）购进小汽车一辆用于生产经营，取得的增值税专用发票注明的价款为 30 万元，增值税 3.9 万元，款项已付。

（5）接受某公司投资转入材料一批，取得经税务机关认证的防伪税控系统增值税专用发票注明的价款为 10 万元，增值税 1.3 万元，材料已验收入库。

（6）上月购入的烟丝因管理不善损失 3 万元（含运费 0.46 万元）。

（7）销售甲类卷烟 300 箱（标准箱，下同）给某省烟草批发公司，增值税专用发票注明的价款 600 万元。烟草批发公司加价 20%，对外批发给烟草零售商

270 箱，另外 30 箱批发给了其他烟草批发公司。

（8）2 月进口甲类卷烟 30 箱，关税完税价格 30 万元，缴纳关税 6 万元，当月销售该批卷烟，取得不含税销售收入 100 万元。

（9）没收逾期未收回的乙类卷烟包装物押金 18 万元，已向对方开具了普通发票。

其他相关资料：烟丝消费税税率为 30%；卷烟消费税定额税率为每支 0.003 元，甲类卷烟比例税率为 56%，乙类卷烟比例税率为 36%；卷烟批发环节消费税税率为 11% 加 250 元/箱

要求：根据上述资料，回答问题，如有计算，需计算出合计数。

（1）计算该烟丝厂应代收代缴的消费税。

（2）计算卷烟厂进口环节应纳消费税。

（3）计算卷烟厂进口环节应纳增值税。

（4）计算甲类卷烟应缴纳的消费税。

（5）计算乙类卷烟应缴纳的消费税。

（6）计算卷烟厂应向税务机关缴纳的消费税。

（7）计算卷烟厂应缴纳的增值税。

（8）计算烟草批发公司应缴纳的消费税。

2. 位于市区的某汽车生产企业为增值税一般纳税人，主要生产销售小轿车，2019 年 12 月发生以下业务：

（1）购进钢材一批，取得增值税专用发票上注明销售额 600 万元，增值税税额 78 万元，取得运输企业开具的增值税专用发票，注明不含税运费金额 12 万元；本月生产领用 70% 的钢材用于生产小轿车；另外 30% 用于建造厂房。

（2）从国内小规模纳税人处购进小汽车零配件一批，取得当地税务机关代开的增值税专用发票注明价款为 10 万元。

（3）进口小轿车发动机一批，国外买价折合人民币 350 万元，运抵我国入关地前支付的运费折合人民币 10 万元、保险费折合人民币 8 万元；入关后运抵企业所在地，国内运输企业承担国内段的运输，支付不

含税运费 3 万元，并取得运输企业开具的增值税专用发票。

(4)购入一处不动产作为办公楼自用，增值税专用发票注明的价款为 2000 万元，增值税税额为 180 万元。

(5)委托境外某设计公司为其设计小轿车的外观，合同约定含税设计费 120 万美元，扣缴相应税款并取得完税凭证，剩余款项已支付给该境外设计公司。

(6)销售 100 辆 A 型小轿车给特约经销商甲，每辆不含税售价 15 万元。经销商甲已提取 70 辆小汽车，其余 30 辆尚未提货，该企业已经开具了 100 辆小汽车的增值税专用发票。

(7)销售 50 辆 A 型小轿车给特约经销商乙，每辆不含税售价 16 万元。经销商乙支付全部款项。

(8)以 20 辆 A 型小汽车抵偿拖欠丙供货商的货款。

(9)销售 2011 年 3 月购进的一台旧机床，账面原价为 40 万元，已提取折旧 10 万元，取得含税销售价款为 17.55 万元，该机床

购进时已抵扣进项税。

(10)企业将自产的一台含税价为 180 万元的超豪华小汽车，奖励给当年作出突出贡献的员工刘某。

其他相关资料：进口发动机的关税税率为 20%，本企业小汽车消费税税率均为 9%，美元兑人民币汇率为 1：6.7，涉及本月需要比对认证的相关票据均通过主管税务机关比对认证。

要求：根据上述资料，回答问题，如有计算，需计算出合计数。

(1)计算业务(3)进口环节应纳的增值税。

(2)计算业务(5)应代扣代缴的增值税。

(3)计算该企业当月准予抵扣的进项税额。

(4)计算该企业当月将超豪华小汽车奖励给员工应纳消费税税额。

(5)计算该企业当月增值税销项税额。

(6)计算该企业当月应纳增值税额。

(7)计算该企业当月应纳消费税税额。

(8)计算该企业当月应纳城市维护建设税、教育费附加及地方教育附加。

同步训练答案及解析

一、单项选择题

1. C 【解析】电动汽车、卡丁车、雪地车均不属于消费税征税范围，不征收消费税。超豪华小汽车属于"小汽车"税目征收范围。超豪华小汽车：每辆零售价格 130 万元(不含增值税)及以上的乘用车和中轻型商用客车。

2. A 【解析】选项 B，雪茄烟、烟丝仅在生产、委托加工、进口环节征收消费税，在批发环节不征收消费税；选项 C，从事卷烟批发的纳税人之间销售的卷烟不征收消费税；选项 D，卷烟批发企业的机构所在地，总机构与分支机构不在同一地区的，由总机构申报纳税。

3. D 【解析】自 2016 年 10 月 1 日起"高档

化妆品"征收范围包括高档美容、修饰类化妆品、高档护肤类化妆品和成套化妆品，不包括普通修饰类化妆品。

4. D 【解析】除卷烟和超豪华小汽车外，消费税是单一环节征收的。粮食白酒在生产销售环节征收增值税和消费税，在批发环节只征收增值税，不征收消费税；金银首饰在零售环节征收增值税和消费税，在生产销售环节和进口环节只征收增值税，不征收消费税；高档化妆品在生产销售环节征收增值税和消费税。

5. D 【解析】纳税人将不同税率的应税消费品组成成套消费品销售的，从高适用税率。

6. B 【解析】消费税换、抵、投按最高价计算消费税。

7. C 【解析】委托加工应税消费品的，为纳税人收回的应税消费品数量。

8. A 【解析】金银首饰和铂金首饰在零售环节缴纳消费税，珍珠项链在生产环节缴纳消费税，零售环节不交消费税。应缴纳消费税 = (50000 + 36000) ÷ (1 + 13%) × 5% = 3805.31(元)

9. C 【解析】应纳消费税 = 160 ÷ 1.13 × 10% = 14.16(万元)

10. D 【解析】适用税率不同的应税消费品组成成套消费品销售的，应根据成套消费品的销售金额按应税消费品中适用最高税率的消费品税率征收，因此，干红酒与粮食白酒组成套装的，要按照粮食白酒的规定征收消费税。该酒厂 12 月份应纳消费税 = (12000 × 5 + 7254 ÷ 1.13) × 20% + 12000 × 0.5 + 6000 × 300 × 20% + 6000 × 4 × 0.5 = 391283.89(元)。

11. C 【解析】粮食白酒品牌使用费属于价外费用，应并入白酒的销售额计算消费税；粮食白酒的包装物押金收取时即并入销售额征收消费税，无论是否退还；啤酒消费税从量征收，其包装物押金与消费税计税依据没有关系。该酒厂粮食白酒应纳消费税 = 50000 × 0.5 + [105000 + (4520 + 9360) ÷ (1 + 13%)] × 20% = 48456.63(元)。甲类啤酒适用税额为 250 元/吨，因此该酒厂啤酒应纳消费税 = 150 × 250 = 37500(元)，该酒厂 2019 年 5 – 12 月份应纳消费税税额 = 48456.63 + 37500 = 85956.64(元)

12. D 【解析】选项 D，自产应税消费品用于连续生产应税消费品的，不缴纳消费税。其他选项属于将应税消费品用于其他方面，需要缴纳消费税。

13. B 【解析】委托加工应税消费品是指委托方提供原料和主要材料，受托方只收取加工费和代垫部分辅助材料加工的应税消费品。由受托方提供原材料或其他情形的一律不能视同委托加工应税消费品。

14. D 【解析】本题目为受托方提供原材料的情形，不属于真正的委托加工行为，应按销售自制货物处理。
组成计税价格 = (35000 + 2000 + 4000) × (1 + 5%) ÷ (1 – 30%) = 61500(元)
增值税销项税额 = 61500 × 13% = 7995(元)
本期应纳增值税 = 7995 – 320 = 7675(元)
本期应纳消费税 = 61500 × 30% = 18450(元)

15. C 【解析】组成计税价格 = (15 + 2 + 1) ÷ (1 – 5%) = 18.95(万元)

16. D 【解析】选项 A，用白酒生产白酒不能扣除已纳消费税；选项 B，纳税人用外购的已税珠宝玉石生产的改在零售环节征收消费税的金银首饰（镶嵌首饰），在计税时一律不得扣除外购珠宝玉石的已纳税款；选项 C，溶剂油用于连续生产不得抵扣消费税。

17. A 【解析】外购已税白酒生产白酒，不得抵扣领用部分已纳消费税。应纳消费税 = 500 × 20% + 5000 × 0.5 ÷ 10000 = 100.25(万元)。

18. D 【解析】外购已税实木地板生产实木地板，可以抵扣领用部分已纳消费税。
应纳消费税 = 240 ÷ 300 × (200 + 300) × 5% – 300 × 5% × 80% = 8(万元)

19. B 【解析】组成计税价格 = 1000 × 5000 × (1 + 40%) ÷ (1 – 3%) = 7216494.85(元)
进口环节应纳消费税 = 7216494.85 × 3% = 216494.85(元)
进口环节应纳增值税 = 7216494.85 × 13% = 938144.33(元)
进口应纳消费税和增值税合计 = 216494.85 + 938144.33 = 1154639.18(元)

20. C 【解析】纳税人销售的应税消费品，如因质量等原因发生退货的，其已缴纳的消费税税款可予以退还。

二、多项选择题

1. BD 【解析】委托加工应税消费品，委

费品。

托方是消费税纳税人，受托方不是消费税纳税人；不含增值税零售价超过130万的小汽车属于超豪华小汽车，需要在零售环节缴纳消费税；高档化妆品需要征收消费税，普通化妆品不属于消费税征税范围。

2. BCD　【解析】烟叶不属于消费税纳税范围。果啤属于啤酒，按啤酒征收消费税。

3. ABCD　【解析】需要注意选项 D，金银首饰连同包装物销售的，无论包装物是否单独计价，也无论会计上如何核算，均应并入金银首饰的销售额中，计征消费税。

4. ACD　【解析】对出国人员免税商店销售的金银首饰征收消费税。

5. ABCD　【解析】只有卷烟和白酒复合计征消费税。

6. BCD　【解析】选项 A，应当征收消费税，同时允许扣除其外购应税消费品的已纳税款。

7. AC　【解析】纳税人用于换取生产材料的应税消费品，应以纳税人同类应税消费品的最高销售价格作为计税依据计算消费税。应交消费税 $= 40000 \times 10 \times 20\% + 10 \times 2000 \times 0.5 = 90000$（元）；本企业取得了专用发票，可以抵扣进项；增值税的计税销售额应为平均售价，所以增值税的计税价格应为 $10 \times 38000 = 380000$（元）。

8. CD　【解析】对销售除啤酒、黄酒以外的其他酒类产品收取的包装物押金，无论是否返还，以及会计上如何核算，均应并入当期销售额征收增值税和消费税。

9. ABC　【解析】高档化妆品实行单一环节征收消费税，进口的高档化妆品在进口环节缴纳消费税，进口后在国内销售的，不再缴纳消费税。

10. ABD　【解析】选项 A，以委托加工收回的已税烟丝为原料生产的卷烟，可以抵扣已纳消费税，烟叶不属于消费税征税

范围，无消费税可以抵扣；选项 B，电池不得抵扣已纳消费税；选项 D，以委托加工收回的已税高档化妆品为原料生产的高档化妆品，可以抵扣已纳消费税，普通护肤品不属于消费税征税范围，无消费税可以抵扣。

11. ACD　【解析】消费税出口退税政策包括三类：出口免税并退税、出口免税不退税和出口不免税也不退税。

12. BCD　【解析】选项 A 应在 20 日只确认 80%货款对应部分的收入。

13. ABCD　【解析】以上选项都符合消费税纳税地点的规定。

三、计算问答题

1.【答案】

（1）组成计税价格 $=(120+90) \div (1-30\%) = 300$（万元）

应纳消费税 $= 300 \times 30\% = 90$（万元）

【思路点拨】该部分消费税在月于生产时可以抵扣。

（2）收购烟叶准予抵扣的进项税额 $= 800 \times (1+10\%) \times (1+20\%) \times 10\% = 105.6$（万元）

【思路点拨】将购进的农产品月于委托加工 13%税率货物，扣除率为 10%。

（3）乙企业代收代缴的消费税 $=[800 \times (1+10\%) \times (1+20\%) \times 90\% + 10 + 50] \div (1-30\%) \times 30\% = 433.03$（万元）

（4）甲企业销售烟丝应纳消费税 $= 300 \times 30\% - 433.03 \times 20\% = 3.39$（万元）

（5）甲企业销售卷烟应纳消费税 $= 1200 \times 56\% + 400 \times 0.015 - 90 - 433.03 \times 80\% = 241.58$（万元）

【思路点拨】进口和委托加工收回的应税消费品连续生产的应税消费品准予从应纳消费税税额中按当期生产领用数量计算扣除其已纳消费税税款。

（6）丙批发企业当月出售卷烟应纳消费税 $= 1000 \times 11\% + 280 \times 0.025 = 117$（万元）

【思路点拨】卷烟批发企业之间销售卷烟，不缴纳消费税。

2.【答案】

（1）甲超市销售给张女士高档化妆品的增值税销项税额 $=800÷(1+13\%)×13\%=92.04$（元）

（2）甲超市销售给张女士白酒的增值税销项税额 $=640÷(1+13\%)×13\%=73.63$（元）

（3）甲超市销售给张女士食品的增值税销项税额 $=400÷(1+9\%)×9\%+10÷(1+13\%)×13\%=34.18$（元）

【思路点拨】蔬菜在流通环节免征增值税。

（4）张女士购买高档化妆品支出中包含的消费税税额 $=600×15\%=90$（元）

纳税人为 B 市化妆品厂，纳税地点为 B 市。

（5）张女士购买白酒支出中包含的消费税税额 $=260×2×20\%+2×0.5=105$（元）

纳税人为 B 市白酒厂，纳税地点为 B 市。

3.【答案】

（1）销售给 A 商贸公司鞭炮应纳消费税 $=800×100×15\%=80000×15\%=12000$（元）

（2）销售给 B 商贸公司鞭炮应纳消费税 $=1100×250×15\%=275000×15\%=41250$（元）

（3）门市部销售鞭炮应纳消费税 $=850×20×15\%=17000×15\%=2550$（元）

（4）用鞭炮换取火药应纳消费税 $=1100×200×15\%=220000×15\%=33000$（元）

（5）将鞭炮作为福利发放应纳消费税 $=1100×50×15\%=55000×15\%=8250$（元）

（6）当月允许扣除的已纳消费税 $=(12000+300×300-8000)×15\%=14100$（元）

（7）当月实际应纳消费税 $=12000+41250+2550+33000+8250-14100=82950$（元）

4.【答案】

（1）企业受托加工业务应代收代缴消费税 $=(30+12)÷(1-15\%)×15\%=7.41$（万元）

（2）进口高档化妆品应纳关税 $=70×20\%=14$（万元）

进口消费税 $=(70+14)÷(1-15\%)×15\%=14.82$（万元）

（3）业务（1）：应纳增值税销项税额为

1.56 万元。

业务（2）：进口增值税额 $=(70+14)÷(1-15\%)×13\%=12.85$（万元），本业务产生的进项税额 $=12.85+2×9\%=13.03$（万元）。

业务（3）：销项税额 $=58×13\%=7.54$（万元）

业务（4）：销项税额 $=150×13\%=19.5$（万元）

业务（5）：将自产高档化妆品作为样品分发给各经销商，视同销售，销项税额 $=3.2×(1+5\%)÷(1-15\%)×13\%=0.51$（万元）。

业务（6）：进项税转出金额 $=(5.86-1.86)×13\%+1.86×9\%=0.69$（万元）

增值税进项税额 $=12.85+2×9\%=13.03$（万元）

增值税销项税 $=1.56+7.54+19.5+0.51=29.11$（万元）

应纳增值税 $=29.11-(13.03-0.69)=16.77$（万元）

（4）业务（1）：进口消费因为本月生产领用70%，所以在计算应纳消费税时可以税前扣除 $=14.82×70\%=10.37$（万元）。

业务（3）：应纳消费税 $=58×15\%=8.7$（万元）

业务（4）：消费税 $=150×15\%=22.5$（万元）

业务（5）：将自产高档化妆品作为样品分发给各经销商，视同销售，应缴纳消费税 $=3.2×(1+5\%)÷(1-15\%)×15\%=0.59$（万元）。

国内销售环节应纳消费税 $=8.7+22.5+0.59-10.37=21.42$（万元）

四、综合题

1.【答案】

（1）发出烟叶的成本 $=48.94$（万元）

烟丝厂代收代缴消费税 $=$（烟叶成本+加工费）$÷$（1-消费税税率）$×$消费税税率 $=(48.94+8)÷(1-30\%)×30\%=24.40$（万元）

（2）进口环节应纳消费税 $=(30+6+0.015×30)÷(1-56\%)×56\%+0.015×30=46.84$

（万元）

（3）卷烟厂进口环节应纳增值税＝（30＋6＋0.015×30）÷（1－56%）×13%＝10.77（万元）

（4）销售甲类卷烟应纳消费税＝600×56%＋300×250×200×0.003÷10000＝340.5（万元）

（5）乙类卷烟应纳消费税＝3600×36%＋3600×50000×0.003÷10000＋18÷1.13×36%－150×2×30%＝1265.73（万元）

（6）卷烟厂应缴纳的消费税＝340.5＋1265.73＝1606.23（万元）

（7）可抵扣的进项税额：

①外购烟丝和加工烟丝进项税额＝52＋1.04＝53.04（万元）

②自2013年8月1日起，外购自用的应征消费税的小汽车可以抵扣进项税，增值税3.9万元允许抵扣；

③接受投资的货物，取得防伪税控系统增值税专用发票，经认证1.3万元可以作为当期进项税抵扣；

④烟丝因管理不善发生损失，原抵扣的进项税应作进项税额转出处理。

进项税转出金额＝（3－0.46）×13%＋0.46×9%＝0.37（万元）

⑤进口环节缴纳的增值税，可以作为进项税抵扣：10.77万元。

进项税额合计＝53.04＋3.9＋1.3－0.37＋10.77＝68.64（万元）

本月销项税额＝3600×13%＋600×13%＋100×13%＋18÷1.13×13%＝561.07（万元）

本月应纳增值税＝销项税额－进项税额＝561.07－68.64＝492.43（万元）

（8）烟草批发公司应缴纳的消费税＝270×600÷300×（1＋20%）×11%＋270×250÷10000＝78.03（万元）

2.【答案】

（1）关税完税价格＝350＋10＋8＝368（万元）
应纳进口关税＝368×20%＝73.6（万元）
进口发动机增值税＝（368＋73.6）×13%＝57.41（万元）

（2）应代扣代缴的增值税＝120×6.7÷（1＋

6%）×6%＝45.51（万元）

（3）业务（1）可抵进项税额＝78＋12×9%＝79.08（万元）

【思路点拨】自2019年4月1日起，不动产的进项税额可以一次性抵扣，无需分期抵扣。

业务（2）可抵进项税额＝10×3%＝0.3（万元）

业务（3）可抵进项税额＝57.41＋3×9%＝57.68（万元）

业务（4）当期可抵进项税额180（万元）

【思路点拨】自2019年4月1日起，不动产的进项税额可以一次性抵扣，无需分期抵扣。

业务（5）可抵进项税额45.51万元

当月准予抵扣的进项税额＝79.08＋0.3＋57.68＋180＋45.51＝362.57（万元）

（4）将自产超豪华小汽车奖励给优秀员工，消费税视同销售。国内汽车生产企业直接销售给消费者的超豪华小汽车，消费税税率按照生产环节税率和零售环节税率加总计算。超豪华小汽车奖励给员工应缴纳的消费税＝180÷（1＋13%）×（9%＋10%）＝30.27（万元）

（5）业务（6）销项税额＝100×15×13%＝195（万元）

业务（7）销项税额＝50×16×13%＝104（万元）

业务（8）以应税消费品抵偿债务，按平均售价计算缴纳增值税；按最高售价计算缴纳消费税。

平均售价＝（100×15＋50×16）÷（100＋50）＝15.33（万元）

业务（8）销项税额＝20×15.33×13%＝39.86（万元）

业务（9）销项税额＝17.55÷1.13×13%＝2.02（万元）

业务（10）销项税额＝180÷1.13×13%＝20.71（万元）

当月增值税销项税额＝195＋104＋39.86＋

2.02+20.71=361.59（万元）

（6）当月应纳增值税税额=361.59-362.57=-0.98（万元）

（7）业务（6）应纳消费税=100×15×9%=135（万元）

业务（7）应纳消费税=50×16×9%=72（万元）

业务（8）应纳消费税=20×16×9%=28.8（万元）

当月应纳消费税=135+72+28.8+30.27=266.07（万元）

（8）该企业当月应纳城市维护建设税、教育费附加及地方教育附加=266.07×（7%+3%+2%）=31.93（万元）

第 3 章 消费税法

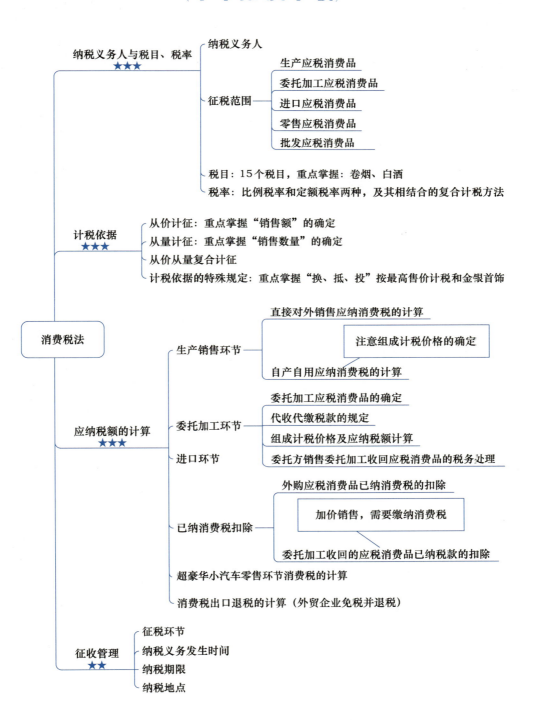

消费税法

纳税义务人与税目、税率 ★★★
- 纳税义务人
- 征税范围
  - 生产应税消费品
  - 委托加工应税消费品
  - 进口应税消费品
  - 零售应税消费品
  - 批发应税消费品
- 税目：15个税目，重点掌握：卷烟、白酒
- 税率：比例税率和定额税率两种，及其相结合的复合计税方法

计税依据 ★★★
- 从价计征：重点掌握"销售额"的确定
- 从量计征：重点掌握"销售数量"的确定
- 从价从量复合计征
- 计税依据的特殊规定：重点掌握"换、抵、投"按最高售价计税和金银首饰

应纳税额的计算 ★★★
- 生产销售环节
  - 直接对外销售应纳消费税的计算
  - 注意组成计税价格的确定
  - 自产自用应纳消费税的计算
- 委托加工环节
  - 委托加工应税消费品的确定
  - 代收代缴税款的规定
  - 组成计税价格及应纳税额计算
  - 委托方销售委托加工收回应税消费品的税务处理
- 进口环节
- 已纳消费税扣除
  - 外购应税消费品已纳消费税的扣除
  - 加价销售，需要缴纳消费税
  - 委托加工收回的应税消费品已纳税款的扣除
- 超豪华小汽车零售环节消费税的计算
- 消费税出口退税的计算（外贸企业免税并退税）

征收管理 ★★
- 征税环节
- 纳税义务发生时间
- 纳税期限
- 纳税地点

企业所得税法

考情解密

企业所得税法是"税法"考试中最重要的章节之一，该章内容多，综合性强，难度较大，与其他税种关系密切。在以往年度的考试中，本章各种题型均有涉及，尤其是综合题，每年必考一题，常与商品和劳务税、财产行为税或税收征管法相联系，跨章节出题。从历年考试的情况来看，本章的平均分值在15~20分左右。

近年考点直击

考点	主要考查题型	考频指数	考查角度
居民企业与非居民企业的划分及所得来源地	单选题、多选题	★★	(1)考核所得来源地的具体规定； (2)将居民企业、非居民企业的纳税义务与所得来源地结合起来，考核企业的某项具体所得是否需要履行纳税义务
收入总额	单选题、多选题、综合题	★★★	(1)收入确认的一般规定和特殊规定； (2)视同销售收入的规定； (3)不征税收入与免税收入的区别及相应的税务处理
扣除项目	单选题、多选题、综合题	★★★	(1)分清哪些项目准予扣除，哪些项目不准扣除； (2)准予扣除项目的具体扣除限额，以及如何进行纳税调整
资产的税务处理	单选题、多选题	★★	考查资产计税基础、折旧或摊销等具体规定
企业重组的所得税处理	单选题、多选题	★★	(1)采用特殊性税务处理需要符合的条件； (2)一般性和特殊性税务处理的关键点； (3)企业合并与分立过程中对亏损的处理
税收优惠	单选题、多选题、综合题	★★★	(1)在计算题中考查税收优惠的具体规定； (2)在综合题中考查典型的税收优惠的应用，比如技术转让所得、研发费用和残疾职工工资的加计扣除、税额抵免等优惠政策
应纳税额的计算	单选题、多选题、计算问答题、综合题	★★★	掌握一般情况下应纳税额的计算，常作为综合题考点；对于非居民企业、核定征收等情况下应纳税额的计算，要求大家熟悉
征收管理	单选题、多选题	★★	熟悉征收管理中纳税地点、纳税期限、汇总纳税应纳税额的计算等知识点

对于企业所得税法的学习，建议如下：

1. 准确掌握应纳税所得额的确定。在确定应纳税所得额的过程中，关键是把握税法与会计的差异以及如何处理，建议将收入、扣除项目等税会差异进行整理，明晰何时纳税调增、纳税调减，这个内容对于刚刚开始学习税法的学员是非常重要的；

2. 掌握应纳税额的计算。在准确确定应纳税额后，要想正确地计算企业所得税，关键是税率与税收优惠。税率很容易确定，而企业所得税的税收优惠，需要分清哪些是税基式优惠（影响应纳税所得额），哪些是税额式优惠（直接影响税额）；

3. 企业重组的税务处理是考试的难点，但并不是所有内容都是考试的重点，需要大家关注选择特殊性税务处理需要符合的条件、一般性和特殊性税务处理的关键点、企业合并与分立过程中对亏损的处理，对于其他内容做二级重点进行学习即可；

4. 对于企业所得税的综合题，由于有些项目在进行纳税调整时，受其他因素影响较大——比如广告费和业务宣传费、业务招待费、公益性捐赠支出等，一旦出错，将影响整个综合题的得分，因此建议大家对企业所得税的综合题加强练习，形成自己的做题思路，提高答题的速度和技巧。

虽然企业所得税的重点难点繁多，但是在考试中重点突出，综合题虽然有一定难度但并不是不可克服，只要我们复习到位，企业所得税部分是可以拿到较高分数的。

本章2020年考试主要变化

1. 新增铁路债券取得的利息收入减半征收的税收政策。

2. 新增永续债的税务处理。

3. 新增目标脱贫地区的捐赠支出据实扣除政策。

4. 新增其他税收优惠政策。

5. 新增跨境电子商务综合试验区核定征收企业所得税的政策。

考点详解及精选例题

一、纳税义务人、征税对象与税率

扫我解疑难

（一）纳税义务人——法人所得税制 ★★

1. 基本规定

企业所得税的纳税义务人，是指在中华人民共和国境内的企业和其他取得收入的组织。我国的企业所得税实行法人所得税制，由于合伙企业和个人独资企业不具有法人资格，因此无需缴纳我国的企业所得税。各类组织的所得税税务处理如表4-1所示。

表4-1　各类组织的所得税税务处理

组织形式	法人资格	所得税税务处理
个体工商户、个人独资企业、合伙企业	不具有法人资格	（1）不缴纳企业所得税； （2）个人投资者按"经营所得"缴纳个人所得税——所得形成时缴纳个人所得税
公司制企业	具有法人资格	（1）企业缴纳企业所得税——所得形成时缴纳企业所得税； （2）个人投资者分得的股息、红利按照"利息、股息、红利所得"缴纳个税

2. 居民企业和非居民企业

企业所得税的纳税义务人分为居民企业和非居民企业，具体内容如表4-2所示。

表4-2　企业所得税的纳税义务人

纳税人	判定标准	举例
居民企业	依照中国法律、法规在中国境内成立的企业	北京自来水公司、海尔集团公司
	依照外国（地区）法律成立但实际管理机构在中国境内的企业	中国移动通信公司在百慕大注册离岸公司，但其实际管理机构仍在国内
非居民企业	依照外国（地区）法律成立且实际管理机构不在中国境内，但在中国境内设立机构、场所的企业	在我国设立有代表处及其他分支机构的外国企业
	在中国境内未设立机构、场所，但有来源于中国境内所得的企业	在中国境内未设立机构、场所的某外国企业投资中国境内居民企业

【例题1·多选题】依据企业所得税法的规定，判定居民企业的标准有（　）。

A. 登记注册地标准

B. 所得来源地标准

C. 经营行为实际发生地标准

D. 实际管理机构所在地标准

解析 ▶ 我国居民企业的判断实行单一原则——登记注册地或实际管理机构有一个在中国境内就属于我国的居民企业。答案 ▶ AD

【例题2·多选题】下列各项中，不属于企业所得税纳税人的有（　）。

A. 依外国法律成立但实际管理机构在中国境内的企业

B. 在中国境内成立的合伙企业

C. 在中国境内成立的个人独资企业

D. 在中国境内未设立机构、场所，但有来源于中国境内所得的企业

解析 ▶ 我国企业所得税实行法人所得税制，由于合伙企业和个人独资企业不具有法人资格，因此无需缴纳我国的企业所得税；选项A属于居民企业，选项D属于非居民企业。

答案 ▶ BC

（二）征税对象★★

企业所得税的征税对象是指企业的生产经营所得、其他所得和清算所得。

1. 居民企业和非居民企业的纳税义务（见表4-3）

表4-3　居民企业和非居民企业的纳税义务

企业类型	纳税义务
居民企业	就来源于中国境内、境外的所得履行纳税义务
非居民企业	就来源于中国境内的所得以及发生在中国境外但与其在中国境内所设机构、场所有实际联系的所得履行纳税义务

2. 所得来源的确定

要想准确地确定企业所得税的纳税义务，需要明确所得来源地。具体规定如表4-4所示。

表4-4　所得来源的规定

所得类型	所得来源的确定
销售货物所得	按照交易活动发生地确定
提供劳务所得	按照劳务发生地确定

所得类型		所得来源的确定
转让财产所得	不动产	按照不动产所在地确定
	动产	按照转让动产的企业或者机构、场所所在地确定
	权益性投资资产	按照被投资企业所在地确定
股息、红利等权益性投资所得		按照分配所得的企业所在地确定
利息、租金、特许权使用费所得		按照负担、支付所得的企业或者机构、场所所在地，个人的住所地确定
其他所得		由国务院财政、税务主管部门确定

【知识点拨】所得来源的确定，其作用是判断所得的来源地，进而判断某项所得是否需要在我国缴纳企业所得税，该项内容容易考核选择题。

【例题3·单选题】依据企业所得税法的规定，下列各项中按负担所得的所在地确定所得来源地的是（　　）。

A. 销售货物所得
B. 权益性投资所得
C. 动产转让所得
D. 特许权使用费所得

解析 ▶ 利息所得、租金所得、特许权使用费所得，按照负担、支付所得的企业或者机构、场所所在地确定，或者按照负担、支付所得的个人的住所地确定。 答案 ▶ D

【例题4·多选题】根据企业所得税法及其相关规定，下列所得属于来源于中国境内的所得有（　　）。

A. 美国某公司承建中国某水电站获得的所得
B. 中国某公司将其在美国分支机构的办公楼转让所获得的所得
C. 中国某中外合资企业的英国股东将其股权转让给日本某企业获得的所得
D. 中国某外商投资企业向日本股东支付股息

解析 ▶ 选项A，提供劳务所得，按照劳务发生地确定所得来源地，其劳务发生在中国；选项B，转让不动产，按照不动产所在地确定所得来源地，其不动产坐落于美国；选项C，权益性投资资产按被投资企业所

在地确定所得来源地，其被投资企业所在地在中国；选项D，股息、红利等权益性投资所得，按照分配所得的企业所在地确定所得来源地，分配所得的企业所在地在中国。

答案 ▶ ACD

【知识点拨】如果该题目将题干改为"下列哪项所得需要缴纳中国的企业所得税"，正确答案就是ABCD，因为选项B虽然是来自美国的所得，但由于取该项所得的企业是居民企业，仍需要缴纳我国的企业所得税。

真题精练（客观题）

1.（2019年多选题）下列关于所得来源地表述中，符合企业所得税法规定的有（　　）。

A. 股权转让所得按转出方所在地确定
B. 不动产转让所得按不动产所在地确定
C. 特许权使用费所得按收取特许权使用费所得的企业所在地确定
D. 销售货物所得按交易活动发生地确定

解析 ▶ 选项A，权益性投资资产转让所得按照被投资企业所在地确定；选项C，利息所得、租金所得、特许权使用费所得，按照负担、支付所得的企业或者机构、场所所在地确定，或者按照负担、支付所得的个人的住所地确定。 答案 ▶ BD

2.（2019年多选题）下列关于所得来源地确定方法的表述中，符合企业所得税法规定的有（　　）。

A. 提供劳务所得按照劳务发生地确定
B. 特许权使用费所得按照收取特许权使用费所得的企业所在地确定
C. 股息所得按照分配股息的企业所在地

确定

D. 动产转让所得按照转让动产的企业所在地确定

解析 ▶ 选项B，特许权使用费所得，按照负担、支付所得的企业或者机构、场所所

在地确定，或者按照负担、支付所得的个人的住所地确定。 **答案** ▶ ACD

（三）税率★★

企业所得税的**基本税率为25%**，具体规定如表4-5所示。

表4-5　企业所得税税率

企业类型及具体情形		税率
居民企业	一般企业	25%
	高新技术企业、经认定的技术先进型服务企业、西部地区鼓励类产业企业（2011.1.1-2020.12.31）和从事污染防治的第三方企业（2019.1.1-2021.12.31）	15%
	小型微利企业	20%
非居民企业	在中国境内设立机构、场所的	所得与所设机构、场所**有联系**	25%
		所得与所设机构、场所**无实际联系**	20%（实际适用税率10%）
	在中国境内未设立机构、场所的	境内所得	20%（实际适用税率10%）

二、应纳税所得额

扫我解疑难

在确定应纳税所得额时主要有两种方法，如表4-6所示。

表4-6　确定应纳税所得额的方法

方法	计算公式	注意事项
直接法	应纳税所得额=收入总额-不征税收入-免税收入-各项扣除-允许弥补的以前年度亏损	（1）该方法采用频率较低； （2）采用该方法确定应纳税所得额，注意按照税法的标准，而非会计的标准确定收入、扣除、亏损等项目金额
间接法	应纳税所得额=会计利润+纳税调整增加额-纳税调整减少额	（1）该方法采用频率较高； （2）采用该方法确定应纳税所得额时，首先应该准确地确定会计利润，之后明晰税会差异，做好纳税调增和调减

三、应税收入

扫我解疑难

应税收入=收入总额-不征税收入-免税收入

（一）收入总额★★★

企业的收入总额包括以货币形式和非货币形式从各种来源取得的收入；纳税人以**非货币形式**取得的收入，应当**按照公允价值**确

定收入额。

【知识点拨】 在企业所得税收入确认时，大家要特别注意：

（1）收入准则的变动暂时未影响税法的规定；

（2）流转税纳税义务发生时间≠企业所得税收入确认时间≠会计上收入确认时间

1. 销售商品收入的确认

（1）销售商品企业所得税上收入确认的条件

①商品销售合同已经签订，企业已将商品所有权相关的主要风险和报酬转移给购货方；

②企业对已售出的商品既没有保留通常与所有权相联系的继续管理权，也没有实施有效控制；

③收入的金额能够可靠地计量；

④已发生或将发生的销售方的成本能够可靠地核算。

（2）销售商品收入确认的具体规定（见表4-7）

表4-7　销售商品收入确认的具体规定

情形		收入确认的具体规定
①分期收款方式		按照**合同约定的收款日期**确认收入的实现
②采取产品分成方式		按企业**分得产品**日期确认收入实现，收入额按**公允价值**确定
③托收承付方式		在**办妥托收手续时**确认收入
④预收款方式		在**发出商品时**确认收入
⑤销售商品需要安装和检验的		在**购买方接受商品以及安装和检验完毕时**确认收入，如果安装程序比较简单，可在发出商品时确认收入
⑥用支付手续费方式委托代销的		在收到**代销清单时**确认收入
⑦售后回购	一般情况	采用售后回购方式销售商品的，销售的商品按售价确认收入，回购的商品作为购进商品处理
	以销售商品方式进行融资	收到的款项应确认为负债，回购价格大于原售价的，差额应在回购期间确认为利息费用
⑧以旧换新		应当按照**销售商品收入**确认条件确认收入，回收的商品作为购进商品处理
⑨折扣、折让、销货退回	商业折扣	按**扣除商业折扣后的金额**确定销售商品收入金额
	现金折扣	按**扣除现金折扣前的金额**确定销售商品收入金额，**现金折扣在实际发生时作为财务费用扣除**
	销售折让和退回	企业已经确认销售收入的售出商品发生销售折让和销售退回，应在**发生当期**冲减当期销售商品收入
⑩买赠方式		不属于捐赠，应将**总的销售金额按各项商品的公允价值的比例来分摊确认各项的销售收入**
⑪企业发生非货币性资产交换，以及将货物、财产、劳务用于捐赠、偿债、赞助、集资、广告、样品、职工福利或者利润分配等用途的		应当视同销售货物、转让财产或者提供劳务，但国务院财政、税务主管部门另有规定的除外

2. 提供劳务收入的确认

企业在各个纳税期末，提供劳务交易的结果能够可靠估计的，应采用**完工进度（完工百分比）法**确认提供劳务收入；提供劳务交易的结果能够可靠估计，是指同时满足下列条件：

（1）收入的金额能够可靠地计量。

（2）交易的完工进度能够可靠地确定。

（3）交易中已发生和将发生的成本能够可靠地核算。

【知识点拨】企业提供劳务完工进度的确定，可以选择以下方法：①已完工作的测量；②已提供劳务占劳务总量的比例；③发生成本占总成本的比例。

企业受托加工制造大型机械设备、船舶、飞机，以及从事建筑、安装、装配工程业务或者提供其他劳务等，持续时间超过12个月的，按照纳税年度内完工进度或完成的工作量确认收入的实现。

提供劳务收入确认的具体规定如表4-8所示。

表4-8 提供劳务收入确认的具体规定

情形	收入确认的具体规定
(1)安装费	应根据安装完工进度确认收入
	安装工作是商品销售附带条件的，安装费在确认商品销售实现时确认收入
(2)宣传媒介的收费	应在相关的广告或商业行为出现于公众面前时确认收入
	广告的制作费，应根据制作广告的完工进度确认收入
(3)软件费	为特定客户开发软件的收费，应根据开发的完工进度确认收入
(4)服务费	包含在商品售价内可区分的服务费，在提供服务的期间分期确认收入
(5)艺术表演、招待宴会和其他特殊活动的收费	在相关活动发生时确认收入
	收费涉及几项活动的，预收的款项应合理分配给每项活动，分别确认收入
(6)会员费	申请入会或加入会员，只允许取得会籍，所有其他服务或商品都要另行收费的，在取得该会员费时确认收入
	申请入会或加入会员后，会员在会员期内不再付费就可得到各种服务或商品，或者以低于非会员的价格销售商品或提供服务的，该会员费应在整个受益期内分期确认收入
(7)特许权费	属于提供设备和其他有形资产的特许权费，在交付资产或转移资产所有权时确认收入
	属于提供初始及后续服务的特许权费，在提供服务时确认收入
(8)劳务费	长期为客户提供重复的劳务收取的劳务费，在相关劳务活动发生时确认收入

3. 其他收入的确认(见表4-9)

表4-9 其他收入的确认

情形	收入确认的具体规定
转让财产收入	企业转让股权收入，应于转让协议生效、且完成股权变更手续时，确认收入的实现。 【知识点拨1】转让股权收入扣除为取得该股权所发生的成本后，为股权转让所得。企业在计算股权转让所得时，不得扣除被投资企业未分配利润等股东留存收益中按该项股权所可能分配的金额。 【知识点拨2】与之相关的：被清算企业的股东分得的剩余资产的金额，其中相当于被清算企业累计未分配利润和累计盈余公积中按该股东所占股份比例计算的部分，应确认为股息所得——免企业所得税；剩余资产减除股息所得后的余额，超过或者低于股东投资成本的部分，应确认为股东的投资转让所得或损失。 ①相当于初始出资的部分：投资收回，不征收企业所得税； ②相当于被投资企业累计未分配利润和累计盈余公积按减少实收资本比例计算的部分：股息所得，符合条件的居民企业的股息、红利等权益性投资收益，免企业所得税； ③其余部分：投资资产转让所得或损失，征收企业所得税

情形	收入确认的具体规定
股息、红利等权益性投资收益	按照被投资方作出利润分配决定的日期确认收入。 【知识点拨 1】被投资企业将股权(票)溢价所形成的资本公积转为股本的，不作为投资方企业的股息、红利收入，投资方企业也不得增加该项长期投资的计税基础。 【知识点拨 2】沪港通、深港通政策。企业投资香港联交所上市股票取得的股息红利所得，计入其收入总额，依法征收企业所得税。其中，内地居民企业连续持有 H 股满 12 个月取得的股息红利所得，依法免征企业所得税。 【知识点拨 3】企业投资者持有 2019~2023 年发行的铁路债券取得的利息收入，减半征收企业所得税。 【知识点拨 4】永续债的税务处理——双方应采用相同的税务处理方式 ①可适用股息、红利企业所得税政策 a. 发行方和投资方均为居民企业的：永续债利息收入可按居民企业之间的股息、红利，免税； b. 发行方支付的永续债利息支出：不得在企业所得税税前扣除。 ②发行符合规定条件的永续债，也可按照债券利息适用企业所得税政策 a. 发行方支付的永续债利息支出：准予在其企业所得税税前扣除； b. 投资方取得的永续债利息收入应当依法纳税
利息收入	按合同约定的债务人应付利息的日期确认收入的实现。在应付当天，无论是否收到，都需要确认收入
租金收入	按照合同约定的承租人应付租金的日期确认收入 【知识点拨】如果交易合同或协议中规定租赁期限跨年度，且租金提前一次性支付的，按收入与费用配比的原则，出租人可以在租赁期内，分期均匀计入相关年度收入。此处需要注意增值税、房产税、印花税、企业所得税、会计的不同。 增值税：收到预收款时，增值税纳税义务发生； 房产税：按租金收入，按年计算缴纳房产税； 印花税：按合同所载金额，计算缴纳印花税； 企业所得税：在租赁期内，分期均匀计入相关年度收入； 会计：在租赁期内，分期均匀计入相关年度收入
特许权使用费收入	按照合同约定的特许权使用人应付特许权使用费的日期确认收入的实现
接受捐赠收入	按照实际收到捐赠资产的日期确认收入的实现
其他收入	包括企业资产溢余收入、逾期未退包装物押金收入、确实无法偿付的应付款项、已作坏账损失处理后又收回的应收款项、债务重组收入、补贴收入、违约金收入、汇兑收益等。 企业取得财产转让收入、债务重组收入、接受捐赠收入、无法偿付的应付款收入等，不论是以货币形式、还是非货币形式体现，除另有规定外，均应一次性计入确认收入的年度计算缴纳企业所得税

【知识点拨】企业混合性投资业务企业所得税的处理：

企业混合性投资业务，是指兼具权益和债权双重特性的投资业务。

(1)混合型投资业务的条件

混合性投资业务，是指同时符合下列条件的混合性投资业务：

①被投资企业接受投资后，需要按投资合同或协议约定的利率定期支付利息(或定期支付保底利息、固定利润、固定股息，下同)；

②有明确的投资期限或特定的投资条件，

并在投资期满或者满足特定投资条件后，被投资企业需要赎回投资或偿还本金；

③投资企业对被投资企业净资产不拥有所有权；

④投资企业不具有选举权和被选举权；

⑤投资企业不参与被投资企业日常生产经营活动。

（2）混合性投资业务的企业所得税处理（见表4-10）

表4-10　混合性投资业务的企业所得税处理

情形	企业所得税处理
利息	投资企业：应于被投资企业应付利息的日期，确认收入的实现并计入当期应纳税所得额
	被投资企业：应于应付利息的日期，确认利息支出，并按规定进行税前扣除
赎回投资	投资双方应于赎回时将赎价与投资成本之间的差额确认为债务重组损益，分别计入当期应纳税所得额

【例题5·单选题】 下列关于企业所得税不同方式下销售商品收入金额确定的表述中，正确的是（　）。

A. 采用商业折扣方式销售商品的，按照扣除折扣后的金额确定销售商品收入金额

B. 采用以旧换新方式销售商品的，按照扣除回收商品公允价值后的余额确定销售商品收入金额

C. 采用买一赠一方式销售商品的，按照总的销售金额确定销售商品收入金额

D. 采用现金折扣方式销售商品的，按照扣除现金折扣后的金额确定销售商品收入金额

解析 ▶ 选项B，销售商品以旧换新的，销售商品应当按照销售商品收入确认条件确认收入，回收的商品作为购进商品处理；选项C，采用买一赠一方式销售商品的，应将总的销售金额按各项商品的公允价值的比例来分摊确认各项的销售收入；选项D，采用

现金折扣方式销售商品的，按照扣除现金折扣前的金额确定销售商品收入金额。

答案 ▶ A

【例题6·多选题】 下列关于企业所得税收入确认时间的说法，正确的有（　）。

A. 特许权使用费收入以实际取得收入的日期确认收入的实现

B. 利息收入以合同约定的债务人应付利息的日期确认收入的实现

C. 接受捐赠收入按照实际收到捐赠资产的日期确认收入的实现

D. 作为商品销售附带条件的安装费收入在确认商品销售实现时确认收入

解析 ▶ 选项A，特许权使用费收入按照合同约定的特许权使用人应付特许权使用费的日期确认收入的实现。 **答案** ▶ BCD

4. 处置资产收入的确认——视同销售的确认（见表4-11）

表4-11　处置资产收入的确认

分类	项目具体规定	税务处理规定
内部处置资产——资产所有权属在形式和实质上均不发生改变，除将资产移至境外外，不视同销售	（1）将资产用于生产、制造、加工另一产品； （2）改变资产形状、结构或性能； （3）改变资产用途（如将自建商品房转为自用或经营）； （4）将资产在总机构及其分支机构之间转移； （5）上述两种或两种以上情形的结合； （6）其他不改变资产所有权属的用途	相关资产的计税基础延续计算

分类	项目具体规定	税务处理规定
资产移送他人——所有权发生改变，按视同销售确认收入	（1）用于市场推广或销售； （2）用于交际应酬； （3）用于职工奖励或福利； （4）用于股息分配； （5）用于对外捐赠； （6）其他改变资产所有权属的用途	属于企业自制的资产，应按企业同类资产同期对外销售价格确定销售收入；属于外购的资产，应按照被移送资产的公允价值确定销售收入

【知识点拨1】企业所得税上是否视同销售可以总结为7个字：所有权是否转移。所有权转移了，会计上未做销售处理，企业所得税上应该视同销售；所有权未转移，无需视同销售。具体如表4-12所示。

表4-12　企业所得税的视同销售——所有权是否转移

分类	具体情形	举例
所有权转移	（1）会计：确认收入，按销售征企业所得税	销售产品
	（2）会计：未确认收入，按视同销售征企业所得税	将资产用于市场推广、用于交际应酬、其他改变资产所有权属的用途
所有权未转移，除将资产转移至境外以外	不视同销售，不征企业所得税	将本企业生产的钢材用于修建厂房等

【知识点拨2】企业所得税的视同销售≠增值税的视同销售。也就是说，增值税和企业所得税视同销售的判断标准是不同的，增值税以列举的情形为准，而企业所得税则是以所有权是否转移为准。

【知识点拨3】增值税和企业所得税如何确认销售额和视同销售收入（见表4-13）。

表4-13　增值税和企业所得税视同销售收入和视同销售成本

税种	具体情形	视同销售收入	视同销售成本
企业所得税	企业自制的资产	企业同类资产同期对外销售价格	生产成本
	外购的资产	被移送资产的公允价值	购入时的价格
增值税	确定销售额的顺序：先售价，后组价		

【例题7·单选题】企业处置资产的下列情形中，应视同销售确定企业所得税应税收入的是（　）。

A. 将资产用于股息分配

B. 将资产用于生产另一产品

C. 将资产从总机构转移至分支机构

D. 将资产用途由自用转为经营性租赁

解析 ▶ 选项B、C、D，资产所有权未发生转移，无需视同销售。 答案 ▶ A

【例题8·多选题】下列各项行为中，企业所得税应视同销售的有（　）。

A. 将生产的产品用于市场推广

B. 将生产的产品用于管理部门

C. 将资产用于境外分支机构加工另一产品

D. 将资产在总机构及其境内分支机构之间转移

解析 ▶ 选项BD均属于内部处置资产；选项C，由于资产已经转移至境外，所以也属于企业所得税视同销售。 答案 ▶ AC

（2016年单选题）企业在境内发生处置资产的下列情形中，应视同销售确认企业所得税应税收入的是（　　）。

A. 将资产用于职工奖励或福利

B. 将资产用于加工另一种产品

C. 将资产在总分支机构之间转移

D. 将资产结构或性能改变

解析 企业所得税视同销售确认条件是资产的所有权发生转移，只有选项 A 符合所有权转移的条件。　　**答案** A

5. 非货币性资产投资企业所得税的处理

（1）居民企业以非货币性资产对外投资确认的非货币性资产转让所得，可在**不超过5年期限内，分期均匀计入相应年度的应纳税所得额**，按规定计算缴纳企业所得税。

【知识点拨】企业以技术成果投资入股到境内居民企业，被投资企业支付的对价全部为股票（权）的，企业可选择：①在不超过5年期限内，分期均匀计入相应年度的应纳税所得额，按规定计算缴纳企业所得税；②经向主管税务机关备案，投资入股当期可暂不纳税，允许递延至转让股权时，按财产转让所得纳税。

（2）企业以非货币性资产对外投资，应对非货币性资产进行评估并按评估后的公允价值扣除计税基础后的余额，计算确认非货币性资产转让所得。

企业以非货币性资产对外投资，应于投资协议生效并办理股权登记手续时，确认非货币性资产转让收入的实现。

（3）企业以非货币性资产对外投资而取得被投资企业的股权，应以非货币性资产的原计税成本为计税基础，加上每年确认的非货币性资产转让所得，逐年进行调整。

（4）企业在对外投资**5年内转让**上述股权或投资**收回**的，应**停止**执行递延纳税政策，并就递延期内尚未确认的非货币性资产转让所得，在转让股权或投资收回当年的企业所得税年度汇算清缴时，**一次性计算缴纳企业**

所得税；企业在计算股权转让所得时，可按规定将股权的计税基础一次调整到位。

【例题9·单选题】2019年5月，境内 A 公司以5000万元（不含税）的库存商品和作价1500万元（含税）的旧设备投资到境内 M 公司。旧设备系2008年购入，购入时未抵扣增值税进项税额，原值2000万元，已经计提了1000万元折旧，净值1000万元。库存商品为自产货物，成本2800万元。假设 A 公司采用最长期限递延纳税。就上述的投资业务，2019年 A 公司应该缴纳企业所得税（　　）万元。

A. 133.54　　　　B. 664.08

C. 265.64　　　　D. 135.82

解析 应纳税所得额 =（5000-2800）+〔1500-1500÷（1+3%）×2%-1000〕= 2670.87（万元）

2019年应该缴纳的企业所得税 = 2670.87÷5×25% = 133.54（万元）　**答案** A

【应试思路】旧设备购进时未抵扣进项税额，转让时按照3%减按2%征收增值税，因此旧设备转让收益 = 1500-1500÷（1+3%）×2% -1000 = 470.87（万元）。

（2018年单选题）某居民企业以其持有的一处房产投资设立一家公司，如不考虑特殊性税务处理，下列关于该投资行为涉及企业所得税处理正确的是（　　）。

A. 以房产的账面价值作为被投资方的计税基础

B. 以房产对外投资确认的转让所得，按6年分期均匀计入相应年度的应纳税所得额

C. 以签订投资协议的当天为纳税申报时间

D. 对房产进行评估，并按评估后的公允价值扣除计税基础后的余额确认房产的转让所得

解析 选项 A，以房产的公允价值作为被投资方的计税基础；选项 B，以非货币性资产对外投资确认的非货币性资产转让所

得，可在不超过 5 年期限内，分期均匀计入相应年度的应纳税所得额，按规定计算缴纳企业所得税；选项 C，企业以非货币性资产对外投资，应于投资协议生效并办理股权登记手续时，确认非货币性资产转让收入的实现。 **答案** ▶ D

6. 企业转让上市公司限售股有关所得税处理

转让限售股取得收入的企业，为企业所得税的纳税义务人，具体处理如表 4-14 所示。

表 4-14　企业转让上市公司限售股的所得税处理

情形	税务处理	
企业转让代个人持有的限售股	(1)应作为企业应税收入计算纳税	限售股转让所得=限售股转让收入-(限售股原值+合理税费) 企业未能提供完整、真实的限售股原值凭证，不能准确计算该限售股原值的，按该限售股转让收入的15%，核定为该限售股原值和合理税费。 依规定完成纳税义务后的限售股转让收入余额转付给实际所有人时**不再纳税**
	(2)依法院判决、裁定等原因，通过证券登记结算公司，企业将其代持的个人限售股直接变更到实际所有人名下的，不视同转让限售股	
企业在限售股**解禁前**转让限售股	(1)企业应按减持在证券登记结算机构登记的限售股取得的全部收入，计入企业当年度应税收入计算纳税	
	(2)企业持有的限售股在解禁前已签订协议转让给受让方，但未变更股权登记、仍由企业持有的，企业实际减持该限售股取得的收入，**按规定纳税后，其余额转付给受让方的，受让方不再纳税**	
	【知识点拨】按规定纳税，是指按照"企业转让代个人持有的限售股"的第(1)项规定计算纳税	

【例题 10·单选题】 股权分置改革时，张某个人出资购买甲公司限售股并由乙企业代为持有，乙企业适用企业所得税税率为 25%。后来乙企业转让上述代持有的限售股取得收入 200 万元，无法提供原值凭证；相关款项已经交付给张某。该转让业务张某和乙企业合计应缴纳所得税( )万元。

A. 0　　　　　　B. 7.5
C. 42.5　　　　　D. 50

解析 ▶ 企业未能提供完整、真实的限售股原值凭证，不能准确计算该限售股原值的，主管税务机关一律按照限售股转让收入的 15%，核定为该限售股原值和合理税费。企业完成纳税义务后的限售股转让收入余额转交给实际所有人时不再纳税。应缴纳所得税 =200×(1-15%)×25%=42.5(万元)。
答案 ▶ C

(2016 年单选题)某企业转让代个人持有的限售股，取得转让收入 68 万元，但不能提供真实的限售股原值凭证。该企业就限售股转让应缴纳的企业所得税是( )万元。

A. 13.6　　　　　B. 14.45
C. 15.3　　　　　D. 12.75

解析 ▶ 限售股转让收入扣除限售股原值和合理税费后的余额为限售股转让所得。企业未能提供完整、真实的限售股原值凭证，不能准确计算该限售股原值的，主管税务机关一律按该限售股转让收入的 15%，核定为该限售股原值和合理税费。应纳所得税额 = 68×(1-15%)×25% = 14.45(万元)。 **答案** ▶ B

7. 企业接收政府和股东划入资产的企业所得税处理(见表 4-15)

表 4-15　企业接收政府和股东划入资产的企业所得税处理

情形		税务处理
接收政府划入资产	县级以上人民政府将国有资产**明确**以股权投资方式投入企业	企业应作为**国家资本金(包括资本公积)**处理。 该项资产如为非货币性资产，应按政府确定的接收价值确定计税基础
	县级以上人民政府将国有资产**无偿**划入企业	符合专项用途财政性资金条件的，按不征税收入处理；**相应的成本费用不得扣除**
	其他情形	应按政府确定的接收价值(或资产公允价值)**计入当期收入总额**计算缴纳企业所得税；**相应的成本费用允许扣除**
接收股东划入资产	凡合同、协议约定作为资本金(包括资本公积)且在会计上已做实际处理的	不计入企业的收入总额，企业应按公允价值确定该项资产的计税基础
	凡作为收入处理的	应按公允价值计入收入总额，计算缴纳企业所得税，同时按公允价值确定该项资产的计税基础

(二)不征税收入和免税收入★★★

国家为了扶持和鼓励某些特殊的纳税人和特定的项目，对企业取得的某些收入予以不征税或免税的特殊政策，具体内容见表 4-16。对于此部分内容的学习，大家首先要分清哪些是免税收入，哪些是不征税收入，之后再明确其税务处理。

表 4-16　不征税收入和免税收入

类别	具体项目	界定	税务处理
不征税收入	(1)财政拨款	各级政府对**纳入预算管理**的事业单位、社会团体等组织拨付的财政资金	(1)收入形成时不征税，需要做纳税调减； (2)不征税收入用于支出所形成的费用，不得在计算应纳税所得额时扣除；企业的不征税收入用于支出所形成的资产，其计算的折旧、摊销不得在计算应纳税所得额时扣除——需要做纳税调增； (3)不征税收入用于支出形成的费用不得加计扣除； (4)符合规定条件的财政性资金作不征税收入处理后，在 5 年(60 个月)内未发生支出且未缴回财政部门或其他拨付资金的政府部门的部分，应计入取得该资金第六年的应税收入总额；计入应税收入总额的财政性资金发生的支出，允许在计算应纳税所得额时扣除
	(2)依法收取并**纳入财政管理**的行政事业性收费、政府性基金	①企业收取的各种基金、收费，应计入企业当年收入总额； ②对企业**依法收取并上缴财政**的政府性基金和行政事业性收费，准予作为不征税收入，于上缴财政的当年在计算应纳税所得额时从收入总额中减除；**未上缴财政的部分，不得从收入总额中减除**	
	(3)专项用途财政性资金	企业从县级以上各级人民政府财政部门及其他部门取得的应计入收入总额的财政性资金，为专项用途财政性资金： ①企业能够提供规定资金专项用途的资金拨付文件； ②财政部门或其他拨付资金的政府部门对该资金有专门的资金管理办法或具体管理要求； ③企业对该资金以及以该资金发生的支出单独进行核算	
	(4)国务院规定的其他不征税收入	—	

类别	具体项目	界定	税务处理
免税收入	(1)国债利息收入(地方政府债券利息收入也免税)	①企业到期前转让国债或者从非发行者投资购买的国债,其持有期间尚未兑付的国债利息收入=国债金额×(适用年利率÷365)×持有天数 国债金额:按照国债**发行面值或发行价格**确定 ②转让国债收益(损失)=企业转让或到期兑付国债取得的价款-购买国债成本-持有期间尚未兑付的国债利息收入-交易过程中相关税费 企业转让国债取得的收益(损失)应**计算纳税**	(1)国债利息收入免税,需要进行纳税调减; (2)国债转让收入征税,无需进行纳税调整
免税收入	(2)符合条件的居民企业之间的股息、红利等权益性投资收益以及在中国境内设立机构、场所的非居民企业从居民企业取得与该机构、场所有实际联系的股息、红利等权益性投资收益	这两项投资收益均不包括连续持有居民企业公开发行并上市流通的股票**不足12个月**取得的投资收益	
免税收入	(3)符合条件的非营利组织的收入	非营利组织的下列收入为免税收入: ①接受其他单位或者个人捐赠的收入; ②除《中华人民共和国企业所得税法》第7条规定的财政拨款以外的其他政府补助收入,**但不包括因政府购买服务取得的收入**; ③按照省级以上民政、财政部门规定收取的会费; ④不征税收入和免税收入孳生的银行存款利息收入; ⑤财政部、国家税务总局规定的其他收入	(1)符合条件的非营利组织的收入免企业所得税; (2)非营利组织从事营利性活动取得的收入**照章缴纳**企业所得税

【知识点拨】专项用途财政性资金 VS 其他财政性资金税务处理的差别(见表4-17)

表4-17 专项用途财政性资金 VS 其他财政性资金税务处理的差别

	收取时	5年(60个月)内未发生支出且未缴回
专项用途财政性资金	不征税,调减	征税:计入取得该资金第六年的应税收入总额
	形成的成本费用、折旧、摊销:不得扣除,调增	允许扣除
其他财政性资金	征税,无需调整	
	形成的成本费用等,允许扣除	

第4章 企业所得税法

【例题11·多选题】 某纳入预算管理的事业单位在进行企业所得税纳税申报时，下列项目中，准予从收入总额中扣除的不征税收入有（　　）。

A. 财政拨款

B. 依法收取并纳入财政管理的行政事业性收费

C. 国债利息收入

D. 依法收取并纳入财政管理的政府性基金

解析 ▶ 选项C属于免税收入，而非不征税收入。　　**答案** ▶ ABD

真题精练（客观题）

（2018年多选题）某民办学校计划按照非营利组织的免税收入认定条件，申请学费收入免征企业所得税。下列各项中，属于非营利组织免税收入认定条件的有（　　）。

A. 工作人员工资福利开支控制在规定的比例内

B. 投入人对投入该学校的财产不保留或者享有任何财产权利

C. 依法履行非营利组织登记手续

D. 财产及孳生息可以在合理范围内根据确定的标准用于分配

解析 ▶ 本题考核非营利组织的条件。

答案 ▶ ABC

四、准予税前扣除项目及不得扣除项目

扫我解疑难

（一）税前扣除原则和范围（见表4-18）★★★

在计算应纳税所得额时准予从计税收入中扣除的项目是指与纳税人取得收入有关的成本、费用、税金和损失。纳税人的财务会计处理与税法规定不一致的，应按照税法规定予以调整。

只要与税法规定不冲突，凡是符合企业会计准则规定的成本、费用、税金和损失，均可在税前扣除。

表4-18　税前扣除原则和范围

项目	内容与要点	
税前扣除项目的原则	（1）权责发生制原则：企业费用应在发生的所属期扣除，而不是在实际支付时确认扣除。 （2）配比原则：企业发生的费用应当与收入配比扣除。除特殊规定外，企业发生的费用不得提前或滞后申报扣除。 （3）相关性原则：企业可扣除的费用从性质和根源上必须与取得应税收入直接相关。 （4）确定性原则：企业可扣除的费用不论何时支付，其金额必须是确定的。 （5）合理性原则：符合经营活动常规，应当计入当期损益或者有关资产成本的必要和正常的支出	
税前扣除项目的范围	成本	销售商品、提供劳务、转让固定资产、无形资产的成本
	费用	销售费用、管理费用、财务费用
	税金	企业发生的除企业所得税和允许抵扣的增值税以外的企业缴纳的消费税、城市维护建设税、关税、资源税、土地增值税、房产税、车船税、城镇土地使用税、印花税、教育费附加等各项税金及附加
	损失	（1）损失是指企业在生产经营活动中发生的固定资产和存货的盘亏、毁损、报废损失、转让财产损失、呆账损失、坏账损失、自然灾害等不可抗力因素造成的损失。 （2）税前可以扣除的损失为净损失，即企业发生的损失减除责任人赔偿和保险赔款后的余额。 （3）企业已经作为损失处理的资产，在以后纳税年度又全部收回或者部分收回时，应当计入当期收入

【知识点拨】 相关税费的税前扣除（见表4-19）。

表 4-19 相关税费的税前扣除

是否扣除	扣除方式	税金
允许扣除	作为税金扣除	消费税、城建税、教育费附加、资源税、土地增值税、*房产税*、*车船税*、*土地使用税*、*印花税*、出口关税
	计入相关资产成本，通过折旧或摊销方式扣除	契税、车辆购置税、进口关税、耕地占用税
不得扣除		增值税(价外税)
		企业所得税、企业为职工负担的个人所得税

【例题 12·多选题】下列税金在计算企业应纳税所得额时，不得从收入总额中扣除的有( )。

A. 土地增值税

B. 增值税

C. 消费税

D. 企业为职工承担的个人所得税

解析 增值税是价外税，不得在计算企业应纳税所得额时扣除；个人所得税应该由个人承担，企业为职工承担的个人所得税，不得在计算企业应纳税所得额时扣除。

答案 BD

(二)扣除项目及其标准★★★

对于广大考生而言，需要分清哪些项目准予扣除，哪些项目不准扣除，掌握扣除项目的具体标准。

1. 工资、薪金支出

(1)企业发生的合理的工资、薪金支出准予据实扣除。

合理工资薪金：企业按照股东大会、董事会、薪酬委员会或相关管理机构制订的工资薪金制度规定实际发放给员工的工资薪金。

企业在年度汇算清缴结束前向员工实际支付的已预提汇缴年度工资薪金，准予在汇缴年度按规定扣除。

税务机关在对工资薪金进行合理性确认时，可按以下原则掌握：

①企业制订了较为规范的员工工资薪金制度；

②企业所制订的工资薪金制度符合行业及地区水平；

③企业在一定时期所发放的工资薪金是相对固定的，工资薪金的调整是有序进行的；

④企业对实际发放的工资薪金，已依法履行了代扣代缴个人所得税义务；

⑤有关工资薪金的安排，不以*减少或逃避税款*为目的。

(2)属于国有性质的企业，其工资薪金不得超过政府有关部门给予的限定数额，超过部分，不得计入企业工资薪金总额，也不得在计算企业应纳税所得额时扣除。

(3)接受外部劳务派遣用工的税务处理(见表 4-20)

表 4-20 企业接受劳务派遣员工的税务处理

情形	企业所得税处理
按照协议(合同)约定直接支付给*劳务派遣公司*的费用	作为劳务费支出
直接支付给*员工个人*的费用	应作为*工资薪金支出和职工福利费支出*。其中属于工资薪金支出的费用，准予计入企业工资薪金总额的基数，作为*计算其他各项相关费用扣除的依据*

（4）企业因雇用季节工、临时工、实习生、返聘离退休人员所实际发生的费用，应区分为工资薪金支出和职工福利费支出，并按规定在企业所得税前扣除。其中属于工资薪金支出的，准予计入企业工资薪金总额的基数，作为计算其他各项相关费用扣除的依据。

（5）实行股权激励计划有关企业所得税处理（见表4-21）

包括授予限制性股票、股票期权以及其他法律法规规定的方式。

表4-21　实行股权激励计划有关企业所得税处理

类型	税务处理
对股权激励计划实行后立即可以行权的	可根据实际行权时该股票的公允价格与激励对象实际行权支付价格的差额和数量，计算确定作为当年企业工资薪金支出，依税法规定进行税前扣除
需待一定服务年限或者达到规定业绩条件方可行权的——确定性原则	等待期内会计上计算确认的相关成本费用，不得在对应年度计算缴纳企业所得税时扣除——纳税调增
	在股权激励计划可行权后，企业方可根据该股票实际行权时的公允价格与当年激励对象实际行权支付价格的差额及数量，计算确定作为当年企业工资薪金支出，依照税法规定进行税前扣除——纳税调减

（6）福利性补贴的税务处理（见表4-22）

表4-22　福利性补贴的税务处理

情形	税务处理
列入企业员工工资薪金制度、固定与工资薪金一起发放的福利性补贴，符合国税函〔2009〕3号第一条规定的	工资薪金
其他情形	职工福利费

（7）企业在年度汇算清缴结束前向员工实际支付的已预提汇缴年度工资薪金，准予在汇缴年度按规定扣除。

2. 职工福利费、工会经费、职工教育经费

企业发生的职工福利费、工会经费、职工教育经费未超过扣除限额的，按实际数扣除；超过扣除限额的，只能按扣除限额扣除，超过部分不得扣除，在计算应纳税所得额时需要纳税调增。

（1）企业发生的职工福利费支出，不超过工资薪金总额14%的部分，准予扣除；

①工资薪金：在计算应纳税所得额时，税前准予扣除的工资薪金，而非账簿记载金额，不包括企业的职工福利费、职工教育经费、工会经费以及五险一金；

②熟悉职工福利费的范围；

③企业发生的职工福利费，应该单独设置账册，进行准确核算。

（2）企业拨缴的职工工会经费支出，不超过工资、薪金总额2%的部分，准予扣除。

①税前扣除的原始凭证：《工会经费收入专用收据》或税务机关出具的合法有效的工会经费代收凭据。

②企业自行列支的工会经费，税前不得扣除。

（3）自2018年1月1日起，除另有规定外，企业发生的职工教育经费支出，不超过工资薪金总额8%的部分准予扣除，超过部分准予结转以后纳税年度扣除。

①超过扣除限额部分准予结转以后纳税年度扣除，说明职工教育经费支出属于税会暂时性差异，可能调增，也可能调减。

②软件生产企业发生的职工教育经费中的职工培训费用，根据规定，可以全额在企业所得税前扣除。软件生产企业应准确划分职工教育经费中的职工培训费支出，对于不能准确划分的，以及准确划分后职工教育经费中扣除职工培训费用的余额，一律按照工资薪金总额8%的比例扣除。

③核电厂操作员发生的培养费用(单独核算),可作为发电成本税前扣除。

【例题 13·单选题】 某居民企业 2019 年计入成本、费用的实发工资总额为 300 万元(其中临时工工资 20 万元),拨缴职工工会经费 8 万元,支出职工福利费 40 万元、职工教育经费 15 万元,该企业 2019 年计算应纳税所得额时准予在税前扣除的工资和三项经费合计为( )万元。

A. 310 B. 349.84
C. 353.53 D. 361

解析 ▶ 企业发生的合理的工资、薪金支出准予据实扣除。

福利费扣除限额=300×14%=42(万元),实际发生 40 万元,可以据实扣除。

工会经费扣除限额=300×2%=6(万元),实际发生 8 万元,准予扣除 6 万元。

职工教育经费扣除限额=300×8%=24(万元),实际发生 15 万元,准予据实扣除。

税前准予扣除的工资和三项经费合计=300+40+6+15=361(万元) **答案** ▶ D

3.保险费(见表 4-23)

表 4-23 保险费的税务处理

类型		企业所得税	个人所得税
企业购买的**财产保险**		准予扣除	
企业参加**雇主责任险、公众责任险**等责任保险		准予扣除	
企业为**职工购买的保险**	**基本保险**	**允许扣除**:企业依照规定的范围和标准为职工缴纳的五险一金准予扣除	免征个人所得税
	补充保险	**限额扣除**:企业为在本企业任职或者受雇的全体员工支付的补充养老保险费、补充医疗保险费,**分别**在不超过职工工资总额的5%标准内的部分,准予扣除。超过部分,不得扣除	有免税规定
	商业保险	**区别对待** 其他商业保险费:不得扣除	商业健康保险有免税规定;其他征税

4.利息费用(见表 4-24)

表 4-24 利息费用的税务处理

类型	具体内容
(1)据实扣除	非金融企业向金融企业借款的利息支出、金融企业的各项存款利息支出和同业拆借利息支出、企业经批准发行债券的利息支出
(2)限额扣除	**非金融企业向非金融企业借款的利息支出**:不超过按照**金融企业同期同类贷款利率**计算的数额的部分可据实扣除,超过部分不允许扣除。 企业在按照合同要求**首次**支付利息并进行税前扣除时,应提供金融企业的同期同类贷款利率情况说明
(3)关联企业利息费用的扣除	①接受关联方债权性投资与其权益性投资比例为:金融企业,为 5:1;其他企业,为 2:1。**超过的部分不得在发生当期和以后年度扣除;** ②相关交易活动符合独立交易原则;或者该企业的实际税负不高于境内关联方的——两个条件符合一个即可; ③企业自关联方取得的不符合规定的利息收入按照有关规定缴纳企业所得税。 **【知识点拨】** 企业如果能够按照税法及其实施条例的有关规定提供相关资料,并证明相关交易活动符合独立交易原则的;或者该企业的实际税负不高于境内关联方的,其实际支付给竟内关联方的利息支出,在计算应纳税所得额时准予扣除

类型	具体内容		
（4）企业向自然人借款的利息支出	①企业向股东或其他与企业有关联关系的自然人借款的利息支出，符合规定条件的，准予扣除； ②企业向除上述规定以外的内部职工或其他人员借款的利息支出，其借款情况同时符合以下条件的，其利息支出在不超过按照金融企业同期同类贷款利率计算的数额的部分，准予扣除： a. 企业与个人之间的借贷是真实、合法、有效的，并且不具有非法集资目的或其他违反法律、法规的行为； b. 企业与个人之间签订了借款合同		
（5）永续债的税务处理——双方应采用相同的税务处理方式	可适用股息、红利企业所得税政策	（1）发行方和投资方均为居民企业的：永续债利息收入可按居民企业之间的股息、红利，免税； （2）发行方支付的永续债利息支出：不得在企业所得税税前扣除	
	发行符合规定条件的永续债，也可按照债券利息适用企业所得税政策	（1）发行方支付的永续债利息支出：准予在其企业所得税税前扣除； （2）投资方取得的永续债利息收入应当依法纳税	

【例题 14·单选题】 某公司向银行借入生产用资金 500 万元，银行贷款利率为 6%，借款期限 6 个月，支付借款利息 15 万元；向其他企业借入生产用资金 300 万元，借款期限 10 个月，支付借款利息 24 万元。该公司计算应纳税所得额时允许扣除的利息为（ ）万元。

A. 9　　　　　　　B. 15

C. 30　　　　　　　D. 39

解析 ▶ 向其他企业借款利息支出的税前扣除限额 $= 300 \times 6\% \div 12 \times 10 = 15$（万元）；由于实际支付的利息超过限额，因此只能按照限额扣除。允许扣除的利息支出 $= 15 + 15 = 30$（万元）。

答案 ▶ C

5. 借款费用（见表 4-25）

表 4-25　借款费用的资本化与费用化

类型	具体内容
资本化	企业为购置、建造固定资产、无形资产和经过 12 个月以上的建造才能达到预定可销售状态的存货发生借款的，在有关资产购置、建造期间发生的合理的借款费用，应予以资本化，作为资本性支出计入有关资产的成本
费用化	有关资产交付使用后发生的借款利息，可在发生当期扣除
	企业在生产经营活动中发生的合理的不需要资本化的借款费用，准予扣除
其他规定	企业通过发行债券、取得贷款、吸收保户储金等方式融资而发生的合理的费用支出，符合资本化条件的，应计入相关资产成本；不符合资本化条件的，应作为财务费用，准予在企业所得税前据实扣除

【例题 15·计算问答题】 企业 2019 年 1 月 1 日向银行贷款 1000 万元，年利率为 12%，其中 800 万元用于 A 车间基建工程，该车间于 2019 年 9 月交付使用；200 万元用于采购材料物资从事生产经营，企业在 2019 年度按权责发生制原则计提了贷款利息支出 120 万元，全部计入"财务费用"科目借方。该项业务应如何进行处理？

答案 ▶

利息支出未按税法规定在资本性支出与收益性支出之间合理分配，虚增期间费用：

（1）资本化的利息支出 $= 800 \times 12\% \times 9 \div 12 = 72$（万元）

（2）计入财务费用的利息支出 $= 120 - 72 = 48$（万元）

（3）财务费用列支 120 万元，应调增利润，相应调增应纳税所得额 72 万元。

（4）调整资产折旧：补提与 72 万元资产价值相对应的 3 个月的折旧；调减利润，相应调减应纳税所得额。

6. 汇兑损失

企业在货币交易中，以及纳税年度终了时将人民币以外的货币性资产、负债按照期末即期人民币汇率中间价折算为人民币时产生的汇兑损失，除已经计入有关资产成本以及与向所有者进行利润分配相关的部分外，准予扣除。

7. 业务招待费

（1）按孰小原则扣除

将业务招待费发生额的 60% 与当年销售（营业）收入的 5‰ 比较，按较小的一方扣除。

（2）销售（营业）收入

包括主营业务收入、其他业务收入和视同销售收入，但不包括营业外收入。在综合题中一定要先确定销售（营业）收入，再计算业务招待费的扣除限额。

（3）对从事股权投资业务的企业（包括集团公司总部、创业投资企业等），其从被投资企业所分配的股息、红利以及股权转让收入，可以按规定的比例计算业务招待费扣除限额。

（4）计算业务招待费、广告费和业务宣传费税前扣除限额的依据"销售（营业）收入"是相同的。

（5）企业在筹建期间，发生的与筹办活动有关的业务招待费支出，可按实际发生额的 60% 计入企业筹办费，并按有关规定在税前扣除。

【例题 16·多选题】下列各项中，能作为业务招待费税前扣除限额计算依据的有（　　）。

A. 转让无形资产使用权的收入

B. 视同销售收入

C. 转让无形资产所有权的收入

D. 出售固定资产的收入

解析 ▶ 转让无形资产所有权的收入、出售固定资产的收入，应通过"资产处置损益"核算，不属于销售（营业）收入的范围，不能作为计算业务招待费税前扣除限额的依据。

答案 ▶ AB

【例题 17·单选题】某居民企业为增值税一般纳税人，2019 年销售产品取得不含税销售额 5000 万元，债券利息收入 200 万元（其中国债利息收入 50 万元），发生管理费用 800 万元，其中业务招待费 80 万元，销售费用 1400 万元，该企业 2019 年度所得税前可以扣除的业务招待费用为（　　）万元。

A. 80　　　　B. 48

C. 25　　　　D. 26

解析 ▶ 销售（营业）收入的 5‰ = 5000 × 5‰ = 25（万元）；实际发生额的 60% = 80 × 60% = 48（万元），按较小一方扣除，可以扣除 25 万元。

答案 ▶ C

8. 广告费和业务宣传费

（1）除另有规定外，不超过当年销售（营业）收入 15% 的部分，准予扣除；超过部分，准予在以后纳税年度结转扣除。

【知识点拨】由于超过部分准予在以后纳税年度结转扣除，说明广告费和业务宣传费的税会差异属于暂时性差异，可能会纳税调增，可能会纳税调减。

具体关于广告费和业务宣传费的纳税调整的举例如表 4-26 所示。

表 4-26　广告费和业务宣传费的纳税调整

	销售（营业）收入	实际发生的广告费和业务宣传费	扣除限额	税前实际扣除额	纳税调整	结转以后年度扣除的余额
2017 年	100 万	20 万	15 万	15 万	+5	5
2018 年	200 万	28 万	30 万	30 万	−2	3
2019 年	300 万	35 万	45 万	38 万	−3	0
合计		83 万		83 万		

从上表我们可以看到，虽然 2017~2019 年，每年广告费和业务宣传费均存在税款差异，但三年合计计算，两者金额相同，从而使得税款差异消失。

（2）自2016年1月1日起至2020年12月31日止，对化妆品制造或销售、医药制造和饮料制造（不含酒类制造）企业发生的广告费和业务宣传费支出，不超过当年销售（营业）收入30%的部分，准予扣除；超过部分，准予在以后纳税年度结转扣除。

对签订广告费和业务宣传费分摊协议（以下简称分摊协议）的关联企业，其中一方发生的不超过当年销售（营业）收入税前扣除限额比例内的广告费和业务宣传费支出可以在本企业扣除，也可以将其中的部分或全部按照分摊协议归集至另一方扣除。

（3）计算扣除限额的基数：销售（营业）收入，与业务招待费计算税前扣除限额的依据是相同的，主营业务收入、其他业务收入和视同销售收入，但不包括营业外收入。在综合题中一定要先确定销售（营业）收入，再计算广告费和业务宣传费的扣除限额。

（4）企业在筹建期间，发生的广告费和业务宣传费，可按实际发生额计入企业筹办费，并按有关规定在税前扣除。

（5）烟草企业的烟草广告费和业务宣传费支出，一律不得在计算应纳税所得额时扣除。

9. 手续费及佣金支出

（1）税前扣除限额

企业发生与生产经营有关的手续费及佣金支出，不超过规定计算限额以内的部分准予扣除，超过的部分不得扣除，具体内容见表4-27。

表4-27　手续费及佣金支出税前扣除规定

类别	扣除标准
保险企业[1]	自2019.1.1起，不超过当年全部保费收入扣除退保金等后余额的18%（含本数）的部分；超过部分，允许结转以后年度扣除
其他企业	按与具有合法经营资格中介服务机构或个人（不含交易双方及其雇员、代理人和代表人等）所签订服务协议或合同确认的收入金额的5%计算限额；超过部分，不得扣除

（2）支付方式的要求（见表4-28）

表4-28　手续费及佣金支出支付方式的要求

情形	支付方式的要求
向具有合法经营资格中介服务机构支付的	必须转账支付，否则税前不得扣除，需要纳税调增
向个人支付的	可以以现金方式支付，但需要有合法的凭证

（3）企业为发行权益性证券支付给有关证券承销机构的手续费及佣金不得在税前扣除。

（4）企业不得将手续费及佣金支出计入回扣、业务提成、返利、进场费等费用。

（5）企业已计入固定资产、无形资产等相关资产的手续费及佣金支出，应通过折旧、摊销等方式分期扣除，不得在发生当期直接扣除。

（6）企业支付的手续费及佣金不得直接冲减服务协议或合同金额，并如实入账。

【例题18·单选题】某财产保险企业，2019年全部保费收入为9000万元，退保金500万元，发生销售保险的佣金和手续费支出1300万元，该企业2019年计算企业所得税时佣金及手续费纳税调整金额是（　）万元。

A. 0　　　　　　　　B. 25

C. 200　　　　　　　D. 450

解析　佣金及手续费扣除限额＝（9000－500）×18%＝1530（万元），实际发生额为1300

_____

① 保险企业的佣金和手续费政策发生变化，但教材的内容未及时更新。此处我们按照最新政策编写。

万元，未超过扣除限额，无需纳税调整。

答案 ▶ A

10. 公益性捐赠支出

（1）公益性捐赠的界定

企业通过公益性社会团体或县级（含县级）以上人民政府及其部门，用于《中华人民共和国公益事业捐赠法》规定的公益事业的捐赠。

【知识点拨】税前允许扣除的公益性捐赠需要符合对象和渠道两个条件。对象就是列举的公益性捐赠，渠道就是要通过县级以上人民政府及其部门或者公益性社会团体。纳税人如果直接捐赠，不属于公益性捐赠，不能税前扣除。

（2）税前扣除限额

①不超过年度利润总额12%的部分，准予扣除；

年度利润总额是指企业依国家统一会计制度的规定计算的年度会计利润。

②超标准的公益性捐赠，准予以后三年内在计算应纳税所得额时结转扣除。

【知识点拨】企业在对公益性捐赠支出计算扣除时，应先扣除以前年度结转的捐赠支出，再扣除当年发生的捐赠支出。

（3）扶贫捐赠

自2019年1月1日至2022年12月31日，用于目标脱贫地区的扶贫捐赠支出，准予在计算企业所得税应纳税所得额时据实扣除。在政策执行期限内，目标脱贫地区实现脱贫的，可继续适用上述政策；

"目标脱贫地区"包括832个国家扶贫开发工作重点县、集中连片特困地区县（新疆阿克苏地区6县1市享受片区政策）和建档立卡贫困村。

（4）纳税人向受赠人的直接捐赠，不得扣除，应作纳税调整。

（5）公益性捐赠包括货币性捐赠和非货币性捐赠；非货币性捐赠应当以公允价值计算。

（6）企业将自产货物用于捐赠，应分解为按公允价值视同销售和捐赠两项业务进行所得税处理。

【知识点拨】在企业所得税的综合题中一旦涉及公益性捐赠的税前扣除，则整体题目的难度就会增加。广大考生做题时一定要确定正确的会计利润，再对公益性捐赠进行纳税调整。

【例题19·单选题】2019年度，某企业财务资料显示，2019年开具增值税专用发票取得收入2456万元，另外从事运输服务，开具增值税专用发票取得收入220万元。收入对应的销售成本和运输成本合计为1746万元，期间费用、税金及附加为200万元，营业外支出90万元（其中80万为公益性捐赠支出），上年度企业自行计算亏损80万元，经税务机关核定的亏损为50万元。企业在2019年所得税前可以扣除的捐赠支出为（　）万元。

A. 80　　　　　　　B. 67.2

C. 76.8　　　　　　D. 70.8

解析 ▶ 会计利润＝2456+220-1746-200-90＝640（万元）

捐赠扣除限额＝640×12%＝76.8（万元）

实际发生的公益性捐赠支出80万元，根据限额扣除。

答案 ▶ C

【应试思路】企业发生的公益性捐赠支出，在年度利润总额的12%以内的部分，准予在计算应纳税所得额时扣除；超过年度利润总额12%的部分，准予结转以后三年内在计算应纳税所得额时扣除。

【例题20·计算问答题】A公司2019年利润总额为1000万元。2019年8月将两台重型机械设备通过市政府捐赠给贫困地区用于公共设施建设。"营业外支出"中已列支两台设备的成本及对应的销项税额合计236.4万元。每台设备不含增值税市场售价为140万元。

请计算该业务应调整的应纳税所得额。

答案 ▶

（1）会计利润＝1000（万元）

（2）公益性捐赠扣除限额＝1000×12%＝120（万元）

（3）纳税调增 ＝（236.4 ＋ 80）－ 120 ＝ 196.4①（万元）

（4）捐赠设备视同销售处理

视同销售收入调增 ＝ 140×2 ＝ 280（万元）

视同销售成本调减 ＝ 236.4 － 140×2×13% ＝ 200（万元）

（5）在扣除类调整项目中：纳税调减 80 万，因为会计上的公益性捐赠支出是 236.4 万元，税收上认可的公益性捐赠支出是 316.4 万元，因此在扣除类项目中纳税调减 80 万元。

（6）合计纳税调增 ＝ 196.4＋280－200－80 ＝ 196.4（万元）

表 4-29　租赁费的税务处理

分类	税务处理
经营租赁	以经营租赁方式租入固定资产发生的租赁费支出：按照租赁期限均匀扣除 出租方提折旧，承租方扣租赁费支出
融资租赁	以融资租赁方式租入固定资产发生的租赁费支出：按规定构成融资租入固定资产价值的部分应当提取折旧费用，分期扣除；租赁费支出不得扣除 承租方提折旧，不得扣除租赁费支出

14. 有关资产的费用

（1）企业转让各类固定资产发生的费用，允许扣除。

（2）企业按规定计算的固定资产折旧费、无形资产和递延资产的摊销费，准予扣除。

15. 资产损失

（1）企业当期发生的固定资产和流动资产盘亏、毁损净损失，由其提供清查盘存资料经申报后，准予扣除；

（2）企业发生非正常损失时，不得从销项税额中抵扣的进项税额，应视同企业财产损失，申报后在所得税前按规定扣除。

【例题 21·单选题】某服装厂 2019 年 12 月份由于管理不善毁损一批 8 月份购入的库存布料，账面成本为 24.65 万元（含运费 4.65

11. 环境保护专项资金

企业依照法律、行政法规有关规定提取的用于环境保护、生态恢复等方面的专项资金，准予扣除。上述专项资金提取后改变用途的，不得扣除。

12. 劳动保护费

企业发生的合理的劳动保护支出，准予扣除。

自 2011 年 7 月 1 日起，企业根据其工作性质和特点，由企业统一制作并要求员工工作时统一着装所发生的工作服饰费用，可以作为企业合理的支出给予税前扣除。

13. 租赁费（见表 4-29）

万元），取得保险公司赔款 8 万，企业所得税前允许扣除的损失是（　）万元。

A. 16.65　　　　B. 19.67

C. 19.85　　　　D. 18.87

解析 ▶ 进项税额转出 ＝（24.65－4.65）×13%＋4.65×9% ＝ 3.02（万元）。企业可在税前扣除的损失 ＝ 24.65＋3.02－8 ＝ 19.67（万元）。

答案 ▶ B

16. 总机构分摊的费用

非居民企业在中国境内设立的机构、场所，就其中国境外总机构发生的与该机构、场所生产经营有关的费用，能够提供总机构出具的费用汇集范围、定额、分配依据和方法等证明文件，并合理分摊的，准予扣除。

17. 企业维简费支出（见表 4-30）

---

① 按照国家税务总局 2019 年 41 号公告的规定，由于视同销售进行调整导致的纳税调整金额应相应增加相关业务的成本费用。

表 4-30　企业维简费支出

类别		税务处理
除煤矿企业外的其他企业，按照有关规定预提的维简费		不得在当期税前扣除
企业实际发生的维简费支出	属于收益性支出的	可作为当期费用税前扣除
	属于资本性支出的	计入有关资产成本，按规定计提折旧或摊销费用在税前扣除

18. 企业参与政府统一组织的棚户区改造支出

企业参与政府统一组织的工矿(含中央下放煤矿)棚户区改造、林区棚户区改造、垦区危房改造并同时符合一定条件的棚户区改造支出，准予在企业所得税前扣除。

19. 金融企业贷款损失准备金税前扣除

(1)金融企业涉农贷款和中小企业贷款损失准备金税前扣除

金融企业对其涉农贷款和中小企业贷款进行风险分类后，按照规定比例计提的贷款损失准备金，准予在计算应纳税所得额时扣除。具体的计提比例见表 4-31。

表 4-31　涉农贷款和中小企业贷款损失准备金计提比例

类别	计提比例
关注类贷款	2%
次级类贷款	25%
可疑类贷款	50%
损失类贷款	100%

金融企业发生的符合条件的涉农贷款和中小企业贷款损失，应先冲减已在税前扣除的贷款损失准备金，不足冲减部分可据实在计算应纳税所得额时扣除。

(2)金融企业贷款损失准备金企业所得税税前扣除有关政策

金融企业准予当年税前扣除的贷款损失准备金计算公式如下：

准予当年税前扣除的贷款损失准备金 = 本年末准予提取贷款损失准备金的贷款资产余额×1%-截至上年末已在税前扣除的贷款损失准备金的余额

金融企业按上述公式计算的数额如为负数，应当相应调增当年应纳税所得额。

20. 其他支出项目

(1)会员费、合理的会议费、差旅费、违约金、诉讼费用等，准予扣除。

(2)对企业依据财务会计制度规定，并实际在财务会计处理上已确认的支出，凡没有超过税法规定税前扣除范围和标准的，可按企业实际会计处理确认的支出，在企业所得税税前扣除，计算其应纳税所得额。

上面我们介绍了税前可以扣除的项目，对于有扣除限额的项目我们总结如下(见表 4-32)。

表 4-32　限额扣除项目

项目	扣除限额	超限额处理
职工福利费	工薪总额的 14%	不得扣除
工会经费	工薪总额的 2%	不得扣除
职工教育经费	工薪总额的 8%	当年不得扣除；但超过部分准予结转以后纳税年度扣除
补充养老、医疗	分别不超过工薪总额的 5%	不得扣除
利息费用	不超过金融企业同期同类贷款利率计算的利息 关联企业利息费用符合条件可以扣除	不得扣除

项目	扣除限额	超限额处理
业务招待费	按照发生额的 60% 扣除，但最高不得超过当年销售（营业）收入的 5‰	不得扣除
广告费和业务宣传费	不超过当年销售（营业）收入 15% 以内的部分；化妆品制造或销售、医药制造和饮料制造（不含酒类制造）：30%；烟草企业的烟草广告费：不得扣除	当年不得扣除；但准予结转以后纳税年度扣除
手续费和佣金	一般企业：不超过收入金额的 5%	不得扣除
	保险企业：不超过保费收入净额的 18%	当年不得扣除
公益性捐赠支出	不超过年度利润总额 12% 的部分准予扣除	3 年内结转扣除

（三）不得扣除的项目 ★★★

有些项目按会计制度规定，在计算会计利润时准予作为支出进行扣除，但按税法规定在计算应纳税所得额时不得扣除，这些不得扣除项目在计算应纳税所得额时需要作纳税调增处理，具体内容见表 4-33。

表 4-33　不得税前扣除的项目

计算应纳税所得额时不得扣除项目	特殊说明
（1）向投资者支付的股息、红利等权益性投资收益款项	投资收益应该是先税后分——先缴纳企业所得税，再分配股息、红利
（2）企业所得税税款	
（3）税收滞纳金	
（4）罚金、罚款和被没收财物的损失	（1）指纳税人违反国家有关法律、法规规定，被有关部门处以的罚款，以及被司法机关处以的罚金和被没收财物；（2）违法支出税前不得扣除，但罚息、违约金、赔偿金等违法合同支出允许扣除
（5）超过规定标准的捐赠支出	
（6）赞助支出	指的是企业发生的与生产经营活动无关的各种非广告性质支出
（7）未经核定的准备金支出	
（8）企业之间支付的管理费、企业内营业机构之间支付的租金和特许权使用费，以及非银行企业内营业机构之间支付的利息	
（9）与取得收入无关的其他支出	

【例题 22·多选题】依据企业所得税相关规定，下列保险费用可以在税前扣除的有（　）。

A. 企业为职工支付的家庭财产保险

B. 企业参加运输保险支付的保险费

C. 企业为投资者支付的合理的补充养老保险费

D. 企业参加的雇主责任险

解析 企业为职工支付购买的商业保险，除非有明确的文件规定准予扣除，否则不得在税前扣除，企业为职工支付的家庭财产保险，不得在税前扣除。 **答案** BCD

【例题 23·多选题】依据企业所得税法的规定，财务会计制度与税收法规的规定不同而产生的差异，在计算企业所得税应纳税所得额时应按照税收法规的规定进行调整。

下列各项中，属于暂时性差异的有(　　)。

    A. 业务招待费用产生的差异

    B. 职工福利费用产生的差异

    C. 广告费和业务宣传费产生的差异

    D. 职工教育费用产生的差异

解析 ▶ 企业实际支出的广告费、业务宣传费、职工教育费用，超过扣除限额部分，准予结转以后年度扣除，因此属于税法的暂时性差异。   **答案** ▶ CD

【例题 24·单选题】 下列项目不得在企业所得税税前扣除的是(　　)。

    A. 违约金支出

    B. 广告性赞助支出

    C. 罚息

    D. 未经核定的准备金支出

解析 ▶ 罚款、罚金和被没收财物的损失，不得税前扣除，违约金支出、罚息准予在税前扣除。广告性赞助支出，按照广告费的标准在税前扣除。   **答案** ▶ D

真题精练(客观题)

1. (2019 年单选题)企业发生的下列支出中，在计算企业所得税应纳税所得额时准予扣除的是(　　)。

    A. 向投资者分配的红利

    B. 缴纳的增值税税款

    C. 按规定缴纳的财产保险费

    D. 违反消防规定被处以的行政罚款

    解析 ▶ 选项 A，向投资者支付的股息、红利等权益性投资收益款项不得在税前扣除；选项 B，缴纳的增值税税款，不影响损益，不得在税前扣除。选项 D，纳税人违反国家有关法律、法规规定，被有关部门处以的罚款不得在税前扣除。**答案** ▶ C

2. (2017 年单选题)下列支出在计算企业所得税应纳税所得额时，准予按规定扣除的是(　　)。

    A. 企业之间发生的管理费用

    B. 企业内营业机构之间发生的特许权使用费支出

    C. 企业发生的与生产经营有关的手续费

支出

    D. 企业内营业机构之间发生的租金支出

解析 ▶ 企业之间支付的管理费、企业内营业机构之间支付的租金和特许权使用费，以及非银行企业内营业机构之间支付的利息，不得扣除。   **答案** ▶ C

3. (2015 年单选题)企业发生的下列支出中，按企业所得税法的规定可在税前扣除的是(　　)。

    A. 税收滞纳金

    B. 非广告性赞助

    C. 企业所得税税款

    D. 按规定缴纳的财产保险费

解析 ▶ 选项 ABC 不得税前扣除。   **答案** ▶ D

4. (2015 年多选题)居民企业发生的下列支出中，可在企业所得税税前扣除的有(　　)。

    A. 逾期归还银行贷款的罚息

    B. 企业内营业机构之间支付的租金

    C. 未能形成无形资产的研究开发费用

    D. 以经营租赁方式租入固定资产的租金

解析 ▶ 企业内营业机构之间支付的租金不得税前扣除。   **答案** ▶ ACD

扫我解疑难

五、亏损弥补★★★

企业纳税年度发生的**亏损**，准予向以后年度结转，用以后年度的所得弥补，但结转年限最长**不得超过五年**。

1. 亏损按税法上确定的应纳税所得额确定企业的盈利或亏损。

(1)弥补期：最长不得超过 5 年。在这五年时间中，无论盈亏，均按照实际弥补年限计算；

【例题 25·计算问答题】 某工业企业从 2013 年~2019 年的会计利润与未弥补亏损前的应纳税所得额如表 4-34 所示，请计算该企业 2019 年应纳企业所得税。

表 4-34　某企业 2013 年～2019 年的会计利润与未弥补亏损前的应纳税所得额

	会计利润总额	应纳税所得额
2013 年	-220 万	-150 万
2014 年	-70 万	-20 万
2015 年	-15 万	20 万
2016 年	50 万	70 万
2017 年	30 万	-40 万
2018 年	5 万	10 万元
2019 年	60 万	95 万

答案 (1)按税法上确定的应纳税所得额确定企业的盈利或亏损;

(2)2013 年的亏损,只能用 2014 年～2018 年的所得弥补,即使 2014、2017 年亏损,也要计算在 5 年时间之内。

表 4-35　亏损弥补及税额计算

	应纳税所得额	弥补亏损	弥补亏损后应纳税所得额
2013 年	-150		-150
2014 年	-20		-20
2015 年	20	弥补 2013 年亏损 20 万	0
2016 年	70	弥补 2013 年亏损 70 万	0
2017 年	-40		-40
2018 年	10	弥补 2013 年亏损 10 万, 2013 年尚未弥补的 50 万元亏损不能用 2019 年所得弥补	0
2019 年	95	弥补 2014 年亏损 20 万元;弥补 2017 年亏损 40 万	35 应纳税额:8.75 万元(35×25%)

(2)自 2018 年 1 月 1 日起,当年具备高新技术企业或科技型中小企业资格的企业,其具备资格年度之前 5 个年度发生的尚未弥补完的亏损,准予结转以后年度弥补,最长结转年限由 5 年延长至 10 年;

(3)企业在汇总计算缴纳企业所得税时,其境外营业机构的亏损不得抵减境内营业机构的盈利。

2. 企业筹办期间不计算为亏损年度,企业自开始生产经营的年度,为开始计算企业损益的年度。企业从事生产经营之前进行筹办活动期间发生筹办费用支出,不得计算为当期的亏损,企业可以在开始经营之日的当年一次性扣除,也可以按照长期待摊费用的处理规定处理,但一经选定,不得改变。

3. 税务机关对企业以前年度纳税情况进行检查时调增的应纳税所得额,凡企业以前年度发生亏损、且该亏损属于企业所得税法规定允许弥补的,应允许调增的应纳税所得额弥补该亏损。弥补该亏损后仍有余额的,按规定计算缴纳企业所得税。对检查调增的应纳税所得额应依有关规定进行处理或处罚。

4. 对企业发现以前年度实际发生的、按规定应在税前扣除而未扣除或少扣除的支出,企业做出专项申报及说明后,准予追补至该项目发生年度计算扣除,但追补确认期限不得超过 5 年;

企业由于上述原因多缴的企业所得税税

款，可以在追补确认年度企业所得税应纳税款中抵扣，不足抵扣的，可以向以后年度递延抵扣或申请退税。

六、资产的税务处理
扫我解疑难

资产的税务处理整体要求：（1）企业的资产均以历史成本为计税基础；（2）企业持有各项资产期间资产增值或减值，除按规定可以确认损益外，不得调整该资产的计税基础。

（一）固定资产的税务处理★★

固定资产是指企业为生产产品、提供劳务、出租或者经营管理而持有的、使用时间超过 12 个月的非货币性资产，包括房屋、建筑物、机器、机械、运输工具以及其他与生产经营活动有关的设备、器具、工具等。固定资产的税务处理具体见表 4-36。

表 4-36 固定资产的税务处理

项目	税务处理	
计税基础	(1)外购的固定资产，以购买价款和支付的相关税费以及直接归属于使该资产达到预定用途发生的其他支出为计税基础。 (2)自行建造的固定资产，以竣工结算前发生的支出为计税基础。 (3)融资租入的固定资产，以租赁合同约定的付款总额和承租人在签订租赁合同过程中发生的相关费用为计税基础，租赁合同未约定付款总额的，以该资产的公允价值和承租人在签订租赁合同过程中发生的相关费用为计税基础。 (4)盘盈的固定资产，以同类固定资产的重置完全价值为计税基础。 (5)通过捐赠、投资、非货币性资产交换、债务重组等方式取得的固定资产，以该资产的公允价值和支付的相关税费为计税基础。 (6)改建的固定资产，除已足额提取折旧的固定资产和租入的固定资产以外的其他固定资产，以改建过程中发生的改建支出增加计税基础	
不得计提折旧的范围	(1)**房屋、建筑物以外**未投入使用的固定资产。 (2)以经营租赁方式租入的固定资产。 (3)以融资租赁方式租出的固定资产。 (4)已足额提取折旧仍继续使用的固定资产。 (5)与经营活动无关的固定资产。 (6)单独估价作为固定资产入账的土地。 (7)其他不得计算折旧扣除的固定资产	
折旧方法	(1)企业应当自固定资产投入使用月份的**次月**起计算折旧；停止使用的固定资产，应当自停止使用月份的**次月**起停止计算折旧。 (2)企业应当根据固定资产的性质和使用情况，合理确定固定资产的预计净残值，一经确定，不得变更。 (3)固定资产按照直线法计算的折旧，准予扣除	
最低折旧年限	房屋、建筑物	20 年
	飞机、火车、轮船、机器、机械和其他生产设备	10 年
	与生产经营活动有关的器具、工具、家具等	5 年
	飞机、火车、轮船以外的运输工具	4 年
	电子设备	3 年

项目			税务处理	
折旧的处理	(1)会计折旧年限<税法最低折旧年限，会计折旧>税收折旧		调增当期应纳税所得额	
	会计折旧年限已满且折旧已提足，但税收上尚未提足折旧		未足额扣除部分准予在剩余税收折旧年限继续按规定扣除——调减	
	(2)会计折旧年限>税法规定最低折旧年限		除另有规定外，按会计折旧年限计算扣除	
	(3)会计上提取减值准备		不得税前扣除，折旧按税法确定的计税基础计算扣除	
	(4)税法加速折旧的		可全额在税前扣除	
改扩建税务处理	产权不属于企业所有		长期待摊费用	剩余租赁期内分期摊销
	产权属于企业所有	已经提足折旧	长期待摊费用	按预计尚可使用年限分期摊销
		未提足折旧 推倒重置的	原值减除提取折旧后的净值，并入重置后的固定资产计税成本	在该固定资产投入使用后的次月起，按税法规定的折旧年限，一并计提折旧
		未提足折旧 提升功能、增加面积的	改扩建支出并入该固定资产计税基础	从改扩建完工投入使用后的次月起，重新按税法规定的该固定资产折旧年限计提折旧，如该改扩建后的固定资产尚可使用的年限低于税法规定的最低年限的，可按尚可使用的年限计提折旧

【例题26·多选题】 在计算企业所得税应纳税所得额时，企业按照规定计算的固定资产折旧，准予扣除。下列固定资产中，准予计算折旧扣除的有(   )。

A. 已足额提取折旧仍继续使用的固定资产

B. 未投入使用的厂房

C. 以经营租赁方式租入的固定资产

D. 以融资租赁方式租入的固定资产

解析 已足额提取折旧仍继续使用的固定资产、以经营租赁方式租入的固定资产不得计算折旧扣除。 **答案** BD

(二)生物资产的税务处理★

生物资产分为消耗性生物资产、生产性生物资产和公益性生物资产。消耗性生物资产和公益性生物资产不通过折旧扣除，在购入时一次性扣除其成本。生产性生物资产的规定与固定资产的规定类似(见表4-37)。

表4-37 生产性生物资产的税务处理

项目	税务处理
计税基础	(1)外购的生产性生物资产，以购买价款和支付的相关税费为计税基础。 (2)通过捐赠、投资、非货币性资产交换、债务重组等方式取得的生产性生物资产，以该资产的公允价值和支付的相关税费为计税基础
折旧方法	按照直线法计算的折旧，企业应当自生产性生物资产投入使用月份的次月起计算折旧；停止使用的生产性生物资产，应当自停止使用月份的次月起停止计算折旧
最低折旧年限	(1)林木类生产性生物资产，为10年。 (2)畜类生产性生物资产，为3年

【例题 27·单选题】下列各项中，依据企业所得税法相关规定可计提折旧的生物资产是( )。

A. 经济林

B. 防风固沙林

C. 用材林

D. 存栏待售牲畜

解析 ▶ 生物资产分为消耗性生物资产、生产性生物资产和公益性生物资产。其中生产性生物资产可计提折旧。生产性生物资产，是指为产出农产品、提供劳务或出租等目的而持有的生物资产，包括经济林、薪炭林、产畜和役畜等。　　　　　答案 ▶ A

(三)无形资产的税务处理(见表 4-38) ★★

无形资产包括专利权、商标权、著作权、土地使用权、非专利技术、商誉等。

表 4-38　无形资产的税务处理

项目	税务处理
计税基础	(1)外购的无形资产，以购买价款和支付的相关税费以及直接归属于使该资产达到预定用途发生的其他支出为计税基础。 (2)自行开发的无形资产，以开发过程中该资产符合资本化条件后至达到预定用途前发生的支出为计税基础。 (3)通过捐赠、投资、非货币性资产交换、债务重组等方式取得的无形资产，以该资产的公允价值和支付的相关税费为计税基础
不得计算摊销费用扣除的无形资产	(1)自行开发的支出已在计算应纳税所得额时扣除的无形资产。 (2)自创商誉。 (3)与经营活动无关的无形资产。 (4)其他不得计算摊销费用扣除的无形资产
摊销方法	按照直线法计算摊销
最低摊销年限	无形资产的摊销年限不得低于 10 年，作为投资或者受让的无形资产，有关法律规定或者合同约定了使用年限的，可以按照规定或者约定的使用年限分期摊销

【知识点拨】外购商誉的支出，在企业整体转让或者清算时，准予扣除。

(四)长期待摊费用的税务处理(见表 4-39) ★★

长期待摊费用是指企业发生的应在一个年度以上或几个年度进行摊销的费用。

表 4-39　长期待摊费用的税务处理

类别			税务处理
房屋、建筑物支出	日常维修支出		列入当期费用
	改建支出	已足额提取折旧的固定资产的改建支出	长期待摊费用，按照固定资产预计尚可使用年限分期摊销
		租入的固定资产的改建支出	长期待摊费用，按照合同约定的剩余租赁期限分期摊销
		其他支出	增加固定资产计税基础，适当延长折旧年限

类别			税务处理
其他固定资产	日常修理支出		列入当期费用
	大修理支出	同时符合下列条件的支出： （1）修理支出达到取得固定资产时的计税基础50%以上； （2）修理后固定资产的使用年限延长2年以上	长期待摊费用，按照固定资产尚可使用年限分期摊销
其他应当作为长期待摊费用的支出			自支出发生月份的次月起，分期摊销，摊销年限不得低于3年

【例题28·多选题】 企业发生的下列支出，准予作为长期待摊费用核算并在企业所得税税前扣除的有（　　）。

A. 已足额提取折旧的固定资产的改建支出

B. 租入固定资产的改建支出

C. 固定资产的大修理支出

D. 企业固定资产的日常修理支出

解析 选项D，企业固定资产的日常修理支出，应列入当期费用。 **答案** ABC

真题精练（客观题）

1. （2017年多选题）下列支出作为长期待摊费用核算的有（　　）。

A. 租入固定资产的改建支出

B. 固定资产的大修理支出

C. 已足额提取折旧的固定资产的改建支出

D. 接受捐赠固定资产改建支出

解析 作为长期待摊费用的有：（1）已足额提取折旧的固定资产的改建支出；（2）租入固定资产的改建支出；（3）固定资产的大修理支出。 **答案** ABC

2. （2015年单选题）企业发生的下列支出中，可在发生当期直接在企业所得税税前扣除的是（　　）。

A. 固定资产改良支出

B. 租入固定资产的改建支出

C. 已足额提取折旧的固定资产的改建支出

D. 固定资产的日常修理支出

解析 企业的固定资产改良支出，如果有关固定资产尚未提足折旧，可增加固定资产价值；如果有关固定资产已提足折旧，可作为长期待摊费用，在规定的期间内平均摊销；租入固定资产的改建支出和已足额提取折旧的固定资产的改建支出作为长期待摊费用，按照规定摊销的，准予扣除。 **答案** D

（五）存货的税务处理★

存货是指企业持有以备出售的产品或者商品、处在生产过程中的在产品、在生产或者提供劳务过程中耗用的材料和物料。具体的税务处理见表4-40。

表4-40　存货的税务处理

项目	税务处理
确定成本方法	（1）支付现金方式取得的存货：以购买价款和支付的相关税费为成本。 （2）支付现金以外的方式取得的存货：以该存货的公允价值和支付的相关税费为成本。 （3）生产性生物资产收获的农产品：以产出或者采收过程中发生的材料费、人工费和分摊的间接费用等必要支出为成本

项目	税务处理
计算方法	先进先出法、加权平均法、个别计价法。 企业转让以上资产，在计算企业应纳税所得额时，资产的净值允许扣除 【知识点拨】存货的成本计算方法无后进先出法

（六）投资资产的税务处理 ★★

1. 投资资产的成本

（1）通过支付现金方式取得的投资资产，以购买价款为成本；

（2）通过支付现金以外的方式取得的投资资产，以该资产的公允价值和支付的相关税费为成本。

2. 投资资产成本的扣除方法

企业对外投资期间，投资资产的成本在计算应纳税所得额时不得扣除，企业在转让或者处置投资资产时，投资资产的成本准予扣除。

3. 投资企业撤回或减少投资

投资企业从被投资企业撤回或减少投资，其取得的资产的税务处理如表4-41所示。

表4-41　撤回或减少投资收回资产的税务处理

类型	税务处理	
（1）相当于初始出资的部分	投资收回	不征企业所得税
（2）相当于被投资企业累计未分配利润和累计盈余公积按减少实收资本比例计算的部分	股息所得	符合条件的居民企业的股息、红利等权益性投资收益，免征企业所得税
（3）其余部分	投资资产转让所得	征收企业所得税

被投资企业发生的经营亏损，由被投资企业按规定结转弥补；投资企业不得调整减低其投资成本，也不得将其确认为投资损失——如会计上确认为投资损失，则税收上要做纳税调增处理。

【例题29·单选题】2019年初甲居民企业以实物资产1800万元直接投资于乙居民企业，取得乙企业40%的股权。2019年12月，甲企业全部撤回对乙企业的投资，取得资产总计2600万元，投资撤回时乙企业累计未分配利润为1000万元，累计盈余公积150万元。甲企业投资转让所得应缴纳的企业所得税为（　）万元。

A. 200　　　　B. 85

C. 340　　　　D. 0

解析　甲企业应确认的股息所得＝(1000+150)×40%＝460（万元）

初始投资1800万确认为投资收回。居民企业之间符合条件的投资收益免税。

甲企业应确认的投资资产转让所得＝2600-1800-460＝340（万元）

应纳企业所得税＝340×25%＝85（万元）

答案　B

（七）税法规定与会计规定差异的处理

1. 企业不能提供完整、准确的收入及成本、费用凭证，不能正确计算应纳税所得额的，由税务机关核定其应纳税所得额。

2. 企业依法清算时，以其清算终了后的清算所得为应纳税所得额，按规定缴纳企业所得税（简单了解即可）。

清算所得＝全部资产可变现价值或交易价格-资产净值-清算费用、相关税费+债务清偿损益

3. 税法规定与会计规定不一致时，应依照税法规定予以调整。

4. 企业当年度实际发生的相关成本、费用，由于各种原因未能及时取得该成本、费用的有效凭证，企业在预缴季度所得税时，

可暂按账面发生金额进行核算；但在汇算清缴时，应补充提供该成本、费用的有效凭证。

七、资产损失的所得税处理

扫我解疑难

资产：企业拥有或者控制的、用于经营管理活动相关的资产，包括现金、银行存款、应收及预付款项等**货币性资产，**存货、固定资产、无形资产、在建工程、生产性生物资产等**非货币性资产，以及债权性投资和股权（权益）性投资**。资产损失是指企业在生产经营活动中实际发生的，与取得应税收入有关的资产损失，包括现金损失、存款损失、坏账损失、贷款损失、股权投资损失、固定资产和存货的盘亏、毁损、报废、被盗损失，自然灾害等不可抗力因素造成的损失以及其他损失。

（一）资产损失扣除政策★

这部分内容比较繁杂，但理解起来没有难点，注意损失项目、损失原因以及确认损失额度的规定。特别注意以下几点：

1. 允许扣除的资产损失为净损失——企业发生的损失减除责任人赔偿和保险赔款后的余额，损失中转出的进项税额作为资产损失的一部分。

2. 企业清查出的现金短缺减除责任人赔偿后的余额，作为现金损失在计算应纳税所得额时扣除。

3. 企业将货币性资金存入法定具有吸收存款职能的机构，因该机构依法破产、清算，或者政府责令停业、关闭等原因，确实不能收回的部分，作为存款损失在计算应纳税所得额时扣除。

4. 对企业被盗的固定资产或存货，以该固定资产的账面净值或存货的成本减除保险赔偿款和责任人赔偿款后的余额，作为固定资产或存货被盗损失在计算应纳税所得额时扣除。

5. 企业因存货盘亏、毁损、报废、被盗

等原因不得从增值税销项税额中抵扣的进项税额，可以与存货损失一起在计算应纳税所得额时扣除。

（二）资产损失税前扣除管理★

企业实际资产损失，应当在其**实际发生且会计上已做损失处理的年度**申报扣除；企业向税务机关申报扣除资产损失，**仅需填报**企业所得税年度纳税申报《资产损失税前扣除及纳税调整明细表》，**不再报送资产损失相关资料，相关资料由企业留存备查。**

【例题30·计算问答题】某服装制造公司系增值税一般纳税人，2019年12月10日该企业仓库被盗，损失一批原材料，价款100万元，被盗事件发生后公司及时向公安机关报案，但案件未侦破。被盗事件发生后，仓库保管员赔偿5000元，保险公司赔偿80万元。简要分析该企业应如何进行增值税和企业所得税的处理。

答案

1. 增值税方面

该项损失属于因管理不善造成的非正常损失，原材料的进项税额不得抵扣，需要转出进项税额13万元。

2. 企业所得税方面

该项资产损失应申报后在企业所得税前扣除。

资产损失金额，为其计税成本扣除保险理赔以及责任人赔偿后的余额，即32.5万元（113-0.5-80）。

八、企业重组的所得税处理

扫我解疑难

企业重组的所得税处理是难点，但不是一级重点，广大考生在学习时需要注意掌握关键内容：（1）采用特殊性税务处理需要符合的条件；（2）一般性和特殊性税务处理的关键点；（3）企业合并与分立过程中对亏损的处理。

（一）定义★

企业重组，是指企业在日常经营活动以

外发生的法律结构或经济结构重大改变的交易，包括**企业法律形式改变、债务重组、股权收购、资产收购、合并、分立等**。

股权支付：在企业重组购买、换取资产的一方支付的对价中，以本企业或其控股企业的股权、股份作为支付的形式。

（二）企业重组的一般性税务处理方法（见表4-42）★★

表4-42　一般性税务处理方法

项目	税务处理
一般性税务处理的关键点——公允价值	按**公允价值**确认资产的转让所得或损失；按**公允价值**确认资产或负债的计税基础
债务重组	(1)以非货币资产清偿债务，应当分解为转让相关非货币性资产、按非货币性资产公允价值清偿债务两项业务，确认相关资产的所得或损失。 (2)发生债权转股权的，应当分解为债务清偿和股权投资两项业务，确认有关债务清偿所得或损失。 (3)债务人应当按照支付的债务清偿额低于债务计税基础的差额，确认债务重组所得；债权人应当按照收到的债务清偿额低于债权计税基础的差额，确认债务重组损失。 (4)债务人的相关所得税纳税事项原则上保持不变
资产收购、股权收购	(1)被收购方应确认股权、资产转让所得或损失。 (2)收购方取得股权或资产的计税基础应以公允价值为基础确定。 (3)被收购企业的相关所得税事项原则上保持不变
合并	(1)合并企业应按公允价值确定接受被合并企业各项资产和负债的计税基础。 (2)被合并企业及其股东都应按清算进行所得税处理。 (3)被合并企业的亏损不得在合并企业结转弥补
分立	(1)被分立企业对分立出去资产应按公允价值确认资产转让所得或损失。 (2)分立企业应按公允价值确认接受资产的计税基础。 (3)被分立企业继续存在时，其股东取得的对价应视同被分立企业分配进行处理。 (4)被分立企业不再继续存在时，被分立企业及其股东都应按清算进行所得税处理。 (5)企业分立相关企业的亏损不得相互结转弥补

（三）企业重组的特殊性税务处理方法★★

1. **适用特殊性税务处理的条件**★★★

企业重组同时符合5个条件的（1个合理商业目的、2个比例、2个12个月），适用特殊性税务处理规定（见表4-43）。

表4-43　适用特殊性税务处理的条件

类别	具体条件
1个合理商业目的	(1)具有合理的商业目的，且不以减少、免除或者推迟缴纳税款为主要目的
2个比例	(2)被收购、合并或分立部分的资产或股权比例符合**50%以上**的规定
	(3)重组交易对价中涉及股权支付金额符合85%以上的规定以及同一控制下不需要支付对价的企业合并
2个12个月	(4)企业重组后的**连续12个月内不改变重组资**产原来的实质性经营活动；
	(5)企业重组中取得股权支付的原主要股东，在重组后**连续12个月内，不得转让**所取得的股权

2. 特殊性税务处理的方法（见表4-44）★★

表4-44　特殊性税务处理的方法

项目	税务处理	
特殊性税务处理的关键点——股权支付部分不体现公允价值	股权支付部分	暂不确认有关资产的转让所得或损失，按原计税基础确认新资产或负债的计税基础
	非股权支付部分	按公允价值确认资产的转让所得或损失；按公允价值确认资产或负债的计税基础
	非股权支付对应的资产转让所得或损失 =（被转让资产的公允价值－被转让资产的计税基础)×(非股权支付金额÷被转让资产的公允价值)——以占公允价值、而非账面价值的比例计算所得或损失	
债务重组	(1)企业债务重组确认的应纳税所得额占该企业当年应纳税所得额50%以上，可以在5个纳税年度的期间内，均匀计入各年度的应纳税所得额。 (2)企业发生债权转股权业务，对债务清偿和股权投资两项业务暂不确认有关债务清偿所得或损失，股权投资的计税基础以原债权的计税基础确定。企业的其他相关所得税事项保持不变	
股权收购	股权收购企业购买的股权不低于被收购企业全部股权的50%，且收购企业在该股权收购发生时的股权支付金额不低于其交易支付总额的85%，可以选择按以下规定处理： (1)被收购企业的股东取得收购企业股权的计税基础，以被收购股权的原有计税基础确定。 (2)收购企业取得被收购企业股权的计税基础，以被收购股权的原有计税基础确定。 (3)收购企业、被收购企业的原有各项资产和负债的计税基础和其他相关所得税事项保持不变	
资产收购	(1)转让企业取得受让企业股权的计税基础，以被转让资产的原有计税基础确定。 (2)受让企业取得转让企业资产的计税基础，以被转让资产的原有计税基础确定	
合并	(1)合并企业接受被合并企业资产和负债的计税基础，以被合并企业的原有计税基础确定。 (2)被合并企业合并前的相关所得税事项由合并企业承继。 (3)可由合并企业弥补的被合并企业亏损的限额 = 被合并企业净资产公允价值×截至合并业务发生当年年末国家发行的最长期限的国债利率 (4)被合并企业股东取得合并企业股权的计税基础，以其原持有的被合并企业股权的计税基础确定	
分立	(1)分立企业接受被分立企业资产和负债的计税基础，以被分立企业的原有计税基础确定。 (2)被分立企业已分立出去资产相应的所得税事项由分立企业承继。 (3)被分立企业未超过法定弥补期限的亏损额可按分立资产占全部资产的比例进行分配，由分立企业继续弥补。 (4)被分立企业的股东取得分立企业的股权(以下简称"新股")，如需部分或全部放弃原持有的被分立企业的股权(以下简称"旧股")，"新股"的计税基础应以放弃"旧股"的计税基础确定。如不需放弃"旧股"，则其取得"新股"的计税基础可从以下两种方法中选择确定：直接将"新股"的计税基础确定为零；或者以被分立企业分立出去的净资产占被分立企业全部净资产的比例先调减原持有的"旧股"的计税基础，再将调减的计税基础平均分配到"新股"上	

【知识点拨】 企业合并、分立过程中亏损的处理（见表4-45）

表4-45　企业合并、分立过程中亏损的处理

类型		税务处理
企业合并	一般性税务处理	被合并企业的亏损**不得**在合并企业**结转**弥补
	特殊性税务处理	可由合并企业弥补的被合并企业亏损的限额 = **被合并企业净资产公允价值**×截至合并业务发生当年年末国家发行的最长期限的国债利率
企业分立	一般性税务处理	企业分立相关企业的亏损**不得**相互**结转**弥补
	特殊性税务处理	被分立企业未超过法定弥补期限的亏损额可**按分立资产占全部资产**的比例进行分配，由分立企业继续弥补

（四）股权或资产划转的税务处理

对100%直接控制的居民企业之间，以及受同一或相同多家居民企业100%直接控制的居民企业之间按账面净值划转股权或资产，凡具有合理商业目的、不以减少、免除或者推迟缴纳税款为主要目的，股权或资产划转后连续12个月内不改变被划转股权或资产原来实质性经营活动，且划出方企业和划入方企业均未在会计上确认损益的，可以选择按规定进行特殊性税务处理：

1. 划出方企业和划入方企业均不确认所得。

2. 划入方企业取得被划转股权或资产的计税基础，以被划转股权或资产的原账面净值确定。

3. 划入方企业取得的被划转资产，应按其原账面净值计算折旧扣除。

【例题31·计算问答题】 A企业合并B企业，采用特殊性税务处理，B企业尚未弥补的亏损100万元，B企业资产账面价值800万，公允价值900万，负债400万。截至合并业务发生当年年末国家发行的最长期限的国债利率为4%。可由合并后的A企业弥补的亏损是多少？

答案
B企业净资产公允价值 = 900 - 400 = 500（万元）

可由合并后的A企业弥补的亏损限额 = 500×4% = 20（万元）

实际弥补20万元

如果B企业尚未弥补的亏损15万元，则可以由合并后的A企业弥补的亏损为15万元。

【例题32·单选题】 A企业持有B企业95%的股权，共计3000万股，2019年10月将其全部转让给C企业。收购日A企业持有的B企业股权每股资产的公允价值为12元，每股资产的计税基础为10元。在收购对价中C企业以股权形式支付32400万元，以银行存款支付3600万元。假定符合特殊性税务处理的其他条件，A企业转让股权应缴纳企业所得税（　）万元。

A. 0 　　　　　　B. 30

C. 100 　　　　　D. 150

解析

（1）收购企业取得被收购企业的股权比例是95%，股权支付的比例 = 32400÷（32400+3600）×100% = 90%。

（2）采用特殊性税务处理时，A企业转让股权的应纳税所得额 = 3000×（12-10）×3600÷（32400+3600）= 600（万元）。

（3）A企业转让股权应缴纳企业所得税 = 600×25% = 150（万元）　　**答案** D

真题精练（客观题）

（2017年多选题）下列关于企业资产收购重组的一般性税务处理的表述中，正确的有（　）。

A. 被收购方应确认资产的转让所得或损失

B. 收购方取得资产的计税基础应以公允价值为基础确定

C. 被收购企业的相关所得税事项原则上保持不变

D. 受让方取得转让企业资产的计税基础以被转让资产的原有计税基础确定

解析 ▶ 企业股权收购、资产收购重组交易，相关交易的处理：

(1)被收购方应确认股权、资产转让所得或损失。

(2)收购方取得股权或资产的计税基础应以公允价值为基础确定。

(3)被收购企业的相关所得税事项原则上保持不变。

答案 ▶ ABC

扫我解疑难

九、税收优惠★★★

企业所得税优惠政策需要认真记忆，无论是客观题还是主观题，都会考查到，具体内容见表4-46。

表4-46 企业所得税的主要优惠

优惠措施	具体项目	具体规定
免征、减征企业所得税	1. 从事农、林、牧、渔业项目的所得★★★	分清哪些项目属于免征企业所得税，哪些属于减半征收企业所得税。 (1)企业从事下列项目的所得，免征企业所得税： ①蔬菜、谷物、薯类、油料、豆类、棉花、麻类、糖料、水果、坚果的种植。 ②农作物新品种的选育。 ③中药材的种植。 ④林木的培育和种植。 ⑤牲畜、家禽的饲养。 ⑥林产品的采集。 ⑦灌溉、农产品初加工、兽医、农技推广、农机作业和维修等农、林、牧、渔服务业项目。 ⑧远洋捕捞。 (2)企业从事下列项目的所得，减半征收企业所得税： ①花卉、茶以及其他饮料作物和香料作物的种植。 ②海水养殖、内陆养殖
	2. 从事国家重点扶持的公共基础设施项目投资经营的所得★★	自项目取得第一笔生产经营收入所属纳税年度起，三免三减半。 (1)企业从事国家重点扶持的公共基础设施项目(包括港口码头、机场、铁路、公路、电力、水利等项目)的投资经营的所得，自项目取得第一笔生产经营收入所属纳税年度起，三免三减半； (2)企业承接经营、承包建设和内部自建自用上述项目，不得享受上述企业所得税优惠； (3)企业投资经营符合《公共基础设施项目企业所得税优惠目录》规定条件和标准的公共基础设施项目，采用一次核准、分批次(如码头、泊位、航站楼、跑道、路段、发电机组等)建设的，凡同时符合以下条件的，可按每一批次为单位计算所得，并享受企业所得税"三免三减半"优惠： ①不同批次在空间上相互独立； ②每一批次自身具备取得收入的功能； ③以每一批次为单位进行会计核算，单独计算所得，并合理分摊期间费用

优惠措施	具体项目	具体规定
免征、减征企业所得税	3. 从事符合条件的环境保护、节能节水项目的所得★★★	自项目取得第一笔生产经营收入所属纳税年度起，三免三减半。 (1)环境保护、节能节水项目(包括公共污水处理、公共垃圾处理、沼气综合开发利用、节能减排技术改造、海水淡化等)的所得，自项目取得第一笔生产经营收入所属纳税年度起，三免三减半； (2)在减免税期限内转让的，受让方自受让之日起，可在剩余期限内享受规定的减免税优惠；减免税期限届满后转让的，受让方不得就该项目重复享受减免税待遇
	4. 符合条件的技术转让所得★★★	(1)基本政策 一个纳税年度内，居民企业转让技术所有权所得不超过500万元的部分，免征企业所得税；超过500万元的部分，减半征收企业所得税。 (2)技术转让的范围 包括居民企业转让专利技术、计算机软件著作权、集成电路布图设计权、植物新品种、生物医药新品种、5年(含)以上非独占许可使用权，以及财政部和国家税务总局确定的其他技术。 (3)技术转让所得的计算 注意：根据技术转让所得，而非收入，确定企业所得税的优惠政策 技术转让所得=技术转让收入-技术转让成本-相关税费 技术转让收入：当事人履行技术转让合同后获得的价款，不包括销售或转让设备、仪器、零部件、原材料等非技术性收入。 (4)技术转让应签订技术转让合同。其中，境内的技术转让须经省级以上(含省级)科技部门认定登记，跨境的技术转让须经省级以上(含省级)商务部门认定登记，涉及财政经费支持产生技术的转让，需省级以上(含省级)科技部门审批； (5)居民企业取得禁止出口和限制出口技术转让所得，不享受技术转让减免企业所得税优惠政策； (6)居民企业从直接或间接持有股权之和达到100%的关联方取得的技术转让所得，不享受技术转让减免企业所得税优惠政策
高新技术企业	国家需要重点扶持的高新技术企业减按15%的税率征收企业所得税★★★	高新技术企业的条件： (1)企业申请认定时须注册成立一年以上； (2)企业通过自主研发、受让、受赠、并购等方式，获得对其主要产品(服务)在技术上发挥核心支持作用的知识产权的所有权； (3)对企业主要产品(服务)发挥核心支持作用的技术属于《国家重点支持的高新技术领域》规定的范围； (4)企业从事研发和相关技术创新活动的科技人员占企业当年职工总数的比例不低于10%； (5)企业近三个会计年度(实际经营期不满三年的按实际经营时间计算)的研究开发费用总额占同期销售收入总额的比例符合如下要求： ①最近一年销售收入小于5000万元(含)的企业，比例不低于5%； ②最近一年销售收入在5000万元至2亿元(含)的企业，比例不低于4%； ③最近一年销售收入在2亿元以上的企业，比例不低于3%。 其中，企业在中国境内发生的研究开发费用总额占全部研究开发费用总额的比例不低于60%。 (6)近一年高新技术产品(服务)收入占企业同期总收入的比例不低于60%； (7)企业创新能力评价应达到相应要求； (8)企业申请认定前一年内未发生重大安全、重大质量事故或严重环境违法行为。

优惠措施	具体项目	具体规定
高新技术企业	国家需要重点扶持的高新技术企业减按15%的税率征收企业所得税★★★	【知识点拨1】以境内、境外全部生产经营活动有关的研究开发费用等指标申请并经认定的高新技术企业，对其来源于境外所得可以按照15%的优惠税率缴纳企业所得税，在计算境外抵免限额时，可按照15%的优惠税率计算境内外应纳税总额。 【知识点拨2】高新技术企业应在资格期满前3个月内提出复审申请，在通过复审之前，在其高新技术企业资格有效期内，其当年企业所得税暂按15%的税率预缴。 【知识点拨3】取消高新技术企业资格的情形 已认定的高新技术企业有下列行为之一的，由认定机构取消其高新技术企业资格： (1)在申请认定过程中存在严重弄虚作假行为的； (2)发生重大安全、重大质量事故或有严重环境违法行为的； (3)未按期报告与认定条件有关重大变化情况，或累计两年未填报年度发展情况报表的。 对取消资格的，追缴其自发生上述行为之日所属年度起已享受的高新技术企业税收优惠
技术先进型服务企业	自2017年1月1日起，在全国范围内对经认定的技术先进型服务企业，减按15%的税率征收企业所得税★★★	技术先进型服务企业的条件 (1)在中国境内(不包括港澳台地区)注册的法人企业； (2)从事《技术先进型服务业务认定范围(试行)》中的一种或多种技术先进型服务业务，采用先进技术或具备较强的研发能力； (3)具有大专以上学历的员工占企业职工总数的50%以上； (4)从事《技术先进型服务业务认定范围(试行)》中的技术先进型服务业务取得的收入占企业当年总收入的50%以上； (5)从事离岸服务外包业务取得的收入不低于企业当年总收入的35%
小型微利企业	小型微利企业减按20%的税率征收企业所得税★★★	(1)小型微利企业的条件(2019.1.1~2021.12.31期间)——从事国家非限制和禁止行业，并符合下列条件的企业(简称"335")： ①年度应纳税所得额≤300万元； ②从业人数≤300人； ③资产总额≤5000。 (2)自2019年1月1日至2021年12月31日： ①年应纳税所得额≤100万元，其所得减按25%计入应纳税所得额，按20%的税率缴纳企业所得税，相当于适用税率是5%； ②100万元<年应纳税所得额≤300万元，其所得减按50%计入应纳税所得额，按20%的税率缴纳企业所得税，相当于适用税率是10%。 小型微利企业应纳税额计算： ①年度应纳税所得额≤100万元：应纳税额=应纳税所得额×5%； ②100万元<年度应纳税所得额≤300万元：应纳税额=应纳税所得额×10%-5万元。 【知识点拨1】年度应纳税所得额：以弥补亏损后的数字为准。 【知识点拨2】从业人数包括与企业建立劳动关系的职工人数和企业接受的劳务派遣用工人数。 【知识点拨3】年度中间开业或终止经营活动的，以其实际经营期作为一个纳税年度确定上述相关指标。 【知识点拨4】无论是查账征收企业、还是核定征收企业，符合条件的，均可享受小型微利企业的税收优惠。 【知识点拨5】仅就来源于我国所得负有我国纳税义务的非居民企业，不适用小型微利企业的规定

第4章 企业所得税法

优惠措施	具体项目	具体规定
加计扣除	1. 研究开发费用 ★★★	(1)自2018年1月1日至2020年12月31日，企业开展研发活动实际发生的研究开发费，未形成无形资产计入当期损益的，在按照规定据实扣除的基础上，按照研究开发费用的75%加计扣除；形成无形资产的，按照无形资产成本的175%摊销； (2)委托进行研发活动所发生的费用，按照费用实际发生额的80%计入委托方的委托研发费用，可以按规定在企业所得税前加计扣除； (3)委托境外(不含个人)进行研发活动所发生的费用，按照费用实际发生额的80%计入委托方的委托境外研发费用。委托境外研发费用不超过境内符合条件的研发费用三分之二的部分，可以按规定在企业所得税前加计扣除
	2. 企业安置残疾人员所支付的工资 ★★★	(1)企业安置残疾人员所支付的工资，在按照支付给残疾职工工资据实扣除的基础上，按照支付给残疾职工工资的100%加计扣除； (2)企业安置国家鼓励安置的其他就业人员所支付的工资的加计扣除办法，由国务院另行规定
创投企业	创业投资企业的税收优惠 ★★	创业投资企业，采取股权投资方式投资于初创科技型企业满2年的，可以按其投资额的70%在股权持有满2年的当年抵扣该创业投资企业的应纳税所得额；当年不足抵扣的，可以在以后纳税年度结转抵扣
加速折旧 ★★★	1. 一般规定	(1)可以加速折旧的固定资产： ①由于技术进步，产品更新换代较快的固定资产； ②常年处于强震动、高腐蚀状态的固定资产。 (2)加速折旧方法： ①缩短折旧年限：最低折旧年限不得低于规定折旧年限的60%； ②加速折旧方法：双倍余额递减法或年数总和法
	2. 特殊行业加速折旧	(1)涵盖范围——六大行业、四大领域、全部制造业： ①六大行业：生物药品制造业，专用设备制造业，铁路、船舶、航空航天和其他运输设备制造业，计算机、通信和其他电子设备制造业，仪器仪表制造业，信息传输、软件和信息技术服务业等行业企业，2014年1月1日后新购进的固定资产(包括自行建造)； ②四大领域：轻工、纺织、机械、汽车四个领域重点行业企业，2015年1月1日后新购进的固定资产(包括自行建造)； ③全部制造业：2019年1月1日后新购进的固定资产(包括自行建造)。 (2)加速折旧方法： ①缩短折旧年限：最低折旧年限不得低于规定折旧年限的60%； ②加速折旧方法：双倍余额递减法或年数总和法
	3. 研发活动方面加速折旧的优惠	对所有行业企业在2014年1月1日后新购进并专门用于研发活动的仪器、设备，以及六大行业(2014年)、四大领域(2015年)、全部制造业(2019年)小型微利企业新购进的研发和生产经营共用的仪器设备： ①单位价值≤100万元的，可以一次性在计算应纳税所得额时扣除； ②单位价值>100万元的，允许按不低于企业所得税法规定折旧年限的60%缩短折旧年限，或选择采取双倍余额递减法或年数总和法进行加速折旧
	4. 设备、器具等固定资产一次性抵扣规定	(1)企业在2018年1月1日至2020年12月31日期间新购进的设备、器具，单位价值≤500万元的，允许一次性计入当期成本费用在计算应纳税所得额时扣除，不再分年度计算折旧； (2)设备、器具：指的是除房屋、建筑物以外的固定资产

优惠措施	具体项目	具体规定
加速折旧 ★★★	5. 持有的固定资产一次性抵扣的规定	对所有行业企业持有的单位价值≤5000元的固定资产，允许一次性计入当期成本费用在税前扣除
减计收入	综合利用资源的优惠★★★	企业综合利用资源，生产符合国家产业政策规定的产品所取得的收入减按90%计入收入总额
税额抵免	环境保护、节能节水、安全生产等专用设备的优惠★★★	(1)企业购置并实际使用符合规定的环境保护、节能节水、安全生产等专用设备的，该专用设备投资额的10%可以从企业当年的应纳税额中抵免；当年不足抵免的，可以在以后5个纳税年度结转抵免； (2)企业购置上述设备在5年内转让、出租的，应停止享受企业所得税优惠，并补缴已经抵免的企业所得税税款
非居民企业优惠	非居民企业减按10%的税率征收企业所得税	下列所得免征企业所得税： (1)外国政府向中国政府提供贷款取得的利息所得； (2)国际金融组织向中国政府和居民企业提供优惠贷款取得的利息所得； (3)经国务院批准的其他所得。 【知识点拨】这里的非居民企业是指在中国境内未设立机构、场所的，或者虽设立机构、场所但取得的所得与其所设机构、场所没有实际联系的企业
行业优惠	1. 软件产业和集成电路产业的优惠政策	(1)2018年1月1日后投资新设的集成电路线宽<130纳米，且经营期在10年以上的集成电路生产企业或项目，2免3减半； (2)2018年1月1日后投资新设的集成电路线宽<65纳米或投资额超过150亿元，且经营期在15年以上的集成电路生产企业或项目，5免5减半。 【知识点拨】按照集成电路生产企业享受上述优惠的，优惠期自企业获利年度起计算；对于按照集成电路生产项目享受上述优惠的，优惠期自项目取得第一笔生产经营收入所属纳税年度起计算
	2. 关于鼓励证券投资基金发展的优惠政策	(1)对证券投资基金从证券市场中取得的收入，包括买卖股票、债券的差价收入，股权的股息、红利收入，债券的利息收入及其他收入，暂不征收企业所得税； (2)对投资者从证券投资基金分配中取得的收入，暂不征收企业所得税； (3)对证券投资基金管理人运用基金买卖股票、债券的差价收入，暂不征收企业所得税
	3. 节能服务公司的优惠政策	节能服务公司实施合同能源管理项目符合所得税法有关规定的，自项目取得第一笔生产经营收入所属纳税年度起，第1年至第3年免征企业所得税，第4年至第6年按照25%的法定税率减半征收企业所得税
	4. 从事污染治理的第三方企业的优惠政策	自2019年1月1日起至2021年12月31日，对符合条件的从事污染防治的第三方企业减按15%的税率征收企业所得税
西部大开发优惠	西部地区国家鼓励类产业企业优惠政策	(1)设在西部地区国家鼓励类产业企业，2011年1月1日至2020年12月31日期间，减按15%的税率征收企业所得税； (2)对在西部地区新办交通、电力、水利、邮政、广播电视企业，上述项目业务收入占企业总收入70%以上的，可以享受企业所得税如下优惠政策：内资企业自开始生产经营之日起，第一年至第二年免征企业所得税，第三年至第五年减半征收企业所得税。第三年至第五年减半征收企业所得税时，按15%税率计算出应纳所得税额后减半执行； (3)自2012年1月1日至2020年12月31日，对设在赣州市的鼓励类产业的内资企业和外商投资企业减按15%的税率征收企业所得税

【例题 33·多选题】 企业从事下列项目取得的所得中，减半征收企业所得税的有( )。

A. 种植花卉　　B. 远洋捕捞

C. 海水养殖　　D. 种植中药材

解析 企业从事下列项目的所得，减半征收企业所得税：(1)花卉、茶以及其他饮料作物和香料作物的种植；(2)海水养殖、内陆养殖。所以选项 A、C 是正确的，选项 B、D，属于免征企业所得税的项目。　**答案** AC

【例题 34·单选题】 某企业 2018 年亏损 80 万，2019 年纳税调整后所得为 360 万元，从业人数 266 人，资产总额 3560 万，该企业 2019 年应纳所得税( )万元。

A. 23　　　　B. 28

C. 31　　　　D. 90

解析 以弥补亏损后的应纳税所得额判断该企业是否符合小型微利企业条件，该企业 2019 年应纳税所得额 280 万元 (360−80 = 280 万元)，低于 300 万元，从业人数未超过 300 人，资产总额未超过 5000 万，符合小型微利企业条件。因此应纳税额 = (360−80) × 10%−5 = 23(万元)。　**答案** A

【例题 35·多选题】 依据企业所得税的相关规定，下列资产中，可采用加速折旧方法的有( )。

A. 常年处于强震动状态的固定资产

B. 常年处于高腐蚀状态的固定资产

C. 单独估价作为固定资产入账的土地

D. 由于技术进步原因产品更新换代较快的固定资产

解析 选项 C，属于不得扣除折旧的固定资产。　**答案** ABD

【例题 36·多选题】 下列关于非居民企业所得税税收优惠的说法中，正确的有( )。

A. 在中国境内未设立机构场所的非居民企业，可以减按 10%的税率征收企业所得税

B. 外国政府向中国政府提供贷款取得的利息所得免征企业所得税

C. 国际金融组织向中国政府和居民企业提供优惠贷款取得的利息所得免征企业所得税

D. 在中国境内设立机构场所，但取得的所得与所设机构场所没有实际联系的非居民企业，可以减按 10%的税率征收企业所得税

解析 以上四个选项表述均正确。

答案 ABCD

真题精练(客观题)

1. (2018 年单选题)科技型中小企业研发费用税前加计扣除的比例是( )。

A. 25%　　　　B. 75%

C. 50%　　　　D. 100%

解析 自 2018 年起，企业研发费用加计扣除比例均调整为 75%。　**答案** B

2. (2018 年单选题)非居民企业取得的下列所得中，应当计算缴纳企业所得税的是( )。

A. 国际金融组织向中国政府提供优惠贷款取得利息所得

B. 国际金融组织向中国居民企业提供优惠贷款取得利息所得

C. 外国政府向中国政府提供贷款取得利息所得

D. 外国金融机构向中国居民企业提供商业贷款取得利息所得

解析 非居民企业取得的下列所得免征企业所得税：(1)外国政府向中国政府提供贷款取得的利息所得；(2)国际金融组织向中国政府和居民企业提供优惠贷款取得的利息所得；(3)经国务院批准的其他所得。

答案 D

扫我解疑难

十、应纳税额的计算

(一)居民企业应纳税额的计算★★★

应纳税额 = 应纳税所得额×适用税率−减免税额−抵免税额

应纳税所得额 = 收入总额−不征税收入−免税收入−各项扣除金额−弥补亏损

或 = 会计利润总额±纳税调整项目金额

在进行综合题的练习时，建议大家在计算企业所得税时形成清晰的思路，可以考虑一边阅读题目，并一边回答与每项业务直接相关的问题，同时整理与年度企业所得税计算相关的资料，可以考虑按照表 4-47 整理相关信息。

表 4-47　企业所得税综合题需整理的信息

纳税调整项目	会计利润调整项目
1. 销售（营业）收入＝主营业务收入＋其他业务收入＋视同销售收入 （1）业务招待费； （2）广宣费	应补退的其他税种： 1. 增值税 2. 消费税 3. 城建税及附加 4. 房产税 5. 印花税等
2. 会计利润 公益性捐赠	
3. 应纳税所得额＝会计利润＋纳税调增－纳税调减	
4. 境外所得补退税	
5. 应纳税额（或应补退税额）	

（二）境外所得抵扣税额的计算 ★★★

1. 抵免范围

企业取得的下列所得已在境外缴纳的所得税税额，可以从其当期应纳税额中抵免，抵免限额为该项所得依照企业所得税法规定计算的应纳税额；超过抵免限额的部分，可以在以后 5 个年度内，用每年度抵免限额抵免当年应抵税额后的余额进行抵补：

（1）居民企业来源于中国境外的应税所得；

（2）非居民企业在中国境内设立机构、场所，取得发生在中国境外但与该机构、场所有实际联系的应税所得；

（3）居民企业从其直接或者间接控制的外国企业分得的来源于中国境外的股息、红利等权益性投资收益，外国企业在境外实际缴纳的所得税税额中属于该项所得负担的部分，可以作为该居民企业的可抵免境外所得税税额，在企业所得税法规定的抵免限额内抵免。

2. 抵免限额的计算

抵免限额＝中国境内、境外所得依照企业所得税法的规定计算的应纳税总额×来源于某国（地区）的应纳税所得额÷中国境内、境外应纳税所得总额

【知识点拨】境外所得税收抵免

（1）遵循"多不退、少要补"的原则；

（2）自 2017 年 7 月 1 日起，企业可以选择"分国不分项"或"不分国不分项"计算来源于境外的应纳税所得额，并计算可抵免境外所得税税额和抵免限额，上述方式一经选择，5 年内不得改变；

（3）从三层抵免改为五层抵免。

【例题 37·单选题】某居民企业（非高新技术企业）2019 年境内生产经营应纳税所得额为 500 万元，适用 15% 的企业所得税税率。该企业在 A 国设有甲分支机构（我国与 A 国已经缔结避免双重征税协定），甲分支机构的应纳税所得额为 50 万元，甲分支机构适用 20% 的企业所得税税率，甲分支机构按规定在 A 国缴纳了企业所得税，该企业在汇总时在我国应缴纳的企业所得税为（　）万元。

A. 75　　　　　　B. 77.5

C. 127.5　　　　D. 172.5

解析 ▶ A 国的扣除限额＝50×25%＝12.5（万元）

在 A 国实际缴纳的所得税＝50×20%＝10（万元），小于抵扣限额，需要补税。

企业在汇总时在我国应缴纳的企业所得税＝500×15%＋（12.5－10）＝77.5（万元）

答案 ▶ B

【应试思路】以境内、境外全部生产经营活动有关的研究开发费用总额、总收入、销售收入总额、高新技术产品（服务）收入等指标申请并经认定的高新技术企业，其来源于境外的所得可以享受高新技术企业所得税优惠政策，即对其来源于境外所得可以按照 15% 的优惠税率缴纳企业所得税，在计算境外抵免限额时，可按照 15% 的优惠税率计算境内外应纳税总额。

（2019年单选题）某居民企业2018年度境内应纳税所得额为1000万元，设立在甲国的分公司就其境外所得在甲国已纳企业所得税60万元，甲国企业所得税税率为30%，该居民企业2018年企业所得税应纳税所得额是（　　）万元。

A. 1018　　　　　　B. 940

C. 1200　　　　　　D. 1060

解析 ▶ 甲国企业取得的境外所得＝60÷30%＝200（万元）

我国应纳税所得额＝1000+200＝1200（万元）

答案 ▶ C

（三）居民企业核定征收应纳税额的计算 ★★★

1. 范围和办法（见表4-48）

表4-48　核定征收的范围和办法

项目	内容
核定征收的范围	（1）依照法律、行政法规的规定可以不设置账簿的。 （2）依照法律、行政法规的规定应当设置但未设置账簿的。 （3）擅自销毁账簿或者拒不提供纳税资料的。 （4）虽设置账簿，但账目混乱或者成本资料、收入凭证、费用凭证残缺不全，难以查账的。 （5）发生纳税义务，未按照规定的期限办理纳税申报，经税务机关责令限期申报，逾期仍不申报的。 （6）申报的计税依据明显偏低，又无正当理由的。 自2012年1月1日起，专门从事股权（股票）投资业务的企业，不得核定征收企业所得税； 对依法按核定应税所得率方式核定企业所得税的企业，取得的转让股权（股票）收入等转让财产收入，应全额计入应税收入额
核定应税所得率	（1）能正确核算（查实）收入总额，但不能正确核算（查实）成本费用总额的。 （2）能正确核算（查实）成本费用总额，但不能正确核算（查实）收入总额的。 （3）通过合理方法，能计算和推定纳税人收入总额或成本费用总额的

2. 公式

采用应税所得率方式核定征收企业所得税的，应纳所得税额计算公式如表4-49所示。

表4-49　应纳所得税额计算公式

核定标准	公式
按应税收入（而非收入总额）核定	应纳税所得额＝应税收入额×应税所得率
按成本费用支出额核定	应纳税所得额＝成本（费用）支出额÷（1-应税所得率）×应税所得率

应纳所得税额＝应纳税所得额×适用税率

【知识点拨】自2014年1月1日起，核定征收企业，符合相应条件的，享受小型微利企业税收优惠政策

【例题38·单选题】 某批发兼零售的居民企业，从业人数10人，资产总额240万元。2019年度自行申报销售收入总额100万元，成本费用总额110万元，当年亏损10万元，经税务机关审核，该企业申报的收入总额无法核实，成本费用核算正确。假定对该企业采取核定征收企业所得税，应税所得率为8%，该居民企业2019年度应纳企业所得税（　　）万元。

A. 2.2　　　　　　B. 2.39

C. 0.96　　　　　　D. 0.48

解析 ▶ 应纳税所得额＝110÷（1-8%）×8%＝9.57（万元）；该企业符合小型微利企业条件，享受小型微利企业的税收优惠。应纳税额＝9.57×25%×20%＝0.48（万元）。

答案 ▶ D

（四）非居民企业应纳税额的计算 ★★

对于在中国境内未设立机构、场所的，

或者虽设立机构、场所但取得所得与其所设机构、场所没有实际联系的非居民企业的所得，按照下列方法计算应纳税所得额（见表4-50）。

表4-50 非居民企业应纳税所得额的确定

类别	具体规定
（1）股息、红利等权益性投资收益和利息、租金、特许权使用费所得	以收入全额为应纳税所得额 营改增试点中的非居民企业，应以不含增值税的收入全额作为应纳税所得额
（2）转让财产所得	以收入全额减除财产净值后的余额为应纳税所得额
（3）其他所得	参照前两项规定的方法计算应纳税所得额

【知识点拨】转让财产所得包含转让股权等权益性投资资产（以下称"股权"）所得。股权转让收入减除股权净值后的余额为股权转让所得应纳税所得额。

【例题39·多选题】在中国境内未设立机构、场所的非居民企业从中国境内取得的下列所得，应按收入全额计算征收企业所得税的有（　）。

A. 股息
B. 转让财产所得
C. 租金
D. 特许权使用费

解析 ▶ 股息、红利等权益性投资收益和利息、租金、特许权使用费所得，以收入全额为应纳税所得额。 答案 ▶ ACD

真题精练（客观题）

（2019年单选题）在中国境内未设立机构、场所的非居民企业，计算企业所得税应纳税所得额，所用的下列方法中，符合税法规定的是（　）。

A. 租金所得以租金收入减去房屋折旧为应纳税所得额
B. 股息所得以收入全额为应纳税所得额
C. 特许权使用费所得以收入减去特许权摊销费用为应纳税所得额
D. 财产转让所得以转让收入减去财产原值为应纳税所得额

解析 ▶ 股息、红利等权益性投资收益和利息、租金、特许权使用费所得，以收入全额为应纳税所得额，因此选项A、B、C错误。选项D，转让财产所得，以收入全额减除财产净值后的余额为应纳税所得额。 答案 ▶ B

（五）非居民企业所得税核定征收办法 ★★

1. 非居民企业因会计账簿不健全，资料残缺难以查账，或者其他原因不能准确计算并据实申报其应纳税所得额的，税务机关有权采取以下方法核定征收（见表4-51）。

表4-51 非居民企业所得税核定征税办法

核定方法	适用范围	应纳税所得额
（1）按收入总额核定	适用于能够正确核算收入或通过合理方法推定收入总额，但不能正确核算成本费用的非居民企业	应纳税所得额＝收入总额×经税务机关核定的利润率
（2）按成本费用核定	适用于能够正确核算成本费用，但不能正确核算收入总额的非居民企业	应纳税所得额＝成本费用总额或经费支出总额÷（1-经税务机关核定的利润率）×经税务机关核定的利润率
（3）按经费支出换算收入核定	适用于能够正确核算经费支出总额，但不能正确核算收入总额和成本费用的非居民企业	

2. 非居民企业利润率的规定(见表4-52)

表4-52　非居民企业利润率的规定

情形	利润率
从事承包工程作业、设计和咨询劳务的	15%~30%
从事管理服务的	30%~50%
从事其他劳务或劳务以外经营活动的	不低于15%
税务机关有根据认为非居民企业的实际利润率明显高于上述标准的,可以按照比上述标准更高的利润率核定其应纳税所得额	

3. 其他规定

非居民企业与中国居民企业签订机器设备或货物销售合同,同时提供设备安装、装配、技术培训、指导、监督服务等劳务,其销售货物合同中未列明提供上述劳务服务收费金额,或者计价不合理的,主管税务机关可以根据实际情况,参照相同或相近业务的计价标准核定劳务收入。**无参照标准的,以不低于销售货物合同总价款的10%为原则,确定非居民企业的劳务收入。**

(六)房地产开发企业所得税预缴税款的处理★

房地产开发企业按当年实际利润据实分季(或月)预缴企业所得税的,对开发、建造的住宅、商业用房以及其他建筑物、附着物、配套设施等开发产品,在未完工前采取预售方式销售取得的预售收入,按照规定的预计利润率分季(或月)计算出预计利润额,计入利润总额预缴,开发产品完工、结算计税成本后按照实际利润再行调整。

预计利润额=预售收入×预计利润率

房地产开发企业的财税处理见表4-53。

表4-53　房地产开发企业的财税处理

	预售阶段	完工交付业主
会计	预收账款	开发收入,结转成本
增值税	预缴3%增值税	**纳税义务发生**
城建及附加	纳税义务发生;但并不计入"税金及附加",**纳税调减**	记入"税金及附加",**纳税调增**
土地增值税	预缴。但并不计入税金及附加,**纳税调减**	达到清算条件清算。记入"税金及附加",**纳税调增**
预计利润	预计毛利额,**纳税调增**	预计毛利额,**纳税调减**

十一、征收管理

扫我解疑难

(一)纳税地点★★

1. 除税收法律、行政法规另有规定外,居民企业以企业登记注册地为纳税地点;但登记注册地在境外的,以实际管理机构所在地为纳税地点。

2. 居民企业在中国境内设立不具有法人资格的营业机构的,应当汇总计算并缴纳企业所得税。

3. 除国务院另有规定外,企业之间不得合并缴纳企业所得税。

4. 非居民企业在中国境内设立机构、场所的,应当就其所设机构、场所取得的来源于中国境内的所得,以及发生在中国境外但与其所设机构、场所有实际联系的所得,以机构、场所所在地为纳税地点。

5. 非居民企业在中国境内未设立机构场所,或者虽设立机构、场所但取得的所得与其所设机构、场所没有实际联系的所得,以扣缴义务人所在地为纳税地点。

（二）纳税期限

1. 企业所得税按年计征，分月或者分季预缴，年终汇算清缴，多退少补。

2. 企业应当自年度终了之日起5个月内，向税务机关报送年度企业所得税纳税申报表，并汇算清缴，结清应缴应退税款。

3. 企业在一个纳税年度中间开业，或者终止经营活动，使该纳税年度的实际经营期不足12个月的，应当以其实际经营期为一个纳税年度。

4. 企业依法清算时，应当以清算期间作为一个纳税年度。

5. 企业在年度中间终止经营活动的，应当自实际经营终止之日起60日内，向税务机关办理当期企业所得税汇算清缴。

（三）纳税申报★★

1. 按月或按季预缴的，应当自月份或者季度终了之日起15日内，向税务机关报送预缴企业所得税纳税申报表，预缴税款。

2. 企业在纳税年度内无论盈利或者亏损，都应当依照规定的期限，向税务机关报送预缴企业所得税纳税申报表、年度企业所得税纳税申报表、财务会计报告和税务机关规定应当报送的其他有关资料。

【例题40·多选题】下列关于企业所得税征收管理的说法正确的有（　　）。

A. 企业所得税按年计征、分月或者分季预缴，年终汇算清缴，多退少补

B. 居民企业的登记注册地在境外的，以实际管理机构所在地为纳税地点

C. 非居民企业在中国境内未设立机构、场所的，以扣缴义务人所在地为纳税地点

D. 居民企业在中国境内设立不具有法人资格的营业机构的，应当汇总计算并缴纳企业所得税

解析 ▶ 以上四个选项的说法均是正确的。

答案 ▶ ABCD

（四）源泉扣缴★

1. 扣缴义务人（见表4-54）

表4-54　企业所得税的扣缴义务人

所得来源	扣缴义务人
未设立机构、场所的非居民企业从中国境内取得的所得	支付人
虽设立机构、场所的非居民企业，但从中国境内取得的所得与其所设机构、场所没有实际联系的所得	
非居民企业在中国境内取得工程作业和劳务所得	工程价款或者劳务费的支付人

2. 扣缴方法

（1）扣缴义务人扣缴税款时，按照非居民企业应纳税额计算方法计算税款。

（2）应当扣缴的所得税，扣缴义务人未依法扣缴或者无法履行扣缴义务的，由企业在所得发生地缴纳。企业未依法缴纳的，税务机关可以从该纳税人在中国境内其他收入项目的支付人应付的款项中，追缴该纳税人的应纳税款。

（3）税务机关在追缴该企业应纳税款时，应当将追缴理由、追缴数额、缴纳期限和缴纳方式等告知该企业。

（4）扣缴义务人每次代扣的税款，应当自代扣之日起7日内缴入国库，并向所在地的税务机关报送扣缴企业所得税报告表。

（五）跨地区经营汇总缴纳企业所得税征收管理★★

1. 适用范围

跨省市总分机构企业是指跨省（自治区、直辖市和计划单列市，下同）设立不具有法人资格分支机构的居民企业。

总机构和具有主体生产经营职能的二级分支机构就地预缴企业所得税。

2. 税款预缴

由总机构统一计算企业应纳税所得额和应纳所得税额，并分别由总机构、分支机构

按月或按季就地预缴(见表4-55)。

表4-55　总分支机构税款预缴

项目		具体内容
分支机构分摊预缴税款	(1)时限	总机构在每月或每季终了之日起**10日内**,按**上年度**各省市分支机构的营业收入、职工薪酬和资产总额三项因素,将统一计算的企业当期应纳税额的**50%**在各分支机构之间进行分摊
	(2)总分机构预缴比例	**总机构:50%;分支机构:50%** 所有分支机构应分摊的预缴总额=统一计算的企业当期应纳所得税额×50%
	(3)分支机构分摊比例	该分支机构分摊比例=(该分支机构**营业收入/各分支机构营业收入之和**)×0.35+(该分支机构**职工薪酬/各分支机构职工薪酬之和**)×0.35+(该分支机构**资产总额/各分支机构资产总额之和**)×0.30 **当年新设立的分支机构第2年起参与分摊**;当年撤销的分支机构自办理注销税务登记之日起不参与分摊
	(4)分支机构分摊预缴额	各分支机构分摊预缴额=所有分支机构应分摊的预缴总额×该分支机构分摊比例
总机构就地预缴税款		总机构应将统一计算的企业当期应纳税额的25%,就地办理缴库
总机构预缴中央国库税款		总机构应将统一计算的企业当期应纳税额的剩余25%,就地全额缴入中央国库
汇总清算		(1)补缴的税款按照预缴的分配比例,50%由各分支机构就地办理缴库;25%由总机构就地办理缴库;其余25%部分就地全额缴入中央国库; (2)多缴的税款按照预缴的分配比例,50%由各分支机构就地办理退库;25%由总机构就地办理退库;其余25%部分就地从中央国库退库

(六)合伙企业所得税的征收管理★

合伙企业以**每一个合伙人**为纳税义务人。合伙企业合伙人是自然人的,缴纳个人所得税;合伙人是法人和其他组织的,缴纳企业所得税。

【知识点拨】合伙企业采用"先分后税"的原则。

(七)居民企业报告境外投资和所得信息的管理——2014年9月1日起施行

居民企业成立或参股外国企业,或处置已持有的外国企业股份或有表决权股份,符合下列情形之一,且按照中国会计制度可确认的,应当在办理企业所得税预缴申报时向主管税务机关填报《居民企业参股外国企业信息报告表》。

填报《居民企业参股外国企业信息报告表》的情形:

1. 在该规定施行之日,居民企业直接或间接持有外国企业股份或有表决权股份达到10%(含)以上;

2. 在该规定施行之日后,居民企业在被投资外国企业中直接或间接持有的股份或有表决权股份自不足10%的状态改为达到或超过10%的状态;

3. 在该规定施行之日后,居民企业在被投资外国企业中直接或间接持有的股份或有表决权股份自达到或超过10%的状态改为不足10%的状态。

(八)跨境电子商务综合试验区核定征收企业所得税

自2020年1月1日起,对综试区内的跨境电商企业核定征收企业所得税。

1. 综试区内的跨境电商企业,同时符合下列条件的,试行核定征收企业所得税:

(1)在综试区注册,并在注册地跨境电子商务线上综合服务平台登记出口货物日期、名称、计量单位、数量、单价、金额的;

(2)出口货物通过综试区所在地海关办理

电子商务出口申报手续的；

（3）出口货物未取得有效进货凭证，其增值税、消费税享受免税政策的。

2. 应税所得率统一按照 4% 确定。

3. 综试区内实行核定征收的跨境电商企业符合小型微利企业优惠政策条件的，可享受小型微利企业所得税优惠政策；其取得的收入属于免税收入的，可享受免税收入优惠政策。

4. 综试区：经国务院批准的跨境电子商务综合试验区；所称跨境电商企业是指自建跨境电子商务销售平台或利用第三方跨境电子商务平台开展电子商务出口的企业。

真题精练（主观题）

1. （2018 年综合题，16 分，改）某生物制药企业，2019 年度取得主营业务收入 56000 万元，其他业务收入 3000 万元，营业外收入 1200 万元，投资收益 800 万元；发生主营业务成本 24000 万元，其他业务成本 1400 万元，营业外支出 1300 万元；税金及附加 4500 万元，管理费用 5000 万元，销售费用 12000 万元，财务费用 1100 万元，企业自行计算实现年度利润总额 11700 万元。具体业务如下：

（1）广告费支出 9500 万元。

（2）发生的业务招待费 500 万元。

（3）该企业实发工资 5000 万元，其中残疾人工资 100 万元。

（4）工会经费发生额为 110 万元，福利费发生额为 750 万元，职工教育经费发生额为 140 万元。

（5）专门为研发新产品发生 600 万元的费用，该 600 万元独立核算。

（6）2019 年 12 月份进口专门的研发设备一台，关税完税价格为 800 万元。

（7）投资收益中，其中包含国债利息收入 100 万元，地方债券利息收入 50 万元，企业债券利息收入 150 万元。

（8）企业取得转让专利技术收入 900 万元，发生相关成本及税费 200 万元。

其他相关资料：该企业 2019 年 3 月 31 日之前增值税税率为 16%，2019 年 4 月 1 日之后增值税税率为 13%，关税税率为 10%。

要求：按下列序号计算回答问题，每问需计算出合计数。

（1）计算广告费支出应调整的应纳税所得额。

（2）计算业务招待费支出应调整的应纳税所得额。

（3）计算残疾人员工资应调整的应纳税所得额。

（4）计算工会经费、职工福利费、职工教育经费应调整的应纳税所得额。

（5）计算研发费用应调整的应纳税所得额。

（6）计算进口研发设备应缴纳的进口增值税金额。该研发设备价款能否一次性在税前扣除？

（7）计算投资收益应调整的应纳税所得额。

（8）计算转让专利技术应调整的应纳税所得额。

（9）计算企业 2019 年企业所得税的应纳税所得额。

（10）计算企业 2019 年度应缴纳的企业所得税。

2. （2017 年综合题，16 分，改）某电器生产企业为增值税一般纳税人，2019 年度会计自行核算取得营业收入 25000 万元、营业外收入 3000 万元、投资收益 1000 万元，扣除营业成本 12000 万元、营业外支出 1000 万元、税金及附加 300 万元、管理费用 6000 万元、销售费用 5000 万元、财务费用 2000 万元，企业自行核算实现年度利润总额 2700 万元。2020 年初聘请某会计师事务所进行审计，发现如下问题：

（1）2 月 28 日企业签订租赁合同将一处价值 600 万元的仓库对外出租，当年共取得不含税租金收入 30 万元，未计算缴纳房产税和印花税。

（2）2019 年 12 月与境内关联企业签订资产

交换协议，以成本300万元，不含税售价400万元的中央空调换入等值设备一台，会计上未做收入核算，未计算缴纳印花税。

（3）管理费用和销售费用中含业务招待费500万元，广告费3000万元。

（4）上年结转未抵扣的广告费850万元。

（5）管理费用中含新产品研究开发费用2000万元。

（6）计入成本、费用的实发工资8000万元。拨缴职工工会经费150万元，发生职工福利费1200万元、职工教育经费250万元。

（7）该企业接受境内关联企业甲公司权益性投资金额2000万元。2019年以年利率6%向甲公司借款5000万元，支付利息300万元计入财务费用，金融机构同期同类贷款利率为5%。该企业实际税负高于甲公司，并无法提供资料证明其借款活动符合独立交易原则。

（8）营业外支出中含通过中国青少年发展基金会援建希望小学捐款400万元，并取得合法票据。

（9）12月份购进属于《安全生产专用设备企业所得税优惠目录》规定的安全生产专用设备，取得增值税专用发票，注明价款500万元，进项税额65万元。

其他相关资料：当地房产税房产余值减除比例为30%，购销合同的印花税税率0.3‰，财产租赁合同印花税税率1‰，各扣除项目均已取得有效凭证，相关优惠已办理必要手续。

要求：根据上述资料，按照下列顺序计算回答问题，如有计算需计算出合计数。

（1）计算业务（1）应缴纳的房产税和印花税。

（2）计算业务（2）应缴纳的印花税。

（3）计算该企业2019年度的会计利润总额。

（4）计算广告费支出应调整的应纳税所得额。

（5）计算业务招待费支出应调整的应纳税所得额。

（6）计算新产品研究开发费用应调整的应纳税所得额。

（7）计算工会经费，职工福利费和职工教育经费应调整的应纳税所得额。

（8）计算利息支出应调整的应纳税所得额。

（9）计算公益捐赠应调整的应纳税所得额。

（10）计算该企业2019年度的应纳税所得额。

（11）计算该企业2019年度的应缴纳的企业所得税税额。

3. （2016年综合题，16分，改）某市服装生产企业，为增值税一般纳税人。2019年度取得销售收入40000万元、投资收益1000万元，发生销售成本28900万元、税金及附加1800万元、管理费用3500万元、销售费用4200万元、财务费用1300万元、营业外支出200万元。企业自行计算实现年度利润总额1100万元。

2020年初聘请某会计师事务所进行审核，发现以下问题：

（1）收入、成本中包含转让自建的旧办公楼合同记载的不含税收入1300万元、成本700万元（其中土地价款200万元），但未缴纳转让环节的相关税费。经评估机构评估该办公楼的重置成本为1600万元，成新度折扣率5成。

（2）8月中旬购买安全生产专用设备（属于企业所得税优惠目录规定范围）一台，取得增值税专用发票注明金额36万元、进项税额4.68万元，当月投入使用，会计上将其费用一次性计入了成本扣除，税法上选择分期税前扣除。

（3）接受非股东单位捐赠原材料一批，取得增值税专用发票注明金额30万元、进项税额3.9万元，直接计入了"资本公积"账户核算。

（4）管理费用中含业务招待费用130万元。

（5）成本、费用中含实发工资总额1200万元、职工福利费180万元、职工工会经费

28 万元、职工教育经费 40 万元。

（6）投资收益中含转让国债收益 85 万元，该国债购入面值 72 万元，发行期限 3 年，年利率 5%，转让时持有天数为 700 天。

（7）营业外支出中含通过当地环保部门向环保设施建设捐款 180 万元并取得合法票据。

其他相关资料：假设税法规定安全专用设备折旧年限为 10 年，不考虑残值；城市维护建设税税率为 7%；产权转移书据印花税税率 0.5‰；转让旧办公楼按简易计税方法计税。

要求：根据上述资料，按照下列顺序计算回答问题，如有计算需计算出合计数。

（1）计算旧办公楼销售环节应缴纳的增值税、城市维护建设税、教育费附加、地方教育附加、印花税和土地增值税。

（2）计算专用设备投入使用当年会计上应计提的折旧费用。

（3）计算该企业 2019 年度的会计利润总额。

（4）计算业务招待费应调整的应纳税所得额。

（5）计算职工福利费、职工工会经费、职工教育经费应调整的应纳税所得额。

（6）计算转让国债应调整的应纳税所得额。

（7）计算公益性捐赠应调整的应纳税所得额。

（8）计算该企业 2019 年度的应纳税所得额。

（9）计算该企业 2019 年度应缴纳的企业所得税。

真题精练（主观题）答案

1. 答案 ▶

（1）广告费扣除限额 =（56000+3000）×30% = 17700（万元）。

广告费实际发生额小于扣除限额，所以广告费金额无需调整。

（2）业务招待费扣除限额 =（56000+3000）× 5‰ = 295（万元）。

业务招待费实际发生额的 60% = 500×60% = 300（万元）。所以，税前扣除业务招待费为 295 万元。

应纳税调增 = 500-295 = 205（万元）。

（3）残疾人工资纳税调减 100 万元。

（4）①工会经费扣除限额 = 5000×2% = 100（万元）。工会经费应调增应纳税所得额 = 110-100 = 10（万元）。

②职工福利费扣除限额 = 5000×14% = 700（万元）。职工福利费应调增应纳税所得额 = 750-700 = 50（万元）。

③职工教育经费扣除限额 = 5000×8% = 400（万元）。由于职工教育经费 140 万元未超过扣除限额，因此无需纳税调整。

综上，三项经费应调增应纳税所得额 = 10+50 = 60（万元）。

（5）研发费用纳税调减 = 600×75% = 450（万元）。

（6）应纳关税 = 800×10% = 80（万元）。

组成计税价格 = 800+80 = 880（万元）。

进口增值税 = 880×13% = 114.4（万元）

不能一次性扣除。

理由：企业在 2018 年 1 月 1 日至 2020 年 12 月 31 日期间新购进的设备、器具，单位价值不超过 500 万元的，允许一次性计入当期成本费用在计算应纳税所得额时扣除，不再分年度计算折旧。由于其购进的设备单价超过 500 万元，不能一次性税前扣除。

（7）投资收益纳税调减 = 100+50 = 150（万元）

（8）转让技术所得 = 900-200 = 700（万元），不超过 500 万元的部分，免征企业所得税；超过 500 万元的部分，减半征收企业所得税。转让专利技术纳税调减 = 500+（900-200-500）×50% = 600（万元）

（9）应纳税所得额 = 11700+205-100+60-450-150-600 = 10665（万元）

（10）应纳企业所得税 = 10665×25% = 2666.25（万元）

2. 答案

（1）应纳房产税 $= 600 \times (1-30\%) \times 2 \div 12 \times$
$1.2\% + 30 \times 12\% = 4.44$（万元）

应纳印花税 $= 30 \times 1\text{‰} = 0.03$（万元）

（2）以货换货合同，应按合同所载的购、销合计金额计税贴花。

应纳印花税 $= (400+400) \times 0.3\text{‰} = 0.24$（万元）

（3）会计利润总额 $= 2700 + (400-300)$（以物易物对会计利润的调整）$-4.44-0.03-0.24$ $= 2795.29$（万元）

（4）当期销售（营业）收入 $= 25000 + 400 = 25400$（万元）

广告费扣除限额 $= 25400 \times 15\% = 3810$（万元）

实际发生 3000 万元，准予全额扣除，同时上年超限额广告费可结转扣除 810 万元，所以应调减应纳税所得额 810 万元。

（5）业务招待费扣除限额 $= (25000+400) \times 0.5\% = 127$（万元），小于 $500 \times 60\% = 300$（万元），只能扣除 127 万元。所以应调增应纳税所得额 $= 500 - 127 = 373$（万元）。

（6）新产品研究开发费用 2000 万元可以加计扣除 75%，应调减应纳税所得额 $= 2000 \times 75\% = 1500$（万元）。

（7）职工福利费扣除限额 $= 8000 \times 14\% = 1120$（万元），实际发生 1200 万元，纳税调增 80 万元。

职工工会经费扣除限额 $= 8000 \times 2\% = 160$（万元），实际发生 150 万元，未超过扣除限额，无需纳税调整。

职工教育经费扣除限额 $= 8000 \times 8\% = 640$（万元），实际发生额 250 万元，未超过扣除限额，无需纳税调整。

所以"三项经费"应调增应纳税所得额 $= 80$（万元）。

（8）本题中债资比例为 $5000 \div 2000 = 2.5$，大于标准比例 2，准予税前扣除的借款利息 $= 2000 \times 2 \times 5\% = 200$（万元），应调增应纳税所得额 $= 300 - 200 = 100$（万元）。

（9）公益性捐赠扣除限额 $= 2795.29 \times 12\% = 335.43$（万元），实际捐赠额 400 万元，应调增应纳税所得额 $= 400 - 335.43 = 64.57$（万元）。

（10）该企业 2019 年度的应纳税所得额 $= 2795.29 - 810 + 373 - 1500 + 80 + 100 + 64.57 = 1102.86$（万元）

（11）该企业 2019 年度的应缴纳的企业所得税税额 $= 1102.86 \times 25\% - 500 \times 10\% = 225.72$（万元）

3. 答案

（1）计算旧办公楼销售环节应缴纳的税费：

应纳增值税 $= 1300 \times 5\% = 65$（万元）

应纳城建税、教育费附加、地方教育附加和印花税 $= 65 \times (7\% + 3\% + 2\%) + 1300 \times 0.5\text{‰} = 8.45$（万元）

应纳土地增值税：

扣除金额 $= 200 + 8.45 + 1600 \times 50\% = 1008.45$（万元）

增值额 $= 1300 - 1008.45 = 291.55$（万元）

增值率 $= 291.55 \div 1008.45 \times 100\% = 28.91\%$，适用税率为 30%。

应缴纳的土地增值税 $= 291.55 \times 30\% = 87.47$（万元）

（2）专用设备投入使用当年会计上应计提的折旧费用 $= 36 \div 10 \div 12 \times 4 = 1.2$（万元）。

（3）该企业 2019 年度的会计利润总额 $= 1100 - 8.45 - 87.47 + 36 - 1.2 + 33.9 = 1072.78$（万元）

（4）业务招待费的扣除标准 1：实际发生额的 $60\% = 130 \times 60\% = 78$（万元）

业务招待费的扣除标准 2：销售营业收入的 $5\text{‰} = 40000 \times 5\text{‰} = 200$（万元）

业务招待费应调增的应纳税所得额 $= 130 - 78 = 52$（万元）

（5）职工教育经费税前扣除限额 $= 1200 \times 8\% = 96$（万元），实际发生额未超过扣除限额，因此无需纳税调整。

职工福利费、职工工会经费应调增的应纳税所得额合计 $= (180 - 1200 \times 14\%) + (28 -$

217

$1200 \times 2\%) = 12 + 4 = 16$（万元）

（6）转让国债应调减的应纳税所得额$= 72 \times (5\% \div 365) \times 700 = 6.90$（万元）

（7）公益性捐赠应调增的应纳税所得额$= 180 - 1072.78 \times 12\% = 51.27$（万元）

（8）该企业2019年度的应纳税所得额$= 1072.78 + 52 + 16 - 6.90 + 51.27 = 1185.15$（万元）

（9）该企业2019年度应缴纳的企业所得税$= 1185.15 \times 25\% - 36 \times 10\% = 292.69$（万元）

【真题精练（主观题）总结】

从历年考试情况看，每年都会有一道企业所得税为主的综合题，分值16份左右。在以企业所得税为主的综合题中，会增加像增值税、房产税、土地使用税、印花税等税种的考核内容。近5年企业所得税综合题的考点见表4-56。

表4-56　近5年企业所得税综合题主要考点

项目	具体内容
（1）会计利润计算	包括固定资产折旧计提错误对利润的影响
（2）税前扣除项目	①三项经费纳税调整。 ②业务招待费的纳税调整。 ③广告费和业务宣传费的纳税调整。 ④关联债资比例超标情况下的借款利息的纳税调整；向个人借款利率超标的纳税调整。 ⑤公益性捐赠的纳税调整。 ⑥违约金税前可以扣除；税收滞纳金和企业为个人负担的个人所得税税前不得扣除。 ⑦资产减值准备的纳税调整
（3）税收优惠	①固定资产加速折旧。 ②技术转让所得税收优惠。 ③研发费用加计扣除。 ④残疾职工工资加计扣除。 ⑤国债利息收入和地方债券利息收入免税。 ⑥专用设备投资额的税额抵减。 ⑦股息红利的免税及条件。 ⑧小型微利企业的税收优惠
（4）其他税种	①进口环节应纳关税与增值税。 ②房产税的计算。 ③印花税的计算。 ④城镇土地使用税的计算。 ⑤销售旧房时增值税、城建及附加、印花税、土地增值税的计算

同步训练 限时150分钟

一、单项选择题

1. 下列属于企业所得税非居民企业的是（　）。

A. 设在广州市的某国有独资企业

B. 依照百慕大法律设立且实际管理机构在上海的某公司

C. 依照中国法律成立，但主要控股方在外国的某上市公司

D. 依照美国法律成立，未在中国境内设立机构、场所，但有来源于中国境内所得的某公司

2. 依据企业所得税的规定，下列各项中按负

担、支付所得的企业或机构、场所所在地确定所得来源地的是(　　)。

A. 提供劳务所得

B. 权益性投资所得

C. 动产转让所得

D. 租金所得

3. 下列关于企业所得税相关收入确认的表述中,错误的是(　　)。

A. 采用售后回购方式销售商品的,销售的商品按售价确认收入,回购的商品作为购进商品处理

B. 销售商品以旧换新的,销售商品应当按照销售商品收入确认条件确认收入,回收的商品作为购进商品处理

C. 企业为促进商品销售而在商品价格上给予的价格扣除属于商业折扣,商品销售涉及商业折扣的,应当按照扣除商业折扣后的金额确定销售商品收入金额

D. 企业以买一赠一等方式组合销售本企业商品的,赠品应视为捐赠,按市场价格确认销售收入

4. 2019 年 12 月甲饮料厂给职工发放自制果汁和当月外购的取暖器作为福利,其中果汁的成本为 20 万元,同期对外销售价格为 25 万元(不含增值税),取暖器的公允价值为 10 万元(不含增值税)。根据企业所得税相关规定,该厂发放上述福利应确认的收入是(　　)万元。

A. 10　　　　　　　B. 20

C. 30　　　　　　　D. 35

5. 下列关于企业所得税收入的表述错误的是(　　)。

A. 只允许取得会籍而收取的会员费,于取得时确认收入

B. 长期为客户提供重复的劳务收取的劳务费,在相关劳务活动发生时确认收入

C. 属于提供初始及后续服务的特许权费,在提供服务时确认收入

D. 企业以买一赠一等方式组合销售本企业商品的,赠品不缴纳所得税

6. 企业处置资产的下列情形中,应视同销售确认企业所得税应税收入的是(　　)。

A. 将资产用于交际应酬

B. 将资产用于生产另一产品

C. 将资产从总机构移送至分支机构

D. 将资产用于福利部门使用

7. 因股权分置改革造成原由个人出资而由企业代持的限售股,企业在转让时确认的应纳税所得额是(　　)。

A. 限售股转让收入扣除限售股原值后的余额

B. 限售股转让收入扣除限售股原值和合理税费后的余额

C. 限售股转让收入扣除限售股转让收入的 10%

D. 限售股转让收入扣除合理税费后的余额

8. 下列关于非货币性资产投资企业所得税政策的表述中,错误的是(　　)。

A. 居民企业以技术成果投资入股到境内居民企业,被投资企业支付的对价全部为股票(权)的,企业可在不超过 5 年期限内,分期均匀计入相应年度的应纳税所得额,按规定计算缴纳企业所得税;也可以选择投资入股当期可暂不纳税,递延至转让股权时,缴纳企业所得税

B. 被投资企业取得非货币性资产的计税基础,应按非货币性资产的账面价值确定

C. 企业以非货币性资产对外投资,应对非货币性资产进行评估并按评估后的公允价值扣除计税基础后的余额,计算确认非货币性资产转让所得

D. 企业以非货币性资产对外投资,应于投资协议生效并办理股权登记手续时,确认非货币性资产转让的收入

9. 根据企业所得税的规定,以下收入中属于不征税收入的是(　　)。

A. 财政拨款

B. 在中国境内设立机构、场所的非居民企业连续持有居民企业公开发行并上市流通

不足 12 个月的股票取得的投资收益

    C. 非营利组织从事营利性活动取得的收入

    D. 国债利息收入

10. 下列各项中，不属于企业所得税税前扣除项目的原则的是（ ）。

    A. 权责发生制原则

    B. 配比原则

    C. 相关性原则

    D. 收付实现制原则

11. 下列税金在计算企业应纳税所得额时，不得从收入总额中扣除的是（ ）。

    A. 土地增值税   B. 增值税

    C. 消费税   D. 印花税

12. 某企业为境内实行查账征收的高新技术企业，2019 年计入成本、费用的实发工资总额为 420 万元，支出职工福利费 75 万元、职工教育经费 10 万元，拨缴职工工会经费 8.4 万元。该企业 2019 年计算应纳税所得额时，准予在税前扣除的工资和三项经费合计为（ ）万元。

    A. 513.4   B. 503.4

    C. 497.7   D. 497.2

13. 2019 年某企业给自有员工实际发放合理工资总额 1200 万元；企业生产部门接受外部劳务派遣员工 6 人，每月向每位劳务派遣员工支付的费用 3000 元。假设该企业当年发生的职工福利费为 200 万元，则该企业职工福利费应调增应纳税所得额（ ）万元。

    A. 24.96   B. 27.97

    C. 28.98   D. 32.00

14. 不得在企业所得税税前作为保险费扣除的是（ ）。

    A. 企业为职工个人支付的商业保险费

    B. 企业参加财产保险按照规定缴纳的保险费

    C. 按规定上缴劳动保障部门的职工养老保险费

    D. 企业参加的公众责任险

15. 根据企业所得税法的规定，纳税人在我

国境内的公益性捐赠支出，可以（ ）。

    A. 在税前全额扣除

    B. 在年度应纳税所得额 12% 以内的部分准予扣除

    C. 在年度利润总额 12% 以内的部分准予扣除；超过年度利润总额 12% 的部分，准予结转以后三年内在计算应纳税所得额时扣除

    D. 在年度应纳税所得额 30% 以内的部分准予扣除；超过年度利润总额 30% 的部分，准予结转以后三年内在计算应纳税所得额时扣除

16. 某居民企业 2019 年度实现利润总额 20 万元。经某注册会计师审核发现，在"财务费用"账户中反映了两笔利息费用：一笔向银行借入流动资金 200 万元，借款期限 6 个月，支付利息费用 4.5 万元；另一笔向其他企业借入流动资金 50 万元，借款期限 9 个月，支付利息费用 2.25 万元，该企业提供的金融企业的同期同类贷款利率情况说明中的贷款年利率为 4.5%，在"营业外支出"账户中列支了通过公益性社会团体向某希望小学的捐款 5 万元。假定不存在其他纳税调整事项，该企业 2019 年度应缴纳企业所得税（ ）万元。

    A. 5.48   B. 5.25

    C. 5.41   D. 5.79

17. 某工业企业的权益性投资为 1000 万元（2019 年加权平均值）。2019 年 1 月 1 日按同期金融机构贷款利率从其关联方乙企业借款 2800 万元，借款期限为 1 年，发生借款利息 168 万元。该企业在计算企业所得税应纳税所得额时，准予扣除的利息费用金额为（ ）万元。

    A. 0   B. 120

    C. 168   D. 200

18. 某居民企业 2019 年度取得产品销售收入 6770 万元，当年取得 2016 年发行的地方政府债券利息所得 58.5 万元，处置投资资产取得净收益 102 万元，本年发生的成

本费用 6283 万元，其中广告费支出 158.7 万元，上年结转广告费 112.5 万元。假设不存在其他纳税调整项目，本年应缴纳企业所得税（　　）万元。

A. 161.88
B. 133.75
C. 119.13
D. 147.25

19. 某企业 2019 年销售货物收入 1500 万元，出租房屋收入 500 万元，转让房屋收入 300 万元，接受捐赠收入 100 万元，政府补助收入 50 万元。当年实际发生业务招待费 20 万元，广告费支出为 52 万元。2018 年超标广告费 90 万元，则 2019 年税前准予扣除的业务招待费和广告费金额合计为（　　）万元。

A. 152
B. 62
C. 15
D. 90

20. 下列关于企业手续费及佣金支出税前扣除的规定，表述错误的是（　　）。

A. 保险企业按当年全部保费收入扣除退保金等后余额的 18%（含本数）计算限额
B. 其他企业，按与具有合法经营资格中介服务机构或个人（不含交易双方及其雇员、代理人和代表人等）所签订服务协议或合同确认的收入金额的 5% 计算限额
C. 企业以现金等非转账方式支付的手续费及佣金不得在税前扣除
D. 企业支付的手续费及佣金不得直接冲减服务协议或合同金额，并如实入账

21. 根据企业所得税法的规定，以下项目在计算应纳税所得额时，准予扣除的是（　　）。

A. 行政罚款
B. 被没收的财物
C. 非广告性质的赞助支出
D. 企业之间支付的利息费用

22. 下列各项支出中，可以在计算企业所得税应纳税所得额时扣除的是（　　）。

A. 向投资者支付的股息
B. 合理的劳动保护支出
C. 为投资者支付的商业保险费

D. 内设营业机构之间支付的租金

23. 某工业企业 2019 年度全年销售收入为 1800 万元，下属汽车队运输劳务收入 300 万元，自邻省被投资企业取得红利收入 60 万元。发生销售成本 1000 万元、财务费用 150 万元、管理费用 220 万元（其中业务招待费 50 万元）、销售费用 300 万元、税金及附加合计 27.4 万元，"营业外支出"账户中合同违约金支出 10 万元、通过公益性社会团体向灾区捐赠 25 万元。则该企业 2019 年度应纳所得税（　　）万元。

A. 96.63
B. 106.75
C. 78
D. 101.78

24. 下列对生物资产的税务处理表述正确的是（　　）。

A. 生产性生物资产和消耗性生物资产计提折旧，而公益性生物资产无需计提折旧
B. 停止使用的生产性生物资产，应当自停止使用月份的当月停止计算折旧
C. 林木类生产性生物资产，折旧年限不得超过 10 年
D. 畜类生物资产，折旧年限不得低于 3 年

25. 根据企业所得税的规定，以下关于资产税务处理的表述，说法正确的是（　　）。

A. 生物性资产计提折旧的起止时间与固定资产相同
B. 企业使用或者销售存货的成本计算方法，可以选用后进先出法
C. 单独估价作为固定资产入账的土地，可以提取折旧
D. 通过支付现金以外方式取得投资资产，以该资产投资双方协议价格为成本

26. 根据企业所得税法的规定，下列关于无形资产的税务处理错误的是（　　）。

A. 外购的无形资产，以购买价款和支付的相关税费以及直接归属于使该资产达到预定用途发生的其他支出为计税基础

B. 通过债务重组方式取得的无形资产，以该资产的公允价值和支付的相关税费为计税基础

C. 自创商誉的摊销年限不得低于10年

D. 自行开发的无形资产，以开发过程中该资产符合资本化条件后至达到预定用途前发生的支出为计税基础

27. 采取缩短折旧年限方法的，最低折旧年限不得低于规定折旧年限的(　　)。

A. 60%　　　　　　B. 40%

C. 50%　　　　　　D. 70%

28. 下列属于判断企业所得税大修理支出标准的是(　　)。

A. 修理支出达到取得固定资产时的计税基础20%以上

B. 修理支出达到取得固定资产时的计税基础50%以上

C. 修理后固定资产的使用年限延长1年以上

D. 经过修理后的固定资产被用于新的或不同的用途

29. 下列关于企业所得税前亏损弥补的表述中，错误的是(　　)。

A. 企业在汇总计算缴纳企业所得税时，其境外营业机构的亏损不得抵减境内营业机构的盈利

B. 企业发生的亏损只能结转弥补5年

C. 税务机关对企业以前年度纳税情况进行检查时调增的应纳税所得额，凡企业以前年度发生亏损且该亏损属于企业所得税法规定允许弥补的，应允许调增的应纳税所得额弥补该亏损

D. 企业从事生产经营之前进行筹办活动期间发生的筹办费用支出，不得计算为当期的亏损

30. 甲生产企业(一般纳税人)2019年8月与乙公司达成债务重组协议，甲以自产的产品抵偿所欠乙公司一年前发生的债务280万元，该产品生产成本180万元，市场价值220万元(不含增值税)。另外甲

企业库存产品因管理不善发生非正常损失，账面成本为15万元，其中原材料成本10万元上月已抵扣增值税进项税额，企业填写了申报扣除表格。就这两项业务甲企业应纳企业所得税(　　)万元。

A. 2.05　　　　　　B. 13.78

C. 20.85　　　　　　D. 21.25

31. 某企业2019年将自行开发的一项专利技术所有权进行转让，当年取得转让收入800万元，与技术所有权转让有关的成本和费用200万元，该项财产转让应纳企业所得税(　　)元。

A. 8910　　　　　　B. 49500

C. 125000　　　　　D. 148500

32. 下列关于小型微利企业优惠政策表述错误的是(　　)。

A. 从事国家非限制和禁止行业，年度应纳税所得额不超过300万元，从业人数不超过300人，资产总额不超过5000万元的，属于小型微利企业

B. 企业预缴时享受了减税政策，年度汇算清缴时不符合小型微利企业条件的，应当按照规定补缴税款

C. 自2019年1月1日至2021年12月31日，对年应纳税所得额低于100万元(不含100万元)的小型微利企业，其所得减按50%计入应纳税所得额，按20%的税率缴纳企业所得税

D. 符合条件的小型微利企业，无论采取查账征收方式还是核定征收方式，均可以享受减税政策

33. 根据企业所得税法的规定，下列项目中享受税额抵免政策的是(　　)。

A. 企业综合利用资源，生产符合国家产业政策规定的产品所取得的收入

B. 创业投资企业从事国家需重点扶持和鼓励的创业投资的投资额

C. 企业购置用于环境保护的专用设备的投资额

D. 安置残疾人员及国家鼓励安置的其他

就业人员所支付的工资

34. 境外某公司在中国境内未设立机构、场所，2019 年取得境内甲公司支付的贷款利息不含增值税收入 800 万元，取得境内乙公司支付的财产转让收入 180 万元，该项财产净值 120 万元。2019 年度该境外公司在我国应缴纳企业所得税( )万元。

    A. 86　　　　　　B. 104

    C. 122　　　　　　D. 98

35. 北京市某国有企业 2019 年度境内经营应纳税所得额为 3000 万元，该企业在 A、B 两国分别设有分支机构，A 国分支机构当年应纳税所得额 600 万元，A 国税率为 20%；B 国分支机构当年应纳税所得额 400 万元，税率为 30%。关于境外所得税收抵免的说法正确的是( )。

    A. 来源于 A、B 两国的所得只能分国(地区)不分项计算抵免限额

    B. 企业可以选择分国(地区)不分项计算抵免限额，也可以不分国(地区)不分项计算抵免限额

    C. 企业选择抵免限额的计算方法后 3 年内不得改变

    D. 对于该企业而言，采用分国(地区)不分项计算抵免限额，可以获得更大限度的抵免

36. 关于跨地区经营汇总纳税企业所得税的说法错误的是( )。

    A. 总机构和具有主体生产经营职能的二级分支机构就地预缴企业所得税

    B. 企业总机构汇总计算企业年度应纳所得税额，扣除总机构和各境内分支机构已预缴的税款，计算出应补应退税款，分别由总机构和各分支机构就地办理税款缴库或退库

    C. 总分机构分期预缴的企业所得税，40%在各分支机构之间分摊，60%由总机构预缴

    D. 由总机构统一计算企业应纳税所得额和应纳所得税额，并分别由总机构、分

支机构按月或按季就地预缴

37. 某小型零售企业 2019 年度自行申报收入总额 250 万元，成本费用 258 万元，经营亏损 8 万元，从业人数 15 人，资产总额 800 万元。经主管税务机关审核，发现其发生的成本费用真实，实现的收入无法确认，依据规定对其进行核定征收。假定应税所得率为 9%，则该小型零售企业 2019 年度应缴纳企业所得税( )万元。

    A. 1.28　　　　　　B. 2.55

    C. 5.63　　　　　　D. 6.38

38. 2017 年 1 月 1 日，甲企业对乙企业投资 1600 万元，取得乙企业 30% 的股权，2019 年 8 月，甲企业全部撤回对乙企业的投资，取得资产总计 2500 万元，投资撤回时乙企业累计未分配利润为 1000 万元，累计盈余公积 150 万元。甲企业撤回投资所得应缴纳的企业所得税( )万元。

    A. 0　　　　　　　B. 85

    C. 138.75　　　　　D. 225

39. 某企业 2019 年全年发生管理费用 700 万元，其中符合条件的新技术研究开发费用 90 万元，企业当年新技术研究开发费用应调整的应纳税所得额是( )。

    A. 调减应纳税所得额 45 万元

    B. 调减应纳税所得额 67.5 万元

    C. 调减应纳税所得额 135 万元

    D. 调减应纳税所得额 157.5 万元

40. 下列关于企业所得税税收优惠的表述中，错误的是( )。

    A. 海水养殖、内陆养殖免征企业所得税

    B. 经认定的技术先进型服务企业，减按 15% 的税率征收企业所得税

    C. 设在西部地区国家鼓励类产业企业，在 2011 年 1 月 1 日至 2020 年 12 月 31 日期间，减按 15% 的税率征收企业所得税

    D. 企业用于研发活动的仪器在享受研发费用加计扣除政策时，税前扣除的折旧部分也可以加计扣除

41. 企业从事下列项目取得的所得中，免征

企业所得税的是( )。

    A. 花卉种植   B. 蔬菜种植

    C. 海水养殖   D. 茶叶种植

42. 下列不属于享受企业所得税优惠政策的技术先进型服务企业必须符合的条件的是( )。

    A. 在中国境内(不包括港、澳、台地区)注册的法人企业

    B. 具有大专以上学历的员工占企业职工总数的50%以上

    C. 从事《技术先进型服务业务认定范围(试行)》中的技术先进型服务业务取得的收入占企业当年总收入的45%以上

    D. 从事离岸服务外包业务取得的收入不低于企业当年总收入的35%

43. 下列关于企业所得税纳税申报,表述错误的是( )。

    A. 企业所得税应分月或者分季预缴

    B. 企业清算时,应当以清算期间作为一个纳税年度

    C. 企业在年度中间终止经营活动的,应当自实际经营终止之日起45日内,向税务机关办理当期企业所得税汇算清缴

    D. 企业在一个纳税年度中间开业,或者终止经营活动,使该纳税年度的实际经营期不足十二个月的,应当以其实际经营期为一个纳税年度

二、多项选择题

1. 注册地与实际管理机构所在地均在法国的某银行,取得的下列各项所得中,应按规定缴纳我国企业所得税的有( )。

    A. 转让位于我国的一处不动产取得的财产转让所得

    B. 在香港证券交易所购入我国某公司股票后取得的分红所得

    C. 在我国设立的分行为我国某公司提供理财咨询服务取得的服务费收入

    D. 在我国设立的分行为位于日本的某电站提供流动资金贷款取得的利息收入

2. 下列关于企业所得税所得来源的确定,表述正确的有( )。

    A. 提供劳务所得,按照劳务发生地确定

    B. 动产转让所得,按照转让动产的企业或者机构、场所所在地确定

    C. 权益性投资资产转让所得按照分配所得的企业所在地确定

    D. 租金所得,按照负担、支付所得的企业或机构场所所在地确定

3. 依据企业所得税法规定,企业销售商品同时满足下列( )条件的,应确认收入的实现。

    A. 商品销售合同已经签订,企业已将商品所有权相关的主要风险和报酬转移给购货方

    B. 企业对已售出的商品既没有保留通常与所有权相联系的继续管理权,也没有实施有效控制

    C. 收入金额能够可靠地计量

    D. 已发生或将发生的销售方的成本能够可靠地核算

4. 下列关于企业接收划入资产的企业所得税有关处理正确的有( )。

    A. 县级以上人民政府将国有资产明确以股权投资方式投入企业,企业应作为国家资本金处理

    B. 县级以上人民政府将国有资产无偿划入企业,并且有指定用途的,企业可作为不征税收入处理

    C. 企业接收股东划入资产,约定作为资本金且在会计上已做实际处理的,不计入企业的收入总额

    D. 企业接收股东划入资产,凡作为收入处理的,应按公允价值计入收入总额,计算缴纳企业所得税

5. 下列各项中,属于企业所得税法规定的免税收入的有( )。

    A. 符合条件的非营利组织的收入

    B. 符合条件的居民企业之间的股息、红利等权益性投资收益

    C. 财政拨款

    D. 国债利息收入

6. 下列关于职工教育经费税前扣除的规定，表述正确的有（　　）。

   A. 企业发生的职工教育经费支出，不超过工资薪金总额8%的部分，准予扣除

   B. 企业发生的职工教育经费支出，不超过工资薪金总额2.5%的部分，准予扣除

   C. 软件生产企业发生的职工教育经费中的职工培训费用，根据规定，可以全额在企业所得税前扣除

   D. 核电厂操作员发生的培养费用（单独核算），可作为发电成本税前扣除

7. 下列关于企业所得税税前可扣除的工资及福利费，表述正确的有（　　）。

   A. 列入企业员工工资薪金制度、固定与工资薪金一起发放的福利性补贴，符合规定条件的，可以计入工资薪金

   B. 失业保险及生育保险应计入工资薪金

   C. 丧葬补助费、抚恤费应计入工资薪金

   D. 供暖费补贴、职工防暑降温费应计入福利费

8. 下列关于企业所得税扣除项目的说法中正确的有（　　）。

   A. 企业为投资者或者职工支付的商业保险费，准予扣除

   B. 企业经营租赁方式租入机器设备的租赁费，按照租赁期限均匀扣除

   C. 烟草企业的烟草广告费和业务宣传费支出，一律不得在计算应纳税所得额时扣除

   D. 企业转让固定资产发生的费用，允许扣除

9. 下列说法中，符合企业所得税相关规定的有（　　）。

   A. 企业发生的职工教育经费超过扣除限额的，允许无限期结转到以后纳税年度扣除

   B. 企业因雇用季节工、临时工、实习生等人员而实际发生的工资薪金支出，准予计入企业工资薪金总额的基数，作为计算其他各项相关费用扣除的依据

   C. 企业筹建期间发生的广告费和业务宣传费，可以按实际发生额计入企业筹办费，并按规定在税前扣除

   D. 上市公司实施股权激励计划，凡实施后立即可以行权的，可以根据实际行权时该股票的公允价格和数量，计算确定作为当年上市公司工资薪金支出，依照税法规定进行税前扣除

10. 企业的下列各项支出，在计算应纳税所得额时，准予从收入总额中直接扣除的有（　　）。

    A. 会议费及差旅费

    B. 企业向银行支付的罚息

    C. 固定资产的减值准备

    D. 子公司支付的母公司以管理费形式提取的费用

11. 下列关于投资资产的成本说法正确的有（　　）。

    A. 以支付现金方式换取的投资资产，以购买价款为成本

    B. 以无形资产换取的投资资产，以无形资产的账面价值为投资资产成本

    C. 以自产货物换取的投资资产，以自产货物的最高价值和支付的相关税费为成本

    D. 以外购的货物换取的投资资产，以该资产的公允价值和支付的相关税费为成本

12. 下列关于固定资产折旧所得税处理的表述中，正确的有（　　）。

    A. 企业固定资产会计折旧年限如果短于税法规定的最低折旧年限，其按会计折旧年限计提的折旧高于按税法规定的最低折旧年限计提的折旧部分，应调增当期应纳税所得额

    B. 企业固定资产会计折旧年限如果长于税法规定的最低折旧年限，其折旧一律应按会计折旧年限计算扣除

    C. 企业按会计规定提取的固定资产减值准备，不得税前扣除

    D. 企业按税法规定实行加速折旧的，其

按加速折旧方法计算的折旧额可全额在税前扣除

13. 企业使用或者销售的存货的成本计算方法，可以在下列（　）方法中选用一种。

A. 先进先出法　　B. 加权平均法

C. 个别计价法　　D. 后进先出法

14. 下列项目不得计算折旧或摊销费用在税前扣除的有（　）。

A. 已足额提取折旧的固定资产的改建支出

B. 单独估价作为固定资产入账的土地

C. 未使用的机器设备

D. 以融资租赁方式租出的固定资产

15. 企业从事下列项目的所得，减半征收企业所得税的有（　）。

A. 家禽饲养

B. 海水养殖

C. 香料作物的种植

D. 林木的培育和种植

16. 下列项目中，符合企业所得税优惠政策的有（　）。

A. 对企业取得 2018 年发行的地方政府债券利息所得，免征企业所得税

B. 居民企业技术转让所得不超过 500 万元的部分，免征企业所得税；超过 500 万元的部分，减半征收企业所得税

C. 对金融机构农户小额贷款的利息收入，在计算应纳税所得额时，按 80% 计入收入总额

D. 小型微利企业的优惠条件是年度应纳税所得额不超过 100 万元，从业人数不超过 100 人，资产总额不超过 3000 万元

17. 下列各项有关加计扣除表述正确的有（　）。

A. 研发费用形成无形资产的，按照该无形资产成本的 175% 在税前摊销

B. 委托境外进行研发活动所发生的费用，按照费用实际发生额的 80% 计入委托方的委托境外研发费用。委托境外研发费用不得加计扣除

C. 对企业委托给外单位进行开发的研发费用，凡符合条件的，由委托方按照规定计算加计扣除，受托方可以再进行加计扣除

D. 研发费用形成无形资产的，除法律另有规定外，摊销年限不得低于 10 年

18. 下列关于企业所得税加速折旧的表述中，正确的有（　）。

A. 采取缩短折旧年限方法的，最低折旧年限不得低于规定折旧年限的 60%

B. 企业在 2018 年 1 月 1 日至 2020 年 12 月 31 日期间新购进的设备、器具，单位价值不超过 500 万元的，允许一次性计入当期成本费用在计算应纳税所得额时扣除

C. 企业在 2018 年 1 月 1 日至 2020 年 12 月 31 日期间新购进的房产，单位价值不超过 500 万元的，允许一次性计入当期成本费用在计算应纳税所得额时扣除

D. 加速折旧方法包括双倍余额递减法和年数总和法

19. 下列利息所得中，免征企业所得税的有（　）。

A. 外国政府向中国政府提供贷款取得的利息所得

B. 国际金融组织向中国政府提供优惠贷款取得的利息所得

C. 国际金融组织向中国居民企业提供优惠贷款取得的利息所得

D. 外国银行的中国分行向中国居民企业提供贷款取得的利息所得

20. 下列（　）属于资产收购适用特殊性税务处理的条件。

A. 具有合理的商业目的，且不以减少、免除或者推迟缴纳税款为主要目的

B. 受让企业收购的资产不低于转让企业全部资产的 85%

C. 受让企业在资产收购发生时的股权支付金额不低于其交易支付总额的 50%

D. 资产收购后的连续 12 个月内不改变收

购资产原来的实质性经营活动

21. 下列属于企业所得税中企业重组一般性税务处理的有( )。

A. 以非货币资产清偿债务，应当分解为转让相关非货币性资产、按非货币性资产公允价值清偿债务两项业务，确认相关资产的所得或损失

B. 分立企业应按公允价值确认接受资产的计税基础

C. 企业分立相关企业的亏损不得相互结转弥补

D. 被合并企业的亏损可以在合并企业结转弥补

22. 甲企业共有股权 10000 万股，为了将来有更好的发展，将 80% 的股权让乙公司收购，然后成为乙公司的子公司。假定收购日甲公司每股资产的计税基础为 5 元，每股资产的公允价值为 6 元。在收购对价中乙企业以股权形式支付 43200 万元，以银行存款支付 4800 万元。则下列说法正确的有( )。

A. 该项股权收购符合特殊性税务处理条件

B. 该项股权收购免于征收企业所得税

C. 非股权支付额对应的资产转让所得 800 万元

D. 该项股权收购，转让方应纳税额 200 万元

23. 非居民企业因会计账簿不健全，资料残缺难以查账，不能准确计算并据实申报其应纳税所得额，税务机关有权采取以下( )方法核定其应纳税所得额。

A. 按收入总额核定

B. 按成本费用核定

C. 按经费支出换算收入核定

D. 按照上期应纳税所得额直接核定

24. 下列情形中，在计算企业所得税时，可以适用境外所得税额抵免政策的有( )。

A. 居民企业来源于境外的应税所得

B. 非居民企业在中国境内设立机构、场所，取得发生在中国境外但与该机构、场所无实际联系的所得

C. 某居民企业从直接持股 30% 股份的某外国企业分得的来源于中国境外的股息、红利等权益性投资收益，外国企业在境外实际缴纳的所得税税额属于该项所得负担的部分

D. 非居民企业在中国境内设立机构、场所，取得发生在中国境外但与该机构、场所有实际联系的所得

25. 下列说法正确的有( )。

A. 合伙企业的合伙人是法人和其他组织的，合伙人在计算其缴纳企业所得税时，不得用合伙企业的亏损抵减其盈利

B. 企业所得税按年计征，分月或者分季预缴，年终汇算清缴，多退少补

C. 税务机关在追缴该企业应纳税款时，应当将追缴理由、追缴数额、缴纳期限和缴纳方式等告知该企业

D. 按季预缴所得税的，应当自季度终了之日起 10 日内，向税务机关报送预缴企业所得税纳税申报表，预缴税款

26. 以下关于企业所得税纳税地点的表述中，正确的有( )。

A. 居民企业在中国境内设立不具有法人资格的营业机构的，应当汇总计算缴纳企业所得税

B. 非居民企业在中国境内设立两个或两个以上机构、场所的，经税务机关审核批准，可以选择由其任一机构、场所汇总缴纳企业所得税

C. 非居民企业在中国境内未设立机构、场所的，以扣缴义务人所在地为纳税地点

D. 非居民企业在中国境内设立机构、场所，其发生在境外与所设机构、场所有实际联系的所得，以扣缴义务人所在地为纳税地点

27. 下列关于源泉扣缴的表述，正确的有( )。

A. 对非居民企业在中国境内取得工程作业和劳务所得应缴纳的所得税，税务机关可以指定工程价款或者劳务费的支付人为扣缴义务人

B. 对在中国境内未设立机构、场所的，或者虽设立机构、场所但取得的所得与其所设机构、场所没有实际联系的所得应缴纳的所得税实行源泉扣缴

C. 扣缴义务人未依法履行扣缴义务的，非居民企业所得税应该由扣缴义务人承担

D. 扣缴义务人每次代扣的税款，应当自代扣之日起5日内缴入国库，并向所在地的税务机关报送扣缴企业所得税报告表

28. 根据企业所得税法的规定，下列说法中正确的有（　　）。

A. 企业依法清算时，以其清算终了后的清算所得为应纳税所得额，按规定缴纳企业所得税

B. 清算所得，是指企业的全部资产可变现价值或者交易价格减除资产净值、清算费用以及相关税费等后的余额

C. 投资方企业从被清算企业分得的剩余资产，其中相当于从被清算企业累计未分配利润和累计盈余公积中应当分得的部分，应当确认为股息所得

D. 剩余资产减除股息所得后的余额，超过或者低于投资成本的部分，应当确认为投资资产转让所得或者损失

三、计算问答题

某生产企业，职工人数为30人，企业的资产总额为300万元，上年度亏损22万元，其他年度均盈利。2019年企业有关生产、经营资料如下：

(1) 取得产品销售收入1230万元、国债利息收入23万元，金融债券利息收入39万元。

(2) 发生产品销售成本1100万元；税金及附加5.6万元。

(3) 发生销售费用38万元，全部为广

告费。

(4) 发生财务费用40万元，其中：1月1日以集资方式筹集生产性资金300万元，期限1年，支付利息费用30万元(同期银行贷款年利率6%)。

(5) 发生管理费用26万元，其中含业务招待费10万元，为股东支付的商业保险费5万元。

(6) "营业外支出"账户记载金额33.52万元。其中：合同违约金4万元；通过民政局对灾区捐赠现金29.52万元。

要求：根据上述资料，回答问题，如有计算，需计算出合计数。

(1) 计算2019年企业所得税前准予扣除的销售费用。

(2) 计算2019年企业所得税前准予扣除的财务费用。

(3) 计算2019年企业所得税前准予扣除的管理费用。

(4) 计算2019年企业所得税前准予扣除的营业外支出。

(5) 计算2019年应纳税所得额。

(6) 计算2019年度企业应纳所得税。

四、综合题

1. 某公司为我国境内一家经认定的技术先进型服务企业(增值税一般纳税人)。2019年发生经营业务如下：

(1) 从事《技术先进型服务业务认定范围(试行)》中的技术先进型服务业务取得不含税收入4600万元，成本为1200万元。

(2) 发生管理费用300万元，其中含新技术研究开发费用80万元、业务招待费150万元。

(3) 发生销售费用450万元，其中含广告费220万元、业务宣传费180万元。

(4) 发生财务费用125万元，其中含2019年3月1日向非金融企业借款(借款期限为3年)1000万元所支付的当年借款利息75万元(金融企业同期同类贷款年利率为8%)。

（5）发生税金及附加 50 万元。

（6）发生营业外支出 55 万元，其中包括直接对某山区的捐款 30 万元、缴纳税收滞纳金 5 万元、因合同违约支付给其他企业违约金 20 万元。

（7）当年 5 月 20 日，公司购入房产作为办公楼使用，该不动产占地 5000 平方米、原值 4000 万元，企业未计算缴纳房产税和城镇土地使用税。

（8）当年 6 月 4 日购买了境内甲上市公司的流通股股票，12 月 31 日，收到甲公司发放的现金股利 30 万元。

（9）全年计入成本、费用的实际发放的合理工资总额 800 万元（其中含支付给临时工的工资 50 万元），实际发生职工福利费 122 万元，拨缴的工会经费 18 万元，实际发生职工教育经费 28 万元。

其他相关资料：城镇土地使用税每平方米单位税额 5 元；计算房产税计税余值时扣除比例 20%。

要求：根据上述资料，按下列序号计算回答问题，每问需计算出合计数。

（1）计算 2019 年允许在税前扣除的业务招待费。

（2）计算 2019 年允许在税前扣除的广宣费。

（3）计算 2019 年允许在税前扣除的加计扣除金额。

（4）计算 2019 年允许在税前扣除的财务费用。

（5）计算 2019 年允许在税前扣除的营业外支出。

（6）计算 2019 年公司应缴纳的房产税和城镇土地使用税。

（7）计算 2019 年工资总额、职工福利费、职工教育经费及工会经费应调整的应纳税所得额。

（8）计算该企业 2019 年的应纳税所得额。

（9）计算该企业 2019 年应缴纳的企业所得税。

2. 位于市区的某服装企业由外商持股 60% 且为增值税一般纳税人，2019 年全年主营业务收入 5000 万元、其他业务收入 300 万元、主营业务成本 3800 万元、其他业务成本 230 万元、投资收益 30 万元、营业外支出 11.36 万元、税金及附加 38 万元、管理费用 100 万元、销售费用 90 万元、财务费用 20 万元。2020 年初聘请某会计师事务所进行审计，发现如下问题：

（1）2019 年 9 月份接受非股东单位捐赠的原材料一批，取得增值税专用发票注明金额 10 万元、进项税额 1.3 万元，直接计入了"资本公积"账户核算。

（2）以自产的一批服装对外投资设立一家服装销售公司，该批服装公允价值 300 万元，成本 220 万元，已进行正确的会计处理。

（3）管理费用含业务招待费 50 万元，会议费 30 万元。

（4）销售费用含广告费 20 万元，而且上年还有结转未抵扣的广告费 14 万元。

（5）财务费用中含利息支出 12 万元，该项支出是向银行借款发生的利息支出，借款金额为 200 万元，借款期限为 2019 年 1 月 1 日至 2019 年 12 月 31 日，借款年利率为 6%，财务费用中含银行手续费 8 万元，且无法出示相关票据。

（6）计入成本、费用的实发工资 240 万元（其中包括直接支付给劳务派遣公司的费用 40 万元）。拨缴职工工会经费 10 万元，发生职工福利费 30 万元、职工教育经费 20 万元。

（7）投资收益 30 万元，均为企业所确认的来源于控股企业的股息所得。已知该项投资以权益法核算，2019 年被投资企业实现净利润 100 万元，该服装生产企业按持股比例确认投资收益 30 万元。经查，被投资方尚未作出利润分配决策。

（8）营业外支出中税务机关罚款 3 万元、交通部门罚款 2 万元、2019 年 10 月通过民政部门向灾区捐赠自产服装一批 6.04 万元，该批服装成本 5 万元，同类产品售价 8 万元，增值税 1.04 万元。

(9)向境外股东企业支付全年技术咨询指导费 120 万元。

(10)当年新购入一台服装加工设备，不含税单价 20 万元，增值税进项税额 2.6 万元。当年按会计规定计提并已在成本费用中列支的折旧费用为 2 万元。

其他相关资料：各扣除项目均已取得有效凭证，相关优惠已办理必要手续。

要求：根据上述资料，按照下列顺序计算回答问题，如有计算需计算出合计数。

(1)根据条件(1)说明账目处理错误之处并说明应该如何处理。

(2)计算该企业 2019 年度的会计利润总额。

(3)计算非货币性资产投资应调整的应纳税所得额。

(4)计算管理费用应调整的应纳税所得额。

(5)计算销售费用应调整的应纳税所得额。

(6)计算财务费用应调整的应纳税所得额。

(7)计算工资及三项经费应调整的应纳税所得额。

(8)计算投资收益调整的应纳税所得额。

(9)计算自产服装对外捐赠调整的应纳税所得额。

(10)计算营业外支出应调整的应纳税所得额。

(11)计算该服装企业向境外支付技术咨询指导费应当代扣代缴的增值税、城市维护建设税、教育费附加及地方教育附加。

(12)计算固定资产按税法规定选择一次性扣除调整的应纳税所得额。

(13)计算该企业 2019 年度的应纳税所得额。

(14)计算该企业 2019 年度的应缴纳的企业所得税税额。

3. 某小汽车生产企业为境内增值税一般纳税人，企业的固定资产价值 18000 万元(其中生产经营使用的房产原值 14000 万元)，生产经营占地面积 82000 平方米。2019 年发生以下业务：

(1)全年生产 A 型小汽车 20000 辆，每辆生产成本 2.8 万元、市场不含税销售价 4.6 万元。全年销售 A 型小汽车 19000 辆，销售合同记载取得不含税销售收入 87400 万元。由于部分小汽车由该生产企业直接送货，另外收取含税运输费收入 452 万元。

(2)全年生产 B 型小汽车 3000 辆，每辆生产成本 12.2 万元、市场不含税销售价 13.6 万元。全年销售 B 型小汽车 2800 辆，销售合同记载取得不含税销售收入 38080 万元。

(3)全年外购原材料均取得增值税专用发票，购货合同记载支付不含税材料价款共计 45000 万元。运输合同记载支付运输公司的不含税运输费用 1200 万元，取得运输公司开具的增值税专用发票。

(4)全年发生管理费用 12000 万元(其中含业务招待费用 1500 万元，新技术研究开发费用 1200 万元，支付其他企业管理费 300 万元)、销售费用 3600 万元、财务费用 3100 万元。

(5)全年发生营业外支出 4600 万元(其中含通过公益性社会团体向非目标脱贫地区捐赠 800 万元；企业因管理不善库存原材料被盗，原材料成本为 618.6 万元，其中含运费成本 18.6 万元)，企业未对增值税进行相应处理。

(6)6 月 10 日，取得直接投资境内居民企业分配的股息收入 150 万元。

(7)8 月 20 日，取得小汽车代销商赞助的一批原材料并取得增值税专用发票，注明材料金额 50 万元、增值税 6.5 万元。

(8)10 月 6 日，该小汽车生产企业合并一家小型股份公司，股份公司全部资产公允价值为 7700 万元、全部负债为 3200 万元、未超过弥补年限的亏损额为 820 万元。合并时小汽车生产企业给股份公司的股权支付额为4300万元、银行存款200万元。该合并业务符合企业重组特殊性税务处理的条件且选择此方法执行。

（9）12月20日，取得到期的国债利息收入110万元（假定当年国家发行的最长期限的国债年利率为6%）；取得直接投资境外公司分配的股息收入220万元，已知境外公司的税率为15%，境外国对来源其国家的股息收入不征收预提所得税。

（10）2019年度，该小汽车生产企业自行计算的应缴纳的各种税款如下：

①增值税=（87400+38080）×13%－45000×13%－1200×9%=10354.4（万元）

②消费税=87400×5%+38080×9%=7797.20（万元）

③城建税、教育费附加及地方教育附加=（10354.4+7797.20）×（7%+3%+2%）=2178.19（万元）

④城镇土地使用税=82000×4÷10000=32.8（万元）

⑤企业所得税：

应纳税所得额=87400+452+38080－19000×2.8－2800×12.2－12000－3600－3100－4600+150+110+220－7797.20－2178.19=5776.61

（万元）

企业所得税=（5776.61－820）×25%=1239.15（万元）

其他相关资料：销售产品的增值税税率均按13%确定，运输服务的增值税税率均按照9%确定；假定A型小汽车消费税税率为5%、B型小汽车消费税税率为9%、城市维护建设税税率7%、教育费附加征收率3%、地方教育附加征收率2%、购销合同印花税税率0.3‰、运输合同印花税税率0.5‰、计算房产税房产余值的扣除比例20%、城镇土地使用税每平方米4元。

要求：根据上述资料，按下列序号计算回答问题，每问需计算出合计数。

（1）分别指出企业自行计算缴纳税款（企业所得税除外）的错误之处，简单说明理由，并计算应补（退）的各种税款（企业所得税除外）。

（2）计算企业2019年度实现的会计利润总额。

（3）分别指出企业所得税计算的错误之处，简单说明理由，并计算应补（退）的企业所得税。

同步训练答案及解析

一、单项选择题

1. D 【解析】选项ABC，属于居民企业。非居民企业是指依照外国（地区）法律成立且实际管理机构不在中国境内，但在中国境内设立机构、场所的，或者在中国境内未设立机构、场所，但有来源于中国境内所得的企业。

2. D 【解析】利息所得、租金所得、特许权使用费所得，按照负担、支付所得的企业或者机构、场所所在地确定，或者按照负担、支付所得的个人的住所地确定。

3. D 【解析】企业以买一赠一等方式组合销售本企业商品的，不属于捐赠，应将总的销售金额按各项商品的公允价值的比例来分摊确认各项的销售收入。

4. D 【解析】企业发生视同销售情形时，属于企业自制的资产，应按企业同类资产同期对外销售价格确定销售收入；属于外购的资产，应按被移送资产的公允价值销售收入。应确认的收入=25+10=35（万元）。

5. D 【解析】企业以买一赠一等方式组合销售本企业商品的，不属于捐赠，应将总的销售金额按各项商品的公允价值的比例来分摊确认各项的销售收入。

6. A 【解析】以资产所有权是否转移作为企业所得税视同销售的判断标准，选项A资产所有权转移，应视同销售；而选项B、C、D未转移，无需视同销售。

7. B 【解析】限售股转让收入扣除限售股原值和合理税费后的余额为转让所得；企业未能提供完整、真实的限售股原值凭证，不能准确计算该限售股原值的，主管税务机关一律按该限售股转让收入的15%，核定为该限售股原值和合理税费。

8. B 【解析】被投资企业取得非货币性资产的计税基础，应按非货币性资产的公允价值确定。

9. A 【解析】选项BC，要按规定征税；选项D，属于免税收入。

10. D 【解析】企业所得税税前扣除项目的原则有：权责发生制原则、配比原则、相关性原则、确定性原则和合理性原则。

11. B 【解析】增值税属于价外税，不包含在收入总额之中。因此，在计算企业应纳税所得额时，增值税不得从收入总额中扣除。

12. D 【解析】企业发生的合理的工资、薪金支出准予据实扣除。

职工福利费扣除限额 = 420×14% = 58.8（万元），实际发生75万元，准予扣除58.8万元。

职工教育经费扣除限额 = 420×8% = 33.6（万元），实际发生10万元，可以据实扣除。

职工工会经费扣除限额 = 420×2% = 8.4（万元），实际发生8.4万元，可以据实扣除。

税前准予扣除的工资和三项经费合计 = 420+58.8+10+8.4 = 497.2（万元）

13. C 【解析】企业接受外部劳务派遣用工所实际发生的费用，应分两种情况按规定在税前扣除：按照协议（合同）约定直接支付给劳务派遣公司的费用，应作为劳务费支出；直接支付给员工个人的费用，应作为工资薪金支出和职工福利费支出。其中属于工资薪金支出的费用，

准予计入企业工资薪金总额的基数，作为计算其他各项相关费用扣除的依据。

工资薪金总额 = 1200+6×3000×12÷10000 = 1221.6（万元）

职工福利费扣除限额 = 1221.6×14% = 171.02（万元）

应调增应纳税所得额 = 200 - 171.02 = 28.98（万元）

14. A 【解析】企业参加财产保险，按照规定缴纳的保险费，准予扣除；按规定缴纳的"五险一金"准予扣除；企业参加的雇主责任险和公众责任险，准予扣除；企业为投资者或职工个人支付的商业保险费，不得税前扣除。

15. C 【解析】根据规定，企业发生的公益性捐赠支出，不超过年度利润总额12%的部分，准予扣除；超过年度利润总额12%的部分，准予结转以后三年内在计算应纳税所得额时扣除。

16. D 【解析】向非金融机构借款的费用支出，在不高于按照金融机构同类、同期贷款利率计算的数额以内的部分，准予扣除。

向其他企业借入流动资金准予扣除的利息费用 = 50×4.5%×9÷12 = 1.69（万元）

捐赠扣除限额 = 20×12% = 2.4（万元），实际发生5万元，2019年只能扣除2.4万元。

该企业2019年度应纳税所得额 = 20 + (2.25-1.69) + (5-2.4) = 23.16（万元）
应纳所得税 = 23.16×25% = 5.79（万元）

17. B 【解析】根据规定，企业实际支付给关联方的利息支出，除另有规定外，其接受关联方债权性投资与其权益性投资比例为：除金融企业外的其他企业为2：1。该企业的权益性投资为1000万元，关联方债权性投资不应超过1000×2 = 2000（万元），现借款2800万元，准予扣除的利息金额是2000万元产生的利息，即168×2000÷2800 = 120（万元）。

第4章 企业所得税法

18. C 【解析】广告费扣除的限额＝6770×15%＝1015.5（万元），实际发生的158.7万元准予全部扣除，同时上年度结转的广告费112.5万元也可以扣除。企业取得的2009年及以后年度发行的地方政府债券利息所得，免征企业所得税。应缴纳的企业所得税＝（6770＋102－6283－112.5）×25%＝119.13（万元）。

19. A 【解析】转让房屋的收入、接受捐赠收入和政府补助的收入都不是销售（营业）收入的范围。

2019年业务招待费的税前扣除金额：标准一是发生额的60%，20×60%＝12（万元）；标准二是最高不得超过当年销售（营业）收入的5‰，（1500＋500）×5‰＝10（万元）。两者相比选其小，税前扣除的业务招待费为10万元。

2019年广告费扣除限额＝（1500＋500）×15%＝300（万元），实际支出52万元，尚结余税前扣除指标248万元，2018年超标的广告费90万元小于248万元，超标的广告费可以在本年全部扣除。则2019年税前准许扣除的广告费＝52＋90＝142（万元）。

合计扣除＝10＋142＝152（万元）

20. C 【解析】除委托个人代理外，企业以现金等非转账方式支付的手续费及佣金不得在税前扣除。

21. D 【解析】企业之间支付的利息费用可以扣除。

22. B 【解析】选项A，向投资者支付的股息、红利等权益性投资收益款项，不得扣除；选项C，企业为投资者或者职工支付的商业保险费，不得扣除；选项D，企业内营业机构之间支付的租金，不得扣除。

23. D 【解析】业务招待费扣除限额＝（1800＋300）×5‰＝10.5（万元），小于50×60%＝30（万元），只能扣除10.5万元。

企业2019年度会计利润＝1800＋300＋60－1000－150－220－300－27.4－10－25＝427.6（万元）

捐赠限额＝427.6×12%＝51.31（万元），实际发生25万元，可以全额扣除。

企业2019年度应纳税所得额＝427.6＋（50－10.5）－60＝407.1（万元）

企业2019年度应纳税所得税＝407.1×25%＝101.78（万元）

24. D 【解析】选项A，生产性生物资产计提折旧，而消耗性生物资产和公益性生物资产无需计提折旧；选项B，停止使用的生产性生物资产，应当自停止使用月份的次月停止计算折旧；选项C，林木类生产性生物资产，折旧年限不得短于10年。

25. A 【解析】选项A，相同指的是折旧均从投入使用月份的次月起开始计提，从停止使用的次月起停止计提；选项B，企业使用或者销售的存货的成本计算方法，可以在先进先出法、加权平均法、个别计价法中选用一种，不包括后进先出法；选项C，单独估价作为固定资产入账的土地不得计提折旧；选项D，通过支付现金以外方式取得投资资产，以该资产公允价值和支付的相关税费为成本，而非是双方协议价。

26. C 【解析】选项C，企业自创商誉是不得计算摊销费用扣除。

27. A 【解析】采取缩短折旧年限方法的，最低折旧年限不得低于规定折旧年限的60%。

28. B 【解析】固定资产大修理支出需同时满足以下两个条件：（1）修理支出达到取得固定资产时的计税基础50%以上；（2）修理后固定资产的使用年限延长2年以上。

29. B 【解析】2018年1月1日起，当年具备高新技术企业或科技型中小企业资格的企业，其具备资格年度之前5个年度发生的尚未弥补完的亏损，准予结转以后年度弥补，最长结转年限由5年延长至

10年。

30. B 【解析】可扣除的财产损失 = 15+10× 13% = 16.3（万元）

视同销售所得 = 220−180 = 40（万元）

债务重组所得 = 280−（220+220×13%）= 31.4（万元）

应纳企业所得税 =（40+31.4−16.3）×25% = 13.78（万元）

31. C 【解析】居民企业转让技术所有权所得不超过 500 万元的部分，免征企业所得税；超过 500 万元的部分，减半征收企业所得税。该企业技术转让所得为 600 万元（800−200），超过 500 万元的部分为 100 万元。该项技术转让所得应纳企业所得税 = 100 × 50% × 25% = 12.5（万元）= 125000（元）。

32. C 【解析】自 2019 年 1 月 1 日至 2021 年 12 月 31 日，对年应纳税所得额低于 100 万元（含 100 万元）的小型微利企业，其所得减按 25% 计入应纳税所得额，按 20% 的税率缴纳企业所得税。

33. C 【解析】选项 A 享受减计收入的优惠政策；选项 B 享受抵扣应纳税所得额的优惠政策；选项 D 享受加计扣除的优惠政策。

34. A 【解析】股息、红利等权益性投资收益和利息、租金、特许权使用费所得，以收入全额为应纳税所得额。转让财产所得，以收入全额减去财产净值后的余额为应纳税所得额。应缴纳企业所得税 = 800×10%+（180−120）×10% = 86（万元）。

35. B 【解析】自 2017 年 7 月 1 日起，企业可以选择按国别（地区）分别计算［即"分国（地区）不分项"］，或者不按国别（地区）汇总计算［即"不分国（地区）不分项"］其来源于境外的应纳税所得额，计算其可抵免境外所得税税额和抵免限额。上述方式一经选择，5 年内不得改变。对于该企业而言，采用不分国（地区）不分项计算抵免限额，可以获得更大限度的抵免。

36. C 【解析】总分机构分期预缴的企业所得税，50% 在各分支机构之间进行分摊，50% 由总机构预缴。

37. A 【解析】应纳税所得额 = 成本（费用）支出额÷（1−应税所得率）×应税所得率 = 258÷（1−9%）×9% = 25.52（万元），该企业符合小型微利企业条件，且应纳税所得额低于 100 万元，因此所得减按 25% 计入应纳税所得额，适用 20% 的税率，应纳税所得税额 = 25.52×25%×20% = 1.28（万元）。

38. C 【解析】初始投资 1600 万元确认为投资收回；

甲企业应确认的股息所得 =（1000+150）× 30% = 345（万元）——免税；

甲企业应确认的投资资产转让所得 = 2500 −1600−345 = 555（万元）；

应纳企业所得税 = 555×25% = 138.75（万元）

39. B 【解析】自 2018 年 1 月 1 日起，研发费用加计 75% 扣除。

40. A 【解析】海水养殖、内陆养殖减半征收企业所得税，因此选项 A 错误。

41. B 【解析】企业从事下列项目的所得，减半征收企业所得税：（1）花卉、茶以及其他饮料作物和香料作物的种植；（2）海水养殖、内陆养殖。

42. C 【解析】享受企业所得税优惠政策的技术先进型服务企业必须同时符合以下条件：

（1）在中国境内（不包括港、澳、台地区）注册的法人企业。

（2）从事《技术先进型服务业务认定范围（试行）》中的一种或多种技术先进型服务业务，采用先进技术或具备较强的研发能力。

（3）具有大专以上学历的员工占企业职工总数的 50% 以上。

（4）从事《技术先进型服务业务认定范围（试行）》中的技术先进型服务业务取得的

收入占企业当年总收入的50%以上。

（5）从事离岸服务外包业务取得的收入不低于企业当年总收入的35%。

43. C 【解析】企业在年度中间终止经营活动的，应当自实际经营终止之日起60日内，向税务机关办理当期企业所得税汇算清缴。

二、多项选择题

1. ABCD 【解析】选项A，不动产转让所得，按照不动产所在地确定所得来源；选项B，股息、红利等权益性投资所得，按照分配所得的企业所在地确定所得来源；选项C，提供劳务所得，按照劳务发生地确定所得来源；选项D，利息所得、租金所得、特许权使用费所得，按照负担、支付所得的企业或者机构、场所所在地确定，或者按照负担、支付所得的个人的住所地确定，在我国设立的分行为位于日本的某电站提供流动资金贷款取得的利息收入属于境外所得，但该银行属于我国的居民企业，应就其境内所得和境外所得在我国缴纳企业所得税。

2. ABD 【解析】权益性投资资产转让所得按照被投资企业所在地确定所得来源地。

3. ABCD 【解析】四个选项均符合题意。

4. ABCD 【解析】四个选项均正确。

5. ABD 【解析】选项ABD属于免税收入，选项C属于不征税收入。

6. ACD 【解析】自2018年1月1日起，企业发生的职工教育经费支出，不超过工资薪金总额8%的部分，准予扣除。

7. AD 【解析】选项B，实际发放的工资薪金总和，不包括企业的职工福利费、职工教育经费、工会经费以及养老保险费、医疗保险等社会保险费；选项C，丧葬补助费、抚恤费属于福利费列支范围。

8. BCD 【解析】选项A，企业为投资者或者职工支付的商业保险费，不得扣除。

9. ABC 【解析】选项D，上市公司实施股权激励计划，凡实施后立即可以行权的，可

以根据实际行权时该股票的公允价格与激励对象实际行权支付价格的差额和数量，计算确定作为当年上市公司工资薪金支出，依照税法规定进行税前扣除。

10. AB 【解析】选项C，未经核定的固定资产的减值准备，不得在税前扣除；选项D，母公司以管理费形式向子公司提取费用，子公司因此支付给母公司的管理费，不得在税前扣除。

11. AD 【解析】以支付现金方式取得的投资资产，以购买价款为成本；通过支付现金以外的方式取得的投资资产，以该资产的公允价值和支付的相关税费为成本。

12. ACD 【解析】企业固定资产会计折旧年限如果长于税法规定的最低折旧年限，其折旧应按会计折旧年限计算扣除，税法另有规定除外。

13. ABC 【解析】企业使用或者销售的存货的成本计算方法，可以在先进先出法、加权平均法、个别计价法中进行选择，没有后进先出法。

14. BCD 【解析】已足额提取折旧的固定资产的改建支出，属于企业发生的长期待摊费用，按规定摊销准予扣除的项目。选用一种。

15. BC 【解析】减半征收企业所得税的范围包括：（1）花卉、茶以及其他饮料作物和香料作物的种植；（2）海水养殖、内陆养殖。

16. AB 【解析】选项C，对金融机构农户小额贷款的利息收入，在计算应纳税所得额时，按90%计入收入总额；选项D，符合条件的小微企业是年度应纳税所得额不超过300万元，从业人数不超过300人，资产总额不超过5000万元。

17. AD 【解析】选项B，委托境外进行研发活动所发生的费用，按照费用实际发生额的80%计入委托方的委托境外研发费用。委托境外研发费用不超过境内符合条件的研发费用三分之二的部分，可以按规定在企业所得税前加计扣除。选项C，对企业

委托给外单位进行开发的研发费用，凡符合条件的，由委托方按照规定计算加计扣除，受托方不得再进行加计扣除。

18. ABD 【解析】选项 C，企业在 2018 年 1 月 1 日至 2020 年 12 月 31 日期间新购进的设备、器具，单位价值不超过 500 万元的，允许一次性计入当期成本费用在计算应纳税所得额时扣除，不再分年度计算折旧。其中设备、器具，指的是除房屋、建筑物以外的固定资产。

19. ABC 【解析】非居民企业取得下列所得免征企业所得税：

（1）外国政府向中国政府提供贷款取得的利息所得；

（2）国际金融组织向中国政府和居民企业提供优惠贷款取得的利息所得；

（3）经国务院批准的其他所得。

20. AD 【解析】选项 B，正确的说法应该是受让企业收购的资产不低于转让企业全部资产的 50%；选项 C，正确的说法应该是受让企业在资产收购发生时的股权支付金额不低于其交易支付总额的 85%。

21. ABC 【解析】企业重组采用一般性税务处理的，被合并企业的亏损不得在合并企业结转弥补。

22. ACD 【解析】条件 1：受让企业收购的股权占转让企业全部股权的 80%>50%；
条件 2：股权支付金额占交易支付总额 = 43200÷（43200+4800）= 90%>85%；
股权转让中股权支付部分对应的所得是暂时不征收企业所得税；但是，非股权支付对应的股权所得要交税 = 10000×80% ×（6−5）×4800÷48000×25% = 200（万元）。

23. ABC 【解析】税务机关可以采取的方法有三种：按收入总额核定应纳税所得额、按成本费用核定应纳税所得额、按经费支出换算收入核定应纳税所得额。

24. ACD 【解析】选项 B 不属于企业所得税的征税范围。

25. ABC 【解析】选项 D，按月或按季预缴所得税的，应当自月份或者季度终了之日起 15 日内，向税务机关报送预缴企业所得税纳税申报表，预缴税款。

26. AC 【解析】选项 B，应该是可以选择由其主要机构、场所汇总缴纳企业所得税；选项 D，应该是以机构、场所所在地为纳税地点。

27. AB 【解析】选项 C，扣缴义务人未依法扣缴或者无法履行扣缴义务的，由企业在所得发生地缴纳；选项 D，扣缴义务人应当自扣缴义务发生之日起 7 日内向扣缴义务人所在地主管税务机关申报和解缴代扣税款。

28. ABCD 【解析】以上表述都正确。

三、计算问答题

【答案】

（1）广告费扣除限额 = 1230×15% = 184.5（万元），实际发生 38 万元，未超过扣除限额，允许扣除 38 万元。

（2）企业所得税税前准予扣除的财务费用 = 40−30+300×6% = 28（万元），纳税调增 12 万元。

（3）业务招待费扣除限额

实际发生额的 60% = 10×60% = 6（万元）

销售营业收入的×0.5% = 1230×0.5% = 6.15（万元）

允许扣除 6 万元，超标的 4 万元税前不允许扣除。

为股东支付的商业保险费不得扣除。

税前可以扣除额管理费用 = 26−（10−6）−5 = 17（万元）

纳税调增 9 万元。

（4）本年会计利润 = 1230+23+39−1100− 5.6−38−40−26−33.52 = 48.88（万元）

捐赠的扣除限额 = 48.88×12% = 5.87（万元），实际捐赠额 29.52 万元，按照限额扣除。

合同违约金不属于行政罚款，可以税前扣除。

企业所得税前准予扣除的营业外支出 =

5.87 + 4 = 9.87（万元），纳税调增 = 29.52 - 5.87 = 23.65（万元）。

（5）2019 年应纳税所得额 = 48.88 + 12 + 9 + 23.65 - 23（国债利息收入免税）- 22（上年亏损）= 48.53（万元）

（6）年度应纳税所得额不超过 300 万元，从业人数不超过 300 人，资产总额不超过 5000 万元。符合小型微利企业条件，且年度应纳税所得额未超过 100 万元，减按 25% 计入应纳税所得额，减按 20% 的税率征收企业所得税。

2018 年应纳企业所得税 = 48.53 × 25% × 20% = 2.43（万元）

四、综合题

1.【答案】

（1）业务招待费实际发生额的 60% = 150 × 60% = 90（万元）

销售（营业）收入的 5‰ = 4600 × 5‰ = 23（万元），90 万元 > 23 万元。

按照 23 万元在税前扣除。

纳税调增 127 万元。

（2）广告费和业务宣传费税前扣除限额 = 4600 × 15% = 690（万元）

实际发生额 = 220 + 180 = 400（万元）

实际发生额未超过扣除限额，准予据实扣除，即允许在税前扣除的广宣费为 400 万元。

（3）研发费用加计扣除金额 = 80 × 75% = 60（万元）

（4）不允许扣除的利息 = 75 - 1000 × 8% × 10/12 = 8.33（万元）

纳税调增 8.33 万元。

允许在税前扣除的财务费用 = 125 - 8.33 = 116.67（万元）

（5）允许在税前扣除的营业外支出 = 20（万元）

纳税调增 35 万元。

【思路点拨】 直接对某山区的捐款，不属于公益性捐赠，不能在税前扣除；缴纳的税收滞纳金不得在企业所得税前扣除；因合同

违约支付给其他企业的违约金，不属于行政性罚款，准予在企业所得税前扣除。

（6）应纳房产税 = 4000 × (1 - 20%) × 1.2% × 7/12 = 22.4（万元）

应纳城镇土地使用税 = 5000 × 5 × 7/12 ÷ 10000 = 1.46（万元）

（7）税前可以扣除的合理工资总额 800 万元，无需纳税调整。

职工福利费税前扣除限额 = 800 × 14% = 112（万元），应调增应纳税所得额 = 122 - 112 = 10（万元）；

工会经费税前扣除限额 = 800 × 2% = 16（万元），应调增应纳税所得额 = 13 - 16 = 2（万元）；

职工教育经费税前扣除限额 = 800 × 8% = 64（万元），实际发生 28 万元，未超过扣除限额，准予据实扣除。

工资总额、职工福利费、职工教育经费及工会经费共计应调增应纳税所得额 = 10 + 2 = 12（万元）

（8）2019 年企业利润总额 = 4600 - 1200 - 300 - 450 - 125 - 50 - 55 - 22.4 - 1.46 + 30 = 2426.14（万元）

应纳税所得额 = 2426.14 - 60 + 8.33 + 35 + 12 + 127 = 2548.47（万元）

【思路点拨】 业务（8）：持有上市公司股票不足 12 个月，股息红利不满足免税条件。

（9）2019 年应缴纳企业所得税 = 2548.47 × 15% = 382.27（万元）

【思路点拨】 自 2017 年 1 月 1 日起，对经认定的技术先进型服务企业，减按 15% 的税率征收企业所得税。

2.【答案】

（1）业务（1）应该计入营业外收入，而不是计入资本公积。营业外收入 = 10 + 1.3 = 11.3（万元）。

（2）2019 年度的会计利润总额 = 5000 + 300 - 3800 - 230 + 30 - 11.36 - 38 - 100 - 90 - 20 + 11.3 = 1051.94（万元）

（3）非货币性资产投资应调减应纳税所得

额 = (300-220)÷5×4 = 64(万元)

【思路点拨】居民企业以非货币性资产对外投资确认的非货币性资产转让所得，可在不超过5年期限内，分期均匀计入相应年度的应纳税所得额，按规定计算缴纳企业所得税。

(4)实际发生额的60% = 50×60% = 30(万元)；

销售营业收入 = 5000+300+8 = 5308(万元)

销售营业收入的5‰ = 5308×5‰ = 26.54(万元)

税前可以扣除26.54万元，管理费用需要纳税调增 = 50-26.54 = 23.46(万元)。

(5)广宣费税前可以扣除限额 = 5308×15% = 796.2(万元)

实际发生额20万元，同时可以把上年结转的14万元在本年扣除。销售费用需要纳税调减14万元。

(6)手续费8万元无法出示相关票据需要纳税调增，纳税调增8万元。

(7)直接支付给劳务派遣公司的费用40万元，应作为劳务费支出扣除，不作为工资薪金扣除，不得作为计提三项经费的基数。

职工福利费税前扣除限额 = (240-40)×14% = 28(万元)，实际发生职工福利费30万元，需要纳税调增2万元。

工会经费税前扣除限额 = (240-40)×2% = 4(万元)，实际发生工会经费10万元，需要纳税调增6万元。

职工教育经费税前扣除限额 = (240-40)×8% = 16(万元)，实际发生职工教育经费20万元，需要纳税调增4万元。

工资及三项经费共需要纳税调增 = 2+6+4 = 12(万元)。

(8)权益性投资收益，按被投资企业作出利润分配决定的日期确认收入的实现。应纳税调减30万元。

(9)捐赠视同销售，调整视同销售收入8

万元，调整视同销售成本5万元，合计调增 = 8-5 = 3(万元)。

(10)行政性罚款5万元(3+2)在所得税前不得扣除。

公益性捐赠扣除限额 = 1051.94×12% = 126.23(万元)，公益性捐赠支出9.04万元①，未超过扣除限额，可以全额扣除。

营业外支出应纳税调增5万元。

(11)代扣代缴增值税 = 120÷(1+6%)×6% = 6.79(万元)

代扣代缴城市维护建设税 = 6.79×7% = 0.48(万元)

代扣代缴教育费附加 = 6.79×3% = 0.20(万元)

代扣代缴地方教育附加 = 6.79×2% = 0.14(万元)

代扣代缴的增值税、城市维护建设税、教育费附加及地方教育附加合计 = 6.79+0.48+0.20+0.14 = 7.61(万元)

(12)固定资产按税法规定选择一次性扣除纳税调减 = 20-2 = 18(万元)

(13)2019年度的应纳税所得额 = 1051.94-64(非货币性资产投资)+23.46(业务招待费)-14(广宣费)+8(财务费用)+12(三项经费)-30(投资收益)+3(视同销售)+5(行政性罚款)-18(固定资产加速折旧) = 977.4(万元)

(14)2019年度应缴纳的企业所得税税额 = 977.4×25% = 244.35(万元)

3.【答案】

(1)①销售小汽车同时收取运费属于混合销售行为，应按照销售货物缴纳增值税和消费税；

②取得小汽车代销商赞助的一批原材料并取得增值税专用发票，可以抵扣进项税额；

③因管理不善库存原材料被盗，应该作进项税转出处理；

---

① 根据国家税务总局2019年41号公告，视同销售情况，对视同销售收入和支出的纳税调整将影响相应的成本费用。

④没有计算印花税和房产税；

⑤增值税和消费税计算有误，导致城建税、教育费附加和地方教育附加数据也是错误的。

补交增值税 = 452÷（1+13%）×13%−6.5+（618.6−18.6）×13%+18.6×9% = 125.17（万元）

补交消费税 = 452÷（1+13%）×5% = 20（万元）

补交城建税、教育费附加和地方教育附加合计 = （125.17+20）×（7%+3%+2%）= 17.42（万元）

补交房产税 = 14000×（1−20%）×1.2% = 134.4（万元）

补交印花税 = （87400+38080+45000）×0.3‰+1200×0.5‰ = 51.74（万元）

（2）会计利润 = 87400+452÷（1+13%）−2.8×19000+38080−12.2×2800−12000−3600−3100−（4600+79.67）+150+56.5+110+220−134.4（房产税）−32.8（土地使用税）−（7797.2+20）（消费税）−（2178.19+17.42）（城建及教育费附加）−51.74（印花税）= 5445.08（万元）

（3）①价外收入没有价税分离，确认的收入有误，导致税前扣除的税金及附加计算有误；漏记房产税和印花税导致税金及附加计算错误；未扣除城镇土地使用税；管理不善损失材料进项税未进行转出，导致营业外支出有误；取得赞助的原材料没有计入营业外收入计税。

②招待费超标，应按限额扣除，不得全部扣除：

业务招待费限额：1500×60% = 900（万元）

>125880×0.5% = 629.4（万元）。税前扣除629.4万元，招待费纳税调增 = 1500−629.4 = 870.6（万元）。

【思路点拨】销售（营业）收入 = 87400+452÷（1+13%）+38080 = 125880（万元）

③新技术研发费用没有进行加计扣除：加计扣除研发费用 = 1200×75% = 900（万元），纳税调减所得900万元。

④公益捐赠超限额未进行税前调整；公益捐赠限额 = 5445.08×12% = 653.41（万元），实际公益捐赠800万元。公益捐赠纳税调增 = 800−653.41 = 146.59（万元）。

⑤支付其他企业的管理费不得税前扣除：纳税调增管理费用300万元。

⑥分回股息从境内应纳税所得中扣除；国债利息属于免税收入；纳税合计调减 = 150+110 = 260（万元）。

⑦合并业务：可由合并企业弥补的被合并企业亏损的限额 = 被合并企业净资产公允价值×截至合并业务发生当年年末国家发行的最长期限的国债利率 = （7700−3200）×6% = 270（万元）。

⑧境外分回股息不用全部纳税，而是按境内外税率差补税：境外分回股息应补税 = 220/（1−15%）×（25%−15%） = 25.88（万元）。

境内应纳税所得额 = 5445.08+870.6−900+146.59+300−260−220−270 = 5112.27（万元）

当年应纳企业所得税 = 5112.27×25%+25.88 = 1303.95（万元）

应补企业所得税 = 1303.95−1239.15 = 64.8（万元）

本章知识串联

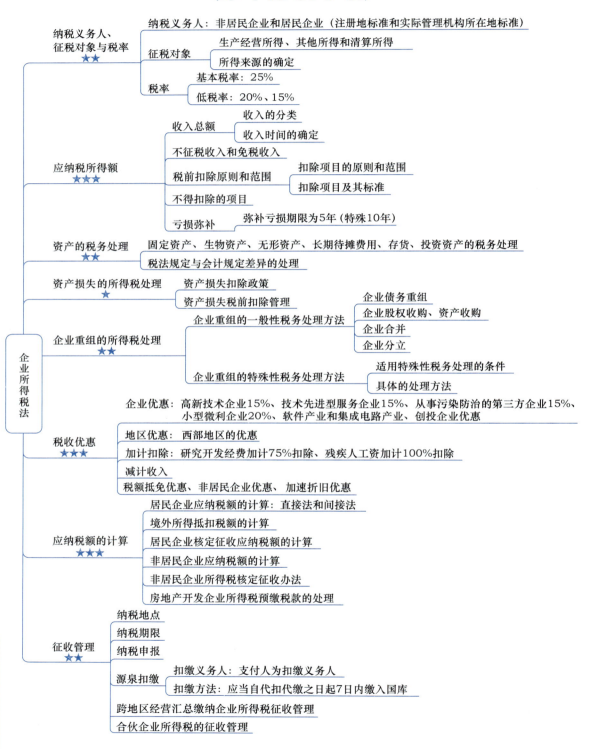

企业所得税法

- 纳税义务人、征税对象与税率 ★★
  - 纳税义务人：非居民企业和居民企业（注册地标准和实际管理机构所在地标准）
  - 征税对象
    - 生产经营所得、其他所得和清算所得
    - 所得来源的确定
  - 税率
    - 基本税率：25%
    - 低税率：20%、15%

- 应纳税所得额 ★★★
  - 收入总额
    - 收入的分类
    - 收入时间的确定
  - 不征税收入和免税收入
  - 税前扣除原则和范围
    - 扣除项目的原则和范围
    - 扣除项目及其标准
  - 不得扣除的项目
  - 亏损弥补
    - 弥补亏损期限为5年（特殊10年）

- 资产的税务处理 ★★
  - 固定资产、生物资产、无形资产、长期待摊费用、存货、投资资产的税务处理
  - 税法规定与会计规定差异的处理

- 资产损失的所得税处理 ★
  - 资产损失扣除政策
  - 资产损失税前扣除管理

- 企业重组的所得税处理 ★★
  - 企业重组的一般性税务处理方法
    - 企业债务重组
    - 企业股权收购、资产收购
    - 企业合并
    - 企业分立
  - 企业重组的特殊性税务处理方法
    - 适用特殊性税务处理的条件
    - 具体的处理方法

- 税收优惠 ★★★
  - 企业优惠：高新技术企业15%、技术先进型服务企业15%、从事污染防治的第三方企业15%、小型微利企业20%、软件产业和集成电路产业、创投企业优惠
  - 地区优惠：西部地区的优惠
  - 加计扣除：研究开发经费加计75%扣除、残疾人工资加计100%扣除
  - 减计收入
  - 税额抵免优惠、非居民企业优惠、加速折旧优惠

- 应纳税额的计算 ★★★
  - 居民企业应纳税额的计算：直接法和间接法
  - 境外所得抵扣税额的计算
  - 居民企业核定征收应纳税额的计算
  - 非居民企业应纳税额的计算
  - 非居民企业所得税核定征收办法
  - 房地产开发企业所得税预缴税款的处理

- 征收管理 ★★
  - 纳税地点
  - 纳税期限
  - 纳税申报
  - 源泉扣缴
    - 扣缴义务人：支付人为扣缴义务人
    - 扣缴方法：应当自代扣代缴之日起7日内缴入国库
  - 跨地区经营汇总缴纳企业所得税征收管理
  - 合伙企业所得税的征收管理

个人所得税法

历年考情概况

　　本章是税法科目中较为重要的一章，考点较多，考核难度适中。从历年考试情况看，本章会以各种题型进行考核。常见的考核方式是：1~2道单选题，1道多选题，1道计算问答题或综合题。历年考试中题量一般在3~5题，平均分值10分左右。由于2019年1月1日个人所得税法进行了大范围的修订，2020年3~6月个人所得税综合所得进行了首次汇算清缴，因此预计2020年本章内容所占比重将有所上升，存在着出综合题的可能性。

近年考点直击

考点	主要考查题型	考频指数	考查角度
纳税人	单选题、多选题	★★	居民纳税人和非居民纳税人的界定及其纳税义务
征税范围	单选题、多选题	★★★	(1)给出纳税人的具体所得情况，能够确定具体适用税目； (2)综合所得的范围； (3)所得来源地的确定
预扣率和税率	单选题、多选题、计算问答题、综合题	★★★	(1)考核不同税目的税率； (2)考核预扣率和税率的区别
应纳税所得额的确定	单选题、多选题	★★★	(1)各税目应纳税所得额的具体规定； (2)次数的确定； (3)公益性捐赠支出税前扣除的规定
综合所得的预扣预缴与汇算清缴	单选题、多选题、计算问答题、综合题	★★★	(1)工资薪金、劳务报酬、稿酬、特许权使用费所得预扣预缴税款的计算； (2)综合所得汇算清缴时，应补应退税款的计算； (3)全年一次性奖金应纳税额的计算； (4)企业年金、职业年金的税务处理； (5)解除劳动关系、提前退休、内部退养的一次性补偿收入的个人所得税处理； (6)单位向职工低价售房的个人所得税政策； (7)保险营销员、证券经纪人佣金收入的政策； (8)非居民纳税人与居民纳税人在纳税上的不同
经营所得应纳税额的计算	单选题、多选题、计算问答题	★★★	(1)应纳税所得额的确定，尤其要注意扣除项目的规定； (2)应纳税额的计算

考点	主要考查题型	考频指数	考查角度
其他应税项目应纳税额的计算	单选题、多选题、计算问答题	★★★	(1)利息、股息、红利所得应纳税额计算，包括股息红利所得期限性税收优惠； (2)财产租赁所得应纳税额的计算，尤其注意个人出租住房应纳税额的计算； (3)财产转让所得应纳税额的计算，尤其注意个人销售不动产取得所得、转让股权所得的有关规定； (4)偶然所得应纳税额的计算
特殊情况下应纳税额的计算	单选题、多选题、计算问答题	★★	(1)拍卖收入应纳税额的计算； (2)个人转让限售股应纳税额的计算； (3)沪港通、深港通的个人所得税政策； (4)以非货币性资产投资入股的税务处理； (5)房屋赠与不征收个税的情形； (6)促销展业的税务处理
税收优惠	单选题、多选题、计算问答题	★★★	(1)在选择题中考核税收优惠的具体规定； (2)在计算问答题或综合题中与应纳税额的计算结合出题
境外所得的税额扣除	单选题、多选题、计算问答题	★★	通过计算性题目考查境外所得的税额扣除问题
征收管理	单选题、多选题	★★	(1)自行申报的范围和时限； (2)代扣代缴、预扣预缴的有关规定； (3)律师事务所个人所得税征管的规定； (4)个人财产对外转移提交税收证明或完税凭证的规定

学习方法与应试技巧

随着个人所得税法的改革及实施，本章内容发生了很大的变化，对于个人所得税而言，不仅仅是考试的重点，而且与每个人的切身利益息息相关，因此需要大家认真学习。

在学习过程中建议如下：

1. 掌握基本概念与基本规定是学好新个人所得税的基础。关键把握以下内容：（1）分清哪些税目属于综合征收，哪些属于分类征收。（2）分清非居民个人和居民个人的不同。（3）分清综合征收中个人所得税税目的预扣预缴与汇算清缴的不同。注意利用图表总结上述内容。

2. 利用表格总结不同税目应纳税额基本计算方法的不同。

3. 个人所得税的特殊计税方法繁杂，建议大家分清主次、重点和非重点，并利用图表总结相对重要的计算方法，对于非重点内容，简单看即可。

4. 个人所得税的税收优惠很多，建议大家利用表格总结税收优惠。

5. 关注个人所得税的税收征管，尤其是综合所得的汇算清缴。

6. 多做练习，通过做题总结和掌握个人所得税相关的重点内容。

本章2020年考试主要变化

1. 新增免予汇算清缴的情形。

2. 新增原有的"其他所得"如何适用税目的规定。

3. 新增公益捐赠支出税前扣除的规定。

4. 新增非居民个人和无住所居民个人有关所得税的政策。

考点详解及精选例题

个人所得税是以自然人（个人+自然人性质的企业）取得的各类应税所得为征税对象而征收的一种所得税。个人所得税的征收模式有分类征收制、综合征收制与混合征收制。分类征收制，就是将纳税人不同来源、性质的所得项目，分别规定不同的税率征税，我国在2019年之前采用分类所得税制；综合征收制，是对纳税人全年的各项所得加以汇总，就其总额进行征税，我国未来改革的目标是综合征收制；混合征收制，是对纳税人不同来源、性质的所得先分别按照不同的税率征税，然后将全年的各项所得进行汇总征税。目前，我国已经初步建立了分类与综合相结合的征收模式——混合征收制。

真题精练（客观题）

（2016年多选题，改）下列关于个人所得税税制模式的表述中，正确的有（　　）。

A. 我国目前个人所得税实行分类征收制模式

B. 实行分类征收制模式便于征收管理，但不利于平衡纳税人税负

C. 实行综合征收制模式征收管理相对复杂，但有利于平衡纳税人税负

D. 我国已经初步建立了分类与综合相结合的征收模式——混合征收制

解析 我国从2019年开始，由原来的分类征收改为分类与综合相结合的征收模式——混合征收制。　　　**答案** BCD

一、纳税义务人

扫我解疑难

个人所得税是以自然人取得的各类应税所得为征税对象而征收的一种所得税。个人所得税的纳税人包括中国公民、个体工商业户、个人独资企业、合伙企业投资者、在中国有所得的外籍人员（包括无国籍人员）和香港、澳门、台湾同胞。

个人所得税的纳税人依据住所和居住时间两个标准，区分为居民和非居民，并分别承担不同的纳税义务。

个人所得税纳税人的分类见表5-1。

表5-1　个人所得税纳税人的分类

纳税人	判断标准	纳税义务
居民纳税人	只要具备以下条件之一即为居民纳税人： (1)在中国境内有住所的个人（住所是指因户籍、家庭、经济利益关系而在中国境内习惯性居住）； (2)无住所而一个纳税年度内在中国境内居住**累计满183天**的个人	负有无限纳税义务，就其来源于中国境内、境外所得，向中国境内缴纳个人所得税
非居民纳税人	只要具备以下条件之一即为非居民纳税人： (1)在中国境内无住所又不居住的个人； (2)无住所而一个纳税年度内在中国境内居住**累计不满183天**的个人，为非居民个人	承担有限纳税义务，仅就其来源于中国境内所得，向中国境内缴纳个人所得税

【知识点拨】 居住天数和工作天数的区别（见表5-2）

表 5-2 居住天数和工作天数的区别

类别	具体内容
居住天数	居住天数是指无住所个人在我国境内的居住天数，根据居住天数进而判断该个人是否属于我国的居民纳税人，判断其具体的纳税义务。 无住所个人一个纳税年度内在中国境内累计居住天数，按照个人在中国境内累计停留的天数计算。在中国境内停留的当天满 24 小时的，计入中国境内居住天数，在中国境内停留的当天不足 24 小时的，不计入中国境内居住天数
工作天数	无住所个人按照税法规定计算其应缴纳的个人所得税税额时，公式用到的是工作天数，而不是居住天数。境内工作期间按照个人在境内工作天数计算，包括其在境内的实际工作日以及境内工作期间在境内、境外享受的公休假、个人休假、接受培训的天数。在境内、境外单位同时担任职务或者仅在境外单位任职的个人，在境内停留的当天不足 24 小时的，按照半天计算境内工作天数

【例题 1·多选题】外籍个人约翰 2020 年 1 月 5 日来华工作，2020 年 5 月 31 日回国探亲，6 月 10 日返华，2020 年 11 月 3 日结束在华工作，回国发展。在华工作期间，除任职单位支付的工资外，还获得境外某单位支付的设计费。根据上述的表述，下列说法正确的有（　　）。

A. 约翰 2020 年属于我国的居民纳税人

B. 约翰在华工作期间的工资需要缴纳我国的个人所得税

C. 约翰 2020 年回国发展后取得的工资需要缴纳我国的个人所得税

D. 约翰在华工作期间从境外取得的设计费需要缴纳我国的个人所得税

解析 约翰 2020 年在我国境内累计居住达到 183 天，因此属于我国的居民纳税人，对于在华工作期间取得的工资需要缴纳我国的个人所得税。约翰在中国境内无住所，其在中国境内居住累计满 183 天的年度连续不满六年，经向主管税务机关备案，其来源于中国境外且由境外单位或者个人支付的所得，免予缴纳个人所得税。因此选项 C、选项 D 无需缴纳我国的个人所得税。　答案 ▶ AB

扫我解疑难

二、征税范围 ★★★

对于本部分内容的学习，要求大家做到：给出一项所得，能够判断其适用的税目，并确定是分类征收，还是综合征收——在选择题、计算题中可能会涉及。

（一）个人所得税征税范围

从 2019 年 1 月 1 日开始，我国个人所得税是采用综合征收和分类征收相结合的方式，包括 9 项个人所得税征税范围。对于综合征收和分类征收的有关规定，见表 5-3。

表 5-3 综合征收与分类征收的范围

税目	非居民个人	居民个人
1. 工资、薪金所得	按月分项计算	按纳税年度合并计算个人所得税
2. 劳务报酬所得	按次分项计算	
3. 稿酬所得	按次分项计算	
4. 特许权使用费所得	按次分项计算	
5. 经营所得	按年分项计算	按年分项计算
6. 利息、股息、红利所得	按次分项计算	按次分项计算
7. 财产租赁所得	按次分项计算	按月分项计算

税目	非居民个人	居民个人
8. 财产转让所得	按次分项计算	按次分项计算
9. 偶然所得	按次分项计算	按次分项计算

【知识点拨1】 在个人所得税的9项个人所得税目中，只有经营所得需要由纳税人自行申报，其他8项个人所得税目都需要由支付方扣缴申报。

【知识点拨2】 只有居民纳税人有综合征收，非居民纳税人无综合所得的概念，不需要综合征收。

【知识点拨3】 对于居民纳税人而言，综合所得只包括工资薪金所得、劳务报酬所得、稿酬所得和特许权使用费所得，不包括其他税目。

【知识点拨4】 综合征收的含义是：在每次或每月支付所得时，支付方需要预扣预缴个人所得税，年度终了，取得综合所得的纳税人属于税法规定情形的，需要汇算清缴，多退少补。

【例题2·多选题】 下列各项中，属于"综合所得"项目按年计算征税的有（   ）。

A. 工资薪金所得
B. 劳务报酬所得
C. 经营所得
D. 财产租赁所得

解析 ▶ 对于居民纳税人而言，综合所得只包括工资薪金所得、劳务报酬所得、稿酬所得和特许权使用费所得，不包括其他税目。

答案 ▶ AB

1. 工资薪金所得

个人因任职或者受雇而取得的工资、薪金、奖金、年终加薪、劳动分红、津贴、补贴以及与任职或者受雇有关的其他所得。

【知识点拨1】 工资薪金所得为非独立个人劳动所得，劳务报酬所得为独立个人劳动所得。

【知识点拨2】 不予征税项目：

(1)独生子女补贴；
(2)执行公务员工资制度未纳入基本工资

总额的补贴、津贴差额和家属成员的副食品补贴；

(3)托儿补助费；

(4)差旅费津贴、误餐补助；

误餐补助：个人因公在城区、郊区工作，不能在工作单位或返回就餐，根据实际误餐顿数，按规定标准领取的误餐补助费。单位以误餐补助名义发给职工的补助、津贴不能包括在内。

(5)外国来华留学生，领取的生活津贴费、奖学金。

【知识点拨3】 军队干部取得的补贴、津贴中有8项不计入工资、薪金所得项目征税：

(1)政府特殊津贴；

(2)福利补助；

(3)夫妻分居补助费；

(4)随军家属无工作生活困难补助；

(5)独生子女保健费；

(6)子女保教补助费；

(7)机关在职军以上干部公勤费（保姆费）；

(8)军粮差价补贴。

【知识点拨4】 军队干部取得的暂不征税的补贴、津贴：

(1)军人职业津贴；

(2)军队设立的艰苦地区补助；

(3)专业性补贴；

(4)基层军官岗位津贴（营连排长岗位津贴）；

(5)伙食补贴。

【知识点拨5】 个人取得公务交通、通讯补贴收入，扣除一定标准的公务费用后，按"工资、薪金所得"计征个人所得税。

【知识点拨6】 公司职工取得的用于购买企业国有股权的劳动分红，按"工资、薪金所得"项目计征个人所得税。

【知识点拨7】出租汽车经营单位对出租车驾驶员采取单车承包或承租方式运营，出租车驾驶员从事客货营运取得的收入，按"工资、薪金所得"项目征税。

【知识点拨8】退休人员再任职取得的收入，在减除按个人所得税法规定的费用扣除标准后，按"工资、薪金所得"项目缴纳个人所得税。

【知识点拨9】个人兼职取得的收入，应按照"劳务报酬所得"应税项目缴纳个人所得税。

【例题3·多选题】下列各项中，应当按照"工资、薪金所得"项目征收个人所得税的有（　）。

A. 劳动分红
B. 独生子女补贴
C. 差旅费津贴
D. 超过规定标准的误餐费

解析 ▶ 选项B、C，不征收个人所得税。

答案 ▶ AD

2. 劳务报酬所得

个人从事劳务取得的所得，包括从事设计、装潢、安装、制图、化验、测试、医疗、法律、会计、咨询、讲学、翻译、审稿、书画、雕刻、影视、录音、录像、演出、表演、广告、展览、技术服务、介绍服务、经纪服务、代办服务以及其他劳务取得的所得。

【知识点拨1】工资薪金所得为非独立个人劳动所得，劳务报酬所得为独立个人劳动所得。

【知识点拨2】通过免收差旅费、旅游费对个人实行的营销业绩奖励，如何纳税，取决于该个人是雇员还是非雇员。

①雇员：按照工资薪金所得缴纳个人所得税；

②非雇员：按照劳务报酬所得缴纳个人所得税。

【知识点拨3】个人兼职取得的收入应按照"劳务报酬所得"应税项目缴纳个人所得税。

3. 稿酬所得

个人因其作品以图书、报刊形式出版、发表而取得的所得。

【知识点拨】对不以图书、报刊出版、发表的翻译、审稿、书画所得归为劳务报酬所得。

4. 特许权使用费所得

个人（包括权利继承人）提供专利权、商标权、著作权、非专利技术以及其他特许权的使用权取得的所得。

【知识点拨1】提供著作权的使用权取得的所得，不包括稿酬所得。

【知识点拨2】劳务报酬所得、稿酬所得、特许权使用费所得的辨别（见表5-4）

表5-4　劳务报酬所得、稿酬所得、特许权使用费所得的辨别

税目	解释
劳务报酬所得	不以图书、报刊出版、发表的翻译、审稿、书画所得
稿酬所得	个人因其作品以图书、报刊形式出版、发表取得的所得
特许权使用费所得	提供著作权的使用权取得的所得

【知识点拨3】对于作者将自己的文字作品手稿原件或复印件公开拍卖（竞价）取得的所得，属于提供著作权的使用权取得的所得，故应按"特许权使用费所得"项目征收个人所得税。

5. 经营所得

经营所得包括的范围：

（1）个体工商户从事生产、经营活动取得的所得，个人独资企业投资人、合伙企业的个人合伙人来源于境内注册的个人独资企业、合伙企业生产、经营的所得；

（2）个人依法从事办学、医疗、咨询以及其他有偿服务活动取得的所得；

（3）个人对企业、事业单位承包经营、承租经营以及转包、转租取得的所得；

①对经营成果拥有所有权：按"经营所得"缴纳个人所得税。

②对经营成果不拥有所有权：按照"工资薪金所得"缴纳个人所得税。

（4）个人从事其他生产、经营活动取得的所得。

【知识点拨1】 个人因从事彩票代销业务而取得的所得，按"经营所得"缴纳个人所得税。

【知识点拨2】 从事个体出租车运营的出租车驾驶员取得的收入，按"经营所得"缴纳个人所得税。出租车司机取得的所得如何缴纳个人所得税，关键在于车辆所有权：

①出租车属于个人所有：按照"经营所得"缴纳个人所得税；

②出租车属于出租汽车经营单位所有："工资、薪金所得"缴纳个人所得税。

【知识点拨3】 个体工商户和从事生产、经营的个人，取得与生产、经营活动无关的其他各项应税所得，应分别按照其他应税项目的有关规定，计征个人所得税。如对外投资取得的股息所得，应按"利息、股息、红利"所得税目的规定单独计征个人所得税。

6. 利息、股息、红利所得

个人拥有债权、股权而取得的利息、股息、红利所得。

【知识点拨1】 个人取得的国债利息收入、地方政府债券利息和国家发行的金融债券利息收入，免征个人所得税。

【知识点拨2】 自 2008 年 10 月 9 日起，对居民储蓄存款利息暂免征收个人所得税。

【知识点拨3】 个人独资企业、合伙企业的个人投资者以企业资金为本人、家庭成员以及其他人员支付与企业生产无关的消费性支出及购买住房等其他财产的，按"经营所得"征税；除个人独资企业、合伙企业以外其他企业的投资者及家庭成员取得上述所得按"利息、股息、红利"所得征税。

【例题4·多选题】 下列各项中，应按"经营所得"项目征税的有(　　)。

A. 个人因从事彩票代销业务而取得的所得

B. 个人对企业、事业单位承包经营、承租经营所取得的所得，并对经营成果拥有所有权

C. 有限公司的个人投资者以企业资金为本人购买的汽车

D. 个人独资企业的个人投资者以企业资金为本人购买的住房

解析▶ 除个人独资企业、合伙企业以外的其他企业的个人投资者以企业资金为本人购买的汽车，按"利息、股息、红利所得"征收个人所得税。

答案▶ ABD

7. 财产租赁所得

个人出租建筑物、土地使用权、机器设备、车船以及其他财产取得的所得。

8. 财产转让所得

个人转让有价证券、股权、建筑物、土地使用权、机器设备、车船以及其他财产取得的所得。

职工个人以股份形式取得的仅作为分红依据，不拥有所有权的企业量化资产，不征收个人所得税；职工以股份形式取得的拥有所有权的企业量化资产，暂缓征收个人所得税，参与企业分配而获得的股息、红利，按"利息、股息、红利所得"项目征收个人所得税，待个人将股份转让时，按"财产转让所得"项目征收个人所得税。

【知识点拨1】 股权转让按照财产转让所得征收个人所得税。

（1）对转让上市公司流通股、新三板挂牌公司非原始股取得的所得暂免征收个人所得税；对限售股、新三板挂牌公司原始股转让所得征收个人所得税；

（2）股权转让行为结束后，当事人双方签订并执行解除原股权转让合同、退回股权的协议，是另一次股权转让行为，对前次转让行为征收的个人所得税款不予退回。

【知识点拨2】 个人终止投资经营收回款项征收个人所得税规定

（1）税目：财产转让所得；

（2）应纳税所得额＝个人取得的股权转让收入、违约金、补偿金、赔偿金及以其他名目收回款项合计数－原实际出资额（投入额）及相关税费。

【知识点拨3】 个人通过招标、竞拍或其他方式购置债权以后，通过相关司法或行政程序主张债权而取得的所得，应按照"财产转让所得"项目缴纳个人所得税。

9. 偶然所得

个人得奖、中奖、中彩以及其他偶然性质的所得。

【知识点拨1】 企业向个人支付不竞争款项征收个人所得税：按"偶然所得"征税。

【知识点拨2】 个人取得单张有奖发票奖金所得不超过800元（含800元）的，暂免征收个人所得税；超过800元的，按全额征税。

【知识点拨3】 个人为单位或他人提供担保获得收入，按照"偶然所得"项目计算缴纳个人所得税。

【知识点拨4】 房屋产权所有人将房屋产权无偿赠与他人的，受赠人因无偿受赠房屋取得的受赠收入，按照"偶然所得"项目计算缴纳个人所得税。免税的规定我们后面加以介绍。

【例题5·多选题】 下列个人收入，属于纳税人应按"劳务报酬"所得缴纳个人所得税的有（　　）。

A. 张某办理内退手续后，在其他单位重新就业取得的收入

B. 王某由任职单位派遣到外商投资企业担任总经理取得的收入

C. 陈某为供货方介绍业务，从供货方取得的佣金

D. 演员江某外地演出取得由当地主办方支付的演出费

解析 选项A，退休人员再任职，应该按照"工资薪金所得"缴纳个人所得税；选项B，属于任职受雇所得，应该按照"工资薪金所得"缴纳个人所得税。本题重点考核"工资薪金所得"与"劳务报酬所得"这两个人所得税目的区别。 答案 CD

真题精练（客观题）

1. （2019年单选题）居民个人取得的下列所得，应纳入综合所得计征个人所得税的是（　　）。

A. 偶然所得

B. 特许权使用费所得

C. 股息红利所得

D. 财产转让所得

解析 居民个人取得工资、薪金、劳务报酬、稿酬、特许权使用费四项所得为综合所得。 答案 B

2. （2017年单选题，改）对个人代销彩票取得的所得计征个人所得税时，适用的所得项目是（　　）。

A. 劳务报酬所得

B. 工资、薪金所得

C. 偶然所得

D. 经营所得

解析 个人因从事彩票代销业务而取得的所得，应按照"经营所得"项目计征个人所得税。 答案 D

（二）所得来源地的确定 ★★

下列所得，不论支付地点是否在中国境内，均为来源于中国境内的所得：

1. 因任职、受雇、履约等在中国境内提供劳务取得的所得；

2. 将财产出租给承租人在中国境内使用而取得的所得；

3. 许可各种特许权在中国境内使用而取得的所得；

4. 转让中国境内的不动产等财产或者在中国境内转让其他财产取得的所得；

5. 从中国境内企业、事业单位、其他组织以及居民个人取得的利息、股息、红利所得。

【例题6·多选题】 某外籍个人受某外国公司委派于2019年8月开始赴中国担任其驻华代表处首席代表，截至2019年12月31日

未离开中国。该外籍个人2019年取得的下列所得中，属于来源于中国境内所得的有（　）。

A. 9月出席境内某经济论坛做主题发言取得的收入

B. 因在中国任职而取得的由境外总公司发放的工资收入

C. 10月将其拥有的境外房产出租给中国一公司驻该国常设机构取得的租金收入

D. 11月将其拥有的专利技术许可一境外公司在大陆的分支机构使用取得的收入

解析 ▶ 选项C，所出租的房产在境外，不属于来源于中国境内的所得。 **答案** ▶ ABD

真题精练（客观题）

（2018年单选题）个人取得的下列所得中，应确定为来源于中国境内所得的是（　）。

A. 在境外开办教育培训取得的所得

B. 拥有的专利在境外使用而取得的所得

C. 从境外上市公司取得的股息所得

D. 将境内房产转让给外国人取得的所得

解析 ▶ 选项D，所转让的房产在境外，不属于来源于中国境内的所得。 **答案** ▶ D

三、税率★★

扫我解疑难

个人所得税按照不同的项目，分别规定了超额累进税率和比例税率两种形式，具体规定见表5-5。

表5-5　个人所得税的税率

应税项目	税率	注意事项
1. 工资、薪金所得 2. 劳务报酬所得（掌握） 3. 稿酬所得 4. 特许权使用费所得	居民个人的综合所得，年度汇算清缴时，适用7级超额累进税率	（1）对于居民个人，综合所得按年度纳税；年度终了，汇算清缴时，适用7级超额累进税率； （2）对于非居民个人，没有综合所得的概念，没有预扣预缴的概念，直接代扣代缴个人所得税，我们后面加以介绍
5. 经营所得	5级超额累进税率	1. 按全年应纳税所得额确定适用税率； 2. 对企事业单位承包经营、承租经营所得。 ①对经营成果拥有所有权：5级超额累进税率； ②对经营成果不拥有所有权：按"工资薪金所得"征税
6. 利息、股息、红利所得 7. 财产转让所得 8. 财产租赁所得 9. 偶然所得	20%比例税率	—

【例题7·多选题】 下列各项中，适用5%~35%的五级超额累进税率征收个人所得税的有（　）。

A. 个体工商户的生产经营所得

B. 合伙企业的生产经营所得

C. 个人独资企业的生产经营所得

D. 对企事业单位的承包经营、承租经营所得

解析 ▶ 上述选项均属于"经营所得"范畴，适用5%~35%的超额累进税率。

答案 ▶ ABCD

四、应纳税所得额的确定★★★

扫我解疑难

此处我们只介绍次数的确定和应纳税所得额的其他规定，后面在介绍应纳税额的计算时介绍费用扣除标准。

（一）个人所得税不同税目的征税方法（见表5-6）

表 5-6　个人所得税不同税目的征税方法

征税方法	适用情形
按年计征	经营所得、居民个人取得的综合所得
按月计征	非居民个人取得的工资、薪金所得
按次计征	利息、股息、红利所得；财产租赁所得；偶然所得；财产转让所得； 非居民个人取得的劳务报酬、稿酬、特许权使用费等

真题精练（客观题）

（2018 年单选题）个人取得的下列所得中，适用按年征收个人所得税的是（　　）。

A. 经营家庭旅馆取得的所得

B. 将房产以年租的方式取得的租金所得

C. 转让房产取得的所得

D. 转让持有期满一年的股票取得的所得

解析 选项 A 属于经营所得，按年征收个人所得税；选项 B，属于财产租赁所得，选项 C、D，属于财产转让所得，选项 B、C、D，均属于按次征收个人所得税的情形。

答案 A

（二）"次"的规定

1. 非居民个人取得劳务报酬所得、稿酬所得、特许权使用费所得，根据不同所得项目的特点，分别规定为：

（1）属于一次性收入的，以取得该项收入为一次；

【知识点拨 1】如果一次性劳务报酬收入以分月支付方式取得的，就适用同一事项连续取得收入，以 1 个月内取得的收入为一次。

【知识点拨 2】稿酬的次数（见表 5-7）

表 5-7　稿酬的次数

类别	具体情形
以每次出版、发表取得的收入为一次	
①同一作品再版取得的所得	视为另一次稿酬所得计征个税
②同一作品出版、发表后，因添加印数而追加稿酬的	应与以前出版、发表时取得的稿酬合并计算为一次计征个税
③同一作品先在报刊上连载，再出版，或先出版，再在报刊上连载的	视为两次稿酬所得：即连载作为一次，出版作为另一次
④同一作品在报刊上连载取得收入的	以连载完成后取得的所有收入合并为一次，计征个税
⑤同一作品在出版和发表时，以预付稿酬或分次支付稿酬等形式取得稿酬收入	应合并计算为一次
在两处或两处以上出版、发表或再版同一作品而取得稿酬所得	可分别各处取得的所得或再版所得按分次所得计征个人所得税

作者去世后，对取得其遗作稿酬的个人，按稿酬所得征收个人所得税。

【知识点拨 3】对特许权使用费所得的"次"的界定，明确为每一项使用权的每次转让所取得的收入为一次。如果该次转让取得的收入是分笔支付的，则应将各笔收入相加为一次的收入，计征个人所得税。

（2）属于同一事项连续取得收入的，以 1 个月内取得的收入为一次。

2. 财产租赁所得，以一个月内取得的收入为一次。

3. 利息、股息、红利所得，以支付利息、股息、红利时取得的收入为一次。

4. 偶然所得，以每次取得该项收入为一次。

【例题 8·多选题】下列各项中对"次"表

述正确的有( )。

A. 财产租赁所得，以 1 个月内取得的收入为一次

B. 劳务报酬所得，属于同一项目连续性收入的，以一个月内取得的收入为一次

C. 偶然所得，以每次取得该项收入为一次

D. 利息、股息、红利所得，以全年取得的利息、股息、红利合计为一次

解析 利息、股息、红利所得，以支付利息、股息、红利时取得的收入为一次。

答案 ABC

【例题 9·单选题】某境外作家(非居民纳税人)的一部长篇小说从 2020 年 3 月 1 日起在某报纸副刊上连载，每日刊出一期，到 5 月 31 日结束，共刊出 92 期，每期稿酬 500 元。2020 年 2 月 10 日，该作家取得该社预付稿酬 3000 元，开始连载后报社每周支付一次稿酬，至 5 月 31 日已结清全部稿酬。下列关于报社代扣代缴稿酬个人所得税表述中正确的是( )。

A. 应以每周支付稿酬作为一次稿酬据以代扣代缴个人所得税

B. 应以每周实际支付的稿酬作为一次稿酬据以代扣代缴个人所得税

C. 应以实际支付的全部稿酬作为一次稿酬据以代扣代缴个人所得税

D. 以一个月内取得的收入为一次据以代扣代缴个人所得税

解析 稿酬所得，属于一次性收入的，以取得该项收入为一次；属于同一项目连续

性收入的，以一个月内取得的收入为一次。

答案 D

(三)应纳税所得额的其他规定(各个应税项目应纳税所得额的具体规定我们将在后面加以介绍)

1. 公益捐赠支出

(1)个人通过中华人民共和国境内公益性社会组织、县级以上人民政府及其部门等国家机关，向教育、扶贫、济困等公益慈善事业的捐赠，发生的公益捐赠支出，捐赠额未超过纳税人申报的应纳税所得额30%的部分，可以从其应纳税所得额中扣除；国务院规定对公益慈善事业捐赠实行全额税前扣除的，从其规定。应纳税所得额，是指计算扣除捐赠额之前的应纳税所得额。

居民个人发生的公益捐赠支出可以在分类所得、综合所得或者经营所得扣除。在当期一个所得项目扣除不完的公益捐赠支出，可以按规定在其他所得项目中继续扣除。

居民个人发生的公益捐赠支出，在综合所得、经营所得中扣除的，扣除限额分别为当年综合所得、当年经营所得应纳税所得额的 30%；在分类所得中扣除的，扣除限额为当月分类所得应纳税所得额的30%。

居民个人根据各项所得的收入、公益捐赠支出、适用税率等情况，自行决定在综合所得、分类所得、经营所得中扣除的公益捐赠支出的顺序。

①在综合所得中如何扣除公益捐赠支出(见表5-8)

表 5-8 综合所得中如何扣除公益捐赠支出

项目	如何扣除
工资薪金所得	事可选在事预扣时扣除，也可选在事年度汇算时扣除。 选择在预扣预缴时扣除的，应按照累计预扣法计算扣除限额
劳务报酬、稿酬、特许权使用费所得	事预扣预缴时不扣除，统一在汇算时扣除
其他情形	居民个人取得全年一次性奖金、股权激励等所得，且按规定采取不并入综合所得而单独计税方式处理的，公益捐赠支出扣除比照分类所得的扣除规定处理

②分类所得中如何扣除公益捐赠支出

可在捐赠事当月取得的分类所得中扣除。当月分类所得应扣除未扣除的公益捐赠支出，可以按照以下规定事追补扣除(见表5-9)。

表5-9　应扣未扣公益捐赠支出如何追补扣除

情形	如何扣除
扣缴义务人已经代扣但尚未解缴税款的	居民个人可以向扣缴义务人提出追补扣除申请，退还已扣税款
扣缴义务人已经代扣且解缴税款的	居民个人可以在公益捐赠之日起90日内提请扣缴义务人向征收税款的税务机关办理更正申报追补扣除，税务机关和扣缴义务人应当予以办理
居民个人自行申报纳税的	可以在公益捐赠之日起90日内向主管税务机关办理更正申报追补扣除
居民个人捐赠当月有多项多次分类所得的，应先在其中一项一次分类所得中扣除。已经在分类所得中扣除的公益捐赠支出，不再调整到其他所得中扣除	

③经营所得中如何扣除公益捐赠支出

a. 经营所得采取核定征收方式的，不扣除公益捐赠支出；查账征收可以扣除；

b. 在经营所得中扣除公益捐赠支出的，可选择在预缴税款时扣除，也可以选择在汇算清缴时扣除。

(2)个人捐赠北京2022年冬奥会、冬残奥会、测试赛的资金和物资支出可在计算个人应纳税所得额时予以全额扣除。

2. 个人所得的形式，包括现金、实物、有价证券和其他形式的经济利益；所得为实物的，应当按照取得的凭证上所注明的价格计算应纳税所得额，无凭证的实物或者凭证上所注明的价格明显偏低的，参照市场价格核定应纳税所得额；所得为有价证券的，根据票面价格和市场价格核定应纳税所得额；所得为其他形式的经济利益的，参照市场价格核定应纳税所得额。

3. 对个人从事技术转让、提供劳务等过程中发生的中介费，如能提供有效、合法凭证的，允许扣除。

五、税收优惠★★（见表5-10）

扫我解疑难

表5-10　个人所得税的税收优惠

优惠类型	主要政策
免税	(1)省级人民政府、国务院部委和中国人民解放军军以上单位，以及外国组织、国际组织颁发的科学、教育、技术、文化、卫生、体育、环境保护等方面的奖金； (2)国债和国家发行的金融债券利息； (3)按照国家统一规定发给的补贴、津贴； (4)福利费、抚恤金、救济金； (5)保险赔款； (6)军人的转业费、复员费； (7)按照国家统一规定发给干部、职工的安家费、退职费、基本养老金或者退休费、离休费、离休生活补助费；延长离、退休期间的工资薪金视同离退休工资免征个人所得税； (8)对达到离休、退休年龄，但确因工作需要，适当延长离休、退休年龄的高级专家，其在延长离休、退休期间的工资、薪金所得，视同退休工资、离休工资免征个人所得税； (9)对乡、镇(含乡、镇)以上人民政府或经县(含县)以上人民政府主管部门批准成立的有机构、有章程的见义勇为基金或者类似性质组织，奖励见义勇为者的奖金或奖品，经主管税务机关核准，免征个人所得税

优惠类型	主要政策
免税	(10)个人举报、协查各种违法、犯罪行为而获得的奖金； (11)对个人取得的教育储蓄存款利息所得以及国务院财政部门确定的其他专项储蓄存款或者储蓄性专项基金存款的利息所得，免征个人所得税。自 2008 年 10 月 9 日起，对居民储蓄存款利息，对证券市场个人投资者取得的证券交易结算资金利息所得，暂免征收个人所得税； (12)储蓄机构内从事代扣代缴工作的办税人员取得的扣缴利息税手续费所得，个人办理代扣代缴税款手续，按规定取得的扣缴手续费，免征个人所得税； (13)企业和个人按照省级以上人民政府规定的比例缴付的住房公积金、医疗保险金、基本养老保险金、失业保险金，允许在个人应纳税所得额中扣除，免予征收个人所得税； (14)生育妇女按照县级以上人民政府根据国家有关规定制定的生育保险办法，取得的生育津贴、生育医疗费或其他属于生育保险性质的津贴、补贴，免征个人所得税； (15)对工伤职工及其近亲属按照《工伤保险条例》规定取得的工伤保险待遇，免征个人所得税； (16)对个体工商户或个人，以及个人独资企业和合伙企业从事种植业、养殖业、饲养业和捕捞业(以下简称"四业")，取得的"四业"所得暂不征收个人所得税； (17)个人转让自用达 5 年以上并且是唯一的家庭居住用房取得的所得； (18)对个人投资者从投保基金公司取得的行政和解金，暂免征收个人所得税； (19)股权分置改革中非流通股股东通过对价方式向流通股股东支付的股份、现金等收入，暂免征收流通股股东应缴纳的个人所得税； (20)对个人转让上市公司股票(流通股，不包括限售股)、全国中小企业股份转让系统挂牌公司的非原始股股票取得的所得，暂免征收个人所得税； (21)股息红利差别化个人所得税政策： 个人从上市公司、全国中小企业股份转让系统挂牌公司处取得的股息红利： a. 持股期限超过 1 年的，股息红利所得暂免征收个人所得税； b. 持股期限在 1 个月以内(含 1 个月)的，其股息红利所得全额计入应纳税所得额； c. 持股期限在 1 个月以上至 1 年(含 1 年)的，暂减按 50%计入应纳税所得额； 上述所得统一适用 20%的税率计征个人所得税。 自 2019 年 7 月 1 日起至 2024 年 6 月 30 日止，全国中小企业股份转让系统挂牌公司股息红利差别化个人所得税政策也按上述政策执行。 (22)个人取得的下列中奖所得，暂免征收个人所得税： a. 单张有奖发票奖金所得不超过 800 元(含 800 元)的，暂免征收个人所得税；个人取得单张有奖发票奖金所得超过 800 元的，应金额按照个人所得税法规定的"偶然所得"目征收个人所得税。 b. 购买社会福利有奖募捐券、体育彩票一次中奖收入不超过 10000 元的暂免征收个人所得税，对一次中奖收入超过 10000 元的，应按税法规定全额征税。 (23)对被拆迁人按照国家有关城镇房屋拆迁管理办法规定的标准取得的拆迁补偿款(含因棚户区改造而取得的拆迁补偿款)，免征个人所得税； (24)乡镇企业的职工和农民取得的青苗补偿费，属种植业的收益范围，同时，也属经济损失的补偿性收入，暂不征收个人所得税； (25)自 2018 年 1 月 1 日至 2020 年 12 月 31 日，对易地扶贫搬迁贫困人口按规定取得的住房建设补助资金、拆旧复垦奖励资金等与易地扶贫搬迁相关的货币化补偿和易地扶贫搬迁安置住房(以下简称安置住房)，免征个人所得税； (26)对个人按《廉租住房保障办法》规定取得的廉租住房货币补贴，免征个人所得税；对于所在单位以廉租住房名义发放的不符合规定的补贴，应征收个人所得税；个人捐赠住房作为廉租住房、公租住房的，捐赠额未超过其申报的应纳税所得额 30%的部分，准予从其应纳税所得额中扣除；符合地方政府规定条件的城镇住房保障家庭从地方政府领取的住房租赁补贴，免征个人所得税

优惠类型	主要政策
免税	(27) 外籍个人从外商投资企业取得的股息、红利所得； (28) 凡符合规定条件的外籍专家取得的工资、薪金所得可免征个人所得税； (29) 依照有关法律规定应予免税的各国驻华使馆、领事馆的外交代表、领事官员和其他人员的所得； (30) 中国政府参加的国际公约、签订的协议中规定免税的所得； (31) 对由亚洲开发银行支付给我国公民或国民(包括为亚行执行任务的专家)的薪金和津贴，凡经亚洲开发银行确认这些人员为亚洲开发银行雇员或执行项目专家的，其取得的符合我国税法规定的有关薪金和津贴等报酬，免征个人所得税； (32) 自原油期货对外开放之日起，对境外个人投资者投资中国境内原油期货取得的所得，三年内暂免征收个人所得税； (33) 对受北京冬奥组委邀请的，在北京 2022 年冬奥会、冬残奥会、测试赛期间临时来华，从事奥运相关工作的外籍顾问以及裁判员等外籍技术官员取得的由北京冬奥组委、测试赛赛事组委会支付的劳务报酬免征个人所得税； (34) 关于外籍个人有关津贴的政策： a. 2019 年 1 月 1 日至 2021 年 12 月 31 日期间，外籍个人符合居民个人条件的，可以选择享受个人所得税专项附加扣除，也可以选择享受住房补贴、语言训练费、子女教育费等津补贴免税优惠政策，但不得同时享受。外籍个人一经选择，在一个纳税年度内不得变更。 b. 自 2022 年 1 月 1 日起，外籍个人不再享受住房补贴、语言训练费、子女教育费津补贴免税优惠政策，应按规定享受专项附加扣除。 c. 上述可以享受免税优惠的外籍个人津贴主要是指：外籍个人以非现金形式或实报实销形式取得的住房补贴、伙食补贴、搬迁费、洗衣费。外籍个人按合理标准取得的境内、外出差补贴。外籍个人取得的探亲费、语言训练费、子女教育费等，经当地税务机关审核批准为合理的部分
减税	(1) 个人投资者持有 2019-2023 年发行的铁路债券取得的利息收入，**减按 50%** 计入应纳税所得额计算征收个人所得税。税款由兑付机构在向个人投资者兑付利息时代扣代缴。 (2) 自 2019 年 1 月 1 日起至 2023 年 12 月 31 日，一个纳税年度内在船航行时间**累计满 183 天**的远洋船员，其取得的工资薪金收入**减按 50%**计入应纳税所得额，依法缴纳个人所得税。 (3) 有下列情形之一的，可以减征个人所得税，具体幅度和期限，由省、自治区、直辖市人民政府规定，并报同级人民代表大会常务委员会备案： ①残疾、孤老人员和烈属的所得。 ②因严重自然灾害造成重大损失的。 ③国务院可以规定其他减税情形，报全国人民代表大会常务委员会备案
有关人员的税收优惠	(1) 关于重点群体创业就业有关个人所得税的规定。 自 2019 年 1 月 1 日至 2021 年 12 月 31 日，对建档立卡贫困人口、持《就业创业证》或《就业失业登记证》的人员从事个体经营的，在 3 年(36 个月，下同)内按每户每年 12000 元为限额依次扣减其当年实际应缴纳的增值税、城市维护建设税、教育费附加、地方教育附加和个人所得税。限额标准最高可上浮 20%，各省、自治区、直辖市人民政府可根据本地区实际情况在此幅度内确定具体限额标准。 (2) 关于自主择业的军队转业干部和随军家属就业，以及自主就业退役士兵创业就业有关个人所得税的规定： a. 对从事个体经营的军队转业干部和随军家属，自领取税务登记证之日起，3 年内免征个人所得税。 b. 2019 年 1 月 1 日至 2021 年 12 月 31 日，对自主就业退役士兵从事个体经营的，自办理个体工商户登记当月起，在 3 年(36 个月，下同)内按每户每年 12000 元为限额依次扣减其当年实际应缴纳的增值税、城市维护建设税、教育费附加、地方教育附加和个人所得税。限额标准最高可上浮 20%，各省、自治区、直辖市人民政府可根据本地区实际情况在此幅度内确定具体限额标准

第 5 章 个人所得税法

【例题 10 · 多选题】 下列各项所得中，免征个人所得税的有（ ）。

A. 单张有奖发票奖金所得 9000 元

B. 个人转让自用达 5 年以上并且是唯一的家庭居住用房取得的所得

C. 个人转让上市公司股票取得的所得

D. 个人取得的居民储蓄存款利息

解析 ▶ 单张有奖发票奖金所得不超过 800 元（含 800 元）的，暂免征收个人所得税；个人取得单张有奖发票奖金所得超过 800 元的，应全额按照个人所得税法规定的"偶然所得"税目征收个人所得税。 **答案** ▶ BCD

【例题 11 · 单选题】 某高校教师 2020 年 3 月所取得的下列收入中，应计算缴纳个人所得税的是（ ）。

A. 国债利息收入

B. 任职高校发放的误餐补助

C. 为某企业开设讲座取得的酬金

D. 任职高校为其缴付的住房公积金

解析 ▶ 选项 A，国债利息收入，免征个人所得税；选项 B，任职高校发放的误餐补助，不征收个人所得税；选项 D，住房公积金，免征个人所得税。 **答案** ▶ C

真题精练（客观题）

（2017 年单选题）国内某大学教授取得的下列所得中，免予征收个人所得税的是（ ）。

A. 因任某高校兼职教授取得的课酬

B. 按规定取得原提存的住房公积金

C. 因拥有持有期不足 1 年的某上市公司股票取得的股息

D. 被学校评为校级优秀教师获得的奖金

解析 ▶ 选项 A，需要按"劳务报酬所得"缴纳个人所得税。选项 C，个人从公开发行和转让市场取得的上市公司股票，持股期限超过 1 年的，股息红利所得暂免征收个人所得税。个人从公开发行和转让市场取得的上市公司股票，持股期限在 1 个月以内（含 1 个月）的，其股息红利所得全额计入应纳税所得额；持股期限在 1 个月以上至 1 年（含 1 年）的，暂减按 50%计入应纳税所得额；上述所得统一适用 20%的税率计征个人所得税。选项 D，省级人民政府、国务院部委和中国人民解放军军以上单位，以及外国组织颁发的科学、教育、技术、文化、卫生、体育、环境保护等方面的奖金免税。因此，被学校评为校级优秀教师获得的奖金不属于免税范围，需要缴纳个人所得税。 **答案** ▶ B

六、境外所得的税额扣除 ★ ★ （见表 5-11）

扫我解疑难

纳税人从中国境外取得的所得，准予其在应纳税额中扣除已在境外缴纳的个人所得税税额。但扣除额不得超过该纳税义务人境外所得依我国税法规定计算的应纳税额。

表 5-11 境外所得的税额扣除

项目	内容
扣除方法	限额扣除
限额计算方法	分国不分项，但是分两步实现： (1)先分国分项计算：分别计算来源于中国境外一个国家（地区）的综合所得抵免限额、经营所得抵免限额以及其他所得抵免限额； (2)同一个国家（地区）不同项目抵免限额之和，为来源于该国家（地区）所得的抵免限额。 抵免限额的最终结果：分国（地区）不分项
限额抵扣方法	纳税人在境外某国家或地区实际已纳个人所得税低于扣除限额，应在中国补缴差额部分的税款；超过扣除限额，其超过部分不得在该纳税年度的应纳税额中扣除，但可在以后纳税年度该国家或地区扣除限额的余额中补扣，补扣期最长不得超过 5 年
境外已纳税款抵扣凭证	境外税务机关填发的完税凭证原件

七、居民个人综合所得应纳税额的计算 ★ ★ ★

扫我解疑难

对于居民个人而言，工资薪金所得、劳务报酬所得、稿酬所得、特许权使用费所得属于综合所得。居民个人取得综合所得，按年计算个人所得税；有扣缴义务人的，由扣缴义务人按月或者按次预扣预缴税款；需要办理汇算清缴的，应当在取得所得的次年3月1日至6月30日内办理汇算清缴。

（一）居民个人综合所得的应纳税所得额

居民个人综合所得的应纳税所得额＝每一纳税年度的收入额−基本费用扣除60000元−专项扣除−专项附加扣除−依法确定的其他扣除

1. 收入额

在确定居民个人综合所得的年收入额时，按照下列标准确定：

劳务报酬所得、稿酬所得、特许权使用费所得以收入减除20%的费用后的余额为收入额。稿酬所得的收入额减按70%计算。也就是说，在确定收入额时：

（1）劳务报酬所得、特许权使用费所得按照收入的80%确定收入额；

（2）稿酬所得按照收入的56%确定收入额。

2. 扣除项目

综合所得的扣除项目如表5-12所示。

表5-12　综合所得的扣除项目

扣除项目		具体规定
基本费用扣除		每年60000元
专项扣除		居民个人按照国家规定的范围和标准缴纳的基本养老保险、基本医疗保险、失业保险等社会保险费和住房公积金等
专项附加扣除	子女教育	①纳税人的子女接受全日制学历教育的相关支出，按照每个子女每月1000元的标准定额扣除。 ②学历教育包括义务教育（小学、初中教育）、高中阶段教育（普通高中、中等职业、技工教育）、高等教育（大学专科、大学本科、硕士研究生、博士研究生教育）。 ③年满3周岁至小学入学前处于学前教育阶段的子女，按照子女教育支出扣除。 ④父母可以选择由其中一方按扣除标准的100%扣除，也可以选择由双方分别按扣除标准的50%扣除，具体扣除方式在一个纳税年度内不能变更。 ⑤纳税人子女在中国境外接受教育的，纳税人应当留存境外学校录取通知书、留学签证等相关教育的证明资料备查
	继续教育	①纳税人在中国境内接受学历（学位）继续教育的支出，在学历（学位）教育期间按照每月400元定额扣除。同一学历（学位）继续教育的扣除期限不能超过48个月。纳税人接受技能人员职业资格继续教育、专业技术人员职业资格继续教育的支出，在取得相关证书的当年，按照3600元定额扣除。 ②个人接受本科及以下学历（学位）继续教育，符合本办法规定扣除条件的，可以选择由其父母扣除，也可以选择由本人扣除。 ③纳税人接受技能人员职业资格继续教育、专业技术人员职业资格继续教育的，应当留存相关证书等资料备查
	大病医疗	①在一个纳税年度内，纳税人发生的与基本医保相关的医药费用支出，扣除医保报销后个人负担（指医保目录范围内的自付部分）累计超过15000元的部分，由纳税人在办理年度汇算清缴时，在80000元限额内据实扣除。 ②纳税人发生的医药费用支出可以选择由本人或者其配偶扣除；未成年子女发生的医药费用支出可以选择由其父母一方扣除。 ③纳税人及其配偶、未成年子女发生的医药费用支出，按第①项规定分别计算扣除额

扣除项目		具体规定
专项附加扣除	大病医疗	④纳税人应当留存医药服务收费及医保报销相关票据原件(或者复印件)等资料备查。医疗保障部门应当向患者提供在医疗保障信息系统记录的本人年度医药费用信息查询服务。 【知识点拨1】该项扣除属于限额扣除，按照医保目录范围内的自付部分扣除15000元的余额与80000元比较，按照较小一方扣除。 【知识点拨2】如果纳税人及其配偶、未成年子女均发生医药费支出，应分别计算扣除
	住房贷款利息	①纳税人本人或者配偶单独或者共同使用商业银行或者住房公积金个人住房贷款为本人或者其配偶购买中国境内住房，发生的首套住房贷款利息支出，在实际发生贷款利息的年度，按照每月1000元的标准定额扣除，扣除期限最长不超过240个月。纳税人只能享受一次首套住房贷款的利息扣除。 首套住房贷款是指购买住房享受首套住房贷款利率的住房贷款。 ②经夫妻双方约定，可以选择由其中一方扣除，具体扣除方式在一个纳税年度内不能变更。 ③夫妻双方婚前分别购买住房发生的首套住房贷款，其贷款利息支出，婚后可以选择其中一套购买的住房，由购买方按扣除标准的100%扣除，也可以由夫妻双方对各自购买的住房分别按扣除标准的50%扣除，具体扣除方式在一个纳税年度内不能变更。 ④纳税人应当留存住房贷款合同、贷款还款支出凭证备查
	住房租金	①纳税人在主要工作城市没有自有住房而发生的住房租金支出，可以按照以下标准定额扣除： a. 直辖市、省会(首府)城市、计划单列市以及国务院确定的其他城市，扣除标准为每月1500元； b. 除第一项所列城市以外，市辖区户籍人口超过100万的城市，扣除标准为每月1100元；市辖区户籍人口不超过100万的城市，扣除标准为每月800元。 ②纳税人的配偶在纳税人的主要工作城市有自有住房的，视同纳税人在主要工作城市有自有住房。 【知识点拨】主要工作城市是指纳税人任职受雇的直辖市、计划单列市、副省级城市、地级市(地区、州、盟)全部行政区域范围；纳税人无任职受雇单位的，为受理其综合所得汇算清缴的税务机关所在城市。 ③夫妻双方主要工作城市相同的，只能由一方扣除住房租金支出。 ④住房租金支出由签订租赁住房合同的承租人扣除。 ⑤纳税人及其配偶在一个纳税年度内不能同时分别享受住房贷款利息和住房租金专项附加扣除。 ⑥纳税人应当留存住房租赁合同、协议等有关资料备查
	赡养老人	纳税人赡养一位及以上被赡养人的赡养支出，统一按照以下标准定额扣除： ①纳税人为独生子女的，按照每月2000元的标准定额扣除； ②纳税人为非独生子女的，由其与兄弟姐妹分摊每月2000元的扣除额度，每人分摊的额度不能超过每月1000元。可以由赡养人均摊或者约定分摊，也可以由被赡养人指定分摊。约定或者指定分摊的须签订书面分摊协议，指定分摊优先于约定分摊。具体分摊方式和额度在一个纳税年度内不能变更。 【知识点拨】被赡养人是指年满60周岁的父母，以及子女均已去世的年满60周岁的祖父母、外祖父母
		【知识点拨】上述6项专项附加扣除中只有大病医疗属于限额扣除；其他5项专项附加扣除均属于标准定额扣除，即使纳税人的该项支出未达到标准，也按照标准扣除

扣除项目		具体规定
依法确定的其他扣除	企业年金、职业年金	①单位按有关规定缴费部分：免征个人所得税； ②个人缴费不超过本人缴费工资计税基数4%标准内部分：暂从应纳税所得额中扣除
	商业健康保险	对个人购买符合规定的商业健康保险产品的支出，允许在当年(月)计算应纳税所得额时予以税前扣除，**扣除限额为2400元/年(200元/月)**
	商业养老保险	税收递延型商业养老保险的支出(试点政策简单看)
	公益捐赠扣除	居民个人在综合所得中扣除公益捐赠支出的，应按照以下规定处理： (1)居民个人取得工资薪金所得的，可以选择在预扣预缴时扣除，也可以选择在年度汇算清缴时扣除。 居民个人选择在预扣预缴时扣除的，应按照累计预扣法计算扣除限额，其捐赠当月的扣除限额为截至当月累计应纳税所得额的30%(全额扣除的从其规定，下同)。个人从两处以上取得工资薪金所得，选择其中一处扣除，选择后当年不得变更。 (2)居民个人取得劳务报酬所得、稿酬所得、特许权使用费所得的，预扣预缴时不扣除公益捐赠支出，统一在汇算清缴时扣除。 (3)居民个人取得全年一次性奖金、股权激励等所得，且按规定采取不并入综合所得而单独计税方式处理的，公益捐赠支出扣除比照分类所得的扣除规定处理
	其他项目	国务院规定可以扣除的其他项目

【知识点拨1】 上述6项专项附加扣除中只有大病医疗属于限额扣除(按照医保目录范围内的自付部分扣除15000元的余额与80000元比较，按照较小一方扣除)；其他5项专项附加扣除均属于标准定额扣除，即使纳税人的该项支出未达到标准，也按照标准扣除。

【知识点拨2】 上述6项专项附加扣除中只有大病医疗只能在汇算清缴时扣除，其他的专项附加扣除项目可以选择在预扣预缴时扣除，也可以选择在汇算清缴时扣除。

【知识点拨3】 如果纳税人及其配偶、未成年子女均发生医药费支出，应分别计算扣除。

【例题12·多选题】 下列关于个人所得税专项附加扣除的说法，正确的有( )。

A. 子女教育支出按照子女数量扣除

B. 赡养老人支出按照被赡养人老人数量扣除

C. 大病医疗支出实行限额扣除

D. 大病医疗支出只能在汇算清缴时扣除

解析 选项B，确定税前可以扣除的赡养老人支出时不考虑被赡养人的数量。

答案 ACD

真题精练(客观题)

(2019年单选题)下列关于个人所得税专项附加扣除时限的表述中，符合税法规定的是( )。

A. 同一学历继续教育，扣除时限最长不得超过48个月

B. 住房贷款利息，扣除时限最长不得超过180个月

C. 子女教育，扣除时间为子女满3周岁当月至全日制学历教育结束的次月

D. 专业技术人员职业资格继续教育，扣除时间为取得相关证书的次年

解析 选项B，住房贷款利息，扣除期限最长不超过240个月；选项C，子女教育：学前教育阶段，为子女年满3周岁当月至

小学入学前一月。学历教育，为子女接受全日制学历教育入学的当月至全日制学历教育结束的当月。选项 D，纳税人接受技能人员职业资格继续教育、专业技术人员职业资格继续教育支出，在取得相关证书的当年定额扣除。

答案 ▶ A

（二）居民个人综合所得的预扣预缴

扣缴义务人在向居民个人支付综合所得时，需要预扣预缴个人所得税。

1. 工资薪金所得的预扣预缴

扣缴义务人向居民个人支付工资、薪金所得时，应当按照累计预扣法计算预扣税款，并按月办理扣缴申报。

具体计算公式如下：

本期应预扣预缴税额＝（累计预扣预缴应纳税所得额×预扣率－速算扣除数）－累计减免税额－累计已预扣预缴税额

累计预扣预缴应纳税所得额＝累计收入－累计免税收入－累计减除费用－累计专项扣除－累计专项附加扣除－累计依法确定的其他扣除

其中：累计减除费用，按照 5000 元/月乘以纳税人当年截至本月在本单位的任职受雇月份数计算。

工资薪金所得的预扣率与综合所得的税率表相同，只是将"应纳税所得额"替换为"累计预扣预缴应纳税所得额"，将"税率"替换为"预扣率"，具体见表 5-13。

表 5-13　居民个人工资薪金所得的预扣率表

级数	累计预扣预缴应纳税所得额	预扣率（%）	速算扣除数
1	不超过 36000 元的部分	3	0
2	超过 36000 元至 144000 元的部分	10	2520
3	超过 144000 元至 300000 元的部分	20	16920
4	超过 300000 元至 420000 元的部分	25	31920
5	超过 420000 元至 660000 元的部分	30	52920
6	超过 660000 元至 960000 元的部分	35	85920
7	超过 960000 元的部分	45	181920

【例题 13·计算问答题】李丽在 A 公司工作，2019 年 1~6 月每月工资 40000 元，7~12 月每月工资 45000 元。假设无其他收入，各月各项扣除合计均为 10900 元。请计算单位应如何预扣预缴个人所得税。

答案 ▶

单位在支付所得时，应按下表计算应预扣预缴的个人所得税，工资薪金所得预扣预缴的计算如表 5-14 所示。

表 5-14　工资薪金所得预扣预缴的计算

月份	当月工资	当月扣除金额	累计应纳税所得额	预扣率	扣除数	累计预扣税额	当月预扣税额
1	40000	10900	29100	3%	0	873	873
2	40000	10900	58200	10%	2520	3300	2427
3	40000	10900	87300	10%	2520	6210	2910
4	40000	10900	116400	10%	2520	9120	2910
5	40000	10900	145500	20%	16920	12180	3060
6	40000	10900	174600	20%	16920	18000	5820
7	45000	10900	208700	20%	16920	24820	6820
8	45000	10900	242800	20%	16920	31640	6820

月份	当月工资	当月扣除金额	累计应纳税所得额	预扣率	扣除数	累计预扣税额	当月预扣税额
9	45000	10900	276900	20%	16920	38460	6820
10	45000	10900	311000	25%	31920	45830	7370
11	45000	10900	345100	25%	31920	54355	8525
12	45000	10900	379200	25%	31920	62880	8525

【知识点拨】通过上述计算，我们可以看到：

（1）最初预扣税额相对较少，以后随着累计应纳税所得额适用预扣率的提高，预扣税额可能会逐渐增加；

（2）在预扣率维持不变的区间，预扣税额＝当月新增应纳税所得额×相应的预扣率；

（3）如果纳税人只在一家单位有工资薪金，无其他综合所得，在扣除信息齐全，年底的各月未出现当月应纳税所得额为负数的情况下，扣缴义务人全年的预扣预缴税额和应纳税额是相同的。

2. 劳务报酬所得、稿酬所得、特许权使用费所得的预扣预缴

劳务报酬所得、稿酬所得、特许权使用费所得的预扣预缴计算如表5-15所示。

表5-15 劳务报酬所得、稿酬所得、特许权使用费所得的预扣预缴计算

税目	预扣预缴的应纳税所得额（收入额）		预扣率	预扣预缴税额
劳务报酬所得	每次收入≤4000元	收入-800	3级超额累进预扣率（见表5-14）	预扣预缴应纳税所得额×预扣率-速算扣除数
	每次收入>4000元	收入×(1-20%)		
特许权使用费所得	每次收入≤4000元	收入-800	20%比例预扣率	预扣预缴应纳税所得额×20%
	每次收入>4000元	收入×(1-20%)		
稿酬所得	每次收入≤4000元	(收入-800)×70%	20%比例预扣率	预扣预缴应纳税所得额×20%
	每次收入>4000元	收入×(1-20%)×70%		

劳务报酬所得的预扣率如表5-16所示。

表5-16 居民个人劳务报酬所得的预扣率表

级数	预扣预缴应纳税所得额	预扣率（%）	速算扣除数
1	不超过20000元的	20	0
2	超过20000元至50000元的部分	30	2000
3	超过50000元的部分	40	7000

【例题14·计算问答题】2019年1月甲公司聘请李丽到单位进行技术指导，支付劳务报酬3000元，请计算甲公司应预扣预缴的个人所得税？

答案 ▶

预扣预缴应纳税所得额＝3000-800＝2200（元）

预扣率：20%

劳务报酬所得应预扣预缴税额＝2200×20%＝440（元）

【例题15·计算问答题】2019年3月乙公司聘请李丽到单位进行技术指导，支付劳务报酬30000元，请计算甲公司应预扣预缴的个人所得税？

答案 ▶

预扣预缴应纳税所得额＝30000×(1-20%)＝24000（元）

预扣率：30%；速算扣除数：2000

劳务报酬所得应预扣预缴税额 = 24000 × 30% − 2000 = 5200（元）

【例题16·计算问答题】 2019年3月李丽获得特许权使用费所得1000元，请计算支付方在支付特许权使用费时应预扣预缴的个人所得税？

答案 ▶

应纳税所得额 = 1000 − 800 = 200（元）

预扣率：20%

特许权使用费应预扣预缴税额 = 200 × 20% = 40（元）

【例题17·计算问答题】 2019年4月李丽获得特许权使用费所得100000元，请计算支付方在支付特许权使用费时应预扣预缴的个人所得税？

答案 ▶

应纳税所得额 = 100000 × (1 − 20%) = 80000（元）

预扣率：20%

特许权使用费所得应预扣预缴税额 = 80000 × 20% = 16000（元）

【例题18·计算问答题】 2019年5月李丽发表了一篇文章，取得稿酬1000元，请计算出版社在支付稿酬时应预扣预缴的个人所得税？

答案 ▶

应纳税所得额 = (1000 − 800) × 70% = 140（元）

预扣率：20%

稿酬所得应预扣预缴税额 = 140 × 20% = 28（元）

【例题19·计算问答题】 李丽出版了一本畅销书，2019年6月取得稿酬100000元，请计算出版社在支付稿酬时应预扣预缴的个人所得税？

答案 ▶

应纳税所得额 = 100000 × (1 − 20%) × 70% = 56000（元）

预扣率：20%

稿酬所得应预扣预缴税额 = 56000 × 20% = 11200（元）

（三）居民个人综合所得的汇算清缴

取得综合所得的纳税人，年度终了需要办理汇算清缴。可以按照图5-1的思路进行汇算清缴。

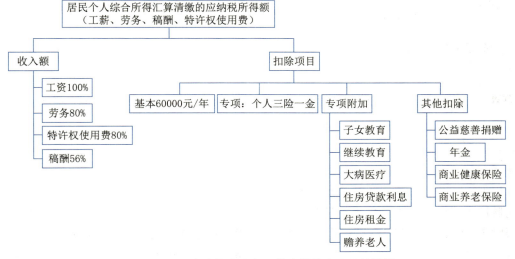

图5-1 居民个人综合所得汇算清缴的应纳税所得额

1. 取得综合所得需要办理汇算清缴的情形

（1）从两处以上取得综合所得，且综合所得年收入额减除专项扣除的余额超过6万元；

（2）取得劳务报酬所得、稿酬所得、特许权使用费所得中一项或者多项所得，且综合所得年收入额减除专项扣除的余额超过6万元；

（3）纳税年度内预缴税额低于应纳税额；

（4）纳税人申请退税。

居民个人需要办理汇算清缴的，应当在取得所得的次年3月1日至6月30日内办理汇算清缴。纳税人可以自行汇算清缴，也可以委托扣缴义务人或者其他单位和个人办理汇算清缴。

【知识点拨】纳税人在2019年度已依法预缴个人所得税且符合下列情形之一的，无需办理年度汇算：

（1）纳税人年度汇算需补税但年度综合所得收入不超过12万元的；

（2）纳税人年度汇算需补税金额不超过400元的；

（3）纳税人已预缴税额与年度应纳税额一致或者不申请年度汇算退税的。

2. 汇算清缴应补应退税额的计算

（1）综合所得汇算清缴的应纳税所得额。

综合所得的应纳税所得额＝每一纳税年度的收入额－60000（基本费用扣除）－专项扣除－专项附加扣除－依法确定的其他扣除

【知识点拨】在确定年收入额，要注意：

①工资薪金所得：按100%计入收入额；

②劳务报酬所得、特许权使用费所得：按80%计入收入额；

③稿酬所得：按56%计入收入额。

（2）综合所得汇算清缴适用7级超额累计税率，见表5-17。

表5-17　居民个人综合所得税率表

级数	全年应纳税所得额	税率（%）	速算扣除数
1	不超过36000元的	3	0
2	超过36000元至144000元的部分	10	2520
3	超过144000元至300000元的部分	20	16920
4	超过300000元至420000元的部分	25	31920
5	超过420000元至660000元的部分	30	52920
6	超过660000元至960000元的部分	35	85920
7	超过960000元的部分	45	181920

（3）综合所得年度应纳税额＝综合所得的应纳税所得额×税率－速算扣除数

综合所得应补应退税额＝综合所得年度应纳税额－预扣预缴税额

【知识点拨1】劳务报酬所得、稿酬所得、特许权使用费所得的预扣预缴与2018年12月31日之前这三项所得的代扣代缴方法相同。

【知识点拨2】劳务报酬所得、稿酬所得、特许权使用费所得预扣预缴时的收入额（应纳税所得额）不同于汇算清缴时的收入额。在预扣预缴时需要区分每次收入在4000元以上还是4000元以下确定收入额，而在汇算清缴时无论这三项收入是多少，均是按照劳务报酬所得、特许权使用费所得按照收入的80%、稿酬所得按照收入的56%计入收入额。

【知识点拨3】劳务报酬所得、稿酬所得、特许权使用费所得预扣率不同于综合所得汇算清缴时的税率。在预扣预缴时，劳务报酬所得适用3级超额累进预扣率，稿酬所得、特许权使用费所得均适用20%的比例预扣率；而综合所得在汇算清缴时均适用7级超额累进税率。

【例题20·计算问答题】结合例题13-19，请回答下列问题：

（1）2019年年度终了，李丽是否需要汇算清缴？为什么？

（2）如果李丽需要汇算清缴，应该在什么时候汇算清缴？应该由谁进行汇算清缴？

（3）如果李丽需要汇算清缴，应补应退税额是多少？

答案 ▶

（1）李丽需要汇算清缴，因为李丽在

2019 年度从两处以上取得综合所得，且综合所得年收入额减除专项扣除的余额超过 6 万元（2019 年综合所得收入超过 12 万元，且补税金额超过 400 元）。

（2）李丽应该在 2020 年 3 月 1 日至 6 月 30 日之间进行汇算清缴。李丽可以自行汇算清缴，也可以委托扣缴义务人或者其他单位和个人办理汇算清缴。

（3）李丽 2019 年综合所得的收入额＝（40000×6＋45000×6）＋（3000＋30000）×80%＋（1000＋100000）×80%＋（1000＋100000）×56%＝673760（元）

李丽 2019 年综合所得的应纳税所得额＝673760－10900×12＝542960（元）

适用税率 30%，速算扣除数 52920 元。

应纳税额＝542960×30%－52920＝109968（元）

应补税额＝109968－62880－（440＋5200）－（40＋16000）－（28＋11200）＝14180（元）

（四）特殊情形下应纳税额的计算

1. 关于全年一次性奖金、中央企业负责人年度绩效薪金延期兑现收入和任期奖励的政策

（1）居民个人取得全年一次性奖金，在 **2021 年 12 月 31 日前，可以选择不并入当年综合所得**，以全年一次性奖金收入除以 12 个月得到的数额，按照综合所得的月度税率表（见表 5-18），确定适用税率和速算扣除数，单独计算纳税。

计算公式过程为：

①商数＝居民个人取得的全年一次性奖金/12

②按月度税率表找适用税率和速算扣除数（表 5-18）；

③应纳税额＝全年一次性奖金收入×适用税率-速算扣除数

居民个人取得全年一次性奖金，**也可以选择并入当年综合所得计算纳税**。也就是说在 2021 年 12 月 31 日之前居民个人取得的全年一次性奖金，可以单独计算缴纳个人所得税，也可以并入综合所得计算缴纳个人所得税。

自 2022 年 1 月 1 日起，居民个人取得全年一次性奖金，应并入当年综合所得计算缴纳个人所得税。

按月换算后的综合所得税率表如表 5-18 所示。

表 5-18　按月换算后的综合所得税率表

级数	全月应纳税所得额	税率（%）	速算扣除数
1	不超过 3000 元的	3	0
2	超过 3000 元至 12000 元的部分	10	210
3	超过 12000 元至 25000 元的部分	20	1410
4	超过 25000 元至 35000 元的部分	25	2660
5	超过 35000 元至 55000 元的部分	30	4410
6	超过 55000 元至 80000 元的部分	35	7160
7	超过 80000 元的部分	45	15160

【知识点拨】一个纳税年度内，对每一个纳税人，上述计税办法只允许采用一次。雇员取得除全年一次性奖金以外的其他各种名目奖金，如**半年奖、季度奖、加班奖、先进奖、考勤奖等，一律与当月工资、薪金收入合并**，按税法规定缴纳个人所得税。

（2）中央企业负责人取得年度绩效薪金延期兑现收入和任期奖励，符合相关规定的，在 2021 年 12 月 31 日前，参照第（1）项执行；2022 年 1 月 1 日之后的政策另行明确。

【例题 21·单选题】张欣 2020 年 3 月取得全年一次性奖金 39000 元，当月张欣的工资收入为 8000 元，各项扣除合计为 9000 元。张欣对全年一次性奖金选择单独计算纳税，

该项全年一次性奖金应缴纳个人所得税
(　　)元。

    A. 1140　　　　　　B. 3590

    C. 1380　　　　　　D. 3690

    解析 ▶ 自 2019 年 1 月 1 日起全年一次性奖金单独计算纳税时不考虑发放奖金当月工资薪金情况,商数 = 39000/12 = 3250(元),适用税率为 10%,速算扣除数为 210 元。应纳税额 = 39000×10%－210 = 3690(元)。　　**答案** ▶ D

    (3)雇主为雇员承担全年一次性奖金部分税款有关个人所得税的计算方法大家简单看即可。我们一起看一道例题。

    【例题 22 · 计算问答题】张某为中国公民,2020 年 1 月取得 2019 年不含税全年一次性奖金收入 64800 元。请计算张某取得的全年一次性奖金应缴纳多少个人所得税?

    答案 ▶

    (1)用不含税奖金除以 12 的商数来确定适用税率和速算扣除数。

    不含税奖金 = 64800÷12 = 5400(元),按照不含税税率级次,适用税率和速算扣除数分别为 10% 和 210 元。

    (2)含税的全年一次性奖金收入 = (64800－210)÷(1－10%) = 71766.67(元)

    (3)每月的含税奖金 = 71766.67÷12 = 5980.56(元),适用税率和速算扣除数分别为 10% 和 210 元。

    (4)应纳个人所得税 = 71766.67×10%－210 = 6966.67(元)

    【知识点拨】雇主为雇员负担的个人所得税,属于个人工资薪金的一部分。凡单独作为企业管理费用或者营业外支出列支的,在计算企业所得税时不得税前扣除。

    (1)如果作为工资薪金列支,符合规定的,在企业所得税前允许扣除;

    (2)如果单独作为管理费用或者营业外支出列支,不得扣除。

    2. 对个人因解除劳动合同取得经济补偿金的征税办法

    (1)企业依照国家有关法律规定宣告破产,企业职工从该破产企业取得的一次性安置费收入,免征个人所得税。

    (2)个人与用人单位解除劳动关系取得一次性补偿收入(包括用人单位发放的经济补偿金、生活补助费和其他补助费),在当地上年职工平均工资 3 倍数额以内的部分,免征个人所得税;超过 3 倍数额的部分,不并入当年综合所得,单独适用综合所得税率表,计算纳税。

    【例题 23 · 单选题】某企业雇员张某 2020 年 2 月 28 日与企业解除劳动合同关系,张某在本企业工作年限 8 年,领取经济补偿金 650000 元。假定当地上年度职工平均工资为 50000 元,对于该笔经济补偿金,张某应缴纳的个人所得税为(　　)元。

    A. 29840　　　　　B. 97080

    C. 142080　　　　　D. 195000

    解析 ▶ 超过上年平均工资三倍以上的部分 = 650000－50000×3 = 500000(元);找到适用税率为 30%,速算扣除数为 52920 元。应纳个人所得税 = 500000×30%－52920 = 97080(元)。

    答案 ▶ B

    3. 内部退养收入的征税问题(按"工资、薪金所得"项目计征,算个人所得税:找税率时平均)

    实行内部退养的个人在其办理内部退养手续后至法定离退休年龄之间从原任职单位取得的工资、薪金,不属于离退休工资,应按"工资、薪金所得"项目计征个人所得税。计算过程如下

    (1)内部退养收入/办理内部退养手续后至法定离退休年龄之间的所属月份 = 商数

    (2)商数 + 当月的"工资、薪金"－费用扣除标准 = 应纳税所得额,确定适用税率和速算扣除数

    (3)应纳税额 = (内部退养收入 + 当月工资、薪金－费用扣除标准)×税率－速算扣除数

    (4)内部退养期间(在办理内部退养手续后至法定退休年龄之间)重新就业取得的"工资、薪金"所得,应与其从原任职单位取得的

同一月份的"工资、薪金"所得合并缴纳个人所得税。

4. 提前退休取得补贴收入征收个人所得税的规定

个人办理提前退休手续而取得的一次性补贴收入，应按照办理提前退休手续至法定离退休年龄之间实际年度数平均分摊，确定适用税率和速算扣除数，单独适用综合所得税率表，计算纳税。计算公式：

应纳税额＝{〔（一次性补贴收入÷办理提前退休手续至法定退休年龄的实际年度数）－费用扣除标准〕×适用税率－速算扣除数}×办理提前退休手续至法定退休年龄的实际年度数

【例题 24·单选题】 2020 年 1 月李某办理了提前退休手续，距法定退休年龄还有 4 年，取得一次性补贴收入 96000 元，李某月度费用扣除标准为 9000 元，年度费用扣除标准为 108000 元。李某就一次性补贴收入应缴纳的个人所得税是(   )元。

A. 0

B. 2880

C. 6180

D. 7080

解析 ▶ （1）按提前退休年度数平均：96000÷4＝24000（元）；（2）由于商数未超过年度费用扣除标准，因此无需缴纳个人所得税。

答案 ▶ A

5. 企业年金、职业年金的政策(见表 5-19)

表 5-19　企业年金、职业年金的个人所得税处理

阶段	情形	税务处理
缴费时	单位按有关规定缴费部分	在计入个人账户时，个人暂不缴纳个人所得税
	个人缴费不超过本人缴费工资计税基数 4% 标准内部分	暂从应纳税所得额中扣除
	超标年金单位缴费和个人缴费部分	征收个人所得税
	年金基金投资运营收益分配计入个人账户时	个人暂不缴纳个人所得税
	【知识点拨】个人缴费工资计税基数： ①企业年金：本人上一年度月平均工资 VS 职工工作地所在设区城市上一年度职工月平均工资300%，较小一方； ②职业年金：职工岗位工资和薪级工资之和 VS 职工工作地所在设区城市上一年度职工月平均工资300%，较小一方	
领取时	个人达到退休年龄，领取年金时	2019 年 1 月 1 日政策发生变化：不并入综合所得，全额单独计算应纳税款。 (1)按月领取：适用综合所得的月度税率表计税； (2)按季领取：平均分摊计入各月，按每月领取额适用综合所得的月度税率表计税； (3)按年领取：适用综合所得的税率表计税 【知识点拨】一次性领取年金的税务处理为： (1)个人因出境定居而一次性领取年金个人账户资金、个人死亡后其指定的受益人或法定继承人一次性领取年金个人账户余额：均适用综合所得的税率表计税； (2)其他情形：适用综合所得的月度税率表计税
	对单位和个人在 2014 年 1 月 1 日之前开始交付年金缴费，个人在 2014 年 1 月 1 日后领取年金的	允许从领取的年金中减除 2014 年 1 月 1 日前缴付的年金单位缴费和个人缴费已经缴纳个人所得税部分。 分期领取时，可按 2014 年 1 月 1 日前缴付的年金缴费金额占全部缴费金额的百分比减计当期的应纳税所得额

6. 关于开展个人税收递延型商业养老保险试点个人所得税的规定

（1）2018 年 5 月 1 日起，上海、福建省（含厦门）、苏州工业园区为试点，试点期一年。

（2）适用范围。

取得工资薪金所得或连续性劳务报酬所得（6个月以上为同一单位提供劳务）、经营所得。

（3）缴费时的政策——限额扣除。

按照实际缴费额、1000 元/月、当月工资薪金收入或连续性劳务报酬收入×6%较小者，确定税前扣除限额。

（4）领取时的政策

领取的税收递延型商业养老保险的养老金收入，其中25%部分予以免税，其余75%部分按照10%的比例税率计算缴纳个人所得税，税款计入"工资、薪金所得"项目，由保险机构代扣代缴后，在个人购买税延养老保险的机构所在地办理全员全额扣缴申报。

应纳税额＝领取的商业养老金收入×（1－25%）×10%

7. 关于商业健康保险的个人所得税规定

对于取得工资薪金所得或连续性劳务报酬所得、经营所得的纳税人，对个人购买符合规定的商业健康保险产品的支出，允许在当年（月）计算应纳税所得额时予以税前扣除，扣除限额为 2400 元/年（200 元/月）。

8. 关于股权激励的政策

（1）关于上市公司股权激励的政策。

①居民个人取得股票期权、股票增值权、限制性股票、股权奖励等股权激励（以下简称股权激励），在 2021 年 12 月 31 日前，不并入当年综合所得，全额单独适用综合所得税率表，计算纳税。计算公式为：

应纳税额＝股权激励收入×适用税率－速算扣除数

具体征税规定如表 5-20 所示。

表 5-20　上市公司股权激励的税收政策

类型		税务处理	
不可公开交易的股票期权	授权时	员工接受实施股票期权计划企业授予的股票期权时，除另有规定外，一般不作为应税所得征税	
	行权时	从企业取得股票的实际购买价（施权价）低于购买日公平市场价（指该股票当日的收盘价）的差额以及行权前转让获得的所得，在 2021 年 12 月 31 日之前不并入综合所得，全额单独适用综合所得税率表，计算纳税。 股票期权形式的工资、薪金应纳税所得额＝（行权股票的每股市场价－员工取得该股票期权支付的每股施权价）×股票数量 应纳税额＝股票期权形式的工资、薪金应纳税所得额×适用税率－速算扣除数	
	拥有股权参与税后利润分配	拥有股权参与税后利润分配而取得的股息、红利所得，按照利息、股息、红利所得征免个人所得税。个人从上市公司取得的股息红利，个人持有全国中小企业股份转让系统挂牌公司股票分得的股息红利：	
		持股期限≤1 个月	股息红利所得全额计入应纳税所得额
		1 个月<持股期限≤1 年	暂减按50%计入应纳税所得额
		持股期限>1 年	暂免个人所得税
	将行权后的股票再转让	员工将行权后的股票再转让时获得的高于购买日公平市场价的差额，应按照"财产转让所得"适用的征免规定计算缴纳个人所得税。 【知识点拨】个人将行权后的境内上市公司股票再行转让而取得的所得，暂不征收个人所得税；个人转让境外上市公司的股票而取得的所得，应按税法的规定计算应纳税所得额和应纳税额，依法缴纳税款	

类型	税务处理	
不可公开交易的股票期权	整体处理	(1)转让股票：财产转让所得；有免税优惠。 (2)持有期间获得的股息、红利；利息、股息、红利所得；注意减免税优惠。 (3)行权时或行权前转让：不并入综合所得，全额单独适用综合所得税率表。 (4)取得时：不征税
可公开交易的股票期权		(1)员工取得可公开交易的股票期权，作为员工**授权日所在月份**的所得，计算缴纳个人所得税。如果员工以折价购入方式取得股票期权的，可以授权日股票期权的市场价格扣除折价购入股票期权时实际支付的价款后的余额，计算纳税。 (2)员工取得可公开交易的股票期权后，转让该股票期权所取得的所得，按照**财产转让所得**缴纳个人所得税； (3)员工取得可公开交易的股票期权后，实际行权时，不再计算缴纳个人所得税
股票增值权和限制性股票		应纳税额=股权激励收入×适用税率-速算扣除数

②股权激励收入的确定见表5-21。

表5-21　股权激励收入的确定

类型		收入确定时间	股权激励收入的金额
股票认购权		个人行使股票认购权时	个人行使股票认购权时的实际购买价（行权价）低于购买日（行权日）公平市场价之间的数额
股票期权	上市公司不可公开交易的股票期权	员工实际行权时	从企业取得股票的实际购买价（施权价）低于购买日公平市场价（指该股票当日的收盘价）的差额
	上市公司可公开交易的股票期权	员工取得可公开交易的股票期权时	a. 一般情况下，按照授权日股票期权的市场价格确定； b. 如果员工以折价购入方式取得股票期权的，可以授权日股票期权的市场价格扣除折价购入股票期权时实际支付的价款后的余额，确定股权激励收入
	非上市公司的股票期权	员工实际行权时	除存在实际或约定的交易价格，或存在与该非上市股票具有可比性的相同或类似股票的实际交易价格情形外，购买日股票价值可暂按非上市公司上一年度经中介机构审计的会计报告中每股净资产数额来确定

③居民个人一个纳税年度内取得两次以上（含两次）股权激励的，应合并按第①项规定计算纳税。

④2022年1月1日之后的股权激励政策另行明确。

⑤对上市公司股票期权、限制性股票和股权奖励适当延长纳税期限的规定

自2016年9月1日起，上市公司授予个人的股票期权、限制性股票和股权奖励，经向主管税务机关备案，个人可自股票期权行权、限制性股票解禁或取得股权奖励之日起，在不超过12个月的期限内缴纳个人所得税。

【例题25·计算问答题】中国公民李先生为某上市公司技术人员，每月工资15000元。2018年该公司开始实行股票期权计划。

2018年10月28日，该公司授予李先生股票期权50000股，授予价4.5元/股；该期权无公开市场价格，并约定2019年10月28日起李先生可以行权，行权前不得转让。2019年10月28日李先生以授予价购买股票50000股，当日股票在上证交易所的公平价格8元/股。计算李先生股票期权行权所得应缴纳多少个人所得税？

答案 ▶

股票期权形式的工资、薪金应纳税所得额=（行权股票的每股市场价−员工取得该股票期权支付的每股施权价）×股票数量=（8−4.5）×50000=175000（元）

应纳税额=175000×20%−16920=18080（元）

（2）非上市公司股权激励政策。

非上市公司股权激励的整体税务处理如下：①符合条件的，递延纳税；按照"财产转让所得"纳税；②不符合条件的，按照全年一次性奖金的规定计算纳税。

①递延纳税政策（见表5−22）

表5−22 非上市公司股权激励递延纳税政策

项目	具体政策
条件	①属于境内居民企业的股权激励计划； ②股权激励计划经公司董事会、股东（大）会审议通过。未设股东（大）会的国有单位，经上级主管部门审核批准； ③激励标的应为境内居民企业的本公司股权； ④激励对象应为公司董事会或股东（大）会决定的技术骨干和高级管理人员，激励对象人数累计不得超过本公司最近6个月在职职工平均人数的30%； ⑤股票（权）期权自授予日起应持有满3年，且自行权日起持有满1年；限制性股票自授予日起应持有满3年，且解禁后持有满1年；股权奖励自获得奖励之日起应持有满3年。上述时间条件须在股权激励计划中列明； ⑥股票（权）期权自授予日至行权日的时间不得超过10年； ⑦实施股权奖励的公司及其奖励股权标的公司所属行业均不属于《股权奖励税收优惠政策限制性行业目录》范围。公司所属行业按公司上一纳税年度主营业务收入占比最高的行业确定
如何递延纳税	①非上市公司授予本公司员工的股票期权、股权期权、限制性股票和股权奖励，符合规定条件的，经向主管税务机关备案，可实行递延纳税政策； 员工在取得股权激励时可暂不纳税，递延至转让该股权时纳税； ②股权转让时，适用"财产转让所得"项目，按照20%的税率计算缴纳个人所得税
应纳税所得额的确定	应纳税所得额=股权转让收入−股权取得成本−合理税费 股权取得成本规定如下： ①股票（权）期权：按行权价确定 ②限制性股票：按实际出资额确定 ③股权奖励：0

②企业改组改制过程中个人取得量化资产征税问题（见表5−23）

表5−23 企业改组改制过程中个人取得量化资产征税问题

情形	税务处理
对职工个人以股份形式取得的量化资产仅作为分红依据，不拥有所有权的	不征收个人所得税
对职工个人以股份形式取得的拥有所有权的	暂缓征收个人所得税

情形	税务处理
个人将股份转让时	适用税目：财产转让所得 应纳税所得额=转让收入额-个人取得该股份时实际支付的费用支出-合理转让费用
对职工个人以股份形式取得的企业量化资产参与企业分配而获得的股息、红利	利息、股息、红利

③关于股权奖励个人所得税规定

a. 自 2016 年 1 月 1 日起，全国范围内的高新技术企业转化科技成果，给予本企业相关技术人员的股权奖励，个人一次缴纳税款有困难的，可根据实际情况自行制定分期缴税计划，在不超过5 个公历年度内（含）分期缴纳，并报主管税务机关备案；

b. 个人获得股权奖励时，按照"工资薪金所得"项目计算纳税，在 2021 年 12 月 31 日之前，不并入综合所得，全额单独适用综合所得税率表；之后另行确定：

应纳税额=股权激励收入×适用税率-速算扣除数

c. 技术人员转让奖励的股权并取得现金收入的，该现金收入应优先用于缴纳尚未缴清的税款。

9. 科技人员取得职务科技成果转化现金奖励有关个人所得税政策

（1）适用范围：非营利性科研机构和高等学校。

具体包括：国家设立的科研机构和高校、民办非营利性科研机构和高校。

（2）个人所得税政策。

依法批准设立的非营利性科研机构和高校根据规定，从职务科技成果转化收入中给予科技人员的现金奖励，可减按50%计入科技人员当月"工资薪金所得"依法缴纳个人所得税。

10. 关于单位低价向职工售房的政策

单位按低于购置或建造成本价格出售住房给职工，职工因此而少支出的差价部分，符合规定的，不并入当年综合所得，以差价收入除以 12 个月得到的数额，按照月度税率表确定适用税率和速算扣除数，单独计算纳税。计算公式为：

应纳税额=职工实际支付的购房价款低于该房屋的购置或建造成本价格的差额×适用税率-速算扣除数

11. 关于保险营销员、证券经纪人佣金收入的政策

（1）保险营销员、证券经纪人取得的佣金收入，属于劳务报酬所得。

（2）计入当年综合所得的金额=不含增值税的收入×（1-20%）×（1-25%）-城建税及附加

其中：20%为费用扣除额；25%为展业成本，展业成本按照收入额的 25%计算。

（3）扣缴义务人向保险营销员、证券经纪人支付佣金收入时，应该按照工资薪金的累计预扣法计算预扣税款。

【知识点拨1】保险营销员、证券经纪人取得的佣金收入，虽然属于劳务报酬所得，但是在预扣预缴个人所得税时，不是按次预扣预缴，而是按照工资薪金的累计预扣法预扣预缴。

【知识点拨2】保险营销员、证券经纪人取得的佣金收入，在计入综合所得时，不仅需要减除20%的费用，还要扣除收入额25%的展业成本以及相应的城建税及附加。

（真题精练（客观题）

1.（2019 年多选题）居民个人取得的下列收入中，按照劳务报酬项目预扣预缴个人所得税的有（　　）。

A. 保险营销人员取得的佣金收入

B. 企业对非雇员以免费旅游形式给予的营销业绩奖励

C. 仅担任董事而不在该公司任职的个人取得的董事费

D. 公司职工取得的用于购买企业国有股权的劳动分红

解析 ▶ 公司职工取得的用于购买企业国有股权的劳动分红，按"工资、薪金所得"缴纳个人所得税。　　　**答案** ▶ ABC

2.（2019年多选题）居民个人取得的下列收入中，按照劳务报酬项目预扣预缴个人所得税的有（　）。

A. 证券经纪人取得的佣金收入

B. 企业对非雇员以免费旅游形式给予的营销业绩奖励

C. 公司职工取得的用于购买企业国有股权的劳动分红

D. 在本公司任职且同时担任董事的个人取得的董事费

解析 ▶ 选项CD，按"工资、薪金所得"缴纳个人所得税。　　　**答案** ▶ AB

12. 在外商投资企业、外国企业和外国驻华机构工作的中方人员取得工资、薪金所得的征税问题（见表5-24）

表5-24　在外商投资企业、外国企业和外国驻华机构工作的中方人员取得工资、薪金所得的征税问题

单位	具体征税规定
凡由雇佣单位和派遣单位分别支付的	
雇佣单位	只由雇佣单位一方在支付工资、薪金时，按税法规定减除费用，计算扣缴个人所得税
派遣单位	派遣单位支付的工资、薪金不再减除费用，以支付金额直接确定适用税率，计算扣缴个人所得税

13."长江学者奖励计划"有关个人所得税的规定

（1）特聘教授取得的岗位津贴并入工资薪金所得计征个人所得税；

（2）对特聘教授获得的"长江学者成就奖"的奖金、教育部颁发的"特聘教授奖金"，免征个人所得税。

真题精练（客观题）

（2019年单选题）下列收入免征个人所得税的是（　）。

A. 提前退休人员取得的一次性补贴收入

B. 退休人员再任职取得的收入

C. "长江学者奖励计划"特聘教授取得的岗位津贴

D. 员工从破产企业取得的一次性安置费

解析 ▶ 企业依照国家有关法律规定宣告破产，企业职工从该破产企业取得的一次性安置费收入，免征个人所得税。

答案 ▶ D

（五）非居民个人取得工资薪金所得、劳务报酬所得、稿酬所得和特许权使用费所得应纳税额的计算

1. 非居民个人取得工资薪金所得、劳务报酬所得、稿酬所得和特许权使用费所得应纳税额的计算

扣缴义务人向非居民个人支付工资、薪金所得，劳务报酬所得，稿酬所得和特许权使用费所得时，应当按照以下方法按月或者按次代扣代缴税款：

（1）非居民个人工资、薪金所得，劳务报酬所得，稿酬所得和特许权使用费所得的应纳税所得额（见表5-25）。

表5-25　非居民个人工资、薪金所得，劳务报酬所得、稿酬所得和特许权使用费所得的应纳税所得额

税目	应纳税所得额
工资、薪金所得	每月收入额-5000
劳务报酬所得	每次收入额×80%
稿酬所得	每次收入额×56%
特许权使用费所得	每次收入额×80%

（2）适用的税率（见表5-26）。

表5-26　非居民个人工资、薪金所得，劳务报酬所得，稿酬所得，特许权使用费所得适用的税率表

级数	应纳税所得额	税率（%）	速算扣除数
1	不超过3000元的	3	0
2	超过3000元至12000元的部分	10	210
3	超过12000元至25000元的部分	20	1410
4	超过25000元至35000元的部分	25	2660
5	超过35000元至55000元的部分	30	4410
6	超过55000元至80000元的部分	35	7160
7	超过80000元的部分	45	15160

（3）非居民个人在一个纳税年度内税款扣缴方法保持不变，达到居民个人条件时，应当告知扣缴义务人基础信息变化情况，年度终了后按照居民个人有关规定办理汇算清缴。

（4）**外籍个人**可以享受免税的外籍个人津贴：

①外籍个人以**非现金形式或实报实销形式**取得的住房补贴、伙食补贴、搬迁费、洗衣费；

②外籍个人按合理标准取得的境内、外出差补贴；

③外籍个人取得的探亲费、语言训练费、子女教育费等，**经当地税务机关审核批准为合理的部分**。

2019年1月1日至2021年12月31日期间，外籍个人符合居民个人条件的，可以选择享受个人所得税专项附加扣除，也可以选择按照外籍个人以非现金形式或实报实销形式取得的住房补贴、伙食补贴、搬迁费、洗衣费，按合理标准取得的境内、外出差补贴，取得的探亲费、语言训练费、子女教育费等，经当地税务机关审核批准为合理的部分，免征个人所得税的优惠但不得同时享受。外籍个人一经选择，在一个纳税年度内不得变更。

自2022年1月1日起，外籍个人不再享受住房补贴、语言训练费、子女教育费津补贴免税优惠政策，应按规定享受专项附加扣除。

【知识点拨1】非居民纳税人无综合所得的概念，因此向非居民纳税人支付工资薪金所得、劳务报酬所得、稿酬所得、特许权使用费所得时，扣缴义务人应该代扣代缴税款，而不是预扣预缴税款。

【知识点拨2】非居民纳税人无需办理汇算清缴。

【知识点拨3】非居民纳税人在计算工资薪金所得的应纳税所得额时，只允许每月扣除5000元的费用，无其他费用扣除的规定。

【例题26·计算问答题】2020年3月甲公司聘请美国人大卫（非居民个人）到单位进行技术指导，支付劳务报酬30000元，请计算甲公司应代扣代缴的个人所得税？

答案

应纳税所得额 = 30000×（1－20%）= 24000（元）

税率：20%；速算扣除数：1410。

应代扣代缴税额 = 24000×20% － 1410 = 3390（元）

2. 在中国境内无住所的个人取得工资薪金所得的征税问题

（1）关于工资、薪金所得来源地的确定——按照劳务发生地原则确定。

①关于工资薪金所得来源地的规定。

个人取得归属于境内工作期间的工资薪金所得为来源于境内的工资薪金所得。境内工作期间按照个人在境内工作天数计算，包括其在境内的实际工作日以及境内工作期间在境内、境外享受的公休假、个人休假、接

受培训的天数。在境内、境外单位同时担任职务或者仅在境外单位任职的个人，在境内停留的当天不足24小时的，按照半天计算境内工作天数。

②关于董事、监事及高层管理人员取得报酬所得来源地的规定。

对于担任境内居民企业的董事、监事及高层管理职务的个人（以下统称高管人员），无论是否在境内履行职务，取得由境内居民企业支付或者负担的高管人员报酬（包含数月奖金和股权激励），属于来源于境内的所得。

③关于稿酬所得来源地的规定。

由境内企业、事业单位、其他组织支付或者负担的稿酬所得，为来源于境内的所得。

④非居民个人一个月内取得数月奖金。

当月数月奖金应纳税额=[（数月奖金收入额÷6）×适用税率-速算扣除数]×6

（2）在中国境内无住所个人的纳税义务见表5-27。

表5-27　无住所个人的纳税义务

居住时间	纳税人性质	境内所得		境外所得	
		境内支付	境外支付	境内支付	境外支付
90日以内	非居民	√	免税	×*	×
90日~183天	非居民	√	√	×*	×
183天~6年	居民	√	√	√	免税
6年以上	居民	√	√	√	√

（注：√代表征税，×代表不征税，*代表如果是高级管理人员也负有纳税义务）

【知识点拨1】 在中国境内无住所的个人，在中国境内居住累计满183天的年度连续不满六年的，经向主管税务机关备案，其来源于中国境外且由境外单位或者个人支付的所得，免予缴纳个人所得税。

在中国境内居住累计满183天的任一年度中有一次离境超过30天的，其在中国境内居住累计满183天的年度的连续年限重新起算。

【知识点拨2】 在中国境内无住所的个人，在一个纳税年度内在中国境内居住累计不超过90天的，来源于中国境内的所得，由境外雇主支付并且不由该雇主在中国境内的机构、场所负担的部分，免予缴纳个人所得税。

【知识点拨3】 外国来华工作人员，由外国派出单位发给包干款项，其中包括个人工资、公用经费（邮电费、办公费、广告费、业务上往来必要的交际费）、生活津贴费（住房费、差旅费），凡对上述所得能够划分清楚的，可只就工资薪金所得部分按照规定征收个人所得税。

【知识点拨4】 上述规定只对在中国境内无住所的个人取得工资薪金所得适用.

【知识点拨5】 对在中国境内无住所的个人一次取得数月奖金或年终加薪、劳动分红（不包括应按月支付的奖金）的，单独作为1个月的工资薪金所得，不得减除费用，不再按居住天数进行划分，计算缴纳个人所得税。

【例题27·多选题】 下列关于个人所得税的表述中，正确的有（　　）。

A．在中国境内无住所，但一个纳税年度内在中国境内累计居住满183天的个人，为居民纳税人

B．连续或累计在中国境内居住不超过90天的非居民纳税人，其所取得的中国境内所得并由境内支付的部分免税

C．在中国境内无住所，且一个纳税年度内在中国境内一次居住不超过30天的个人，为非居民纳税人

D．在中国境内无住所，但在中国境内居住超过六年的个人，从第六年起的以后年度

中，凡在境内居住满一年的，就来源于中国境内外的全部所得缴纳个人所得税

解析 ▶ 选项 B，在中国境内无住所的个人，在一个纳税年度内在中国境内居住累计不超过 90 天的，来源于中国境内的所得，由境外雇主支付并且不由该雇主在中国境内的机构、场所负担的部分，免予缴纳个人所得税；由境内雇主支付的部分，应照章纳税。

答案 ▶ ACD

八、经营所得应纳税额的计算

扫我解疑难

经营所得包括：（1）个体工商户从事生产、经营活动取得的所得，个人独资企业投资人、合伙企业的个人合伙人来源于境内注册的个人独资企业、合伙企业生产、经营的所得；（2）个人依法从事办学、医疗、咨询以

及其他有偿服务活动取得的所得；（3）个人对企业、事业单位承包经营、承租经营以及转包、转租取得的所得；（4）个人从事其他生产、经营活动取得的所得。

（一）经营所得计税的一般规定

1. 经营所得的应纳税所得额

经营所得，以每一纳税年度的收入总额减除成本、费用以及损失后的余额，为应纳税所得额。即：

经营所得的应纳税所得额 = 收入总额−成本−费用−损失

取得经营所得的个人，没有综合所得的，计算其每一纳税年度的应纳税所得额时，应当减除费用 6 万元、专项扣除、专项附加扣除以及依法确定的其他扣除，专项附加扣除在办理汇算清缴时减除。

2. 经营所得适用 5 级超额累进税率表（见表 5−28）

表 5−28　经营所得适用的个人所得税税率表

级数	全年应纳税所得额	税率（%）	速算扣除数
1	不超过 30000 元的	5	0
2	超过 30000 元至 90000 元的部分	10	1500
3	超过 90000 元至 300000 元的部分	20	10500
4	超过 300000 元至 500000 元的部分	30	40500
5	超过 500000 元的部分	35	65500

3. 应纳税额计算

应纳税额 = 应纳税所得额×适用税率−速算扣除数

4. 纳税人取得经营所得，按年计算个人所得税，由纳税人在月度或者季度终了后 15 日内向税务机关报送纳税申报表，并预缴税款；在取得所得的次年 3 月 31 日前办理汇算清缴。

（二）个体工商户经营所得计税的规定

个体工商户经营所得的应纳税所得额 = 收入总额−成本−费用−损失

1. 个体工商户从事生产经营以及与生产经营有关的活动取得的货币形式和非货币形式的各项收入，为收入总额。

2. 成本，是指个体工商户在生产经营活动中发生的销售成本、销货成本、业务支出以及其他耗费。

3. 费用，是指个体工商户在生产经营活动中发生的销售费用、管理费用和财务费用，已经计入成本的有关费用除外。

4. 税金，是指个体工商户在生产经营活动中发生的除个人所得税和允许抵扣的增值税以外的各项税金及其附加。

5. 损失，是指个体工商户在生产经营活动中发生的固定资产和存货的盘亏、毁损、报废损失，转让财产损失，坏账损失，自然灾害等不可抗力因素造成的损失以及其他损失。

【知识点拨】个体工商户发生的支出应当区分收益性支出和资本性支出。收益性支出在发生当期直接扣除；资本性支出应当分期扣除或者计入有关资产成本，不得在发生当期直接扣除。

6. 个体工商户生产经营活动中，应当分别核算生产经营费用和个人、家庭费用。对于生产经营与个人、家庭生活混用难以分清的费用，其40%视为与生产经营有关费用，准予扣除。

7. 个体工商户纳税年度发生的亏损，准予向以后年度结转，用以后年度的生产经营所得弥补，但结转年限最长不得超过5年。

8. 扣除项目及标准(见表5-29)

表5-29　个体工商户扣除项目及标准

分类	具体规定
准予扣除项目	实际支付给从业人员的、合理的工资薪金支出，准予扣除。 个体工商户业主的工资在税前不允许扣除，费用扣除标准为60000元/年(没有综合所得时)
	按相关标准缴纳的五险一金、不超过从业人员工资总额5%标准的补充养老、补充医疗保险；业主本人缴纳的补充养老、补充医疗保险以当地(地级市)上年度社会平均工资的3倍为计算基数，分别在不超过该计算基数5%标准内的部分据实扣除
	依照国家有关规定为特殊工种从业人员支付的人身安全保险费和财政部、国家税务总局规定可以扣除的其他商业保险费
	在生产经营活动中发生的合理的不需要资本化的借款费用向金融企业借款的利息支出；向非金融企业和个人借款的利息支出，不超过按照金融企业同期同类贷款利率计算的数额的部分
	在货币交易中，以及纳税年度终了时将人民币以外的货币性资产、负债按照期末即期人民币汇率中间价折算为人民币时产生的，除已经计入有关资产成本部分外的汇兑损失
	向当地工会组织拨缴的工会经费、实际发生的职工福利费支出、职工教育经费支出分别在工资薪金总额的2%、14%、2.5%的标准内据实扣除
	工资薪金总额是指允许在当期税前扣除的工资薪金支出数额。 职工教育经费的实际发生数额超出规定比例当期不能扣除的数额，准予在以后纳税年度结转扣除。 个体工商户业主本人向当地工会组织缴纳的工会经费、实际发生的职工福利费支出、职工教育经费支出，以当地(地级市)上年度社会平均工资的3倍为计算基数，在上述规定比例内据实扣除
	业务招待费按照实际发生额的60%扣除，但最高不得超过当年销售(营业)收入的5‰
	广宣费不超过当年销售(营业)收入15%的部分，可以据实扣除；超过部分，准予在以后纳税年度结转扣除
	按规定缴纳的摊位费、行政性收费、协会会费等，按实际发生数额扣除
	根据生产经营活动的需要租入固定资产支付的租赁费，按照以下方法扣除： ①以经营租赁方式租入固定资产发生的租赁费支出，按照租赁期限均匀扣除； ②以融资租赁方式租入固定资产发生的租赁费支出，按照规定构成融资租入固定资产价值的部分应当提取折旧费用，分期扣除
	参加财产保险，按规定缴纳的保险费，准予扣除
	通过公益性社会团体或者县级以上人民政府及其部门，用于规定的公益事业的捐赠，捐赠额不超过其应纳税所得额30%的部分可以扣除。财政部、国家税务总局规定可以全额在税前扣除的捐赠支出项目，按有关规定执行。个体工商户直接对受益人的捐赠不得扣除
	个体工商户研究开发新产品、新技术、新工艺所发生的开发费用，以及研究开发新产品、新技术而购置单台价值在10万元以下的测试仪器和试验性装置的购置费准予直接扣除

分类	具体规定
不得扣除项目	个体工商户业主的工资薪金
	个人所得税税款
	税收滞纳金
	罚金、罚款和被没收财物的损失
	赞助支出
	用于个人和家庭的支出
	业务招待费超过规定标准的部分
	个体工商户代其从业人员或者他人负担的税款
	不符合规定的捐赠支出，例如：直接对受益人的捐赠
	单台价值在 10 万元以上（含 10 万元）的测试仪器和试验性装置，按固定资产管理，不得在当期直接扣除
	与取得生产经营收入无关的其他支出

真题精练（客观题）

1. （2017 年单选题）某个体工商户发生的下列支出中，允许在个人所得税税前扣除的是（　　）。

A. 家庭生活用电支出

B. 直接向某灾区小学的捐赠

C. 已缴纳的城市维护建设税及教育费附加

D. 代公司员工负担的个人所得税税款

解析 ▶ 选项 A，个体工商户用于个人和家庭的支出，不得税前扣除；个体工商户生产经营活动中，应当分别核算生产经营费用和个人、家庭费用。对于生产经营与个人、家庭生活混用难以分清的费用，其40%视为与生产经营有关费用，准予扣除；选项 B，个体工商户直接对受益人的捐赠不得扣除；选项 D，个体工商户代其从业人员或者他人负担的税款，不得税前扣除。

答案 ▶ C

2. （2017 年多选题）对个体工商户的生产经营所得在计算个人所得税时，允许对一些支出项目按一定标准予以税前扣除。下列关于税前扣除项目和标准的表述中，正确的有（　　）。

A. 个体工商户业主的工资薪金可以据实扣除

B. 实际支付给从业人员合理的工资薪金和缴纳的"五险一金"可以税前扣除

C. 在经营过程中发生的业务招待费可据实扣除

D. 以经营租赁方式租入固定资产发生的租赁费支出，按照租赁期限均匀扣除

解析 ▶ 选项 A，个体工商户业主的工资薪金所得税前不可以扣除。对经营所得依法计征个人所得税时，取得经营所得的个人，没有综合所得的，计算其每一纳税年度的应纳税所得额时，应当减除费用6万元、专项扣除、专项附加扣除以及依法确定的其他扣除。专项附加扣除在办理汇算清缴时减除。选项 C，业务招待费按照实际发生额的60%和收入的5‰孰低原则扣除。

答案 ▶ BD

(三)个人独资企业和合伙企业生产经营所得的规定(见表 5-30)

表 5-30　个人独资企业和合伙企业生产经营所得

方法	具体规定
应纳税所得额的确定	个人独资企业的投资者以全部生产经营所得为应纳税所得额
	生产经营所得,包括企业分配给投资者个人的所得和企业当年留存的所得
	合伙企业的投资者按照合伙企业的全部生产经营所得和合伙协议约定的分配比例确定应纳税所得额;合伙协议没有约定分配比例的,以全部生产经营所得和合伙人数量平均计算每个投资者的应纳税所得额
	个人独资企业、合伙企业的个人投资者以企业资金为本人、家庭成员及其相关人员支付与企业生产经营无关的消费性支出及购买汽车、住房等财产性支出,视为企业对个人投资者的利润分配,并入投资者个人的生产经营所得,依照个体工商户生产、经营所得征税
查账征收方法	个人独资企业和合伙企业投资者本人的费用扣除标准统一确定为 60000 元/年
	个人独资企业和合伙企业向其从业人员实际支付的合理的工资、薪金支出,允许在税前据实扣除
	投资者及其家庭发生的生活费用(包括与企业的生产经营费用混合在一起,难以划分的),不允许在税前扣除
	投资者及其家庭生活与企业生产经营共用的固定资产,难以划分的,由主管税务机关核定准予在税前扣除的折旧费用的数额或比例
	个人独资企业和合伙企业拨缴的工会经费、发生的职工福利费、职工教育经费支出分别在工资薪金总额 2%、14%、2.5% 的标准内据实扣除
	个人独资企业和合伙企业每一纳税年度发生的广告费和业务宣传费用不超过当年销售(营业)收入 15% 的部分,可据实扣除;超过部分,准予在以后纳税年度结转扣除
	个人独资企业和合伙企业每一纳税年度发生的与其生产经营业务直接相关的业务招待费支出,按照发生额的 60% 扣除,但最高不得超过当年销售(营业)收入的 5‰
	企业计提的各种准备金不得扣除
	投资者兴办两个或两个以上企业,并且企业性质全部是独资的,年度终了后,汇算清缴时,应纳税款的计算按以下方法进行: (1)应纳税所得额 = ∑各个企业的经营所得——以此确定适用税率、速算扣除数 (2)应纳税额 = 应纳税所得额×税率-速算扣除数 (3)本企业应纳税额 = 应纳税额×本企业的经营所得÷∑各企业的经营所得 本企业应补缴的税额 = 本企业应纳税额-本企业预缴的税额
核定征收方法	核定征收方式:定额征收、核定应税所得率、其他合理的征收方式
	核定征收的情形 (1)企业依照国家有关规定应当设置但未设置账簿的; (2)企业虽设置账簿,但账目混乱或者成本资料、收入凭证、费用凭证残缺不全,难以查账的; (3)纳税人发生纳税义务,未按照规定的期限办理纳税申报,经税务机关责令限期申报,逾期仍不申报的
	应纳所得税额 = 应纳税所得额×适用税率 应纳税所得额 = 收入总额×应税所得率 = 成本费用支出额÷(1-应税所得率)×应税所得率
	企业经营多业的,无论其经营项目是否单独核算,均应根据其主营项目确定其适用的应税所得率
	实行核定征税的投资者,不能享受个人所得税的优惠政策
	实行查账征税方式的个人独资企业和合伙企业改为核定征税方式后,在查账征税方式下认定的年度经营亏损未弥补完的部分,不得再继续弥补

方法	具体规定
实际经营期不足一年的处理	个体工商户、个人独资企业和合伙企业因在纳税年度中间开业、合并、注销及其他原因，导致该纳税年度的实际经营期不足1年的，对个体工商户业主、个人独资企业投资者和合伙企业自然人合伙人的生产经营所得计算个人所得税时，**以实际经营期为1个纳税年度，投资者本人的费用扣除标准，应按照实际经营月份数，以每月5000元的减除标准确定。**

【例题28·单选题】 下列关于个人独资企业计算个人所得税时有关扣除项目的表述，正确的是(　　)。

A. 企业发生的工会经费、职工福利费扣除比例分别是14%、2.5%

B. 投资者及职工工资不得在税前扣除

C. 企业年度内发生的业务招待费超出当年销售收入5‰的部分，可在以后纳税年度内扣除

D. 企业计提的各种准备金不得在税前扣除

答案 ▶ D

(四)律师事务所从业人员取得收入征收个人所得税的有关规定

1. 律师个人出资兴办的**独资和合伙性质**的律师事务所的年度经营所得，比照"**经营所得**"应税项目征收个人所得税。在计算其经营所得时，出资律师本人的工资、薪金不得扣除；

2. 合伙制律师事务所应将年度经营所得全额作为基数，按**出资比例或者事先约定的比例**计算各合伙人应分配的所得，据以征收个人所得税；

3. 律师事务所各类人员应纳个人所得税的规定(见表5-31)

表5-31　律师事务所各类人员应纳个人所得税的规定

类型	适用税目
律师事务所**支付给雇员的所得**(含律师及行政辅助人员，**但不包括律师事务所的投资者**)	工资薪金
支付给兼职律师的工资、薪金性质的所得	工资薪金；不再减除费用扣除标准
律师以**个人名义**再聘请其他人员为其工作而支付的报酬	劳务报酬
律师从接受法律事务服务的当事人处取得法律顾问费或其他酬金等收入，	应并入其从律师事务所取得的其他收入，按照规定计算缴纳个人所得税

九、其他税目应纳税额的计算——分类征收

扫我解疑难

(一)财产租赁所得应纳税额的计算

1. 应纳税所得额

(1)财产租赁所得以**1个月**内取得的收入为一次。

(2)应纳税所得额

①每次收入≤4000元：应纳税所得额=每次收入额-800元

②每次收入>4000元：应纳税所得额=每次收入额×(1-20%)

(3)纳税人在出租财产过程中缴纳的税金和教育费附加，可持完税凭证，从其财产租赁收入中扣除。

(4)个人出租房产的规定

在计算应纳税所得额时从不含增值税收入中依次扣除以下费用：

①财产租赁过程中缴纳的税费(城建税、教育费附加、地方教育附加、房产税、印花税)；

②取得转租收入的个人向出租方支付的租金；

③由纳税人负担的该出租财产实际开支的修缮费用(每次800元为限,一次扣不完的下次继续扣除,直到扣完为止);

④税法规定的费用扣除标准。

【知识点拨】 个人出租房产的应纳税所得额如表5-32所示。

表5-32　个人出租房产的应纳税所得额

情形	应纳税所得额
(1)每次(月)收入≤4000的	每次(月)收入额-准予扣除项目-修缮费用(800元为限)-800元
(2)每次(月)收入>4000的	[每次(月)收入额-准予扣除项目-修缮费用(800元为限)]×(1-20%)

2. 应纳税额的计算

税率:20%;但对个人按市场价格出租的居民住房取得的所得,暂减按10%的税率征收个人所得税。

应纳税额=应纳税所得额×适用税率

税率:个人按市场价格出租居民住房税率为10%;其他租赁所得,个人所得税税率为20%。

【例题29·单选题】 2019年7月杨女士将自有住房按市场价格出租给张某用于居住,租期一年,每月取得不含税租金收入3500元,当年8月发生房屋修缮费用2000元。杨女士当年应纳个人所得税( )元。(不考虑出租房屋的其他税费)

A. 1380　　　　　　B. 1420

C. 1480　　　　　　D. 1560

解析 ▶ 杨女士应纳个人所得税=(3500-800-800)×10%×2+(3500-400-800)×10%+(3500-800)×10%×3=810+380+230=1420(元)

答案 ▶ B

【应试思路】 出租房屋以1个月的租金收入为1次计算个人所得税,出租期间发生的修缮费用可以在计算个人所得税税前扣除(房屋修缮费用每月扣除以800元为限,一次扣不完的,准予在下一次继续扣除,直到扣完为止。2000元的修缮费用有2个月扣除800元、1个月扣除400元)。

【知识点拨】 个人出租住房的税务处理(见表5-33)

表5-33　个人出租住房的税务处理

税种	税务处理
增值税	个人出租住房,按照5%的征收率减按1.5%计算应纳税额
城建税、教育费附加	按缴纳的增值税缴纳城建税及教育费附加等
房产税	个人出租住房,按4%的税率征收房产税
个人所得税	对个人出租住房取得的所得减按10%的税率征收个人所得税

注意事项:在考试中,如果无其他税费信息,无需考虑其他税费;如果有相关税费信息,需要考虑相关税费

(二)财产转让所得应纳税额的计算

1. 每次应纳税所得额的确定

应纳税所得额=转让财产的收入额-财产原值和合理费用

①财产原值具体是指:

a. 有价证券,为买入价以及买入时按照规定交纳的有关费用;

b. 建筑物,为建造费或者购进价格以及其他有关费用;

c. 土地使用权,为取得土地使用权所支

付的金额、开发土地的费用以及其他有关费用;

d. 机器设备、车船,为购进价格、运输费、安装费以及其他有关费用。

e. 其他财产,参照前款规定的方法确定财产原值。

f. 纳税人未提供完整、准确的财产原值凭证,不能按照规定的方法确定财产原值的,由主管税务机关核定财产原值。

②财产转让所得计税时允许扣除的合理

费用，是指卖出财产时按照规定支付的有关税费。

2. 每次应纳税额的计算方法

财产转让所得适用**20%**的比例税率，应纳税额＝应纳税所得额×20%。

3. 个人住房转让所得应纳税额的计算

纳税人可凭原购房合同、发票等有效凭证，经税务机关审核后，允许从其转让收入中减除房屋原值、转让住房过程中缴纳的税金及有关合理费用。

【知识点拨1】关于个人转让离婚财产房屋的征税问题

（1）个人**因离婚**办理房屋产权过户手续，**不征收**个人所得税；

（2）个人**转让离婚财产房屋**所取得的收入，允许扣除其相应的财产原值和合理费用后，余额按照规定的税率缴纳个人所得税；

相应的财产原值＝（房屋初次购置全部原值＋相关税费）×转让者占房屋所有权的比例

（3）个人**转让离婚财产房屋**所取得的收入，符合家庭生活自用五年以上唯一住房的，可以申请免征个人所得税，按照"孰先"的原则确定购买房屋的时间——房屋产权证上注明的时间 VS 契税完税证明上注明的时间。

【知识点拨2】个人转让不动产的税务处理（见表5-34）。

表5-34　个人转让不动产的税务处理

税种	税务处理			
增值税	不动产类型	购买不足2年	购买超过2年(含2年)	
			其他地区	北上广深
	普通住房	全额征收5%增值税	免征增值税	免征增值税
	非普通住房			(卖出价-买入价)/1.05×5%
	商铺	销售自建商铺，全额按照5%征收增值税；销售非自建商铺，差额按照5%征收增值税			
土地增值税	住房	(1)个人之间互换自有居住用房地产免征土地增值税； (2)自2008年11月1日起，对个人销售住房暂免征收土地增值税			
	商铺	征收土地增值税 (1)按评估价格计算增值额，计算缴纳土地增值税； (2)无评估价格，但能提供购房发票，按照购房发票所载金额每年加计5%确定扣除项目金额，计算增值额，计算缴纳土地增值税； (3)由税务机关核定			
印花税	住房	对个人销售或购买住房暂免征收印花税			
	商铺	按"产权转移书据"缴纳印花税			
个人所得税	住房	对个人转让自用5年以上、并且是家庭唯一生活用房取得的所得，免征个人所得税			
	商铺	照章征收个人所得税			
契税	**契税由承受方缴纳，而非销售方缴纳。** (1)以**不含增值税的成交价格**作为契税的计税依据； (2)注意首套房和二套房的优惠税率问题； (3)土地使用权交换、房屋交换 所交换的土地使用权、房屋的**价格差额**： **①交换价格相等时，免征契税；** **②不等时，由多交付货币、货物、无形资产或其他经济利益的一方缴纳契税**				

【例题 30·单选题】 2019 年 8 月李某将一处居住不足 5 年的住房销售，取得不含增值税收入 200000 元，销售过程中缴纳相关费用 5000 元，该房购进价格 120000 元，并缴纳了相关税费 15000 元。相关的购房合同、发票等有效凭证，均审核通过。李某转让住房应缴纳的个人所得税为（ ）元。

A. 19250　　　　　 B. 11660

C. 12000　　　　　 D. 16320

解析 ➤ 应缴纳的个人所得税 = (200000 - 120000 - 5000 - 15000) × 20% = 12000(元)

答案 ➤ C

【例题 31·计算问答题】 李某系某市居民，于 2013 年 2 月以 50 万元购得一处临街商铺，同时支付相关税费 1 万元，购置后一直对外出租。2019 年 5 月，将临街商铺改租为卖，转让给他人，签订了不动产转让合同，合同中注明含增值税转让价格为 80 万元，经相关评估机构评定，房屋的重置成本价为 70 万元，成新度折扣率为 80%。

要求：根据上述资料，按下列序号计算回答问题，每问需计算出合计数。

（1）李某转让商铺应缴纳的增值税、城建税、教育费附加和地方教育附加。

（2）李某转让商铺应缴纳的印花税。

（3）李某转让商铺应缴纳的土地增值税。

（4）李某转让商铺应缴纳的个人所得税。

答案 ➤

（1）应纳增值税 = (80 - 50) ÷ (1 + 5%) × 5% = 1.43(万元)

城建税、教育费附加和地方教育附加合计 = 1.43 × (7% + 3% + 2%) = 0.17(万元)

『提示』个人转让购置的商铺，应以取得的全部价款和价外费用减去该项不动产购置原价或者取得不动产时的作价后的余额为销售额，按照 5% 的征收率计算应纳增值税税额。

（2）应纳印花税 = 80 × 0.05% = 0.04(万元)

（3）可扣除项目 = 70 × 80% + 0.17 + 0.04 =

56.21(万元)

增值额 = (80 - 1.43) - 56.21 = 22.36(万元)

增值率 = 22.36 ÷ 56.21 × 100% = 39.78%

应纳土地增值税 = 22.36 × 30% = 6.71(万元)

『提示』简易计税，转让房地产的土地增值税应税收入不含增值税应纳税额。

（4）应纳税所得额 = (80 - 1.43) - (50 + 1) - 0.17 - 0.04 - 6.71 = 20.65(万元)

转让商铺缴纳个人所得税 = 20.65 × 20% = 4.13(万元)

『提示』个人转让房屋的个人所得税应税收入不含增值税。

4. 个人转让股权应纳税额的计算

（1）基本规定

个人转让股权，以股权转让收入减除股权原值和合理费用后的余额为应纳税所得额，按"财产转让所得"缴纳个人所得税。合理费用是指股权转让时按照规定支付的有关税费。

个人股权转让所得个人所得税，以股权转让方为纳税人，以受让方为扣缴义务人。

（2）股权转让收入的确认

股权转让收入，是指转让方因股权转让而获得的现金、实物、有价证券和其他形式的经济利益。

【知识点拨 1】 符合下列情形之一的，视为股权转让收入明显偏低：

a. 申报的股权转让收入低于股权对应的净资产份额的。

b. 申报的股权转让收入低于初始投资成本或低于取得该股权所支付的价款及相关税费的。

c. 申报的股权转让收入低于相同或类似条件下同一企业同一股东或其他股东股权转让收入的。

d. 申报的股权转让收入低于相同或类似条件下同类行业的企业股权转让收入的。

e. 不具合理性的无偿让渡股权或股份。

f. 主管税务机关认定的其他情形。

【知识点拨2】 符合下列条件之一的股权转让收入明显偏低，视为有正当理由：

a. 能出具有效文件，证明被投资企业因国家政策调整，生产经营受到重大影响，导致低价转让股权；

b. 继承或将股权转让给其能提供具有法律效力身份关系证明的配偶、父母、子女、祖父母、外祖父母、孙子女、外孙子女、兄弟姐妹以及对转让人承担直接抚养或者赡养义务的抚养人或者赡养人；

c. 相关法律、政府文件或企业章程规定，并有相关资料充分证明转让价格合理且真实的本企业员工持有的不能对外转让股权的内部转让；

d. 股权转让双方能够提供有效证据证明其合理性的其他合理情形。

【知识点拨3】 核定股权转让收入的方法：a. 净资产核定法；b. 类比法；c. 其他合理方法。

(3) 股权原值的确认

个人转让股权的原值依照以下方法确认：

a. 以现金出资方式取得的股权，按照实际支付的价款与取得股权直接相关的合理税费之和确认股权原值；

b. 以非货币性资产出资方式取得的股权，按照税务机关认可或核定的投资入股时非货币性资产价格与取得股权直接相关的合理税费之和确认股权原值；

c. 通过无偿让渡方式取得的股权，按取得股权发生的合理税费与原持有人的股权原值之和确认股权原值；

d. 被投资企业以资本公积、盈余公积、未分配利润转增股本，个人股东已依法缴纳个人所得税的，以转增额和相关税费之和确认其新转增股本的股权原值；

e. 除以上情形外，由主管税务机关按照避免重复征收个人所得税的原则合理确认股权原值。

真题精练（客观题）

（2018年多选题）个人转让股权的下列情形中，税务机关可以核定股权转让收入的有（　）。

A. 因遭遇火灾而无法提供股权转让收入的相关资料

B. 转让方拒不向税务机关提供股权转让收入的有关资料

C. 申报的股权转让收入明显偏低但有正当理由

D. 未按规定期限申报纳税，且超过税务部门责令申报期限仍未申报

解析 符合下列情形之一的，主管税务机关可以核定股权转让收入：（1）申报的股权转让收入明显偏低且无正当理由的；（2）未按照规定期限办理纳税申报，经税务机关责令限期申报，逾期仍不申报的；（3）转让方无法提供或拒不提供股权转让收入的有关资料；（4）其他应核定股权转让收入的情形。　　**答案** ABD

5. 个人转让债券时原值的确定

采用"加权平均法"确定应予减除的财产原值和合理费用。

（三）利息、股息、红利所得应纳税额的计算

应纳税额=应纳税所得额×适用税率=每次收入额×20%

1. 国债、地方政府债券利息和国家发行的金融债券利息免个人所得税；

2. 自2008年10月9日起，对居民储蓄存款利息暂免征收个人所得税；

3. 股息红利差别化个人所得税规定（见表5-35）

个人从上市公司取得的股息红利，个人持有全国中小企业股份转让系统（简称"新三板"）挂牌公司股票分得的股息红利，实行差别性税收优惠政策。

表 5-35　股息红利差别化个人所得税规定

类型	应纳税所得额的确定
持股期限≤1 个月	股息红利所得全额计入应纳税所得额
1 个月<持股期限≤1 年	暂减按50%计入应纳税所得额
持股期限>1 年	暂免个人所得税

【例题 32 · 计算问答题】李华 2019 年 3 月份取得财政部发行国债的利息 1200 元，取得某国内上市公司发行的公司债券利息 750 元。请计算 3 月份李华取得的各项利息收入应纳的个人所得税。

答案▶

李华取得的各项利息收入应纳个人所得税 =750×20%=150（元）

【思路点拨】国债利息免税。

（四）偶然所得应纳税额的计算

应纳税额=应纳税所得额×适用税率=每次收入额×20%

【例题 33 · 计算问答题】孟华 2020 年 1 月在参加某商场组织的有奖销售活动中，中奖所得共计价值 30000 元。将其中的 10000 元通过市教育局用于公益性捐赠。假设孟华无其他所得。

要求：计算中奖所得应纳的个人所得税。

答案▶

公益捐赠扣除限额 = 30000×30% = 9000（元）

由于实际捐赠额超过扣除限额，只能按扣除限额扣除。

中奖所得应纳个人所得税 = (30000 - 9000)×20% = 4200（元）

前面我们介绍了个人所得税 9 个税目应纳税额的计算，在此我们总结一下各个税目的应纳税所得额（见表 5-36）。

表 5-36　个人所得税的应纳税所得额

应税项目	计征规定	应纳税所得额
综合所得	按月或按次预缴，年终汇算清缴	综合所得的应纳税所得额=每一纳税年度的收入额-60000（基本费用扣除）-专项扣除-专项附加扣除-依法确定的其他扣除
经营所得	按月或按季预缴，年终汇算清缴	(1)个体工商户的经营所得：年度收入总额-成本-损失-准予扣除的税金-必要费用（60000 元/年） (2)对企事业单位的承租经营、承包经营所得：年度企业会计利润-企业所得税-上缴承包费-必要费用（60000 元/年） 【知识点拨】取得经营所得的个人，没有综合所得的，计算其每一纳税年度的应纳税所得额时，应当减除费用 6 万元、专项扣除、专项附加扣除以及依法确定的其他扣除，专项附加扣除在办理汇算清缴时减除
财产租赁所得	按次纳税	实行定额或定率扣除，即： 每次收入≤4000 元：定额扣 800 元； 每次收入≥4000 元：定率扣 20%。 【知识点拨】租赁过程中发生的修缮费用可以扣除，以每次 800 元为限。一次扣除不完的，准予在下一次继续扣除，直到扣完为止
财产转让所得	按次纳税	财产转让的收入额-财产原值-合理费用
利息、股息、红利所得，偶然所得	按次纳税	无费用扣除，以每次收入为应纳税所得额

十、应纳税额计算中的特殊问题处理★★

扫我解疑难

（一）个人转让限售股、全国中小企业股份转让系统挂牌公司原始股的税务处理★★

1. 转让上市公司流通股、转让全国中小企业股份转让系统挂牌公司非原始股取得的所得免征个人所得税。

转让上市公司限售股、转让全国中小企业股份转让系统挂牌公司原始股取得的所得按"财产转让所得"适用20%的比例税率征收个人所得税。

2. 限售股转让所得应纳税额的计算

应纳税所得额＝限售股转让收入－（限售股原值＋合理税费）

应纳税额＝应纳税所得额×20%

【知识点拨1】如果纳税人未能提供完整、真实的限售股原值凭证，不能准确计算限售股原值的，主管税务机关一律按限售股转让收入的15%核定限售股原值及合理税费。

【知识点拨2】纳税人同时持有限售股及该股流通股的，其股票转让所得，按照限售股优先原则，即：转让股票视为先转让限售股，按规定计算缴纳个人所得税；

【知识点拨3】对个人在上海证券交易所、深圳证券交易所转让从上市公司公开发行和转让市场取得的上市公司股票所得，继续免征个人所得税。

3. 个人转让全国中小企业股份转让系统（以下简称新三板）挂牌公司股票有关个人所得税政策

（1）自2018年11月1日（含）起，对个人转让新三板挂牌公司非原始股取得的所得，暂免征收个人所得税。

（2）对个人转让新三板挂牌公司原始股取得的所得，按照"财产转让所得"，适用20%的比例税率征收个人所得税。

（3）2019年9月1日之前，个人转让新三板挂牌公司原始股的个人所得税，征收管理办法按照现行股权转让所得有关规定执行，以股票受让方为扣缴义务人，由被投资企业所在地税务机关负责征收管理。

自2019年9月1日（含）起，个人转让新三板挂牌公司原始股的个人所得税，以股票托管的证券机构为扣缴义务人，由股票托管的证券机构所在地主管税务机关负责征收管理。

（二）证券投资基金个人所得税的规定

1. 对个人投资者买卖基金单位活动的差价收入，暂不征个人所得税；

2. 对个人投资者从基金分配中获得的企业债券差价收入，应征收个人所得税，税款由基金在分配时依法代扣代缴。

（三）个人以非货币资产投资的个人所得税规定

1. 个人以非货币性资产投资，属于个人转让非货币性资产和投资同时发生。对个人转让非货币性资产的所得，应按照"财产转让所得"项目，依法计算缴纳个人所得税。具体税务处理见表5-37。

表5-37　个人以非货币资产投资的税务处理

情形		税务处理
个人转让非货币性资产	税目	财产转让所得
	应纳税所得额	转让收入（评估后的公允价值确定转让收入）－资产原值及合理税费
	收入实现时间	非货币性资产转让、取得被投资企业股权时

情形		税务处理
个人转让非货币性资产	缴纳时间	个人应在发生上述应税行为的次月15日内向主管税务机关申报纳税。纳税人一次性缴税有困难的，可合理确定分期缴纳计划并报主管税务机关备案后，自发生上述应税行为之日起不超过5个公历年度内(含)分期缴纳个人所得税。 [知识点拨] 如果个人以技术成果投资入股到境内居民企业，被投资企业支付的对价全部为股票(权)的，企业可选择：①在不超过5年期限内，分期计入相应年度的应纳税所得额，按规定计算缴纳企业所得税；②经向主管税务机关备案，投资入股当期可暂不纳税，允许递延至转让股权时，按财产转让所得纳税。 个人以非货币性资产投资交易过程中取得现金补价的，现金部分应优先用于缴税；现金不足以缴纳的部分，可分期缴纳
投资入股：按评估后的公允价值投资入股，确定投资成本		

2. 对技术成果投资入股实施选择性税收优惠政策

(1)企业或个人以技术成果投资入股到境内居民企业，被投资企业支付的对价全部为股票(权)的，企业或个人可选择继续按现行有关税收政策执行，也可选择适用递延纳税优惠政策——经向主管税务机关备案，投资入股当期可暂不纳税，允许递延至转让股权时，按财产转让所得纳税

应纳税所得额=股权转让收入－技术成果原值和合理税费

(2)企业或个人选择适用上述任一项政策，均允许被投资企业按技术成果投资入股时的评估值入账并在企业所得税前摊销扣除；

(3)技术成果：专利技术(含国防专利)、计算机软件著作权、集成电路布图设计专有权、植物新品种权、生物医药新品种，以及科技部、财政部、国家税务总局确定的其他技术成果。

(四)关于创业投资企业个人合伙人和天使投资个人有关个人所得税的规定

1. 合伙创投企业采取股权投资方式直接投资于初创科技型企业满2年(24个月，下同)的，合伙创投企业的个人合伙人可以按照对初创科技型企业投资额的70%抵扣个人合伙人从合伙创投企业分得的经营所得；当年不足抵扣的，可以在以后纳税年度结转抵扣。

2. 天使投资个人采取股权投资方式直接投资于初创科技型企业满2年的，可以按照投资额的70%抵扣转让该初创科技型企业股权取得的应纳税所得额；当期不足抵扣的，可以在以后取得转让该初创科技型企业股权的应纳税所得额时结转抵扣。

天使投资个人投资多个初创科技型企业的，对其中办理注销清算的初创科技型企业，天使投资个人对其投资额的70%尚未抵扣完的，可自注销清算之日起36个月内抵扣天使投资个人转让其他初创科技型企业股权取得的应纳税所得额。

3. 创投企业可以选择按单一投资基金核算或者按创投企业年度所得整体核算两种方式之一，对其个人合伙人来源于创投企业的所得计算个人所得税应纳税额。其税务处理如表5-38。

表5-38 创业投资企业个人合伙人税务处理

情形	税务处理
创投企业选择按单一投资基金核算的	其个人合伙人从该基金应分得的股权转让所得和股息红利所得，按照20%税率计算缴纳个人所得税
创投企业选择按年度所得整体核算的	其个人合伙人应从创投企业取得的所得，按照"经营所得"项目、5%~35%的超额累进税率计算缴纳个人所得税

（五）关于企业转增股本个人所得税规定

1. 自 2016 年 1 月 1 日起，全国范围内的中小高新技术企业以未分配利润、盈余公积、资本公积向个人股东转增股本时，个人股东一次缴纳个人所得税确有困难的，可根据实际情况自行制定分期缴税计划，在不超过 5 个公历年度内（含）分期缴纳，并将有关资料报主管税务机关备案。

2. 个人股东获得转增的股本，应按照"利息、股息、红利所得"项目，适用 20% 税率征收个人所得税。

3. 股东转让股权并取得现金收入的，该现金收入应优先用于缴纳尚未缴清的税款。

4. 在股东转让该部分股权之前，企业依法宣告破产，股东进行相关权益处置后没有取得收益或收益小于初始投资额的，主管税务机关对其尚未缴纳的个人所得税可不予追征。

（六）个人投资者收购企业股权后将原盈余积累转增股本个人所得税问题

1 名或多名个人投资者以股权收购方式取得被收购企业 100% 股权，股权收购前，被收购企业原账面金额中的"资本公积、盈余公积、未分配利润"等盈余积累未转增股本，而在股权交易时将其一并计入股权转让价格并履行了所得税纳税义务。股权收购后，企业将原账面金额中的盈余积累向个人投资者（新股东，下同）转增股本或新股东将股权转让，有关个人所得税问题按表 5-39 处理。

表 5-39　新股东的税务处理

情形		税务处理	
转增资本	新股东以不低于净资产价格收购股权的	新股东取得盈余积累转增股本的部分	不征个人所得税
	新股东以低于净资产价格收购股权的	股权收购价格减去原股本的差额——转增股本	不征个人所得税
		股权收购价格低于原所有者权益的差额——转增股本	按"利息、股息、红利所得"缴纳个人所得税
	顺序：先转增应税的盈余积累部分，然后再转增免税		
新股东将所持股权转让		财产原值为其收购企业股权实际支付的对价及相关税费	按"财产转让所得"缴纳个人所得税

（七）企业资金为个人购房个人所得税征税方法

1. 以企业资金为投资者本人、投资者家庭成员及其相关人员支付与企业生产经营无关的消费性支出，应依法计征个人所得税。

2. 企业资金为个人报销、购置资产的税务处理

个人取得以下情形的房屋或其他财产，不论所有权人是否将财产无偿或有偿交付企业使用，其实质均为企业对个人进行了实物性质的分配，应依法计征个人所得税。

①企业出资购买房屋及其他财产，将所有权登记为投资者个人、投资者家庭成员或企业其他人员的；

②企业投资者个人、投资者家庭成员或企业其他人员向企业借款用于购买房屋及其他财产，将所有权登记为投资者、投资者家庭成员或企业其他人员，且借款年度终了后未归还借款的。

上述情形的税务处理见表 5-40。

表 5-40　企业资金为个人报销、购置资产的税务处理

类型	税务处理
非法人企业的个人投资者或其家庭成员	经营所得

类型	税务处理
法人企业的个人投资者或其家庭成员	利息、股息、红利所得 企业为个人股东购买的资产，不属于企业的资产，不得在企业所得税前扣除折旧
企业其他人员	工资、薪金所得

（八）"沪港通""深港通"相关的税务处理（见表5-41）

表5-41　"沪港通""深港通"相关的税务处理

情形	税务处理
内地个人投资者通过沪港通、深港通投资香港联交所上市股票取得的转让差价所得	自2019年12月5日起至2022年12月31日止，暂免征收个人所得税
内地个人投资者通过沪港通、深港通投资香港联交所上市H股取得的股息红利	缴纳20%个人所得税
香港市场投资者投资上交所、深交所上市A股取得的转让差价所得	暂免个人所得税
香港市场投资者投资上交所、深交所上市A股取得的股息红利	10%个人所得税（或按税收协定税率）

真题精练（客观题）

（2016年单选题）某内地个人投资者于2015年6月通过沪港通投资在香港联交所上市的H股股票，取得股票转让差价所得和股息、红利所得。下列有关对该投资者股票投资所得计征个人所得税的表述中，正确的是（　）。

A. 股票转让差价所得按照10%的税率征收个人所得税

B. 股息红利所得由H股公司按照10%的税率代扣代缴个人所得税

C. 取得的股息红利由中国证券登记结算有限责任公司按照20%的税率代扣代缴个人所得税

D. 股票转让差价所得免予征收个人所得税

解析 ▶ 股票转让差价暂免征收个人所得税；内地个人投资者通过沪港通投资香港联交所上市H股取得的股息红利，H股公司向中国证券登记结算公司提出申请，由中国结算向H股公司提供内地个人投资者名册，H股公司按照20%的税率代扣个人所得税。　　**答案** ▶ D

（九）个人取得拍卖收入的税务处理（见表5-42）

表5-42　个人取得拍卖收入的税务处理

情形	适用税目	应纳税额（或预扣预缴税额）的计算
（1）作者将自己的文字作品手稿原件或复印件拍卖取得的所得	特许权使用费所得	（转让收入额-800元或20%）×20% 此税额为预扣预缴税额，年度终了需并入综合所得计算纳税
（2）个人拍卖除文字作品原稿及复印件外的其他财产	财产转让所得	（转让收入额-财产原值-合理费用）×20%
（3）纳税人如不能提供合法、完整、准确的财产原值凭证，不能正确计算财产原值的		转让收入额×3% 拍卖品为经文物部门认定是海外回流文物的：转让收入额×2%

（十）房屋赠与个人所得税计算方法

1. 以下情形的房屋产权无偿赠与，对当事人双方不征收个人所得税：

（1）房屋产权所有人将房屋产权无偿赠与配偶、父母、子女、祖父母、外祖父母、孙子女、外孙子女、兄弟姐妹；

（2）房屋产权所有人将房屋产权无偿赠与对其承担直接抚养或者赡养义务的抚养人或者赡养人；

（3）房屋产权所有人死亡，依法取得房屋产权的法定继承人、遗嘱继承人或者受遗赠人。

2. 除上述规定情形以外，房屋产权所有人将房屋产权无偿赠与他人的，受赠人因无偿受赠房屋取得的受赠收入，按照"偶然所得"项目计算缴纳个人所得税，税率为20%。

应纳税所得额=房地产赠与合同上标明的赠与房屋价值-赠与过程中受赠人支付的相关税费

3. 受赠人转让受赠房屋的

应纳税所得额=转让受赠房屋的收入-原捐赠人取得该房屋的实际购置成本-赠与和转让过程中受赠人支付的相关税费

（十一）企业促销展业赠送礼品个人所得税的规定（见表5-43）

表5-43 企业促销展业赠送礼品个人所得税的规定

税务处理	情形	
不征收个人所得税	企业在销售商品（产品）和提供服务过程中向个人赠送礼品，属于下列情形之一的，不征收个人所得税： ①企业通过价格折扣、折让方式向个人销售商品（产品）和提供服务； ②企业在向个人销售商品（产品）和提供服务的同时给予赠品，如通信企业对个人购买手机赠话费、入网费，或者购话费赠手机等； ③企业对累积消费达到一定额度的个人按消费积分反馈礼品。（如超市的会员卡积分换礼品、电讯企业话费积分换礼品等）	
征收个人所得税的情形	企业在业务宣传、广告等活动中，随机向本单位以外的个人赠送礼品（包括网络红包，下同），以及企业在年会、座谈会、庆典以及其他活动中向本单位以外的个人赠送礼品，个人取得的礼品收入	偶然所得 应纳税所得额=全额×20% 但企业赠送的具有价格折扣或折让性质的消费券、代金券、抵用券、优惠券等礼品除外
	企业对累积消费达到一定额度的顾客，给予额外抽奖机会，个人的获奖所得	偶然所得 应纳税所得额=全额×20%

【例题34·多选题】张某在足球世界杯期间参加下列活动所获得收益中，应当缴纳个人所得税的有（　　）。

A. 参加某电商的秒杀活动，以100元购得原价2000元的足球鞋一双

B. 为赴巴西看球，开通手机全球漫游套餐，获赠价值1500元的手机一部

C. 参加某电台举办世界杯竞猜活动，获得价值6000元的赴巴西机票一张

D. 作为某航空公司金卡会员被邀请参加世界杯抽奖活动，抽得市价2500元球衣一套

解析 ▶ 选项AB，不缴纳个人所得；选项CD，应当按照"偶然所得"项目缴纳个人所得税。 答案 ▶ CD

十一、个人所得税的征收管理

扫我解疑难

（一）自行申报纳税（见表5-44）★★

表 5-44　自行申报纳税的有关规定

自行申报的情形	自行申报的时限
（1）取得综合所得需要办理汇算清缴	应当在取得所得的次年 3 月 1 日至 6 月 30 日内办理汇算清缴
（2）取得应税所得没有扣缴义务人	经营所得，月度或季度终了后 15 日内预缴；次年 3 月 31 日前汇算清缴
（3）取得应税所得，扣缴义务人未扣缴税款	纳税人应当在取得所得的次年 6 月 30 日前，缴纳税款；如果在这之前离境，应当在离境前办理纳税申报；税务机关通知限期缴纳的，纳税人应当按照期限缴纳税款
（4）取得境外所得	应当在取得所得的次年 3 月 1 日至 6 月 30 日内申报纳税
（5）因移居境外注销中国户籍	应当在注销中国户籍前办理税款清算
（6）非居民个人在中国境内从两处以上取得工资、薪金所得	应当在取得所得的次月 15 日内申报纳税
（7）国务院规定的其他情形	—

纳税人可以采用远程办税端、邮寄等方式申报，也可以直接到主管税务机关申报。

【例题 35·多选题】个人取得下列各项所得，需要自行纳税申报的有（　　）。

A. 个体工商户取得的经营所得

B. 非居民个人在中国境内从两处以上取得工资、薪金所得

C. 从中国境外取得的所得

D. 从一处取得综合所得，且综合所得年收入额减除专项扣除的余额为 5 万元

解析　（1）取得综合所得需要办理汇算清缴；

①从两处以上取得综合所得，且综合所得年收入额减除专项扣除的余额超过 6 万元；

②取得劳务报酬所得、稿酬所得、特许权使用费所得中一项或者多项所得，且综合所得年收入额减除专项扣除的余额超过 6 万元；

③纳税年度内预缴税额低于应纳税额；

④纳税人申请退税。

（2）取得应税所得没有扣缴义务人；（选项 A）

（3）取得应税所得，扣缴义务人未扣缴税款；

（4）取得境外所得；（选项 C）

（5）因移居境外注销中国户籍；

（6）非居民个人在中国境内从两处以上取得工资、薪金所得；（选项 B）

（7）国务院规定的其他情形。

答案　ABC

真题精练（客观题）

（2015 年多选题，改）下列中国公民应进行个人所得税自行申报的有（　　）。

A. 从我国境外取得专利权转让所得的李某

B. 在两处取得综合所得，而且综合所得年收入额扣除专项扣除后的余额为 15 万元的张某

C. 取得经营所得的个体工商户赵某

D. 2019 年取得转让某境内上市公司股票所得 16 万元的王某

解析　从 2019 年 1 月 1 日起，需要自行申报的纳税人包括：（1）取得综合所得需要办理汇算清缴；（2）取得应税所得没有扣缴义务人；（3）取得应税所得，扣缴义务人未扣缴税款；（4）取得境外所得；（5）因移居境外注销中国户籍；（6）非居民个人在中国境内从两处以上取得工资、薪金所得；（7）国务院规定的其他情形。其中选项 A 属于取得境外所得；选项 C 属于取得应税所得没有扣缴义务人，均需自行申报。选项 B，属于从两处或两处以上取得综合所得，而且综合所得的年收入额扣除专项扣除后的余额大于 6 万元，需要

第 5 章　个人所得税法

办理汇算清缴。 **答案** ▶ ABC

（二）代扣代缴（或预扣预缴）纳税★

个人所得税的征收，基本上采用代扣代缴（或预扣预缴）的办法。

1. 扣缴义务人和代扣代缴（或预扣预缴）的范围

（1）扣缴义务人

凡支付个人应纳税所得的企业（公司）、事业单位、机关、社团组织、军队、驻华机构、个体户等单位或者个人，为个人所得税的扣缴义务人。这里所说的驻华机构，不包括外国驻华使领馆和联合国及其他依法享有外交特权和豁免的国际组织驻华机构。

（2）代扣代缴（或预扣预缴）的范围

扣缴义务人向个人支付应纳税所得额（包括现金、实物和有价证券）时，不论纳税人是否属于本单位人员，均应代扣代缴（或预扣预缴）其应纳的个人所得税税款。

2. 扣缴义务人的义务和应承担的责任

纳税人不得拒绝扣缴义务人依法履行代扣代缴税款义务。扣缴义务人应扣未扣的税款，其应纳税款仍然由纳税人缴纳，扣缴义务人应承担应扣未扣税款50%以上到3倍的罚款。

3. 扣缴义务人代缴税款的纳税期限

扣缴义务人每月所扣的税款，应当在次月15日内缴入国库，并向税务机关报送纳税申报表。

（三）专项附加扣除的操作办法

1. 纳税人可以通过远程办税端、电子或者纸质报表等方式，向扣缴义务人或者主管税务机关报送个人专项附加扣除信息；

2. 居民个人填报专项附加扣除信息存在明显错误，经税务机关通知，居民个人拒不更正或者不说明情况的，税务机关可暂停纳税人享受专项附加扣除。居民个人按规定更正相关信息或者说明情况后，经税务机关确认，居民个人可继续享受专项附加扣除，以前月份未享受扣除的，可按规定追补扣除。

3. 纳税人应当将《扣除信息表》及相关留存备查资料，自法定汇算清缴期结束后保存5年；

纳税人报送给扣缴义务人的《扣除信息表》，扣缴义务人应当自预扣预缴年度的次年起留存5年。

（四）反避税规定

1. 有下列情形之一的，税务机关有权按照合理方法进行纳税调整

（1）个人与其关联方之间的业务往来不符合独立交易原则而减少本人或者其关联方应纳税额，且无正当理由。

（2）居民个人控制的，或者居民个人和居民企业共同控制的设立在实际税负明显偏低的国家（地区）的企业，无合理经营需要，对应当归属于居民个人的利润不作分配或者减少分配。

（3）个人实施其他不具有合理商业目的的安排而获取不当税收利益。

2. 补税及加征利息

（1）税务机关依照前述规定情形作出纳税调整，需要补征税款的，应当补征税款，并依法加收利息。

（2）依法加征的利息，应当按照税款所属纳税申报期最后一日中国人民银行公布的与补税期间同期的人民币贷款基准利率计算，自税款纳税申报期满次日起至补缴税款期限届满之日止按日加收。纳税人在补缴税款期限届满前补缴税款的，利息加收至补缴税款之日。

（五）个人所得税《税收完税证明》调整为《纳税记录》的规定★★

从2019年1月1日起，纳税人申请开具税款所属期为2019年1月1日（含）以后的个人所得税缴（退）税情况证明的，税务机关不再开具《税收完税证明》，调整为开具《纳税记录》；纳税人申请开具税款所属期为2018年12月31日（含）以前个人所得税缴（退）税情况证明的，税务机关继续开具《税收完税证明》。

（六）建立个人所得税纳税信用管理机制

1. 全面实施个人所得税申报信用承诺制。

2. 建立健全个人所得税纳税信用记录。税务总局以自然人纳税人识别号为唯一标识。

3. 建立自然人失信行为认定机制。

4. 对个人所得税守信纳税人提供更多便利和机会。

5. 对个人所得税严重失信当事人实施联合惩戒。

6. 强化信息安全和隐私保护。

7. 建立异议解决和失信修复机制。

真题精练（主观题）①

1. （2019年计算问答题，6分）居民个人王某及其配偶名下均无住房，在某省会工作并租房居住，2018年9月开始在职攻读工商管理硕士。2019年王某收入及部分支出如下：

（1）王某每月从单位领取扣除社会保险费用及住房公积金后的收入为8000元，截至第11月累计已经预扣预缴个人所得税税款363元。

（2）取得年终奖48000元，选择单独计税。

（3）利用业余时间出版一部摄影集，取得稿费收入20000元。

（4）每月支付房租3500元。

（其他相关资料：以上专项附加扣除均由王某100%扣除）

附：综合所得个人所得税税率表暨居民个人工资薪金所得预扣预缴税率表（部分）

级数	全年应纳税所得额（累计预扣预缴应纳税所得额）	预扣率（%）	速算扣除数
1	不超过36000元的部分	3	0
2	超过36000元～144000元的部分	10	2520
3	超过144000元～300000元的部分	20	16920

按月换算后的综合所得税率表（部分）

级数	全月应纳税所得额	税率	速算扣除数
1	不超过3000元的	3%	0
2	超过3000元～12000元的部分	10%	210
3	超过12000元～25000元的部分	20%	1410

要求：根据上述资料，按照下列序号回答问题，如有计算需计算出合计数。

（1）计算2019年12月王某应预扣预缴的个人所得税。

（2）计算王某取得年终奖应纳的个人所得税。

（3）计算王某取得稿酬应预扣预缴的个人所得税。

（4）计算王某取得2019年综合所得应缴纳的个人所得税税额。

（5）计算王某就2019年综合所得向主管税务机关办理汇算清缴时应补缴的税款或申请的应退税额。

2. （2018年计算问答题，6分，改）张某为我国居民纳税人，2019年发生以下经济行为：

（1）12月取得境外某企业支付的专利权使用费15万元，该项收入境外纳税1万元并取得境外税务机关开具的完税凭证，已知该国与我国之间已经签订税收协定。

（2）以市场价200万元转让2008年购入的家庭唯一普通商品住房，原值60万元，转让过程中缴纳税费0.6万元。

（3）12月拍卖自己的文学作品手稿原件，取得收入8000元。

其他相关资料：除上述收入外，张某2019

---

① 由于个人所得税改革，以前年度计算题变化很大，因此我们只挑选少数题目修改后供大家练习。

年无其他收入；张某综合所得的年度扣除金额为 80000 元。

要求：

（1）判断张某取得的专利权使用费境外所纳税款是否能在本纳税年度足额抵扣并说明理由。

（2）计算张某自行申报时，应在我国应缴纳的个人所得税（不考虑预交个税）。

（3）判断张某转让住房是否应缴纳个人所得税并说明理由。

（4）说明张某取得的拍卖收入缴纳个人所得税时适用的所得项目和税率。

（5）计算张某取得的拍卖收入应预扣预缴的个人所得税。

3. （2017 年计算问答题，6 分，改）国内某高校张教授 2019 年取得的收入项目如下：

（1）每月已扣除个人负担社保及公积金的工资收入 15000 元；

（2）5 月份出版了一本书稿，获得稿酬 15000 元，后因出版社添加印数，当月获得追加稿酬 5000 元。

（3）9 月份，教师节期间获得全国教学名师奖，获得教育部颁发的资金 50000 元。

（4）10 月份取得 5 年期国债利息收入 8700 元，一年期储蓄存款利息收入 500 元，某上市公司发行的企业债券利息收入 1500 元。

（5）11 月份因持有两年前购买的某上市公司股票 10000 股，取得该公司年中股票分红所得 2000 元，随后将该股票卖出，获得股票转让所得 50000 元。

（6）12 月份应 A 公司邀请给公司财务人员培训，取得收入 30000 元，但 A 公司未预扣预缴个人所得税。

其他相关资料：张教授综合所得中除社保和公积金以外的各项扣除为 9000 元/月。除上述收入外，张教授无其他收入。

要求：根据上述资料，按照下列序号回答问题，如有计算需计算出合计数。

（1）计算单位在支付张教授的工资时，全

年一共预扣预缴了多少个人所得税？

（2）计算张教授 5 月份稿酬所得出版社应预扣预缴的个人所得税。

（3）9 月份张教授获得全国教学名师奖金是否需要纳税，说明理由。如需要，计算其应纳税额。

（4）10 月份张教授取得的利息收入是否需要纳税，如需要，计算其应纳税额。

（5）11 月份张教授所得股息和股票转让所得是否需要纳税，说明理由，计算其应纳税额。

（6）回答 A 公司未履行代扣代缴个人所得税义务应承担的法律责任，税务机关应对该项纳税事项如何进行处理？

（7）2019 年年度终了，张教授是否应该汇算清缴？为什么？如果需要，应补应退多少个人所得税？

4. （2017 年计算问答题，6 分，改）李某是甲企业的中层管理人员，2019 年发生了以下经济行为：

（1）1 月李某与企业解除劳动合同，取得企业给付的一次性补偿收入 96000 元（不含"三险一金"）。

（2）2 月李某承包了甲企业的招待所，按照合同规定，招待所的年经营利润（不含工资）全部归李某所有，但是其每年应该上缴承包费 20000 元。李某每月可从经营收入中支取工资 4000 元。当年招待所实现经营利润 85000 元。

（3）3 月李某将承租的一套住房转租给他人居住。李某承租的住房租金为每月 2000 元（有房屋租赁合同和合法支付凭证），其转租的租金收入为每月 3000 元。

（4）1 月起李某应邀为乙培训机构授课，按照合同规定，每个月 2 次，共计授课 24 次，每次课酬 6000 元，培训机构已按规定支付了课酬。

其他相关资料：（1）李某在甲企业的工作年限为 12 年，当地上年职工平均工资为 32000 元；（2）李某综合所得的扣除项目金额合计为 85000 元。

要求：根据上述资料，按照下列序号回答问题，如有计算需计算出合计数。

(1)回答李某取得的一次性补偿收入是否需要缴纳个人所得税并说明理由。

(2)计算李某经营招待所应纳的个人所得税。

(3)回答李某转租住房向房屋出租方支付的租金是否允许在税前扣除及具体规定。

(4)按次序写出转租收入应纳个人所得税的税前扣除项目。

(5)计算培训机构支付李某课酬时已经预扣预缴的个人所得税。

(6)李某是否应该办理汇算清缴？为什么？如果需要办理汇算清缴，应补应退的税额是多少？

真题精练（主观题）答案

1. 答案 ▷

(1)12 月王某应预扣预缴个人所得税 = $(8000 \times 12 - 5000 \times 12 - 1500 \times 12 - 400 \times 12) \times 3\% - 363 = 33$（元）

『提示』2018 年 9 月开始攻读在职工商管理硕士，2019 年的继续教育支出按 12 个月计算扣除。

(2)$48000 \div 12 = 4000$（元），税率为 10%，速算扣除数 210 元。

年终奖应纳个人所得税 = $48000 \times 10\% - 210 = 4590$（元）

(3)稿酬预扣预缴个人所得税 = $20000 \times (1 - 20\%) \times 70\% \times 20\% = 2240$（元）

(4)综合所得应纳税额 = $[8000 \times 12 + 20000 \times (1 - 20\%) \times 70\% - 5000 \times 12 - 1500 \times 12 - 400 \times 12] \times 3\% = 732$（元）

(5)王某应申请的退税额 = $363 + 33 + 2240 - 732 = 1904$（元）

2. 答案 ▷

(1)不能足额抵扣。

理由：境内外应纳税额 = $[150000 \times (1 - 20\%) + 8000 \times (1 - 20\%) - 80000] \times 10\% - 2520 = 2120$（元）

境外所得抵免限额 = $150000 \times (1 - 20\%) / [150000 \times (1 - 20\%) + 8000 \times (1 - 20\%)] \times 2120 = 2012.66$（元）

根据计算结果，张某从境外某企业取得应税所得在境外缴纳的个人所得税额的抵免限额为 2012.66 元，其在境外实际缴纳个人所得税 1 万元，高于抵免限额，只能按照抵免限额 2012.66 元抵免。

『提示』根据财政部 税务总局公告 2020 年第 3 号《关于境外所得有关个人所得税政策的公告》

居民个人来源于中国境外的综合所得，应当与境内综合所得合并计算应纳税额。

来源于一国（地区）综合所得的抵免限额 = 中国境内和境外综合所得依照规定计算的综合所得应纳税额 × 来源于该国（地区）的综合所得收入额 ÷ 中国境内和境外综合所得收入额合计

(2)自行申报时，在我国应纳个人所得税 = $2120 - 2012.66 = 107.34$（元）

(3)不缴纳个人所得税。

理由：个人转让自用达 5 年以上并且是唯一的家庭居住用房取得的所得，免征个人所得税。

(4)适用的所得项目为特许权使用费所得；税率为 20%。

(5)取得的拍卖收入应预扣预缴的个人所得税 = $8000 \times (1 - 20\%) \times 20\% = 1280$（元）

3. 答案 ▷

(1)单位应该预扣预缴的个人所得税 = $(15000 \times 12 - 9000 \times 12) \times 10\% - 2520 = 4680$（元）

(2)出版社应以一个月支付的稿酬为一次预扣预缴个人所得税。

应预扣预缴个人所得税 = $(15000 + 5000) \times (1 - 20\%) \times 70\% \times 20\% = 2240$（元）

(3)不需要纳税。因为税法规定，省级人民政府、国务院部委和中国人民解放军以上单位，以及外国组织、国际组织颁发的科学、教育、技术、文化、卫生、体育、环境保护等方面的奖金，免征个人所得税。所以对教育部颁发的全国教学名师奖奖金免予征收个人所得税。应缴纳个人所得税=0。

（4）需要纳税。10月取得的企业债券利息收入应缴纳的个人所得税=1500×20%=300（元）

税法规定，对个人取得的国债利息，免征个人所得税。对居民储蓄存款利息暂免征收个人所得税。

（5）不需要纳税。因为税法规定，个人转让境内上市公司的股票所得，暂免征收个人所得税。个人从公开发行和转让市场取得的上市公司股票，持股期限超过1年的，股息红利所得暂免征收个人所得税。

（6）根据税法规定，扣缴义务人对纳税人的应扣未扣的税款，其应纳税款仍然由纳税人缴纳，扣缴义务人应承担应扣未扣税款50%以上至3倍的罚款。

扣缴义务人应预扣预缴个人所得税=30000×（1-20%）×30%-2000=5200（元）

对A公司的罚款在2600元到15600元之间。

（7）年度终了，张教授需要汇算清缴。因为张教授从两处以上取得综合所得，而且综合所得的年收入扣除专项扣除后的余额大于6万元。

张教授综合所得的年应纳税所得额=15000×12+（15000+5000）×56%+30000×80%-9000×12=107200（元）

适用税率10%，速算扣除数2520元。

应纳税额=107200×10%-2520=8200（元）

张某汇算清缴时应补个人所得税=8200-4680-2240=1280（元）

4. **答案** ▶

（1）不需要缴纳个人所得税。理由：个人因与用人单位解除劳动关系而取得的一次性补偿收入，其收入在当地上年职工平均工资3倍数额以内的部分，免征个人所得税。当地上年职工平均工资的3倍=32000×

3=96000（元），因解除劳动关系取得的一次补偿收入为96000元，所得为零，所以免交个人所得税。

（2）个人所得税应纳税所得额=85000+4000×11-20000=109000（元）

应纳税额=109000×20%-10500=11300（元）

『提示』取得经营所得的个人，没有综合所得的，计算其每一纳税年度的应纳税所得额时，应当减除费用6万元、专项扣除、专项附加扣除以及依法确定的其他扣除，专项附加扣除在办理汇算清缴时减除。由于李某有综合所得，因此在计算经营所得的应纳税所得额时无需再扣除费用6万元、专项扣除、专项附加扣除以及依法确定的其他扣除。

（3）李某转租住房向房屋出租方支付的租金可以在税前扣除。取得转租收入的个人向房屋出租方支付的租金能提供房屋租赁合同和合法的支付凭据的，向出租方支付的租金可以税前扣除。

（4）个人将承租房屋转租取得的租金收入也按照财产租赁所得征税，扣除税费按次序包括：

①财产租赁过程中缴纳的税费。

②向出租方支付的租金。

③由纳税人负担的租赁财产实际开支的修缮费。

④税法规定的费用扣除标准（800元或20%）。

（5）劳务报酬所得，属于同一事项连续取得收入的，以一个月内取得的收入为一次。

培训机构支付李某课酬时已经预扣预缴个人所得税=6000×2×（1-20%）×20%×12=23040（元）

（6）李某应办理汇算清缴。因为李某取得劳务报酬所得，且综合所得年收入额减除专项扣除的余额超过6万元。

李某综合所得应纳税额=（6000×24×80%-

$85000)\times3\% = 906(元)$

李某办理汇算清缴时应退税额 $= 23040-906$
$= 22134(元)$

【真题精练(主观题)总结】

由于2019年个人所得税全面改革后,对于新的内容只考过一次,因此下面的总结仅供大家参考。从近几年个人所得税的计算问答题情况,考试中涉及的内容主要包括:

1. 工资薪金所得、稿酬所得、劳务报酬所得预扣预缴税款计算;

2. 全年一次性奖金应纳税额的计算;

3. 离职补偿应纳税额计算;

4. 综合所得汇算清缴补退税的计算;

5. 股票转让所得、股息红利所得的税收优惠;

6. 经营所得应纳税额计算;

7. 转租住房的税务处理;

8. 拍卖所得应纳税额计算;

9. 境外所得税额抵免;

10. 销售满五唯一住房免税;

11. 省部军及以上单位发放的奖金免税;

12. 扣缴义务人未足额扣缴的法律责任。

同步训练 限时120分钟

一、单项选择题

1. 下列选项中不属于我国居民纳税人的是( )。

A. 在我国工作两年的外籍专家

B. 在我国有住所,因学习在美国居住半年的李某

C. 被所在公司派来我国进行技术指导、在我国工作3个月的美国人迈克

D. 2019年1月1日来华学习,1年后回国的朱莉

2. 在商品营销活动中,企业和单位对营销业绩突出的非雇员(营销人员)实行的营销业绩奖励所发生的费用,该营销人员( )。

A. 不缴纳个人所得税

B. 按工资、薪金所得缴纳个人所得税

C. 按劳务报酬所得缴纳个人所得税

D. 按偶然所得缴纳个人所得税

3. 下列事项应按照"利息、股息、红利所得"项目缴纳个人所得税的是( )。

A. 出租汽车经营单位将出租车所有权转移给驾驶员的,出租车驾驶员从事客货运营取得的收入

B. 合伙企业的个人投资者以企业资金为本人购买汽车

C. 个人终止投资经营收回款项

D. 股份公司为股东购买车辆并将车辆所有权办到股东个人名下

4. 下列所得中,应按"偶然所得"项目征收个人所得税的是( )。

A. 个人处置打包债权取得的收入

B. 企业在年会中向本单位以外的个人赠送礼品

C. 个人取得的不在公司任职的董事费收入

D. 个人转让限售股所得

5. 下列收入中属于中国境内所得的是( )。

A. 提供专利权、非专利技术、商标权、著作权,以及其他特许权在中国境外使用的所得

B. 因任职、受雇、履约等而在中国境外提供各种劳务取得的劳务报酬所得

C. 将财产出租给承租人在中国境内使用而取得的所得

D. 转让境外的不动产等财产给我国居民纳税人而取得的所得

6. 对于综合所得,其专项扣除指的是( )。

A. 居民个人按照国家规定的范围和标准缴纳的基本养老保险、基本医疗保险、失业保险等社会保险费和住房公积金等

B. 单位按照国家规定的范围和标准为职工缴纳的基本养老保险、基本医疗保险、失

业保险等社会保险费和住房公积金等

    C. 子女教育支出

    D. 大病医疗支出

7. 关于综合所得专项附加扣除中的子女教育支出，下列说法错误的是( )。

    A. 在税前扣除子女教育支出时，必须留存学校录取通知书等相关教育的证明资料备查

    B. 纳税人的子女接受全日制学历教育的相关支出，按照每个子女每月1000元的标准定额扣除

    C. 年满3岁至小学入学前处于学前教育阶段的子女，按照子女教育支出扣除

    D. 父母可以选择由其中一方按扣除标准的100%扣除，也可以选择由双方分别按扣除标准的50%扣除

8. 李欣2020年1月应发工资26800元，包括单位代扣代缴的三险一金2200元，该职工有2个小孩，一个4岁，正在上幼儿园，一个12岁，正在上初中，2个小孩的子女教育支出均由其扣除，除子女教育支出外，无其他扣除项目。1月，单位在支付其工资时应预扣个人所得税为( )元。

    A. 528   B. 558

    C. 2110   D. 2310

9. 下列关于预扣率和税率的说法，不正确的是( )。

    A. 综合所得适用7级超额累进税率

    B. 工资薪金预扣预缴时适用7级超额累进预扣率

    C. 劳务报酬所得预扣预缴时适用3级超额累进预扣率

    D. 特许权使用费所得预扣预缴时适用7级超额累进预扣率

10. 2020年3月王某的著作出版，取得稿酬15000元，当月因追加印数又取得稿酬2000元。出版社在支付稿酬时应该预扣预缴个人所得税为( )元。

    A. 1848   B. 1904

    C. 2568   D. 2720

11. 王蒙2019年12月份取得150000元全年奖，当月工资28000元，当月各项扣除合计为9000元。对于全年奖，王蒙选择按年终一次性奖金办法，单独计算纳税，全年奖应纳个人所得税( )元。

    A. 13080   B. 15000

    C. 28590   D. 30000

12. 下列关于不可公开交易的股票期权的表述，错误的是( )。

    A. 除另有规定外，员工取得不可公开交易的股票期权时不缴纳个人所得税

    B. 行权时，从企业取得股票的实际购买价(施权价)低于购买日公平市场价的差额，在2021年12月31日之前不并入综合所得，全额单独适用综合所得税率表，计算纳税

    C. 员工因拥有股权而参与企业税后利润分配取得的所得，按"利息、股息、红利所得"缴纳个人所得税

    D. 员工将行权后的股票再转让时获得的高于购买日公平市场价的差额，应按照"工资、薪金所得"适用的征免规定计算缴纳个人所得税

13. 某企业(不符合房改政策)2019年为职工建造住宅楼一幢，建造成本每平方米3500元，以每平方米2400元的价格销售给本企业职工。该企业职工张某2019年12月购买的房屋面积是100平方米。张某应缴纳个人所得税( )元。

    A. 175   B. 8480

    C. 10790   D. 2651C

14. 某企业职员王某2020年2月15日与企业解除劳动合同关系，王某在本企业工作年限8年，领取经济补偿金327500元(已扣除个人负担社保及公积金)。假定当地上年度职工年平均工资为45000元。王某应缴纳的个人所得税为( )元。

    A. 0   B. 5775

    C. 21580   D. 49955

15. 国内某大学教授张岚2020年3月份到中

国某企业举办讲座，获得劳务报酬收入80000元，企业在支付劳务报酬时应该预扣预缴个人所得税(   )元。

A. 3880　　　　B. 6190

C. 15240　　　　D. 18600

16. 美国人迈克在中国无住所而且也不居住，2020年3月份到中国某企业举办讲座，获得劳务报酬收入80000元，中国企业在支付劳务报酬时应该代扣代缴个人所得税(   )元。

A. 3880　　　　B. 6190

C. 15240　　　　D. 18600

17. 张某2019年1月起承包某服装厂，依据承包协议，服装厂工商登记更改为个体工商户。2019年张某经营的服装厂共取得收入80万元，发生成本、费用、税金等相关支出43万元(其中包括张某工资每月3200元)，张某无综合所得，基本费用扣除、专项扣除、专项附加扣除以及依法确定的其他扣除共计90000元。2019年张某应缴纳个人所得税(   )元。

A. 9550　　　　B. 45500

C. 55020　　　　D. 70500

18. 下列在计算个体工商户生产经营所得时，不允许扣除的项目是(   )。

A. 以经营租赁方式租入固定资产的费用

B. 按规定缴纳的工商管理费

C. 毁损净损失

D. 非广告性赞助支出

19. 张某为熟食加工个体户，2019年取得生产经营收入20万元，生产经营成本为18万元(含购买一辆非经营用小汽车支出8万元)，张某有综合所得；另取得个人文物拍卖收入30万元，不能提供原值凭证，该文物经文物部门认定为海外回流文物。下列关于张某2019年个人所得税纳税事项的表述中，正确的是(   )。

A. 小汽车支出可以在税前扣除

B. 生产经营所得应纳个人所得税的计税依据为10万元

C. 文物拍卖所得按文物拍卖收入额的3%缴纳个人所得税

D. 文物拍卖所得应并入生产经营所得一并缴纳个人所得税

20. 下列关于计算个人所得税时可扣除的财产原值表述正确的是(   )。

A. 拍卖通过画廊购买的字画，原值为该字画的市场价值

B. 拍卖通过赠送取得的字画，原值为其受赠该字画时所发生的相关税费

C. 拍卖祖传的字画，原值为该字画的评估价值

D. 拍卖通过拍卖行拍得的字画，原值为该字画的市场价值

21. 某公民2019年8月买进某公司债券20000份，每份买价8元，共支付手续费800元，11月份卖出10000份，每份卖价8.3元，共支付手续费415元。该公民应缴纳个人所得税(   )元。

A. 437　　　　B. 440

C. 497　　　　D. 400

22. 王某2019年3月购入某上市公司的股票10000股，此后，上市公司公布2018年度的利润方案为每10股送3股，并于2019年6月份实施，该股票的面值为每股1元。取得该股息后，王某当月转让了所持该上市公司的股票，上市公司应扣缴王某的个人所得税为(   )元。

A. 300　　　　B. 600

C. 1500　　　　D. 3000

23. 2019年10月份张某将位于某市一套商铺出租，月租金价格38000元，张某每月应缴纳个人所得税为(   )元。(相关税费不考虑城镇土地使用税及印花税)

A. 1528　　　　B. 1856

C. 2376　　　　D. 5350.4

24. 陈某2020年2月转让某公司限售股1万股，取得转让收入10万元，提供的原值凭证上注明限售股原值为5万元，转让时缴纳相关税费300元。该业务陈某应缴纳

个人所得税( )元。

  A. 20000   B. 5840

  C. 19940   D. 9940

25. 甲企业原账面资产总额 8000 万元, 负债 3000 万元, 所有者权益 5000 万元, 其中: 实收资本(股本)1000 万元, 资本公积、盈余公积、未分配利润等盈余积累合计 4000 万元。假定多名自然人投资者(新股东)向甲企业原股东购买该企业 100%股权, 股权收购价 4500 万元, 新股东收购企业后, 甲企业将资本公积、盈余公积、未分配利润等盈余积累 4000 万元向新股东转增实收资本。下列说法中正确的是( )。

  A. 盈余积累转增资本无需纳税

  B. 盈余积累转增资本需全额按"利息、股息、红利所得"项目纳税

  C. 盈余积累转增资本 500 万元的部分需按"利息、股息、红利所得"项目纳税

  D. 盈余积累转增资本 3500 万元的部分需按"利息、股息、红利所得"项目纳税

26. 纳税人在 2019 年度已依法预缴个人所得税, 下列( )必须办理年度汇算。

  A. 纳税人年度综合所得收入 10 万元, 一旦汇算需要补税 450 元

  B. 纳税人年度综合所得收入 15 万元, 一旦汇算需要补税 398 元

  C. 纳税人已预缴税额与年度应纳税额一致

  D. 纳税人年度综合所得收入 15 万元, 一旦汇算需要补税 450 元

27. 下列各项所得, 免征个人所得税的是( )。

  A. 个人的房屋租赁所得

  B. 对内地个人投资者通过沪港通投资香港联交所上市股票取得的转让差价所得

  C. 个人转让自用达 5 年以上的家庭生活用房取得的所得

  D. 个人因任职从上市公司取得的股票增值权所得

28. 下列关于个人以非货币性资产投资的个人所得税说法中, 错误的是( )。

  A. 个人转让非货币性资产的所得, 应按照"财产转让所得"项目, 依法计算缴纳个人所得税

  B. 个人以非货币性资产投资, 应按评估后的公允价值确认非货币性资产转让收入

  C. 个人以非货币性资产投资, 应于个人股东身份记载于股东名册时, 确认非货币性资产转让收入的实现

  D. 纳税人一次性缴税有困难的, 可合理确定分期缴纳计划并报主管税务机关备案后, 自发生上述应税行为之日起不超过 5 个公历年度内(含)分期缴纳个人所得税

29. 下列对律师事务所征收个人所得税的表述错误的是( )。

  A. 任何地区均不得对律师事务所实行全行业核定征税办法

  B. 律师个人承担的按照律师协会规定参加的业务培训费用, 可据实扣除

  C. 会计师事务所的个人所得税征收管理, 不适用律师事务所的个人所得税规定

  D. 合伙制律师事务所按出资比例或者事先约定的比例计算各合伙人应分配的所得

二、多项选择题

1. 根据个人所得税法规定, 区分居民纳税人和非居民纳税人的判断标准包括( )。

  A. 住所

  B. 居住时间

  C. 国籍

  D. 个人身份

2. 下列各项所得, 属于个人所得税法规定的工资、薪金所得的有( )。

  A. 非任职单位的董事费收入

  B. 退休后再任职取得的收入

  C. 年终加薪和劳动分红

  D. 年终一次性奖金

3. 下列关于个人所得税的征税项目，表述正确的有（　　）。

　　A. 某有限责任公司为股东的儿子购买汽车一辆，应按"经营所得"征税

　　B. 某股份公司投资者因资金周转困难向企业借款，年终未偿还，应按"利息、股息、红利所得"项目计征个人所得税

　　C. 个人独资企业为投资者的家人购买的住房，应按"经营所得"征税

　　D. 个人独资企业为投资者购买房屋的支出，应按"利息、股息、红利所得"项目计征个人所得税

4. 个人独资企业的投资者缴纳所得税时，下列各项应作为生产经营所得的有（　　）。

　　A. 投资者买彩票中奖所得

　　B. 独资企业对外投资分回来的股息

　　C. 投资者个人从独资企业领取的工资

　　D. 独资企业分配给投资者个人的所得

5. 以下各项所得适用超额累进税率形式的有（　　）。

　　A. 综合所得

　　B. 股息所得

　　C. 财产转让所得

　　D. 个人独资企业投资者取得的生产经营所得

6. 在确定综合所得的年收入额时，下列说法正确的有（　　）。

　　A. 劳务报酬所得，每次收入不超过4000元的，允许减除800元的费用

　　B. 劳务报酬所得以收入减除20%的费用后的余额为收入额

　　C. 稿酬所得以收入减除20%的费用后的余额为收入额，稿酬所得的收入额减按70%计算

　　D. 特许权使用费所得以收入减除20%的费用后的余额为收入额

7. 在计算综合所得的应纳税所得额时，专项附加扣除包括（　　）。

　　A. 子女教育支出

　　B. 大病医疗支出

C. 住房贷款利息支出

D. 赡养老人支出

8. 关于综合所得专项附加扣除中的大病医疗支出，下列说法正确的有（　　）。

　　A. 纳税人发生的医保目录范围内的自付部分，才可以作为大病医疗支出扣除，医保目录范围外的自付部分，不得作为大病医疗支出扣除

　　B. 在一个纳税年度内，纳税人发生的与基本医保相关的医药费用支出，扣除医保报销后个人负担的部分，在80000元限额内据实扣除

　　C. 大病医疗支出可以在预扣预缴时扣除，也可以在汇算清缴时扣除

　　D. 纳税人应当留存医药服务收费及医保报销相关票据原件（或者复印件）等资料备查

9. 居民个人综合所得专项附加扣除中，属于标准定额扣除的有（　　）。

　　A. 子女教育支出

　　B. 大病医疗支出

　　C. 赡养老人支出

　　D. 首套住房贷款利息支出

10. 关于2019年综合所得汇算清缴的说法，正确的有（　　）。

　　A. 年度综合所得收入超过12万元，且补税超过400元的，必须办理汇算清缴

　　B. 纳税年度内预缴税额低于应纳税额的，必须办理汇算清缴

　　C. 纳税人申请退税的，需要办理汇算清缴

　　D. 居民个人需要办理汇算清缴的，应当在取得所得的次年3月1日至6月30日内办理汇算清缴

11. 下列关于全年奖计算缴纳个人所得税的规定，正确的有（　　）。

　　A. 居民个人取得全年一次性奖金，在2021年12月31日前，不并入当年综合所得，以全年一次性奖金收入除以12个月得到的数额，按照综合所得的月度税

率表，确定适用税率和速算扣除数，单独计算纳税

B. 居民个人取得全年一次性奖金，在2021年12月31日前，不并入当年综合所得，按照综合所得的年度税率表，确定适用税率和速算扣除数，单独计算纳税

C. 在2021年12月31日前，居民个人取得全年一次性奖金，也可以选择并入当年综合所得计算纳税

D. 自2022年1月1日起，居民个人取得全年一次性奖金，应并入当年综合所得计算缴纳个人所得税

12. 关于企业年金个人所得税的征收管理规定，下列表述正确的有（ ）。

A. 个人取得单位支付的企业年金计入个人账户的部分作为工资薪金所得单独计算缴纳个人所得税

B. 个人按规定缴费的部分，在不超过本人缴费工资计税基数的4%标准内的部分，暂从个人当期的应纳税所得额中扣除

C. 单位按规定缴费部分，在计入个人账户时，个人暂不缴纳个人所得税

D. 年金基金投资运营收益分配计入个人账户时，个人暂不缴纳个人所得税

13. 根据个人所得税的相关规定，下列说法中正确的有（ ）。

A. 个人独资企业计提的各种准备金支出不得扣除

B. 投资者的工资不得在税前扣除

C. 个体工商户在生产经营过程中发生的与家庭生活混用的费用，不可以在个人所得税前扣除

D. 投资者兴办两个或两个以上独资企业，并且企业性质全部是独资的，年度终了后，汇总计算应纳税所得额，以此确定适用税率，计算全年经营所得的应纳税所得额，再根据每个企业的经营所得占所有企业经营所得的比例，分别计算每

个企业的应纳税额和应补缴税额

14. 下列各项所得在计算应纳税所得额时，不允许扣减任何费用的有（ ）。

A. 偶然所得

B. 特许权使用费所得

C. 利息、股息所得

D. 财产租赁所得

15. 下列关于个人所得税纳税期限的表述，错误的有（ ）。

A. 纳税人因移居境外注销中国户籍的，应当在注销中国户籍前办理税款清算

B. 居民个人从中国境外取得所得的，应当在取得所得的次年3月1日前申报纳税

C. 非居民个人在中国境内从两处以上取得工资、薪金所得的，应当在取得所得的次月15日内申报纳税

D. 纳税人取得经营所得，在取得所得的次年3月1日至6月30日内办理汇算清缴

16. 以下财产转让所得不征或免征个人所得税的有（ ）。

A. 建筑物转让所得

B. 个人转让自用达5年以上并且是唯一的家庭居住用房取得的所得

C. 机器设备转让所得

D. 境内上市公司股票转让所得

17. 某国有企业职工王某，在企业改制为股份制企业过程中以23000元的成本取得了价值30000元拥有所有权的量化股份。3个月后，获得了企业分配的股息3000元。此后，王某以40000元的价格将股份转让。假如不考虑转让过程中的税费，以下有关王某个人所得税计征的表述中，正确的有（ ）。

A. 王某取得量化股份时暂缓计征个人所得税

B. 对王某取得的3000元股息，应按"利息、股息、红利所得"计征个人所得税

C. 对王某转让量化股份取得的收入应以17000元为计税依据，按"财产转让所得"

计征个人所得税

D. 对王某取得的量化股份价值与支付成本的差额 7000 元,应在取得当月与当月工资薪金合并,按"工资、薪金所得"计征个人所得税

18. 下列关于个人转让限售股计缴个人所得税的表述中,正确的有( )。

A. 个人转让限售股取得的所得,按照"财产转让所得"缴纳个人所得税

B. 限售股在解禁前被多次转让的,转让方对每一次转让所得均应按规定缴纳个人所得税

C. 纳税人同时持有限售股及该股流通股的,其股票转让所得视同先转让限售股,按规定计算缴纳个人所得税

D. 个人转让限售股,以每次限售股转让收入减除股票原值和合理税费后的余额作为应纳税所得额,缴纳个人所得税

19. 张某是境内某高新技术企业的技术部员工,2020 年 3 月 8 日,获得公司的股权奖励,下列关于股权奖励个人所得税的规定,正确的有( )。

A. 个人获得股权奖励时,参照股票期权所得的有关规定计算确定应纳税额

B. 个人一次缴纳税款有困难的,可根据实际情况自行制定分期缴税计划,在不超过 5 个公历年度内(含)分期缴纳

C. 技术人员转让奖励的股权并取得现金收入的,该现金收入应优先用于缴纳尚未缴清的税款

D. 技术人员在转让奖励的股权之前企业依法宣告破产,税务机关应依法追征其尚未缴纳的个人所得税

20. 下列各项所得中,可以免征个人所得税的有( )。

A. 退休人员取得的社保部门发放的退休工资

B. 个人从上市公司取得的股息红利所得

C. 个人取得的超过当地上年职工年平均工资 3 倍数额以外的解除劳动合同的补偿

金收入

D. 外籍个人从外商投资企业取得的股息、红利所得

21. 下列各项所得中,应当缴纳个人所得税的有( )。

A. 个人取得的国库券利息

B. 个人取得的公司债券利息

C. 个人取得的国家发行的金融债券利息

D. 个人取得持股 1 月的上市公司股息

22. 下列各项中,应当自行申报纳税的有( )。

A. 取得综合所得需要办理汇算清缴

B. 取得应税所得没有扣缴义务人

C. 取得境外所得

D. 因移居境外注销中国户籍

23. 下列关于股权奖励缴纳个人所得税政策的相关表述,正确的有( )。

A. 自 2016 年 1 月 1 日起,全国范围内的高新技术企业转化科技成果,给予本企业相关技术人员的股权奖励,个人一次缴纳税款有困难的,可根据实际情况自行制定分期缴税计划,在不超过 5 个公历年度内(含)分期缴纳

B. 股权奖励的计税价格参照获得股权时的公平市场价格确定

C. 纳税人享受分期缴税政策时,需要根据自身情况制定分期缴税计划,由其所在单位统一汇总后,随同其他相关资料,于发生股权奖励或转增股本次月 15 日内一并报送给主管税务机关备案

D. 在分期缴税年度中,纳税人并不需要自己办理纳税申报,由其所在单位依提交给税务机关备案的分期缴税计划及时代扣代缴个人所得税,并办理纳税申报即可

24. 下列所得可以采用按年计征、分期预缴个人所得税的有( )。

A. 个体工商户的生产经营所得

B. 财产转让所得

C. 对企事业单位的承包经营所得

D. 个人独资企业和合伙企业的生产经营所得

25. 下列说法正确的有( )。

A. 扣缴义务人因有特殊困难不能按期报送《扣缴个人所得税报告表》及其他有关资料的,经县级税务机关批准,可以延期申报

B. 扣缴义务人向个人支付应纳税所得时,不论纳税人是否属于本单位人员,均应代扣代缴其应纳的个人所得税税款

C. 扣缴义务人对纳税人的应扣未扣的税款,其应纳税款仍然由纳税人缴纳,扣缴义务人应承担应扣未扣税款50%以上至5倍的罚款

D. 同一扣缴义务人的不同部门支付应纳税所得时,应报办税人员汇总

三、计算问答题

1. 某上市公司高级工程师王先生,2019年度取得个人收入项目如下:

(1)每月应发工资35000元,单位为其缴纳"五险一金"5000元,单位从其工资中代扣代缴"三险一金"3000元,12月取得年终奖180000元。

(2)从1月1日起出租两居室住房用于居住,扣除相关税费后的每月租金所得为6000元,全年共计72000元。

(3)2月8日对2016年1月公司授予的股票期权30000股行权,每股施权价8元,行权当日该股票的收盘价为15元。

(4)10月26日通过拍卖市场拍卖祖传字画一幅(非海外回流文物),拍卖收入56000元,不能提供字画原值凭据。

(5)11月因实名举报某企业的污染行为获得当地环保部门奖励20000元,同时因其参与的一项技术发明获得国家科技进步二等奖,分得奖金50000元。

其他相关资料:(1)上述所得是王先生2019年的全部所得,王先生无其他所得。
(2)王先生的家庭情况为:王先生有1个儿子正在上初中,王先生是家中的独生子,其父母现在均是80岁高龄;(3)王先生与爱人于2015年购买了首套住房,每月还贷利息支出800元。(4)由于王先生收入较高,夫妻双方约定,由王先生扣除子女教育、住房贷款利息支出等项目。

要求:根据以上材料,按照下列序号计算回答问题,如有计算需计算出合计数。

(1)如果全年奖不并入综合所得计算纳税,计算单位在支付全年工资所得和年终奖应扣缴的个人所得税。

(2)计算出租两居室住房取得的租金收入应缴纳的个人所得税。

(3)计算股票期权所得应缴纳的个人所得税。

(4)计算拍卖字画收入应缴纳的个人所得税。

(5)回答王先生11月获得的奖金应如何缴纳个人所得税并简要说明理由。

(6)2019年度终了,王先生是否需要汇算清缴?为什么?如果需要汇算清缴,王先生需要补退多少个人所得税?

2. 王新为某公司财务人员,2019年收入情况如下:

(1)前5个月在A公司工作,每月工资收入8500元;

(2)后7个月在B公司工作,每月工资收入8800元;

(3)1-12月,王新利用业余时间为C公司代理记账,每月获得劳务收入900元;

(4)王新将一套住房出租,每月获得租金收入2000元。

其他相关资料:(1)王新每月基本费用扣除、专项扣除、专项附加扣除、其他扣除合计为8200元;(2)出租房至不考虑其他税费支出。

请回答以下问题:

(1)A公司一共预扣预缴王新多少个人所得税?

(2)B公司一共预扣预缴王新多少个人所得税?

(3)C公司一共预扣预缴王新多少个人所得税?

(4)王新出租房屋需要缴纳多少个人所得税?

(5)年度终了,王新是否需要汇算清缴?为什么?

3. 张某在市区开设了一家个体经营的餐馆。自行核算餐馆 2019 年度销售收入为 600000 元,支出合计 560000 元。2019 年餐馆部分经营情况如下:

(1)收入中扣除了 2019 年转让上市公司股票净损失 50000 元;

(2)将加工的零售价为 52000 元的副食品用于抵偿债务;成本已列入支出总额,未确认收入,未缴纳各项税费;

(3)支出总额中列支当年支付的 2019 和 2020 年度的餐馆房屋租金 160000 元;

(4)支出总额中列支广告费用 20000 元,业务宣传费 10000 元;

(5)支出总额中列支了张某和其爱人的工资费用各 50000 元。

(6)支出总额中列支了当年 6 月所购买汽车的支出 200000 元,该车同时用于餐馆经营和家庭日常生活。

其他相关资料:①餐馆为小规模纳税人;②税法规定汽车折旧年限为 4 年,无残值;③2019 年餐馆已预缴个人所得税 2000 元;④张某无综合所得,基本费用扣除、专项扣除、专项附加扣除、依法确定的其他扣除为 90000 元。

要求:根据上述资料,按下列序号问题:

(1)计算 2019 年餐馆应调整的收入。

(2)计算 2019 年餐馆租金支出应调整的税前扣除额。

(3)计算 2019 年餐馆广告费用和业务宣传费用应调整的扣除额。

(4)计算 2019 年餐馆列支的工资费用能否全额扣除?并说明理由。

(5)计算 2019 年餐馆购买汽车支出应调整的税前扣除额。

(6)计算 2019 年餐馆应补缴的各项税费。

四、综合题

中国公民王某就职于国内 A 上市公司,2019 年收入情况如下:

(1)1 月 1 日起将其位于市区的一套公寓住房按市价出租,每月收取不含税租金 3800 元。1 月因卫生间漏水发生修缮费用 1200 元,已取得合法有效的支出凭证。

(2)在国内另一家公司担任独立董事,3 月取得该公司支付的上年度独立董事津贴 35000 元。

(3)3 月取得国内 B 上市公司分配的红利 18000 元(持股时间超过 1 个月,不满 1 年)。

(4)每月取得工资薪金 50000 元,单位为其缴纳"五险一金"5000 元,单位从其工资中代扣代缴"三险一金"3000 元,4 月取得上年度一次性奖金 360000 元。

(5)5 月在业余时间为一家民营企业开发了一项技术,取得收入 40000 元。

(6)7 月与一家培训机构签订了半年的劳务合同,合同规定从 7 月起每月为该培训中心授课 4 次,每次报酬为 1200 元。从 7 月至 12 月共计授课 24 次。

(7)7 月转让国内 C 上市公司股票,取得 15320.60 元,同月转让在香港证券交易所上市的某境外上市公司股票,取得转让净所得折合人民币 180000 元,在境外未缴纳税款。

(8)A 上市公司于 2019 年 11 月底与王某签订了解除劳动关系协议,A 上市公司一次性支付已在本公司任职 8 年的王某经济补偿金 215000 元。

其他相关资料:(1)王某在该上市公司工作 11 个月,该公司当月发放当月工资;(2)上述所得是王某 2019 年的全部所得,王某无其他所得;(3)王某的家庭情况为:王某有 1 个 2 岁的女儿,王某有一个姐姐,其父母现在均是 80 岁高龄;(4)王某与爱人于 2015 年购买了首套住房,现在每月还贷利息支出 1800 元；（5）由于王某收入较高，夫妻双方约定，由王某扣除子女教育、住房贷款利息支出等项目；（6）王某从单位离职后，2019 年 12 月份自己按照 1500 元/月的标准缴纳"三险一金"；（7）本题不考虑其他税费；（8）A 上市公司所在地上年职工平均工资 40000 元。

要求：根据以上资料，按照下列序号计算回答问题，每问需计算出合计数。

（1）计算王某 1–2 月出租房屋应缴纳的个人所得税。

（2）计算王某 3 月取得的独立董事津贴对方预扣预缴的个人所得税。

（3）计算王某 3 月取得的红利应缴纳的个人所得税。

（4）如果全年奖不并入综合所得，计算上市公司在支付王某工资和全年一次性奖金应扣缴的个人所得税。

（5）计算某民营企业支付王某技术开发费每月预扣预缴的个人所得税。

（6）计算培训中心 7 月支付王某授课费应预扣预缴的个人所得税。

（7）计算王某 7 月转让境内和境外上市公司股票应缴纳的个人所得税。

（8）计算公司 11 月支付王某一次性经济补偿金应代扣代缴的个人所得税。

（9）2019 年年度终了，王某是否需要汇算清缴？为什么？如果需要汇算清缴，王某应补应退多少个人所得税？

同步训练答案及解析

一、单项选择题

1. C 【解析】选项 C，属于在我国境内无住所而一个纳税年度内在中国境内居住累计不满 183 天的个人，为非居民纳税人。

2. C 【解析】对于雇员取得的这项奖励，按照工资、薪金所得缴纳个人所得税；对于非雇员取得的这项奖励，按照劳务报酬所得缴纳个人所得税。

3. D 【解析】选项 A，按"经营所得"项目征税；选项 B，按"经营所得"缴纳个人所得税；选项 C，应按照"财产转让所得"项目缴纳个人所得税。

4. B 【解析】选项 A，个人处置打包债权取得的收入，按"财产转让所得"项目缴纳个人所得税；选项 C，个人取得的不在公司任职的董事费收入，按"劳务报酬所得"项目缴纳个人所得税；选项 D，个人转让限售股所得，按照"财产转让所得"项目缴纳个人所得税。

5. C 【解析】下列所得，不论支付地点是否在中国境内，均为来源于中国境内的所得：

（1）因任职、受雇、履约等在中国境内提供劳务取得的所得；

（2）将财产出租给承租人在中国境内使用而取得的所得；

（3）许可各种特许权在中国境内使用而取得的所得；

（4）转让中国境内的不动产等财产或者在中国境内转让其他财产取得的所得；

（5）从中国境内企业、事业单位、其他组织以及居民个人取得的利息、股息、红利所得。

6. A 【解析】选项 B，属于免税收入；选项 C、D，属于专项附加扣除。

7. A 【解析】只有纳税人子女在中国境外接受教育的，纳税人才需要留存境外学校录取通知书、留学签证等相关教育的证明资料备查；如果在境内接受教育，无需留存资料备查。

8. A 【解析】工资薪金所得采用累计预扣法。1 月份累计应纳税所得额 = 26800 − 2200 − 5000 − 2000 = 17600（元），适用税率 3%，应预扣税额 = 17600 × 3% = 528（元）。

9. D　【解析】特许权使用费所得预扣预缴时适用20%的比例预扣率。

10. B　【解析】出版社应预扣预缴个人所得税＝（15000＋2000）×（1－20%）×20%×（1－30%）＝1904（元）

11. C　【解析】商数＝150000/12＝12500（元），适用税率20%，速算扣除数1410元，应纳税额＝150000×20%－1410＝28590（元）。

12. D　【解析】员工将行权后的股票再转让时获得的高于购买日公平市场价的差额，应按照"财产转让所得"适用的征免规定计算缴纳个人所得税

13. C　【解析】该企业不符合国家房改政策，所以职工个人以低于成本价购房的差价部分要依法征收个人所得税。
低价购买住房应纳税所得额＝（3500－2400）×100＝110000（元）
110000÷12＝9166.67（元），适用的税率和速算扣除数分别为10%、210，低价购买住房应缴纳个人所得税＝110000×10%－210＝10790（元）。

14. C　【解析】免税部分＝45000×3＝135000（元），应纳个人所得税＝（327500－135000）×20%－16920＝21580（元）。

15. D　【解析】预扣预缴的应纳税所得额＝80000×80%＝64000（元），适用3级超额累进预扣率，预扣率40%，速算扣除数7000元，预扣预缴税额＝64000×40%－7000＝18600（元）。

16. C　【解析】应纳税所得额＝80000×80%＝64000（元），适用税率35%，速算扣除数7160元，应代扣代缴税额＝64000×35%－7160＝15240（元）。本题和上题结合起来，各位学员需要注意对居民纳税人的预扣预缴和对非居民纳税人的代扣代缴是不同的。

17. C　【解析】应纳税所得额＝800000－430000＋3200×12－90000＝318400（元）；应纳个人所得税＝318400×30%－40500＝55020（元）。

18. D　【解析】选项D，非广告性赞助支出，不得税前扣除。

19. B　【解析】选项A，非经营用小汽车支出不得在税前扣除；选项B，应纳税所得额＝20－（18－8）＝10（万元）；选项C，按转让收入额的2%计算缴纳个人所得税；选项D，拍卖物品所得属于财产转让所得，不属于个体工商户的生产经营所得，不能一并征收个人所得税。

20. B　【解析】选项A，通过商店、画廊等途径购买的字画，原值为购买该字画时实际支付的价款；选项C，拍卖祖传收藏的字画，原值为其收藏该字画时发生的费用；选项D，通过拍卖行拍得的字画，原值为拍得该字画实际支付的价款及缴纳的相关税费。

21. A　【解析】（1）卖出债券应扣除的买价及费用＝（20000×8＋800）÷20000×10000＋415＝80815（元）；（2）转让债券应缴纳的个人所得税＝（10000×8.3－80815）×20%＝437（元）。

22. A　【解析】对个人投资者从上市公司取得的股息、红利所得，持股期限在1个月以上至1年的，暂减按50%计入个人应纳税所得额。个人所得税＝10000÷10×3×1×50%×20%＝300（元）。

23. D　【解析】《中华人民共和国增值税暂行条例实施细则》第九条所称的其他个人，采取一次性收取租金形式出租不动产取得的租金收入，可在对应的租赁期内平均分摊，分摊后的月租金收入未超过10万元的，免征增值税。
免征增值税的，确定计税依据时，成交价格、租金收入、转让房地产取得的收入不扣减增值税额。
出租商铺应缴纳的房产税＝38000×12%＝4560（元）
出租商铺应缴纳的个人所得税＝（38000－4560）×（1－20%）×20%＝5350.4（元）

24. D 【解析】应纳税额＝[100000-(50000+300)]×20%＝9940(元)

25. C 【解析】在新股东4500万元股权收购价格中，除了实收资本1000万元外，实际上相当于以3500万元购买了原股东4000万元的盈余积累，即：4000万元盈余积累中，有3500万元计入了股权交易价格，剩余500万元未计入股权交易价格。新股东收购甲企业之后，将盈余积累4000万元转增资本，其中所转增的3500万元不征收个人所得税，所转增的500万元应按"利息、股息、红利所得"项目缴纳个人所得税。

26. D 【解析】纳税人在2019年度已依法预缴个人所得税且符合下列情形之一的，无需办理年度汇算：
（1）纳税人年度汇算需补税但年度综合所得收入不超过12万元的；
（2）纳税人年度汇算需补税金额不超过400元的；
（3）纳税人已预缴税额与年度应纳税额一致或者不申请年度汇算退税的。

27. B 【解析】选项A，个人的房屋租赁所得，需要按照"财产租赁所得"计算缴纳个人所得税；选项C，个人转让自用达5年以上并且是唯一的家庭生活用房取得的所得，免征个人所得税；选项D，按照"工资、薪金所得"缴纳个人所得税。

28. C 【解析】个人以非货币性资产投资，应于非货币性资产转让、取得被投资企业股权时，确认非货币性资产转让收入的实现。

29. C 【解析】会计师事务所、税务师事务所、审计师事务所以及其他中介机构的个人所得税征收管理，也应按照律师事务所的有关原则进行处理。

二、多项选择题

1. AB 【解析】个人所得税纳税义务人依据住所和居住时间两个标准，区分为居民和非居民纳税人，分别承担不同的纳税义务。

2. BCD 【解析】选项A，按劳务报酬所得缴纳个人所得税。

3. BC 【解析】选项A，应按"利息、股息、红利所得"计征个人所得税；选项D，个人独资企业为投资者购买房屋的支出，应按"经营所得"征税。

4. CD 【解析】选项A，中奖所得按照"偶然所得"应税项目计算缴纳个人所得税；选项B，个人独资企业和合伙企业对外投资分回的利息或者股息、红利，按"利息、股息、红利所得"应税项目缴纳个人所得税。

5. AD 【解析】综合所得和经营所得适用超额累进税率；股息所得、财产转让所得适用20%的比例税率。

6. BCD 【解析】在计算综合所得的年收入额时，无论每次收入是否超过4000元，均按照下列规定计算：劳务报酬所得、稿酬所得、特许权使用费所得以收入减除20%的费用后的余额为收入额。稿酬所得的收入额减按70%计算。

7. ABCD 【解析】综合所得的专项附加扣除包括子女教育支出、继续教育支出、大病医疗支出、住房贷款利息支出、住房租金支出、赡养老人支出。

8. AD 【解析】在一个纳税年度内，纳税人发生的与基本医保相关的医药费用支出，扣除医保报销后个人负担(指医保目录范围内的自付部分)累计超过15000元的部分，由纳税人在办理年度汇算清缴时，在80000元限额内据实扣除。选项B，需要超过15000元的部分，才允许扣除；选项C，只能在汇算清缴时扣除。

9. ACD 【解析】6个专项附加扣除中只有大病医疗支出属于限额扣除，其他均属于标准定额扣除。

10. ACD 【解析】依据税法规定，符合下列情形之一的，纳税人需要办理年度汇算：
（一）2019年度已预缴税额大于年度应纳

税额且申请退税的。包括 2019 年度综合所得收入额不超过 6 万元但已预缴个人所得税；年度中间劳务报酬、稿酬、特许权使用费适用的预扣率高于综合所得适用税率；预缴税款时，未申报扣除或未足额扣除减除费用、专项扣除、专项附加扣除、依法确定的其他扣除或捐赠，以及未申报享受或未足额享受综合所得税收优惠等情形。

（二）2019 年度综合所得收入超过 12 万元且需要补税金额超过 400 元的。包括取得两处及以上综合所得，合并后适用税率提高导致已预缴税额小于年度应纳税额等情形。

11. ACD 【解析】居民个人取得全年一次性奖金，在 2021 年 12 月 31 日前，不并入当年综合所得，以全年一次性奖金收入除以 12 个月得到的数额，按照综合所得的月度税率表，确定适用税率和速算扣除数，单独计算纳税，而不是按照年度税率表计算纳税。

12. BCD 【解析】企业年金的个人所得税计算中，就个人缴费的部分，在不超过本人缴费工资计税基数的 4% 标准内的部分，暂从个人当期的应纳税所得额中扣除；就单位缴费部分，在计入个人账户时，个人暂不缴纳个人所得税。

13. ABD 【解析】选项 C，个体工商户生产经营活动中，应当分别核算生产经营费用和个人、家庭费用。对于生产经营与个人、家庭生活混用难以分清的费用，其 40% 视为与生产经营有关费用，准予扣除。

14. AC 【解析】偶然所得，利息、股息、红利所得以每次收入额为应纳税所得额，不允许做任何扣除。

15. BD 【解析】选项 B，居民个人从中国境外取得所得的，应当在取得所得的次年 3 月 1 日至 6 月 30 日内申报纳税。选项 D，纳税人取得经营所得，在取得所得的次

年 3 月 31 日前办理汇算清缴。

16. BD 【解析】对个人转让境内上市公司股票取得的所得暂不征收个人所得税；个人转让自用达 5 年以上并且是唯一的家庭居住用房取得的所得，免征个人所得税。

17. ABC 【解析】选项 D，王某取得量化股份时暂缓计征个人所得税。

18. ABCD 【解析】以上选项都正确。

19. ABC 【解析】选项 D，技术人员在转让奖励的股权之前企业依法宣告破产，技术人员进行相关权益处置后没有取得收益或资产，或取得的收益和资产不足以缴纳其取得股权尚未缴纳的应纳税款的部分，税务机关可不予追征。

20. AD 【解析】个人从上市公司取得的股息红利所得采用差异化的纳税政策，持股期限 1 个月以内（含 1 个月）的，全额纳税，持股期限 1 个月以上至 1 年（含 1 年）的减按 50% 计入应纳税所得额，持股期限 1 年以上的，暂免征收个人所得税；职工与用人单位解除劳动关系取得的一次性补偿收入（包括用人单位发放的经济补偿金、生活补助费和其他补助费用），在当地上年职工年平均工资 3 倍数额内的部分，可免征个人所得税，超过该标准的一次性补偿收入，计算征收个人所得税。

21. BD 【解析】个人取得的国库券利息和个人取得的国家发行的金融债券利息免税。

22. ABCD 【解析】需要自行申报纳税的有：（1）取得综合所得需要办理汇算清缴；（2）取得应税所得没有扣缴义务人；（3）取得应税所得，扣缴义务人未扣缴税款；（4）取得境外所得；（5）因移居境外注销中国户籍；（6）非居民个人在中国境内从两处以上取得工资、薪金所得；（7）国务院规定的其他情形。

23. ABCD 【解析】以上各选项均正确。

24. ACD 【解析】个人所得税可以实行按年计征、分期预缴的是经营所得，经营所得包括个体工商户的生产经营所得、承

包所得、个人独资企业和合伙企业的生产经营所得等。

25. ABD 【解析】扣缴义务人对纳税人的应扣未扣的税款，其应纳税款仍然由纳税人缴纳，扣缴义务人应承担应扣未扣税款50%以上至3倍的罚款。

三、计算问答题

1.【答案】

（1）王先生全年综合所得的扣除金额＝（5000＋3000＋1000＋1000＋2000）×12＝144000（元）

王先生综合所得的应纳税所得额＝35000×12－144000＝276000（元）

由于单位正在支付工资时采用累计预扣法，因此单位在支付其工资时共计预扣预缴个人所得税＝276000×20%－16920＝38280（元）。

全年奖：

商数＝180000/12＝15000（元）

找到适用税率20%，速算扣除数1410元。

全年奖扣缴个人所得税＝180000×20%－1410＝34590（元）

合计扣缴个人所得税＝38280＋34590＝72870（元）

（2）应缴纳的个人所得税＝6000×（1－20%）×10%×12＝5760（元）

（3）股票期权的应纳税所得额＝（15－8）×30000＝210000（元）

适用税率20%，速算扣除数16920元。

应纳个人所得税＝210000×20%－16920＝25080（元）

（4）应纳个人所得税＝56000×3%＝1680（元）

（5）王先生11月获得的两项奖金免征个人所得税。因为省级人民政府、国务院部委以上单位颁发的科学、教育、技术等奖金免征个人所得税，个人举报、协查各种违法、犯罪行为而获得的奖金免征个人所得税。

（6）王先生不需要汇算清缴，因为王先生只在一处取得工资薪金，未取得其他综合

所得，而且预扣预缴税额和应纳税额相等，所以无需汇算清缴。

2.【答案】

（1）王新在A公司的应纳税所得额＝（8500－8200）×5＝1500（元）

A公司预扣预缴的个人所得税＝1500×3%＝45（元）

（2）王新在B公司的应纳税所得额＝（8800－8200）×7＝4200（元）

B公司预扣预缴的个人所得税＝4200×3%＝126（元）

（3）王新在C公司的应纳税所得额＝（900－800）×12＝1200（元）

C公司预扣预缴的个人所得税＝（900－800）×12×20%＝240（元）

（4）王新出租房屋需要缴纳的个人所得税＝（2000－800）×10%×12＝1440（元）

（5）王新可以免予进行2019年综合所得的汇算清缴。

王新2019年度综合所得的收入额＝8500×5＋8800×7＋900×80%×12＝112740（元），未超过12万元

王新2019年度综合所得的应纳税所得额＝112740－8200×12＝14340（元）

王新2019年综合所得应补税额＝14340×3%－45－126－240＝19.2（元）

由于王新综合所得的年收入额未超过12万元，即使补税，也可以免予汇算；此外王新补税金额未超过400元，也可以免予汇算。也就是说只要符合其中一个条件，王新就可以免予进行汇算。

3.【答案】

（1）应调增收入＝50000＋52000÷（1＋3%）＝100485.44（元）

【思路点拨】个体工商户和从事生产、经营的个人，取得与生产、经营活动无关的其他各项应税所得，应分别按照其他应税项目的有关规定，计算征收个人所得税。如取得银行存款的利息所得、对外投资取得的股息所得，应按"利息、股息、红利

所得"税目的规定单独计征个人所得税。因此转让上市公司股票净损失 50000 元不得从其收入中扣除。

（2）租赁费支出按租赁期均匀扣除，租金支出应调减税前扣除额 = 160000÷2 = 80000（元）。

（3）广告费和业务宣传费合计 = 20000 + 10000 = 30000（元）

广告费和业务宣传费扣除限额 = （600000 + 100485.44）×15% = 105072.82（元）

广告费用和业务宣传费用没有超过限额，无需调整扣除额。

（4）2019 年餐馆列支的工资费用中，属于张某的支出不得扣除，属于张某爱人的支出可以据实扣除；

理由：个体工商户实际支付给从业人员的合理工资允许扣除，业主本人的工资薪金不得扣除，但业主无综合所得时，可以扣除基本费用扣除、专项扣除、专项附加扣除及依法确定的其他扣除，张某为 90000 元。

（5）汽车折旧 = 200000÷4÷12×6×40% = 10000（元）

调减税前扣除额 = 200000 - 10000 = 190000（元）

【思路点拨】 资本性支出不得一次扣除，生产经营和家庭生活混用难以分清的费用，其 40% 视为与生产经营有关的费用，准予扣除。

（6）应补缴增值税 = 52000÷（1+3%）×3% = 1514.56（元）

应补缴的城建税、教育费附加和地方教育附加 = 1514.56×（7% + 3% + 2%）= 181.75（元）

餐馆应纳税所得额 = 600000 + 100485.44 - （560000 - 80000 - 50000 - 190000 + 181.75）- 90000 = 370303.69（元）

餐馆经营所得应补缴的个人所得税 = 370303.69×30% - 40500 - 2000 = 68591.11（元）

四、综合题

【答案】

（1）应纳个人所得税 = （3800 - 800 - 800）×10% + （3800 - 400 - 800）×10% = 480（元）

（2）取得的独立董事津贴应按劳务报酬纳税。预扣预缴个人所得税 = 35000×（1 - 20%）×30% - 2000 = 6400（元）。

（3）个人从公开发行和转让市场取得的上市公司股票，持股期限在 1 个月以上至 1 年（含一年）的，暂减按 50% 计入应纳税所得额。应缴纳个人所得税 = 18000×20%×50% = 1800（元）。

（4）单位预扣预缴时的扣除项目金额 = （5000 + 3000 + 1000 + 1000）×11 = 110000（元）

单位预扣预缴时工资薪金的应纳税所得额 = 50000×11 - 110000 = 440000（元）

预扣率为 30%，速算扣除数 52920 元。

截止到 11 月份累计预扣预缴个人所得税 = 440000×30% - 52920 = 79080（元）

【思路点拨】 （1）王某只在单位取得 11 个月工资，因此单位预扣预缴个人所得税时按照 11 个月计算扣除项目金额；（2）由于王某的孩子只有 2 岁，尚未满 3 岁，因此不得扣除子女教育支出；（3）由于王某是非独生子女，有一个姐姐，此时无论如何扣除，王某均是每月扣除 1000 元；（4）住房贷款利息支出为标准扣除，1000 元/月。全年一次性奖金单独计算个人所得税。360000÷12 = 30000（元），适用 25% 的税率，速算扣除数为 2660 元，应缴纳个人所得税 = 360000×25% - 2660 = 87340（元）。

（5）取得劳务报酬时，对方预扣预缴的个人所得税 = 40000×（1 - 20%）×30% - 2000 = 7600（元）。

（6）属于同一事项连续取得收入的，以 1 个月内取得的收入为一次。应预扣预缴的个人所得税 = 1200×4×（1 - 20%）×20% = 768（元）。

（7）转让境内上市公司的股票所得免个人

所得税，转让境外上市公司的股票所得按20%的税率缴纳个人所得税。应纳个人所得税＝180000×20%＝36000（元）。

（8）超过免税标准的补偿金＝215000－40000×3＝95000（元），适用10%的税率，速算扣除数2520元，应纳个人所得税＝95000×10%－2520＝6980（元）。

（9）王某需要汇算清缴。因为：王某从多处取得综合所得，而且综合所得的年收入额扣除专项扣除后的余额大于6万元。

综合所得的应纳税所得额＝50000×11＋（35000＋40000＋1200×4×6）×80%－（5000＋1000＋1000）×12－3000×11－1500＝514540（元）

应纳税额＝514540×30%－52920＝101442（元）

应补个人所得税＝101442－79080－6400－7600－768×6＝3754（元）

【思路点拨】 只要有综合所得，无论取得几个月的综合所得，都是按60000元/年扣除基本费用扣除、按年扣除专项附加扣除，按照符合规定的实际发生额扣除专项扣除。

纳税义务人：居民纳税人和非居民纳税人（住所和居住时间判断）

纳税义务人与征税范围
★★★
　征税范围（9项应税所得）

　所得来源地的确定

税率与应纳税所得额的确定
★★★
　税率
　　累进税率（综合所得和经营所得）
　　比例税率

　应纳税所得额的确定
　　费用扣除
　　每次收入的确定
　　其他规定（一般情况下公益性捐赠按照应纳税所得额的30%计算扣除限额）

税收优惠
★★★
　免征个人所得税的优惠
　减征个人所得税的优惠

境外所得的税额扣除（分国不分项）
★★

个
人
所
得
税
法

应纳税额的计算
★★★
　综合所得的预扣预缴、代扣代缴与汇算清缴
　　工资薪金所得的预扣预缴
　　劳务报酬所得、稿酬所得、特许权使用费所得的预扣预缴
　　综合所得的汇算清缴
　　非居民个人的代扣代缴
　　年金、全年一次性奖金、股权激励、提前退休、内部退养等政策

　经营所得应纳税额的计算
　财产租赁所得应纳税额的计算
　财产转让所得应纳税额的计算
　利息、股息、红利所得应纳税额的计算
　偶然所得应纳税额的计算
　应纳税额计算中的特殊问题（掌握重点内容）

征收管理
★★
　自行申报纳税
　代扣代缴（预扣预缴）纳税
　反避税规定
　个人财产对外转移提交税收证明或完税凭证的规定

税法虽规定繁杂，但有规律可循；

税法虽千变万化，但万变不离其宗；

把握规律，找准变化，通过考试，梦想成真。

吴卫华

中华会计网校
www.chinaacc.com
正保远程教育旗下品牌网站
美国纽交所上市公司(代码:DL)

梦想成真®
系列辅导丛书

2020年 注册会计师全国统一考试

税 法

应试指南 下册

■ 奚卫华 主编　　■ 中华会计网校 编

感恩20年相伴　助你梦想成真

人民出版社

目 录 CONTENTS

下 册

第3部分 易错易混知识点辨析

第4部分 考前预测试题

第6章 城市维护建设税法和烟叶税法

考情解密

历年考情概况

　　城市维护建设税(以下简称城建税)是"税法"考试中非重点章节，考试难度不大，考点比较集中。主要考核城建税的计税依据、应纳税额的计算、税收优惠、纳税地点等。本章在历年考试中往往以单选题和多选题形式出现，常见的考核方式是1道单选题、1道多选题。在计算题和综合题中也会涉及城建税、教育费附加及地方教育附加的计算。另外，烟叶税的内容注意和增值税进项税额抵扣政策及消费税组成计税价格中烟叶成本的核算等内容结合出题。预计2020年考试分值将继续保持在3~5分。

近年考点直击

考点	主要考查题型	考频指数	考查角度
城建税、教育费附加和地方教育附加的基本要素	单选题、多选题	★★	通过单选题、多选题等客观题考查： (1)征税范围及纳税义务人； (2)税率(或计征率)； (3)计税依据——出题频率最高； (4)税收优惠； (5)征收管理，包括纳税地点、纳税期限等
城建税、教育费附加和地方教育附加的计算	单选题、多选题、计算问答题、综合题	★★★	(1)给出增值税、消费税的金额，结合计税依据的特殊规定(进口、出口、罚款、滞纳金)和税收优惠计算城建税、教育费附加和地方教育附加； (2)在计算问答题或综合题中，要求计算增值税、消费税之后，再计算相应的城建税及附加
烟叶税	单选题、多选题、计算问答题	★	(1)通过文字性内容在客观题中考查烟叶税的相关规定； (2)在客观题中考查烟叶税的计算；(3)结合增值税进项税额抵扣、消费税的内容在主观题中考查烟叶税的计算

学习方法与应试技巧

　　本章的考试内容比较集中，因此复习起来也相对容易，各位考生可以结合上面的近年考点直击的内容进行复习、总结。复习过程中注意利用图表进行总结，以提高学习效率。

本章2020年考试主要变化

　　本章内容无变动。

考点详解及精选例题

扫我解疑难

一、城市维护建设税法 ★★★

城市维护建设税(以下简称"城建税")是对从事经营活动，缴纳增值税、消费税的单位和个人征收的一种税。

城建税主要具有如下特点：(1)税款专款专用——用于城市公用事业和公共设施的维护和建设；(2)属于增值税和消费税的附加税；(3)根据城镇规模设计不同的比例税率。

城市维护建设税相关规定见表6-1。

表6-1 城市维护建设税相关规定

税法要素		具体规定	
纳税义务人		负有缴纳增值税、消费税(以下简称"两税")义务的单位和个人 【知识点拨】增值税、消费税的扣缴义务人也是城建税扣缴义务人	
税率	一般规定	市区	7%
		县城、镇	5%
		不在市区、县城、镇 开采海洋石油资源的中外合作油(气)田所在地 在海上	1%
	特殊规定	(1)由受托方代扣代缴、代收代缴"两税"的单位和个人，其代扣代缴、代收代缴的城建税按受托方所在地适用税率执行； (2)流动经营等无固定纳税地点的单位和个人，在经营地缴纳"两税"的，其城建税的缴纳按经营地适用税率执行	
计税依据		指纳税人实际缴纳的增值税、消费税税额。 (1)纳税人违反"两税"有关规定而加收的滞纳金和罚款，不作为城建税的计税依据； (2)纳税人违反"两税"有关规定，被查补"两税"和被处以罚款时，也要对其未缴的城建税进行补税、征收滞纳金和罚款； (3)"两税"得到减征或免征优惠，城建税也要同时减免； (4)城建税进口不征，出口不退——即在进口环节缴纳的增值税和消费税，不作为城建税的计税依据；出口环节退还的增值税和消费税，不退还相应的城建税； (5)经国家税务总局正式审核批准的当期免抵的增值税税额应纳入城市维护建设税和教育费附加的计征范围。 【知识点拨】城建税以纳税人实际缴纳、而非应当缴纳的增值税、消费税税额作为计税依据	
应纳税额的计算		应纳税额=(实纳增值税税额+实纳消费税税额)×适用税率	
税收优惠		城建税原则上不单独减免。 (1)城建税按减免后实际缴纳的"两税"税额计征，即随"两税"的减免而减免； (2)对于因减免税而需进行"两税"退库的，城建税也可同时退库； (3)海关对进口产品代征的增值税、消费税，不征收城建税； (4)对"两税"实行先征后返、先征后退、即征即退办法的，除另有规定外，对随"两税"附征的城建税和教育费附加，一律不予退(返)还； (5)对国家重大水利工程建设基金免征城市维护建设税； (6)对实行增值税期末留抵退税的纳税人，允许其从城市维护建设税、教育费附加和地方教育附加的计税(征)依据中扣除退还的增值税税额	

税法要素		具体规定
纳税环节		纳税人缴纳增值税、消费税的环节
纳税地点	一般规定	纳税人缴纳增值税、消费税的地点
	特殊规定	(1)代扣代缴、代收代缴增值税、消费税的单位和个人，其城建税的纳税地点在代扣代收地； (2)跨省开采的油田，在油井所在地缴纳增值税的同时，一并缴纳城建税； (3)纳税人跨地区提供建筑服务、销售和出租不动产的，应在建筑服务发生地、不动产所在地预缴增值税时，以预缴增值税税额为计税依据，并按预缴增值税所在地的城市维护建设税适用税率和教育费附加征收率就地计算缴纳城市维护建设税和教育费附加； 【知识点拨】预缴增值税的纳税人在其机构所在地申报缴纳增值税时，以其实际缴纳的增值税税额为计税依据，并按机构所在地的城市维护建设税适用税率和教育费附加征收率就地计算缴纳城市维护建设税和教育费附加。 (4)对流动经营等无固定纳税地点的单位和个人，应随同增值税、消费税在经营地缴纳城建税
纳税期限		与增值税、消费税的纳税期限一致

【例题1·单选题】单位或个人发生下列( )行为，在缴纳相关税种的同时，还应缴纳城建税。

A. 企业购置车辆
B. 科研单位进口货物
C. 个人取得偶然所得
D. 商场销售货物

解析 选项B，进口环节交纳增值税和消费税，但不交纳城建税。 答案 D

【例题2·单选题】下列关于城建税的税率表述错误的是( )。

A. 纳税人所在地为市区的，税率为7%
B. 纳税人所在地为县城的，税率为5%
C. 撤县建市后，城市维护建设税适用税率为5%
D. 开采海洋石油资源的中外合作油(气)田所在地在海上，适用1%的税率

解析 撤县建市后，纳税人所在地在市区的，城市维护建设税适用税率为7%；纳税人所在地在市区以外其他镇的，城市维护建设税适用税率仍为5%。 答案 C

【例题3·多选题】下列各项中，符合城市维护建设税计税依据规定的有( )。

A. 偷逃增值税而被查补的税款
B. 偷逃消费税而加收的滞纳金
C. 出口货物免抵的增值税税额
D. 出口产品征收的消费税税额

解析 纳税人违反"两税"有关规定而加收的滞纳金和罚款，不作为城建税的计税依据。 答案 ACD

【例题4·单选题】某市一生产企业为增值税一般纳税人。本期进口原材料一批，向海关缴纳进口环节增值税10万元；本期在国内销售甲产品实际缴纳增值税30万元、消费税50万元，消费税滞纳金1万元；本期出口乙产品一批，按规定退回增值税5万元。该企业本期应缴纳城市维护建设税( )万元。

A. 4.55   B. 4
C. 4.25   D. 5.6

解析 城建税是以纳税人实际缴纳的增值、消费税为依据；进口不征，出口不退。缴纳的滞纳金不作为计征城建税的依据。该企业本期应缴纳城市建设维护税=(30+50)×7%=5.6(万元)。 答案 D

【例题5·多选题】某纳税人按税法规定增值税先征后返。其城建税的处理办法有( )。

A. 缴纳增值税同时缴城建税
B. 返增值税同时返返城建税
C. 缴增值税时，按比例返还已缴城建税
D. 返还增值税时不返还城建税

解析 对"两税"实行先征后返、先征后

退、即征即退办法的，除另有规定外，对随"两税"附征的城建税和教育费附加，一律不予退（返）还。 **答案** AD

【例题6·多选题】 下列各选项中，符合城建税纳税地点规定的有（　　）。

A. 纳税人跨地区提供建筑服务预缴增值税，应在建筑服务发生地缴纳城市维护建设税

B. 流动经营无固定纳税地点的单位，城建税纳税地点为单位注册地

C. 纳税人转让不动产预缴增值税，城建税纳税地点为其机构所在地

D. 代扣代缴、代收代缴增值税、消费税的单位，城建税纳税地点为代收代扣地

解析 选项B，对流动经营等无固定纳税地点的单位和个人，应随同增值税、消费税在经营地纳税；选项C，纳税人转让不动产预缴增值税，应当向不动产所在地主管税务机关申报缴纳城建税。 **答案** AD

真题精练（客观题）

1. （2019年单选题）位于某县城的甲企业2019年7月缴纳增值税80万，其中含进口环节增值税20万，缴纳消费税40万，其中含进口环节消费税20万。甲企业当月应缴纳的城市维护建设税为（　　）元。

A. 2万元 　　　　 B. 4万元
C. 6万元 　　　　 D. 8万元

解析 城市维护建设税进口不征，出口不退。应缴纳的城市维护建设税=［(80-20)+(40-20)]×5%=4(万元)。 **答案** B

2. （2017年多选题）下列关于城市维护建设税纳税地点的表述中，正确的有（　　）。

A. 纳税人应在增值税和消费税的纳税地缴纳

B. 纳税人跨地区提供建筑服务的，在建筑服务发生地缴纳

C. 跨省开采的油田，下属单位与核算单位不在一个省内的，在核算单位所在地纳税

D. 无固定纳税地点的流动经营者应随同增值税和消费税在经营地缴纳

解析 选项C，跨省开采的油田，下属单位与核算单位不在一个省内的，在油井所在地缴纳增值税、城建税。 **答案** ABD

3. （2017年多选题）下列关于城市维护建设税计税依据的表述中，正确的有（　　）。

A. 对出口产品退还增值税的，同时退还已缴纳的城市维护建设税

B. 纳税人违反增值税法规定被加收的滞纳金应计入城市维护建设税的计税依据

C. 纳税人被查补消费税时应同时对查补的消费税补缴城市维护建设税

D. 经审批的当期免抵的增值税税额应计入城市维护建设税的计税依据

解析 选项A，城建税进口不征出口不退；选项B，滞纳金不作为城市维护建设税的计税依据。 **答案** CD

4. （2016年单选题）企业缴纳的下列税额中，应作为城市维护建设税计税依据的是（　　）。

A. 消费税税额
B. 房产税税额
C. 城镇土地使用税税额
D. 关税税额

解析 城建税的计税依据是纳税人实际缴纳的增值税、消费税税额。 **答案** A

5. （2015年单选题）位于市区的甲企业2019年7月销售产品缴纳增值税和消费税共计50万元，被税务机关查补增值税15万元并处罚款5万元。甲企业7月应缴纳的城市维护建设税为（　　）万元。

A. 3.25 　　　　 B. 3.5
C. 4.9 　　　　 D. 4.55

解析 罚款不作为城市维护建设税的计税依据，应缴纳城市维护建设税=(50+15)×7%=4.55(万元)。 **答案** D

二、教育费附加和地方教育附加的相关规定★★（见表6-2）①

扫我解疑难

表6-2　教育费附加和地方教育附加的相关规定

税法要素	具体规定
征收范围	对缴纳增值税、消费税的单位和个人征收
计税依据	以其实际缴纳的增值税、消费税为计征依据
计征比率	现行教育费附加征收比率为3%；地方教育附加征收比率为2%
应纳税额的计算	应纳教育费附加或地方教育附加=实际缴纳增值税、消费税×征收比率(3%或2%)
减免规定	(1)教育费附加进口不征，出口不退。 (2)对由于减免增值税、消费税而发生的退税，可同时退还已征收的教育费附加。 (3)对国家重大水利工程建设基金免征教育费附加。 (4)自2016年2月1日起，按月纳税的月销售额或营业额不超过10万元(按季度纳税的季度销售或营业额不超过30万元)的缴纳义务人，免征教育费附加、地方教育附加

【例题7·单选题】某县城一加工企业2020年3月份因进口半成品缴纳增值税120万元，销售产品缴纳增值税280万元，本月又出租门面房收到不含增值税租金40万元（按简易计税方法缴纳增值税）。该企业本月应缴纳的城市维护建设税、教育费附加和地方教育附加为（　）万元。

A. 28.2　　　　B. 32

C. 33.84　　　D. 35.2

解析 应纳的城建税和教育费附加=

$(280+40\times5\%)\times(5\%+3\%+2\%)=28.2$（万元）

答案 A

三、烟叶税法★★★

扫我解疑难

烟叶税是以纳税人收购烟叶的收购金额为计税依据征收的一种税，烟叶税相关规定如表6-3所示。

表6-3　烟叶税相关规定

税法要素	具体规定
纳税义务人	收购烟叶的单位 【知识点拨】烟叶税的纳税人不包括个人，因为根据《烟草专卖法》，烟叶由烟草公司或者其委托单位按照国家规定的收购标准统一收购，其他单位和个人不得收购
征税范围	晾晒烟叶、烤烟叶
税率	20%(税率的调整，由国务院决定)
应纳税额的计算	应纳烟叶税税额=收购烟叶实际支付的价款总额×税率20% 实际支付的价款总额=收购价款×(1+10%)，10%为价外补贴
纳税义务发生时间	纳税人收购烟叶的当天
纳税地点	向烟叶收购地的主管税务机关申报纳税
纳税期限	应当于纳税义务发生月终了之日起15日内申报并缴纳税款

---

① 由于教育费附加、地方教育附加与城建税联系紧密，因此先介绍教育费附加和地方教育附加，再介绍烟叶税法。

【例题8·单选题】 下列关于烟叶税的说法，错误的是（　　）。

A. 烟叶税的征收范围是指晾晒烟叶、烤烟叶和新鲜的采摘烟叶

B. 烟叶税的税率为20%

C. 烟叶税的纳税地点是烟叶的收购地

D. 烟叶税的纳税义务发生时间为纳税人收购烟叶的当天

解析 烟叶税的征收范围是指晾晒烟叶和烤烟叶，不包括新鲜的采摘烟叶。

答案 A

真题精练（客观题）

1.（2019年多选题）2019年7月，甲市某烟草公司向乙县某烟叶种植户收购了一批烟叶，收购价款90万元，价外补贴9万元。下列关于烟叶税征收处理表述中，符合税务规定的有（　　）。

A. 纳税人为烟叶种植户

B. 应在次月15日内申报纳税

C. 应在乙县主管税务机关申报纳税

D. 应纳税额款为19.8万

解析 选项A，收购烟叶的单位为烟叶税的纳税人。选项B，烟叶税按月计征，纳税人应当于纳税义务发生月终了之日起15日内申报并缴纳税款。选项C，纳税人收购烟叶，应当向烟叶收购地的主管税务机关申报缴纳烟叶税纳税。选项D，纳税人收购烟叶实际支付的价款总额包括纳税人支付给烟叶生产销售单位和个人的烟叶收购价款和价外补贴。其中，价外补贴统一按烟叶收购价款的10%计算。应纳税额 = $90×(1+10\%)×20\% = 19.8$ 万元。

答案 BCD

2.（2019年多选题）2019年7月，甲市烟草公司向乙县烟叶种植户收购一批烟叶，收购货款100万元，价外补贴10万元，关于此次烟叶交易及烟叶税征收管理的叙述中，正确的有（　　）。

A. 甲公司为纳税人

B. 纳税金额为20万元

C. 次月15日完成申报纳税

D. 向甲市税务机关申报纳税

解析 选项A，收购烟叶的单位为烟叶税的纳税人。选项B，纳税人收购烟叶实际支付的价款总额包括纳税人支付给烟叶生产销售单位和个人的烟叶收购价款和价外补贴。其中，价外补贴统一按烟叶收购价款的10%计算。应纳税额 = 收购价款×(1+10\%)×20\% = $100×1.1×0.2 = 22$。选项C，烟叶税按月计征，纳税人应当于纳税义务发生月终了之日起15日内申报并缴纳税款。选项D，纳税人收购烟叶，应当向烟叶收购地的主管税务机关申报缴纳烟叶税纳税。

答案 AC

3.（2017年单选题改）某烟草公司2019年8月8日到邻县收购烟草支付价款88万元，另向烟农支付了价外补贴10万元，下列纳税事项的表述中，正确的是（　　）。

A. 烟草公司8月收购烟叶应缴纳烟叶税19.6万元

B. 烟草公司8月收购烟叶应缴纳烟叶税17.6万元

C. 烟草公司收购烟叶的纳税义务发生时间是8月8日

D. 烟草公司应向公司所在地主管税务机关申报缴纳烟叶税

解析 应该缴纳的烟叶税 = $88×(1+10\%)×20\% = 19.36$（万元）；烟叶税的纳税义务发生时间为纳税人收购烟叶的当天，即8月8日；纳税人收购烟叶，应当向烟叶收购地的主管税务机关申报纳税，即应当向邻县税务机关申报纳税。

答案 C

4.（2015年单选题改）2019年8月9日，甲县某烟草公司去相邻的乙县收购烟叶，支付烟叶收购价款80万元，另对烟农支付了价外补贴。下列纳税事项的表述中，正确的是（　　）。

A. 烟草公司应在9月24日申报缴纳烟叶税

B. 烟草公司8月收购烟叶应缴纳烟叶税

17.6 万元

C. 烟草公司应向甲县主管税务机关申报缴纳烟叶税

D. 烟草公司收购烟叶的纳税义务发生时间是 8 月 10 日

解析 纳税人应当自纳税义务发生月终了

之日起 15 日内申报并缴纳税款。应纳烟叶税 $= 80 \times (1+10\%) \times 20\% = 17.6$（万元），烟草公司应向乙县主管税务机关申报缴纳烟叶税；烟叶税的纳税义务发生时间为纳税人收购烟叶的当天，即 8 月 9 日。

答案 ▶ B

同步训练 限时20分钟

一、单项选择题

1. 设在县城的 B 企业按税法规定代收代缴设在市区的 A 企业的消费税，则下列处理正确的是（　　）。

   A. 由 B 企业按 5% 的税率代收代缴城建税

   B. 由 A 企业按 5% 的税率回所在地缴纳

   C. 由 B 企业按 7% 的税率代收代缴城建税

   D. 由 A 企业按 7% 的税率自行缴纳城建税

2. 下列选项中，可作为城市维护建设税计税依据的是（　　）。

   A. 商贸企业实际缴纳的房产税

   B. 生产企业拖欠消费税加收的滞纳金

   C. 个体工商户被处以的增值税罚款

   D. 生产企业出口货物经批准当期免抵的增值税税款

3. 位于市区的甲汽车轮胎厂，2020 年 3 月实际缴纳增值税和消费税 362 万元，其中包括由位于县城的乙企业代收代缴的消费税 30 万元、进口环节增值税和消费税 50 万元、被税务机关查补的增值税 12 万元。补交增值税同时缴纳的滞纳金和罚款共计 8 万元。则甲厂本月应向所在市区税务机关缴纳的城市维护建设税为（　　）万元。

   A. 18.9　　　　　　B. 19.74

   C. 20.3　　　　　　D. 25.34

4. 市区某专营进出口业务的生产企业在 2019 年 11 月，计算出口货物应退税额 20 万元，免抵税额为 20 万元；当月进口货物向海关缴纳增值税 35 万元、消费税 25 万元。该企业当月应缴纳城市维护建设税及教育费附加（　　）万元。

   A. 5.6　　　　　　B. 1.4

   C. 4.2　　　　　　D. 2

5. 位于县城的甲企业 2020 年 3 月实际缴纳增值税 350 万元（其中包括进口环节增值税 50 万元）、消费税 530 万元（其中包括由位于市区的乙企业代收代缴的消费税 30 万元）。则甲企业本月应向所在县城税务机关缴纳的城市维护建设税为（　　）万元。

   A. 40　　　　　　B. 41.5

   C. 42.50　　　　　D. 44.00

6. 某建筑企业为增值税一般纳税人，位于 A 省县城，2020 年 2 月在 B 省市区提供建筑服务，采用一般计税方法，取得含增值税收入 218 万元，其中支付分包商工程价款取得增值税专用发票注明金额 50 万元，税额 4.5 万元。该建筑企业在 B 省市区应缴纳的城市维护建设税为（　　）万元。

   A. 0.15　　　　　　B. 0.21

   C. 0.16　　　　　　D. 0.23

7. 下列说法不符合教育费附加和地方教育附加规定的是（　　）。

   A. 纳税人缴纳消费税的地点，就是该纳税人缴纳教育费附加和地方教育附加的地点

   B. 流动经营等无固定纳税地点的单位和个人，在经营地缴纳教育费附加和地方教育附加

   C. 教育费附加征收比率统一为 3%，地方教育附加征收比率统一为 2%

   D. 纳税人因延迟缴纳增值税而加收的滞纳金，需要补缴教育费附加和地方教育附加

8. 关于城建税及教育费附加的减免规定，下列表述正确的是（　　）。

A. 对海关进口产品征收的增值税和消费税，应征收城建税及教育费附加

B. 对实行增值税期末留抵退税的纳税人，允许其从城市维护建设税、教育费附加和地方教育附加的计税（征）依据中扣除退还的增值税税额

C. 对出口产品退还增值税、消费税的，可以同时退还已征的城建税及教育费附加

D. 对因减免税而需要进行增值税、消费税退库的，不可以同时退还已征的城建税及教育费附加

9. 下列关于烟叶税的表述错误的是（　　）。

A. 烟叶税的征税范围包括晾晒烟叶、烤烟叶

B. 烟叶税实行比例税率，税率为 20%

C. 纳税人收购烟叶，应当向收购人机构所在地的主管税务机关申报纳税

D. 烟叶税的纳税义务发生时间为纳税人收购烟叶的当天

二、多项选择题

1. 下列行为中，需要缴纳城市维护建设税和教育费附加的有（　　）。

A. 事业单位出租房屋行为

B. 企业购买房屋行为

C. 煤矿开采原煤并销售的行为

D. 超市销售蔬菜的行为

2. 下列项目中，应作为城市维护建设税计税依据的有（　　）。

A. 纳税人出口货物经批准当期免抵的增值税税款

B. 纳税人被税务机关查补的消费税税款

C. 纳税人因欠税补缴的增值税税款

D. 纳税人因欠缴增值税被加收的滞纳金

3. 下列关于城市维护建设税计税依据的表述中，正确的有（　　）。

A. 免征"两税"时应同时免征城市维护建设税

B. 对出口产品退还增值税的，不退还已缴纳的城市维护建设税

C. 纳税人被查补"两税"时应同时对查补的"两税"补缴城市维护建设税

D. 纳税人违反"两税"有关税法规定被加收的滞纳金应计入城市维护建设税的计税依据

4. 位于市区的某自营出口生产企业，2020 年 3 月增值税应纳税额为-280 万元，出口货物的"免抵退"税额为 400 万元；企业将其境内的一块土地使用权转让给一家农业生产企业用于农作物的培育，获得转让收入 80 万元。下列各项中，符合税法相关规定的有（　　）。

A. 该企业应缴纳的增值税 4 万元

B. 应退该企业增值税税额为 280 万元

C. 该企业应缴纳的教育费附加为 8.52 万元

D. 该企业应缴纳的城市维护建设税为 8.4 万元

5. 下列关于城市维护建设税减免税规定的表述中，正确的有（　　）。

A. 城市维护建设税随"两税"的减免而减免

B. 对国家重大水利工程建设基金免征城市维护建设税

C. 对由海关代征的进口产品增值税和消费税应减半征收城市维护建设税

D. 因减免税而对"两税"进行退库的，可同时对已征收的城市维护建设税实施退库

6. 下列各项中，符合城市维护建设税纳税地点规定的有（　　）。

A. 城建税的纳税地点为纳税人缴纳增值税、消费税的地点

B. 流动经营无固定纳税地点的单位，为单位注册地

C. 流动经营无固定纳税地点的个人，为居住所在地

D. 代扣代征增值税、消费税的单位和个人，为代扣代征地

7. 某烟草公司为增值税一般纳税人，主要从

事烟叶收购和销售业务，2019 年 11 月收
购烟叶支付价款 500 万元，并按规定支付
了 10% 的价外补贴，已开具烟叶收购发
票。收购的烟叶用于直接销售。下列表述
正确的有(　　)。

A. 烟厂需要缴纳烟叶税 100 万元

B. 烟厂需要缴纳烟叶税 110 万元

C. 烟厂可以抵扣的进项税 59.4 万元

D. 烟厂可以抵扣的进项税 73.92 万元

8. 下列关于教育费附加的说法中正确的
有(　　)。

A. 按季度纳税且季度销售额不超过 30 万
元的纳税人免征教育费附加

B. 教育费附加的计征依据与城建税的计税
依据相同

C. 对国家重大水利工程建设基金免征教育
费附加

D. 对海关进口的产品征收的增值税，征
收教育费附加

9. 下列关于城市维护建设税税率的说法，错
误的有(　　)。

A. 某县城高档化妆品厂受托为某市区公
司加工高档化妆品套装作为礼品，其代收
代缴城市维护建设税的税率为 7%

B. 某县城高档化妆品厂受托为某市区公司
加工高档化妆品套装作为礼品，其代收代
缴城市维护建设税的税率为 5%

C. 流动经营等无固定纳税地点的，按缴纳
增值税、消费税税额所在地的规定税率计
算缴纳城建税

D. 开采海洋石油资源的中外合作油(气)
田所在地在海上，其城市维护建设税
为 3%

同步训练答案及解析

一、单项选择题

1. A 【解析】由受托方代扣代缴、代收代缴
增值税、消费税的单位和个人，其代扣代
缴、代收代缴的城建税按受托方所在地适
用税率执行，所以由 B 企业按 5% 的税率
代收代缴城建税。

2. D 【解析】城市维护建设税的计税依据为
纳税人实际缴纳的增值税、消费税。滞纳
金和罚款不作为城市维护建设税的计税依
据。经国家税务总局正式批准审核的当期
免抵的增值税税额应纳入城市维护建设税
的计税依据。

3. B 【解析】甲厂本月应向所在市区税务机
关缴纳的城市维护建设税 = (362−30−50)×
7% = 19.74(万元)

4. D 【解析】当期的免抵税额是城建税的计
税依据；同时城建税是进口不征，出口
不退。
该企业当月应缴纳城建税 = 20×(7%+3%)
= 2(万元)

5. A 【解析】城建税的计税依据为纳税人实
际缴纳的增值税、消费税税额之和。城建
税进口不征，出口不退。所以进口环节增
值税不作为城建税的计税依据，代扣代
缴、代收代缴的消费税其城建税的纳税地
点在代扣代收地。应纳城建税 = (350−50+
530−30)×5% = 40(万元)。

6. B 【解析】该企业在 B 省市区提供建筑服
务应预缴增值税 = (218−54.5)÷(1+9%)×
2% = 3(万元)；该企业在 B 省市区应缴纳
城市维护建设税 = 3×7% = 0.21(万元)。

7. D 【解析】选项 D，加收的滞纳金不作为
教育费附加和地方教育附加的计税依据。

8. B 【解析】选项 A，对海关进口产品征收
的增值税、消费税，不征收城建税及教育
费附加；选项 C，对出口产品退还增值税、
消费税的，不退还已征的城建税及教育费
附加；选项 D，对由于减免增值税、消费
税而发生退库的，可以同时退还已征收的
城建税及教育费附加。

9. C 【解析】纳税人收购烟叶，应当向烟叶收购地的主管税务机关申报纳税，所以选项C错误。

二、多项选择题

1. AC 【解析】超市销售蔬菜免征增值税。

2. ABC 【解析】选项D，城市维护建设税的计税依据是纳税人实际缴纳的增值税、消费税税额，不包括被加收的滞纳金和被处的罚款等非税款项。

3. ABC 【解析】选项D，纳税人违反"两税"有关税法规定而加收的滞纳金和罚款，是税务机关对纳税人违法行为的经济制裁，不作为城市维护建设税的计税依据。

4. BD 【解析】将土地使用权转让给农业生产者用于农业生产免征增值税。

城建税 = （400-280）×7% = 8.4（万元）

教育费附加 = （400-280）×3% = 3.6（万元）

5. ABD 【解析】选项C，海关对进口产品代征的增值税、消费税，不征收城市维护建设税。

6. AD 【解析】对流动经营无固定纳税地点的单位和个人，应随同增值税、消费税在经营地纳税。

7. BC 【解析】烟叶实际支付价款总额 = 烟叶收购价款×（1+10%） = 500×（1+10%） = 550（万元）

烟叶税 = 550×20% = 110（万元）

烟叶可以抵扣的进项税 = （烟叶实际支付价款总额+烟叶税）×9% = 550×（1+20%）×9% = 59.4（万元）

纳税人购进烟叶之后再销售，可以按照9%计算抵扣进项税额。

8. ABC 【解析】对海关进口的产品征收的增值税，不征收教育费附加。

9. AD 【解析】选项A，由受托方代收、代扣增值税、消费税的单位和个人，按受托方缴纳增值税、消费税所在地的规定税率就地缴纳城市维护建设税；选项D，开采海洋石油资源的中外合作油（气）田所在地在海上，其城市维护建设税税率为1%。

城市维护建设税法和烟叶税法

城市维护建设税法 ★★★
- 纳税义务人：负有缴纳增值税、消费税义务的单位和个人
- 税率（7%/5%/1%）
- 计税依据：实际缴纳的增值税、消费税税额
  - 进口不征、出口不退
- 应纳税额的计算：实际缴纳增值税、消费税之和×税率
- 税收优惠：城建税原则上不单独减免，但因城建税具有附加税性质，当主税发生减免时，城建税相应发生税收减免。
- 纳税环节
- 纳税地点
- 纳税期限

烟叶税法 ★
- 纳税义务人、征税范围与税率
  - 纳税义务人：收购烟叶的单位
  - 征税范围：晾晒烟叶、烤烟叶
  - 税率：20%
  - 实际支付价款＝收购价款×（1＋10%）
- 应纳税额的计算与征收管理
  - 应纳税额的计算：应纳烟叶税税额＝实际支付价款×20%
  - 征收管理
    - 纳税义务发生时间：收购烟叶的当天
    - 纳税地点：烟叶收购地
    - 纳税期限：纳税义务发生月终了之日起15日内

教育费附加和地方教育附加的有关规定 ★★
- 征收范围及计税依据
- 计征比率
  - 教育费附加征收比率为3%
  - 地方教育附加征收比率为2%
- 应纳税额的计算：实际缴纳增值税、消费税之和×征收比率（3%或2%）
- 减免规定

第7章　关税法和船舶吨税法

考情解密

历年考情概况

关税虽然在历年考试中所占分值不多，但属于税法考试中相对重要的一个税种。考试中，除以单选题和多选题形式出题外，还常与进口环节增值税、消费税结合在一起在计算题或综合题中进行考核。船舶吨税的内容主要是以客观题的形式进行考查。本章历年考试中平均分值为3~5分左右。

近年考点直击

考点	主要考查题型	考频指数	考查角度
关税税率的运用	单选题、多选题	★★	判断不同情形下关税适用的税率是否正确
关税完税价格	单选题、多选题、计算题	★★★	(1)直接考查可以哪些项目计入关税完税价格，哪些不计入； (2)给出具体业务及相应金额，要求计算关税完税价格的金额，实质上还是考查哪些项目可以计入完税价格，哪些项目不能计入完税价格； (3)在计算完税价格的基础上进一步考查关税的应纳税额
关税税收优惠	单选题、多选题	★★★	(1)分清法定减免、特定减免和临时减免； (2)考核减免税的具体规定
船舶吨税	单选题、多选题	★	(1)结合税收优惠考查船舶吨税的征税范围； (2)要求计算船舶吨税的应纳税额； (3)船舶吨税征收管理的一些规定

学习方法与应试技巧

对于很多考生而言，在日常工作、生活中很少接触关税，因此会感觉关税比较陌生。而且教材中关税的一些规定也相对生涩、难懂。所以如何学习关税呢？我们的建议：

1. 分清主次。关税的内容虽然不少，但考点非常集中，集中在关税税率的运用、完税价格的确定、税收优惠等内容上，因此大家学习时，要注意掌握重点内容，对于次重点熟悉即可，对于考试中很少涉及的内容，简单一带而过即可。

2. 结合增值税、消费税的内容进行学习。关税不仅仅可能出单选题、多选题等客观题，还有可能在计算问答题、综合题中将进口环节的关税、增值税、消费税的计算结合起来出题，需要大家总结这三个税种的内在关联，一旦关税计算不准确，会影响到后续增值税、消费税的计算。

本章2020年考试主要变化

本章内容无变化。

考点详解及精选例题

关税法是指国家制定的调整关税征收与缴纳权利义务关系的法律规范。

一、关税征税对象与纳税义务人

扫我解疑难

关税是海关依法对进出境货物、物品征收的一种税。

（一）征税对象★

征税对象：准许进出境的货物和物品。

【知识点拨1】所谓"境"指关境，又称"海关境域"或"关税领域"，是国家《海关法》全面实施的领域。关境与国境有时不一致。

【知识点拨2】海关在征收进口货物、物品关税的同时，还代征进口增值税和消费税。

（二）纳税义务人★★

关税的纳税义务人：进口货物的收货人、出口货物的发货人、进出境物品的所有人（包括推定为所有人的人）。

一般情况下，对于携带进境的物品，推定其携带人为所有人；对分离运输的行李，推定相应的进出境旅客为所有人；对以邮递方式进境的物品，推定其收件人为所有人；以邮递或其他运输方式出境的物品，推定其寄件人或托运人为所有人。

【例题1·单选题】下列选项中，不属于关税纳税义务人的是（ ）。

A. 进口货物的收货人

B. 出口货物的发货人

C. 出口货物的代理人

D. 进出境物品的所有人

解析 ▶ 进口货物的收货人、出口货物的发货人、进出境物品的所有人，是关税的纳税义务人。代理人不属于关税纳税义务人。

答案 ▶ C

二、进出口税则

扫我解疑难

（一）进出口税则概况

进出口税则是一国政府根据国家关税政策和经济政策，通过一定的立法程序制定公布实施的进出口货物和物品应税的关税税率表。进出口税则以税率表（包括税则商品分类目录和税率栏两大部分）为主体，通常还包括实施税则的法令、使用税则的有关说明和附录等。《海关进出口税则》是我国海关凭以征收关税的法律依据，也是我国关税政策的具体体现。

（二）税则归类

税则归类，就是将每项具体进出口商品按其特性在税则中找出其最适合的某一个税号，以便确定其适用的税率，计算关税税负。

（三）税率★★

1. 进口关税税率

（1）税率设置与适用。

目前我国进口税则设有最惠国税率、协定税率、特惠税率、普通税率、关税配额税率共五种税率，一定时期内可实行暂定税率，简单了解其适用范围即可。

（2）税率的种类（见表7-1）。

表7-1 税率的种类

分类	内容	适用范围
从价税	以应征税额占货物价格或者价值的百分比为税率（最常用的关税计税标准）	大多数商品、货物
从量税	是以货物的数量、重量、体积、容量等计量单位为计税标准	原油、啤酒、胶卷

分类	内容	适用范围
复合税	对某种进口货物混合使用从价税和从量税的一种关税计征标准	录像机、放像机、摄像机、数字照相机和摄录一体机
选择税	对一种进口商品同时定有从价税和从量税两种税率，但征税时选择其税额较高的一种征税	—
滑准税	关税税率随进口货物价格由高至低而由低至高设置	—

（3）暂定税率与关税配额税率。

适用最惠国税率的进口货物有暂定税率的，应当适用暂定税率；适用特惠税率、协定税率的进口货物有暂定税率的，应当从低适用税率；适用普通税率的进口货物，不适用暂定税率。

关税配额：一定数量内的进口商品适用税率较低的配额内税率，超出该数量的进口商品适用税率较高的配额外税率。如部分进口农产品和化肥。

2. 出口关税税率

我国出口税则为一栏税率，即出口税率。

3. 特别关税

特别关税包括报复性关税、反倾销税与反补贴税、保障性关税。征收特别关税的货物、适用国别、税率、期限和征收办法，由国务院关税税则委员会决定，海关总署负责实施。

4. 税率的运用（见表7-2）

表7-2　关税税率的运用

情形	关税税率的运用
1. 进出口货物	应适用海关接受该货物申报进口或者出口之日实施的税率
2. 进口货物到达前，经海关核准先行申报的	应适用装载该货物的运输工具申报进境之日实施的税率
3. 进口转关运输货物	应适用指运地海关接受该货物申报进口之日实施的税率
货物运抵指运地前，经海关核准先行申报的	应适用装载此货物的运输工具抵达指运地之日实施的税率
4. 出口转关运输货物	应适用启运地海关接受该货物申报出口之日实施的税率
5. 经海关批准，实行集中申报的进出口货物	应适用每次货物进出口时海关接受该货物申报之日实施的税率征税
6. 因超过规定期限未申报而由海关依法变卖的货物	其税款计征应适用装载该货物的运输工具申报进境之日实施的税率
7. 因纳税人违反规定需要追征税款的进出口货物	应适用违反规定的行为发生之日实施的税率；行为发生之日不能确定的，适用海关发现该行为之日实施的税率
8. 已申报进境并放行的保税货物、减免税货物、租赁货物或已申报进出境并放行的暂时进出境货物，有下列行为之一需要缴纳税款的： （1）保税货物经批准不复运出境的； （2）保税仓储货物转入国内市场销售的； （3）减免税货物经批准转让或移作他用的； （4）可暂不缴纳税款的暂时进出境货物，经批准不复运出境或进境的； （5）租赁进口货物，分期缴纳税款的	适用海关接受纳税人再次填写报关单申报办理纳税及有关手续之日实施的税率
9. 补征和退还进出口货物关税	按前述规定

【例题 2·多选题】 下列关于关税税率的表述中，正确的有（　）。

A. 出口转关运输货物，应适用启运地海关接受该货物申报出口之日实施的税率

B. 进出口货物，应当适用海关接受该货物申报进口或者出口之日实施的税率

C. 进口转关运输货物，应适用指运地海关接受该货物申报进口之日实施的税率

D. 进口货物到达前，经海关核准先行申报的，应适用先行申报之日实施的税率

解析 ▶ 进口货物到达前，经海关核准先行申报的，应适用装载该货物的运输工具申报进境之日实施的税率，因此选项 D 错误。

答案 ▶ ABC

真题精练（客观题）

1.（2019 年单选题）按照随进口货物的价格由高至低而由低至高设置的关税税率计征的关税是（　）。

A. 复合税

B. 滑准税

C. 选择税

D. 从量税

解析 ▶ 滑准税是根据货物的不同价格适用不同税率的一类特殊的从价关税。它是一种关税税率随进口货物价格由高至低而由低至高设置计征关税的方法。简单地讲，就是进口货物的价格越高，其进口关税税率越低，进口商品的价格越低，其进口关税税率越高。

答案 ▶ B

2.（2016 年单选题）下列机构中，有权决定税收特别关税的货物、适用国别、税率、期限和征收办法的是（　）。

A. 财政部

B. 海关总署

C. 国务院关税税则委员会

D. 商务部

解析 ▶ 征收特别关税的货物、适用国别、税率、期限和征收办法，由国务院关税税则委员会决定，海关总署负责实施。

答案 ▶ C

扫我解疑难

三、关税完税价格与应纳税额的计算

（一）原产地规定 ★★

我国原产地规定基本上采用了"全部产地生产标准""实质性加工标准"两种国际上通用的原产地标准。

1. 全部产地生产标准

进口货物"完全在一个国家内生产或制造"，生产国或制造国即为该货物的原产国。完全在一个国家内生产或制造的进口货物包括：

（1）在该国领土或领海内开采的矿产品；

（2）在该国领土上收获或采集的植物产品；

（3）在该国领土上出生或由该国饲养的活动物及从其所得产品；

（4）在该国领土上狩猎或捕捞所得的产品；

（5）在该国的船只上卸下的海洋捕捞物，以及由该国船只在海上取得的其他产品；

（6）在该国加工船上加工上述第（5）项所列物品所得的产品；

（7）在该国收集的只适用于做再加工制造的废碎料和废旧物品；

（8）在该国完全使用上述（1）～（7）项所列产品加工成的制成品。

2. 实质性加工标准

实质性加工标准是**适用于确定有两个或两个以上国家参与生产的产品的原产国的标准**。

【知识点拨】"实质性加工"是指产品加工后，在进出口税则中**四位数税号一级的税则归类**已经有了改变，或者加工增值部分所占新产品总值的比例**已超过 30% 及以上的**。

3. 其他

对机器、仪器、器材或车辆所用零件、部件、配件、备件及工具，按照下列规定确定原产地（见表 7-3）。

表 7-3　机器、仪器、器材等原产地的规定

情形	原产地的确定
与主件同时进口且数量合理的	其原产地按主件的原产地确定
分别进口的	按各自的原产地确定

【例题 3·多选题】下列有关进口货物原产地的确定，符合我国关税相关规定的有（　　）。

A. 从韩国船只上卸下的海洋捕捞物，其原产地为韩国

B. 在新西兰开采并经台湾转运的铁矿石，其原产地为新西兰

C. 由韩国提供布料，在越南加工成衣，经香港包装转运的西服，其原产地为越南

D. 在南非开采并经法国加工的钻石，加工增值部分占该钻石总值比例为 25%，其原产地为法国

解析 ▶ "实质性加工"是指产品加工后，在进出口税则中四位数税号一级的税则归类已经有了改变，或者加工增值部分所占新产品总值的比例已超过 30% 及以上的。由于选项 D 的加工增值比例未达到 30%，因此其原产地不能确定为法国，只能按南非确定。

答案 ▶ ABC

（二）进口货物的关税完税价格 ★★★

1. 一般进口货物的完税价格

进口货物的完税价格包括货物的货价、货物运抵我国境内输入地点起卸前的运输及其相关费用、保险费。

进口货物完税价格 = 货价 + 采购费用（包括货物运抵我国关境内输入地点起卸前的运输、保险及其他相关费用）

确定进口货物完税价格的方法主要两类：成交价格估价方法和进口货物海关估价方法。

（1）成交价格估价方法

①**进口货物成交价格应当符合的条件**

a. 对买方处置或使用进口货物不予限制，但法律、行政法规规定实施的限制、对货物销售地域的限制和对货物价格无实质性影响的限制除外；

b. 进口货物的价格不得受到使该货物成交价格无法确定的条件或因素的影响；

c. 卖方不得直接或间接获得因买方销售、处置或使用进口货物而产生的任何收益，或虽有收益但能够按照《完税价格法》的规定做出调整；

d. 买卖双方之间没有特殊关系，或虽然有特殊关系但是按照规定未对成交价格产生影响。

②成交价格估价方法下完税价格的调整项目如表 7-4 所示。

表 7-4　成交价格估价方法下完税价格的调整项目

需要计入完税价格的项目	不需要计入完税价格的项目
如下列费用或者价值未包括在进口货物价格中，应当计入完税价格： ①由买方负担的**除购货佣金以外**的佣金和经纪费； 【知识点拨】"购货佣金"指买方为购买进口货物向自己的采购代理人支付的劳务费用；"经纪费"指买方为购买进口货物向代表买卖双方利益的经纪人支付的劳务费用。**购货佣金不计入完税价格**。 ②由买方负担的与该货物视为一体的容器费用； ③由买方负担的包装材料费用和包装劳务费用	下列费用，如能与该货物实付或者应付价格区分，不得计入完税价格： ①厂房、机械或者设备等货物进口后发生的建设、安装、装配、维修或者技术援助费用，但是保修费用除外； ②进口货物运抵中华人民共和国境内输入地点起卸后发生的运输及其相关费用、保险费； ③进口关税、进口环节海关代征税及其他国内税

需要计入完税价格的项目	不需要计入完税价格的项目
④与该货物的生产和向境内销售有关的，由买方以免费或以低于成本的方式提供并可按适当比例分摊的料件、工具、模具、消耗材料及类似货物的价款，以及在境外开发、设计等相关服务的费用； ⑤与该货物有关并作为卖方向我国销售该货物的一项条件，应当由买方直接或间接支付的特许权使用费； ⑥卖方直接或间接从买方对该货物进口后转售、处置或使用所得中获得的收益	④为在境内复制进口货物而支付的费用； ⑤境内外技术培训及境外考察费用； ⑥同时符合下列条件的利息费用： a. 利息费用是买方为购买进口货物而融资所产生的； b. 有书面的融资协议的； c. 利息费用单独列明的； d. 纳税人可以证明有关利率不高于在融资当时当地此类交易通常应当具有的利率水平，且没有融资安排的相同或类似进口货物的价格与进口货物的实付、应付价格非常接近的

【例题4·多选题】 下列各项中，应当计入进口货物关税完税价格的有( )。

A. 由买方负担的购货佣金

B. 由买方负担的境外包装材料费用

C. 由买方负担的境外包装劳务费用

D. 由买方负担的与进口货物视为一体的容器费用

解析 ▶ 由买方负担的除购货佣金以外的佣金和经纪费要计入关税完税价格，购货佣金不计入关税完税价格，因此选项A错误。

答案 ▶ BCD

真题精练（客观题）

（2015年单选题）下列税费中，应计入进口货物关税完税价格的是( )。

A. 单独核算的境外技术培训费用

B. 报关时海关代征的增值税和消费税

C. 进口货物运抵我国境内输入地点起卸前的保险费

D. 由买方单独支付的入关后的运输费用

解析 ▶ 根据《海关法》规定，进口货物的完税价格包括货物的货价、货物运抵我国境内输入地点起卸前的运输及其相关费用、保险费。选项ABD不计入进口货物关税完税价格。　　**答案** ▶ C

（2）进口货物海关估价方法

进口货物的成交价格不符合规定条件或者成交价格不能确定的，海关应当**依次**以下列方法估定完税价格：

①相同货物成交价格估价方法。

②类似货物成交价格估价方法。

③倒扣价格估价方法。

④计算价格估价方法。

⑤合理方法。

海关在采用合理方法确定进口货物的完税价格时，**不得使用以下价格**：

a. 境内生产的货物在境内的销售价格；

b. 可供选择的价格中较高的价格；

c. 货物在出口地市场的销售价格；

d. 以计算价格估价方法规定之外的价值或者费用计算的相同或者类似货物的价格；

e. 出口到第三国或地区的货物的销售价格；

f. 最低限价或武断、虚构的价格。

以倒扣价格法估定关税完税价格时，下列各项应当扣除：

①同等级或同种类货物在境内第一销售环节销售时，通常的利润和一般费用及通常支付的佣金；

②货物运抵境内输入地点起卸后的运输及相关费用、保险费；

③进口关税、进口环节海关代征税及其他国内税。

【例题5·多选题】 以倒扣价格法估定关税完税价格时，下列应当扣除的项目有( )。

A. 进口关税

B. 同种类货物在境内第一销售环节销售时，通常的利润和一般费用以及通常支付的佣金

C. 货物运抵输入地点之后的境内运费

D. 在境外生产时的原材料成本

解析 无论哪种估价方法，其关键点都是货物运抵我国境内输入地点起卸前的费用，计入进口货物关税完税价格；起卸后的费用，不计入进口货物关税完税价格。 **答案** ABC

真题精练（客观题）

（2015年多选题，改）采用倒扣价格方法估定进口货物关税完税价格时，下列各项应当予以扣除的有（ ）。

A. 进口关税

B. 货物运抵境内输入地点之后的运费

C. 境外生产该货物所使用的原材料价值

D. 该货物的同种类货物在境内第一销售环节销售时的利润和一般费用

解析 以该方法估定完税价格时，下列各项应当扣除：（1）该货物的同等级或同种类货物，在境内第一销售环节销售时，通常的利润和一般费用（包括直接费用和间接费用）及通常支付的佣金；（2）货物运抵境内输入地点起卸后的运输及相关费用、保险费；（3）进口关税、进口环节海关代征税及其他国内税。 **答案** ABD

2. 进口货物完税价格中的运输及相关费用、保险费的计算

（1）进口货物的运输及其相关费用，应当按照由买方实际支付或者应当支付的费用计算。如果进口货物的运输及其相关费用无法确定的，海关应当按照该货物进口同期的正常运输成本审查确定。

（2）运输工具作为进口货物，利用自身动力进境的，海关在审查确定完税价格时，**不再另行计入运输及其相关费用**。

（3）进口货物的保险费，应当按照实际支付的费用计算。如果进口货物的保险费无法确定或未实际发生，海关应当按照"货价加运费"两者总额的3‰计算保险费。计算公式为：**保险费 =（货价 + 运费）× 3‰**。

（4）邮运进口的货物，应当以邮费作为运输及其相关费用、保险费。

【例题6·单选题】 某进出口公司为增值税一般纳税人，2020年2月份从国外进口一批机器设备共20台，每台货价12万元人民币，包括运抵我国大连港起卸前的运输、保险和其他劳务费用共计5万元；另外销售商单独向该进出口公司收取境内安装费用5万元，境外技术援助费用7万元，设备包装材料费8万元。假设该类设备进口关税税率为50%。该公司应缴纳的关税为（ ）万元。

A. 254 　　　　　B. 232

C. 185 　　　　　D. 124

解析 进口货物的价款中单独列明厂房、机械或者设备等货物进口后发生的建设、安装、装配、维修或者技术援助费用，不计入该货物的完税价格。

进口设备的完税价格 = 20×12+8 = 248（万元）

应纳进口关税 = 248×50% = 124（万元）

答案 D

【应试思路】 在计算关税税额时，关键点是确定关税完税价格。本题要注意起卸前的运输、保险和其他劳务费用共计5万元已经包含在货价中，所以计算关税完税价格时不能再加上5万元。

（三）出口货物的完税价格

1. 出口货物完税价格的一般规定

出口货物的完税价格，由海关以该货物的成交价格为基础审查确定。具体规定如下：

（1）包括货物运至我国境内输出地点**装载前的运输及其相关费用、保险费。但不包括离境口岸至境外口岸之间的运费、保险费**；

（2）不包括出口关税税额；

出口货物的完税价格 = 离岸价格 /（1 + 出口关税税率）

（3）不包括在货物价款中单独列明的货物运至我国境内输出地点装载后的运输及其相关费用、保险费。

2. 出口货物海关估价方法

出口货物的成交价格不能确定时，**依次**以下列价格审查确定该货物的完税价格：

（1）同时或大约同时向同一国家或地区出口的相同货物的成交价格；

（2）同时或大约同时向同一国家或地区出口的类似货物的成交价格；

（3）根据境内生产相同或类似货物的成本、利润和一般费用、境内发生的运输及其相关费用、保险费计算所得的价格；

（4）按照合理方法估定的价格。

【例题 7·单选题】 下列各项中，应计入出口货物完税价格的是（　　）。

A. 出口关税税额

B. 单独列明的支付给境外的佣金

C. 货物在我国境内输出地点装载后的运输费用

D. 货物运至我国境内输出地点装载前的保险费

解析 ▶ 出口货物的完税价格包括货物的货价、货物运至我国境内输出地点装载前的运输及其相关费用、保险费，但是其中包含的出口关税税额，应当予以扣除。　**答案** ▶ D

（**真题精练（客观题）**）

1. （2018 年多选题）下列各项税费中，应计入出口货物完税价格的有（　　）。

A. 货物运至我国境内输出地点装载前的保险费

B. 货物运至我国境内输出地点装载前的运输费用

C. 货物出口关税

D. 货价中单独列明的货物运至我国境内输出地点装载后的运输费用

解析 ▶ 出口货物的完税价格，由海关以该货物向境外销售的成交价格为基础审查确定，并应当包括货物运至中华人民共和国境内输出地点装载前的运输及其相关费用、保险费。但其中包含的出口关税税额，应当扣除。　**答案** ▶ AB

2. （2017 年单选题）下列出口货物成交价格包含的税费中应计入出口货物关税完税价格的是（　　）。

A. 单独列明支付给境外的佣金

B. 出口关税税额

C. 我国离境口岸至境外口岸之间的保险费

D. 运至我国境内输出地点装载前的运输费用

解析 ▶ 选项 ABC 不计入出口货物关税完税价格。　**答案** ▶ D

（四）应纳税额的计算（见表 7-5）★★★

表 7-5　应纳税额的计算公式

征税方式	计算公式
从价税	关税税额=应税进（出）口货物数量×单位完税价格×税率
从量税	关税税额=应税进（出）口货物数量×单位货物税额
复合税	关税税额=应税进（出）口货物数量×单位货物税额+应税进（出）口货物数量×单位完税价格×税率
滑准税	关税税额=应税进（出）口货物数量×单位完税价格×滑准税税率

对于关税的学习，要将关税、增值税、消费税结合在一起学习。我们总结一下进口货物关税、增值税和消费税在计算纳税时的有关知识点（见表 7-6）。

表 7-6　进口货物关税、增值税、消费税知识点总结

税种	计税依据
关税	1. 完税价格：买价+**起卸前**费用 2. 运费或保险费无法确定或未实际发生： a. 运费=货价×运费率；b. 保险费=（货价+运费）×3‰

续表

税种	计税依据		
	从量定额	从价定率	复合计税
消费税	以海关核定的进口数量作为计税依据	(关税完税价格+关税)÷(1-消费税比例税率)	(关税完税价格+关税+消费税定额税)÷(1-消费税比例税率)
增值税	关税完税价格+关税+消费税		

【例题 8·计算问答题】 某公司 2020 年 1 月份从境外进口一批高档化妆品，货价为 600 万元，运抵我国海关前发生的运输费用、保险费用无法确定，经海关查实其他运输公司相同业务的运输费用占货价的比例为 2%。关税税率 50%，消费税税率 15%。

要求：分别计算进口环节缴纳的各项税金。

答案
①进口高档化妆品的货价=600（万元）
②进口高档化妆品的运输费=600×2%=12（万元）
③进口高档化妆品的保险费=(600+12)×3‰=1.84（万元）
④进口高档化妆品应纳关税
关税完税价格=600+12+1.84=613.84（万元）
应纳关税=613.84×50%=306.92（万元）
⑤进口环节应缴纳的消费税
消费税组成计税价格
=(613.84+306.92)÷(1-15%)
=1083.25（万元）
应纳消费税=1083.25×15%=162.49（万元）
验算：消费税组成计税价格=613.84+306.92+162.49=1083.25（万元），和前面计算的消费税组成计税价格相等，说明计算是正确的。
⑥进口环节应纳增值税=1083.25×13%=140.82（万元）

真题精练（客观题）

（2019 年单选题）某进出口公司 2019 年 8 月进口摩托车 20 辆，成交价共计 27 万元，该公司另支付入关前的运费 4 万元，保险费无法确定，摩托车关税税率 25%，该公司应缴纳的关税为（ ）。

A. 6.78 万元　　B. 6.75 万元
C. 7.77 万元　　D. 7.75 万元

解析 关税完税价格=货价+运费+保险费
进口货物的保险费无法确定或者未实际发生，海关应当按照"货价加运费"两者总额的3‰计算保险费。
关税完税价格=27+4+(27+4)×3‰=31.09
关税=31.09×25%=7.77（万元）**答案** C

（五）跨境电子商务零售进口税收政策

跨境电子商务零售进口商品按照货物征收关税和进口环节增值税、消费税，购买跨境电子商务零售进口商品的个人作为纳税义务人，实际交易价格（包括货物零售价格、运费和保险费）作为完税价格，电子商务企业、电子商务交易平台企业或物流企业可作为代收代缴义务人。

跨境电子商务零售进口商品的单次交易限值为人民币 5000 元，个人年度交易限值为人民币 26000 元。在限值以内进口的跨境电子商务零售进口商品：

1. 关税税率暂设为 0%；

2. 进口环节增值税、消费税取消免征税额，暂按法定应纳税额的 70%征收；

3. 完税价格超过 5000 元单次交易限值但低于 26000 元年度交易限值，且订单下仅一件商品时，可以自跨境电商零售渠道进口，按照货物税率全额征收关税和进口环节增值税、消费税，交易额计入年度交易总额，但年度交易总额超过年度交易限值的，应按一般贸易管理。

四、关税减免规定★★★（见表7-7）

扫我解疑难

关税减免分为法定减免税、特定减免税、暂时免税、临时减免税四种类型。

除法定减免税外的其他减免税均由国务院决定。在我国加入世界贸易组织后，减征关税以最惠国税率或者普通税率为基准。

第7章 关税法和船舶吨税法

表7-7　税收优惠

减免类型	具体内容
法定减免	(1)关税税额在人民币50元以下的一票货物，可免征关税。 (2)无商业价值的广告品和货样，可免征关税。 (3)外国政府、国际组织无偿赠送的物资，可免征关税。 (4)进出境运输工具装载的途中必需的燃料、物料和饮食用品，可予免税。 (5)在海关放行前损失的货物，可免征关税。 (6)在海关放行前遭受损坏的货物，可以根据海关认定的受损程度减征关税。 (7)我国缔结或者参加的国际条约规定减征、免征关税的货物、物品，按照规定予以减免关税。 (8)法律规定减征、免征关税的其他货物、物品
特定减免	(1)科教用品。 (2)残疾人专用品。 (3)慈善捐赠物资。 (4)加工贸易产品。 (5)边境贸易进口物资
暂时免税	(1)在展览会、交易会、会议及类似活动中展示或者使用的货物。 (2)文化、体育交流活动中使用的表演、比赛用品。 (3)进行新闻报道或者摄制电影、电视节目使用的仪器、设备及用品。 (4)开展科研、教学、医疗活动使用的仪器、设备及用品。 (5)在上述(1)-(4)所列活动中使用的交通工具及特种车辆。 (6)货样。 (7)供安装、调试、检测设备时使用的仪器、工具。 (8)盛装货物的容器。 (9)其他用于非商业目的的货物
临时减免	法定和特定减免税以外的其他减免税

【例题9·多选题】下列进口货物中，经海关审查属实，可减免进口关税的有（　　）。

A. 关税税额在人民币80元的一票货物

B. 具有商业价值的广告品

C. 外国政府无偿赠送的物资

D. 在海关放行前损失的货物

解析 选项A，关税税额在人民币50元以下的一票货物免税；选项B，无商业价值的广告品和货样，可以免征关税。**答案** CD

真题精练（客观题）

(2019年多选题)下列进口的货物中，免征关税的有（　　）。

A. 无商业价值的广告品

B. 在海关放行前损失的货物

C. 外国政府无偿援助的物资

D. 国际组织无偿赠送的货物

解析 关税优惠属于本章的重要考点，大家要提起重视。**答案** ABCD

五、征收管理（见表7-8）★★★

扫我解疑难

表7-8　征收管理

项目		具体规定
关税缴纳	进口货物	自运输工具申报进境之日起14日内向海关申报
	出口货物	货物运抵海关监管区后、装货的24小时以前向海关申报
	纳税义务人应当自海关填发税款缴款书之日起15日内，向指定银行缴纳税款	
关税的强制执行	强制措施主要有两类： (1)关税滞纳金(万分之五的比例按日征收)； 关税滞纳金金额＝滞纳关税税额×滞纳金征收比率×滞纳天数 (2)强制征收：包括强制扣缴、变价抵缴等强制措施	
关税退还	有下列情形之一的，纳税人自缴纳税款之日起1年内，可以申请退还关税，应当以书面形式向海关说明理由，提供原缴款凭证及相关资料： (1)已征进口关税的货物，因品质或者规格原因，原状退货复运出境的； (2)已征出口关税的货物，因品质或者规格原因，原状退货复运进境，并已重新缴纳因出口而退还的国内环节有关税收的； (3)已征出口关税的货物，因故未装运出口，申报退关的	
关税补征和追征	补征	海关发现少征或者漏征税款，应当自缴纳税款或者货物、物品放行之日起1年内
	追征	(1)因纳税义务人违反规定而造成的少征或者漏征的税款，海关可以自纳税义务人缴纳税款或者货物、物品放行之日起3年以内追征，并从缴纳税款或者货物、物品放行之日起按日加收少征或者漏征税款万分之五的滞纳金； (2)海关发现其监管货物因纳税义务人违反规定造成少征或者漏征税款的，应当自纳税义务人应缴纳税款之日起3年内追征税款，并从应缴纳税款之日起按日加收少征或者漏征税款万分之五的滞纳金
关税的纳税争议	在纳税义务人同海关发生纳税争议时，可以向海关申请复议，但同时应当在规定期限内按海关核定的税额缴纳关税，逾期则构成滞纳，海关有权按规定采取强制执行措施。 纳税义务人自海关填发税款缴款书之日起60日内，向原征税海关的上一级海关提出复议申请	

【知识点拨1】如果关税缴款期限届满日是休息日或法定节假日，则关税缴纳期限顺延至休息日或法定节假日之后的第1个工作日。

【知识点拨2】关税纳税义务人因不可抗力或者在国家税收政策调整的情形下，不能按期缴纳税款的，经依法提供税款担保后，**可以延期缴纳税款，但最长不得超过6个月**。

【例题10·多选题】下列关于关税征收管理的说法中，表述正确的有（　　）。

A. 出口货物在货物运抵海关监管区后、装货的24小时以前，向货物出境地海关申报

B. 纳税义务人应当自海关填发税款缴款书之日起15日内，向指定银行缴纳税款

C. 关税纳税义务人因不可抗力或者在国家税收政策调整的情形下，不能按期缴纳税款的，经海关总署批准，可以延期缴纳税款，但最长不得超过3个月

D. 在纳税义务人同海关发生纳税争议时，纳税义务人自海关填发税款缴款书之日起60日内，向原征税海关的上一级海关提出复议申请

解析 ▶ 关税纳税义务人因不可抗力或者在国家税收政策调整的情形下，不能按期缴纳税款的，经依法提供税款担保后，可以延期缴纳税款，但最长不得超过6个月。

答案 ▶ ABD

（2016年多选题）下列措施中属于《海关法》赋予海关可以采取的强制措施有（　　）。

A. 变价抵缴

B. 强制扣缴

C. 补征税额

D. 征收关税滞纳金

解析 ▶《海关法》赋予海关对滞纳关税的纳税义务人强制执行的权利。强制措施主要有两类：（1）征收关税滞纳金；（2）强

制征收：海关可以采取强制扣缴、变价抵缴等强制措施。

答案 ▶ ABD

六、船舶吨税

扫我解疑难

（一）征税范围、税率★

1. 征税范围

自中华人民共和国境外港口进入境内港口的船舶（以下称应税船舶），应缴纳船舶吨税。

2. 税率——定额税率

分为优惠税率和普通税率，具体规定见表7-9。

表7-9　船舶吨税的税率

类型	适用范围
优惠税率	我国国籍的应税船舶，船籍国（地区）与我国签订含有相互给予船舶税费最惠国待遇条款的条约或者协定的应税船舶
普通税率	其他应税船舶
注意事项	（1）拖船和非机动驳船分别按相同净吨位船舶税率的50%计征税款； （2）拖船按照发动机功率每1千瓦折合净吨位0.67吨； （3）无法提供净吨位证明文件的游艇，按照发动机功率每千瓦折合净吨位0.05吨

（二）应纳税额的计算★

吨税按照船舶净吨位和吨税执照期限征收。

应纳税额＝船舶净吨位×定额税率

应税船舶在进入港口办理入境手续时，应当向海关申报纳税领取吨税执照，或交验吨税执照。应税船舶在离开港口办理出境手续时，应当交验吨税执照。

【例题11·单选题】 A国和我国签订了相互给予船舶税费最惠国待遇条款的协议，2020年2月，自A国港口进入我国港口船舶两艘，一艘净吨位为10000吨的货轮，一艘为发动机功率为4000千瓦的拖船，这两艘船

舶的执照期限均为1年。根据船舶吨税的相关规定，应缴纳的船舶吨税为（　　）元。（优惠税率，1年执照期限，超过2000净吨位，但不超过10000净吨位的，税率为17.4元/净吨位）

A. 197316　　　　B. 112587

C. 168422　　　　D. 189625

解析 ▶ 拖船按照发动机功率每1千瓦折合净吨位0.67吨。应缴纳船舶吨税＝17.4×10000＋4000×0.67×17.4×50%＝197316（元）。

答案 ▶ A

（三）税收优惠（见表7-10）★★

表 7-10 船舶吨税的税收优惠

优惠类型	具体政策
1. 直接优惠	下列船舶免征吨税： (1) 应纳税额在人民币 50 元以下的船舶； (2) 自境外以购买、受赠、继承等方式取得船舶所有权的初次进口到港的空载船舶； (3) 吨税执照期满后 24 小时内不上下客货的船舶； (4) 非机动船舶(不包括非机动驳船)； (5) 捕捞、养殖渔船； (6) 避难、防疫隔离、修理、改造、终止运营或者拆解，并不上下客货的船舶； (7) 军队、武装警察部队专用或者征用的船舶； (8) 警用船舶； (9) 依照法律规定应当予以免税的外国驻华使领馆、国际组织驻华代表机构及其有关人员的船舶； (10) 国务院规定的其他船舶，本条免税规定，由国务院报全国人民代表大会常务委员会备案
2. 延期优惠	在吨税执照期限内，应税船舶发生下列情形之一的，海关按照实际发生的天数批注延长吨税执照期限： (1) 避难、防疫隔离、修理、改造，并不上下客货； (2) 军队、武装警察部队征用

【例题 12·单选题】 下列船舶中，免征船舶吨税的是( )。

A. 养殖渔船

B. 非机动驳船

C. 拖船

D. 应纳税额为人民币 100 元的船舶

解析 选项 BC，非机动驳船、拖船按相同净吨位船舶税率的 50% 计征船舶吨税；选项 D，应纳税额为人民币 50 元以下的船舶，免征船舶吨税。 **答案** A

真题精练(客观题)

(2018 年单选题)下列从境外进入我国港口，免征船舶吨税的船舶是( )。

A. 拖船

B. 非机动驳船

C. 养殖渔船

D. 执照期满 24 小时内上下的客货船

解析 捕捞、养殖渔船，免征船舶吨税。 **答案** C

(四)征收管理★

1. 吨税由海关负责征收。

2. 吨税纳税义务发生时间为应税船舶进入港口的当日。

3. 应税船舶在吨税执照期满后尚未离开港口的，应当申领新的吨税执照，自上一次执照期满的次日起续缴吨税。

4. 应税船舶负责人应当自海关填发吨税缴款凭证之日起 15 日内向指定银行缴清税款。未按期缴清税款的，自滞纳税款之日起至缴清税款之日止，按日加收滞纳税款 0.5‰的滞纳金。

5. 应税船舶到达港口前，经海关核准先行申报并办结出入境手续的，应税船舶负责人应当向海关提供与其依法履行吨税缴纳义务相适应的担保；应税船舶到达港口后，向海关申报纳税。

可以用于担保的财产、权利：

(1) 人民币、可自由兑换货币；

(2) 汇票、本票、支票、债券、存单；

(3) 银行、非银行金融机构的保函；

(4) 海关依法认可的其他财产、权利。

6. 应税船舶在吨税执照期限内，因修理导致净吨位变化的，吨税执照继续有效。

7. 吨税执照在期满前毁损或遗失的，应当向原发照海关书面申请核发吨税执照副本，不再补税。

8. 少征或漏征、多征税款的处理(见表7-11)

表7-11 少征或漏征、多征税款的处理

情形		处理
少征或漏征税款的	海关发现少征或者漏征税款的	应当自应税船舶应当缴纳税款之日起1年内，补征税款
	因应税船舶违反规定造成少征或者漏征税款的	海关可以自应当缴纳税款之日起3年内追征税款，并自应当缴纳税款之日起按日加征少征或者漏征税款0.5‰的滞纳金
多征税款的	海关发现多征税款的	应当在24小时内通知应税船舶办理退还手续，并加算银行同期活期存款利息
	应税船舶发现多缴税款的	可以自缴纳税款之日起3年内以书面形式要求海关退还多缴的税款并加算银行同期活期存款利息；海关应当自受理退税申请之日起30日内查实并通知应税船舶办理退还手续

【知识点拨】 应税船舶应当自收到退税通知之日起3个月内办理有关退还手续。

9. 应税船舶有下列行为之一的，由海关责令限期改正，处2000元以上3万元以下罚款；不缴或者少缴应纳税款的，处不缴或者少缴税款50%以上5倍以下的罚款，但罚款不得低于2000元：

(1)未按照规定申报纳税、领取吨税执照的；

(2)未按照规定交验吨税执照及其他证明文件的。

10. 吨税税款、滞纳金、罚款以人民币计算。

应税船舶因不可抗力在未设立海关地点停泊的，船舶负责人应当立即向附近海关报告，并在不可抗力原因消除后，依照本法规定向海关申报纳税。

[例题13·多选题] 下列关于船舶吨税的说法，正确的有( )。

A. 船舶吨税针对中国境外港口进入境内港口的船舶征收

B. 吨税执照期满后24小时内不上下客货的船舶，免征船舶吨税

C. 因应税船舶违反规定造成少征或者漏征税款的，海关可以自应当缴纳税款之日起5年内追征税款

D. 应税船舶负责人应当自海关填发吨税缴款凭证之日起15日内向指定银行缴清税款

解析 ► 因应税船舶违反规定造成少征或者漏征税款的，海关可以自应当缴纳税款之日起3年内追征税款。 答案 ► ABD

同步训练 限时30分钟

一、单项选择题

1. 下列各项中，不符合关税税率有关规定的是( )。

A. 按照普通税率征税的进口货物，经国务院关税税则委员会特别批准，可以适用最惠国税率

B. 特别关税包括报复性关税、反倾销税与反补贴税、保障性关税

C. 出口转关运输货物，应当适用指运地海关接受该货物申报出口之日实施的税率

D. 因超过规定期限未申报而由海关依法变卖的进口货物，其税款计征应当适用装载该货物的运输工具申报进境之日实施的税率

2. "实质性加工"是指产品加工后，在进出口税则中四位数税号一级的税则归类已经有

了改变，或者加工增值部分所占新产品总值的比例已超过（　　）及以上的。

A. 10%　　　　　　B. 20%

C. 30%　　　　　　D. 50%

3. 下列不属于关税征税对象的是（　　）。

A. 准许出境的贸易性商品

B. 入境旅客随身携带的准许进境行李物品

C. 准许出境的个人邮递物品

D. 境内个人之间转让的位于境外的不动产

4. 某演出公司进口舞台设备一套，实付金额折合人民币 185 万元，其中包含单独列出的进口后设备安装费 10 万元、中介经纪费 5 万元；运输保险费无法确定，海关按同类货物同期同程运输费计算的运费为 25 万元。假定关税税率为 20%，该公司进口舞台设备应缴纳的关税为（　　）万元。

A. 34　　　　　　　B. 35

C. 40　　　　　　　D. 40.12

5. 某进出口公司 2020 年 8 月进口一批货物，关税税率为 10%，成交价格 35 万元，该货物运抵我国输入地点起卸前发生的运费 5 万元，保险费无法确定，起卸后发生运费 0.4 万元。该公司进口环节缴纳的关税为（　　）万元。

A. 4.05　　　　　　B. 4.12

C. 4.01　　　　　　D. 4

6. 下列各项中，应计入出口货物完税价格的是（　　）。

A. 货物在我国境内输出地点装载后的运输费用

B. 我国离境口岸至境外口岸之间的保险费

C. 出口关税税额

D. 货物运至我国境内输出地点装载前的运输费、保险费

7. 我国某公司 2020 年 3 月从国内甲港口出口一批矿石到国外，货物离岸价格 180 万元（含出口关税），其中包括货物运抵甲港口装载前的运输费 10 万元。此外，甲港口到国外目的地港口之间还需另行支付运保

险费 20 万元。该矿石出口关税税率为 20%。该公司出口矿石应缴纳的出口关税为（　　）万元。

A. 28.33　　　　　B. 30

C. 34　　　　　　　D. 36

8. 我国某公司 2020 年 3 月从国内甲港口出口一批锌锭到国外，货物成交价格 170 万元（不含出口关税），其中包括货物运抵甲港口装载前的运输费 10 万元、单独列明支付给境外的佣金 12 万元。甲港口到国外目的地港口之间的运输保险费 20 万元。锌锭出口关税税率为 20%。该公司出口锌锭应缴纳的出口关税为（　　）万元。

A. 25.6　　　　　　B. 29.6

C. 31.6　　　　　　D. 34

9. 下列进口货物中，经海关审查属实，可减免进口关税的是（　　）。

A. 关税税额在人民币 60 元的一票货物

B. 具有商业价值的广告品

C. 进出境途中运输工具装载的必需的燃料

D. 外国企业无偿赠送的物资

10. 下列进口货物中，免征进口关税的是（　　）。

A. 外国政府无偿赠送的物资

B. 具有一定商业价值的货样

C. 因保管不慎造成损坏的进口货物

D. 关税税额为人民币 80 元的一票货物

11. 下列关于关税征收管理相关表述，正确的是（　　）。

A. 进口货物自运输工具申报进境之日起 14 日内，向货物进境地海关申报

B. 关税纳税义务人因不可抗力的情形，不能按期缴纳税款的，经批准可以延期缴纳税款，但最长不得超过 3 个月

C. 计算关税滞纳天数时，周末或法定节假日可以扣除

D. 因纳税义务人违反规定而造成的少征或者漏征的税款，自纳税义务人应缴纳税款之日起 1 年以内可以追征

12. 下列关于船舶吨税的说法，错误的

是( )。

A. 拖船按照发动机功率每 1 千瓦折合净吨位 0.67 吨

B. 吨税设置一栏税率

C. 吨税按照船舶净吨位和吨税执照期限征收

D. 吨税由海关负责征收

13. 下列不属于船舶吨税的直接优惠的是( )。

A. 警用船舶

B. 吨税执照期满后 24 小时内不上下客货的船舶

C. 自境外以购买、受、继承等方式取得船舶所有权的初次进口到港的空载船舶

D. 吨税执照期内，船舶临时用于避难、防疫隔离、修理、改造，并不上下客货的船舶，海关按照实际发生的天数批注延长吨税执照期限的

二、多项选择题

1. 下列各项中，对于关税纳税义务人说法正确的有( )。

A. 小刘委托小王从境外购买一台 iphone6s，并由小王带回境内给小刘，小王为关税纳税义务人

B. 甲从境外邮寄高档化妆品给乙，并委托乙交给丙，丙为关税纳税义务人

C. 小孙给远在英国的小李邮寄了茶叶等家乡特产，小李为关税纳税义务人

D. 正保公司以邮寄的方式向美国某公司出口一批货物，正保公司为关税纳税义务人

2. 下列各项中，应当计入进口货物关税完税价格的有( )。

A. 由买方负担的购货佣金

B. 由买方负担的境外包装材料费用

C. 由买方负担的境外包装劳务费用

D. 由买方负担的与进口货物视为一体的容器费用

3. 下列税费中，应计入进口货物关税完税价格的有( )。

A. 进口环节缴纳的消费税

B. 单独支付的境内技术培训费

C. 由买方负担的境外包装材料费用

D. 由买方负担的与该货物视为一体的容器费用

4. 以计算价格方法估定进口货物关税完税价格时，应当以下列( )的总和计算出的价格估定完税价格。

A. 生产该货物所使用的料件成本和加工费用

B. 与向境内销售同等级或同种类货物通常的利润、一般费用

C. 该货物运抵境内输入地点起卸前的运输及相关费用、保险费

D. 境内运费

5. 下列选项中，属于进口货物海关估价方法的有( )。

A. 相同货物成交价格估价方法

B. 类似货物成交价格估价方法

C. 倒扣价格估价方法

D. 计算价格估价方法

6. 海关在采用合理方法确定进口货物的完税价格时，不得使用的价格有( )。

A. 境内生产的货物在境内的销售价格

B. 可供选择的价格中较低的价格

C. 货物在出口地市场的销售价格

D. 出口到第三国或者地区的货物的销售价格

7. 下列属于关税特定减免的进口货物有( )。

A. 边境贸易进口物资

B. 文化交流活动中使用的暂时进境的比赛用品

C. 慈善捐赠物资

D. 进出境运输工具装载的途中必需的燃料、物料和饮食用品

8. 下列关于关税的说法中，正确的有( )。

A. 进口货物的运输及其相关费用无法确定的，海关应当按照该货物进口同期的正常运输成本审查确定

B. 邮运的进口货物，应当以邮费作为运输及其相关费用、保险费

C. 进口货物的保险费无法确定或者未实际发生，海关应当按照"货价加运费"两者总额的1%计算保险费

D. 运输工具作为进口货物，利用自身动力进境的，海关在审查确定完税价格时，不再另行计入运输及其相关费用

9. 下列关于跨境电子商务零售进口税收政策的表述中，正确的有( )。

A. 跨境电子商务零售进口商品的单次交易限值为人民币5000元，个人年度交易限值为人民币26000元

B. 在限值以内进口的跨境电子商务零售进口商品，关税税率暂设为0%

C. 进口环节增值税、消费税取消免征税额，暂按法定应纳税额的50%征收

D. 跨境电子商务零售进口商品自海关放行之日起30日内退货的，可申请退税，并相应调整个人年度交易总额

10. 下列关于船舶吨税的说法，正确的有( )。

A. 吨税的纳税义务发生时间为应税船舶进入港口的当日

B. 船舶吨税按净吨位、税率标准和执照期限，划分为24档税率

C 海关发现多征税款的，应当立即通知应税船舶办理退还手续，并加算银行同期活期存款利息

D. 吨税执照在期满前毁损或者遗失的，应当向原发照海关书面申请核发吨税执照副本，不再补税

11. 下列船舶中，免征船舶吨税的有( )。

A. 养殖渔船

B. 非机动驳船

C. 军队征用的船舶

D. 应纳税额为人民币100元的船舶

同步训练答案及解析

一、单项选择题

1. C 【解析】出口转关运输货物，应当适用启运地海关接受该货物申报出口之日实施的税率，因此选项C错误。

2. C 【解析】"实质性加工"是指产品加工后，在进出口税则中四位数税号一级的税则归类已经有了改变，或者加工增值部分所占新产品总值的比例已超过30%及以上的。

3. D 【解析】关税的征税对象是准许进出境的货物和物品，位于境外的不动产不属于关税的征税对象。

4. D 【解析】(1)由买方负担的除购货佣金以外的佣金和经纪费计入完税价格。货物进口后的基建、安装、装配、维修和技术服务的费用，不得计入完税价格；(2)如果进口货物的运费无法确定或未实际发生，海关应当按照该货物进口同期运

输行业公布的运费率(额)计算运费；按照"货价加运费"两者总额的3‰计算保险费。该公司进口舞台设备应缴纳的关税 = (185 − 10 + 25)×1.003×20% = 40.12(万元)。

5. C 【解析】如果进口货物的保险费无法确定或者未实际发生，海关应当按照"货价加运费"两者总额的3‰计算保险费。

关税完税价格 = 35 + 5 + (35 + 5)×3‰ = 40.12(万元)

应纳进口环节关税 = 40.12×10% = 4.01(万元)

6. D 【解析】出口货物的完税价格，由海关以该货物的成交价格为基础审查确定，并且应当包括货物运至我国境内输出地点装载前的运输及其相关费用、保险费。下列税收、费用不计入出口货物的完税价格：(1)出口关税；(2)在货物价款中单独列明的货物运至我国境内输出地点装载后的运

输及其相关费用、保险费。

7. B 【解析】出口货物的完税价格，应包括货物运至我国境内输出地点装载前的运输及其相关费用、保险费，但其中包含的出口关税税额，应当扣除。该公司出口矿石应缴纳的出口关税 = 180/（1+20%）×20% = 30（万元）。

8. C 【解析】出口货物的完税价格，由海关以该货物向境外销售的成交价格为基础审查确定，并应包括货物运至我国境内输出地点装载前的运输及其相关费用、保险费，但其中包含的出口关税税额，应当扣除。出口货物的成交价格中含有支付给境外的佣金的，如果单独列明，应当扣除。货物运抵港口装卸前的运费不需要扣除，单独列明的境外佣金需要扣除，而境外运输保险费 20 万元不包括在 170 万元中，不需要扣除。所以应纳关税 =（170 − 12）× 20% = 31.6（万元）。

【思路点拨】 出口货物的成交价格中含有支付给境外的佣金的，如果单独列明，应当扣除。教材中已经删除了这部分内容。

9. C 【解析】选项 A、B，关税税额在人民币 50 元以下的一票货物、无商业价值的广告品，可减免进口关税。选项 D，外国政府、国际组织无偿赠送的物资，可免征关税，外国企业没有免税规定。

10. A 【解析】选项 B，无商业价值的广告品和货样，可免征关税；选项 C，在海关放行前遭受损坏的货物，可以根据海关认定的受损程度减征关税；选项 D，关税税额为人民币 50 元以下的一票货物，可免征关税。

11. A 【解析】选项 B，关税纳税义务人因不可抗力或者在国家税收政策调整的情形下，不能按期缴纳税款的，经依法提供税款担保后，可以延期缴纳税款，但最长不得超过 6 个月；选项 C，计算关税滞纳天数时，周末或法定节假日不予扣除；选项 D，因纳税义务人违反规定而造成的少征或者漏征的税款，自纳税义务人应缴纳税款之日起 3 年以内可以追征，并从缴纳税款之日起按日加收少征或者漏征税款万分之五的滞纳金。

12. B 【解析】吨税设置普通税率和优惠税率。

13. D 【解析】选项 D 属于延期优惠。

二、多项选择题

1. AD 【解析】进口货物的收货人、出口货物的发货人、进出境物品的所有人，是关税的纳税义务人。一般情况下，对于携带进境的物品，推定其携带人为所有人；对分离运输的行李，推定相应的进出境旅客为所有人；对以邮递方式进境的物品，推定其收件人为所有人；以邮递或其他运输方式出境的物品，推定其寄件人或托运人为所有人。

2. BCD 【解析】由买方负担的除购货佣金以外的佣金和经纪费要计入关税完税价格，购货佣金不计入关税完税价格，因此选项 A 错误。

3. CD 【解析】下列费用，如能与该货物实付或者应付价格区分，不得计入完税价格：
（1）厂房、机械或者设备等货物进口后发生的建设、安装、装配、维修或者技术援助费用，但是保修费用除外；
（2）进口货物运抵中华人民共和国境内输入地点起卸后发生的运输及其相关费用、保险费；
（3）进口关税、进口环节海关代征税及其他国内税；
（4）为在境内复制进口货物而支付的费用；
（5）境内外技术培训及境外考察费用；
（6）符合条件的利息费用。

4. ABC 【解析】进口货物的完税价格以货物运抵关境输入起卸前的费用为准，不包括境内运费。

5. ABCD 【解析】上述方法均属于进口货物海关估价方法。

6. ACD　【解析】海关在采用合理方法确定进口货物的完税价格时，不得使用以下价格：

①境内生产的货物在境内的销售价格；

②可供选择的价格中较高的价格；

③货物在出口地市场的销售价格；

④以计算价格估价方法规定之外的价值或者费用计算的相同或者类似货物的价格；

⑤出口到第三国或者地区的货物的销售价格；

⑥最低限价或者武断、虚构的价格。

7. AC　【解析】选项 B 属于暂时免税，选项 D 属于法定减免税。

8. ABD　【解析】进口货物的保险费无法确定或者未实际发生，海关应当按照"货价加运费"两者总额的3‰计算保险费。

9. ABD　【解析】进口环节增值税、消费税取消免征税额，暂按法定应纳税额的70%征收。

10. ABD　【解析】海关发现多征税款的，应当在 24 小时内通知应税船舶办理退还手续，并加算银行同期活期存款利息。

11. AC　【解析】选项 B，非机动驳船按相同净吨位船舶税率的 50% 计征船舶吨税；选项 D，应纳税额为人民币 50 元以下的船舶，免征船舶吨税。

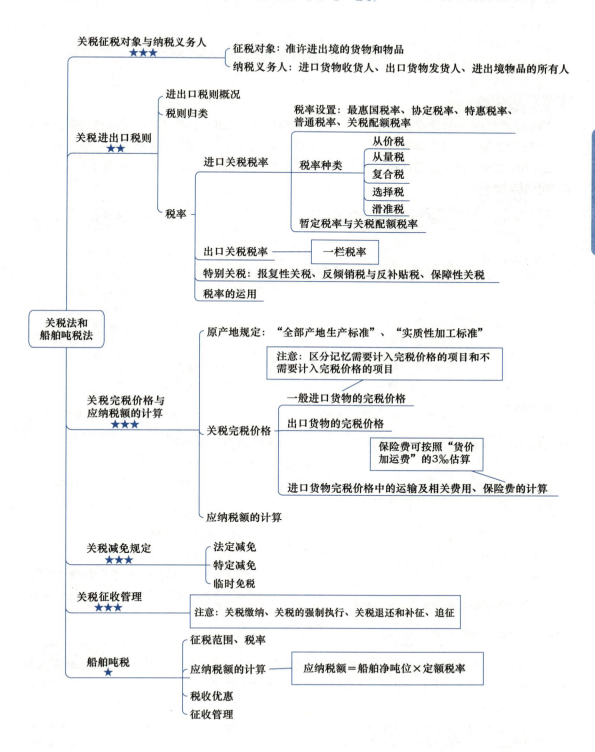

关税征税对象与纳税义务人 ★★★
- 征税对象：准许进出境的货物和物品
- 纳税义务人：进口货物收货人、出口货物发货人、进出境物品的所有人

关税进出口税则 ★★
- 进出口税则概况
- 税则归类
- 税率
  - 税率设置：最惠国税率、协定税率、特惠税率、普通税率、关税配额税率
  - 进口关税税率
    - 税率种类
      - 从价税
      - 从量税
      - 复合税
      - 选择税
      - 滑准税
    - 暂定税率与关税配额税率
  - 出口关税税率——一栏税率
  - 特别关税：报复性关税、反倾销税与反补贴税、保障性关税
  - 税率的运用

关税完税价格与应纳税额的计算 ★★★
- 原产地规定："全部产地生产标准"、"实质性加工标准"
- 关税完税价格
  - 注意：区分记忆需要计入完税价格的项目和不需要计入完税价格的项目
  - 一般进口货物的完税价格
  - 出口货物的完税价格
  - 进口货物完税价格中的运输及相关费用、保险费的计算
    - 保险费可按照"货价加运费"的3‰估算
- 应纳税额的计算

关税减免规定 ★★★
- 法定减免
- 特定减免
- 临时免税

关税征收管理 ★★★
- 注意：关税缴纳、关税的强制执行、关税退还和补征、追征

船舶吨税 ★
- 征税范围、税率
- 应纳税额的计算——应纳税额＝船舶净吨位×定额税率
- 税收优惠
- 征收管理

关税法和船舶吨税法

第 7 章 关税法和船舶吨税法

第8章 | 资源税法[①]和环境保护税法

考情解密

历年考情概况

本章由资源税和环境保护税组成，环境保护税法属于 2018 年教材修订时新增内容。资源税和环境保护税，可能以客观题的形式进行考核，也可能在计算问答题与增值税、消费税一并出题，考生在复习时需要总结这三者之间的关联。预计 2020 年考试中本章分值在 5 分左右。

近年考点直击

考点	主要考查题型	考频指数	考查角度
资源税的税目、征税环节与税率	单选题、多选题	★★	（1）直接考核资源税的具体税目； （2）将资源税的税目、征税环节与增值税结合起来，考核哪项具体业务既要缴纳增值税，又要缴纳资源税； （3）考核哪些项目从价定率征税，哪些项目从量定额征税
资源税的计税依据和应纳税额的计算	单选题、多选题、计算题	★★★	（1）直接考核资源税计税依据的文字性规定； （2）与税收优惠结合起来考核资源税应纳税额的计算； （3）与增值税结合在计算题中进行考核
资源税的税收优惠	单选题、多选题、计算题	★★	（1）考核资源税税收优惠的文字性表述； （2）结合资源税的计算进行考核
水资源税改革试点实施办法	各种题型都会命题	★★★	考查纳税义务人；将税收优惠与应纳税额的计算结合考查
环境保护税纳税义务人	单选题、多选题	★★	直接考查需要缴纳环境保护税的主体
环境保护税的税目、税收优惠与税率	单选题、多选题	★★★	（1）注意直接排放的含义； （2）哪些项目需要缴纳环境保护税，哪些项目无需缴纳环境保护税； （3）哪些项目有减免税优惠； （4）注意环境保护税税率的规定
环境保护税的计税依据与应纳税额的计算	各种题型都会命题	★★★	（1）直接考核计税依据的文字性规定； （2）与税收优惠结合起来考核环境保护税应纳税额的计算
环境保护税税收减免	单选题、多选题	★★	（1）直接考查文字性的规定；（2）与应纳税额的计算相结合
环境保护税的征收管理	单选题、多选题	★★	直接考查文字性的规定

『注意』由于环境保护税是 2018 年教材修订新增内容，仅仅考过两次，因此表中的考频指数是根据大纲要求及 2018~2019 年试题确定的，考查题型及角度均为预测。

---

① 由于资源税法 2020 年 9 月 1 日实施，截止到 3 月底，尚未出台实施条例，因此本税种出现了新旧交替的问题，经协商，我们统一按照新的资源税法内容进行修订，新法未明确的部分，如果原有规定与新法的规定不冲突，我们编写入应试指南，如果有冲突，则予以删除，特此说明。

（一）资源税的学习

在学习资源税时，需要注意：

1. 资源税的征税范围、征税环节。注意资源税与消费税、增值税在征税范围与征税环节上的异同。比如原油征收资源税，但无需缴纳消费税，汽油、柴油等成品油需要缴纳消费税，但无需缴纳资源税；在征税环节上，注意资源税是在开采环节征收资源税，而增值税是道道课征。在计算问答题中一旦结合在一起考核，能够准确分清哪些需要缴纳资源税，哪些无需缴纳资源税。

2. 资源税的税率、计税依据和应税额计算。在资源税绝大部分税目实行从价定率改革之后，注意总结资源税不同税目的资源税税率以及相应产品的增值税税率，注意总结增值税计税依据与资源税计税依据的不同。

3. 资源税的税收优惠。资源税税收优惠比较繁杂，注意用图表的方式进行总结。

（二）环境保护税的学习

环境保护税是2018年教材修订时新增的内容，2020年时环境保护税纳入教材的第三年。由于环境保护税的一些名词，比如污染当量等相对比较陌生，学习起来有一定难度。在学习时注意：

1. 将环境保护税的征税范围与税收优惠结合起来，掌握哪些情形需要缴纳环境保护税，哪些无需缴纳环境保护税。

2. 将环境保护税的税目与税率结合起来，分清具体税目、税率的规定。

3. 掌握环境保护税的计税依据与应纳税额的计算。由于环境保护税的计税依据比较特殊、会让人感觉比较陌生，因此我们需要通过勤加练习来逐步消除这种陌生感，通过多做习题，各位考生自然而然会消除陌生感。

资源税根据《中华人民共和国资源税法》进行编写。

考点详解及精选例题

一、资源税纳税义务人 ★★

扫我解疑难

资源税的纳税义务人是指在中华人民共和国领域及管辖的其他海域开采应税资源的单位和个人。

对资源税纳税义务人的理解，应注意以下几点：

1. 资源税适用"进口不征，出口不退"的规则——资源税仅对在我国领域及管辖海域开采应税资源的单位或个人征收，而对进口应税资源的单位或个人不征资源税。对出口应税资源也不退（免）已纳的资源税。

2. 一次性课征——对开采应税资源进行销售或自用的单位和个人，在出厂销售或自用时一次性征收，而对已税资源批发、零售的单位和个人不再征收资源税。

3. 单位和个人以应税资源投资、分配、抵债、赠与、以物易物等视同销售，应按规定计算缴纳资源税。

4. 资源税纳税义务人不仅包括符合规定的中国企业和个人，还包括外商投资企业和外国企业及外籍人员。

5. 开采海洋或陆上油气资源的中外合作油气田，在 2011 年 11 月 1 日前已签订的合同继续缴纳矿区使用费，不缴纳资源税；合同期满后，依法缴纳资源税。

【例题 1·多选题】 资源税的纳税义务人包括( )。

A. 在中国境内开采并销售煤炭的个人

B. 在中国境内生产销售天然气的国有企业

C. 在中国境内生产自用应税资源的个人

D. 进口应税资源的国有企业

解析 ▶ 进口环节不征收资源税。

答案 ▶ ABC

二、资源税税目与税率★★

扫我解疑难

（一）税目

资源税税目包括 5 大类：能源矿产、金属矿产、非金属矿产、水气矿产、盐，在 5 个税目下面又设有若干个子目。

【知识点拨 1】 资源税对自然资源征税，对人造资源不征收资源税，如人造石油不征收资源税。

【知识点拨 2】 征收资源税的煤炭，包括原煤和以未税原煤加工的洗选煤。

【知识点拨 3】 煤炭开采企业因安全生产需要抽采的煤成(层)气，免征资源税。

【知识点拨 4】 各税目征税时有的对原矿征税，有的对选矿征税，具体适用的征税对象按照《税目税率表》的规定执行，主要包括以下三类：（1）按原矿征税；（2）按选矿征税；（3）按原矿或者选矿征税。

【知识点拨 5】 纳税人在开采主矿产品的过程中伴采的其他应税矿产品，凡未单独规定适用税额的，一律按主矿产品或视同主矿产品税目征收资源税。

【例题 2·多选题】 下列属于资源税应税产品的有( )。

A. 人造石油

B. 钾盐

C. 海盐

D. 以未税原煤加工的洗选煤

解析 ▶ 人造石油不属于资源税的应税产品。

答案 ▶ BCD

真题精练（客观题）

（2016 年多选题，改）企业生产或开发的下列资源产品中，应当征收资源税的有( )。

A. 人造石油

B. 深水油气田开采的天然气

C. 煤炭开采企业因安全生产需要抽采的煤成(层)气

D. 充填开采置换出来的煤炭

解析 ▶ 选项 A，不征资源税；选项 C，煤炭开采企业因安全生产需要抽采的煤成(层)气，免征资源税。

答案 ▶ BD

（二）税率

资源税税率从价定率为主，从量定额为辅。按照新的资源税法，地热、石灰岩、其他粘土、砂石、矿泉水、天然卤水规定了从价定率和从量定额两种税率。

《税目税率表》中规定实行幅度税率的，其具体适用税率由省、自治区、直辖市人民政府根据实际情况在《税目税率表》规定的税率幅度内提出，报同级人民代表大会常务委员会决定，并报全国人民代表大会常务委员会和国务院备案。《税目税率表》中规定征税对象为原矿或者选矿的，应当分别确定具体适用税率。

【知识点拨】 纳税人开采或生产不同税目应税产品的，应当分别核算不同税目应税产品的销售额、销售数量；未分别核算或不能准确提供不同税目应税产品的销售额或销售数量的，从高适用税率。

三、资源税计税依据 ★★★

扫我解疑难

资源税的计税依据为应税产品的销售额或销售量。

（一）从价定率征收的计税依据

1. 销售额的基本规定

从价定率征收的计税依据为销售额，它是指纳税人销售应税产品向购买方收取的全部价款和价外费用，不包括增值税销项税额。

销售额中不包括的内容

（1）增值税额；

（2）同时符合两项条件的代垫运费：

①承运部门的运费发票开具给购买方的；

②纳税人将该发票转交给购买方的。

（3）同时符合下列三项条件的代为收取的政府性基金、行政事业性收费：

①由国务院或者财政部批准设立的政府性基金，由国务院或者省级人民政府及其财政、价格主管部门批准设立的行政事业性收费；

②收取时开具省级以上财政部门印制的财政票据；

③所收款项全额上缴财政。

纳税人以人民币以外的货币结算销售额的，应当折合成人民币计算。其销售额的人民币折合率可以选择销售额发生的当天或者当月1日的人民币汇率中间价。纳税人应在事先确定采用何种折合率计算方法，确定后1年内不得变更。

2. 运杂费用的扣减

对同时符合以下条件的运杂费用，纳税人在计算应税产品计税销售额时，可予以扣减：

（1）包含在应税产品销售收入中；

（2）属于纳税人销售应税产品环节发生的运杂费用，具体是指运送应税产品从坑口或者洗选（加工）地到车站、码头或者购买方指定地点的运杂费用；

（3）取得相关运杂费用发票或者其他合法有效凭据；

（4）将运杂费用与计税销售额分别进行核算。

纳税人扣减的运杂费用明显偏高导致应税产品价格偏低且无正当理由的，主管税务机关可以合理调整计税价格。

3. 原矿销售额与精矿销售额的换算或折算

（1）对同一种应税产品，征税对象为精矿的，纳税人销售原矿时，应将原矿销售额换算为精矿销售额缴纳资源税；

（2）征税对象为原矿的，纳税人销售自采原矿加工的精矿，应将精矿销售额折算为原矿销售额缴纳资源税；

（3）金矿以标准金锭为征税对象，纳税人销售金原矿、金精矿的，应比照上述规定将其销售额换算为金锭销售额缴纳资源税；

（4）换算比或折算率由省级财税部门确定，并报财政部、国家税务总局备案。

4. 特殊情形下销售额的确定

（1）纳税人开采应税矿产品由其关联单位对外销售的，按其关联单位的销售额征收资源税；

（2）纳税人既对外销售应税产品，又将应税产品自用于除连续生产应税产品以外的其他方面的（包括用于非生产项目和生产非应税产品），则自用的这部分应税产品按纳税人对外销售应税产品的平均价格计算销售额征收资源税；

（3）纳税人将其开采的应税产品直接出口的，按其不含增值税的离岸价格计算销售额征收资源税；

（4）纳税人有视同销售应税产品行为而无销售价格的，或者申报的应税产品销售价格明显偏低且无正当理由的，税务机关应按下列顺序确定其应税产品计税价格：

①按纳税人最近时期同类产品的平均销售价格确定；

②按其他纳税人最近时期同类产品的平

均销售价格确定；

③组成计税价格＝成本×（1+成本利润率）÷（1-资源税税率）

公式中的成本是指应税产品的实际生产成本。公式中的成本利润率由省、自治区、直辖市税务机关确定。

④按后续加工非应税产品销售价格，减去后续加工环节的成本利润后确定。

⑤按其他合理方法确定。

（5）已税产品的税务处理——一次课征制

①纳税人用已纳资源税的应税产品进一步加工应税产品销售的，不再缴纳资源税；

②纳税人以自采未税产品和外购已税产品混合销售或者混合加工为应税产品销售的，应当准确核算已税产品的购进金额，在计算加工后的应税产品销售额时，准予扣减已税产品的购进金额；未分别核算的，一并计算缴纳资源税。

已税产品购进金额当期不足扣减的可结转下期扣减。

纳税人核算并扣减当期外购已税产品购进金额，应依据外购已税产品的增值税发票、海关进口增值税专用缴款书或者其他合法有效凭据。

外购原矿或者精矿形态的已税产品与本产品征税对象不同的，在计算应税产品计税销售额时，应对混合销售额或者外购已税产品的购进金额进行换算或者折算。

（6）纳税人与其关联企业之间的业务往来，应当按照独立企业之间的业务往来收取或者支付价款、费用。不按照独立企业之间的业务往来收取或者支付价款、费用，而减少其计税销售额的，税务机关可以按照《中华人民共和国税收征收管理法》及其实施细则的有关规定进行合理调整。

【知识点拨】增值税与资源税销售额的不同之处。

一般情况下，增值税与资源税的计税销售额是相同的，但存在下列不同之处（见表8-1）。

表8-1　增值税与资源税计税销售额的差异

项目	具体规定
1. 运杂费用	增值税的计税销售额包括运杂费用；而资源税的计税销售额不包括应税产品从坑口或洗选（加工）地到车站、码头或购买方指定地点的运输费用、建设基金以及随运销产生的装卸、仓储、港杂费用
2. 折算率	对于洗选煤、原矿与精矿销售额换算时，资源税涉及折算率的问题，而增值税的销售额不涉及
3. 组成计税价格	（1）增值税是价外税，组成计税价格＝含税销售额÷（1+增值税税率或征收率） （2）资源税是价内税，组成计税价格＝成本×（1+成本利润率）÷（1-资源税税率）

真题精练（客观题）

（2016年单选题，改）某油田开采企业2020年3月销售天然气90万立方米，取得不含增值税收入1350000元，另向购买方收取手续费1635元，延期付款利息2180元。假设天然气的资源税税率为6%，该企业2020年3月销售天然气应缴纳的资源税为（　）元。

A. 81090　　　　B. 81120

C. 81210　　　　D. 81228.9

解析 ▶ 手续费和延期付款利息应该作为价外费用计算纳税，并且是含税收入，要换算成不含税收入。应纳资源税＝［1350000+（1635+2180）÷（1+9%）］×6%＝81210（元）。

答案 ▶ C

【知识点拨】自2019年4月1日起，天然气适用的增值税税率调整为9%。

（二）从量定额征收的计税依据

实行从量定额征收的以销售数量为计税依据。

1. 销售数量包括纳税人开采或者生产应

税产品的实际销售数量和视同销售的自用数量；

2. 纳税人不能准确提供应税产品销售数量的，以应税产品的产量或主管税务机关确定的折算比换算成的数量为计征资源税的销售数量。

【例题3·多选题】 下列各项中，属于资源税计税依据的有( )。

A. 纳税人开采销售原油时的原油数量

B. 纳税人销售铝矿石时向对方收取的价外费用

C. 纳税人销售开采砂石的销售数量

D. 纳税人销售天然气时向购买方收取的销售额及其储备费

解析 ▶ 原油实行从价定率的征收方式，应该以原油的销售额作为资源税的计税依据，而不是以原油销售数量作为计税依据。

答案 ▶ BCD

（三）视同销售的情形

计税销售额或者销售数量，包括应税产品实际销售和视同销售两部分。应当征收资源税的视同销售的自产自用产品，包括用于非生产项目和生产非应税产品两类。视同销售具体包括以下情形：

1. 纳税人以自采原矿直接加工为非应税产品的，视同原矿销售；

2. 纳税人以自采原矿洗选（加工）后的精矿连续生产非应税产品的，视同精矿销售；

3. 以应税产品投资、分配、抵债、赠与、以物易物等，视同应税产品销售。

四、应纳税额的计算（见表8-2）★★★

扫我解疑难

表8-2 资源税应纳税额的计算

情形	应纳税额计算
（一）从价定率	应纳税额＝销售额×税率
（二）从量定额	应纳税额＝课税数量×单位税额 代扣代缴应纳税额＝收购未税矿产品的数量×适用的单位税额
（三）煤炭资源税计算方法	1. 应税销售额的确定 （1）原煤：应纳税额＝原煤销售额×适用税率 （2）洗选煤：应纳税额＝洗选煤销售额×**折算率**×适用税率 【知识点拨1】原煤计税销售额是指纳税人销售原煤向购买方收取的全部价款和价外费用，**不包括收取的增值税销项税额以及从坑口到车站、码头或购买方指定地点的运输费用**。 【知识点拨2】纳税人同时销售（包括视同销售）应税原煤和洗选煤的，应当分别核算原煤和洗选煤的销售额；未分别核算或者不能准确提供原煤和洗选煤销售额的，一并视同销售原煤计算缴纳资源税。 纳税人同时以自采未税原煤和外购已税原煤加工洗选煤的，应当分别核算；未分别核算的，按洗选煤销售额缴纳资源税。 【知识点拨3】**洗选煤计税销售额包括洗选副产品的销售额**。 2. 洗选煤折算率计算公式 折算率可通过洗选煤销售额扣除洗选环节成本、利润计算，也可通过洗选煤市场价格与其所用同类原煤市场价格的差额及综合回收率计算。折算率由省、自治区、直辖市财税部门或其授权地市级财税部门确定 （1）公式一：洗选煤折算率＝（洗选煤平均销售额－洗选环节平均成本－洗选环节平均利润）÷洗选煤平均销售额×100% （2）公式二：洗选煤折算率＝原煤平均销售额÷（洗选煤平均销售额×综合回收率）×100% 综合回收率＝洗选煤数量÷入洗前原煤数量×100%

情形	应纳税额计算
(三)煤炭资源税计算方法	3. 视同销售情形 (1)纳税人将其开采的原煤，自用于连续生产洗选煤的，在原煤移送使用环节不缴纳资源税； (2)自用于其他方面的，视同销售原煤； (3)纳税人将其开采的原煤加工为洗选煤自用的，视同销售洗选煤。 4. 销售额的扣减——一次课征制(见知识点拨4) 5. 征收管理(见知识点拨5)

【知识点拨4】销售额的扣减——一次课征制(见表8-3)

表8-3 销售额的扣减

情形	计税依据
将自采原煤与外购原煤(包括煤矸石)进行混合后销售	当期混合原煤销售额-当期用于混售的外购原煤的购进金额
以自采原煤与外购原煤混合加工洗选煤的	当期洗选煤销售额×折算率-当期用于混洗混售的外购原煤的购进金额 外购原煤的购进金额=外购原煤的购进数量×单价
以增值税专用发票、普通发票或者海关报关单作为扣减凭证	

【知识点拨5】征收管理(见表8-4)

表8-4 征收管理

项目		具体规定
(1)纳税环节	销售应税煤炭的	在销售环节缴纳资源税
	以自采原煤直接或经洗选加工后连续生产焦炭、煤气、煤化工、电力及其他煤炭深加工产品的	视同销售，在原煤或洗选煤移送环节缴纳资源税
(2)纳税地点	纳税人煤炭开采地与洗选、核算地不在同一行政区域(县级以上)	在煤炭开采地缴纳资源税
	纳税人在本省、自治区、直辖市范围开采应税煤炭	其纳税地点需要调整的，由省、自治区、直辖市税务机关决定

真题精练(客观题)

(2015年单选题，改)某煤炭开采企业2019年4月销售洗煤5万吨，开具增值税专用发票注明金额5000万元，另取得从洗煤厂到码头不含增值税的运费收入50万元。假设洗煤的折算率为80%，原煤资源税税率为10%，该企业销售洗煤应缴纳的资源税为(　　)万元。

A. 400　　　　B. 404

C. 505　　　　D. 625

解析 洗选煤应纳税额=洗选煤销售额×折算率×适用税率，洗选煤销售额包括洗选副产品的销售额，不包括洗选煤从洗选煤厂到车站、码头等的运输费用。该企业销售洗煤应缴纳的资源税=5000×80%×10%=400(万元)。

答案 ▶ A

五、资源税税收优惠和征收管理★★

扫我解疑难

(一)资源税税收优惠

1. 免征资源税

有下列情形之一的，免征资源税：

（1）开采原油以及在油田范围内运输原油过程中用于加热的原油、天然气。

（2）煤炭开采企业因安全生产需要抽采的煤成（层）气。

2. 减征资源税

有下列情形之一的，减征资源税：

（1）从低丰度油气田开采的原油、天然气，减征20%资源税。

（2）高含硫天然气、三次采油和从深水油气田开采的原油、天然气，减征30%资源税。

高含硫天然气指硫化氢含量在每立方米30克以上的天然气。

（3）稠油、高凝油减征40%资源税。

（4）从衰竭期矿山开采的矿产品，减征30%资源税。

衰竭期矿山是指设计开采年限超过15年，且剩余可采储量下降到原设计可采储量的20%以下或者剩余开采限不超过5年的矿山，衰竭期矿山以开采企业下属的单个矿山为单位确定。

根据国民经济和社会发展需要，国务院对有利于促进资源节约集约利用、保护环境等情形可以规定免征或者减征资源税，报全国人民代表大会常务委员会备案。

为便于征管，对开采稠油、高凝油、高含硫天然气、低丰度油气资源及三次采油的陆上油气田企业，根据以前年度符合上述减税规定的原油、天然气销售额占其原油、天然气总销售额的比例，确定资源税综合减征率和实际征收率，计算资源税应纳税额。计算公式为：

综合减征率 = ∑（减税项目销售额×减征幅度×6%）÷总销售额

实际征收率 = 6% − 综合减征率

应纳税额 = 总销售额×实际征收率

3. 可由省、自治区、直辖市人民政府决定的减税或者免税

有下列情形之一的，省、自治区、直辖市可以决定免征或者减征资源税：

（1）纳税人开采或者生产应税产品过程中，因意外事故或者自然灾害等原因遭受重大损失；

（2）纳税人开采共伴生矿、低品位矿、尾矿。

前款规定的免征或者减征资源税的具体办法，由省、自治区、直辖市人民政府提出，报同级人民代表大会常务委员会决定，并报全国人民代表大会常务委员会和国务院备案。

4. 其他减税、免税

为促进页岩气开发利用，有效增加天然气供给，经国务院同意，自2018年4月1日至2021年3月31日，对页岩气资源税（按6%的规定税率）减征30%。

【知识点拨】 资源税应纳税额的计算往往与税收优惠结合出题，因此需要掌握税收优惠。

【例题4·单选题】 某油田2019年3月生产原油6400吨，当月销售6100吨，对外赠送5吨，另有2吨在油田范围内运输原油过程中用于加热，每吨原油的不含增值税销售价格为5000元，增值税800元。当地规定原油的资源税税率为8%，该油田当月应缴纳资源税（　　）元。

A. 2440000　　　　B. 2442000

C. 2442800　　　　D. 2857140

解析 ▶ 油田范围内运输原油过程中用于加热的原油、天然气，免征资源税。当月应缴纳资源税 = （6100 + 5）×5000×8% = 2442000（元）。

答案 ▶ B

（二）征收管理

1. 纳税义务发生时间（见表8−5）

表8−5　资源税的纳税义务发生时间

具体情形	纳税义务发生时间
分期收款	销售合同规定的收款日期的当天

续表

具体情形	纳税义务发生时间
预收货款	发出应税产品的当天
其他结算方式	收讫销售款或者取得索取销售款凭据的当天
自产自用应税产品应征资源税的	移送使用应税产品的当天
扣缴义务人代扣代缴税款	**支付首笔货款或首次开具支付货款凭据**的当天

【例题 5·多选题】 下列各项中，符合资源税纳税义务发生时间规定的有( )。

A. 采取分期收款结算方式的为实际收到款项的当天

B. 采取预收货款结算方式的为发出应税产品的当天

C. 自产自用应税产品应征资源税的为移送使用应税产品的当天

D. 采取其他结算方式的为收讫销售款或取得索取销售款凭据的当天

解析 选项 A，采取分期收款结算方式的，纳税义务发生时间为销售合同规定的收款日期的当天。 **答案** BCD

【应试思路】 资源税的纳税义务发生时间与增值税的纳税义务发生时间基本相同。其中的不同之处如资源税进口不征，资源税没有进口环节纳税义务发生时间的规定。

2. 纳税期限

(1)资源税按月或者按季申报缴纳；不能按固定期限计算缴纳的，可以按次申报缴纳。

(2)纳税人按月或者按季申报缴纳的，应当自月度或者季度终了之日起十五日内，向税务机关办理纳税申报并缴纳税款；按次申报缴纳的，应当自纳税义务发生之日起十五日内，向税务机关办理纳税申报并缴纳税款。

3. 纳税环节

(1)资源税在应税产品的销售或自用环节计算纳税。以自采原矿加工精矿产品的，在原矿移送使用时不缴纳资源税，在精矿销售或自用时缴纳资源税。

(2)纳税人以自采原矿直接加工为非应税产品或者以自采原矿加工的精矿连续生产非应税产品的，在原矿或者精矿移送环节计算

缴纳资源税。

(3)以应税产品投资、分配、抵债、赠与、以物易物等，在应税产品所有权转移时计算缴纳资源税。

(4)纳税人以自产原矿加工金锭的，在金锭销售或自用时缴纳资源税。纳税人销售自采原矿或者自采原矿加工的金精矿、粗金，在原矿或者金精矿、粗金销售时缴纳资源税，在移送使用时不缴纳资源税。

4. 纳税地点

纳税人应当向应税产品**开采地或者生产地**税务机关申报缴纳资源税。

【例题 6·多选题】 下列关于资源税的说法，正确的有( )。

A. 对在中国境内开采煤炭的单位和个人，应按税法规定征收资源税，但对进口煤炭的单位和个人，则不征收资源税

B. 原油是资源税的应税资源，包括天然原油和人造原油

C. 纳税人进口应税资源不缴纳资源税，但要缴纳增值税和关税

D. 开采资源税应税产品销售的，应向销售所在地的主管税务机关缴纳资源税

解析 人造原油不征收资源税；开采资源税应税产品销售的，应向应税产品开采地或者生产地税务机关申报缴纳资源税。

答案 AC

六、水资源税改革试点实施办法 ★★★

扫我解疑难

(一)纳税义务人

除规定情形外，水资源税的纳税人为直接取用地表水、地下水的单位和个人，包括

直接从江、河、湖泊(含水库)和地下取用水资源的单位和个人。

下列情形，不缴纳水资源税：

①农村集体经济组织及其成员从本集体经济组织的水塘、水库中取用水的；

②家庭生活和零星散养、圈养畜禽饮用等少量取用水的；

③水利工程管理单位为配置或者调度水资源取水的；

④为保障矿井等地下工程施工安全和生产安全必须进行临时应急取用(排)水的；

⑤为消除对公共安全或者公共利益的危害临时应急取水的；

⑥为农业抗旱和维护生态与环境必须临时应急取水的。

【例题7·单选题】在试点地区，下列行为无需缴纳水资源税的是(   )。

A. 直接从湖泊取用水

B. 某农场为饲养的牛羊从地下取用水

C. 家庭生活少量取用水

D. 农户从其他村镇的水塘取用水

解析 ▶ 家庭生活和零星散养、圈养畜禽饮用等少量取用水的，不缴纳水资源税。

答案 ▶ C

(二)税率

按不同取水性质实行差别税额：

1. 地下水税额>地表水；

2. 超采区地下水税额>非超采区；

3. 严重超采地区的地下水税额>非超采地区；

4. 对超计划或超定额用水加征1~3倍，对特种行业从高征税，对超过规定限额的农业生产取用水、农村生活集中式供水工程取用水从低征税。

(三)应纳税额的计算

水资源税实行从量计征。对一般取用水按照实际取用水量征税，对采矿和工程建设疏干排水按照排水量征税；对水力发电和火力发电贯流式(不含循环式)冷却取用水按照实际发电量征税。具体计算见表8-6。

表8-6 水资源税应纳税额的计算

情形	计税依据	应纳税额
一般取用水	实际取用水量	实际取用水量×适用税额
采矿和工程建设疏干排水	排水量	实际取用水量×适用税额
水力发电和火力发电贯流式(不含循环式)冷却取用水	实际发电量	实际发电量×适用税额

(四)税收减免

下列情形，予以免征或者减征水资源税：

1. 规定限额内的农业生产取用水免征水资源税。

2. 取用污水处理再生水，免征水资源税。

3. 除接入城镇公共供水管网以外，军队、武警部队通过其他方式取用水的，免征水资源税。

4. 抽水蓄能发电取用水，免征水资源税。

5. 采油排水经分离净化后在封闭管道回注的，免征水资源税。

6. 财政部、税务总局规定的其他免征或者减征水资源税情形。

(五)征收管理(见表8-7)

表8-7 水资源税的征收管理

项目	具体规定
(1)征管模式	税务征管、水利核量、自主申报、信息共享
(2)纳税义务发生时间	纳税人取用水资源的当日

项目		具体规定
（3）纳税期限	①除农业生产取用水外	按季或者按月征收
	②对超过规定限额的农业生产取用水	水资源税可按年征收
	③不能按固定期限计算纳税的	可以按次申报纳税
（4）申报期限		自纳税期满或者纳税义务发生之日起15日内申报纳税
（5）纳税地点		由生产经营所在地的主管税务机关征收管理，跨省（区、市）调度的水资源，由调入区域所在地的税务机关征收水资源税。在试点省份内取用水，其纳税地点需要调整的，由省级财政、税务部门决定

水资源税试点实施办法由国务院规定，报全国人民代表大会常务委员会备案；国务院自《资源税法》施行之日起五年内，就征收水资源税试点情况向全国人民代表大会常务委员会报告，并及时提出修改法律的意见。

真题精练（主观题）——资源税部分

1. （2017年计算问答题，6分，改）某煤炭开采企业，为增值税一般纳税人，2020年1月发生如下业务：

（1）开采原煤50万吨，其中20万吨销售给电力公司，不含税售价为0.07万元/吨（该售价为该企业销售原煤的平均售价）。

（2）向某能源公司销售甲型洗选煤8万吨，含税售价为0.113万元/吨（该售价为该企业销售洗选煤的平均售价），另收取洗选煤厂到购买方的运输费113万元，洗选煤的综合回收率为80%。

（3）将乙型洗选煤10万吨用于连续生产焦炭，乙型洗选煤无市场同类可比售价，其成本为0.08万元/吨，成本利润率为10%。

其他相关资料：假设甲型和乙型洗选煤的折算率相同；原煤的资源税税率为8%。

要求：根据上述资料，按照下列序号回答问题，如有计算需计算出合计数。

（1）计算业务（1）应缴纳的资源税。

（2）计算业务（2）中洗选煤的折算率。

（3）计算业务（2）应缴纳的资源税。

（4）计算业务（3）应缴纳的资源税。

2. （2017年计算问答题，6分，改）某石化企业为增值税一般纳税人，2020年1月发生以下业务：

（1）从国外某石化公司进口原油50000吨，支付不含增值税价款折合人民币9000万元，其中包含包装费及保险费折合人民币10万元。

（2）开采原油10000吨，并将开采的原油对外销售6000吨，取得含税销售额2260万元，同时向购买方收取延期付款利息2.26万元、包装费1.13万元，另外支付运输费用6.78万元。

（3）将开采的原油1000吨通过关联公司对外销售，关联公司的对外销售价为0.39万元/吨。

（4）用开采的原油2000吨加工生产汽油1300吨。

其他相关资料：原油的资源税税率为10%。

要求：根据上述资料，按照下列序号回答问题，如有计算需计算出合计数。

（1）说明业务（1）中该石化企业是否应对从国外某石油公司进口的原油计算缴纳资源税，如需计算缴纳，计算缴纳的资源税额。

（2）计算业务（2）应缴纳的资源税额。

（3）计算业务（3）应缴纳的资源税额。

（4）计算业务（4）应缴纳的资源税额。

1. 答案 ▶

(1)业务(1)应纳资源税=200000×0.07×8%=1120(万元)

(2)洗选煤折算率=原煤平均销售额÷(洗选煤平均销售额×综合回收率)×100%=0.07÷[0.113÷(1+13%)×80%]×100%=87.5%

(3)洗选煤销售额是指纳税人销售洗选煤向购买方收取的全部价款和价外费用,包括洗选煤副产品的销售额,不包括收取的增值税销项税额以及从洗选煤厂到车站、码头或购买方指定地点的运输费用。

业务(2)应缴纳的资源税=80000×0.113÷(1+13%)×87.5%×8%=560(万元)

(4)纳税人以自采原煤直接或者经洗选加工后连续生产焦炭、煤气、煤化工、电力及其他煤炭深加工产品的,视同销售,在原煤或者洗选煤移送环节缴纳资源税。

应缴纳资源税=100000×0.08×(1+10%)÷(1-8%)×87.5%×8%=669.57(万元)

2. 答案 ▶

(1)从国外进口原油,不交资源税。因为资源税是对在我国境内从事应税矿产品开采和生产盐的单位和个人课征的一种税。在进口环节不征资源税。

(2)业务(2)应缴纳资源税=(2260+2.26+1.13)÷(1+13%)×10%=200.3(万元)

资源税实行从价定率征收的计税依据为销售额,它是指纳税人销售应税产品向购买方收取的全部价款和价外费用,不包括增值税销项税额和运杂费用。

(3)税法规定,纳税人开采应税矿产品由其关联单位对外销售的,按其关联单位的销售额征收资源税。

业务(3)应缴纳资源税=0.39÷1.13×1000×10%=34.51(万元)

(4)税法规定,纳税人既有对外销售应税产品,又有将应税产品用于除连续生产应税产品以外的其他方面的,则自用的这部分应税产品按纳税人对外销售应税产品的

平均价格计算销售额征收资源税。

直接对外销售的6000吨原油销售额=2260÷(1+13%)=2000(万元)

通过关联方对外销售的1000吨原油销售额=0.39÷1.13×1000=345.13(万元)

计算加权平均价格=(2000+345.13)÷(6000+1000)=0.33(万元/吨)

业务(4)应缴纳资源税=2000×0.33×10%=66(万元)

【真题精练(主观题)总结——资源税部分】

从近5年考试情况看,在2017年出过资源税的计算问答题,主要考核以下问题:

1. 销售额的范围——不包括增值税销项税额和运杂费用;

2. 洗选煤折算率的计算;

3. 纳税人开采应税矿产品由其关联单位对外销售的,按其关联单位的销售额征收资源税;

4. 纳税人既有对外销售应税产品,又有将应税产品用于除连续生产应税产品以外的其他方面的,则自用的这部分应税产品按纳税人对外销售应税产品的平均价格计算销售额征收资源税。

七、环境保护税的纳税义务人★★★

扫我解疑难

环境保护税的纳税义务人是在中华人民共和国领域和中华人民共和国管辖的其他海域,直接向环境排放应税污染物的企业事业单位和其他生产经营者。

应税污染物,包括《环境保护税法》规定的大气污染物、水污染物、固体废物和噪声(工业噪声)。

有下列情形之一的,不属于直接向环境排放污染物,不缴纳相应污染物的环境保护税:

(1)企业事业单位和其他生产经营者向依法设立的污水集中处理、生活垃圾集中处理场所排放应税污染物的。

(2)企业事业单位和其他生产经营者在符

合国家和地方环境保护标准的设施、场所贮存或者处置固体废物的。

（3）达到省级人民政府确定的规模标准并且有污染物排放口的畜禽养殖场，应当依法缴纳环境保护税，但依法对畜禽养殖废弃物进行综合利用和无害化处理的。

【知识点拨】环境保护税特点：

（1）属于调节型税种。

（2）其渊源是排污收费制度。

（3）属于综合型环境税。

（4）属于直接排放税。

（5）对大气污染物、水污染物规定了幅度定额税率。

（6）采用税务、环保部门紧密配合的征收方式。

（7）收入纳入一般预算收入，全部划归地方。

【例题8·单选题】下列属于环境保税纳税人的是（　　）。

A. 向外太空排放污染物的航天器的发射单位

B. 超过国家和地方规定的排放标准向环境排放应税污染物的依法设立的城乡污水集中处理场所

C. 向依法设立的生活垃圾集中处理场所排放应税污染物的企业事业单位

D. 深夜吵闹噪声超过社会生活噪声排放限值的一对夫妻

解析 ▶ 选项 A，不属于中国领域或者海域，不征收环境保护税；选项 C，不属于直接排放，不征收环境保护税；选项 D，对自然人的生活噪声目前不征收环境保护税。

答案 ▶ B

八、环境保护税的税目和税率★★★

扫我解疑难

环境保护税税目包括大气污染物、水污染物、固体废物和噪声 4 大类，采用定额税率，其中，对应税大气污染物和水污染物规定了幅度定额税率，具体适用税额的确定和调整由省、自治区、直辖市人民政府在规定的税额幅度内提出，报同级人民代表大会常务委员会决定，并报全国人民代表大会常务委员会和国务院备案。具体的税目和税额如表 8-8 所示。

表 8-8　环境保护税税目税额表

税目		计税单位	税额	备注
大气污染物		每污染当量	1.2 元至 12 元	
水污染物		每污染当量	1.4 元至 14 元	
固体废物	煤矸石	每吨	5 元	
	尾矿	每吨	15 元	
	危险废物	每吨	1000 元	
	冶炼渣、粉煤灰、炉渣、其他固定废物(含半固态、液态废物)	每吨	25 元	
噪声	工业噪声	超标 1-3 分贝	每月 350 元	1. 一个单位边界上有多处噪声超标，根据最高一处超标声级计算应纳税额；当沿边界长度超过 100 米有两处以上噪声超标，按照两个单位计算应纳税额。
		超标 4-6 分贝	每月 700 元	2. 一个单位有不同地点作业场所的，应当分别计算应纳税额，合并计征。
		超标 7-9 分贝	每月 1400 元	

税目		计税单位	税额	备注
噪声	工业噪声	超标 10–12 分贝	每月 2800 元	3. 昼、夜均超标的环境噪声，昼、夜分别计算应纳税额，累计计征。 4. 声源一个月内超标不足 15 天的，减半计算应纳税额。 5. 夜间频繁突发和夜间偶然突发厂界超标噪声，按等效声级和峰值噪声两种指标中超标分贝值高的一项计算应纳税额
		超标 13–15 分贝	每月 5600 元	
		超标 16 分贝以上	每月 11200 元	

【例题 9 · 单选题】 关于环境保护税的征税对象和税目税额表述正确的是(   )。

A. 环境保护税税率采用的是从价定率为主、从量定额为辅

B. 固体废物的计税单位是每立方米

C. 应税噪声的计税单位是经测量的工业噪声的分贝数

D. 大气污染物和水污染物的计税单位是每污染当量

解析 ▶ 选项 A，环境保护税采用的是定额税率，没有比例税率；选项 B，固体废物的计税单位是每吨；选项 C，工业噪声的计税单位是工业噪声的超标分贝数，不是直接测量出的分贝数。 **答案** ▶ D

真题精练(客观题)

(2018 年多选题)下列各项中，属于环境保护税征税范围的有(   )。

A. 煤矸石　　　　B. 氮氧化物

C. 二氧化硫　　　D. 建筑噪声

解析 ▶ 环境保护税应税污染物，是指《环境保护税法》所附《环境保护税税目税额表》《应税污染物和当量值表》所规定的大气污染物、水污染物、固体废物和噪声。其中，噪声主要是对工业噪声征税，目前未将建筑施工噪声纳入征收范围。 **答案** ▶ ABC

九、环境保护税的计税依据 ★★★

扫我解疑难

(一)计税依据确定的基本方法(见表 8–9)

表 8–9　计税依据确定的基本方法

税目	计税依据	如何确定计税依据		注意事项
应税大气污染物、水污染物	污染当量数	污染当量数 = 该污染物的排放量÷该污染物的污染当量值		纳税人有下列情形之一的，以其当期应税大气污染物、水污染物的**产生量**作为污染物的排放量： (1)未依法安装使用污染物自动监测设备或者未将污染物自动监测设备与环境保护主管部门的监控设备联网。 (2)损毁或者擅自移动、改变污染物自动监测设备。 (3)篡改、伪造污染物监测数据。 (4)通过暗管、渗井、渗坑、灌注或者稀释排放以及不正常运行防治污染设施等方式违法排放应税污染物。 (5)进行虚假纳税申报
		每一排放口或者没有排放口的**应税大气污染物**	按照污染当量数从大到小排序，对**前三项**污染物征收	
		每一排放口的**应税水污染物**	按照污染当量数从大到小排序	
			第一类水污染物　按**前五项**征收	
			其他类水污染物　按**前三项**征收	

税目	计税依据	如何确定计税依据	注意事项
应税固体废物	排放量	当期固体废物的**产生量**－当期固体废物的**综合利用量**－当期固体废物的**贮存量**－当期固体废物的**处置量**	纳税人有下列情形之一的，以其当期应税固体废物的**产生量**作为固体废物的排放量的： （1）非法倾倒应税固体废物。 （2）进行虚假纳税申报
应税噪声	按**超过**国家规定标准的分贝数确定	实际产生的工业噪声与国家规定的工业噪声排放标准限值之间的**差值**	

【知识点拨1】 省、自治区、直辖市人民政府根据本地区污染物减排的特殊需要，可以增加同一排放口征收环境保护税的应税污染物项目数，报同级人民代表大会常务委员会决定，并报全国人民代表大会常务委员会和国务院备案。

【知识点拨2】 应税大气污染物、水污染物、固体废物的排放量和噪声的分贝数，按照下列方法和顺序计算：

（1）纳税人安装使用符合国家规定和监测规范的污染物自动监测设备的，按照污染物自动监测数据计算。

（2）纳税人未安装使用污染物自动监测设备的，按照监测机构出具的符合国家有关规定和监测规范的监测数据计算。

（3）因排放污染物种类多等原因不具备监测条件的，按照国务院环境保护主管部门规定的排污系数、物料衡算方法计算。

（4）不能按照上述第一项至第三项规定的方法计算的，按照省、自治区、直辖市人民政府环境保护主管部门规定的抽样测算的方法核定计算。

【例题10·多选题】 下列选项，属于环境保护税计税依据的有（　　）。

A. 大气污染物的污染当量数

B. 水污染物的产生量

C. 固体废物的排放量

D. 噪声分贝数

解析 水污染物以污染当量数作为计税依据；噪声以超标分贝数作为计税依据。

答案 AC

【例题11·多选题】 某化工厂直接对外排放应税水污染物，下列说法错误的有（　　）。

A. 每一排放口的应税水污染物，区分第一类水污染物和其他类水污染物，按照污染当量数从大到小排序，对其他类水污染物按照前三项征收环境保护税

B. 若该化工厂未安装使用自动检测设备的，直接由税务机关核定应税水污染物的排放量

C. 省、自治区、直辖市人民政府根据本地区污染物减排的特殊需要，可以增加或者减少同一排放口征收环境保护税的应税污染物项目数

D. 应税水污染物的污染当量数，以该污染物的排放量除以该污染物的污染当量值计算

解析 选项B，纳税人未安装使用污染物自动监测设备的，按照监测机构出具的符合国家有关规定和监测规范的监测数据计算；选项C，只能增加应税污染物项目数，不能减少。省、自治区、直辖市人民政府根据本地区污染物减排的特殊需要，可以增加同一排放口征收环境保护税的应税污染物项目数，报同级人民代表大会常务委员会决定，并报全国人民代表大会常务委员会和国务院备案。

答案 BC

真题精练（客观题）

1.（2019年单选题）下列应税污染物中，在确

定计税依据时只对超过规定标准的部分征收环境保护税的是( )。

A. 工业噪声
B. 固体废物
C. 水污染物
D. 大气污染物

解析 ▶ 应税污染物的计税依据，按照下列方法确定：（1）应税大气污染物按照污染物排放量折合的污染当量数确定；（2）应税水污染物按照污染物排放量折合的污染当量数确定；（3）应税固体废物按照固体废物的排放量确定；（4）应税噪声按照超过国家规定标准的分贝数确定。 **答案 ▶ A**

2. （2019年多选题）下列应税污染物中，按污染物排放量折合的污染当量数作为环境保护税计税依据的有( )。

A. 噪声
B. 水污染物
C. 大气污染物
D. 煤矸石

解析 ▶ 本题考核环境保护税的计税依据。

答案 ▶ BC

十、环境保护税应纳税额的计算（见表8-10）★★★

扫我解疑难

表 8-10　环境保护税应纳税额的计算

类别			应纳税额计算
（一）应税大气污染物			污染当量数×适用税额 【知识点拨】应纳税额计算顺序 ①计算各污染物的污染当量数=该污染物的排放量÷该污染物的污染当量值 ②按污染当量数排序 ③计算应纳税额
（二）应税水污染物	1. 适用检测数据法的水污染物应纳税额的计算		污染当量数×适用税额 注意：第一类水污染物按前五项征收；第二类水污染物按前三项征收；
	2. 适用抽样测算法的水污染物应纳税额的计算	①规模化畜禽养殖业的水污染物	污染当量数×适用税额 其中：污染当量数=畜禽养殖数量÷污染当量值
		②小型企业和第三产业排放的水污染物	污染当量数×适用税额 其中：污染当量数=污水排放量（吨）÷污染当量值
		③医院排放的水污染物	a. 应纳税额=医院床位数÷污染当量值×适用税额 b. 应纳税额=污水排放量÷污染当量值×适用税额
（三）应税固体废物			（当期固体废物的产生量-当期固体废物的综合利用量-当期固体废物的贮存量-当期固体废物的处置量）×适用税额
（四）应税噪声			超过国家规定标准的分贝数对应的具体适用税额

【例题12·单选题】某化工厂未安装环保设备，2020年2月生产过程中直接向环境排放多种大气污染物，经测量二氧化硫排放量14千克，氮氧化物12千克，氯化氢60千克，一氧化碳120千克，该化工厂只有一个大气污染物的排放口。（已知大气污染物每污染当量税额为3元。二氧化硫的污染当量值为每千克0.95，氮氧化物的污染当量值为每

千克 0.95，氯化氢的污染当量值为每千克 10.75，一氧化碳的污染当量值为每千克 16.7。）该化工厂 2020 年 2 月大气污染物应缴纳的环境保护税为( )元。

A. 82.53 B. 98.85
C. 103.68 D. 120.42

解析 ▶ 步骤(1)计算四种大气污染物的污染当量数：

二氧化硫的污染当量数 = 14÷0.95 = 14.74；
氮氧化物的污染当量数 = 12÷0.95 = 12.63；
氯化氢的污染当量数 = 60÷10.75 = 5.58；
一氧化碳的污染当量数 = 120÷16.7 = 7.19。

步骤(2)将各污染物的污染当量数从大到小排序

二氧化硫(14.74)>氮氧化物(12.63)>一氧化碳(7.19)>氯化氢(5.58)。

步骤(3)选取前三项污染物征税计算环境保护税：应税大气污染物的环境保护税 = (14.74+12.63+7.19)×3 = 103.68(元)。

答案 ▶ C

【**例题 13·单选题**】 甲矿产开采企业 2020 年 1 月在经营过程中，产生煤矸石 500 吨，尾矿 200 吨。已知煤矸石的税额为每吨 5 元，尾矿的税额为每吨 15 元，其中按照资源综合利用要求以及国家和地方环境保护标准综合利用尾矿 50 吨，则该矿产开采企业 2020 年 1 月应税固体废物的环境保护税为( )元。

A. 2500 B. 4750
C. 5250 D. 5500

解析 ▶ 应税固体废物的计税依据，按照固体废物的排放量确定。固体废物的排放量为当期应税固体废物的产生量减去当期应税固体废物的贮存量、处置量、综合利用量的余额。固体废物的应纳环境保护税 = 500×5 + (200−50)×15 = 4750(元)。

答案 ▶ B

十一、环境保护税的税收减免（见表 8-11）★★★

扫我解疑难

表 8-11 环境保护税的税收减免

类别	具体规定
免征环境保护税	下列情形，暂予免征环境保护税： (1)农业生产(不包括规模化养殖)排放应税污染物的； (2)机动车、铁路机车、非道路移动机械、船舶和航空器等流动污染源排放应税污染物的； (3)依法设立的城乡污水集中处理、生活垃圾集中处理场所排放相应应税污染物，不超过国家和地方规定的排放标准的； (4)纳税人综合利用的固体废物，符合国家和地方环境保护标准的； (5)国务院批准免税的其他情形，由国务院报全国人民代表大会常务委员会备案
减征环境保护税	(1)纳税人排放应税大气污染物或者水污染物的浓度值**低于**国家和地方规定的污染物排放标准 **30%**的，**减按 75%**征收环境保护税。 (2)纳税人排放应税大气污染物或者水污染物的浓度值**低于**国家和地方规定的污染物排放标准 **50%**的，**减按 50%**征收环境保护税

【**例题 14·多选题**】 下列选项，免予征收环境保护税的有( )。

A. 规模化养殖排放应税污染物的

B. 船舶和航空器等流动污染源排放污染物

C. 学校直接向环境排放污水

D. 纳税人综合利用的固体废物，符合国家和地方环境保护标准

解析 ▶ 农业生产(不包括规模化养殖)排放应税污染物的，暂免征收环境保护税，即规模化养殖排放应税污染物的，需要缴纳环境保护税；学校直接向环境排放污水，属于环境保护税的征税范围，没有税收优惠。

答案 ▶ BD

十二、环境保护税的征收管理★

扫我解疑难

(一)征管方式

环境保护税采用"企业申报、税务征收、环保协同、信息共享"的征管方式。环境保护主管部门和税务机关应当建立涉税信息共享平台和工作配合机制,定期交换有关纳税信息资料。

(二)数据传递和比对

环境保护主管部门应当将排污单位的排污许可、污染物排放数据、环境违法和受行政处罚情况等环境保护相关信息,定期交送税务机关。

税务机关应当将纳税人的纳税申报、税款入库、减免税额、欠缴税款以及风险疑点等环境保护税涉税信息,定期交送环境保护主管部门。

(三)复核

税务机关发现纳税人的纳税申报数据资料异常或者纳税人未按照规定期限办理纳税申报的,可以提请环境保护主管部门进行复核,环境保护主管部门应当自收到税务机关的数据资料之日起十五日内向税务机关出具复核意见。

纳税人的纳税申报数据资料异常,包括但不限于下列情形:

1. 纳税人当期申报的应税污染物排放量与上一年同期相比明显偏低,且无正当理由。

2. 纳税人单位产品污染物排放量与同类型纳税人相比明显偏低,且无正当理由。

(四)纳税时间

纳税义务发生时间为纳税人排放应税污染物的当日。环境保护税按月计算按季申报缴纳。不能按固定期限计算缴纳的,可以按次申报缴纳。

(五)纳税地点

纳税人应当向应税污染物排放地的税务机关申报缴纳环境保护税。应税污染物排放地是指:

(1)应税大气污染物、水污染物排放口所在地;

(2)应税固体废物产生地;

(3)应税噪声产生地。

纳税人跨区域排放应税污染物,税务机关对税收征收管辖有争议的,由争议各方按照有利于征收管理的原则协商解决。不能协商一致的,报请共同的上级税务机关决定。

【例题15·单选题】 关于环境保护税的征收管理表述错误的是( )。

A. 环境保护税的纳税义务发生时间为纳税人排放应税污染物的当日

B. 环境保护税由税务机关和环境保护主管部门联合征收

C. 纳税人单位产品污染物排放量与同类型纳税人相比明显偏低,且无正当理由的,税务机关可以提请环境保护主管部门进行复核

D. 环境保护税按月计算,按季申报缴纳,不能按固定期限计算缴纳的,可以按次申报缴纳

解析 选项B,环境保护税由税务机关依照《中华人民共和国税收征收管理法》和本法的有关规定征收管理。环境保护主管部门依照本法和有关环境保护法律法规的规定负责对污染物的监测管理。 **答案** B

真题精练(客观题)

(2018年单选题)下列情形中,属于直接向环境排放污染物从而应缴纳环境保护税的是( )。

A. 企业在符合国家和地方环境保护标准的场所处置固体废物的

B. 事业单位向依法设立的生活垃圾集中处理场所排放应税污染物的

C. 企业向依法设立的污水集中处理场所排放应税污染物的

D. 依法设立的城乡污水集中处理场所超过国家和地方规定的排放标准排放应税污染物的

解析 ▶ 依法设立的城乡污水集中处理、生活垃圾集中处理场所排放相应应税污染物，不超过国家和地方规定的排放标准的，暂免征收环境保护税。超过国家和地方排放标准的，应按照相关规定征收税款。

答案 ▶ D

同步训练 限时80分钟

一、单项选择题

1. 下列各项中，应征收资源税的是（　　）。
   A. 进口的天然气
   B. 蜂窝煤制品
   C. 煤炭开采企业因安全生产需要抽采的煤成气
   D. 开采的高岭土

2. 下列企业既是增值税纳税人又是资源税纳税人的是（　　）。
   A. 销售有色金属矿产品的贸易公司
   B. 进口有色金属矿产品的企业
   C. 在境内开采有色金属矿产品的企业
   D. 在境外开采有色金属矿产品的企业

3. 下列关于资源税计税依据的表述中，错误的是（　　）。
   A. 资源税的计税依据为应税产品的销售额或销售量
   B. 从价定率征收的计税依据是销售额，该销售额包含运杂费用
   C. 纳税人开采应税矿产品由其关联单位对外销售的，按其关联单位的销售额征收资源税
   D. 纳税人将其开采的应税矿产品直接出口的，按其离岸价格（不含增值税）计算销售额征收资源税

4. 某市一煤炭生产企业，2019 年该企业开采原煤 1200 万吨，当年销售 900 万吨，不含增值税销售额合计为 810000 万元，其中包括运输费用以及伴随运销产生的装卸、仓储费用 10000 万元。其余剩下的 300 万吨原煤生产洗煤销售，取得不含增值税销售额 300000 万元。已知综合回收率为 80%，原煤平均销售额为 200000 万元，洗煤平均销售额为 400000 万元。该企业 2019 年应

缴纳的资源税为（　　）万元。（煤炭的资源税税率为 6%）
   A. 59250   B. 48000
   C. 66000   D. 40000

5. 某油田 2019 年 12 月份生产销售原油 5 万吨，售价 1500 万元，销售人造石油 1 万吨，售价 300 万元，销售与原油同时开采的天然气 2000 万立方米，售价 500 万元。已知原油和天然气的资源税税率均为 6%。该油田 2019 年 12 月份应缴纳的资源税为（　　）万元。（以上售价均为不含增值税售价）
   A. 75   B. 49
   C. 115   D. 120

6. 2019 年 9 月，某铜矿当月销售铜矿石原矿取得销售收入 800 万元，销售精矿取得销售收入 500 万元，该矿换算比为 1.3，资源税税率为 5%。该铜矿当月应纳资源税为（　　）万元。（上述收入均为不含增值税收入）
   A. 65   B. 77
   C. 72.5   D. 55.77

7. 从衰竭期矿山开采的矿产品，资源税减征（　　）。
   A. 20%   B. 30%
   C. 40%   D. 50%

8. 位于河北省的某水资源开采企业，2020 年 2 月利用设施直接从地下取用地表水，实际取用水量为 33000 立方米，对外销售水量为 30000 立方米。取水口所在地的税额标准为每立方米 0.6 元。该企业当月应缴纳资源税（　　）元。
   A. 16800   B. 18000
   C. 19800   D. 18600

360

第 8 章 资源税法和环境保护税法

9. 下列关于资源税的表述中，错误的是（　　）。

A. 资源税是价内税

B. 征税对象为原矿的，纳税人销售自采原矿加工的精矿，按精矿销售额缴纳资源税

C. 凡缴纳资源税的产品，也要缴纳增值税

D. 运杂费用应与销售额分别核算，凡未取得相应凭据或不能与销售额分别核算的，应当一并计征资源税

10. 下列关于资源税纳税义务发生时间的表述，错误的是（　　）。

A. 纳税人采取预收货款结算方式的，其纳税义务发生时间，为发出应税产品的当天

B. 纳税人采取其他结算方式的，其纳税义务发生时间，为收讫销售款或者取得索取销售款凭据的当天

C. 自产自用应税产品的，其纳税义务发生时间，为移送使用应税产品的当天

D. 扣缴义务人代扣代缴税款的，其纳税义务发生时间，为收到全部货款的当天

11. 下列选项应该缴纳水资源税的是（　　）。

A. 农村集体经济组织及其成员从本集体经济组织的水塘、水库中取用水

B. 直接取用地表水

C. 圈养畜禽饮用少量取用水

D. 为农业抗旱临时应急取用水

12. 下列选项中属于水资源税免税项目的是（　　）。

A. 超过规定限额的农业生产取用水

B. 军队通过接入城镇公共供水管网方式取用水

C. 火力发电循环式冷却取用水

D. 取用污水处理再生水

13. 应以纳税人当期应税大气污染物、水污染物的产生量作为污染物的排放量的情形不包括（　　）。

A. 未依法安装使用污染物自动监测设备

B. 无法进行实际监测的禽畜养殖等小型排污者

C. 通过暗管、渗井、渗坑、灌注或者稀释排放等方式违法排放应税污染物

D. 进行虚假纳税申报

14. 大星化工厂未安装环保设备，2020年2月生产过程直接向环境排放多种大气污染物，经测量二氧化硫排放量25千克，一氧化碳150千克，氯乙烯15千克，甲苯12千克，该化工厂只有一个大气污染物的排放口。（已知大气污染物每污染当量税额为3.2元，当月排放的氯乙烯的浓度值低于国家和地方规定的污染物排放标准50%。二氧化硫的污染当量值为每千克0.95，一氧化碳的污染当量值为每千克16.7，氯乙烯的污染当量值为每千克0.55，甲苯的污染当量值为每千克0.18。）该化工厂2020年2月大气污染物应缴纳的环境保护税为（　　）元。

A. 326.34　　　　B. 341.20

C. 384.83　　　　D. 413.57

15. 大华化工厂位于某省工业区，按照厂界外声环境功能区类别划分，其噪声排放限值昼间为65分贝，夜间为55分贝。经测量大华化工厂2020年3月昼间产生噪音75分贝，夜间产生噪音60分贝，超标天数为18天，则该厂2020年3月应税噪音应缴纳的环境保护税为（　　）。（已知：工业噪声超标4-6分贝，月收费标准为700元；超标7-9分贝，月收费标准为1400元；超标10-12分贝，月收费标准为2800元；超标13-15分贝，月收费标准为5600元；超标16分贝以上，月收费标准为11200元。）

A. 700　　　　　B. 2800

C. 3500　　　　　D. 5600

二、多项选择题

1. 下列属于资源税应税产品的有（　　）。

A. 海盐　　　　　B. 食用盐

C. 原油　　　　　D. 矿泉水

2. 下列关于资源税计税依据的表述，正确的有（　　）。

A. 纳税人开采原油销售的，销售额为纳税人销售原油向购买方收取的全部价款和价外费用，但不包括收取的增值税税额

B. 原煤计税销售额是指纳税人销售原煤向购买方收取的全部价款和价外费用，不包括收取的增值税销项税额以及符合规定的从坑口到车站、码头或购买方指定地点的运杂费用

C. 纳税人将其开采的原煤加工为洗选煤销售的，以洗选煤销售额作为应税煤炭销售额计算缴纳资源税

D. 实行从量计征资源税的，销售数量包括纳税人开采或者生产应税产品的实际销售数量和视同销售的自用数量

3. 下列各项关于资源税减免税规定的表述中，正确的有（　　）。

A. 三次采油暂免征收资源税

B. 在油田范围内运输原油过程中用于加热的原油免征资源税

C. 稠油、高凝油减征40%资源税

D. 开采销售共伴生矿，分开核算的，对共伴生矿暂不计征资源税

4. 下列各项符合资源税规定的有（　　）。

A. 纳税人开采共伴生矿、低品位矿、尾矿，省、自治区、直辖市可以决定免征或者减征资源税

B. 纳税人在开采主矿产品的过程中伴采的其他应税矿产品，凡未单独规定适用税额的，一律按主矿产品或视同主矿产品税目征收资源税

C. 洗选煤销售额包括洗选副产品的销售额和洗选煤从洗选煤厂到车站、码头等的运输费用

D. 符合条件代为收取的政府性基金不属于资源税的价外费用

5. 下列关于资源税纳税义务发生时间的表述，正确的有（　　）。

A. 纳税人采取分期收款结算方式的，为销售合同规定的收款日期的当天

B. 纳税人采取预收货款结算方式的，为收取货款的当天

C. 纳税人采取直接收款结算方式的，为收讫销售款或者取得索取销售款凭据的当天

D. 扣缴义务人代扣代缴税款的，为发出应税产品的当天

6. 按照现行资源税的规定，下列说法正确的有（　　）。

A. 纳税人的免税、减税项目，应当单独核算销售额或者销售数量

B. 以自采原矿加工精矿产品的，在原矿移送使用时不缴纳资源税，在精矿销售或自用时缴纳资源税

C. 纳税人跨省开采资源税应税产品，其下属生产单位与核算单位不在同一省、自治区、直辖市的，对其开采的矿产品一律在开采地纳税

D. 纳税人销售自采原矿加工的金精矿、粗金，在移送使用时缴纳资源税

7. 下列选项中，免征水资源税的有（　　）。

A. 规定限额内的农业生产取用水

B. 取用污水处理再生水

C. 抽水蓄能发电取用水

D. 采油排水经分离净化后在封闭管道回注的

8. 环境保护税采用幅度定额税率的有（　　）。

A. 大气污染物　　　B. 水污染物

C. 固体废物　　　　D. 噪声

9. 下列关于环境保护税的计税依据说法错误的有（　　）。

A. 若纳税人安装使用符合规定的自动检测设备的，优先按照污染物自动检测数据计算应税污染物的排放量和噪音的分贝数

B. 每一排放口的应税水污染物，区分第一类水污染物和其他类水污染物，按照污染当量数从大到小排序，对第一类水污染物按照前三项征收环境保护税

C. 每一排放口的应税水污染物，区分第一类水污染物和其他类水污染物，按照污染

当量数从大到小排序，对其他类水污染物按照前三项征收环境保护税

D. 应税大气污染物的污染当量数，以该污染物的产生量除以该污染物的污染当量值计算

10. 下列关于环境保税的计税依据说法正确的有（　　）。

A. 非法倾倒应税固体废物的，以其当期应税固体废物的产生量作为固体废物的排放量

B. 损毁或者擅自移动、改变污染物自动监测设备的以其当期应税大气污染物、水污染物的产生量作为污染物的排放量

C. 从两个以上排放口排放应税污染物的，对每一排放口排放的应税污染物分别计算征收环境保护税

D. 固体废物的排放量为当期应税固体废物的产生量减去当期应税固体废物的贮存量、处置量、综合利用量的余额

11. 关于环境保护税的税收优惠表述正确的有（　　）。

A. 纳税人综合利用的固体废物，符合国家和地方环境保护标准的免税

B. 农业生产（不包括规模化养殖）排放应税污染物的免税

C. 纳税人排放应税大气污染物或者水污染物的浓度值低于国家和地方规定的污染物排放标准 30% 的，减按 70% 征收环境保护税

D. 机动车、铁路机车、非道路移动机械、船舶和航空器等流动污染源排放应税污染物的免税

三、计算问答题

1. 某矿山开采企业为增值税一般纳税人，2020 年 1 月发生下列业务：

（1）开采稀土原矿及共生铜矿石，开采总量 1000 吨，其中稀土原矿 550 吨，本月对外销售稀土原矿 200 吨，每吨不含增值税价格 0.5 万元。

（2）将开采的部分稀土原矿连续加工为精矿，本月对外销售稀土精矿 100 吨，每吨不含增值税价格 1.5 万元，向购买方一并收取从坑口到指定运达地运杂费 1 万元（与销售额分别核算）。

（3）销售铜矿石原矿，取得不含增值税销售收入 500 万元，销售铜矿石精矿取得不含增值税销售收入 1200 万元。

（4）以部分稀土原矿作价 67.8 万元（含增值税）抵偿所欠供应商货款。

其他相关资料：稀土矿原矿与精矿换算比为 2，稀土精矿资源税税率为 11.5%；铜原矿精矿换算比为 1.2，铜矿精矿资源税税率为 5%。

要求：根据上述资料，按序号回答下列问题，如有计算，每问需计算出合计数。

（1）计算业务（1）应缴纳的资源税。

（2）计算业务（2）应缴纳的资源税。

（3）计算业务（3）应缴纳的资源税。

（4）计算业务（4）应缴纳的资源税。

（5）计算该企业本月增值税销项税额。

2. 位于某县城的煤矿（增值税一般纳税人）主要从事煤炭开采、原煤加工、洗煤生产业务，为增值税一般纳税人。2019 年 9、10 月发生下列业务：

（1）9 月份：采用分期收款方式销售自行开采的原煤 1000 吨，不含增值税销售额 560000 元，合同规定，货款分两个月支付，本月支付 50%，其余货款于 10 月 15 日前支付。由于购货方资金紧张，9 月实际支付货款 250000 元；采用预收货款方式向甲企业销售自产原煤加工的洗煤 500 吨，不含增值税销售额 600000 元，当月预收 20% 的货款 135600 元，合同约定 10 月 5 日发货，并收回剩余货款；从一般纳税人处购进材料，取得防伪税控增值税专用发票，注明增值税 180000 元，另支付运输费并取得属于增值税一般纳税人的运输公司开具的增值税专用发票，注明不含增值税运输金额 128000 元。

（2）10 月份：10 月 5 日向甲企业发出洗煤

500 吨，收回剩余的 80% 货款，取得不含增值税金额为 480000 元；10 月 10 日，收到 9 月份期收款销售原煤的剩余货款。10 月份销售原煤 1500 吨，合同约定由煤矿负责将所售原煤运至码头交货，取得原煤不含增值税销售额 840000 元，另单独收取含增值税运杂费用 100000 元，单独开具增值税普通发票；煤矿委托运输企业将该批原煤运至码头，取得增值税专用发票上分别注明不含税运费 80000 元、增值税税额 7200 元，装卸费 5000 元、增值税税额 150 元。

其他相关资料：原煤资源税税率为 6%，洗煤折算率为 40%。购进货物取得的增值税专用发票符合税法规定，均在当月认证并申报抵扣。

要求：根据上述资料，回答下列问题，每问需计算出合计数。

（1）计算 9 月该煤矿应纳资源税。

（2）计算 9 月该煤矿应纳增值税。

（3）计算 10 月该煤矿应纳资源税。

（4）计算 10 月该煤矿应纳增值税。

（5）计算 10 月该煤矿应纳城市维护建设税、教育费附加和地方教育附加合计金额。

3. 位于县城的某石油企业为增值税一般纳税人，2020 年 1 月发生以下业务：

（1）进口原油 5000 吨，支付买价 2000 万元、运抵我国境内输入地点起卸前的运输费用 60 万元，保险费无法确定。

（2）开采原油 9000 吨，其中当月销售 6000 吨，取得不含增值税销售收入 2700 万元，同时还向购买方收取延期付款利息 3.39 万

元；取得运输企业增值税专用发票注明的运费 9 万元、税额 0.81 万元。

其他相关资料：假定原油的资源税税率为 10%、进口关税税率为 1%，相关票据已通过主管税务机关比对认证。

要求：根据上述资料，按照下列序号计算回答问题，每问需计算出合计数。

（1）计算当月进口原油应缴纳的关税。

（2）计算当月进口原油应缴纳的增值税。

（3）计算当月销售原油的增值税销项税额。

（4）计算当月向税务机关缴纳的增值税。

（5）计算当月应缴纳的城市维护建设税、教育费附加和地方教育附加。

（6）计算当月应缴纳的资源税。

4. 某化工厂未安装环保减排设备，只有一个排放口，直接向外排放大气污染物，经监测 2019 年 11 月排放量 $3200m^3/h$，其中二氧化硫浓度 $120mg/m^3$，氮氧化物浓度 $160mg/m^3$，一氧化碳浓度 $198mg/m^3$，硫化氢浓度 $50mg/m^3$。（已知二氧化硫、氮氧化物、一氧化碳和硫化氢的污染当量值分别为 0.95、0.95、16.7 和 0.29。当地应税大气污染物的单位税额为每污染当量 2.5 元。）该厂废气排放时间每天 12 小时。

（1）计算每种大气污染物的排放量。

（2）分别计算每种大气污染物的污染当量数。

（3）简要说明哪些污染物是需要交纳环境保护税的。

（4）计算 11 月份工厂应缴纳的环保税。

同步训练答案及解析

一、单项选择题

1. D 【解析】选项 A，进口天然气不征收资源税，资源税进口不征，出口不退；选项 B，蜂窝煤制品不属于资源税征税范围；选项 C，煤炭开采企业因安全生产需要抽采的煤成气，免征资源税。

2. C 【解析】选项 A，销售有色金属矿产品的贸易公司，只缴纳增值税，无需缴纳资源税，因为资源税只在开采销售环节缴纳，在批发零售环节不缴纳资源税；进口有色金属矿产品的企业，只缴纳增值税，无需缴纳资源税，因为资源税"进口不

征"；在境外开采有色金属矿产品的企业，无需缴纳我国的增值税和资源税。

3. B 【解析】从价定率征收的计税依据是销售额，它是指纳税人销售应税产品向购买方收取的全部价款和价外费用，不包括增值税销项税额和符合规定的运杂费用。

4. A 【解析】原煤应纳资源税 = (810000 - 10000) × 6% = 48000(万元)
洗煤的折算率 = 200000 ÷ (400000 × 80%) × 100% = 62.5%
洗煤应纳资源税 = 300000 × 62.5% × 6% = 11250(万元)
应纳资源税 = 48000 + 11250 = 59250(万元)

5. D 【解析】人造石油不属于资源税的征税范围；该油田12月份应纳资源税 = (1500 + 500) × 6% = 120(万元)。

6. B 【解析】铜矿征税对象为精矿，因此销售原矿时，应将原矿销售额换算为精矿销售额。该铜矿当月应纳资源税 = (800 × 1.3 + 500) × 5% = 77(万元)。

7. B 【解析】从衰竭期矿山开采的矿产品，减征30%资源税。

8. C 【解析】水资源税实行从量计征。应纳税额计算公式：应纳税额 = 取水口所在地税额标准 × 实际取用水量。该企业当月应缴纳资源税 = 33000 × 0.6 = 19800(元)。

9. B 【解析】征税对象为精矿的，纳税人销售原矿时，应将原矿销售额换算为精矿销售额缴纳资源税；征税对象为原矿的，纳税人销售自采原矿加工的精矿，应将精矿销售额折算为原矿销售额缴纳资源税。

10. D 【解析】选项D，扣缴义务人代扣代缴税款的纳税义务发生时间，为支付首笔货款或首次开具支付货款凭据的当天。

11. B 【解析】选项B，直接取用地表水是要缴纳水资源税的；选项A、C、D，无需缴纳水资源税。

12. D 【解析】选项A，规定限额内的农业生产取用水免征水资源税；选项B，除接入城镇公共供水管网以外，军队、武警

部队通过其他方式取用水的，免征水资源税；选项C，火力发电循环式冷却取用水是要缴纳水资源税的。

13. B 【解析】无法进行实际监测的禽畜养殖等小型排污者，适用抽样测算法，按禽畜养殖业、小型企业和第三产业污染当量值表计算污染当量。

14. B 【解析】步骤(1)分别计算四种大气污染物的污染当量数：二氧化硫的污染当量数 = 25 ÷ 0.95 = 26.32；一氧化碳的污染当量数 = 150 ÷ 16.7 = 8.98；氯乙烯的污染当量数 = 15 ÷ 0.55 = 27.27；甲苯的污染当量数 = 12 ÷ 0.18 = 66.67。
步骤(2)将各污染物的污染当量数从大到小排序：甲苯(66.67) > 氯乙烯(27.27) > 二氧化硫(26.32) > 一氧化碳(8.98)。
步骤(3)选取前三项污染物征税计算环境保护税，其中排放的氯乙烯的浓度值低于国家和地方规定的污染物排放标准50%，可以减按50%征收环境保护税。
应税大气污染物的环境保护税 = 66.67 × 3.2 + 27.27 × 3.2 × 50% + 26.32 × 3.2 = 341.2(元)

【知识点拨】纳税人排放应税大气污染物或者水污染物的浓度值低于国家和地方规定的污染物排放标准50%的，减按50%征收环境保护税。

15. C 【解析】昼、夜均超标的环境噪声，昼夜分别计算应纳税额，累计计征。昼间噪音超标分贝数 = 75 - 65 = 10(分贝)；夜间噪音超标分贝数 = 60 - 55 = 5(分贝)。根据超标的分贝数，分别适用2800元和700元的收费标准，2019年3月应税噪音的环境保护税 = 2800 + 700 = 3500(元)。

二、多项选择题

1. ACD 【解析】食用盐不属于资源税的应税产品。

2. ABD 【解析】纳税人将其开采的原煤加工为洗选煤销售的，以洗选煤销售额乘以折算率作为应税煤炭销售额计算缴纳资

源税。

3. BD 【解析】选项 A，三次采油，减征 30% 资源税；选项 D，纳税人开采共伴生矿，省、自治区、直辖市可以决定免征或者减征资源税。

4. ABD 【解析】洗选煤销售额包括洗选副产品的销售额，不包括洗选煤从洗选煤厂到车站、码头等的运输费用。

5. AC 【解析】选项 B，纳税人采取预收货款结算方式的，为发出应税产品的当天；选项 D，扣缴义务人代扣代缴税款的，为支付首笔货款或首次开具支付货款凭据的当天。

6. ABC 【解析】选项 D，纳税人销售自采原矿或者自采原矿加工的金精矿、粗金，在原矿或者金精矿、粗金销售时缴纳资源税，在移送使用时不缴纳资源税。

7. ABCD 【解析】上述选项均免征水资源税。

8. AB 【解析】环境保护税税目包括大气污染物、水污染物、固定废物和噪声 4 大类，采用定额税率，其中应税大气污染物和水污染物规定了幅度定额税率。

9. BD 【解析】选项 B，对第一类水污染物按照前五项征收环境保护税；选项 D，应税大气污染物、水污染物的污染当量数，以该污染物的排放量除以该污染物的污染当量值计算。

10. ABCD 【解析】四个选项表述全部正确。

11. ABD 【解析】选项 C，纳税人排放应税大气污染物或者水污染物的浓度值低于国家和地方规定的污染物排放标准 30% 的，减按 75% 征收环境保护税。纳税人排放应税大气污染物或者水污染物的浓度值低于国家和地方规定的污染物排放标准 50% 的，减按 50% 征收环境保护税。

三、计算问答题

1.【答案】

（1）业务（1）应纳资源税 = $200 \times 0.5 \times 2 \times 11.5\% = 23$（万元）。

（2）收取的与销售额分别核算的运杂费不缴纳资源税。

业务（2）应纳资源税 = $100 \times 1.5 \times 11.5\% = 17.25$（万元）

（3）铜矿计税依据为精矿销售额，因此应将原矿销售额换算为精矿销售额。

业务（3）应缴纳资源税 = $(500 \times 1.2 + 1200) \times 5\% = 90$（万元）

（4）业务（4）应纳资源税 = $67.8 \div 1.13 \times 2 \times 11.5\% = 13.80$（万元）

（5）业务（1）增值税销项税额 = $200 \times 0.5 \times 13\% = 13$（万元）

业务（2）增值税销项税额 = $(150 + 1 \div 1.13) \times 13\% = 19.62$（万元）

业务（3）增值税销项税额 = $(500 + 1200) \times 13\% = 221$（万元）

业务（4）增值税销项税额 = $67.8 \div 1.13 \times 13\% = 7.8$（万元）

增值税销项税额 = $13 + 19.62 + 221 + 7.8 = 261.42$（万元）

2.【答案】

（1）应纳资源税 = $560000 \times 50\% \times 6\% = 16800$（元）

（2）应纳增值税 = $560000 \times 50\% \times 13\% - 180000 - 128000 \times 9\% = -155120$（元）

9 月份缴纳的增值税为 0，留抵税额为 155120 元。

（3）应纳资源税 = $(560000 \times 50\% + 600000 \times 40\% + 840000) \times 6\% = 81600$（元）

（4）应纳增值税 = $(560000 \times 50\% + 600000 + 840000 + 100000 / 1.13) \times 13\% - 7200 - 150 - 155120 = 72634.42$（元）

（5）应纳城市维护建设税、教育费附加和地方教育附加合计 = $72634.42 \times (5\% + 3\% + 2\%) = 7263.44$（元）

3.【答案】

（1）进口原油应缴纳的关税 = $(2000 + 60) \times (1 + 3‰) \times 1\% = 20.66$（万元）

（2）进口原油应缴纳的增值税 = $[(2000 + 60) \times (1 + 3‰) + 20.66] \times 13\% = 271.29$（万元）

（3）销售原油的增值税销项税额＝[2700＋3.39÷(1+13%)]×13%＝351.39（万元）

（4）应向税务机关缴纳的增值税＝351.39－271.29－0.81＝79.29（万元）

（5）应纳城市维护建设税、教育费附加和地方教育附加＝79.29×(5%＋3%＋2%)＝7.93（万元）

（6）应纳资源税＝[2700＋3.39÷(1+13%)]×10%＝270.3（万元）

4.【答案】

（1）二氧化硫排放量＝3200×120×30×12÷1000000＝138.24（kg）

氮氧化物排放量＝3200×160×30×12÷1000000＝184.32（kg）

一氧化碳排放量＝3200×198×30×12÷1000000＝228.10（kg）

硫化氢排放量＝3200×50×30×12÷1000000＝57.6（kg）

（2）二氧化硫的污染当量数＝138.24÷0.95＝145.52

氮氧化物的污染当量数＝184.32÷0.95＝194.02

一氧化碳的污染当量数228.10÷16.7＝13.66

硫化氢的污染当量数57.6÷0.29＝198.62

（3）按照污染当量数排序：

硫化氢(198.62)＞氮氧化物(194.02)＞二氧化硫(145.52)＞一氧化碳(13.66)

每一排放口的应税大气污染物，按照污染当量数从大到小排序，对前三项污染物征收环境保护税。

（4）应纳环境保护税＝(198.62＋194.02＋145.52)×2.5＝1345.4（元）

本章知识串联

第8章 资源税法和环境保护税法

资源税法和环境保护税法

资源税法

纳税义务人与扣缴义务人★★
- 纳税义务人：在中华人民共和国领域及管辖的其他海域开发应税资源的单位和个人
- 扣缴义务人：收购未税矿产品的单位

税目与税率★★
- 税目：矿产品（5类）
- 税率
  - 从价定率
  - 从量定额

计税依据★★★
- 从价定率征收
  - 销售额的基本规定
  - 运杂费用的扣减
  - 原矿销售额与精矿销售额的换算或折算
  - 特殊情形下销售额的确定
- 从量定额征收的计税依据
- 视同销售的情形

应纳税额的计算★★★
- 从价计征：销售额×适用比例税率
- 从量计征：课税数量×定额税率
- 煤炭资源税计算方法

减税、免税项目★★

征收管理★★
- 纳税义务发生时间
- 纳税期限
- 纳税环节和纳税地点

水资源税改革试点实施办法★★★
- 纳税义务人
- 税率
- 应纳税额的计算
- 税收减免
- 征收管理

环境保护税法

纳税义务人★★：在中华人民共和国境内和管辖的海域，直接向环境排放应税污染物的企业事业单位和其他生产经营者

税目与税率★★★
- 大气污染物
- 水污染物
- 固体废物
- 噪声

计税依据★★★
- 计税依据确定的基本方法
- 应税大气污染物、水污染物、固体废物的排放量和噪声分贝数的确定方法

应纳税额的计算★★★
- 大气污染物：应纳税额＝污染当量数×具体适用税额
- 水污染物：应纳税额＝污染当量数×具体适用税额
- 固体废物：应纳税额＝（当期固体废物的产生量－当期固体废物的综合利用量－当期固体废物的贮存量－当期固体废物的处置量）×具体适用税额
- 应税噪声：应纳税额＝超过国家规定标准的分贝数对应的具体适用税额

税收减免★★
- 免征环境保护税
- 减征环境保护税

征收管理★★
- 纳税义务发生时间：排放应税污染物的当日
- 纳税地点：应税污染物排放地的税务机关
- 纳税申报：按月计算，按季申报缴纳

第9章 城镇土地使用税法和耕地占用税法

考情解密

历年考情概况

本章由城镇土地使用税和耕地占用税两个税种组成。城镇土地使用税和耕地占用税在考试中所占分值不多，预计 2020 年考试中本章分值在 2~4 分左右。

近年考点直击

考点	主要考查题型	考频指数	考查角度
城镇土地使用税的征税范围与纳税人	单选题、多选题	★★	(1)直接考查纳税人的具体规定； (2)结合征税范围，考查哪些情况需要纳税，哪些情况无需纳税
城镇土地使用税的税率、计税依据和应纳税额的计算	单选题、多选题	★★★	(1)考查土地使用税的税率形式、税额标准降低和提高的规定； (2)考查土地使用税计税依据的文字表述； (3)结合税率、计税依据和税收优惠，考查土地使用税的计算
城镇土地使用税的税收优惠	单选题、多选题	★★★	(1)直接考核税收优惠的规定； (2)将税收优惠与征税范围结合起来，考核哪些需要缴纳土地使用税，哪些无需缴纳土地使用税； (3)和土地使用税的计算结合起来考核
耕地占用税的征税范围、税率、应纳税额计算	单选题、多选题	★★	(1)耕地的范围； (2)占用的含义； (3)税率——定额税率；注意税额提高的规定； (4)结合征税范围、税收优惠，考核应纳税额计算
耕地占用税的税收优惠	单选题、多选题	★★★	分清免征、减半、减按每平方米 2 元征税的规定
耕地占用税的征收管理	单选题、多选题	★★	了解征收管理的有关规定

学习方法与应试技巧

整体而言，城镇土地使用税和耕地占用税的规定和应纳税额计算比较简单，大家在学习过程中注意：

1. 本章分数不高，且学习起来难度也不大，应该说投入产出比比较正常，因此复习和应试的思路应该是：适当投入精力，确保这两个税种能够拿到较高分数，甚至是满分；

2. 对于小税种而言，不仅纳税人、征税范围、计税依据、税率很重要，税收优惠更重要，因此要注意总结这两个税种的税收优惠，尤其是耕地占用税的税收优惠，在历年考试中占有举足轻重的地位；

3. 要注意总结土地使用税、房产税、车船税等税种在纳税义务发生时间规定中的不同之

第 9 章 城镇土地使用税法和耕地占用税法

处；注意耕地占用税与土地使用税纳税义务发生时间的衔接问题；

4. 小税种存在联合出题的可能性，因此注意总结小税种之间的关联之处。

本章2020年考试主要变化

1. 城镇土地使用税的税收优惠中新增了对城市公交站场、道路客运站场、城市轨道交通系统运营用地和对向居民供热收取采暖费的供热企业，免征城镇土地使用税。

2. 耕地占用税根据《中华人民共和国耕地占用税法实施办法》编写。

考点详解及精选例题

一、城镇土地使用税法

扫我解疑难

(一)纳税义务人与征税范围★★

1. 纳税义务人

城镇土地使用税是以国有土地或集体土地为征税对象，对拥有土地使用权的单位和个人征收的一种税。

城镇土地使用税的纳税人是在城市、县城、建制镇和工矿区范围内使用土地的单位和个人。具体规定见表9-1。

表9-1 城镇土地使用税的纳税人

情形	纳税人
(1)拥有土地使用权的单位和个人	
(2)拥有土地使用权的单位和个人不在土地所在地的	土地的实际使用人和代管人
(3)土地使用权未确定或权属纠纷未解决的	实际使用人
(4)土地使用权共有的	共有各方都是纳税人，由共有各方分别纳税
(5)在城镇土地使用税征税范围内，承租集体所有建设用地的	由直接从集体经济组织承租土地的单位和个人缴纳——承租方纳税

2. 征税范围

城镇土地使用税的征税范围，包括城市、县城、建制镇和工矿区内的国家所有和集体所有的土地，也就是说土地使用税的征税范围不包括农村。

【例题1·单选题】下列属于城镇土地使用税纳税义务人的是(　　)。

A. 实际使用位于市区土地权属纠纷未解决的企业

B. 转租集体所有建设用地的实际使用人

C. 实际使用共有土地使用权的单位或个人

D. 使用农村土地的工矿企业

解析　选项B，直接从集体经济组织承租集体所有建设用地的单位和个人为纳税人；选项C，土地使用权共有的，共有各方都是

纳税人；选项D，土地使用税的纳税人是拥有土地使用权的单位和个人，而非使用土地的单位和个人，此外城镇土地使用税的征税范围，包括城市、县城、建制镇和工矿区，不包括农村地区。　答案 ▶ A

(二)税率、计税依据和应纳税额的计算★★★

1. 税率

城镇土地使用税采用定额税率，即采用有幅度的差别税额，按大、中、小城市和县城、建制镇、工矿区分别规定每平方米土地使用税年应纳税额。

经济落后地区，土地使用税的适用税额标准可适当降低，但降低额不得超过规定最低税额的30%。经济发达地区的适用税额标准可以适当提高，但须报财政部批准。

土地使用税每个幅度税额的差距规定为20倍。

2. 计税依据

城镇土地使用税以纳税人实际占用的土地面积为计税依据，土地面积计量标准为每平方米，具体规定见表9-2。

表9-2　土地使用税的计税依据

类型	计税依据
由省、自治区、直辖市人民政府确定的单位组织测定土地面积的	测定面积
尚未组织测量，但纳税人持有政府部门核发的土地使用证的	证书确认的土地面积
尚未核发土地使用证书的	申报的土地面积，待核发土地使用证以后再作调整
对在城镇土地使用税征税范围内单独建造的地下建筑用地	(1)按规定征收城镇土地使用税。其中，已取得地下土地使用权证的，按土地使用权证确认的土地面积计算应征税款；未取得地下土地使用权证或地下土地使用权证上未标明土地面积的，按地下建筑垂直投影面积计算应征税款。(2)上述地下建筑用地暂按应征税款的50%征收土地使用税

【例题2·多选题】下列关于城镇土地使用税的计税依据，正确的有（　　）。

A. 城镇土地使用税以纳税人实际占用的土地面积为计税依据

B. 纳税人实际占用的土地面积，是指由省、自治区、直辖市人民政府确定的单位组织测定的土地面积

C. 尚未组织测量，但纳税人持有政府部门核发的土地使用证书的，以证书确认的土地面积为准

D. 尚未核发土地使用证书的，应由纳税人申请税务机关核定土地面积，据以纳税，待核发土地使用证以后再作调整

解析 ▶ 选项A是一般规定，选项BC是特殊情况下的规定。选项D，尚未核发土地使用证书的，应由纳税人申报土地面积，据以纳税，待核发土地使用证以后再作调整。

答案 ▶ ABC

3. 应纳税额的计算

全年应纳税额＝实际占用应税土地面积（平方米）×适用税额

【知识点拨】 应纳税额的计算往往会与税收优惠结合起来，要加强税收优惠的记忆。

【例题3·单选题】甲企业位于某经济落后地区，2018年12月取得一宗土地的使用权（未取得土地使用证书），2019年1月已按1500平方米申报缴纳全年的城镇土地使用税。2019年4月该企业取得了政府部门核发的土地使用证书，上面注明的土地面积为2000平方米。已知该地区适用每平方米0.9元～18元的固定税额，当地政府规定的固定税额为每平方米0.9元，并另按照国家规定的最高比例降低税额标准。则该企业2019年应该补缴的城镇土地使用税为（　　）元。

A. 0　　　　　　　　B. 315

C. 945　　　　　　　D. 1260

解析 ▶ 经济落后地区，土地使用税的适用税额标准可适当降低，但降低额不得超过规定最低税额的30%。应补税额＝（2000－1500）×0.9×（1－30%）＝315（元）。 答案 ▶ B

真题精练（客观题）

1. （2017年单选题）某企业2016年度拥有位于市郊的一宗地块，其地上面积为1万平方米，单独建造的地下建筑占地面积为4000平方米（已取得地下土地使用权证）。该市规定的城镇土地使用税税率为2元/平方米。则该企业2016年度就此地块应缴纳的城镇土地使用税为（　　）万元。

A. 0.8　　　　　　　B. 2

C. 2.8　　　　　　　D. 2.4

解析 对在城镇土地使用税征税范围内单独建造的地下建筑用地，按规定征收城镇土地使用税。其中，已取得地下土地使用权证的，按土地使用权证确认的土地面积计算应征税款；未取得地下土地使用权或地下土地使用权证上未标明土地面积的，按地下建筑垂直投影面积计算应征税款。并且单独建造的地下建筑用地暂按应征税款的50%征收城镇土地使用税。应纳城镇土地使用税=1×2+0.4×2×50%=2.4（万元）。

答案 D

2. （2015年单选题）某企业在市区拥有一块地，尚未由有关部门组织测量面积，但持有政府部门核发的土地使用证书。下列关于该企业履行城镇土地使用税纳税义务的表述中，正确的是（　）。

A. 暂缓履行纳税义务

B. 自行测量土地面积并履行纳税义务

C. 以证书确认的土地面积作为计税依据履行纳税义务

D. 待将来有关部门测定完土地面积后再履行纳税义务

解析 尚未组织测量，但纳税人持有政府部门核发的土地使用证书的，以证书确认的土地面积为准。　　**答案** C

（三）税收优惠★★★

1. 法定免缴城镇土地使用税的优惠

（1）国家机关、人民团体、军队自用的土地。

（2）由国家财政部门拨付事业经费的单位自用的土地。

（3）宗教寺庙、公园、名胜古迹自用的土地。

（4）市政街道、广场、绿化地带等公共用地。

（5）直接用于农、林、牧、渔业的生产用地。

这部分土地是指直接从事于种植养殖、饲养的专业用地，不包括农副产品加工场地和生活办公用地。

（6）经批准开山填海整治的土地和改造的废弃土地，从使用的月份起免缴土地使用税5年至10年。

（7）对非营利性医疗机构、疾病控制机构和妇幼保健机构等卫生机构自用的土地，免征城镇土地使用税。

（8）企业办的学校、医院、托儿所、幼儿园，其用地能与企业其他用地明确区分的，免征城镇土地使用税。

（9）免税单位无偿使用纳税单位的土地，免征土地使用税；纳税单位无偿使用免税单位的土地，纳税单位应照章缴纳土地使用税。纳税单位与免税单位共同使用、共有使用权土地上的多层建筑，对纳税单位可按其占用的建筑面积占建筑总面积的比例计征城镇土地使用税。

（10）对行使国家行政管理职能的中国人民银行总行所属分支机构自用的土地，免征城镇土地使用税。

（11）为了体现国家的产业政策，支持重点产业的发展，对一些特殊用地划分了征免税界限和给予政策性减免税照顾：

①对石油天然气生产建设中用于地质勘探、钻井、井下作业、油气田地面工程等施工临时用地暂免征收城镇土地使用税。

②对企业的铁路专用线、公路等用地，在厂区以外、与社会公用地段未加隔离的，暂免征收城镇土地使用税。

③对企业厂区以外的公共绿化用地和向社会开放的公园用地，暂免征收城镇土地使用税。

④对盐场的盐滩、盐矿的矿井用地，暂免征收城镇土地使用税。

（12）自2019年1月1日至2021年12月31日，对农产品批发市场、农贸市场（包括自有和承租，下同）专门用于经营农产品的房产、土地，暂免征收城镇土地使用税。对同时经营其他产品的农产品批发市场和农贸市场使用的房产、土地，按其他产品与农产品交易场地面积的比例确定征免城镇土地使用税。

（13）到 2019 年 12 月 31 日止（含当日），对物流企业自有的（包括自用和出租）大宗商品仓储设施用地，减按所属土地等级适用税额标准的 50% 计征城镇土地使用税。

（14）自 2018 年 10 月 1 日至 2020 年 12 月 31 日，对按照去产能和调结构政策要求停产停业、关闭的企业，**自停产停业次月起，**免征城镇土地使用税。企业享受免税政策的期限累计**不得超过两年**。

（15）自 2019 年 1 月 1 日至 2021 年 12 月 31 日，对国家级、省级科技企业孵化器、大学科技园和国家备案众创空间自用以及无偿或通过出租等方式提供给在孵对象使用的土地，免征城镇土地使用税。

（16）自 2019 年 1 月 1 日至 2021 年 12 月 31 日，对城市公交站场、道路客运站场、城市轨道交通系统运营用地，免征城镇土地使用税。

（17）自 2019 年 1 月 1 日至 2020 年 12 月 31 日，对向居民供热收取采暖费的供热企业，为居民供热所使用的厂房及土地免征城镇土地使用税；对供热企业其他厂房及土地，应当按照规定征收城镇土地使用税。

2. 省、自治区、直辖市税务机关确定的城镇土地使用税减免优惠

（1）个人所有的居住房屋及院落用地。

（2）房产管理部门在房租调整改革前经租的居民住房用地。

（3）免税单位职工家属的宿舍用地。

（4）集体和个人办的各类学校、医院、托儿所、幼儿园用地。

【例题 4·单选题】 下列土地中，免征城镇土地使用税的是（ ）。

A. 企业所有的厂区内的铁路专用线

B. 公园内附设照相馆使用的土地

C. 生产企业使用海关部门的免税土地

D. 公安部门无偿使用铁路企业的应税土地

解析 ▶ 选项 A，对企业的铁路专用线、

公路等用地，在厂区以外、与社会公用地段未加隔离的，暂免征收城镇土地使用税；选项 B，公园自用的土地免征城镇土地使用税，但公园内附设照相馆使用的土地，属于经营性用地，应照章征税；选项 C，纳税单位无偿使用免税单位的土地，纳税单位应照章缴纳城镇土地使用税。　　**答案** ▶ D

【例题 5·多选题】 下列关于城镇土地使用税的表述中，正确的有（ ）。

A. 城镇土地使用税采用有幅度的差别税额，每个幅度税额的差距为 20 倍

B. 经批准开山填海整治的土地和改造的废弃土地，从使用的月份起免缴城镇土地使用税 10 年至 20 年

C. 盐矿的矿井用地免征城镇土地使用税

D. 经济落后地区，城镇土地使用税的适用税额标准可适当降低，但降低额不得超过规定最低税额的 30%

解析 ▶ 经批准开山填海整治的土地和改造的废弃土地，从使用的月份起免缴城镇土地使用税 5 年至 10 年，而非 10 年三 20 年。　　**答案** ▶ ACD

真题精练（客观题）

（2018 年多选题）下列各项中，属于法定免缴城镇土地使用税的有（ ）。

A. 名胜古迹用地

B. 免税单位无偿使用纳税单位土地

C. 个人所有的居住房屋用地

D. 国家财政部门拨付事业经费的学校用地

解析 ▶ 选项 C，属于省、自治区、直辖市税务局确定的土地使用税减免优惠的范围。　　**答案** ▶ ABD

（四）征收管理★★

1. 纳税期限

城镇土地使用税实行按年计算、分期缴纳的征收方法，具体纳税期限由省、自治区、直辖市人民政府确定。

2. 纳税义务发生时间（见表 9-3）

土地使用税的纳税义务发生时间以"次

月"为主,大家在学习时要注意当月和次月的区分,要注意纳税义务发生时间的具体规定,在计算问答题中,可能将契税、耕地占用税、土地使用税、房产税、印花税等等与房地产交易、持有有关的税种一并考核,这一过程中就可能涉及纳税义务发生时间问题。

表 9-3　土地使用税的纳税义务发生时间

土地用途	纳税义务发生时间
购置新建商品房	自房屋交付使用之**次月**起缴纳土地使用税
购置存量房	自办理房屋权属转移、变更登记手续,房地产权属登记机关**签发房屋权属证书之次月**起缴纳土地使用税
出租、出借房产	自交付出租、出借房产之**次月**起缴纳土地使用税
以出让或转让方式有偿取得土地使用权的	应由受让方从合同约定交付土地时间的**次月**起缴纳;合同未约定交付时间的,由受让方从合同签订的**次月**起缴纳土地使用税
新征用的耕地	自批准征用之日起**满 1 年时**开始缴纳土地使用税
新征用的非耕地	自批准征用**次月**起缴纳土地使用税

纳税人因土地的权利发生变化而依法终止城镇土地使用税纳税义务的,其应纳税款的计算应截止到土地权利发生变化的**当月末**

【知识点拨】 注意城镇土地使用税与耕地占用税的衔接问题。

【例题 6·单选题】 某工厂 2019 年 4 月份购买一幢旧厂房,6 月份在房地产权属管理部门办理了产权证书。该厂房所占土地开始缴纳城镇土地使用税的时间是( )月份。

A. 4　　　　　　　　B. 5
C. 6　　　　　　　　D. 7

解析 纳税人购置存量房,自办理房屋权属转移、变更登记手续,房地产权属登记机关签发房屋权属证书之次月起,缴纳城镇土地使用税。本题中 6 月份在房地产权属管理部门办理了产权证书,所以 7 月份开始缴纳城镇土地使用税。　**答案** D

真题精练(客观题)

1. (2019 年单选题)某企业 2018 年初占用土地 20000 平方米,其中幼儿园占地 400 平方米,其余为生产经营用地,6 月购置一栋办公楼,占地 300 平方米,该企业所在地城镇土地使用税年税额 6 元/平方米,则该企业 2018 年应缴纳城镇土地使用税为( )

A. 118500 元　　　　B. 118350 元

C. 119400 元　　　　D. 118650 元

解析 幼儿园占地免土地使用税;6 月份购置的办公楼,从次月起(即 7 月)开始计算缴纳土地使用税。应纳税额 = (20000 - 400)×6 + 300×6×6÷12 = 118500(元)
答案 A

2. (2019 年多选题)下列关于城镇土地使用税的纳税义务发生时间的表述中符合税法规定的有( )。

A. 纳税人出租房产,自交付出租房产之次月起纳税

B. 纳税人新征用的耕地,自批准征用之次月起纳税

C. 纳税人购置新建商品房,自房屋交付使用之次月起纳税

D. 纳税人出借房产,自出借房产之次月起纳税

解析 本题考核城镇土地使用税纳税义务发生时间。选项 B,纳税人新征用的耕地,自批准征用之日起满 1 年时开始缴纳城镇土地使用税。　**答案** ACD

3. (2017 年多选题)下列关于城镇土地使用税纳税义务发生时间的表述中,正确的

有（   ）。

A. 纳税人新征用的非耕地，自批准征用次月起缴纳城镇土地使用税

B. 纳税人出租房产，自合同约定应付租金日期的次月起缴纳城镇土地使用税

C. 纳税人购置新建商品房，自房屋交付使用之次月起缴纳城镇土地使用税

D. 纳税人新征用的耕地，自批准征用之日起满 6 个月时开始缴纳城镇土地使用税

解析 ▶ 城镇土地使用税的纳税义务发生时间：纳税人购置新建商品房，自房屋交付使用之次月起，缴纳城镇土地使用税。纳税人出租、出借房产，自交付出租、出借房产之次月起，缴纳城镇土地使用税。纳税人新征用的耕地，自批准征用之日起满 1 年时开始缴纳土地使用税。纳税人新征用的非耕地，自批准征用次月起缴纳土地使用税。　　**答案** ▶ AC

3. 纳税地点和征收机构

城镇土地使用税在土地所在地缴纳，具体有两种情况：

（1）纳税人使用的土地不属于同一省、自治区、直辖市管辖的，由纳税人分别向土地所在地的税务机关缴纳土地使用税；

（2）纳税人使用的土地在同一省、自治区、直辖市管辖范围内的，纳税人跨地区使用的土地，其纳税地点由各省、自治区、直辖市税务局确定。

土地使用税由土地所在地的税务机关征收，其收入纳入地方财政预算管理。

二、耕地占用税法

扫我解疑难

耕地占用税是对占用耕地建设建筑物、构筑物或从事其他非农业建设的单位和个人，就其实际占用的耕地面积征收的一种税；耕地占用税在占用耕地环节一次性课征。

（一）纳税义务人与征税范围 ★★

1. 纳税义务人

耕地占用税的纳税义务人，是占用耕地建设建筑物、构筑物或者从事非农业建设的单位和个人。

经批准占用耕地的，纳税人为农用地转用审批文件中标明的建设用地人；农用地转用审批文件中未标明建设用地人的，纳税人为用地申请人，其中用地申请人为各级人民政府的，由同级土地储备中心、自然资源主管部门或政府委托的其他部门、单位履行耕地占用税申报纳税义务。未经批准占用耕地的，纳税人为实际用地人。

2. 征税范围

耕地占用税的征税范围包括纳税人为建设建筑物、构筑物或从事其他非农业建设而占用的国家所有和集体所有的耕地，耕地的界定见表 9-4 所示。

表 9-4　耕地的界定

类型	界定	注意事项
耕地	耕地是指用于种植农作物的土地，包括菜地、园地。其中，园地包括花圃、苗圃、茶园、果园、桑园和其他种植经济林木的土地	占用基本农田的，应当按照确定的当地适用税额，加按百分之一百五十征收
视同占用耕地	占用鱼塘及其他农用土地建房或从事其他非农业建设，视同占用耕地	必须依法征收耕地占用税
	占用已开发从事种植、养殖的滩涂、草场、水面和林地等从事非农业建设	由省、自治区、直辖市本着有利于保护土地资源和生态平衡的原则，结合具体情况确定是否征收耕地占用税
其他情形	占用耕地建设农田水利设施	不缴纳耕地占用税

【知识点拨】 在耕地占用税中，需要首先明确耕地的范围，其次是占用的含义——建房或从事其他非农业建设；如果占用耕地从事农业建设，则无需缴纳耕地占用税。

【例题7·单选题】 下列属于耕地占用税征税范围的是(   )。

A. 占用菜地从事农业建设

B. 占用花圃从事农业建设

C. 占用桑园从事农业建设

D. 占用鱼塘从事非农业建设

解析 耕地占用税的征税范围包括纳税人为建设建筑物、构筑物或从事其他非农业建设而占用的国家所有和集体所有的耕地。

答案 D

(二)税率、计税依据和应纳税额的计算
★★★

1. 税率

耕地占用税实行地区差别定额税率：每平方米5~50元。具体规定如表9-5所示。

表9-5 耕地占用税税额

类型	每平方米税额
人均耕地不超过1亩的地区(以县、自治县、不设区的市、市辖区为单位)	10~50元
人均耕地超过1亩但不超过2亩的地区	8~40元
人均耕地超过2亩但不超过3亩的地区	6~30元
人均耕地超过3亩的地区	5~25元

【知识点拨1】 各地区耕地占用税的适用税额，由省、自治区、直辖市人民政府在上述税额幅度内提出，报同级人民代表大会常务委员会决定，并报全国人民代表大会常务委员会和国务院备案；各省、自治区、直辖市耕地占用税适用税额的平均水平，不得低于本法所附《各省、自治区、直辖市耕地占用税平均税额表》规定的平均税额。

【知识点拨2】 在人均耕地低于0.5亩的地区，可适当提高耕地占用税的适用税额，但提高的部分不得超过规定税额的50%。

【知识点拨3】 占用基本农田的，应按适用税额加按150%征收。

2. 计税依据

耕地占用税以纳税人实际占用的属于耕地占用税征税范围的土地面积为计税依据，按应税土地当地适用税额计税，实行一次性征收。

3. 应纳税额的计算

应纳税额=应税土地面积×适用税额

加按150%征收耕地占用税的计算公式为：

应纳税额=应税土地面积×适用税额×150%

应税土地面积包括经批准占用面积和未经批准占用面积，以平方米为单位。

【例题8·单选题】 某旅游开发企业占用林地50万平方米建造旅游度假村，还占用林地20万平方米开发经济林木，所占耕地适用的定额税率为20元/平方米。该企业应缴纳耕地占用税(   )万元。

A. 1600　　　　　B. 1000

C. 2000　　　　　D. 1400

解析 占用林地建造旅游度假村属于占用耕地从事非农业建设，需要缴纳耕地占用税；占用林地开发经济林木属于用于农业生产，不缴纳耕地占用税。该企业应缴纳耕地占用税=50×20=1000(万元)。 **答案** B

【例题9·单选题】 某企业占用基本农田15000平方米修建别墅，当地规定的耕地占用税适用税额为15元，该企业应该缴纳耕地占用税(   )元。

A. 225000　　　　B. 270000

C. 337500　　　　D. 450000

解析 占用基本农田的，应按适用税额加按150%征收。应纳税额=15000×15×150%=337500(元) **答案** C

(三)税收优惠和征收管理★★★

1. 税收优惠(见表9-6)

表9-6 耕地占用税的税收优惠

优惠类型	具体内容
免征耕地占用税	(1)军事设施占用耕地 【知识点拨】免税的军事设施,是指《中华人民共和国军事设施保护法》第二条所列建筑物、场地和设备。具体包括:指挥机关,地面和地下的指挥工程、作战工程;军用机场、港口、码头;营区、训练场、试验场;军用洞库、仓库;军用通信、侦察、导航、观测台站,测量、导航、助航标志;军用公路、铁路专用线,军用通信、输电线路,军用输油、输水管道;边防、海防管控设施;国务院和中央军事委员会规定的其他军事设施
	(2)社会福利机构、学校、幼儿园、医疗机构占用耕地 【知识点拨1】免税的社会福利机构,具体范围限于依法登记的养老服务机构、残疾人服务机构、儿童福利机构、救助管理机构、未成年人救助保护机构内,专门为老年人、残疾人、未成年人、生活无着的流浪乞讨人员提供养护、康复、托管等服务的场所。 【知识点拨2】免税的学校,具体范围包括县级以上人民政府教育行政部门批准成立的大学、中学、小学,学历性职业教育学校和特殊教育学校,以及经省级人民政府或其人力资源社会保障行政部门批准成立的技工院校。学校内经营性场所和教职工住房占用耕地的,按照当地适用税额缴纳耕地占用税。 【知识点拨3】免税的幼儿园,具体范围限于县级以上人民政府教育行政部门批准成立的幼儿园内专门用于幼儿保育、教育的场所。 【知识点拨4】免税的医疗机构,具体范围限于县级以上人民政府卫生健康行政部门批准设立的医疗机构内专门从事疾病诊断、治疗活动的场所及其配套设施。医疗机构内职工住房占用耕地的,按照当地适用税额缴纳耕地占用税
	(3)农村烈士遗属、因公牺牲军人遗属、残疾军人以及符合农村最低生活保障条件的农村居民,在规定用地标准以内新建自用住宅
	(4)农村居民经批准搬迁,新建自用住宅占用耕地不超过原宅基地面积的部分
减征耕地占用税	(1)铁路线路、公路线路、飞机场跑道、停机坪、港口、航道、水利工程占用耕地,减按每平方米2元的税额征收耕地占用税
	(2)农村居民在规定用地标准以内占用耕地新建自用住宅,按照当地适用税额减半征收耕地占用税

注意事项:

(1)免征或减征耕地占用税后,纳税人改变原占地用途,不再属于免征或者减征耕地占用税情形的,应当按照当地适用税额补缴耕地占用税。

(2)纳税人临时占用耕地,应缴纳耕地占用税。纳税人在批准临时占用耕地期满之日起一年内恢复所占用耕地原状的,全额退还已经缴纳的耕地占用税。临时占用耕地,是指经自然资源主管部门批准,在一般不超过2年内临时使用耕地并且没有修建永久性建筑物的行为。

(3)因挖损、采矿塌陷、压占、污染等损毁耕地属于税法所称的非农业建设,应依照税法规定缴纳耕地占用税;自自然资源、农业农村等相关部门认定损毁耕地之日起3年内依法复垦或修复,恢复种植条件的,全额退还已经缴纳的耕地占用税

【知识点拨】耕地占用税的税收优惠是耕地占用税的重要考点,需要大家分清哪些是免征,哪些是减半征收,哪些是减按每平方米2元征收耕地占用税。

【例题10·单选题】下列各项中,可以按照当地适用税额减半征收耕地占用税的是( )。

A. 农村居民在规定用地标准以内占用耕地新建自用住宅

B. 飞机场跑道占用的耕地

C. 军事设施占用耕地

D. 供电部门占用耕地新建变电厂

解析 飞机场跑道占用的耕地减按每平方米 2 元的税额征收耕地占用税;军事设施占用的耕地免征耕地占用税;供电部门占用耕地新建变电厂正常缴纳耕地占用税。

答案 A

1. (2019年单选题)下列项目占用耕地,可以直接免征耕地占用税的是( )。

   A. 机场跑道 　　B. 军事设施

   C. 铁路线路 　　D. 港口码头

   解析 本题考核减征和免征的不同情形。

   答案 B

2. (2018年单选题,改)下列单位占用的耕地中,应减征耕地占用税的是( )。

   A. 幼儿园

   B. 社会福利机构

   C. 水利工程

   D. 省政府批准成立的技工学校

   解析 本题考核减征和免征的不同情形。铁路线路、公路线路、飞机场跑道、停机坪、港口、航道、水利工程占用耕地,减按每平方米 2 元的税额征收耕地占用税。

   答案 C

3. (2017年单选题)下列占用耕地的行为中,免征耕地占用税的是( )。

   A. 公立医院占用耕地

   B. 铁路线路占用耕地

   C. 农村居民新建住宅占用耕地

   D. 民用飞机场跑道占用耕地

   解析 本题考核减征和免征的不同情形。

   答案 A

2. 征收管理

耕地占用税由税务机关负责征收。

耕地占用税的纳税义务发生时间为纳税人收到自然资源主管部门办理占用耕地手续的书面通知的当日。纳税人应当自纳税义务发生之日起 30 日内申报缴纳耕地占用税。

未经批准占用耕地的,耕地占用税纳税义务发生时间为自然资源主管部门认定的纳税人实际占用耕地的当日。

因挖损、采矿塌陷、压占、污染等损毁耕地的纳税义务发生时间为自然资源、农业农村等相关部门认定损毁耕地的当日。

纳税人占用耕地,应当在耕地所在地申报纳税。

纳税人因建设项目施工或者地质勘查临时占用耕地,应当依照本法的规定缴纳耕地占用税。纳税人在批准临时占用耕地期满之日起一年内依法复垦,恢复种植条件的,全额退还已经缴纳的耕地占用税。

同步训练 限时30分钟

一、单项选择题

1. 下列关于城镇土地使用税的纳税义务人,说法正确的是( )。

   A. 拥有土地使用权的单位和个人为城镇土地使用税的纳税义务人

   B. 土地使用权未确定或权属纠纷未解决的,不用缴纳城镇土地使用税

   C. 土地使用权共有的,选择其中一方是纳税人

   D. 拥有土地使用权的单位和个人不在土地所在地的,不用缴纳城镇土地使用税

2. 根据城镇土地使用税的有关规定,经济发达地区,城镇土地使用税的适用税额标准可以( )。

   A. 适当提高,但提高额不得超过规定的最高税额的30%

   B. 适当提高,但提高额不得超过规定的最低税额的30%

   C. 适当提高,但须报经国家税务总局批准

   D. 适当提高,但须报经财政部批准

3. 某县公安局有新旧两栋办公楼,新楼占地 3000 平方米,旧楼占地 1000 平方米。

2019 年 8 月 30 日至 12 月 31 日该公安局将旧楼出租。当地城镇土地使用税的税率为每平方米 15 元，该公安局 2019 年应缴纳城镇土地使用税（　　）元。

A. 750　　　　　　　B. 1250

C. 2500　　　　　　D. 5000

4. 某国家级森林公园，2019 年共占地 2000 万平方米，其中行政管理部门办公用房占地 0.1 万平方米，所属酒店占地 1 万平方米、索道经营场所占地 0.5 万平方米，其余为公共参观游览用地。公园所在地城镇土地使用税税率为 2 元/平方米，该公园 2019 年度应缴纳的城镇土地使用税为（　　）万元。

A. 1　　　　　　　　B. 2

C. 3　　　　　　　　D. 3.2

5. 下列关于城镇土地使用税的纳税义务发生时间，表述错误的是（　　）。

A. 纳税人购置存量房，自房屋交付使用之次月起纳税

B. 纳税人购置新建商品房，自房屋交付使用之次月起纳税

C. 纳税人新征用的非耕地，自批准征用次月起纳税

D. 以出让或转让方式有偿取得土地使用权的，合同未约定交付土地时间的，由受让方从合同签订的次月起纳税

6. 位于县城的某食品加工厂，2018 年土地使用证书记载占用土地的面积为 90000 平方米，2019 年 4 月新征用耕地 15000 平方米，城镇土地使用税税率为 8 元/平方米。该食品加工厂 2019 年应缴纳城镇土地使用税（　　）元。

A. 720000　　　　　B. 800000

C. 810000　　　　　D. 840000

7. 下列土地中，免征城镇土地使用税的是（　　）。

A. 企业厂区内的公共绿化用地

B. 用于农场的办公楼用地

C. 公园中管理单位的办公用地

D. 纳税单位无偿使用免税单位的土地

8. 村民张某 2018 年起占用耕地面积 3000 平方米。2019 年将其中 300 平方米用于新建住宅，其余耕地仍和上年一样使用，即 700 平方米用于种植药材，2000 平方米用于种植水稻。当地耕地占用税税率为 25 元/平方米，张某应缴纳的耕地占用税为（　　）元。（住宅占用耕地面积符合规定的标准）

A. 3750　　　　　　B. 7500

C. 12500　　　　　D. 25000

9. 下列各项中，可以按照当地适用税额减半征收耕地占用税的是（　　）。

A. 养老院占用耕地新建院舍

B. 农村居民在规定用地标准内占用耕地新建自用住宅

C. 某村政府占用耕地新建办公楼

D. 人民团体占用耕地新建职工宿舍

10. 下列耕地占用的情形中，属于免征耕地占用税的是（　　）。

A. 医院占用耕地

B. 建厂房占用鱼塘

C. 高尔夫球场占用耕地

D. 商品房建设占用林地

11. 某企业占用林地 40 万平方米建造游乐场，还占用林地 100 万平方米开发经济林木，所占耕地适用的定额税率为 20 元/平方米。该企业应缴纳耕地占用税（　　）万元。

A. 800　　　　　　　B. 1400

C. 2000　　　　　　D. 2800

12. 获准占用耕地的单位或者个人应当在（　　）缴纳耕地占用税。

A. 实际占用耕地之日起 10 日内

B. 实际占用耕地之日起 30 日内

C. 获准占用耕地之日起 30 日内

D. 收到自然资源主管部门办理占用耕地手续的书面通知之日起 30 日内

二、多项选择题

1. 下列各项中，属于城镇土地使用税的计税依据的有（　　）。

A. 某商店由房地产管理部门核发的土地使用证书上所确认的土地面积

B. 企业厂区外向社会开放的公园用地的土地面积

C. 某饭店尚未领取到土地使用证书，据实申报的土地面积

D. 尚未组织测量，但纳税人持有政府部门核发的土地使用证书，以证书上确认的土地面积为准

2. 下列说法符合城镇土地使用税政策的有（ ）。

A. 对纳税单位无偿使用免税单位的土地，纳税单位应照章缴纳土地使用税

B. 经济落后地区，土地使用税的适用税额标准可适当降低，但降低额不得超过规定的最低税额的50%

C. 土地使用权由几方共有的，由共有各方按照各自实际使用的土地面积占总面积的比例，分别计算缴纳城镇土地使用税

D. 根据土地管理部门的批准，某林场使用当年自行改造的废弃土地，从使用月份起免缴城镇土地使用税5年至10年

3. 甲、乙两公司与政府机关共同使用一栋共有土地使用权的建筑物。该建筑物占用土地面积6000平方米，建筑面积21000平方米。甲、乙公司与机关的占用比例为2：1：3，公司所在地城镇土地使用税税额为6元/平方米。则下列表述正确的有（ ）。

A. 甲企业缴纳城镇土地使用税12000元

B. 乙企业缴纳城镇土地使用税6000元

C. 政府机关缴纳城镇土地使用税18000元

D. 乙企业缴纳城镇土地使用税36000元

4. 在城镇土地使用税征税范围内，下列各项应计征城镇土地使用税的有（ ）。

A. 学校的食堂用地

B. 盐矿的矿井用地

C. 集体企业的养殖场的办公用地

D. 单位承租集体所有建设用地

5. 根据城镇土地使用税的规定，下列说法正确的有（ ）。

A. 城镇土地使用税采用定额税率，即采用有幅度的差别税额

B. 2020年对城市公交站场、道路客运站场、城市轨道交通系统运营用地，免征城镇土地使用税

C. 纳税人出租房产，自交付出租房产之次月起，缴纳城镇土地使用税

D. 城镇土地使用税的纳税期限由省、自治区、直辖市的税务局确定

6. 根据耕地占用税有关规定，占用下列各项土地中需要缴纳耕地占用税的有（ ）。

A. 果园   B. 花圃

C. 茶园   D. 菜地

7. 下列减按每平方米2元的税额征收耕地占用税的有（ ）。

A. 港口占用耕地

B. 幼儿园占用耕地

C. 农村居民在规定用地标准内占用耕地新建住宅

D. 公路线路占用耕地

8. 下列关于耕地占用税的表述中，正确的有（ ）。

A. 建设直接为农业生产服务的生产设施而占用农用地的，征收耕地占用税

B. 获准占用耕地的单位或者个人，应当在收到土地管理部门的通知之日起60日内缴纳耕地占用税

C. 免征或者减征耕地占用税后，纳税人改变原占地用途，不再属于免征或者减征耕地占用税情形的，应当按照当地适用税额补缴耕地占用税

D. 人均耕地低于零点五亩的地区，可适当提高耕地占用税的适用税额，但提高的部分不得超过适用税额的50%

9. 某企业2019年5月新占用耕地3500平方米用于建造厂房，并临时占用耕地500平方米用于堆放沙子，沙子用于建造厂房，预计2020年3月厂房建造完成，临时占用耕地已获得批准。同年9月新占用耕地2000平方米用于兴办学校。则下列说法正

确的有（ ）。（所占耕地适用的定额税率为 20 元/平方米）

A. 建造厂房占用的耕地应计征耕地占用税 80000 元

B. 兴办学校占用耕地应计征耕地占用税

40000 元

C. 临时占用耕地不需要计征耕地占用税

D. 临时占用耕地需要计征耕地占用税，但在批准临时占用耕地期满之日起一年内恢复所占耕地原状的可以全额退还

同步训练答案及解析

一、单项选择题

1. A 【解析】选项 B，土地使用权未确定或权属纠纷未解决的，其实际使用人为纳税人；选项 C，土地使用权共有的，共有各方都是纳税人，由共有各方分别纳税；选项 D，拥有土地使用权的单位和个人不在土地所在地的，其土地的实际使用人和代管人为纳税人。

2. D 【解析】经济落后地区，土地使用税的适用税额标准可适当降低，但降低额不得超过规定的最低税额的 30%。经济发达地区可以适当提高，但须报经财政部批准。

3. D 【解析】政府机关自用的办公楼免税。城镇土地使用税 = 1000 × 15 ÷ 12 × 4 = 5000（元）。

4. C 【解析】宗教寺庙、公园、名胜古迹自用的土地，免征城镇土地使用税。公园、名胜古迹自用的土地，是指供公共参观游览的用地及其管理单位的办公用地。以上单位的生产、经营用地和其他用地，不属于免税范围，应按规定缴纳土地使用税，如公园、名胜古迹中附设的营业单位如影剧院、饮食部、茶社、照相馆等使用的土地。该公园 2019 年度应缴纳城镇土地使用税 = (1 + 0.5) × 2 = 3（万元）。

5. A 【解析】纳税人购置存量房，自办理房屋权属转移、变更登记手续，房地产权属登记机关签发房屋权属证书之次月起，缴纳土地使用税。

6. A 【解析】纳税人新征用的耕地，自批准征用之日起满一年时开始缴纳城镇土地使用税。4 月新征用的耕地 15000 平方米，

2019 年不需要缴纳城镇土地使用税。2019 年应缴纳城镇土地使用税 = 90000 × 8 = 720000（元）。

7. C 【解析】选项 B，直接用于农、林、牧、渔业的生产用地免征城镇土地使用税，农场办公楼用地不免税。

8. A 【解析】农村居民在规定用地标准内占用耕地新建住宅，按照当地适用税额减半征收耕地占用税。张某应缴纳耕地占用税 = 300 × 25 ÷ 2 = 3750（元）。

9. B 【解析】农村居民在规定用地标准内占用耕地新建自用住宅，按照当地适用税额减半征收耕地占用税。选项 A 是免税项目，选项 CD，均无减免政策。

10. A 【解析】军事设施、学校、幼儿园、社会福利机构、医疗机构占用耕地，免征耕地占用税。选项 BCD，属于占用耕地从事非农业建设，需要缴纳耕地占用税。

11. A 【解析】开发经济林木占地属于耕地，不缴耕地占用税。应缴纳耕地占用税 = 40 × 20 = 800（万元）。

12. D 【解析】获准占用耕地的单位或者个人应当在收到自然资源主管部门办理占用耕地手续的书面通知之日起 30 日内缴纳耕地占用税。

二、多项选择题

1. ACD 【解析】对企业厂区（包括生产、办公及生活区）以内的绿化用地，应照章征收城镇土地使用税，厂区外的公共绿化用地和向社会开放的公园用地，暂免征收城镇土地使用税。

2. ACD 【解析】经济落后地区，土地使用税的适用税额标准可适当降低，但降低额不得超过规定的最低税额的30%。

3. AB 【解析】甲应缴税款 = 6000×2/6×6 = 12000（元）；乙应缴税款 = 6000×1/6×6 = 6000（元）。国家机关、人民团体、军队自用的土地享受城镇土地使用税的免征优惠。

4. CD 【解析】选项A，由国家财政部门拨付事业经费的单位自用的土地免缴城镇土地使用税，如学校的教学楼、操场、食堂等占用的土地；选项B，对盐场的盐滩、盐矿的矿井用地，暂免征收城镇土地使用税。

5. ABC 【解析】城镇土地使用税的纳税期限由省、自治区、直辖市人民政府确定。

6. ABCD 【解析】《中华人民共和国耕地占用税法》规定，占用园地、林地、草地、农田水利用地、养殖水面、渔业水域滩涂以及其他农用地建设建筑物、构筑物或者从事非农业建设的，依照本法的规定缴纳耕地占用税。园地，包括果园、茶园、橡胶园、其他园地。前款的其他园地包括种植桑树、可可、咖啡、油棕、胡椒、药材等其他多年生作物的园地。

7. AD 【解析】幼儿园占用耕地，免征耕地占用税；农村居民在规定用地标准内占用耕地新建住宅，减半征收耕地占用税。

8. CD 【解析】选项A，建设直接为农业生产服务的生产设施而占用农用地的，不征收耕地占用税；选项B，获准占用耕地的单位或者个人应当在收到自然资源主管部门办理占用耕地手续的书面通知之日起30日内缴纳耕地占用税。

9. AD 【解析】建造厂房占用的耕地应计征耕地占用税 = （3500 + 500）× 20 = 80000（元）；兴办学校占用耕地免征耕地占用税；临时占用耕地，应当缴纳耕地占用税。纳税人在批准临时占用耕地期满之日起一年内依法复垦，恢复种植条件的，全额退还已经缴纳的耕地占用税。

城镇土地使用税法和耕地占用税法

- 城镇土地使用税法 ★★
  - 纳税义务人与征税范围
    - 纳税义务人（包括个人和单位）
    - 征税范围（不包括农村）
  - 税率、计税依据和应纳税额的计算
    - 税率：幅度的差别税额
    - 计税依据和应纳税额的计算
  - 税收优惠（重点掌握）
  - 征收管理
    - 纳税期限：按年计算、分期缴纳
    - 纳税义务发生时间（7项）
    - 纳税地点：土地所在地

- 耕地占用税法 ★★
  - 纳税义务人与征税范围
    - 纳税义务人：占用耕地建设建筑物、构筑物和从事非农建设
    - 征税范围：为建设建筑物、构筑物或从事非农建设而占用的国家所有和集体所有的耕地
  - 税率、计税依据和应纳税额的计算
    - 税率：地区差别定额税率
    - 计税依据和应纳税额的计算
  - 税收优惠（重点掌握）
  - 征收管理

第10章

房产税法、契税法和土地增值税法

考情解密

历年考情概况

本章由房产税、契税和土地增值税三个税种组成。土地增值税属于税法考试中的重点内容，从历年考试情况来看，除在客观题中进行考核外，计算问答题或综合题中往往有一道题目涉及土地增值税，在复习时应有所侧重。房产税和契税一般是以客观题的形式进行考核，但也存在小税种合并出计算问答题的可能性。本章历年考试中平均分值为 10 分左右。

近年考点直击

考点	主要考查题型	考频指数	考查角度
房产税的纳税人与征税范围	单选题、多选题	★★	(1)直接考查纳税人的具体规定； (2)结合征税范围，考查哪些情况需要纳税，哪些情况无需纳税
房产税的税率、计税依据和应纳税额的计算	单选题、多选题	★★★	(1)注意从价计征、从租计征税率的不同，注意出租住房按 4% 征的优惠； (2)考查房产税计税依据的文字表述，注意房产计税余值与租金收入的具体含义，注意投资联营、融资租赁计税依据的规定，地下建筑物征税的规定； (3)结合税率、计税依据和税收优惠，考查房产税的计算
房产税的税收优惠	单选题、多选题	★★★	(1)直接考核税收优惠的规定； (2)将税收优惠与征税范围结合起来，考核哪些需要缴纳房产税，哪些无需缴纳房产税； (3)和房产税的计算结合起来考核
房产税的征收管理	单选题、多选题	★★	注意房产税纳税义务发生时间的规定
契税的征税范围	单选题、多选题	★★	(1)注意与土地增值税结合起来，区分什么情形下征收契税，什么情况下无需缴纳契税； (2)占用的含义； (3)税率——定额税率；注意税额提高的规定； (4)结合征税范围、税收优惠，考核应纳税额计算
契税的税率、计税依据及应纳税额计算	单选题、多选题	★★★	(1)考核契税计税依据的文字性表述，尤其要注意房地产交换的计税依据； (2)考核契税应纳税额计算
契税的税收优惠	单选题、多选题	★★	常常在选择题中考核税收优惠的文字性表述，也可能与契税的计算结合在一起考核
契税的征收管理	单选题、多选题	★	考核契税的纳税义务发生期限和纳税地点

考点	主要考查题型	考频指数	考查角度
土地增值税的征税范围	单选题、多选题	★★	考核土地增值税征税范围的具体规定，分清哪些征税，哪些不征税，哪些免税
土地增值税的计算	单选题、多选题、计算问答题	★★★	(1)土地增值税应税收入的确定；(2)销售新房与旧房的扣除项目的确定；(3)预缴与清算等问题

学习方法与应试技巧

本章的三个税种与房地产的交易与持有紧密相关。在学习时，大家要注意：

1. 房产税是对房产持有环节所征收的税种。房产税以房产的计税余值或租金收入作为计税依据，按年计征，分期缴纳。注意总结房产税的纳税人、征税范围、计税依据、两种不同的计算方法以及税收优惠等，同时注意总结房产税与土地使用税在纳税义务发生时间上的异同。

2. 契税是对境内转移的土地、房屋权属征税，特别需要注意的是契税由购买方纳税。

掌握契税的计税依据、应纳税额计算等，同时要注意总结契税与土地增值税在纳税人、征税范围上的不同之处。

3. 土地增值税是针对转让土地使用权或房产的行为征税，由取得转让收入的一方纳税。在土地增值税的学习中要注意其征税范围、应税收入、扣除项目、应纳税额计算、预缴与清算的有关规定。同时要注意总结与房地产交易有关的税种。

本章2020年考试主要变化

新增房产税的税收优惠政策。

考点详解及精选例题

一、房产税法

扫我解疑难

房产税是以房屋为征税对象，按照房屋的计税余值或租金收入，向产权所有人征收的一种财产税。除上海、重庆外，房产税的征税范围限于城市、县城、建制镇和工矿区的经营性房屋。

【知识点拨】除上海、重庆外，无论是农村还是城市、县城、建制镇、工矿区的房产，只要是居住用房，均无需缴纳房产税。

（一）纳税义务人与征税范围★★

1. 纳税义务人

房产税以在征税范围内的房屋产权所有人为纳税人。具体规定见表10-1。

表10-1　房产税的纳税人

情形	纳税人
(1)产权属国家所有的	由经营管理单位纳税
(2)产权属集体和个人所有的	由集体单位和个人纳税
(3)产权出典的	由承典人纳税
(4)产权所有人、承典人不在房屋所在地的；产权未确定或者租典纠纷未解决的	由房产代管人或者使用人纳税
(5)纳税单位和个人无租使用房产管理部门、免税单位及纳税单位的房产	应由使用人代为缴纳房产税

【例题 1·单选题】下列情形中, 应由产权所有人缴纳房产税的是(　　)。

A. 免租期内的房产

B. 产权出典的房产

C. 租典纠纷未解决的房产

D. 产权未确定的房产

解析 ▶ 产权出典的, 由承典人纳税; 产权未确定及租典纠纷未解决的, 由房产代管人或使用人纳税。　　　　答案 ▶ A

【例题 2·多选题】下列情形中, 应由房产代管人或使用人缴纳房产税的有(　　)。

A. 房屋产权未确定的

B. 房屋承典人不在房屋所在地

C. 房屋产权所有人不在房屋所在地

D. 房屋租典纠纷未解决

解析 ▶ 本题考核房产税纳税人, 上述选项均属于应该由房产代管人或使用人缴纳房产税的情形。　　答案 ▶ ABCD

2. 征税范围

(1)以房产为征税对象, 但独立于房屋之外的建筑物(如水塔、围墙、室外游泳池等)不属于房屋, 不征房产税。

【知识点拨】房产是指有屋面和围护结构(有墙或两边有柱), 能够遮风避雨, 可供人们在其中生产、学习、工作、娱乐、居住或储藏物资的场所。

(2)房产税的征税范围为城市、县城、建制镇和工矿区, 不包括农村。

【知识点拨】农村的房产无论是居住还是用于经营, 均无需缴纳房产税。

(3)房地产开发企业建造的商品房, 在出售前, 不征收房产税; 但对出售前房地产开发企业已使用或出租、出借的商品房应按规定征收房产税。

【例题 3·单选题】下列属于房产税征收范围的是(　　)。

A. 露天游泳池

B. 房地产开发企业建造的商品房在出售前对外出租的商品房

C. 某工业企业地处于农村的生产用房

D. 房地产开发企业开发的待售商品房

解析 ▶ 室内游泳池属于房产, 征收房产税, 露天游泳池不征收房产税; 房地产开发企业建造的商品房, 在出售前, 不征收房产税; 但对出售前房地产开发企业已使用或出租、出借的商品房应按规定征收房产税; 房产税征税范围为城市、县城、建制镇和工矿区, 不包括农村。　　答案 ▶ B

【应试思路】判断一个建筑物是否缴纳房产税, 首先要用房产的特征来衡量, 不是所有的建筑物都缴纳房产税, 例如露天游泳池、玻璃暖房等不属房产, 不征收房产税; 其次, 看房屋的坐落地, 如果房屋坐落在农村, 不征收房产税; 最后, 看是否有特殊规定或者优惠, 如房地产企业开发待售的房产, 不征收房产税。

(二)税率、计税依据和应纳税额的计算 ★★★

1. 税率

我国现行房产税采用的是比例税率。由于房产税的计税依据分为从价计征和从租计征两种形式, 所以房产税的税率也分为两种(见表 10-2)。

表 10-2　房产税的税率

情形	税率
(1)从价计征(经营自用)	1.2%
(2)从租计征(出租)	12%
对个人出租住房, 不区分用途	按 4% 税率征收房产税

2. 计税依据

(1)基本规定。

房产税的计税依据是房产的计税价值或房产的租金收入, 基本规定见表 10-3。

表 10-3　房产税的计税依据

计征方法	适用情形	计税依据	注意事项
从价计征	经营自用的房产	计税价值（余值）：房产原值一次减除10%~30%后的余值。各地扣除比例由当地省、自治区、直辖市人民政府确定	①房产原值是指纳税人按照会计制度规定，在账簿"固定资产"科目中记载的房屋原价。 ②对依照房产原值计的房产，不论是否记载在会计账簿固定资产科目中，均应按照房屋原价计算缴纳房产税。房屋原价应根据国家有关会计制度规定进行核算。 其他注意事项参照知识点拨
从租计征	出租的房产	不含增值税的房产租金收入	①如果是以劳务或者其他形式为报酬抵付房租收入的，应根据当地同类房产的租金水平，确定一个标准租金额从租计征； ②对出租房产，租赁双方签订的租赁合同约定有免收租金期限的，免收租金期间由产权所有人按照房产原值缴纳房产税； ③出租的地下建筑，按照出租地上房屋建筑的有关规定计算征收房产税

【知识点拨 1】对地价的规定。

对按照房产原值计税的房产，无论会计上如何核算，房产原值均应包含地价，包括为取得土地使用权支付的价款、开发土地发生的成本费用等。宗地容积率低于 0.5 的，按房产建筑面积的 2 倍计算土地面积并据此确定计入房产原值的地价。

【知识点拨 2】房屋附属设备和配套设施的计税规定。

房产原值应包括与房屋不可分割的各种附属设备或一般不单独计算价值的配套设施：

①凡以房屋为载体，不可随意移动的附属设备和配套设施，如给排水、采暖、消防、中央空调、电气及智能化楼宇设备等，无论在会计核算中是否单独记账与核算，都应计入房产原值，计征房产税。

②对于更换房屋附属设备和配套设施的，在将其价值计入房产原值时，可扣减原来相应设备和设施的价值；对附属设备和配套设施中易损坏、需要经常更换的零配件，更新后不再计入房产原值。

【知识点拨 3】改扩建对房屋原值的影响。

纳税人对原有房屋进行改建、扩建的，要相应增加房屋的原值。

【知识点拨 4】凡在房产税征收范围内的具备房屋功能的地下建筑，包括与地上房屋相连的地下建筑以及完全建在地面以下的建筑、地下人防设施等，均应当依照有关规定征收房产税。自用的地下建筑，应税房产原值及应纳税额的确定表 10-4 所示。

表 10-4　应税房产原值及应纳税额的确定

	应税房产原值	应纳税额
工业用途房产	房屋原价的50%~60%	应税房产原值×[1-(10%~30%)]×1.2%
商业和其他用途房产	房屋原价的70%~80%	应税房产原值×[1-(10%~30%)]×1.2%

折算的具体比例，由各省、自治区、直辖市和计划单列市财政和税务部门在上述幅度内自行确定

对于与地上房屋相连的地下建筑，如房屋的地下室、地下停车场、商场的地下部分等，应将地下部分与地上房屋视为一个整体按照地上房屋建筑的有关规定计算征收房产税

（2）特殊规定。

业主共有经营性房产、投资联营、融资租赁的税务处理如表10-5所示。

表10-5　业主共有经营性房产、投资联营、融资租赁的税务处理

情形	纳税人		计税依据
居民住宅区内业主共有的经营性房产	实际经营的代管人或使用人	①自营的	从价计征，没有房产原值或不能将业主共有房产与其他房产的原值准确划分开的，由房产所在地税务机关参照同类房产核定房产原值
		②出租的	从租计征
投资联营	共担风险的：接受投资方	以房产投资联营，投资者参与投资利润分红，共担风险的	从价计征：按房产余值作为计税依据计征房产税
	不担风险，收取固定收入：出租方	以房产投资，收取固定收入，不承担联营风险的	从租计征：由出租方按租金收入计缴房产税
融资租赁	承租人自融资租赁合同约定开始日的次月起或自合同签订的次月起从价计税	以房产余值计算征收	

【例题4·多选题】下列各项中，应依照房产余值缴纳房产税的有（　　）。

A. 融资租赁的房产

B. 以房产投资，收取固定收入，不承担联营风险的房产

C. 免收租金期间的出租房产

D. 用于自营的居民住宅区内业主共有的经营性房产

解析 以房产投资，收取固定收入，不承担联营风险的房产，由出租方按照租金收入计算缴纳房产税。　**答案** ACD

【例题5·单选题】纳税人出租的房屋，如承租人以劳务或者其他形式为报酬抵付房租收入的，应（　　）房产税。

A. 根据出租房屋的原值减去10%～30%后的余值，实行从价计征

B. 根据当地同类房产的租金水平确定一个租金标准，实行从租计征

C. 由税务机关核定应纳税额计征

D. 由纳税人根据以往的租金收入申报，从租计征

解析 以劳务或者其他形式为报酬抵付房租收入的，应根据当地同类房产的租金水平，确定一个标准租金额。　**答案** B

【例题6·单选题】某市一商贸企业2019年末建成办公楼一栋，为建造该办公楼新征一块土地，面积为45000平方米，土地单价为每平方米300元，房产建筑面积为20000平方米，建筑成本为2000万元，该办公楼使用年限为50年，该办公楼的原值为（　　）万元。

A. 3200　　　　B. 3350

C. 2600　　　　D. 3000

解析 该地的宗地容积率＝20000÷45000＝0.44，由于宗地容积率低于0.5，按房产建筑面积的2倍计算土地面积并据此确定计入房产原值的地价。该房产的原值＝2000+（20000×2×300）÷10000＝3200（万元）。
　答案 A

【例题7·多选题】下列关于房产税计税依据的说法，正确的有（　　）。

A. 房产原值是指纳税人在账簿"固定资产"和"在建工程"科目中记载的房屋原价

B. 从租计征房产税时，房产税的租金收入不含增值税

C. 对于融资租赁房屋的情况，在计征房产税时应以房产余值计算征收

D. 对于与地上房屋相连的地下建筑，应将地下部分与地上房屋视为一个整体，计征房产税

解析 ▶ 选项A，房产原值是指纳税人按照会计制度规定，在账簿"固定资产"科目中记载的房屋原价。 **答案** ▶ BCD

【例题8·单选题】 对融资租赁房屋的情况，在计征房产税时，应该( )。

A. 免予征税

B. 以房产租金为计税依据

C. 以房产余值为计税依据

D. 以房产原值为计税依据

解析 ▶ 对融资租赁房屋的情况，由于租赁费包括购进房屋的价款、手续费、借款利息等，与一般房屋出租的"租金"内涵不同，且租赁期满后，当承租方偿还最后一笔租赁费时，房屋产权一般都转移到承租方，实际上是一种变相的分期付款购买固定资产的形式，所以在计征房产税时应以房产余值计算征收。 **答案** ▶ C

真题精练（客观题）

1. （2019年单选题）下列情形中，应从租计征

房产税的是( )。

A. 融资租赁租出房产的

B. 以居民住宅区内业主共有的经营性房产进行自营的

C. 接受劳务抵付房租的

D. 具有房屋功能的地下建筑自用的

解析 ▶ 选项ABD，均属于按照房产余值从价计征房产税的情形。 **答案** ▶ C

2. （2017年单选题）某企业2016年3月投资1500万元取得5万平方米的土地使用权，用于建造面积3万平方米的厂房，建筑成本和费用为2000万元，2016年底竣工验收并投入使用。对该厂房征收房产税时所确定的房产原值是( )万元。

A. 2900 B. 3500

C. 5000 D. 3800

解析 ▶ 自2010年12月21日起，对按照房产原值计税的房产，无论会计上如何核算，房产原值均应包含地价，包括为取得土地使用权支付的价款、开发土地发生的成本费用等。宗地容积率大于0.5（3÷5＝0.6），按地价全额计入房产原值，因此所确定的房产税的房产原值＝1500＋2000＝3500（万元）。 **答案** ▶ B

3. 应纳税额的计算（见表10-6）

表10-6 房产税应纳税额的计算

计税方法	计税依据	税率	税额计算公式
从价计征	房产计税余值	1.2%	全年应纳税额＝应税房产原值×(1-扣除比例)×1.2%
从租计征	房屋租金	12%（个人出租住房：4%）	全年应纳税额＝租金收入×12%（或4%）

【知识点拨1】 对出租房产，租赁双方签订的租赁合同约定有免收租金期限的，免收租金期间由产权所有人按照房产原值缴纳房产税。

【知识点拨2】 纳税人出租不动产，租赁合同中约定免租期的，不属于增值税的视同销售服务，无需缴纳增值税。

【例题9·单选题】 某上市公司2018年以5000万元购得一处高档会所，然后加以改建，

支出500万元在后院新建一露天泳池，支出500万元新增中央空调系统，拆除200万元的照明设施，再支付500万元安装智能照明和楼宇声控系统，会所于2018年底改建完毕并对外营业。当地规定计算房产余值扣除比例为30%，2019年该会所应缴纳房产税( )万元。

A. 42 B. 48.72

C. 50.4 D. 54.6

解析 ▶ 房产原值应包括与房屋不可分割的各种附属设备或一般不单独计算价值的配套设施。对于更换房屋附属设备和配套设施的，在将其价值计入房产原值时，可扣减原来相应设备和设施的价值。露天游泳池不构成房产，不缴纳房产税。

2019年应缴纳房产税 = (5000+500−200+500)×(1−30%)×1.2% = 48.72(万元)

答案 ▶ B

【例题10·单选题】 某公司办公大楼原值30000万元，2018年12月31日将其中原值5000万元的闲置房间出租，租期3年，2019年免租2个月，取得2019年当年的不含增值税租金100万元。当地规定房产税原值减除比例为20%，2019年该公司应缴纳房产税( )万元。

A. 252　　　　B. 260
C. 348　　　　D. 360

解析 ▶ 1~2月从价计征的房产税：30000×(1−20%)×1.2%×2÷12 = 48(万元)；3~12月从价计征的房产税：(30000−5000)×(1−20%)×1.2%×10÷12 = 200(万元)；3~12月从租计征的房产税：100×12% = 12(万元)；合计应纳房产税 = 48+200+12 = 260(万元)。

答案 ▶ B

【例题11·单选题】 赵某拥有两处房产，一处原值60万元的房产供自己和家人居住，另一处原值50万元的房产于2019年7月1日出租给王某居住，按市场价每月取得不含增值税租金收入1200元。赵某当年应缴纳的房产税为( )元。

A. 288　　　　B. 576
C. 840　　　　D. 864

解析 ▶ 个人所有非营业用的房产免征房产税，但其出租的房产属于经营用房产，应按4%的税率征收房产税。赵某当年应纳房产税 = 1200×6(个月)×4% = 288(元)。**答案** ▶ A

(三)税收优惠 ★★★

1. 国家机关、人民团体、军队自用的房产免征房产税。

2. 由国家财政部门拨付事业经费的单位，如学校、医疗卫生单位、托儿所、幼儿园、敬老院、文化、体育、艺术这些实行全额或差额预算管理的事业单位所有的，本身业务范围内使用的房产免征房产税。

3. 宗教寺庙、公园、名胜古迹自用的房产免征房产税。

【知识点拨】 以上优惠中所说的自用，是指单位本身的办公用房和公务用房。如果是对外出租或者用于营业项目，不免征房产税。

4. 个人所有非营业用的房产免征房产税。

个人所有的非营业用房，主要是指居民住房，不分面积多少，一律免征房产税。

对个人拥有的营业用房或者出租的房产，不属于免税房产，应照章纳税。

5. 经财政部批准免税的其他房产。主要有：

(1)对非营利性医疗机构、疾病控制机构和妇幼保健机构等卫生机构自用的房产，免征房产税。

(2)对按政府规定价格出租的公有住房和廉租住房，包括企业和自收自支事业单位向职工出租的单位自有住房；房管部门向居民出租的公有住房，落实私房政策中带户发还产权并以政府规定租金标准向居民出租的私有住房等，暂免征收房产税。

(3)经营公租房的租金收入、免征房产税。公共租赁住房经营管理单位应单独核算公共租赁住房租金收入，未单独核算的，不得享受免征房产税优惠政策。

6. 自2018年10月1日至2020年12月31日，对按照去产能和调结构政策要求停产停业、关闭的企业，自停产停业次月起，免征房产税、城镇土地使用税。企业享受免税政策的期限累计不得超过两年。

7. 自2019年1月1日至2021年12月31日，对国家级、省级科技企业孵化器、大学科技园和国家备案众创空间自用以及无偿或通过出租等方式提供给在孵对象使用的房产免征房产税。

【知识点拨】增值税、土地使用税、房产税均有优惠。

（1）对国家级、省级科技企业孵化器、大学科技园和国家备案众创空间向在孵对象提供孵化服务取得收入，免征增值税；

（2）对国家级、省级科技企业孵化器、大学科技园和国家备案众创空间自用以及无偿或通过出租等方式提供给在孵对象使用的土地，免征城镇土地使用税。

8. 自2019年1月1日至2021年12月31日，对高校学生公寓免征房产税。

9. 自2019年1月1日至2021年12月31日，对农产品批发市场、农贸市场（包括自有和承租）专门用于经营农产品的房产、土地，暂免征收房产税。对同时经营其他产品的农产品批发市场和农贸市场使用的房产、土地，按其他产品与农产品交易场地面积的比例确定征免房产税。

10. 自2019年1月1日至2020年12月31日，对向居民供热收取采暖费的供热企业，为居民供热所使用的厂房及土地免征房产税；对供热企业其他厂房及土地，应当按照规定征收房产税。

【例题12·多选题】下列房产中，免征房产税的有（　　）。

A. 国家机关出租的房产

B. 宗教寺庙自用的房产

C. 名胜古迹内管理部门办公用的房产

D. 个人拥有的营业用房

解析 ▶ 选项A，国家机关自用的房产免征房产税，出租的房产照章征收房产税；选项D，个人拥有的非营业用房免征房产税，营业用房照章征收房产税。　答案 ▶ BC

（四）征收管理 ★★

1. 纳税义务发生时间（见表10-7）

与土地使用税相同，房产税纳税义务发生时间以"次月"为主——除纳税人将原有房产用于生产经营，从生产经营之月起缴纳房产税外，其他情形均是从次月起计算缴纳房产税。

表 10-7　房产税纳税义务发生时间

房产用途	纳税义务发生时间
纳税人将原有房产用于生产经营	从生产经营之月起缴纳房产税
纳税人自行新建房屋用于生产经营	从建成之次月起缴纳房产税
委托施工企业建设的房屋	从办理验收手续之次月起缴纳房产税
纳税人购置新建商品房	自房屋交付使用之次月起缴纳房产税
购置存量房	自办理房屋权属转移、变更登记手续，房地产权属登记机关签发房屋权属证书之次月起缴纳房产税
纳税人出租、出借房产	自交付出租、出借房产之次月起缴纳房产税
房地产开发企业自用、出租、出借自建商品房	自房屋使用或交付之次月起缴纳房产税
纳税人因房产的实物或权利状态发生变化而依法终止房产税纳税义务的，其应纳税款的计算应截止到房产的实物或权利状态发生变化的当月末	

2. 纳税期限

房产税实行按年计算、分期缴纳的征收方法，具体纳税期限由省、自治区、直辖市人民政府确定。

3. 纳税地点

房产税在房产所在地缴纳。房产不在同一地方的纳税人，应按房产的坐落地点分别向房产所在地的税务机关纳税。

【例题13·单选题】某企业拥有一栋原值为2000万元的房产，2019年2月10日将其中的40%出售，月底办理好产权转移手续。已知当地政府规定房产计税余值的扣除比例为20%，2019年该企业应纳房产税（　　）万元。

A. 11.52   B. 12.16

C. 12.60   D. 12.80

解析 ▶ 应纳房产税 = 2000×60%×(1-20%)×1.2% + 2000×40%×(1-20%)×1.2%×2/12 = 12.80(万元)   **答案** ▶ D

真题精练(客观题)

1. (2018年多选题)下列关于房产税纳税义务发生时间的表述中,正确的有( )。

   A. 纳税人自行新建房屋用于生产经营,从建成之月起缴纳房产税

   B. 纳税人将原有房产用于生产经营,从生产经营之月起缴纳房产税

   C. 纳税人出租房产,自交付出租房产之次月起缴纳房产税

   D. 房地产开发企业自用本企业建造的商品房,自房屋使用之次月起缴纳房产税

   解析 ▶ 选项A,纳税人自行新建房屋用于生产经营,从建成之次月起缴纳房产税。

   答案 ▶ BCD

2. (2016年单选题)某工业企业2016年2月自建的厂房竣工并投入使用。该厂房的原值为8000万元,其中用于储存物资的地下室为800万元。假设房产原值的减除比例为30%,地下室应税原值为房产原值的60%。该企业2016年应缴纳房产税( )万元。

   A. 56   B. 59.14

   C. 61.60   D. 53.76

   解析 ▶ 于地上建筑相连的地下建筑,按照地上建筑计算缴纳房产税。应纳税额 = 8000×(1-30%)×1.2%×10÷12 = 56(万元)。

   答案 ▶ A

二、契税法

扫我解疑难

与大多数税种不同的是,契税由**承受方**缴纳,而**非转让方**缴纳。

【**知识点拨1**】房地产交易过程中的税费缴纳(见表10-8)

表 10-8   房地产交易过程中的税费缴纳

对象	税种
转让方	**增值税**、城建税、教育费附加、印花税、土地增值税、所得税
承受方	契税、印花税

【**知识点拨2**】在交易过程中由购买方(或取得方)缴纳的税收包括:契税、耕地占用税、车辆购置税、烟叶税等。

(一)征税对象★★

契税的征税对象是境内转移的土地、房屋权属。契税的征税范围与土地增值税对比记忆,两个税种征税范围存在差异,征税范围对比见表10-9。

表 10-9   契税与土地增值税征税范围对比

具体情况	契税	土地增值税
(1)国有土地使用权出让	承受人纳契税(**不得因减免土地出让金减免契税**)	不征收土地增值税(因为出让方是国家)
(2)土地使用权的转让(**不包括**农村集体土地承包经营权的转移)	承受人纳契税	转让方缴纳土地增值税

具体情况	契税	土地增值税
(3)房屋买卖	(1)以房产抵债或实物交换房屋,视同房屋买卖,由产权承受人按房屋现值缴纳契税。其中,**以房产抵债,按房产折价款缴纳契税**	转让方缴纳土地增值税
	(2)以房产作投资、入股 【知识点拨】以自有房产作股投入本人独资经营的企业,免纳契税	非房地产开发企业在改制重组中以国有土地、房屋投资入股,暂不征;其他,征
	(3)买房拆料或翻建新房,应照章征收契税	转让方缴纳土地增值税
(4)房屋赠与	征收契税。 (1)法定继承不征收,非法定继承征收; (2)赠与征收,包括赠与给法定继承人也需要征收契税	征收土地增值税。 (1)继承不征; (2)公益性赠与和赠与直系亲属或承担直接赡养义务人,不征
(5)房屋交换	**支付差价方纳契税**,交换价格相等无需缴纳契税	单位之间进行房地产交换应纳土地增值税,**个人互换住房不纳**
(6)其他	(1)以获奖方式承受土地、房屋权属的行为,应缴纳契税; (2)以预购方式或者预付集资建房款方式承受土地、房屋权属,应缴纳契税	—

【例题14·单选题】下列关于契税征税范围表述错误的是( )。

A. 国有土地使用权出让,不得因减免土地出让金而减免契税

B. 以自有房产作股投入本人独资经营的企业,免纳契税

C. 买房拆料不征收契税

D. 以房抵债按房屋现值缴纳契税

解析 ▶ 买房拆料征收契税。　答案 ▶ C

【例题15·单选题】居民乙因拖欠居民甲180万元款项无力偿还,2020年3月经当地有关部门调解,以房产抵偿该笔债务,居民甲因此取得该房产的产权并支付给居民乙差价款20万元。假定当地省政府规定的契税税率为5%。下列表述中正确的是( )。

A. 居民甲应缴纳契税1万元

B. 居民乙应缴纳契税1万元

C. 居民甲应缴纳契税10万元

D. 居民乙应缴纳契税10万元

解析 ▶ 契税应该由产权承受人缴纳,即应该由甲缴纳;以房产抵债,按房产折价款由产权承受人缴纳契税,该房屋折价款为200万元(180+20)。甲应纳契税=(180+20)×5%=10(万元)。　答案 ▶ C

(二)纳税义务人、税率和应纳税额的计算★★★

1. 纳税义务人

契税的纳税人是**境内转移土地、房屋权属,承受的单位和个人**。

2. 税率

契税实行3%～5%的幅度税率。各省、自治区、直辖市人民政府可以在3%～5%的幅度税率规定范围内,按照本地区的实际情况决定。

3. 应纳税额的计算

(1)计税依据。

契税的计税依据为**不动产的价格**。由于土地、房屋权属转移的方式不同,定价方法也不同,因此计税依据的具体情况也各不相同,具体规定见表10-10。

表 10-10　契税的计税依据

具体情形	计税依据
①国有土地使用权出让、出售、房屋买卖	**成交价格** 【知识点拨 1】契税的成交价格不含增值税。 【知识点拨 2】成交价格明显低于市场价格并且无正当理由的，或者所交换土地使用权、房屋的价格的差额明显不合理并且无正当理由的，征收机关可以参照市场价格核定计税依据。 【知识点拨 3】房地产企业出售房地产项目采取一般计税方法的，差额纳税可抵扣的土地价款不包含契税
②土地使用权赠与、房屋赠与	由征收机关参照土地使用权出售、房屋买卖的**市场价格**核定
③土地使用权交换、房屋交换	所交换的土地使用权、房屋的**价格差额；** 交换价格**相等**时，**免征**契税； **不等**时，由**多交付**货币、实物、无形资产或其他经济利益的一方缴纳契税
④以**划拨方式**取得土地使用权，经批准转让房地产时	由**房地产转让者补交契税**，计税依据为补交的土地使用权出让费用或者土地收益
⑤房屋附属设施征收契税的依据	a. 不涉及土地使用权和房屋所有权转移变动的，不征收契税； b. 采取分期付款方式购买房屋附属设施土地使用权、房屋所有权的，按照合同规定的总价款计征契税； c. 承受的房屋附属设施权属如果是单独计价的，按照当地适用的税率征收，如果与房屋统一计价的，适用与房屋相同的税率
⑥对于个人无偿赠与不动产行为（**法定继承人除外**）	应对**受赠人**全额征收契税 【知识点拨】对于《中华人民共和国继承法》规定的法定继承人（包括配偶、子女、父母、兄弟姐妹、祖父母、外祖父母）继承土地、房屋权属，不征收契税。按照《中华人民共和国继承法》规定，非法定继承人根据遗嘱承受死者生前的土地、房屋权属，属于赠与行为，应征收契税

注意：对已缴纳契税的购房单位和个人，在未办理房屋权属变更登记前退房的，退还已纳契税；在办理房屋权属变更登记后退房的，不予退还已纳契税

【例题 16·多选题】关于契税的计税依据，下列说法正确的有（　　）。

A. 房屋赠与，由征收机关参照土地使用权出售、房屋买卖的市场价格核定

B. 以划拨方式取得土地使用权，经批准转让房地产时，计税依据为补交的土地使用权出让费用或者土地收益

C. 采用分期付款方式购买房屋所有权的，应按合同确定的当期支付价款为计税依据

D. 房屋交换，交换价格不等时，以多支付的货币为计税依据

解析 采用分期付款方式购买房屋所有权的，应按合同规定的总价款为计税依据。

答案 ABD

（2）应纳税额的计算。

应纳契税税额＝计税依据×税率

【例题 17·单选题】居民甲某有四套住房，将一套价值 120 万元的别墅折价给乙某抵偿了 100 万元的债务；用市场价值 70 万元的两套两室住房与丙某交换一套四室住房，另取得丙某赠送价值 12 万元的小轿车一辆；将一套市场价值 50 万元的公寓房折成股份投入本人独资经营的企业。当地确定的契税税率为 3%，甲、乙、丙纳税契税的情况是（　　）。

A. 甲不缴纳，乙 30000 元，丙 3600 元

B. 甲 3600 元，乙 30000 元，丙不缴纳

C. 甲不缴纳，乙 36000 元，丙 21000 元

D. 甲 15000 元，乙 36000 元，丙不缴纳

解析 ▶ 以房产抵债，由产权承受人按房屋折价款缴纳契税，乙缴纳契税＝100×3%×10000＝30000（元）；房屋交换，由多支付差价的一方缴纳契税，丙缴纳契税＝12×3%×10000＝3600（元）；以自有房产作股投入本人独资经营的企业，免纳契税。 **答案** ▶ A

真题精练（客观题）

1. （2017 年单选题）赠与房屋时，确定契税计税依据所参照的价格或价值是（　）。

A. 房屋原值　　　　B. 摊余价值

C. 协议价格　　　　D. 市场价格

解析 ▶ 土地使用权赠与、房屋赠与，契税的计税依据由征收机关参照土地使用权出售、房屋买卖的市场价格核定。 **答案** ▶ D

2. （2016 年单选题）甲企业 2016 年 1 月因无力偿还乙企业已到期的债务 3000 万元，经双方协商甲企业同意以自有房产偿还债务。该房产的原值 5000 万元，净值 2000 万元，评估现值 9000 万元。乙企业支付差价款 6000 万元，双方办理了产权过户手续。则乙企业计缴契税的计税依据是（　）万元。

A. 5000　　　　　　B. 6000

C. 9000　　　　　　D. 2000

解析 ▶ 以房产抵偿债务，按照房屋的折价款作为计税依据缴纳契税，本题中的折价款为 9000 万元。 **答案** ▶ C

3. （2016 年多选题）甲企业 2016 年 3 月以自有房产对乙企业进行投资并取得了相应的股权，办理了产权过户手续。经有关部门评估，该房产的现值为 24000 万元。当月丙企业以股权方式购买该房产并办理了过户手续，支付的股权价值为 30000 万元。下列各企业计缴契税的处理中，正确的有（　）。

A. 乙企业向丙企业出售房屋不缴纳契税

B. 甲企业以房产投资的行为不缴纳契税

C. 丙企业按 30000 万元作为计税依据计缴契税

D. 乙企业从甲企业取得房屋按房产现值 24000 万元作为计税依据计缴契税

解析 ▶ 契税的纳税义务人是境内转移土地、房屋权属，承受的单位和个人。乙向丙出售，应该由丙缴纳契税，以成交价 30000 万元缴纳契税；以房产投资、入股，由产权承受方缴纳契税，所以甲不缴纳契税，应该由乙按 24000 万元缴纳契税。 **答案** ▶ ABCD

（三）税收优惠 ★★

1. 一般规定

（1）国家机关、事业单位、社会团体、军事单位承受土地、房屋用于办公、教学、医疗、科研和军事设施的，免征契税。

（2）城镇职工按规定第一次购买公有住房，免征契税。

与个人有关的契税优惠见表 10-11。

表 10-11　与个人有关的契税优惠

不同情形	具体内容	
对个人购买家庭唯一住房（家庭成员范围包括购房人、配偶以及未成年子女）	面积≤90 平方米	减按 1%税率
	面积>90 平方米	减按 1.5%税率
对个人购买家庭第二套改善性住房	面积≤90 平方米	减按 1%税率
	面积>90 平方米	减按 2%税率
	北上广深暂不实施此项契税优惠政策（教材上没有此项）	

（3）因**不可抗力灭失住房而重新购买住房**的，**酌情减免**。

（4）土地、房屋被县级以上人民政府征用、占用后，重新承受土地、房屋权属的，由省级人民政府确定是否减免。

（5）**承受荒山、荒沟、荒丘、荒滩土地使用权，并用于农、林、牧、渔业生产的，免征契税。**

（6）**公租房经营单位购买住房作为公租房，免征契税。**

（7）经外交部确认，依照我国有关法律规定以及我国缔结或参加的双边和多边条约或协定，应当予以免税的外国驻华使馆、领事馆、联合国驻华机构及其外交代表、领事官员和其他外交人员承受土地、房屋权属。

2. 特殊规定（见表10-12）

表10-12　契税税收优惠的特殊规定

特殊行为	界定		契税政策
（1）企业改制	企业按《公司法》有关规定整体改制，原企业投资主体存续并在改制（变更）后的公司中所持股权（股份）比例**超过75%**，且改制（变更）后公司承继原企业权利、义务的，对改制（变更）后公司承受原企业土地、房屋权属的		免征契税
（2）事业单位改制	事业单位按国家有关规定改制为企业，**原投资主体存续**并在改制后企业中出资（股权、股份）比例**超过50%**的，对改制后企业承受原事业单位土地、房屋权属		免征契税
（3）公司合并	两个或两个以上的公司，依照法律规定、合同约定，合并为一个公司，且**原投资主体存续的**，对合并后公司承受原合并各方土地、房屋权属		免征契税
（4）公司分立	公司依照法律规定、合同约定分立为两个或两个以上**与原公司投资主体相同的公司**，对分立后公司承受原公司土地、房屋权属		免征契税
（5）企业破产	**债权人（包括破产企业职工）**承受破产企业土地、房屋权属以抵偿债务的		免征契税
	对**非债权人**承受破产企业土地、房屋权属，凡依法妥善安置原企业全部职工	与**原企业30%以上职工**签订服务年限**不少于三年**的劳动用工合同的，对其承受所购企业的土地、房屋权属	减半征契税
		与**原企业全部职工**签订服务年限**不少于三年**的劳动用工合同的	免征契税
（6）资产划转	对承受**县级以上**人民政府或国有资产管理部门按规定进行行政性调整、划转国有土地、房屋权属的单位		免征契税
	同一投资主体内部所属企业之间土地、房屋权属的划转，包括母公司与其**全资**子公司之间，同一公司所属**全资**子公司之间，**同一自然人**与其设立的**个人独资企业、一人有限公司**之间土地、房屋权属的划转。母公司以土地、房屋权属向其全资子公司增资，视同划转		免征契税
（7）债权转股权	经国务院批准实施债转股的企业，对债权转股权后新设立的公司承受原企业的土地、房屋权属		免征契税
（8）划拨用地出让或作价出资	以出让方式或国家作价出资（入股）方式承受原改制重组企业、事业单位划拨用地的		不属于免税范围，对承受方应按规定征收契税

特殊行为	界定	契税政策
(9)公司股权(股份)转让	在股权(股份)转让中,单位、个人承受公司股权(股份),公司土地、房屋权属不发生转移	不征收契税

【例题 18·单选题】 下列关于契税税收优惠的表述,错误的是( )。

A. 城镇职工按规定第一次购买公有住房,免征契税

B. 对个人购买家庭第二套改善性住房,面积为 100 平方米的,减按 1%的税率征收契税

C. 经国务院批准实施债权转股权的企业,对债权转股权后新设立的公司承受原企业的土地,免征契税

D. 公租房经营单位购买住房作为公租房的,免征契税

解析 ▶ 对个人购买家庭第二套改善性住房,面积为 90 平方米及以下的,减按 1%的税率征收契税;面积为 90 平方米以上的,减按 2%的税率征收契税。 **答案** ▶ B

真题精练(客观题)

1.(2019 年单选题)下列房产转让的情形中,产权承受方免于缴纳契税的是( )。

A. 以获奖方式承受土地、房屋权属

B. 将房产赠与非法定继承人

C. 以自有房产投资入股本人独资经营的企业

D. 以预付集资建房款方式承受土地、房屋权属

解析 ▶ 以自有房产作股投入本人独资经营的企业,免纳契税。 **答案** ▶ C

2.(2019 年多选题)下列取得房产的情形中,免征契税的有( )。

A. 个人购买家庭唯一非公有住房

B. 公租房经营单位购买住房作为公租房

C. 城镇职工首次取得公有制单位集资建成普通住房

D. 个人购买家庭第二套改善性住房

解析 ▶ 选项 A,对个人购买家庭唯一住房

(家庭成员范围包括购房人、配偶以及未成年子女,下同),面积为 90 平方米及以下的,减按 1%的税率征收契税;面积为 90 平方米以上的,减按 1.5%的税率征收契税。选项 D,对个人购买家庭第二套改善性住房,面积为 90 平方米及以下的,减按 1%的税率征收契税;面积为 90 平方米以上的,减按 2%的税率征收契税。 **答案** ▶ BC

3.(2018 年单选题)下列行为中,应当缴纳契税的是( )。

A. 个人以自有房产投入本人独资经营的企业

B. 企业将自有房产与另一企业的房产等价交换

C. 公租房经营企业购买住房作为公租房

D. 企业以自有房产投资于另一企业并取得相应的股权

解析 ▶ 选项 A,以自有房产作股投入本人独资经营的企业,免纳契税;选项 B,等价交换房屋、土地权属的,免征契税;选项 C,公租房经营单位购买住房作为公租房的,免征契税。 **答案** ▶ D

4.(2017 年多选题)以下选项中获取的房屋权属中,可以免征契税的有( )。

A. 因房屋拆迁取得的房屋

B. 以实物交换取得的房屋

C. 全资公司的母公司划转的房屋

D. 债权人承受破产企业抵偿债务的房屋

解析 ▶ 选项 A,居民因个人房屋被征收而选择货币补偿用以重新购置房屋,并且购房成交价格不超过货币补偿的,对新购房屋免征契税;购房成交价格超过货币补偿的,对差价部分按规定征收契税。居民因个人房屋被征收而选择房屋产权调换,并

且不缴纳房屋产权调换差价的，对新换房屋免征契税；缴纳房屋产权调换差价的，对差价部分按规定征收契税——虽然教材上没有该项内容，但我们需要了解一下。选项B，以实物交换取得的房屋应该照章缴纳契税。选项CD，同一投资主体内部所属企业之间土地、房屋权属的划转；债权人承受破产企业抵偿债务的房屋均属于契税优惠的特殊规定，免征契税。

答案 ▶ CD

（四）征收管理★（见表10-13）

表10-13　契税的征收管理

项目	具体规定
纳税义务发生时间	纳税人签订土地、房屋权属转移合同的当天，或取得其他具有土地、房屋权属转移合同性质的凭证的当天
纳税期限	纳税人应当自纳税义务发生之日起的10日内办理纳税申报
纳税地点	土地、房屋所在地的税务机关
纳税申报	根据人民法院、仲裁委员会的生效法律文书发生土地、房屋权属转移，纳税人不能取得销售不动产发票的，可持人民法院执行裁定书原件及相关材料办理契税纳税申报，税务机关应予受理
	购买新建商品房的纳税人在办理契税纳税申报时，由于销售新建商品房的房地产开发企业已办理注销税务登记或被税务机关列为非正常户等原因，致使纳税人无法取得销售不动产发票的，税务机关在核实有关情况后应予办理
征收管理	纳税人办理纳税事宜后，税务机关应向纳税人开具完税凭证

三、土地增值税纳税义务人和征税范围

扫我解疑难

土地增值税是对有偿转让国有土地使用权及地上建筑物和其他附着物产权，取得增值收入的单位和个人征收的一种税。

（一）纳税义务人★

土地增值税的纳税义务人为转让国有土地使用权、地上建筑物及其附着物并取得收入的单位和个人。单位包括**各类企业、事业单位、国家机关和社会团体及其他组织。个人包括个体经营者**。

【例题19·多选题】转让国有土地使用权、地上建筑及其附着物并取得收入的（　　），是土地增值税的纳税义务人。

A. 财政部门

B. 中国科学研究院

C. 外籍人员

D. 国有企业

解析 ▶ 不论法人与自然人、不论经济性质、不论内资与外资企业、不论行业与部门，只要有偿转让房地产，都是土地增值税的纳税人。

答案 ▶ ABCD

（二）征税范围★★

1. 基本征税范围

（1）转让国有土地使用权（不包括国有土地使用权的出让、出租和转让集体土地的行为）；

（2）地上的建筑物及其附着物连同国有土地使用权一并转让；

（3）存量房地产的买卖。

2. 特殊征税范围（见表10-14）

表10-14　土地增值税特殊征税范围的具体规定

具体情形	征税	不征税或免税
（1）房地产的继承		不属于土地增值税征税范围

具体情形		征税	不征税或免税
(2)房地产的赠予		其他	赠与直系亲属或承担直接赡养义务人、公益性赠与不属于土地增值税征税范围
(3)房地产的出租			房地产的出租不属于土地增值税征税范围
(4)房地产的抵押		以房地产抵债而发生房地产权属转让	抵押期间,不征收土地增值税
(5)房地产的交换		其他情形,纳税	个人之间互换自有居住用房地产,经当地税务机关核实,免征土地增值税
(6)合作建房		建成后转让,纳税	建成后按比例分房自用,暂免征税
(7)代建房			不属于征税范围
(8)房地产的重新评估			不属于征税范围
(9)企业改制	①整体改建	房地产开发企业,征税	非房地产开发企业:对改制前的企业将国有土地房屋权属转移、变更到改制后的企业,暂不征土地增值税。整体改建是指不改变原企业的投资主体,并承继原企业权利、义务的行为
	②企业合并	原企业投资主体不存续或涉及房地产开发企业,征税	原企业投资主体存续的,对原企业将国有土地、房屋权属转移、变更到合并后的企业,暂不征土地增值税——限于非房地产开发企业
	③企业分立	与原企业投资主体不相同或涉及房地产开发企业,征税	企业分设为两个或两个以上与原企业投资主体相同的企业,对原企业将国有土地、房屋权属转移、变更到分立后的企业,暂不征土地增值税——限于非房地产开发企业
	④以房地产投资入股	其他情形,征税	非房地产开发企业、个人在改制重组时以国有土地、房屋权属作价入股进行投资,对其将房地产转移、变更到被投资的企业,暂不征土地增值税
	企业改制重组后再转让国有土地使用权并申报缴纳土地增值税时,应以改制前取得该宗国有土地使用权所支付的地价款和按国家统一规定缴纳的有关费用,作为该企业"取得土地使用权所支付的金额"扣除		

【知识点拨】改制重组的土地增值税优惠政策不适用于房地产开发企业。

【例题20·单选题】下列行为中,征收土地增值税的是( )。

A. 甲企业通过国家机关将其房产无偿赠与红十字会

B. 乙企业出地,丙企业出资金,双方合作建房,建成后按比例分房自用的

C. 丁企业用闲置的办公楼与戊企业交换厂房

D. 乙企业将房产出租取得租金收入

解析 ▶ 选项A,公益性赠与不征收土地增值税;选项B,合作建房,分房自用,暂免征收土地增值税;选项D,房产出租,房地产产权未转移,因此不属于土地增值税的征税范围。

答案 ▶ C

【例题21·单选题】下列情形中,应当计算缴纳土地增值税的是( )。

A. 工业企业向房地产开发企业转让国有土地使用权

B. 房产所有人通过希望工程基金会将房屋产权赠与西部教育事业

C. 甲企业出资金、乙企业出土地,双方合作建房,建成后按比例分房自用

D. 房地产开发企业代客户进行房地产开发,开发完成后向客户收取代建收入

解析 ▶ 选项 B，房产所有人通过中国境内非营利的社会团体、国家机关将房屋产权赠与教育、民政和其他社会福利、公益事业的，不属于土地增值税的征税范围，不缴纳土地增值税；选项 C，对于一方出地、一方出资金，双方合作建房，建成后按比例分房自用的，暂免征收土地增值税；选项 D，房地产开发公司代客户进行房地产的开发，开发完成后向客户收取代建收入，对于房地产开发公司而言，虽然取得了收入，但没有发生房地产权属的转移，其收入属于劳务收入性质，故不属于土地增值税的征税范围。

答案 ▶ A

真题精练（客观题）

（2016 年单选题）下列房地产交易行为中，应当计算缴纳土地增值税的是（　）。

A. 房地产公司出租高档住宅

B. 县城居民之间互换自有居住用房屋

C. 非营利的慈善组织将合作建造的房屋转让

D. 房地产开发企业代客户进行房地产开发，开发完成后向客户收取代建收入

解析 ▶ 选项 A，出租房屋，产权未发生转移变动，无需缴纳土地增值税；选项 B，居民互换居住用房，免土地增值税；选项 D，房地产开发公司代客户进行房地产的开发，对于房地产开发公司而言，虽然取得了收入，但没有发生房地产权属的转移，其收入属于劳务收入性质，故不属于土地增值税的征税范围。 **答案 ▶ C**

四、土地增值税税率、应税收入与扫除项目

扫我解疑难

（一）税率★

土地增值税采用**四级超率累进税率**。

【例题 22·单选题】某房地产公司转让商品楼获得收入 8000 万元，计算增值额时准允扣除项目金额 3500 万元，则适用税率为（　）。

A. 30%　　　　B. 40%

C. 50%　　　　D. 60%

解析 ▶ 增值额 = 8000 - 3500 = 4500（万元）；增值额占扣除项目金额比例 = 4500 ÷ 3500×100% = 128.57%，适用第 3 级税率，即 50%，速算扣除系数 15%。 **答案 ▶ C**

（二）应税收入的确定★★★

1. 纳税人转让房地产取得的应税收入，应包括转让房地产的全部价款及有关的经济收益。从收入的形式来看，包括**货币收入、实物收入和其他收入**。

2. 纳税人转让房地产的土地增值税应税收入**不含增值税**。适用增值税一般计税方法的纳税人，其转让房地产的土地增值税应税收入不含增值税销项税额；适用简易计税方法的纳税人，其转让房地产的土地增值税应税收入不含增值税应纳税额。

3. 营改增后，房地产开发企业采取预收款方式销售自行开发的房地产项目的，可以按照以下方法计算土地增值税预征计征依据：

土地增值税预征的计税依据=预收款-应预缴增值税税款

4. 考试中需要关注：销售（含视同销售）比例影响扣除项目比例。

【例题 23·单选题】A 汽车制造企业为增值税一般纳税人，2020 年 1 月 1 日出售旧办公楼一栋，取得含税金额 5800 万元，该办公楼为 2010 年 3 月份外购取得，账面原值为 2000 万元。针对此项业务 A 汽车制造企业计算土地增值税应确认的应税收入是（　）万元。（假设 A 企业针对此项业务采取简易计税办法）

A. 5619.05　　B. 5523.81

C. 5225.23　　D. 5770.27

解析 ▶ 非房地产企业出售不动产采取简易计税办法的，其转让不动产的土地增值税应税收入为不含税增值税应纳税额。应纳增值税 = (5800 - 2000) ÷ (1 + 5%)×5% = 180.95（万元）；土地增值税的应税收入 = 5800 - 180.95 = 5619.05（万元）。 **答案 ▶ A**

【知识点拨1】房地产开发企业出售开发产品采取一般计税方法的，土地增值税的应税收入为不含增值税销项税额，销项税额指的是减去抵减额后的销项税额。

【知识点拨2】应税收入包括视同销售确认的收入，比如自产的房屋安置拆迁户等情况，要确认应税收入，同时安置拆迁户的支出应该计入房地产开发成本进行扣除。

（三）扣除项目的确定★★★

对于土地增值税的扣除项目，各位考生首先要记住一句话：新5旧3[也就是销售新房及建筑物允许扣除5项（简称房地费税利），而销售旧房及建筑物允许扣除3项（简称房地税）]。土地增值税的扣除项目如表10-15所示。

表10-15 土地增值税的扣除项目（新5旧3）

销售新房及建筑物	销售旧房及建筑物
（1）取得土地使用权所支付的金额（地）	（1）取得土地使用权所支付的地价款或出让金（应提供凭据）、按国家统一规定缴纳的有关费用（地）
（2）房地产开发成本（房）	
（3）房地产开发费用（费）	（2）旧房及建筑物的评估价格（房）
（4）与转让房地产有关的税金（税）	（3）在转让环节缴纳的税金（税）
（5）财政部确定的其他扣除项目（利）	

1. 转让新建房产扣除项目的确定

计算土地增值税应纳税额，并不是直接对转让房地产的收入征税，而是对收入扣除规定的扣除项目后的增值额计算征税，可以看出扣除项目的正确与否直接影响土地增值税的计算。转让新建房产与转让旧房及建筑物的扣除项目是有区别的，转让新房及建筑物扣除项目的具体规定见表10-16。

表10-16 销售新房及建筑物的扣除项目

扣除项目	具体界定	注意事项
（1）取得土地使用权所支付的金额	包括纳税人为取得土地使用权而支付的地价款，有关费用和税金（如契税）	①含契税，不含印花税； ②注意比例——在计算取得土地使用权所支付的金额时，注意其比例要与开发比例、销售收入比例匹配
（2）房地产开发成本	包括土地的征用及拆迁补偿费、前期工程费、建筑安装工程费、基础设施费、公共配套设施费、开发间接费用等	①不包括利息支出，含装修费用； ②在计算房地产开发成本时，注意其比例要与销售收入比例匹配
（3）房地产开发费用	第一种扣除方式：利息支出能够按转让房地产项目计算分摊并提供金融机构证明的：允许扣除的房地产开发费用=利息+（取得土地使用权所支付的金额+房地产开发成本）×5%以内 【知识点拨】利息的规定 ①利息最高不能超过按商业银行同类同期贷款利率计算的金额； ②利息的上浮幅度按国家的有关规定执行，超过上浮幅度的部分不允许扣除； ③对于超过贷款期限的利息部分和加罚的利息不允许扣除	①不是按照纳税人实际发生额进行扣除，而是按税法的标准计算扣除，有两种扣除方式； ②注意扣除比例与销售收入比例匹配，包括单独扣除的利息也需要按比例计算扣除； ③无论账务如何处理，利息支出在房地产开发费用中扣除，而不是在房地产开发成本中扣除

扣除项目	具体界定	注意事项
(3)房地产开发费用	第二种扣除方式:不能按转让房地产项目计算分摊利息支出或不能提供金融机构证明的或者全部使用自有资金,没有利息支出的允许扣除的房地产开发费用=(取得土地使用权所支付的金额+房地产开发成本)×10%以内	④房地产开发企业既向金融机构借款,又有其他借款的,其房地产开发费用计算扣除时不能同时适用上述两种办法,只能采用其中一种扣除方式
(4)与转让房地产有关的税金	①房地产开发企业:城建税、教育费附加;不包括增值税; ②非房地产开发企业:城建税、教育费附加、印花税;不包括增值税	营改增后,房地产开发企业实际缴纳的城市维护建设税、教育费附加,凡能够按清算项目准确计算的,允许据实扣除。凡不能按清算项目准确计算的,则按该清算项目预缴增值税时实际缴纳的城建税、教育费附加扣除
(5)财政部确定的其他扣除项目	加计扣除=(取得土地使用权所支付的金额+房地产开发成本)×20%	从事房地产开发的纳税人适用;非房地产开发企业不适用该项政策

【例题 24·单选题】某企业开发房地产取得土地使用权所支付的金额 1000 万元;房地产开发成本 6000 万元;向金融机构借入资金利息支出 400 万元,不能提供金融机构的贷款证明;已知该企业所在地政府规定的房地产开发费用的计算扣除比例为 8%;该企业允许扣除的房地产开发费用为(　　)万元。

A. 400　　　　　　B. 350
C. 560　　　　　　D. 750

解析▶ 该企业允许扣除的房地产开发费用=(1000+6000)×8%=560(万元)　答案▶ C

2. 转让旧房及建筑物扣除项目的规定

纳税人转让旧房及建筑物应纳土地增值税,准予扣除的项目如下:

(1)取得土地使用权所支付的地价款或出让金(应提供凭据)、按国家统一规定缴纳的有关费用。

【知识点拨】对取得土地使用权时未支付地价款或不能提供已支付的地价款凭据的,在计征土地增值税时不允许扣除。

(2)旧房及建筑物的评估价格=重置成本价×成新度折扣率

纳税人转让旧房及建筑物,凡不能取得评估价格,但能提供购房发票的,取得土地

使用权所支付的金额以及旧房及建筑物的评估价格,按照下列方法计算:

①提供的购房凭据为营改增前取得的营业税发票的,按照发票所载金额(不扣减营业税)并从购买年度起至转让年度止每年加计 5%计算。

②提供的购房凭据为营改增后取得的增值税普通发票的,按照发票所载价税合计金额从购买年度起至转让年度止每年加计 5%计算。

③提供的购房发票为营改增后取得的增值税专用发票的,按照发票所载不含增值税金额加上不允许抵扣的增值税进项税额之和,并从购买年度起至转让年度止每年加计 5%计算。

【知识点拨 1】计算扣除项目时"每年"按购房发票所载日期起至售房发票开具之日止,每满 12 个月计一年;超过一年,未满 12 个月但超过 6 个月的,可以视同为一年。

【知识点拨 2】对纳税人购房时缴纳的契税,凡能提供契税完税凭证的,准予作为"与转让房地产有关的税金"予以扣除,但不作为加计 5%的基数。

(3)在转让环节缴纳的税金:城建税、

教育费附加、印花税、购入时的契税(需提供契税完税凭证,只在不能取得评估价格,但能提供购房发票的情形下适用),不包括增值税。税金的扣除的具体规定如表10-17所示。

表10-17 销售旧房及建筑物——税金的扣除

按评估价格扣除时	按发票金额扣除时
城建税、教育费附加、印花税,不包括增值税	城建税、教育费附加、印花税、购入时的契税;不包括增值税

注意增值税计税方法的规定:销售非自建的旧房及建筑物采用简易计税方法时,差额计税;采用一般计税方法时,全额计税

(4)对于转让旧房及建筑物,既没有评估价格,又不能提供购房发票的,税务机关可以根据有关规定,实行核定征收。

【例题25·单选题】房地产开发企业销售开发项目,在确定土地增值税的扣除项目时,允许单独扣除的税费是( )。

A. 增值税、印花税
B. 房产税、城市维护建设税
C. 城市维护建设税、教育费附加
D. 印花税、城市维护建设税

解析 房地产开发企业在确定土地增值税的扣除项目时,允许单独扣除的税金包括城市维护建设税、教育费附加、地方教育附加。 答案 C

【例题26·单选题】某国有企业2013年5月在市区购置一栋办公楼,支付价款8000万元。2020年5月,该企业将办公楼转让,取得含增值税收入10000万元,该企业增值税选择简易计税。办公楼经税务机关认定的重置成本价为12 000万元,成新率70%。该企业在缴纳土地增值税时计算的增值额为( )万元。

A. 400
B. 1488.33
C. 1490
D. 200

解析
(1)房屋及建筑物的评估价格 = 12000 ×

70% = 8400(万元)

(2)转让环节缴纳的增值税 = (10000 - 8000)/1.05×5% = 95.24(万元)

(3)城建及教育费附加、地方教育附加 = 95.24×(7%+3%+2%) = 11.43(万元)

(4)应纳印花税 = 10000×0.05% = 5(万元)

(5)增值额 = (10000 - 95.24) - (8400 + 11.43+5) = 1488.33(万元) 答案 B

五、土地增值税应纳税额的计算

扫我解疑难

(一)增值额的确定 ★★★

土地增值税纳税人转让房地产所取得的收入减除规定的扣除项目金额后的余额,为增值额。

纳税人有下列情形之一的,按照房地产评估价格计算征收:

1. 隐瞒、虚报房地产成交价格的

"隐瞒、虚报房地产成交价格",是指纳税人不报或有意低报转让土地使用权、地上建筑物及其附着物价款的行为。隐瞒、虚报房地产成交价格,应由评估机构参照同类房地产的市场交易价格进行评估。税务机关根据评估价格确定转让房地产的收入。

2. 提供扣除项目金额不实的

"提供扣除项目金额不实的",是指纳税人在纳税申报时不据实提供扣除项目金额的行为。提供扣除项目金额不实的,应由评估机构按照房屋重置成本价乘以成新度折扣率计算的房屋成本价和取得土地使用权时的基准地价进行评估。

3. 转让房地产的成交价格低于房地产评估价格,又无正当理由的

"转让房地产的成交价格低于房地产评估价格,又无正当理由的",是指纳税人申报的转让房地产的实际成交价低于房地产评估机构评定的交易价,纳税人又不能提供凭据或无正当理由的行为。转让房地产的成交价格

低于房地产评估价格，又无正当理由的，由税务机关参照房地产评估价格确定转让房地产的收入。

【例题27·多选题】 下列情形中，应按评估价格计征土地增值税的有（　　）。

A. 提供扣除项目金额不实的

B. 隐瞒、虚报房地产成交价格的

C. 房地产开发项目全部竣工完成销售需要进行清算的

D. 转让房地产的成交价格低于房地产评估价格，又无正当理由的

解析 本题考核按评估价格计征土地增值税的有关规定。　　**答案** ABD

（二）应纳税额的计算方法 ★★★

土地增值税虽然相对复杂，但在计算时如果能够遵循下面6个步骤，会大大提高土地增值税计算的准确性。

1. 确定收入总额

2. 确定扣除项目——重点，新5旧3

3. 计算增值额

4. 计算增值率＝增值额/扣除项目金额

5. 按照增值率确定适用税率和速算扣除系数

建造普通标准住宅出售，其增值额未超过扣除项目金额之和20%的，免税。

6. 计算应纳税额

应纳税额＝增值额×适用税率－扣除项目金额×速算扣除系数

【例题28·单选题】 2019年某房地产开发公司销售其新建商品房一幢，取得不含增值税销售收入1.4亿元，已知该公司支付与商品房相关的土地使用权费及开发成本合计为4800万元；该公司没有按房地产项目计算分摊银行借款利息；该商品房所在地的省政府规定计征土地增值税时房地产开发费用扣除比例为10%；假设销售商品房缴纳的增值税700万元，城建税、教育费附加及地方教育费附加和印花税，合计70万元。该公司销售该商品房应缴纳的土地增值税为（　　）万元。

A. 2256.5　　　　B. 2445.5

C. 3070.5　　　　D. 2898.5

解析

计算扣除金额＝4800＋4800×10%＋70＋4800×20%＝6310（万元）

计算土地增值额＝14000－6310＝7690（万元）

计算增值率＝7690÷6310×100%＝121.87%，确定适用税率为50%、速算扣除系数15%。

应纳土地增值税＝7690×50%－6310×15%＝2898.5（万元）　　**答案** D

（三）房地产开发企业土地增值税的清算 ★★★

1. 土地增值税的清算单位

（1）取得预售收入时，按照预征率预缴土地增值税；达到清算条件进行清算；

（2）以国家有关部门审批的房地产开发项目为单位进行清算，对于分期开发的项目，以分期项目为单位清算；

（3）开发项目中同时包含普通住宅和非普通住宅的，应分别计算增值额。

【例题29·单选题】 对房地产开发公司进行土地增值税清算时，可作为清算单位的是（　　）。

A. 规划申报项目

B. 审批备案项目

C. 商业推广项目

D. 设计建筑项目

解析 房地产开发公司进行土地增值税清算时，以国家有关部门审批的房地产开发项目为单位进行清算，对于分期开发的项目，以分期项目为单位清算。　　**答案** B

2. 土地增值税的清算条件（见表10-18）

表 10-18　土地增值税的清算条件

应进行清算	主管税务机关可要求纳税人进行清算
(1)房地产开发项目全部竣工、完成销售的； (2)整体转让未竣工决算房地产开发项目的； (3)直接转让土地使用权的	(1)已竣工验收的房地产开发项目，已转让的房地产建筑面积占整个项目可售建筑面积的比例在85%以上，或该比例虽未超过85%，但剩余的可售建筑面积已经出租或自用的； (2)取得销售(预售)许可证满三年仍未销售完毕的； (3)纳税人申请注销税务登记但未办理土地增值税清算手续的——应在办理注销登记前进行土地增值税清算； (4)省(自治区、直辖市、计划单列市)税务机关规定的其他情况

【知识点拨1】 清算时间：对应进行土地增值税清算项目，纳税人应当在满足条件之日起90日内到主管税务机关办理清算手续。

【知识点拨2】 税务中介机构受托对清算项目审核鉴证时，应按税务机关规定的格式对审核鉴证情况出具鉴证报告。对符合要求的鉴证报告，税务机关可以采信。

【例题30·单选题】 某房地产企业2017年开发一个住宅项目，当年竣工验收。2019年12月销售了可售建筑面积的50%，剩余50%待售。至2020年3月，销售了可售建筑面积的86%，下列说法中正确的是( )。

A. 该企业应该在2019年12月进行土地增值税的清算

B. 税务机关可以要求该企业在2019年12月进行土地增值税的清算

C. 税务机关可以要求该企业在2020年3月进行土地增值税的清算

D. 该企业应该在2020年3月进行土地增值税的清算

解析 ▶ 已竣工验收的房地产开发项目，已转让的房地产建筑面积占整个项目可售建筑面积的比例在85%以上，主管税务机关可要求纳税人进行土地增值税清算。 答案 ▶ C

真题精练(客观题)

(2018年单选题)下列情形中，纳税人应当进行土地增值税清算的是( )。

A. 取得销售许可证满1年仍未销售完毕的

B. 转让未竣工结算房地产开发项目50%股权的

C. 直接转让土地使用权的

D. 房地产开发项目尚未竣工但已销售面积达到50%的

解析 ▶ 纳税人应进行土地增值税清算的情况：(1)房地产开发项目全部竣工、完成销售的；(2)整体转让未竣工决算房地产开发项目的；(3)直接转让土地使用权的。 答案 ▶ C

3. 非直接销售和自用房地产的相关规定(见表10-19)

表 10-19　非直接销售和自用房地产的相关规定

行为	具体内容	税收规定	收入的确认方法和顺序
非直接销售	将开发产品用于职工福利、奖励、对外投资、分配给股东或投资人、抵偿债务、换取其他单位和个人的非货币性资产等	发生所有权转移时应视同销售房地产	(1)按本企业在同一地区、同一年度销售的同类房地产的平均价格确定； (2)由主管税务机关参照当地当年、同类房地产的市场价格或评估价值确定
自用	房地产开发企业将开发的部分房地产转为企业自用或用于出租等商业用途时	如果产权未发生转移，不征收土地增值税	在税款清算时不列收入，不扣除相应的成本和费用

土地增值税清算时，已全额开具商品房销售发票的，按照发票所载金额确认收入；未开具发票或未全额开具发票的，以交易双方签订的销售合同所载的售房金额及其他收益确认收入。销售合同所载商品房面积与有关部门实际测量面积不一致，在清算前已发生补、退房款的，应在计算土地增值税时予以调整。

4. 土地增值税的扣除项目

（1）扣除取得土地使用权所支付的金额、房地产开发成本、费用及与转让房地产有关税金，须提供合法有效凭证；不能提供合法有效凭证的，不予扣除。

（2）房地产开发企业办理土地增值税清算所附送的前期工程费、建筑安装工程费、基础设施费、开发间接费用的凭证或资料不符合清算要求或不实的，由税务机关核定上述四项开发成本的单位面积金额标准，并据以计算扣除。

（3）房地产开发企业开发建造的与清算项目配套的居委会和派出所用房、会所、停车场（库）、物业管理场所、变电站、热力站、水厂、文体场馆、学校、幼儿园、托儿所、医院、邮电通信等公共设施的税务处理，如表10-20所示。

表10-20 公共配套的税务处理

用途	收入	成本费用
①建成后产权属于全体业主所有的	无需确认收入	其成本、费用可以扣除
②建成后无偿移交给政府、公用事业单位用于非营利性社会公共事业的		
③建成后有偿转让的	计算收入	

（4）房地产开发企业销售已装修的房屋，其装修费用可以计入房地产开发成本。房地产开发企业的预提费用，除另有规定外，不得扣除。

（5）属于多个房地产项目共同的成本费用，应按清算项目可售建筑面积占多个项目可售总建筑面积的比例或其他合理的方法，计算确定清算项目的扣除金额。

（6）质保金能否扣除看发票。

房地产开发企业在工程竣工验收后，根据合同约定，扣留建筑安装施工企业一定比例的工程款，作为开发项目的质量保证金，

在计算土地增值税时：

①建筑安装施工企业就质量保证金对房地产开发企业开具发票的，按发票所载金额予以扣除；

②未开具发票的，扣留的质保金不得计算扣除。

（7）房地产开发企业逾期开发缴纳的土地闲置费不得扣除。

【知识点拨】房地产开发企业逾期开发缴纳的土地闲置费在计算企业所得税时可以扣除。

（8）拆迁安置费的处理（见表10-21）。

表10-21 拆迁安置费的税务处理

安置类型	税务处理
①房地产企业用建造的该项目房地产安置回迁户的	安置用房视同销售处理，同时将此确认为房地产开发项目的拆迁补偿费
	房地产开发企业支付给回迁户的补差价款，计入拆迁补偿费；回迁户支付给房地产开发企业的补差价款，应抵减本项目拆迁补偿费

安置类型	税务处理
②开发企业采取异地安置	异地安置的房屋属于自行开发建造的，房屋价值按视同销售处理，计入本项目的拆迁补偿费
	异地安置的房屋属于购入的，以实际支付的购房支出计入拆迁补偿费
③货币安置拆迁的	房地产开发企业凭合法有效凭据计入拆迁补偿费

【例题31·单选题】下列关于房地产企业土地增值税清算的说法错误的是（　　）。

A. 房地产开发企业销售已装修的房屋，其装修费用可以计入房地产开发成本

B. 属于多个房地产项目共同的成本费用，应按清算项目可售建筑面积占多个项目可售总建筑面积的比例或其他合理的方法，计算确定清算项目的扣除金额

C. 在计算土地增值税时，建筑安装施工企业就质量保证金对房地产开发企业开具发票的，按发票所载金额予以扣除

D. 房地产开发企业逾期开发缴纳的土地闲置费可以扣除

解析 ▶房地产开发企业逾期开发缴纳的土地闲置费不得扣除。 答案 ▶D

【例题32·多选题】关于土地增值税清算的规定，下列说法正确的有（　　）。

A. 土地增值税以国家有关部门审批的房地产开发项目为单位进行清算，对于分期开发的项目，以分期项目为清算单位

B. 取得销售（预售）许可证满三年仍未销售完毕的，应该进行清算

C. 应进行土地增值税清算的项目，纳税人应当在满足条件之日起30日内到主管税务机关办理清算手续

D. 房地产开发企业在工程竣工验收后，按照规定扣留建筑安装施工企业的质量保证金，未开具发票的，在计算土地增值税时不得扣除

解析 ▶选项B，取得销售（预售）许可证满三年仍未销售完毕的，税务机关可要求纳税人进行清算；选项C，应进行土地增值税清算的项目，纳税人应当在满足条件之日起

90日内到主管税务机关办理清算手续。

答案 ▶AD

5. 土地增值税清算应报送的资料（简单了解，一带而过）

6. 土地增值税清算项目的审核鉴证

税务中介机构受托对清算项目审核鉴证时，应按税务机关规定的格式对审核鉴证情况出具鉴证报告。对符合要求的鉴证报告，税务机关可以采信。

7. 土地增值税的核定征收

房地产开发企业有下列情形之一的，税务机关可以参照与其开发规模和收入水平相近的当地企业的土地增值税税负情况，按不低于预征率的征收率核定征收土地增值税：

（1）依照法律、行政法规的规定应当设置但未设置账簿的；

（2）擅自销毁账簿或者拒不提供纳税资料的；

（3）虽设置账簿，但账目混乱或者成本资料、收入凭证、费用凭证残缺不全，难以确定转让收入或扣除项目金额的；

（4）符合土地增值税清算条件，未按照规定的期限办理清算手续，经税务机关责令限期清算，逾期仍不清算的；

（5）申报的计税依据明显偏低，又无正当理由的。

【知识点拨】核定征收率原则上不得低于5%。

8. 清算后再转让房地产的处理

在土地增值税清算时未转让的房地产，清算后销售或有偿转让的，纳税人应按规定进行土地增值税的纳税申报，扣除项目金额按清算时的单位建筑面积成本费月乘以销售

或转让面积计算。

单位建筑面积成本费用 = 清算时的扣除项目总金额÷清算的总建筑面积

9. 土地增值税清算后应补缴的土地增值税滞纳金问题

纳税人按规定预缴土地增值税后，清算补缴的土地增值税，在主管税务机关规定的期限内补缴的，不加收滞纳金。

六、土地增值税税收优惠和征收管理

扫我解疑难

（一）土地增值税的税收优惠★★

1. 纳税人建造普通标准住宅出售，增值额未超过扣除项目金额20%的，免征土地增值税。

【知识点拨】 纳税人建造普通住宅出售，增值额超过20%的，应就其全部增值额按规定计税。

2. 因国家建设需要依法征用、收回的房地产，免征土地增值税。

3. 因城市实施规划、国家建设的需要而搬迁，由纳税人自行转让原房地产的，免征土地增值税。

4. 对企事业单位、社会团体以及其他组织转让旧房作为公共租赁住房房源，且增值额未超过扣除项目金额20%的，免征土地增值税。

【例题33·多选题】 下列各项中，属于土地增值税免税范围的有（ ）。

A. 因国家建设需要依法征用、收回的房地产

B. 个人之间互换自有居住用房地产

C. 个人因工作调动而转让购买满5年的经营性房产

D. 因国家建设需要而搬迁，由纳税人自行转让房地产

解析 ▶ 个人转让经营性房产，没有免土地增值税的规定。 答案 ▶ ABD

【例题34·多选题】 下列项目中，按税

法规定无需缴纳土地增值税的有（ ）。

A. 国家机关转让自用的房产

B. 税务机关拍卖欠税单位的房产

C. 对国有企业进行评估增值的房产

D. 因国家建设需要而被政府征用的房产

解析 ▶ 选项C，评估增值的房产未发生产权转移变动，无需缴纳土地增值税；选项D，因国家建设需要而被政府征用的房产，免征土地增值税。 答案 ▶ CD

（二）征收管理★

除保障性住房外，东部地区 省份预征率不得低于2%，中部和东北地区 省份不得低于1.5%，西部 地区省份不得低于1%。

1. 纳税地点——房地产所在地

土地增值税的纳税地点房地产所在地的主管税务机关。房地产所在地，是指房地产的坐落地。纳税人转让的房地产坐落在两个或两个以上地区的，应按照房地产所在地分别申报纳税。

在实际工作中，纳税地点的确定可分为以下两种情况：

（1）纳税人是法人的。当转让的房地产坐落地与其机构所在地或经营所在地一致时，则在办理税务登记的原管辖税务机关申报纳税即可；如果转让的房地产坐落地与其机构所在地或经营所在地不一致时，则应在房地产坐落地所管辖的税务机关申报纳税。

（2）纳税人是自然人的。当转让的房地产坐落地与其居住所在地一致时，则在住所所在地税务机关申报纳税；当转让的房地产坐落地与其居住所在地不一致时，在房地产坐落地的税务机关申报纳税。

【例题35·多选题】 下列关于土地增值税纳税地点的表述，错误的有（ ）。

A. 土地增值税的纳税人应向房地产所在地主管税务机关办理纳税申报，并在税务机关核定的期限内缴纳土地增值税

B. 纳税人转让的房地产坐落在两个或两个以上地区的，应按房地产所在地分别申报纳税

C. 纳税人是法人的，转让的房地产坐落地与其机构所在地不一致时，应在机构所在地的税务机关申报纳税

D. 纳税人是自然人的，转让的房地产坐落地与其居住所在地不一致时，在住所所在地的税务机关申报纳税

解析 ▶ 选项 C，纳税人是法人的，转让的房地产坐落地与其机构所在地不一致时，应在房地产坐落地的税务机关申报纳税；选项 D，纳税人是自然人的，转让的房地产坐落地与其居住所在地不一致时，在房地产坐落地的税务机关申报纳税。 **答案** ▶ CD

2. 纳税申报

土地增值税的纳税人应在转让房地产合同签订后的 7 日内，到房地产所在地主管税务机关办理纳税申报，并向税务机关提交房屋及建筑物产权、土地使用权证书，土地转让、房产买卖合同，房地产评估报告及其他与转让房地产有关的资料。

真题精练（主观题）—土地增值税

1.（2019 年计算问答题，6 分）某房地产开发企业拟对其开发的位于县城一房地产项目进行土地增值税清算，该项目相关信息如下：

（1）2015 年 12 以 10000 万元竞得国有土地一宗，并按规定缴纳契税。

（2）该项目 2016 年开工建设，未取得《建筑工程施工许可证》，建筑工程承包合同注明的开工日期为 3 月 25 日，2019 年 1 月竣工，发生房地产开发成本 7000 万元；开发费用 3400 万元。

（3）该项目所属物业用房建成后产权归全体业主所有，并已移交物业公司使用，物业用房开发成本 500 万元。

（4）2019 年 4 月，该项目销售完毕，取得含税销售收入 42000 万元。

（其他相关资料：契税税率 4%，利息支出无法提供金融机构证明，当地省政府规定的房地产开发费用扣除比例为 10%，企业对该项目选择简易计税方法计征增值税）

要求：根据上述资料，按照下列序号回答问题，如有计算需计算出合计数。

（1）说明该项目选择简易纳税方法计征增值税的理由。

（2）计算该项目应缴纳的增值税额。

（3）计算土地增值税时允许扣除的城市维护城建税、教育费附加和地方教育费附加。

（4）计算土地增值税时允许扣除的开发费用。

（5）计算土地增值税时允许扣除项目金额的合计数。

（6）计算该房地产开发项目应缴纳的土地增值税额。

2.（2019 年计算问答题，6 分）某房地产开发企业是增值税一般纳税人，拟对其开发的位于市区的一房地产项目进行土地增值税清算，该项目相关信息如下：

（1）2016 年 1 月以 9000 万元竞得国有土地一宗，并按规定缴纳契税。

（2）该项目 2016 年开工建设，《建筑工程许可证》注明开工日期为 2 月 25 日，2018 年 12 月底竣工，发生房地产开发成本 6000 万元，开发费用 3400 万元。

（3）该项目所属幼儿园建成后已无偿移交政府，归属于幼儿园的开发成本 600 万元。

（4）2019 年 4 月，该项目销售完毕，取得含税收入 36750 万元。

（其他相关资料，契税税率 4%，利息支出无法提供金融机构证明，当地政府规定的房地产开发费用扣除比例 10%，企业对该项目选择简易计税方法计缴增值税）。

要求：根据上述资料，按照下列序号回答问题，如有计算需计算出合计数。

（1）说明该项目选择简易计税方法计征增值税的理由。

（2）计算该项目应缴纳增值税额。

（3）计算土地增值税时允许扣除的城市维护建设税额，教育费附加和地产教育附加。

(4)计算土地增值税时允许扣除的开发费用。

(5)计算土地增值税时允许扣除项目金额的合计数。

(6)计算该房地产开发项目应缴纳的土地增值税额。

3. (2018年计算问答题，6分)某药厂2018年7月1日转让其位于市区的一栋办公楼，取得不含增值税销售收入24000万元。2010年建造该办公楼时，为取得土地使用权支付金额6000万元，发生建造成本8000万元。转让时经政府批准的房地产评估机构评估后，确定该办公楼的重置成本价为16000万元，成新度折扣率为60%，允许扣除相关税金及附加1356万元。

要求：根据上述资料，按照下列顺序计算回答问题，如有计算需计算出合计数。

(1)回答药厂办理土地增值税纳税申报的期限。

(2)计算土地增值税时该企业办公楼的评估价格。

(3)计算土地增值税时允许扣除项目金额的合计数。

(4)计算转让办公楼应缴纳的土地增值税。

4. (2018年计算问答题，6分)某房地产开发公司注册地在甲市，2018年7月对其在乙市开发的一房地产项目进行土地增值税清算，相关资料如下：

(1)2017年3月，公司经"招拍挂"以24000万元取得该房地产项目的土地使用权，缴纳了契税。

(2)自2017年4月起，公司对受让土地进行项目开发建设，发生开发成本15000万元，发生与该项目相关的利息支出3000万元，并能提供金融机构的贷款证明。

(3)2018年6月项目实现全部销售，共取得不含税收入75000万元，允许扣除的有关税金及附加360万元，已预缴土地增值税750万元。

其他相关资料：当地适用的契税税率为

5%，省级政府规定其他开发费用的扣除比例为5%。

要求：

(1)回答该公司办理土地增值税纳税申报的地点。

(2)计算该公司清算土地增值税时允许扣除的土地使用权支付的金额。

(3)计算该公司清算土地增值税时允许扣除项目金额的合计数。

(4)计算该公司清算土地增值税时应补缴的土地增值税。

5. (2017年计算问答题，6分)税务机关对某房地产开发公司开发的房地产项目进行土地增值税清算，该房地产开发公司提供的资料如下：

(1)2016年6月以17760万元购得一宗土地使用权，并缴纳契税。

(2)自2016年7月起，对受让土地50%的面积进行一期项目开发，发生开发成本6000万元，管理费用200万元，销售费用400万元，银行贷款凭证显示利息支出600万元，允许扣除的有关税金及附加290万元。

(3)2017年3月该项目实现全部销售，共计取得不含税收入31000万元。

其他相关资料：当地适用的契税税率为5%；不考虑土地价款抵减增值税销售额的因素；该项目未预缴土地增值税。

要求：根据上述资料，按照下列序号回答问题，如有计算需计算出合计数。

(1)简要说明房地产开发成本包含的项目。

(2)简要说明房地产开发费用的扣除标准。

(3)计算该公司清算土地增值税时允许扣除的土地使用权支付金额。

(4)计算该公司清算土地增值税时允许扣除项目金额的合计数。

(5)计算该公司清算土地增值税时应缴纳的土地增值税。

真题精练(主观题)——土地增值税答案

1. **答案**

(1)未取得《建筑工程施工许可证》的，建筑工程承包合同注明的开工日期在 2016 年 4 月 30 日前的建筑工程项目为房地产老项目。房地产开发企业中的一般纳税人，销售自行开发的房地产老项目，可以选择适用简易计税方法按照 5% 的征收率计税。

（2）该项目应缴纳的增值税额 = 42000÷（1+5%）×5% = 2000（万元）

（3）土地增值税前允许扣除的城市维护建设税、教育费附加和地方教育附加 = 2000×（5%+3%+2%）= 200（万元）

（4）允许扣除的开发费用 = [10000×（1+4%）+7000+500]×10% = 1790（万元）

（5）允许扣除的项目合计 = 10000×（1+4%）+7000+500+1790+200+[10000×（1+4%）+7000+500]×20% = 23470（万元）

『提示』物业用房建成后产权归全体业主所有，其开发成本可以扣除。

（6）增值额 = 42000÷（1+5%）- 23470 = 16530（万元）

增值率 = 16530÷23470×100% = 70.43%

应纳土地增值税 = 16530×40% - 23470×5% = 5438.5（万元）

2. 答案 ▶

（1）《建筑工程施工许可证》注明的合同开工日期在 2016 年 4 月 30 日前的建筑工程项目为房地产老项目。房地产开发企业中的一般纳税人，销售自行开发的房地产老项目，可以选择适用简易计税方法按照 5% 的征收率计税。

（2）应纳增值税 = 36750÷（1+5%）×5% = 1750（万元）

（3）土地增值税前允许扣除的城建税、教育费附加和地方教育附加 = 1750×（7%+3%+2%）= 210（万元）

（4）允许扣除的开发费用 = [9000×（1+4%）+6000+600]×10% = 1596（万元）

『提示』幼儿园建成后已无偿移交政府，其开发成本可以扣除。公共配套设施成本作为房地产开发成本扣除，可以作为开发费用和其他扣除项目的基数。

（5）允许扣除的项目合计 = 9000×（1+4%）+6000+600+1596+210+[9000×（1+4%）+6000+600]×20% = 20958（万元）

（6）增值额 = 36750÷（1+5%）- 20958 = 14042（万元）

增值率 = 14042÷20958×100% = 67%

应纳土地增值税 = 14042×40% - 20958×5% = 4568.9（万元）

3. 答案 ▶

（1）土地增值税的纳税人应在转让房地产合同签订后的 7 日内，到房地产所在地主管税务机关办理纳税申报。因此，该药厂应在 7 月 8 日前进行土地增值税的纳税申报。

（2）旧房及建筑物的评估价格是指在转让已使用的房屋及建筑物时，由政府批准设立的房地产评估机构评定的重置成本价乘以成新度折扣率后的价格。

评估价格 = 16000×60% = 9600（万元）

（3）纳税人转让旧房的，应按房屋及建筑物的评估价格、取得土地使用权所支付的地价款或出让金、按国家统一规定缴纳的有关费用和转让环节缴纳的税金作为扣除项目金额计征土地增值税。

扣除项目金额合计数 = 6000+9600+1356 = 16956（万元）

（4）增值额 = 24000 - 16956 = 7044（万元）

增值额占扣除项目金额的比重 = 7044÷16956×100% = 41.54%

应纳土地增值税 = 7044×30% = 2113.2（万元）

4. 答案 ▶

（1）土地增值税的纳税人应向房地产所在地主管税务机关办理纳税申报，并在税务机关核定的期限内缴纳土地增值税。"房地产所在地"，是指房地产的坐落地，即乙市的主管税务机关。

（2）允许扣除的土地使用权支付的金额 = 24000×（1+5%）= 25200（万元）

（3）允许扣除的开发成本 = 15000（万元）

允许扣除的开发费用 = 3000 + (25200 + 15000)×5% = 5010(万元)

允许扣除的税金及附加 = 360(万元)

其他扣除项目金额 = (25200+15000)×20% = 8040(万元)

允许扣除项目金额的合计数 = 25200+15000+5010+360+8040 = 53610(万元)

(4) 增值额 = 75000−53610 = 21390(万元)

增值率 = 21390÷53610×100% = 39.90%, 适用税率30%

应缴纳土地增值税 = 21390×30% = 6417(万元)

应补缴土地增值税 = 6417−750 = 5667(万元)

5. **答案** ▶

(1) 房地产开发成本，包括土地征用及拆迁补偿费、前期工程费、建筑安装工程费、基础设施费、公共配套设施费、开发间接费用等。

(2) 房地产开发费用的扣除标准：

①纳税人能够按转让房地产项目计算分摊利息支出，并能提供金融机构的贷款证明的，其允许扣除的房地产开发费用为：利息+（取得土地使用权所支付的金额+房地产开发成本）×5%以内（注：利息最高不能超过按商业银行同类同期贷款利率计算的

金额）。

②纳税人不能按转让房地产项目计算分摊利息支出或不能提供金融机构贷款证明的，其允许扣除的房地产开发费用为：（取得土地使用权所支付的金额+房地产开发成本）×10%以内。

(3) 取得土地使用权所支付的金额 = 17760×(1+5%)×50% = 9324(万元)

(4) 房地产开发成本 = 6000(万元)

房地产开发费用 = 600+（9324+6000）×5% = 1366.2(万元)

允许扣除的税金及附加 = 290(万元)

其他扣除项目 = (9324 + 6000) × 20% = 3064.8(万元)

允许扣除项目金额的合计数 = 9324+6000+1366.2+290+3064.8 = 20045(万元)

(5) 增值额 = 31000−20045 = 10955(万元)

增值率 = 10955÷20045×100% = 54.65%, 适用税率40%，速算扣除系数5%。

应纳土地增值税税额 = 10955×40%−20045×5% = 3379.75(万元)

【真题精练（主观题）——土地增值税总结】

每年基本都会考一道土地增值税的计算问答题，其考点非常集中，主要考核下列内容（见表10−22）：

表 10−22 土地增值税主观题的主要考点

主要考点	注意内容
1. 销售新房及建筑物土增计算	扣除项目 (1)取得土地使用权的金额：含契税，不含印花税；按开发比例、销售比例扣除； (2)房地产开发成本：开发成本的范围；公共配套设施的范围及扣除； (3)房地产开发费用：开发费用的两种不同扣除方式； (4)与转让房地产有关的税金：税金的范围及计算； (5)加计扣除
2. 销售旧房及建筑物土增计算	扣除项目： (1)取得土地使用权所支付的地价款或出让金； (2)旧房及建筑物评估价格：重置成本价的含义及计算； (3)与转让房地产有关的税金：税金的范围及计算

続表

主要考点	注意内容
3. 土增征管	(1)纳税申报期限； (2)纳税地点
4. 其他税种相关问题	(1)什么情况下房地产开发企业增值税可以选择简易计税； (2)应纳增值税的计算——影响城建及附加——影响土增扣除项目金额

同步训练 限时90分钟

一、单项选择题

1. 下列房屋及建筑物中，属于房产税征税范围的是（ ）。
   A. 农村的居住用房
   B. 建在室外的露天游泳池
   C. 个人拥有的市区经营性用房
   D. 尚未使用或出租而待售的商品房

2. 下列各项中，应作为融资租赁房屋房产税计税依据是（ ）。
   A. 房产售价　　B. 房产余值
   C. 房产原值　　D. 房产租金

3. 王某拥有两处住房，一处原值90万元的住房供自己及家人居住，另一处原值40万元的住房于2019年6月30日出租给他人居住，按市场价每月取得不含税租金收入2400元。王某当年应缴纳房产税（ ）元。
   A. 288　　　　B. 576
   C. 840　　　　D. 1728

4. 2020年4月，市区甲公司以原值600万元、已计提折旧300万元的房产对乙公司投资，甲公司每月收取固定利润1.5万元（不含增值税），4月底乙公司办妥房产过户手续。甲公司所在地政府规定计算房产余值的扣除比例为20%，2020年甲公司该房产应缴纳房产税（ ）万元。
   A. 2.58　　　　B. 2.34
   C. 2.82　　　　D. 3.36

5. 下列关于契税的说法，正确的是（ ）。
   A. 国有土地使用权出让，承受人无需缴纳契税
   B. 以房产抵债，按房产折价款缴纳契税
   C. 个人互换住房，无需缴纳契税
   D. 城镇职工按规定第一次购买公有住房，减按1%缴纳契税

6. 某学校将一栋闲置不用的房产转让给某公司，房产价值500万元，土地使用权当年以无偿划拨方式取得。按规定下列说法正确的是（ ）。
   A. 学校和公司各负担一半的契税
   B. 学校在转让时不缴纳契税
   C. 应当由受让公司缴纳契税
   D. 学校补缴土地使用权的契税，公司缴纳购买房屋的契税

7. 2019年10月，杨某以500万元存款及价值800万元的房产投资设立个人独资企业；当年杨某朋友张某移居国外，将其境内价值80万元的房产赠送给杨某，当地契税的税率为3%。杨某应缴纳的契税为（ ）万元。
   A. 0　　　　B. 2.4
   C. 24　　　　D. 26.4

8. 关于契税的计税依据，下列说法正确的是（ ）。
   A. 土地使用权出售、房屋买卖，其计税依据为不含税成交价格
   B. 土地使用权交换的，以交换的土地使用权的价格作为计税依据
   C. 房屋赠与的，以赠与合同上记载的金额为计税依据
   D. 采取分期付款方式购买房屋附属设施土地使用权的，以市场销售价格为计税依据

413

9. 下列关于契税优惠政策的表述中，正确的是（　　）。

A. 某居民投资购买了一宗用于建造民营医院的土地，可以免征契税

B. 某退休林场工人到某山区购买了一片荒丘用于开荒造林，应减半缴纳契税

C. 某县城国有企业职工按规定第一次购买公有住房，应按1%优惠税率缴纳契税

D. 某居民在南京市购买一套86平方米的住房作为家庭唯一住房，可减按1%税率缴纳契税

10. 下列有关契税征收管理的表述中，错误的是（　　）。

A. 纳税人应当自纳税义务发生之日起10日内，向机构所在地的契税征收机关办理纳税申报

B. 契税在土地、房屋所在地的征收机关缴纳

C. 契税纳税义务发生时间是签订土地房屋权属转移合同的当天或取得其他具有权属转移合同性质凭证的当天

D. 对已缴纳契税的购房单位或个人，在办理房屋权属变更登记之后退还的，不予退还已纳契税

11. 下列各项中，应当征收土地增值税的是（　　）。

A. 公司与公司之间互换房产

B. 房地产开发公司为客户代建房产

C. 公司的房地产评估增值

D. 两个非房地产企业合并为一个企业，且原企业投资主体存续的，对原企业将房地产变更到合并后的企业

12. 下列不属于土地增值税房地产开发成本的是（　　）。

A. 公共配套设施费

B. 契税

C. 劳动保护费

D. 土地征用及拆迁补偿费

13. 房地产开发企业转让新房计算土地增值税时不得扣除的项目是（　　）。

A. 印花税

B. 教育费附加

C. 城市维护建设税

D. 地方教育附加

14. 房地产开发企业进行土地增值税清算时，下列各项中，允许在计算增值额时扣除的是（　　）。

A. 加罚的利息

B. 已售精装修房屋的装修费用

C. 逾期开发土地缴纳的土地闲置费

D. 未取得建筑安装施工企业开具发票的扣留质量保证金

15. 某市房地产开发公司为增值税一般纳税人，2019年10月转让一幢营改增之前开始动工建造的写字楼项目取得含增值税收入1000万元，签订了产权转移书据。已知该公司为取得土地使用权所支付的金额为50万元，房地产开发成本为200万元，房地产开发费用为40万元，其中该企业能够按房地产项目计算分摊利息支出10万元，该公司可以提供金融机构的贷款证明，已知开发费用扣除比例按5%计算，房地产开发公司选择简易计税方法计税，不考虑地方教育附加。该公司应缴纳的土地增值税为（　　）万元。

A. 180　　　　　　B. 249.75

C. 263.47　　　　D. 360

16. 2019年10月某市房地产开发公司销售其新建商品房一幢，取得含增值税销售收入14100万元，已知该公司取得土地使用权向政府支付的土地价款为3000万元，契税为90万元。开发成本为3400万元，该公司全部使用自有资金，没有利息支出，已知房地产开发费用扣除比例为10%，房地产公司按一般计税方法计税，该项目涉及的进项税额为405万元。该公司销售商品房应缴纳的土地增值税为（　　）万元。

A. 1298　　　　　B. 1407.09

C. 1723.48　　　D. 1832.57

17. 某市商业企业为一般纳税人，2019 年 12 月销售其自建的宿舍楼一栋，取得含增值税销售收入 7000 万元，已知该公司取得土地使用权所支付的金额为 1000 万元，开发成本为 1500 万元，该企业能够按房地产项目计算分摊银行借款利息 100 万元，并取得合法凭证。该房地产开发费用扣除比例为 4%。该企业销售宿舍楼应缴纳的土地增值税为(　)万元。(假设该企业选择一般计税方法，不考虑可以抵扣的进项税，合同所载金额中包含增值税金额，但未分别记载。)

    A. 1173.45　　　　B. 1374.91

    C. 1492.48　　　　D. 1691.95

18. 对于应进行土地增值税清算的项目，须在满足清算条件之日起(　)日内到主管税务机关办理清算手续。

    A. 15　　　　　　B. 30

    C. 60　　　　　　D. 90

19. 对房地产开发企业进行土地增值税清算，下列表述正确的是(　)。

    A. 房地产开发企业的预提费用，除另有规定外，不得扣除

    B. 房地产开发企业将开发的部分房地产自用的，应按照规定清算土地增值税

    C. 在土地增值税清算中，计算扣除项目金额时，其实际发生的支出一律可以直接据实扣除

    D. 房地产开发企业销售已装修房屋，可以扣除的装修费用不得超过房屋原值的 10%

20. 下列情形中，可以享受免征土地增值税税收优惠政策的是(　)。

    A. 企业间互换办公用房

    B. 企业转让一栋房产给政府机关用于办公

    C. 房地产开发企业将建造的商品房作价入股某酒店

    D. 居民因省政府批准的文化园项目建设需要而自行转让房地产

21. 下列关于土地增值税的表述，正确的是(　)。

    A. 土地增值税的纳税人应在转让房地产合同签订后的 10 日内，到房地产所在地主管税务机关办理办税申报

    B. 土地增值税实行按次征收，但为了简化征收，一般是按季度征收

    C. 房地产企业开发产品全部使用自有资金，没有利息支出的，不可以按照规定的比例计算扣除开发费用

    D. 土地增值税清算时，已经计入房地产开发成本的利息支出，应调整至财务费用中计算扣除

二、多项选择题

1. 下列情形中，应由房产代管人或者使用人缴纳房产税的有(　)。

    A. 房屋产权未确定的

    B. 房屋租典纠纷未解决的

    C. 房屋承典人不在房屋所在地的

    D. 房屋产权所有人不在房屋所在地的

2. 下列关于房产投资的房产税的说法正确的有(　)。

    A. 房产联营投资，不承担经营风险，只收取固定收入，投资方以固定收入为租金收入，从租计征房产税

    B. 以房产联营投资，共担经营风险的，被投资方按房产余值为计税依据计征房产税

    C. 以房产联营投资，共担经营风险的，投资方不再计征房产税

    D. 以房产联营投资，不共担经营风险的，投资方按房产余值为计税依据计征房产税

3. 刘某有私有住房三套，每套原值 50 万元，第一套自住，第二套以每年租金 5 万元出租给他人经营，签订房屋租赁合同，第三套自营小卖部，个体工商户性质，则下列说法正确的有(　)。

    A. 刘某只需缴纳增值税、城建税附加、个人所得税

    B. 刘某应缴纳房产税、增值税、城建税、教育费附加及地方教育费附加、印花税、

个人所得税

    C. 刘某计算房产税时使用 1.2% 和 12% 的税率

    D. 刘某计算房产税时使用 1.2% 和 4% 的税率

4. 下列关于房产税房产原值的说法中，错误的有(　　)。

    A. 房产原值不包括各种附属设备或配套设施

    B. 房产原值是指纳税人按照会计制度规定，在账簿"固定资产"科目中记载的房屋原价

    C. 纳税人对原有房屋进行改建、扩建的，要相应增加房屋的原值

    D. 房产原值指的是扣除折旧、减值准备后的金额

5. 下列各项中，符合房产税有关规定的有(　　)。

    A. 对按照去产能和调结构政策要求停产停业、关闭的企业，自停产停业次月起，免征房产税

    B. 居民个人出租的住房免征房产税

    C. 对高校学生公寓免征房产税

    D. 公园小卖部房产免征房产税

6. 下列计算地下建筑物房产税的方法正确的有(　　)。

    A. 自用的地下建筑物以应税房产余值为计税依据

    B. 对于与地上房屋相连的地下建筑，应将地下部分与地上房屋视为一个整体按照地上房屋建筑的有关规定计算征收房产税

    C. 地下建筑物若作工业用途，以房屋原价的 10%～30% 作为应税房产原值

    D. 地下建筑物若作商业用途，以房屋原价的 50%～60% 作为应税房产原值

7. 下列关于房产税纳税义务发生时间表述正确的有(　　)。

    A. 纳税人将原有房产用于生产经营，从生产经营次月起缴纳房产税

    B. 纳税人自行新建房屋用于生产经营，从

建成之月起缴纳房产税

    C. 纳税人出租、出借房产，自交付出租、出借房产次月起，缴纳房产税

    D. 纳税人购置新建商品房，自房屋交付使用次月起缴纳房产税

8. 下列关于契税的表述错误的有(　　)。

    A. 公共租赁住房经营管理单位购买住房作为公共租赁住房，免征契税

    B. 契税的适用税率，由省、自治区、直辖市税务机关在规定的幅度内按照本地区的实际情况确定，并报财政部和国家税务总局备案

    C. 事业单位按照国家规定改制为企业，原投资主体存续并在改制后企业中出资比例超过 50% 的，对改制后的企业承受原事业单位的土地、房屋权属的，免征契税

    D. 事业单位改制过程中，改制后的企业以出让方式取得原国有划拨土地使用权的，免征契税

9. 下列各项中，符合契税有关规定的有(　　)。

    A. 因不可抗力灭失住房而重新购买住房的，可以酌情减免契税

    B. 采取分期付款方式购买房屋所有权的，按合同规定的总价款计征契税

    C. 契税的纳税义务发生时间是纳税人签订土地、房屋权属转移合同的当天

    D. 契税纳税人应当自纳税义务发生之日起 15 日内，向契税征收机关办理纳税申报

10. 关于契税的计税依据，下列说法正确的有(　　)。

    A. 房屋交换，交换价格不等时，由多交付货币、实物、无形资产或者其他经济利益的一方缴纳契税

    B. 以自有房产作股投入本人独资经营的企业，以投资金额作为契税的计税依据

    C. 采用分期付款方式购买房屋附属设施土地使用权、房屋所有权的，应按合同总价款计征契税

D. 以划拨方式取得土地，经批准转让房地产时，按补交的土地出让费用或土地收益作为契税的计税依据，由受让方缴纳契税

11. 下列关于契税计税依据的表述中，正确的有（ ）。
A. 购买的房屋以成交价格作为计税依据
B. 接受赠与的房屋参照市场价格核定计税依据
C. 采取分期付款方式购买的房屋参照市场价格核定计税依据
D. 转让以划拨方式取得的土地使用权，转让方以补交的土地使用权出让金作为计税依据

12. 下列各项中，符合契税规定的有（ ）。
A. 对个人购买家庭唯一住房，面积为90平方米及以下的，减按1%的税率征收契税
B. 买房拆料或翻建新房，应照章征收契税
C. 不得因减免土地出让金而减免契税
D. 承受的房屋附属设施权属为单独计价的，不征收契税

13. 下列项目中，属于土地增值税应税收入的有（ ）。
A. 无形资产收入　　B. 货币收入
C. 实物收入　　　　D. 租金收入

14. 下列项目中，可以免征或不征土地增值税的有（ ）。
A. 国家机关转让自用的房产
B. 税务机关拍卖欠税单位的房产
C. 对国有企业进行评估增值的房产
D. 因为国家建设需要而被政府征用的房产

15. 下列关于营改增后土地增值税的规定，表述正确的有（ ）。
A. 营改增后，纳税人转让房地产的土地增值税应税收入不含增值税
B. 适用增值税一般计税方法的纳税人，其转让房地产的土地增值税应税收入不

含增值税销项税额
C. 适用简易计税方法的纳税人，其转让房地产的土地增值税应税收入不含增值税应纳税额
D. 营改增后，计算土地增值税增值额的扣除项目中"与转让房地产有关的税金"包括增值税

16. 房地产开发公司支付的下列相关税费，可列入加计20%扣除范围的有（ ）。
A. 取得土地使用权支付的土地征用费
B. 占用耕地缴纳的耕地占用税
C. 销售过程中发生的销售费用
D. 开发小区内的道路建设费用

17. 计算土地增值税时，下列费用准予从收入总额中扣除计算增值额的有（ ）。
A. 耕地占用税
B. 开发小区的排污费、绿化费
C. 安置动迁用房的支出
D. 超过贷款期限的利息和加罚的利息支出

18. 下列情形中，属于主管税务机关可要求纳税人进行土地增值税清算的有（ ）。
A. 整体转让未竣工决算房地产开发项目的
B. 取得销售（预售）许可证满三年仍未销售完毕的
C. 纳税人申请注销税务登记但未办理土地增值税清算手续的
D. 已竣工验收的房地产开发项目，已转让的房地产建筑面积占整个项目可售建筑面积的比例未超过85%，且剩余的可售建筑面积已经出租的

19. 下列情形中，应按评估价格计征土地增值税的有（ ）。
A. 提供扣除项目金额不实的
B. 隐瞒、虚报房地产成交价格的
C. 房地产开发项目全部竣工完成销售需要进行清算的
D. 转让房地产的成交价格低于房地产评估价格，又无正当理由的

20. 在土地增值税清算中，符合以下（　）条件之一的，可实行核定征收。

A. 擅自销毁账簿或者拒不提供纳税资料的

B. 申报的计税依据明显偏低，又无正当理由的

C. 依照法律、行政法规的规定应当设置但未设置账簿的

D. 符合土地增值税清算条件，未按照规定的期限办理清算手续，经税务机关责令限期清算，逾期仍不清算的

21. 下列关于土地增值税的表述，正确的有（　）。

A. 纳税人委托中介机构审核鉴证的清算项目，税务机构应该采信鉴证结果

B. 纳税人应该向房地产所在地主管税务机构办理纳税申报，在税务机构核定的期限内纳税

C. 对已经实行预征办法的地区，除保障性住房外，东部地区省份预征率不得低于2%

D. 对企事业单位、社会团体以及其他组织转让旧房作为公共租赁住房房源，且增值额未超过扣除项目金额20%的，免征土地增值税

三、计算问答题

1. 甲企业2019年度发生部分经营业务如下：

（1）1月份取得国有土地4000平方米，签订了土地使用权出让合同，记载的出让金额为4000万元，并约定当月交付；然后委托施工企业建造仓库，工程4月份竣工，5月份办妥了验收手续。该仓库在甲企业账簿"固定资产"科目中记载的原值为9500万元。

（2）3月份该企业因为生产规模扩大，购买了乙企业的仓库1栋，产权转移书据上注明的交易价格为1200万元，在企业"固定资产"科目上记载的原值为1250万元，取得了房屋权属证书。

其他相关资料：已知当地省政府规定的房

产税计算余值的扣除比例为30%，契税税率4%，城镇土地使用税税率20元/平方米，产权交易印花税税率0.5‰。

要求：根据上述资料，按照下列序号回答问题，如有计算需计算出合计数。

（1）计算业务（1）甲企业应缴纳的契税、印花税。

（2）计算业务（1）甲企业2019年应缴纳的房产税、城镇土地使用税。

（3）计算业务（2）甲企业应缴纳的契税、印花税。

（4）计算业务（2）甲企业2019年应缴纳的房产税。

2. 甲工业企业位于市区，2019年8月转让一处2014年6月购置的办公用房，其购置和转让情况如下：

（1）转让办公用房的产权转移书据上记载的金额为含增值税收入6000万元，并按规定缴纳了转让环节的税金。

（2）2014年6月购置该办公用房时取得发票上注明的价款为800万元，另支付契税款24万元。

（3）由于某些原因在转让办公用房时未能取得评估价格。

其他相关资料：甲工业企业增值税选择简易计税方法计税，产权转移书据印花税税率0.5‰。

要求：根据上述资料，按照下列序号回答问题，如有计算需计算出合计数。

（1）计算该企业转让办公用房应缴纳的增值税、城市维护建设税、教育费附加、地方教育附加、印花税。

（2）计算该企业转让办公用房计征土地增值税时允许扣除的金额。

（3）计算该企业转让办公用房应缴纳的土地增值税。

3. 2020年2月，某市税务机关拟对辖区内某房地产开发公司的房产开发项目进行土地增值税清算。该房地产开发公司提供该房产开发项目资料如下：

（1）2015年3月以12000万元拍得用于该房地产开发项目的一宗土地，并缴纳了契税。

（2）2015年5月开始对全部土地进行开发，动工建设，发生开发成本7000万元，含向其他企业借款发生的利息支出800万元。

（3）2020年1月该项目已销售了建筑面积的90%，共计取得不含增值税收入36000万元。

（4）公司已按3%的预征率预缴了土地增值税1080万元，并聘请税务中介机构对该项目土地增值税进行鉴证，税务中介机构提供了鉴证报告。

其他相关资料：当地适用契税税率为4%，省级政府规定开发费用的扣除比例为10%，增值税选择简易计税方法计税。

要求：根据上述资料，按照下列序号回答问题，如有计算需计算出合计数。

（1）简要说明税务机关要求该公司进行土地增值税清算的理由。

（2）计算该公司清算土地增值税时允许扣除的房地产开发成本。

（3）计算该公司应缴纳的城市维护建设税、教育费附加和地方教育附加。

（4）计算该公司清算土地增值税时补缴的土地增值税。

（5）回答税务机关能否对清算补缴的土地增值税征收滞纳金，简单说明理由。

（6）税务机关对中介机构出具的鉴证报告，在什么条件下可以采信。

同步训练答案及解析

一、单项选择题

1. C 【解析】选项A，房产税的征税范围为城市、县城、建制镇和工矿区，不包括农村；选项B，房产税以房产为征税对象，所谓房产，是指有屋面和围护结构（有墙或两边有柱），能够遮风避雨，可供人们在其中生产、学习、工作、娱乐、居住或储藏物资的场所，对于建在室外的露天游泳池，不属于房产税的征税范围；选项D，房地产开采企业建造的商品房，在出售前，不征收房产税；但对出售前房地产开发企业已使用或出租、出借的商品房应按规定征收房产税。

2. B 【解析】对融资租赁房屋，在计征房产税时应以房产余值计算征收。

3. B 【解析】个人居住用房不用缴纳房产税。个人出租住房，减按4%的税率征收房产税。王某当年应缴纳房产税 = 2400×4%×6 = 576（元）。

4. D 【解析】应缴纳房产税 = 600×（1-20%）×1.2%×4÷12+1.5×8×12% = 3.36（万元）

5. B 【解析】选项A，国有土地使用权出让，承受人需要缴纳契税；选项C，个人互换用房，由支付差价的一方缴纳契税，交换价格相等无需缴纳契税；选项D，城镇职工按规定第一次购买公有住房，免征契税。

6. D 【解析】无偿划拨方式取得土地使用权又转让的，由转让者按补缴的土地出让费用或土地收益补缴契税；房屋买卖由买方缴纳契税。

7. B 【解析】以自有房产作股投入本人独资经营企业，免纳契税。受赠房产，承受房产的杨某为契税纳税人。应纳契税 = 80×3% = 2.4（万元）。

8. A 【解析】选项B，土地使用权交换的，其计税依据是所交换的土地使用权、房屋的价格差额；选项C，房屋赠与，由征收机关参照土地使用权出售、房屋买卖的市场价格核定；选项D，采取分期付款方式购买房屋附属设施土地使用权、房屋所有权的，以合同规定的总价款为计税依据。

9. D 【解析】选项A，没有免征契税的规定；选项B，承受荒山、荒沟、荒丘、荒滩土地使用权，并用于农、林、牧、渔业生产的，免征契税；选项 C，城镇职工按规定第一次购买公有住房，免征契税。

10. A 【解析】纳税人应当自纳税义务发生之日起 10 日内，向土地、房屋所在地的契税征收机关办理纳税申报。

11. A 【解析】选项 B，房地产开发公司为客户代建房产，没有发生房屋产权的转移，不属于土地增值税征收范围；选项 C，房地产的重新评估增值，所有权未发生转移，不属于土地增值税的征税范围；选项 D，两个或两个以上企业合并为一个企业，且原企业投资主体存续的，对原企业将国有土地、房屋权属转移、变更到合并后的企业，暂不征土地增值税。

12. B 【解析】契税属于取得土地使用权所支付的金额。房地产开发成本包括土地的征用及拆迁补偿费、前期工程费、建筑安装工程费、基础设施费、公共配套设施费、开发间接费用。劳动保护费属于开发间接费用。

13. A 【解析】房地产企业在转让新房时缴纳的印花税在开发费用中扣除，不得单独扣除。

14. B 【解析】房地产开发企业销售已装修的房屋，其装修费用可以计入房地产开发成本扣除；选项 ACD 均属于土地增值税清算时不能扣除的项目。

15. C 【解析】扣除金额 = 50+200+10+(50+200)×5% + 1000÷(1+5%)×5%×(7%+3%)+(50+200)×20% = 327.26（万元）
增值额 = [1000 - 1000÷(1+5%)×5%]-327.26 = 625.12（万元）
增值率 = 625.12÷327.26×100% = 191.02%
土地增值税税额 = 625.12×50% - 327.26×15% = 263.47（万元）

16. B 【解析】应税收入 = 14100 - (14100 - 3000)÷(1+10%)×10% = 13090.91（万元）
可以扣除的税金 = [(14100 - 3000)÷(1+10%)×10% - 405]×(7%+3%+2%) =

72.49（万元）
扣除项目金额 = (3000+90+3400) + (3000+90+3400)×10% + 72.49+(3000+90+3400)×20% = 8509.49（万元）
增值额 = 13090.91 - 8509.49 = 4581.42（万元）
增值率 = 4581.42÷8509.49×100% = 53.84%
土地增值税税额 = 4581.42×40% - 8509.49×5% = 1407.09（万元）

17. B 【解析】本题该企业为非房地产企业，一般计税办法不能差额计算增值税销售额。
应税收入 = 7000 - 7000÷(1+10%)×10% = 6363.64（万元）
扣除项目金额 = 1000+1500+100+(1000+1500)×4% + 6363.64×10%×(7%+3%+2%) +7000×0.05% = 2779.86（万元）
增值额 = 6363.64 - 2779.86 = 3583.78（万元）
增值率 = 3583.78÷2779.86×100% = 128.92%，适用 50% 税率，速算扣除系数 15%。
土地增值税税额 = 3583.78×50% - 2779.86×15% = 1374.91（万元）

18. D 【解析】对于应进行清算的项目，须在满足清算条件之日起 90 日内办理清算手续。

19. A 【解析】选项 B，房地产开发企业将开发的部分房地产转为企业自用或用于出租等商业用途时，如果产权未发生转移，不征收土地增值税，在税款清算时不列收入，不扣除相应的成本和费用；选项 C，在土地增值税清算中，计算扣除项目金额时，其实际发生的支出应当取得但未取得合法凭据的不得扣除；选项 D，房地产开发企业销售已装修的房屋，其装修费用可以计入房地产开发成本，没有金额的限制。

20. D 【解析】企业之间互换办公用房没有免征土地增值税的规定，个人之间互换自有居住用房地产的，经当地税务机关核实，可以免征土地增值税；企业将房地产转让给政府机关没有免税规定，照章征税；从事房地产开发的企业将其建造的商品房进行投资、联营的，应当征收土地增值税；因城市实施规划、国家建设的需要而搬迁，由纳税人自行转让原房地产的，免征土地增值税。

21. D 【解析】选项 A，土地增值税的纳税人应在转让房地产合同签订后的 7 日内，到房地产所在地主管税务机关办理纳税申报；选项 B，土地增值税实行按次征收，没有"为了简化征收，一般是按季度征收"的说法；选项 C，房地产企业开发产品全部使用自有资金，没有利息支出的，可以按照规定的比例计算扣除开发费用。

二、多项选择题

1. ABCD 【解析】产权所有人、承典人不在房屋所在地的，或者产权未确定及租典纠纷未解决的，由房产代管人或使用人纳税。

2. ABC 【解析】以房产投资联营的，房产税计税依据应区别对待：以房产投资联营，共担经营风险的，按房产余值为计税依据计征房产税；以房产投资联营，不承担经营风险，只收取固定收入的，实际是以联营名义取得房产租金，因此应由投资方按租金收入计征房产税。

3. BD 【解析】自营小卖部经营应缴纳房产税、增值税、城建税及附加、个人所得税；计算房产税时，自身经营用房适用 1.2% 的税率，个人的住房用于出租，不区分用途，房产税按 4% 计征房产税。

4. AD 【解析】房产原值是指纳税人按照会计制度规定，在账簿"固定资产"科目中记载的房屋原价；房产原值应包括与房屋不可分割的各种附属设备或一般不单独计算价值的配套设施。

5. AC 【解析】选项 B，居民个人出租的住房按照 4% 的税率征收房产税；选项 D，公园自用房产免征房产税，但是公园小卖部

房产需要照章缴纳房产税。

6. AB 【解析】选项 C，地下建筑物若作工业用途，以房屋原价的 50%～60% 作为应税房产原值；选项 D，地下建筑物若作商业用途，以房屋原价的 70%～80% 作为应税房产原值。

7. CD 【解析】选项 A，纳税人将原有房产用于生产经营，从生产经营之月起缴纳房产税；选项 B，纳税人自行新建房屋用于生产经营，从建成的次月起缴纳房产税。

8. BD 【解析】选项 B，契税的适用税率由省、自治区、直辖市人民政府在规定的幅度内按照本地区的实际情况确定，并报财政部和国家税务总局备案；选项 D，事业单位改制过程中，改制后的企业以出让或国家作价出资(入股)方式取得原国有划拨土地使用权的，不属于契税减免税范围，应按规定征收契税。

9. ABC 【解析】契税纳税人应当自纳税义务发生之日起 10 日内，向契税征收机关办理纳税申报。

10. AC 【解析】选项 B，以自有房产作股投入本人独资经营的企业，免征契税；选项 D，以划拨方式取得土地，经批准转让房地产时，按补交的土地出让费用或土地收益作为契税的计税依据，由转让方缴纳契税。

11. ABD 【解析】选项 C，采取分期付款方式购买房屋附属设施土地使用权、房屋所有权的，应按合同规定的总价款计征契税。

12. ABC 【解析】选项 D，承受的房屋附属设施权属如为单独计价的，按照当地确定的适用税率征收契税；如与房屋统一计价的，适用与房屋相同的契税税率。

13. ABC 【解析】土地增值税的收入，包括货币收入、实物收入、其他收入。但是，不包括租金收入，因为出租没有发生房地产产权的转移。

14. CD 【解析】转让国有土地使用权或房屋

产权与国有土地使用权一并转让，只要取得收入，均属于土地增值税的征税范围。选项 C，房产评估增值，由于房屋产权并未转让，因此无需缴纳土地增值税；选项 D，因国家建设需要而被政府征用的房产，免征土地增值税。

15. ABC 【解析】营改增后，计算土地增值税增值额的扣除项目中"与转让房地产有关的税金"不包括增值税。

16. ABD 【解析】房地产开发企业应该按照取得土地使用权的金额和房地产开发费用两者金额之和加计扣除。选项 C 不属于上述两项内容，因此不得加计扣除。

17. ABC 【解析】选项 D，不得作为开发费用在计算土地增值税中扣除。

18. BCD 【解析】选项 A，属于纳税人应进行土地增值税的清算，而不是主管税务机关可要求纳税人进行土地增值税清算。

19. ABD 【解析】选项 C 属于房地产开发企业应该进行清算的情形，而非按评估价格计征土地增值税的情形。

20. ABCD 【解析】在土地增值税清算中，符合以下条件之一的，可实行核定征收：
(1)依照法律、行政法规的规定应当设置但未设置账簿的；
(2)擅自销毁账簿或者拒不提供纳税资料的；
(3)虽设置账簿，但账目混乱或者成本资料、收入凭证、费用凭证残缺不全，难以确定转让收入或扣除项目金额的；
(4)符合土地增值税清算条件，未按照规定的期限办理清算手续，经税务机关责令限期清算，逾期仍不清算的；
(5)申报的计税依据明显偏低，又无正当理由的。

21. BCD 【解析】税务中介机构受托对清算项目审核鉴证时，应按税务机关规定的格式对审核鉴证情况出具鉴证报告。对符合要求的鉴证报告，税务机关可以采信。选项 A 的说法过于绝对。

三、计算问答题

1. 【答案】
(1)土地使用权出让合同应纳印花税 = 4000×10000×0.5‰ = 20000(元)
购置土地使用权应纳契税 = 4000×4% = 160(万元)
(2)建造的仓库应纳房产税 = 9500×(1 - 30%)×1.2%÷12×7 = 46.55(万元)
购置土地应纳城镇土地使用税 = 4000×20÷12×11 ≈ 73333.33(元)
(3)购置仓库应纳契税 = 1200×4% = 48(万元)
购置仓库应纳印花税 = 1200×10000×0.5‰ + 1×5 = 6005(元)
(4)购置仓库应纳房产税 = 1250×(1 - 30%)×1.2%÷12×9 = 7.88(万元)

2. 【答案】
(1)转让办公用房应缴纳的增值税 = (6000 - 800)÷(1 + 5%)×5% = 247.62(万元)
应纳城市维护建设税、教育费附加及地方教育附加 = 247.62×(7% + 3% + 2%) = 29.71(万元)
应纳印花税 = 6000×0.5‰ = 3(万元)
应纳城市维护建设税、教育费附加及地方教育附加、印花税合计 = 29.71 + 3 = 32.71(万元)
(2)扣除项目金额 = 800×(1 + 5×5%) + 24 + 32.71 = 1056.71(万元)
(3)土地增值税应税收入 = 6000 - 247.62 = 5752.38(万元)
转让办公用房应纳土地增值税的增值额 = 5752.38 - 1056.71 = 4695.67(万元)
增值率 = 4695.67÷1056.71×100% = 444.37%
应纳土地增值税 = 4695.67×60% - 1056.71×35% = 2447.55(万元)

3. 【答案】
(1)已竣工验收的房地产开发项目，已转让的房地产建筑面积占整个项目可售建筑面积的比例在 85% 以上，或该比例虽未超过 85%，但剩余的可售面积已经出租或自用的,税务机关有权要求企业清算。

(2)该公司清算土地增值税时允许扣除的房地产开发成本=(7000-800)×90%=5580(万元)

(3)应纳城市维护建设税、教育费附加和地方教育附加=36000×5%×(7%+3%+2%)=216(万元)

(4)取得土地使用权所支付的金额=(12000+12000×4%)×90%=11232(万元)

允许扣除的房地产的开发成本=5580(万元)

允许扣除的房地产开发费用=(11232+5580)×10%=1681.2(万元)

允许扣除的与转让房地产有关的税金=216(万元)

其他扣除项目=(11232+5580)×20%=3362.4(万元)

扣除项目合计=11232+5580+1631.2+216+3362.4=22071.6(万元)

增值额=36000-22071.6=13928.4(万元)

增值率=13928.4÷22071.6=63.11%,适用税率40%,速算扣除系数为5%。

应纳土地增值税=13928.4×40%-22071.6×5%=4467.78(万元)

应补缴的土地增值税=4467.78-1080=3387.78(万元)

(5)不能。纳税人按规定预缴土地增值税后,清算补缴的土地增值税,在主管税务机关规定的期限内补缴的,不加收滞纳金。

(6)税务中介机构按照税务机关规定的格式和要求对审核鉴证情况出具的鉴证报告,税务机关可以采信。

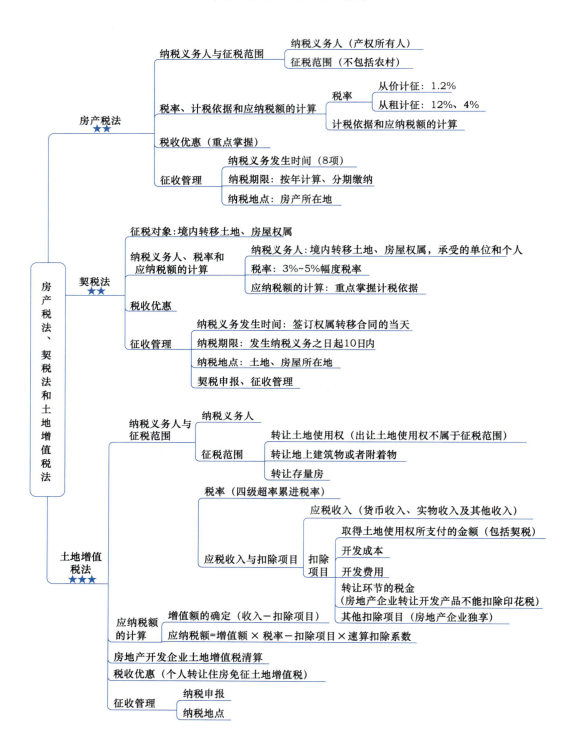

车辆购置税法、车船税法和印花税法

考情解密

历年考情概况

本章由车辆购置税、车船税和印花税组成。在这三个税种中，车辆购置税和车船税属于非重点税种，考试题型一般为单选题、多选题；印花税相对重要，不仅可以通过单选题、多选题方式考核，还可以单独出计算问答题，或者与房产税、契税等小税种结合起来出计算问答题。整体而言，本章题目难度不大，以基础知识为主，相对容易得分。本章在考试中平均分值为5~10分左右。

近年考点直击

考点	主要考查题型	考频指数	考查角度
车辆购置税的征税范围	单选题、多选题	★★	(1)购置的含义； (2)车辆的范围
车辆购置税的税率、计税依据、应纳税额的计算	单选题	★★★	(1)计税依据的文字性表述，包括哪些内容，不包括哪些内容； (2)考核车辆购置税的应纳税额计算
车辆购置税的税收优惠	单选题、多选题	★★	考核车辆购置税税收优惠的文字表述
车船税的税率、计税依据、应纳税额计算	单选题	★★★	(1)考核车船税的计税依据； (2)税率直接考核车船税的计算，经常与税率的特殊规定、税收优惠、纳税义务发生时间(当月)结合
印花税的纳税人、征税范围	单选题、多选题	★★★	(1)哪些属于印花税征税范围，哪些不属于印花税征税范围？ (2)具体应税行为适用的税目
印花税税率、计税依据与应纳税额的计算	单选题	★★★	直接以简单的计算题考核，经常与计税依据结合
印花税的税收优惠	单选题、多选题	★★★	文字表述问题，偶尔与计算性问题结合
印花税的征收管理	单选题、多选题	★★	(1)印花税的缴纳方式； (2)印花税的违法处理措施

学习方法与应试技巧

1. 车辆购置税和车船税都是与车辆有关的，注意两者的关系：车辆购置税是购置过程中由购买方缴纳的税收，而车船税则是在车船持有过程中缴纳的税收，而且两者在征税对象、税率、计税依据等方面存在诸多不同，注意总结两者的不同。

2. 印花税的税额虽然不高，但是征税范围广泛，无论在考试中和实践工作中都会涉及。印花税属于列举征税，注意其纳税人、征税范围、计税依据、应纳税额计算和税收优惠等重点内容。印花税主要是归纳总结，强化记忆。

第11章 车辆购置税法、车船税法和印花税法

本章2020年考试主要变化

根据《关于车辆购置税征收管理有关事项的公告》《关于继续执行的车辆购置税优惠政策的公告》《关于车辆购置税有关具体政策的公告》对车辆购置税的内容进行编写。

考点详解及精选例题

一、车辆购置税法

扫我解疑难

车辆购置税是以在中国境内购置规定车辆为课税对象、在特定的环节向车辆购置者征收的一种税。就其性质而言，属于直接税的范畴。

(一)纳税义务人与征税范围★★

1. 纳税义务人

车辆购置税的纳税人是指在中华人民共和国境内购置汽车、有轨电车、汽车挂车、排气量超过150毫升的摩托车(以下统称应税车辆)的单位和个人。其中购置是指以购买、进口、自产、受赠、获奖或者其他方式取得并自用应税车辆的行为。

车辆购置税实行一次性征收。购置已征车辆购置税的车辆，不再征收车辆购置税。

【知识点拨】车辆购置税由购买方缴纳，而非销售方缴纳。

【例题1·多选题】下列各项中，属于车辆购置税应税行为的有( )。

A. 购买使用行为

B. 进口使用行为

C. 受赠使用行为

D. 获奖使用行为

解析 以上选项均属于车辆购置税的应税行为。 答案 ABCD

真题精练(客观题)

(2018年单选题)下列人员中，属于车辆购置税纳税义务人的是( )。

A. 应税车辆的捐赠者

B. 应税车辆的出口者

C. 应税车辆的销售者

D. 应税车辆的获奖者

解析 车辆购置税的纳税人是指在中华人民共和国境内购置汽车、有轨电车、汽车挂车、排气量超过150毫升的摩托车(以下统称应税车辆)的单位和个人。其中购置是指以购买、进口、自产、受赠、获奖或者其他方式取得并自用应税车辆的行为。 答案 D

2. 征税范围

车辆购置税以列举的车辆作为征税对象，未列举的车辆不纳税。其征税范围包括汽车、有轨电车、汽车挂车、排气量超过150毫升的摩托车。

【知识点拨】(1)地铁、轻轨等城市轨道交通车辆，装载机、平地机、挖掘机、推土机等轮式专用机械车，以及起重机(吊车)、叉车、电动摩托车，不属于应税车辆。

(2)纳税人进口自用应税车辆，是指纳税人直接从境外进口或者委托代理进口自用的应税车辆，不包括在境内购买的进口车辆。

【例题2·多选题】车辆购置税的征税范围包括( )。

A. 汽车

B. 有轨电车

C. 汽车挂车

D. 排气量超过100毫升的摩托车

解析 车辆购置税对排气量超过150毫升的摩托车征收，而非100毫升。

答案 ABC

(二)税率与计税依据

1. 税率

我国车辆购置税实行统一比例税率，税率为10%。

2. 计税依据

计税依据为应税车辆的计税价格，按照

下列规定确定：

（1）纳税人购买自用应税车辆的计税价格，为纳税人实际支付给销售者的全部价款，依据纳税人购买应税车辆时相关凭证载明的价格确定，**不包括增值税税款；**

（2）纳税人进口自用应税车辆的计税价格，为**关税完税价格加上关税和消费税；**纳税人进口自用应税车辆，是指纳税人直接从境外进口或者委托代理进口自用的应税车辆，不包括在境内购买的进口车辆；

（3）纳税人自产自用应税车辆的计税价格，按照纳税人生产的同类应税车辆的销售价格确定，**不包括增值税税款；**没有同类应税车辆销售价格的，按照组成计税价格确定。组成计税价格计算公式如下：

组成计税价格＝成本×（1+成本利润率）

属于应征消费税的应税车辆，其组成计税价格中应加计消费税税额。

（4）纳税人以受赠、获奖或者其他方式取得自用应税车辆的计税价格，按照购置应税车辆时相关凭证载明的价格确定，**不包括增值税税款。**

这里所称的购置应税车辆时相关凭证，

是指原车辆所有人购置或者以其他方式取得应税车辆时载明价格的凭证。无法提供相关凭证的，参照同类应税车辆市场平均交易价格确定其计税价格。原车辆所有人为车辆生产或者销售企业，未开具机动车销售统一发票的，按照车辆生产或者销售同类应税车辆的销售价格确定应税车辆的计税价格。无同类应税车辆销售价格的，按照组成计税价格确定应税车辆的计税价格。

纳税人以外汇结算应税车辆价款的，按照**申报纳税之日**的人民币汇率中间价折合成人民币计算缴纳税款。

【知识点拨】车辆购置税的计税依据不包括增值税税款，一旦价款中含增值税，则：

计税依据＝含增值税的价款÷（1+增值税税率或征收率）

3. 应纳税额的计算（见表11-1）

车辆购置税实行从价定率的方法计算应纳税额，计算公式为：

应纳税额＝计税依据×税率

由于应税车辆的来源、应税行为的发生以及计税依据组成的不同，因而，车辆购置税应纳税额的计算方法也有区别。

表11-1 车辆购置税的计税依据及应纳税额的计算

应税行为	计税依据	应纳税额的计算
购买自用行为	纳税人购买应税车辆而支付给销售方的**全部价款和价外费用，不含增值税款**。具体规定如下： （1）含购买者随购买车辆支付的工具件和零部件价款； （2）含支付的车辆装饰费； （3）**代收款项应区别征税：**用代收单位的票据收取的，计入计税依据；用委托方票据收取的，不计入计税依据； （4）**不含增值税税款；** （5）含销售单位开展优质销售活动所开票收取的有关费用	计税价格×10%
进口自用行为	组成计税价格＝关税完税价格+关税+消费税 **【知识点拨】**该组成计税价格也是进口消费税、增值税的计税依据。存在着将进口自用车辆的增值税、消费税和车辆购置税一并考核的可能性	组成计税价格×10%
自产自用行为	纳税人自产自用应税车辆的计税价格，按照纳税人生产的同类应税车辆的销售价格确定，不包括增值税税款	同类应税车辆的销售价格×10%
其他自用行为	纳税人以受赠、获奖或者其他方式取得自用应税车辆的计税价格，按照购置应税车辆时相关凭证载明的价格确定，不包括增值税税款	相关凭证载明的价格×10%

应税行为	计税依据	应纳税额的计算
已经办理免税、减税手续的车辆因转让、改变用途等原因不再属于免税、减税范围的，纳税人、纳税义务发生时间、应纳税额按以下规定执行 （1）发生转让行为的，受让人为车辆购置税纳税人；未发生转让行为的，车辆所有人为车辆购置税纳税人。 （2）纳税义务发生时间为车辆转让或者用途改变等情形发生之日。 （3）应纳税额计算公式为： 应纳税额＝初次办理纳税申报时确定的计税价格×（1－使用年限×10%）×10%－已纳税额 应纳税额不得为负数。 使用年限的计算方法是，自纳税人初次办理纳税申报之日起，至不再属于免税、减税范围的情形发生之日止。使用年限取整计算，不满一年的不计算在内		

【知识点拨 1】 纳税人申报的应税车辆计税价格明显偏低，又无正当理由的，由税务机关依照《中华人民共和国税收征收管理法》的规定核定其应纳税额。

【知识点拨 2】 纳税人以外汇结算应税车辆价款的，按照申报纳税之日的人民币汇率中间价折合成人民币计算缴纳税款。

【例题 3·多选题】 某机关 2020 年 2 月购车一辆，随购车支付的下列款项中，应并入计税依据征收车辆购置税的有（ ）。

A. 保险公司自己开具票据的保险费
B. 增值税税款
C. 零部件价款
D. 车辆装饰费

解析 ▶ 选项 A、B 不计入车辆购置税的计税依据。 答案 ▶ CD

【例题 4·单选题】 某汽车制造厂 2019 年 9 月将自产轿车 10 辆向某汽车租赁公司进行投资，同类车辆销售价格 120000 元/辆，将自产轿车 3 辆转作本企业固定资产，将自产轿车 4 辆奖励给对企业发展有突出贡献的员工。该汽车制造厂应纳车辆购置税（ ）元。

A. 36000　　　　　B. 45000
C. 252000　　　　D. 306000

解析 ▶ 车辆购置税是对纳税人以各种方式取得并自用的行为征税，其纳税人是购买方。由于对外投资、奖励的车辆，最终的车主不是汽车厂，所以，这两项业务汽车厂无需缴纳车辆购置税；自产自用 3 辆，这是汽车厂家自用的车辆，车辆购置税的计税价格

按照纳税人生产的同类应税车辆的销售价格确定。应缴纳车辆购置税＝3×120000×10%＝36000（元）。 答案 ▶ A

【例题 5·计算问答题】 某外贸进出口公司 2020 年 3 月份，从国外进口 10 辆宝马公司生产的某型号小轿车。该公司报关进口这批小轿车时，经报关地海关对有关报关资料的审查，确定关税完税价格为每辆 185000 元人民币，海关按关税政策规定每辆征收了关税 37000 元，并按消费税、增值税有关规定分别代征了每辆小轿车的进口消费税 21956 元和增值税 31714.3 元。由于联系业务需要，该公司将一辆小轿车留在本单位使用。根据以上资料，计算应纳车辆购置税。

答案 ▶ （1）计税依据＝185000＋37000＋21956＝243956（元）

（2）应纳税额＝243956×10%＝24395.6（元）

【例题 6·计算问答题】 某汽车生产企业将本企业生产的小汽车作为本企业办公用车，该类型车辆不含增值税售价 280000 元，生产成本 200000 元，成本利润率 8%。根据以上资料，计算应纳车辆购置税。

答案 ▶ 应纳税额＝280000×10%＝28000（元）

【思路点拨】 纳税人自产自用应税车辆的计税价格，按照纳税人生产的同类应税车辆的销售价格确定，而不是按照生产成本确定。

1. (2019年单选题)下列税费中,应计入车辆购置税计税依据的是( )。

   A. 购车时随购车款同时支付的车辆装饰费

   B. 购车时支付的增值税

   C. 购车时支付的已取得公安交管部门票据的临时牌照费

   D. 购车时支付的已取得保险公司票据的保险费

   解析 ▶ 支付的车辆装饰费应作为价外费用并入计税依据中计税。 **答案** ▶ A

2. (2016年单选题)某企业2016年3月进口载货汽车1辆;4月在国内市场购置载货汽车2辆,支付全部价款和价外费用为75万元(不含增值税),另支付车辆购置税7.5万元,车辆牌照费0.1万元,代办保险费2万元;5月受赠小汽车1辆。上述车辆全部为企业自用。下列关于该企业计缴车辆购置税计税依据的表述中,正确的是( )。

   A. 国内购置载货汽车的计税依据为84.5万元

   B. 进口载货汽车的计税依据为关税完税价格加关税

   C. 受赠小汽车的计税依据为同类小汽车的市场价格加增值税

   D. 国内购置载货汽车的计税依据为77万元

   解析 ▶ 选项AD,车辆购置税的计税依据中不包括代收的保险费、车辆牌照费和车辆购置税,所以计税依据是75万元;选项C,受赠小汽车的计税依据是购置应税车辆时相关凭证载明的价格确定,不包括增值税税款。 **答案** ▶ B

(三)税收优惠 ★★

1. 车辆购置税的法定减免

(1)外国驻华使馆、领事馆和国际组织驻华机构及其外交人员自用车辆免税。

(2)中国人民解放军和中国人民武装警察部队列入军队武器装备订货计划的车辆免税。

(3)设有固定装置的非运输车辆免税。

(4)悬挂应急救援专用号牌的国家综合性消防救援车辆免税。

(5)城市公交企业购置的公共汽电车辆免税。

(6)现将继续执行的车辆购置税优惠政策公告如下:

①回国服务的在外留学人员用现汇购买1辆个人自用国产小汽车和长期来华定居专家进口1辆自用小汽车免征车辆购置税。

②防汛部门和森林消防部门用于指挥、检查、调度、报汛(警)、联络的由指定厂家生产的设有固定装置的指定型号的车辆免征车辆购置税。

③自2018年1月1日至2020年12月31日,对购置新能源汽车免征车辆购置税。

④自2018年7月1日至202 年6月30日,对购置挂车减半征收车辆购置税。

⑤中国妇女发展基金会"母亲健康快车"项目的流动医疗车免征车辆购置税。

⑥北京2022年冬奥会和冬残奥会组织委员会新购置车辆免征车辆购置税。

⑦原公安现役部队和原武警黄金、森林、水电部队改制后换发地方机动车牌证的车辆(公安消防、武警森林部队执行灭火救援任务的车辆除外),一次性免征车辆购置税。

2. 车辆购置税的退税

已征车辆购置税的车辆退回车辆生产或销售企业,纳税人申请退还车辆购置税的,应退税额计算公式如下:

应退税额 = 已纳税额 × (1 - 使用年限 × 10%)

应退税额不得为负数。

使用年限的计算方法是,自纳税人缴纳税款之日起,至申请退税之日止。

【例题7·多选题】下列享受免征车辆购置税的有( )。

   A. 国际组织驻华机构及其外交人员的自用车辆

B．设有固定装置的非运输车辆

C．回国服务的在外留学人员用现汇购买1辆个人自用国产小汽车

D．长期来华定居专家购买1辆国产小汽车

解析 ▶ 长期来华定居专家进口1辆自用小汽车免征车辆购置税。　**答案** ▶ ABC

（四）征收管理★

车辆购置税由税务机关负责征收。

（1）车辆购置税实行**一车一申报**制度。

（2）购置应税车辆的纳税人，应当到下列地点申报纳税：

①需要办理车辆登记的，向**车辆登记地**的主管税务机关申报纳税。

②不需要办理车辆登记的，单位纳税人向其**机构所在地**的主管税务机关申报纳税，个人纳税人向其户籍所在地或者经常居住地的主管税务机关申报纳税。

（3）车辆购置税的纳税义务发生时间为纳税人购置应税车辆的当日。纳税人应当自纳税义务发生之日起60日内申报缴纳车辆购置税。

上述的**纳税义务发生时间**，按照下列情形确定：

①购买自用应税车辆的为购买之日，即车辆相关价格凭证的开具日期。

②进口自用应税车辆的为进口之日，即《海关进口增值税专用缴款书》或者其他有效凭证的开具日期。

③自产、受赠、获奖或者以其他方式取得并自用应税车辆的为取得之日，即合同、法律文书或者其他有效凭证的生效或者开具日期。

（4）已经缴纳车辆购置税的，纳税人向原征收机关申请退税时，应当如实填报《车辆购置税退税申请表》，提供纳税人身份证明，并区别不同情形提供相关资料。

①车辆退回生产企业或者销售企业的，提供生产企业或者销售企业开具的退车证明和退车发票。

②其他依据法律法规规定应当退税的，根据具体情形提供相关资料。

【例题8·单选题】 下列关于车辆购置税的征收管理，表述不正确的是（　　）。

A．车辆购置税实行一车一申报制度

B．购置需要办理车辆登记的应税车辆，向车辆登记地的主管税务机关申报纳税

C．车辆购置税的纳税义务发生时间为纳税人购置应税车辆的当日

D．购置应税车辆的纳税人，不需要办理车辆登记的，单位纳税人向其车辆登记地的主管税务机关申报纳税

解析 ▶ 购置应税车辆的纳税人，不需要办理车辆登记的，单位纳税人向其机构所在地的主管税务机关申报纳税。　**答案** ▶ D

【例题9·单选题】 某公司购置一辆国产车自用，购置时因符合免税条件而未缴纳车辆购置税。购置使用4年后免税条件消失，若该车辆初次办理纳税申报时计税价格是25万元，则该公司应缴纳车辆购置税为（　　）万元。

A．1.5　　　　　　　B．2.28

C．2.5　　　　　　　D．3.8

解析 ▶ 免税、减税车辆因转让、改变用途等原因不再属于免税、减税范围的，纳税人应当在办理车辆转移登记或者变更登记前缴纳车辆购置税。计税价格以免税、减税车辆初次办理纳税申报时确定的计税价格为基准，每满1年扣减10%。应纳税额=25×（1-4×10%）×10%=1.5（万元）。　**答案** ▶ A

【例题10·多选题】 已经缴纳车辆购置税的车辆，准予纳税人申请退税的有（　　）。

A．被盗的车辆

B．因自然灾害被毁的车辆

C．车辆退回销售企业

D．车辆退回生产企业

解析 ▶ 已征车辆购置税的车辆退回车辆生产或销售企业，准予纳税人申请退还车辆购置税。　**答案** ▶ CD

二、车船税法

扫我解疑难

车船税是以车船为征税对象，向拥有车船的单位和个人征收的一种税。

（一）纳税义务人与征税范围★

1. 纳税义务人

在中华人民共和国境内，车辆、船舶的所有人或者管理人为车船税的纳税人。

2. 征税范围（机动车船+非机动驳船）

（1）依法应当在车船管理部门登记的机动车辆和船舶；

（2）依法不需要在车船管理部门登记、在单位内部场所行驶或者作业的机动车辆和船舶。

【知识点拨1】 车辆购置税仅仅对车辆征税，而车船税不仅仅对车辆征税，还对船舶征税。

【知识点拨2】 非机动车船中只有非机动驳船征收车船税，其他非机动车船不征收车船税。

（二）税目、税率与计税依据★★

1. 税目

车船税的税目包括乘用车、商用车、其他车辆、摩托车和船舶。

2. 税率

车船税实行定额税率。

3. 计税依据——辆、净吨位、整备质量吨位、米

车船税的计税依据如表11-2所示。

表 11-2 车船税的计税依据

计税依据	适用范围	特别说明
辆	乘用车、客车(包括电车)、摩托车	
整备质量每吨	货车(包括半挂牵引车、挂车、客货两用汽车、三轮汽车、低速载货车)、专用作业车、轮式专用机械车(不包括拖拉机)	挂车按照货车税额的50%计算
净吨位每吨	机动船舶和非机动驳船	(1)拖船和非机动驳船分别按机动船舶税额的50%计算 (2)拖船按照发动机功率每1千瓦折合净吨位0.67吨计算征收车船税
长度(米)	游艇	

【知识点拨1】 在上表中，大家要注意50%、0.67的规定，这是车船税考试中经常涉及的关键考点。

【知识点拨2】 车船税法及其实施条例涉及的整备质量、净吨位、艇身长度等计税单位，有尾数的一律按照含尾数的计税单位据实计算车船税应纳税额。计算得出的应纳税额小数点后超过两位的可四舍五入保留两位小数。

【例题11·多选题】 下列项目中，以"辆"为计税依据计算车船税的有（　　）。

A. 船舶

B. 摩托车

C. 客车

D. 货车

解析 ▶ 船舶以"净吨位"为计税依据；货车以"整备质量吨位"为计税依据。

答案 ▶ BC

真题精练（客观题）

（2016年单选题）下列关于车船税计税单位确认的表述中，正确的是（　　）。

A. 摩托车按"排气量"作为计税单位

B. 游艇按"净吨位每吨"作为计税单位

C. 专用作业车按"整备质量每吨"作为计税单位

D. 商用货车按"每辆"作为计税单位

解析 ▶ 选项 A，摩托车按照"每辆"为计税单位；选项 B，游艇按照"艇身长度每米"为计税单位；选项 D，商用货车按照"整备质量每吨"为计税单位。　**答案** ▶ C

(三)应纳税额的计算与代收代缴★★★

1. 应纳税额的计算

购置的新车船，购置当年的应纳税额自取得车船所有权或管理权的<u>当月</u>起按月计算。计算公式为：

应纳税额 = 年应纳税额÷12×应纳税月份数

应纳税月份数 = 12−纳税义务发生时间(取月份)+1

【例题 12·单选题】 某船运公司 2019 年度拥有旧机动船 5 艘，每艘净吨位 1500 吨；拥有拖船 4 艘，每艘发动机功率 3000 千瓦。2019 年 7 月购置新机动船 6 艘，每艘净吨位 3000 吨。该公司船舶适用的车船税年税额为：净吨位 201～2000 吨的，每吨 4 元；净吨位 2001～10000 吨的，每吨 5 元。该公司 2019 年度应缴纳的车船税为( )元。

A. 87000　　　　B. 91080

C. 95100　　　　D. 123000

解析 ▶ 拖船按发动机功率每千瓦折合净吨位 0.67 吨计算征收车船税。购置的新车船，购置当年的应纳税额自纳税义务发生的当月起按月计算。应纳车船税 = 4×1500×5+4×3000×0.67×5×50% + 5×3000×6×6÷12 = 95100(元)。　**答案** ▶ C

2. 其他相关规定

(1)在一个纳税年度内，已完税的车船被盗抢、报废、灭失的，纳税人可以凭有关管理机关出具的证明和完税证明，向纳税所在地的主管税务机关申请退还<u>自被盗抢、报废、灭失月份起至该纳税年度终了期间的税款</u>。

(2)已办理退税的被盗抢车船，<u>失而复得</u>的，纳税人应当从公安机关出具相关证明的<u>当月</u>起计算缴纳车船税。

(3)在一个纳税年度内，纳税人在非车辆登记地由保险机构代收代缴机动车车船税，且能够提供合法有效完税证明的，纳税人不再向车辆登记地的税务机关缴纳车辆车船税。

(4)已缴纳车船税的车船在同一纳税年度内办理转让过户的，不另纳税，也不退税。

真题精练(客观题)

(2015 年单选题)某企业 2015 年 1 月缴纳了 5 辆客车车船税，其中一辆 9 月被盗，已办理车船税退还手续；11 月由公安机关找回并出具证明，企业补缴车船税，假定该类型客车年基准税额为 480 元，该企业 2015 年实缴的车船税总计为( )元。

A. 1920　　　　B. 2280

C. 2400　　　　D. 2320

解析 ▶ 已办理退税的被盗抢车船，失而复得的，纳税人应当从公安机关出具相关证明的当月起计算缴纳车船税。实缴的车船税 = 4×480+480÷12×10 = 2320(元)。　**答案** ▶ D

(四)税收优惠(见表 11-3)★★★

表 11-3　车船税的税收优惠

类别	具体规定
1. 法定减免	(1)捕捞、养殖渔船。 (2)军队、武装警察部队专用的车船。 (3)警用车船。 (4)依照法律规定应当予以免税的外国驻华使领馆、国际组织驻华代表机构及其有关人员的车船。 (5)对节约能源的汽车，减半征收车船税。 ①减半征收车船税的<u>节能乘用车</u>条件(同时)

类别	具体规定
1. 法定减免	a. 获得许可在中国境内销售的排量为 **1.6 升以下（含 1.6 升）** 的燃用汽油、柴油的乘用车（含非插电式混合动力、双燃料和两用燃料乘用车）； b. 综合工况燃料消耗量应符合相关标准。 ②减半征收车船税的节能商用车条件（同时） a. 获得许可在中国境内销售的燃用天然气、汽油、柴油的轻型和重型商用车（含非插电式混合动力、双燃料和两用燃料轻型和重型商用车）； b. 燃用汽油、柴油的轻型和重型商用车综合工况燃料消耗量应符合相关标准。 **(6)对新能源车船，免征车船税。** 免征车船税的新能源汽车：**纯电动商用车、插电式（含增程式）混合动力汽车、燃料电池商用车。纯电动乘用车和燃料电池乘用车不属于车船税征税范围，对其不征车船税。** (7)省、自治区、直辖市人民政府根据当地实际情况，可以对**公共交通车船、农村居民拥有并主要在农村地区使用的摩托车、三轮汽车和低速载货汽车定期减征或者免征车船税。** (8)国家综合性消防救援车辆由部队号牌改挂应急救援专用号牌的，一次性免征改挂当年车船税
2. 特定减免	(1)经批准临时入境的外国车船和香港特别行政区、澳门特别行政区、台湾地区的车船，不征收车船税。 (2)按照规定缴纳船舶吨税的机动船舶，自车船税法实施之日起 5 年内免征车船税。 (3)依法不需要在车船登记管理部门登记的机场、港口、铁路站场内部行驶或作业的车船，自车船税法实施之日起 5 年内免征车船税

【例题 13·单选题】下列车船中，应缴纳车船税的是（ ）。

A. 警用车辆

B. 养殖渔船

C. 公司拥有的摩托车

D. 纯电动乘用车

解析 ▶ 警用车辆和养殖渔船免征车船税；纯电动乘用车和燃料电池乘用车不属于车船税征收范围，不征收车船税。 **答案** ▶ C

真题精练（客观题）

1. （2019 年多选题）下列各项中，属于车船税征税范围的有（ ）。

A. 拖拉机　　　　B. 非机动驳船

C. 纯电动乘用车　D. 节能汽车

解析 ▶ 选项 A，拖拉机不需要缴纳车船税；选项 C，纯电动乘用车不属于车船税征税范围，对其不征车船税。 **答案** ▶ BD

2. （2019 年多选题）下列车船中，属于车船税征税范围的有（ ）。

A 节能汽车　　　　B 燃料电池乘用车

C 非机动驳船　　　D 半挂牵引车

解析 ▶ 纯电动乘用车和燃料电池乘用车不属于车船税征税范围，不征收车船税。

答案 ▶ ACD

3. （2018 年单选题）下列车船中，免征车船税的是（ ）。

A. 辅助动力帆艇

B. 半挂牵引车

C. 客货两用汽车

D. 武警专用车船

解析 ▶ 军队、武装警察部队专用的车船，免征车船税。 **答案** ▶ D

4. （2017 年单选题，改）下列车船中，享受减半征收车船税优惠的是（ ）。

A. 纯电动汽车

B. 插电式混合动力汽车

C. 燃料电池汽车

D. 符合规定标准的节约能源乘用车

解析 ▶ 对节约能源的车船，减半征收车船税；对使用新能源的车船，免征车船税。

答案 ▶ D

第 11 章 车辆购置税法、车船税法和印花税法

（五）征收管理（见表 11-4）★

表 11-4　车船税的征收管理

征管项目	具体规定
纳税义务发生时间/纳税期限	车船税纳税义务发生时间为取得车船所有权或者管理权的当月。 【知识点拨】以购买车船的发票或者其他证明文件所载日期的当月为准
纳税地点	(1)扣缴义务人代收代缴车船税的，纳税地点为扣缴义务人所在地； (2)纳税人自行申报缴纳车船税的，纳税地点为车船登记地的主管税务机关所在地； (3)依法不需要办理登记的车船，纳税地点为车船所有人或者管理人主管税务机关所在地
纳税申报	车船税按年申报，分月计算，一次性缴纳。纳税年度为公历 1 月 1 日至 12 月 31 日。车船税按年申报缴纳。具体申报纳税期限由省、自治区、直辖市人民政府规定。 【知识点拨】从事机动车第三者责任强制保险业务的保险机构为机动车车船税的扣缴义务人，应当在收取保险费时依法代收车船税，并出具代收税款凭证

【知识点拨】车船税自取得车船所有权或管理权的当月起按月计算；而房产税、土地使用税则基本是以"次月"发生纳税义务为主。三者之间的纳税义务发生时间的比较如表 11-5 所示。

表 11-5　房产税、车船税、土地使用税纳税义务发生时间的比较

税种	纳税义务发生时间的规定
房产税	纳税人将原有房产用于生产经营，从生产经营之月起缴纳房产税； 其他情形，次月起纳税
土地使用税	纳税人新征用的耕地，自批准征用之日起满 1 年时开始纳税； 其他情形，次月起纳税
车船税	取得车船所有权或者管理权的当月发生纳税义务

【例题 14·多选题】依据车船税的申报规定，下列表述正确的有（　）。

A. 车船税的纳税义务发生时间为取得车船所有权或者管理权的当月

B. 依法不需要办理登记的车船，应在车船的所有人或者管理人所在地缴纳车船税

C. 已办理退税的被盗抢车船失而复得的，纳税人应当从公安机关出具相关证明的当月起计算缴纳车船税

D. 已缴纳车船税的车船，在同一纳税年度内办理转让过户的，不另纳税，同时已经缴纳的车船税可以申请退回

解析▶已缴纳车船税的车船，在同一纳税年度内办理转让过户的，不另纳税，也不退税。

答案▶ABC

三、印花税法

扫我解疑难

印花税是以经济活动和经济交往中，书立、使用、领受应税凭证的行为为征税对象征收的一种税。

（一）纳税义务人★★

印花税的纳税人，是在中国境内书立、领受、使用印花税法所列举的凭证并应依法履行纳税义务的单位和个人。具体的规定见表 11-6。

表 11-6 印花税的纳税义务人

纳税人	具体内容	特别说明
立合同人	合同的当事人，不包括合同的担保人、证人、鉴定人。当事人的代理人有代理纳税义务	印花税对外商投资企业和外国企业也适用。凡由两方或两方以上当事人共同书立的，当事人各方都是印花税的纳税人
立账簿人	设立并使用营业账簿的单位和个人	
立据人	产权转移书据的当事人	
领受人	权利、许可证照的领受人	
使用人	在国外书立、领受，但在国内使用应税凭证的单位和个人	
电子应税凭证的签订人	以电子形式签订的各类应税凭证的单位和个人	

【例题 15·单选题】下列不属于印花税纳税义务人的是(   )。

A. 立合同人   B. 立据人
C. 领受人   D. 鉴定人

解析 ▶ 立合同人指合同的当事人。所谓当事人，是指对凭证有直接权利义务关系的单位和个人，但不包括合同的担保人、证人、鉴定人。

答案 ▶ D

(二)税目与税率★★

1. 税目

印花税的应税凭证可以划分为经济合同、产权转移书据、营业账簿、权利许可证照等大类，共 13 个税目，具体见表 11-7。

表 11-7 印花税的税目

类别	税目	注意事项
1. 经济合同 【知识点拨 1】具有合同性质的凭证应视同合同征税。 【知识点拨 2】未按期兑现的合同应贴花。 【知识点拨 3】同时书立合同和开立单据时，只就合同贴花；凡不书立合同，只开立单据，以单据作为合同使用的，其使用的单据应按规定贴花	(1)购销合同：供应、预购、采购、购销结合及协作、调剂、补偿、贸易等合同。此外，还包括出版单位与发行单位之间订立的图书、报纸、期刊和音像制品的应税凭证，例如订购单、订数单等	发电厂与电网之间、电网与电网之间签订的购售电合同缴纳印花税；但电网与用户之间签订的供用电合同不征收印花税
	(2)加工承揽合同：加工、定做、修缮、修理、印刷广告、测绘、测试等合同	
	(3)建设工程勘察设计合同	
	(4)建筑安装工程承包合同：包括建筑、安装工程承包合同。承包合同，包括总承包合同、分包合同和转包合同	分包、转包合同是另一次行为，因此总包合同、分包、转包合同应该按照各自记载金额纳税，而不能差额纳税
	(5)财产租赁合同：包括租赁房屋、船舶、飞机、机动车辆、机械、器具、设备等合同，还包括企业、个人出租门店、柜台等签订的合同	土地租赁不属于财产租赁合同的征税范畴

类别	税目	注意事项
1. 经济合同 【知识点拨 1】具有合同性质的凭证应视同合同征税。 【知识点拨 2】未按期兑现的合同应贴花。 【知识点拨 3】同时书立合同和开立单据时，只就合同贴花；凡不书立合同，只开立单据，以单据作为合同使用的，其使用的单据应按规定贴花	(6) 货物运输合同：民航、铁路运输、海上运输、公路运输和联运合同，以及作为合同使用的单据	
	(7) 仓储保管合同：仓储、保管合同，以及作为合同使用的仓单、栈单等	
	(8) 借款合同：银行及其他金融组织（不包括银行同业拆借）与借款人所签订的合同，以及只填开借据并作为合同使用、取得银行借款的借据	①融资租赁合同按借款合同缴纳印花税； ②银行同业拆借合同、民间借贷合同不缴纳印花税
	(9) 财产保险合同：财产、责任、保证、信用保险合同以及作为合同使用的单据	财产保险合同属于印花税的征税范围；人寿保险合同不属于印花税的征税范围
	(10) 技术合同：包括技术开发、转让、咨询、服务等合同，以及作为合同使用的单据	①技术转让合同包括专利申请权转让和非专利技术转让所书立的合同； ②技术咨询合同是当事人就有关项目的分析、论证、预测和调查订立的技术合同，但一般的法律、会计、审计等方面的咨询不属于技术咨询，其所立的合同不贴印花； ③技术服务合同包括技术服务合同、技术培训合同和技术中介合同
2. 产权转移书据	(11) 产权转移书据：包括财产所有权和版权、商标专用权、专利权、专有技术使用权等转移书据和专利实施许可合同、土地使用权出让合同、土地使用权转让合同、商品房销售合同等权利转移合同； "财产所有权"转移书据的征税范围是指经政府管理机关登记注册的动产和不动产所有权转移所立的书据，以及企业股权转让所立的书据、个人无偿赠送不动产所签订的"个人无偿赠与不动产登记表"	
3. 营业账簿	(12) 营业账簿：分为记载资金的账簿和其他账簿（包括日记账簿和各明细分类账簿）	各种日记账、明细账、总账均属于营业账簿，缴纳印花税；各种登记簿，如空白重要凭证登记簿、有价单证登记簿、现金收付登记簿，属于非营业账簿，不征收印花税
4. 权利、许可证照	(13) 权利、许可证照：包括房屋产权证、工商营业执照、商标注册证、专利证、土地使用证	仅限于上述五项内容，不包括卫生许可证、投资许可证等
5. 经财政部门确认征税的其他凭证		

【例题 16·单选题】 下列合同中，属于印花税征税范围的是(　　)。

A. 供用电合同

B. 融资租赁合同

C. 人寿保险合同

D. 法律咨询合同

解析 电网与用户之间签订的供用电合同、人寿保险合同、法律咨询合同不属于印花税列举征税的凭证，不征收印花税。**答案** B

【例题 17·多选题】 下列各项中，按照"产权转移书据"贴花的有(　　)。

A. 土地使用权转让合同

B. 商品房销售合同

C. 专利申请权转让合同

D. 个人无偿赠与不动产登记表

解析 选项 C 按照"技术合同"缴纳印花税。**答案** ABD

真题精练(客观题)

1.(2018 年多选题)下列各项，应按照"产权转移书据"税目缴纳印花税的有(　　)。

A. 股权转让合同

B. 专利实施许可合同

C. 商品房销售合同

D. 专利申请权转让合同

解析 产权转移书据包括财产所有权和版权、商标专用权、专利权、专有技术使用权等转移书据和专利实施许可合同、土地使用权出让合同、土地使用权转让合同、商品房销售合同等权利转移合同。选项 D，专利申请权转让合同，按照"技术合同"税目缴纳印花税。**答案** ABC

2.(2017 年多选题)下列合同中，按照印花税产权转移书据税目计征印花税的有(　　)。

A. 土地使用权出让合同

B. 土地使用权转让合同

C. 非专利技术转让合同

D. 版权转移书据

解析 产权转移书据包括财产所有权和版权、商标专用权、专利权、专有技术使用权等转移书据和专利实施许可合同、土地使用权出让合同、土地使用权转让合同、商品房销售合同等权利转移合同。选项 C，非专利技术转让合同属于技术合同。技术合同包括技术开发、转让、咨询、服务等合同，以及作为合同使用的单据。技术转让合同，包括专利申请权转让和非专利技术转让。**答案** ABD

3.(2016 年多选题)电网公司甲在 2016 年 4 月与发电厂乙签订了购销电合同 1 份，与保险公司丙签订了保险合同 1 份，直接与用户签订了供电合同若干份，另与房地产开发公司丁签订了 1 份购房合同。下列关于甲公司计缴纳印花税的表述中，正确的有(　　)。

A. 与丙签订的保险合同按保险合同缴纳印花税

B. 与乙签订的购销电合同按购销缴纳印花税

C. 与用户签订的供电合同按购销合同缴纳印花税

D. 与丁签订的购房合同按产权转移书据缴纳印花税

解析 选项 C，与用户签订的供用电合同不属于印花税列举征税的凭证，不缴纳印花税。**答案** ABD

2. 税率

印花税的税率分为比例税率和定额税率两种类型，具体见表 11-8。

表 11-8　印花税的税率

税率	应税凭证	税率
比例税率	借款合同	0.05‰
	购销合同、建筑安装工程承包合同、技术合同(简称"购建技"——谐音"狗见鸡")	0.3‰

税率	应税凭证	税率
比例税率	加工承揽合同、建设工程勘察设计合同、货物运输合同、产权转移书据、记载资金的营业账簿	0.5‰ 【知识点拨】自 2018 年 5 月 1 日起，对按 0.5‰税率贴花的资金账簿减半征收印花税
	财产租赁合同、仓储保管合同、财产保险合同（简称"租保保"——谐音"猪宝宝"）	1‰
定额税率	其他营业账簿；权利、许可证照	每件 5 元 【知识点拨】自 2018 年 5 月 1 日起，对按件贴花 5 元的其他账簿（除营业账簿外的账簿）免征印花税

【知识点拨 1】证券交易印花税：在沪深证券交易所、全国中小企业股份转让系统买卖、继承、赠与优先股、股票所书立的股权转让书据，均依书立时实际成交金额，由出让方按 1‰的税率计算缴纳证券交易印花税——单边征收。

【知识点拨 2】香港市场投资者通过沪港通、深港通买卖、继承、赠与上交所、深交所上市 A 股，按内地现行税制规定缴纳证券（股票）交易印花税；内地投资者通过沪港通、深港通买卖、继承、赠与联交所上市股票，按香港特别行政区现行税法规定缴纳印花税。

【例题 18·单选题】下列印花税应税凭证中，按每件 5 元定额贴花的是（　　）。

A. 记载资金的营业账簿

B. 土地使用权证

C. 财产租赁合同

D. 非专利技术转让合同

解析 ▶ 记载资金的营业账簿、财产租赁合同、非专利技术转让合同适用比例税率。

答案 ▶ B

（三）应纳税额的计算 ★★★

纳税人的应纳税额，根据应纳税凭证的性质，确定不同的计税依据，分别按适用税率计算，具体计算公式见表 11-9。

表 11-9　印花税应纳税额的计算

税率形式	适用范围	应纳税额计算
定额税率	其他营业账簿（2018.5.1 后免税）；权利、许可证照	应纳税额＝凭证件数×固定税额（5 元）
比例税率	其他税目	应纳税额＝计税金额×比例税率

1. 印花税计税依据的一般规定（见表 11-10）

印花税的计税依据为各种应税凭证上所记载的计税金额或应税凭证件数。从价定率计税的，计税依据以全额为主，余额计税的主要有两个：货物运输合同、技术合同。

表 11-10　印花税计税依据的一般规定

税目	计税依据
购销合同	合同上记载的购销金额，不得作任何扣除。 【知识点拨】采用以货换货方式进行商品交易签订的合同，应按合同所载的购、销合计金额计税贴花，适用税率 0.3‰

税目	计税依据		
加工承揽合同	由**受托方**提供原材料	在合同中**分别记载**加工费金额与原材料金额的	**加工费**：加工承揽合同 0.5‰
			原材料：购销合同 0.3‰
		合同中**未分别记载**	**全部金额**：加工承揽合同 0.5‰
	由**委托方**提供主要材料或原料	对委托方提供的主要材料或原料金额：不计税贴花 无论加工费和辅助材料金额是否分别记载，均**以辅助材料与加工费的合计数**，依照加工承揽合同计税贴花，税率 0.5‰	
建设工程勘察设计合同	勘察、设计收入		
建筑安装工程承包合同	承包金额，**不得剔除任何费用**。 施工单位将自己承包的建设项目，分包或转包给其他施工单位所签订的分包合同、转包合同，应以新的分包或转包合同所载金额为依据计算应纳税额		
财产租赁合同	租赁金额（即租金收入）。 （1）税额不足 1 元的按每 1 元贴花； （2）财产租赁合同只规定（月）天租金而**不确定租期**的，先按定额 5 元贴花，结算时再按实际补贴印花		
货物运输合同	计税依据为取得的**运输费金额**（即运费收入），**不包括**所运货物的金额、装卸费和保险费等。具体规定如下		
	国内各种形式的货物联运	在起运地**统一结算**全程运费	以**全程运费**为计税依据，由起运地运费结算双方缴纳印花税
		分程结算运费	以**分程运费**作为计税依据，分别由办理运费结算的各方缴纳印花税
	国际货运	由**我国运输企业**运输的	**运输企业**所持的运费结算凭证，以**本程运费**为计税依据计算应纳税额
			托运方所持的运费结算凭证，以**全程运费**为计税依据计算应纳税额
		由**外国运输企业运输**进出口货物的	**运输企业**所持的运费结算凭证**免纳印花税**
			托运方所持的运费结算凭证应计算应纳税额
		国际货运运费结算凭证在国外办理的	应在凭证转回我国境内时按规定缴纳印花税
仓储保管合同	仓储保管费用		

税目	计税依据	
借款合同	借款金额（即借款本金），具体规定如下	
	（1）凡是一项信贷业务既签订借款合同，又一次或分次填开借据的	只以借款合同所载金额为计税依据计税贴花；凡只填开借据并作为合同使用的，应以借据所载金额为计税依据计税贴花
	（2）借贷双方签订的流动周转性借款合同	只以其规定的最高限额为计税依据，在签订时贴花一次，在限额内随借随还不签订新合同的，不再贴花
	（3）对借款方以财产作抵押，从贷款方取得一定数量抵押贷款的合同	应按借款合同贴花；在借款方因无力偿还借款而将抵押财产转移给贷款方时，应再就双方书立的产权书据，按产权转移书据的有关规定计税贴花
	（4）对银行及其他金融组织的融资租赁业务签订的融资租赁合同	应按合同所载租金总额，暂按借款合同计税
	（5）银团贷款合同	借款方与贷款银团各方应分别在所执的合同正本上，按各自的借款金额计税贴花
	（6）基本建设贷款合同	应按分合同分别贴花，最后签订的总合同，只就借款总额扣除分合同借款金额后的余额计税贴花
财产保险合同	支付或收取的保险费金额，不包括所保财产的金额	
技术合同	合同所载的价款、报酬或使用费。对技术开发合同，只对合同所载的报酬金额计税，研究开发经费不作为计税依据	
产权转移书据	书据所载金额 【知识点拨】对股票交易征收印花税均依书立时证券市场当日实际成交价格计算金额，按1‰的税率缴纳印花税	
账簿类凭证	记载资金的营业账簿以实收资本和资本公积的两项合计金额为计税依据，凡"资金账簿"在次年度的实收资本和资本公积未增加的	对其不再计算贴花
	其他营业账簿	计税依据为应税凭证件数（2018年5月1日起，免印花税）
权利、许可证照	应税凭证的件数，每件5元	

2. 印花税计税依据的特殊规定

（1）以"金额""收入""费用"作为计税依据的，除另有规定外，应当全额计税，不得作任何扣除；

（2）同一凭证，载有两个或两个以上经济事项而适用不同税目税率，分别记载金额的，分别计算，未分别记载金额的，按税率高的计税；

（3）按金额比例贴花的应税凭证，未标明金额的，应按照凭证所载数量及国家牌价计算金额；没有国家牌价的，按市场价格计算金额，然后按规定税率计算应纳税额；

（4）应税凭证所载金额为外国货币的，应按凭证书立当日国家外汇管理局公布的外汇牌价折合成人民币，然后计算应纳税额；

（5）应纳税额不足1角的，免纳印花税；1角以上的，四舍五入；

（6）有些合同在签订时无法确定计税金额，可在签订时先按定额5元贴花，以后结算时再按实际金额计税，补贴印花；

（7）应税合同在签订时纳税义务即已产生，应计算应纳税额并贴花。所以不论合同是否兑现或是否按期兑现，均应贴花完税。对已履行并贴花的合同，所载金额与合同履行后实际结算金额不一致的，只要双方未修改合同金额，一般不再办理完税手续；

（8）从2008年9月19日起，对证券交易印花税政策进行调整，由双边征收改为单边征收，即只对卖出方（或继承、赠与A股、B股股权的出让方）征收证券（股票）交易印花税，对买入方（受让方）不再征税。税率仍保持1‰。

【例题19·单选题】A公司与B公司签订了以货易货合同，由A公司向B公司提供价值100000元的钢材，B公司向A公司提供价值150000元的机器设备，货物差价由A公司付款补足。A、B两公司共应缴纳印花税为（　）元。

A. 250 　　　B. 125
C. 75　　　　D. 150

解析 以物易物的合同，应该按照购销合计金额计税贴花。应纳税额=（100000+150000）×0.3‰×2=150（元）。　　　　**答案** D

【例题20·单选题】某工厂委托某服装厂加工工作服，合同约定布料由工厂提供，价值60万元，工厂另支付加工费20万元，下列各项关于计算印花税的表述中，正确的是（　）。

A. 工厂应以60万元的计税依据，按销售合同的税率计算印花税

B. 服装厂应以60万元的计税依据，按销售合同的税率计算印花税

C. 服装厂应以20万元加工费为计税依据，按加工承揽合同的税率计算印花税

D. 服装厂和工厂均以80万元为计税依据，按照加工承揽合同的税率计算印花税

解析 由委托方提供原材料的委托加工合同，应该以加工费作为计税依据，按加工承揽合同的税率计算印花税。　　　**答案** C

【例题21·单选题】甲企业与乙企业签订一份技术开发合同，记载金额共计800万元，其中研究开发经费为500万元。该合同甲、乙各持一份，共应缴纳的印花税为（　）元。

A. 900　　　　B. 1800
C. 2400　　　D. 4800

解析 技术开发合同以报酬金额作为计税依据，研究开发经费不作为计税依据。应纳税额=（800−500）×0.3‰×2=0.18（万元）=1800（元）。　　　**答案** B

【例题22·单选题】某交通运输企业2019年12月签订以下合同：（1）与某银行签订融资租赁合同购置新车15辆，合同载明租赁期限为3年，每年支付租金100万元；（2）与某客户签订货物运输合同，合同载明货物价值500万元，运输费用65万元（含装卸费5万元，货物保险费10万元）；（3）与某运输企业签订租赁合同，合同载明将本企业闲置的总价值300万元的10辆货车出租，每辆车月租金4000元，租期未定；（4）与某保险公司签订保险合同，合同载明为本企业的50辆车上第三方责任险，每辆车每年支付保险费4000元。该企业当月应缴纳的印花税为（　）元。

A. 505　　　　B. 540
C. 605　　　　D. 640

解析 融资租赁合同应纳印花税=100×3×0.05‰=0.015（万元）

货物运输合同应纳印花税=（65−5−10）×0.5‰=0.025（万元）

货车租赁合同应纳印花税5元

保险合同应纳印花税=50×0.4×1‰=0.02（万元）

该企业当月应纳印花税=0.015+0.025+

5/10000+0.02=0.0605（万元）=605（元）

答案 ▶ C

1. （2019年单选题）甲企业与运输公司签订货物运输合同，记载装卸费20万元，保险费10万元，运输费30万元，则甲企业按"货物运输合同"税目计算缴纳印花税的计税依据为（ ）。

   A. 40万元　　　　B. 30万元

   C. 60万元　　　　D. 50万元

   解析 ▶ 货物运输合同的计税依据为取得的运输费金额（即运费收入），不包括所运货物的金额、装卸费和保险费等。　**答案** ▶ B

2. （2015年多选题）甲是国内运输企业，乙是国外运输企业，丙委托甲和乙运输，甲是起运方，乙负责国外运输，甲乙丙都签了全程运输单，以下说法正确的有（ ）。

   A. 甲按本程运费贴花

   B. 乙按本程运费贴花

   C. 乙按全程运费贴花

   D. 丙按全程运费贴花

   解析 ▶ 选项A，对国际货运，凡由我国运输企业运输的，不论在我国境内、境外起运或中转分程运输，我国运输企业所持的一份运费结算凭证，均按本程运费计算应纳税额；选项D，托运方所持的一份运费结算凭证，按全程运费计算应纳税额；选项BC，由外国运输企业运输进出口货物的，外国运输企业所持的一份运输结算凭证免纳印花税。　**答案** ▶ AD

（四）税收优惠（见表11-11）★★★

表11-11　印花税的税收优惠

免税情形	说明
已税凭证副本或抄本	如果副本或者抄本视同正本使用的，则应另贴印花
无息、贴息贷款合同	指我国的各专业银行按照国家金融政策发放的无息贷款，以及由各专业银行发放并按有关规定由财政部门或中国人民银行给予贴息的贷款项目所签订的贷款合同
生活居住用租赁合同	指房地产管理部门与个人签订的用于生活居住的租赁合同
农牧业保险合同	免税
营业账簿	从2018年5月1日起，记载资金的营业账簿减半征税，其他营业账簿免税
高校学生公寓租赁合同	对与高校学生签订的高校学生公寓租赁合同，免征印花税
公租房经营管理单位	对公租房经营管理单位购买住房作为公租房，免征印花税；对公租房租赁双方签订租赁协议涉及的印花税给予免征
安置用房	在商品住房等开发项目中配套建造安置住房的，依据政府部门出具的相关材料、房屋征收（拆迁）补偿协议或棚户区改造合同（协议），按改造安置住房建筑面积占总建筑面积的比例免征印花税
棚户区改造安置住房	对改造安置住房经营管理单位、开发商与改造安置住房相关的印花税以及购买安置住房的个人涉及的印花税自2013年7月4日起予以免征
社保基金	对全国社会保障基金理事会、全国社会保障基金投资管理人管理的全国社会保障基金转让非上市公司股权，免征全国社会保障基金理事会、全国社会保障基金投资管理人应缴纳的印花税

【知识点拨】 自 2018 年 5 月 1 日起，对按万分之五税率贴花的资金账簿减半征收印花税，对按件贴花五元的其他账簿免征印花税。

【例题 23 · 多选题】 下列凭证中，无需缴纳印花税的有（　　）。

A. 房屋赠予合同

B. 银行同业拆借所签订的借款合同

C. 无息、贴息贷款合同

D. 与高校学生签订的高校学生公寓租赁合同

解析 ▶ 选项 A，房屋赠予合同应该按照产权转移书据缴纳印花税。 答案 ▶ BCD

（五）征收管理 ★

1. 纳税方法

印花税的征收管理十分独特。根据税额大小、贴花次数以及税收征收管理的需要，分别采用三种征税方法，具体内容见表 11-12。

表 11-12　印花税的纳税方法

方法	适用范围	规定
自行贴花办法	一般适用于应税凭证较少或者贴花次数较少的纳税人	自行贴花办法 （1）自行计算应纳税额，自行购买印花税票，自行一次贴足印花税票并加以注销或划销； （2）已贴花的凭证，修改后所载金额增加的，其增加部分应当补贴印花税票； （3）多贴印花税票者，不得申请退税或者抵用
汇贴或汇缴办法	一般适用于应纳税额较大或者贴花次数频繁的纳税人	汇贴：当一份凭证应纳税额超过 500 元时，应向税务机关申请填写缴款书或者完税凭证 汇缴：同一种类应税凭证需要频繁贴花的。汇总缴纳的期限，由当地税务机关确定，但最长不得超过 1 个月
委托代征办法	主要适用于与税务机关签订委托代征协议的单位	主要是通过税务机关的委托，经由发放或者办理应纳税凭证的单位代为征收印花税税款。税务机关委托工商行政管理机关代售印花税票，按代售金额 5% 的比例支付代售手续费

2. 纳税环节和纳税地点

印花税应当在书立或领受时贴花。具体是指在合同签订时、账簿启用时和证照领受时贴花。如果合同是在国外签订，并且不便在国外贴花的，应在将合同带入境时办理贴花纳税手续。

印花税一般实行就地纳税。对于全国性商品物资订货会（包括展销会、交易会等）上所签订合同应纳的印花税，由纳税人回其所在地后及时办理贴花完税手续；对地方主办、不涉及省际关系的订货会、展销会上所签合同的印花税，其纳税地点由各省、自治区、直辖市人民政府自行确定。

【例题 24 · 多选题】 下列关于印花税征收管理规定的说法中，正确的有（　　）。

A. 按期汇总缴纳印花税的期限为 1 个月

B. 凡多贴印花税票者，不可申请退税，但可申请下期抵用

C. 纳税人购买了印花税票不等于履行了纳税义务，只有在将印花税票贴在应税凭证上后，才算完成了纳税义务

D. 印花税一般实行就地纳税，但对于全国性商品物资订货会上所签订合同应纳的印花税，应由纳税人回其所在地后及时办理贴花完税手续

解析 ▶ 凡多贴印花税票者，不得申请退税或者抵用；纳税人购买了印花税票不等于履行了纳税义务，只有在将印花税票贴在应税凭证上并进行注销或划销后，才完成纳税义务。 答案 ▶ AD

3. 违章与处罚（见表 11-13）

表 11-13　印花税的违章与处罚

违章情形	处罚措施
伪造印花税票的	由税务机关责令改正，处以 2000 元以上 1 万元以下的罚款；情节严重的，处以 1 万元以上 5 万元以下的罚款；构成犯罪的，依法追究刑事责任
纳税人违反：汇总缴纳印花税的凭证，应加注税务机关指定的汇缴戳记，编号并装订成册后，将已贴印花或者缴款书的一联粘附册后，盖章注销，保存备查	由税务机关责令限期改正，可处以 2000 元以下的罚款；情节严重的，处以 2000 元以上 1 万元以下的罚款
纳税人违反：对纳税凭证应妥善保存。凭证的保存期限，凡国家已有明确规定的，按规定办理；没有明确规定的其余凭证，均应在履行完毕后保存 1 年	
在应纳税凭证上未贴或者少贴印花税票的，或者已粘贴在应税凭证上的印花税票未注销或者未划销的	由税务机关追缴其不缴或者少缴的税款、滞纳金，并处不缴或者少缴的税款50%以上 5 倍以下的罚款
已贴用的印花税票揭下重用造成未缴或少缴印花税的	由税务机关追缴其不缴或者少缴的税款、滞纳金，并处不缴或者少缴的税款50%以上 5 倍以下的罚款；构成犯罪的，依法追究刑事责任
按期汇总缴纳印花税的纳税人，超过税务机关核定的纳税期限，未缴或少缴印花税款的	由税务机关追缴其不缴或者少缴的税款、滞纳金，并处不缴或者少缴的税款50%以上 5 倍以下的罚款；情节严重的，同时撤销其汇缴许可证；构成犯罪的，依法追究刑事责任

【例题 25·多选题】印花税的纳税人有以下（　）情形的，税务机关可处以 2000 元以下的罚款；情节严重的，处以 2000 元以上 1 万元以下的罚款。

A. 纳税人未妥善保存纳税凭证

B. 纳税人未在规定期限内汇总缴纳印花税

C. 纳税人少缴纳印花税

D. 纳税人汇总缴纳印花税的凭证未按规定装订成册

解析 ▶ 纳税人违反以下规定的，税务机关可处以 2000 元以下的罚款；情节严重的，处以 2000 元以上 1 万元以下的罚款：（1）凡汇总缴纳印花税的凭证，应加注税务机关指定的汇缴戳记，编号并装订成册后，将已贴印花或者缴款书的一联粘附册后，盖章注销，保存备查。（2）纳税人对纳税凭证应妥善保存。凭证的保存期限，凡国家已有明确规定的，按规定办理；没有明确规定的其余凭证均应在履行完毕后保存 1 年。　答案 ▶ AD

同步训练　限时80分钟

一、单项选择题

1. 下列各项不属于车辆购置税征税范围的是（　）。

A. 大卡车　　　　B. 摩托车

C. 有轨电车　　　D. 自行车

2. 某汽车制造厂的下列行为，需要缴纳车辆购置税的是（　）。

A. 销售小汽车

B. 将自产小汽车用于奖励职工

C. 将自产小汽车用于投资入股

D. 将自产小汽车用于企业管理部门

3. 汽车销售公司销售小轿车时一并向购买方收取的下列款项中，应作为价外费用计算车辆购置税的是（　　）。

A. 收取的小轿车装饰费

B. 因代办保险收取的保险费

C. 因代办牌照收取的车辆牌照费

D. 因代办缴税收取的车辆购置税税款

4. 2019 年 6 月王某从汽车 4S 店购置了一辆排气量为 1.8 升的乘用车，支付购车款（含增值税）226000 元并取得"机动车销售统一发票"，支付代收保险费 5000 元并取得保险公司开具的票据，支付购买工具件价款（含增值税）1000 元并取得汽车 4S 店开具的普通发票。王某应缴纳的车辆购置税为（　　）元。

A. 20000

B. 20088.50

C. 20530.97

D. 23200

5. 下列车辆中，可以免征车辆购置税的是（　　）。

A. 回国服务的在外留学人员用现汇购买的 1 辆个人自用的进口小汽车

B. 挂车

C. 外国驻华使馆外交人员自用车辆

D. 设有固定装置的运输车辆

6. 某汽车贸易公司 2019 年 6 月进口 20 辆小汽车，海关审定的关税完税价格为 25 万元/辆，当月销售 12 辆，取得含税销售收入 540 万元；3 辆企业自用，5 辆用于投资，投资合同约定每辆含税价格为 45 万元。该汽车贸易公司应纳车辆购置税（　　）万元。（小轿车关税税率 30%、消费税率 12%）

A. 11.08

B. 29.55

C. 44.32

D. 73.86

7. 下列关于车辆购置税征收管理的规定中，

表述正确的是（　　）。

A. 纳税人购置需要办理车辆登记的应税车辆，向户籍所在地的主管税务机关申报纳税。

B. 纳税人购置需办理车辆登记注册手续的应税车辆，向车辆登记注册地的税务机关申报纳税

C. 纳税人购置自用的应税车辆，应自购买之日起 30 日内申报纳税

D. 纳税人进口自用的应税车辆，应自进口之日起 90 日内申报纳税

8. 下列关于车船税税率的表述，错误的是（　　）。

A. 车船税实行定额税率

B. 非机动车船的税负重于机动车船

C. 小吨位船舶的税负轻于大船舶

D. 拖船按照发动机功率每 1 千瓦折合净吨位 0.67 吨计算征收车船税

9. 下列车船中以净吨位每吨作为车船税计税单位的是（　　）。

A. 客车

B. 货车

C. 游艇

D. 机动驳船

10. 下列各项中减半征收车船税的是（　　）。

A. 货车

B. 养殖渔船

C. 节能车船

D. 警用车船

11. 某市旅游公司 2019 年拥有纯电动乘用车 3 辆，燃料电池乘用车 5 辆，其他非插电式混合动力汽车 4 辆，汽车核定载客人数均为 10 人；同时拥有机动船 5 艘，每艘净吨位 100 吨，拥有游艇 1 艘，艇身长度 16 米，当地省人民政府规定：10 人载客汽车年税额为 500 元每辆，机动船净吨位小于或者等于 200 吨的，每吨 3 元，艇身长度超过 10 米但不超过 18 米的游艇，每米 900 元。该旅游公司 2019 年应缴纳车船税（　　）元。

A. 16900

B. 17900

C. 20900

D. 21900

12. 某机械制造厂 2019 年拥有货车 3 辆，每辆货车的整备质量均为 1.499 吨；挂车 1 部，其整备质量为 1.2 吨；小汽车 2 辆。已知货车车船税税率为整备质量每吨年基准税额 16 元，小汽车车船税税率为每辆年基准税额 360 元。该厂 2019 年度应纳的车船税为（　）元。

A. 441.6　　　　B. 792

C. 801.55　　　D. 811.2

13. 下列关于车船税征收管理表述错误的是（　）。

A. 车船税纳税义务发生时间为取得车船所有权或者管理权的次月

B. 车船税的纳税地点为车船的登记地或者车船税扣缴义务人所在地

C. 车船税按年申报，分月计算，一次性缴纳

D. 对于依法不需要购买机动车交通事故责任强制保险的车辆，纳税人应当向主管税务机关申报缴纳车船税

14. 下列各项属于印花税的纳税义务人的是（　）。

A. 合同的担保人

B. 权利许可证照的发放人

C. 合同的鉴定人

D. 电子形式签订应税凭证的当事人

15. 下列合同中，属于印花税征税范围的是（　）。

A. 法律咨询合同

B. 融资租赁合同

C. 银行设置的现金收付登记簿

D. 电网与用户之间签订的供用电合同

16. 下列不属于印花税权利、许可证照的是（　）。

A. 专利证

B. 工商营业执照

C. 商标注册证

D. 卫生许可证

17. 2019 年 7 月，甲公司将闲置厂房出租给乙公司，合同约定每月租金 3000 元，租期未定。签订合同时，预收租金 6000 元，双方已按定额贴花。11 月底合同解除，甲公司收到乙公司补交租金 9000 元。甲公司 11 月份应补缴印花税（　）元。

A. 8.5　　　　　B. 9

C. 10　　　　　D. 12.5

18. 某企业 2019 年 8 月份开业，领受房屋产权证、工商营业执照、商标注册证、土地使用证、专利证各一份。公司实收资本 500 万元，资本公积 300 万元，除资金账簿外，启用了 10 本营业账簿；同年与甲公司签订了一份易货合同，合同约定，以价值 420 万元的产品换取 380 万元的原材料，甲公司补差价 40 万元。2019 年该企业应纳印花税（　）元。

A. 4425　　　　B. 4475

C. 6475　　　　D. 6975

19. 某钢铁公司与机械进出口公司签订购买价值 2000 万元设备合同，为购买此设备向商业银行签订借款 2000 万元的借款合同。后因故购销合同作废，改签融资租赁合同，租赁费共计 1000 万元。根据上述情况，该钢铁公司一共应缴纳印花税（　）元。

A. 1500　　　　B. 6500

C. 7000　　　　D. 7500

20. 乙公司委托甲公司加工一批服装，双方签订了一份加工合同，甲公司代乙公司购买加工用原材料 150 万元，并且提供价值 50 万元的辅料，另收取加工费 30 万元。该笔加工业务，甲公司应缴纳的印花税为（　）元。

A. 690　　　　　B. 850

C. 810　　　　　D. 750

21. 某企业 2019 年期初营业账簿记载的实收资本和资本公积余额为 500 万元，当年该

企业增加实收资本 120 万元，新建其他账簿 12 本，领受专利局发给的专利证 1 件、税务机关重新核发的税务登记证 1 件。该企业上述凭证 2019 年应纳的印花税为（　　）元。

A. 65　　　　　　　　B. 305

C. 665　　　　　　　D. 3165

22. 下列各项中，不符合印花税计税依据规定的是（　　）。

A. 财产租赁合同的计税依据为租赁金额，经计算，税额不足 1 元的，按 1 元贴花

B. 对银行及其他金融组织的融资租赁业务签订的融资租赁合同，应按合同所载租金总额，暂按借款合同计税

C. 采用以货换货方式进行商品交易签订的合同，应按合同所载的购、销合计金额计税贴花

D. 技术合同的计税依据为合同所载的价款、报酬或使用费，研究开发经费也作为计税依据

23. 下列关于印花税计税依据特殊规定的说法中，正确的是（　　）。

A. 应纳税额不足 1 角的，免税；1 角以上不满 2 角的，按 1 角计算

B. 按金额比例贴花的应税凭证，未标明金额的，应暂不贴花

C. 应税凭证所载金额为外国货币的，应按照凭证书立当日国家外汇管理局公布的外汇牌价折合成人民币，然后计算应纳税额

D. 对已履行并贴花合同，所载金额与合同履行后实际结算金额不一致的，应当对实际结算金额超过合同所载金额的部分补贴印花

二、多项选择题

1. 下列行为中，属于车辆购置税应税行为的有（　　）。

A. 进口使用应税车辆的行为

B. 购买使用应税车辆的行为

C. 自产自用应税车辆的行为

D. 销售应税车辆的行为

2. 下列各项中，符合车辆购置税柜关规定的有（　　）。

A. 购买自用摩托车的计税依据是支付的全部价款和价外费用（不含增值税）

B. 接受投资入股的车辆不征收车辆购置税

C. 设有固定装置的非运输车辆免车辆购置税

D. 销售单位开展优质销售活动所开票收取的有关费用应作为车辆购置税的计税依据

3. 某旅游公司 2020 年 2 月从游艇生产企业购进一艘游艇，取得的增值税专用发票注明价款 120 万元、税额 15.6 万元；从汽车贸易公司购进一辆小汽车，取得增值税机动车统一销售发票注明价款 40 万元、税额 5.2 万元。游艇的消费税税率为 10%，小汽车消费税税率为 5%。下列关于上述业务相关纳税事项的表述中，正确的有（　　）。

A. 汽车贸易公司应缴纳消费税 2 万元

B. 游艇生产企业应缴纳消费税 12 万元

C. 旅游公司应缴纳游艇的车辆购置税 12 万元

D. 旅游公司应缴纳小汽车的车辆购置税 4 万元

4. 下列车辆购置税减免税规定正确的有（　　）。

A. 外国驻华使馆、领事馆和国际组织驻华机构及其外交人员自用车辆免税

B. 长期来华定居专家进口 1 辆自用小汽车免税

C. 购置的挂车免税

D. 城市公交企业购置的公共汽电车辆免税

5. 下列各项中，符合车船税有关规定的有（　　）。

A. 商用客车，以"每辆"为计税单位

B. 载货汽车，以"整备质量每吨"为计税

单位

C. 游艇，以"每艘"为计税单位

D. 机动船舶，以"净吨位每吨"为计税单位

6. 根据车船税的规定，下列选项中属于法定减免的有（　　）。

A. 捕捞、养殖渔船

B. 人民检察院领取警用牌照的车辆

C. 使用新能源的车船

D. 经批准临时入境的外国车船

7. 根据车船税的征收管理，下列表述正确的有（　　）。

A. 依法不需要办理登记的车船，应在车船的所有人或者管理人所在地缴纳车船税

B. 车船税纳税义务发生时间为取得车船所有权或者管理权的当月

C. 已由保险机构代收代缴车船税的且能够提供合法有效完税证明的，纳税人不再向税务机关申报缴纳车船税

D. 在同一纳税年度内，已缴纳车船税的车船办理转让过户的，不另缴纳车船税，同时也不退税

8. 下列凭证中，属于印花税征税范围的有（　　）。

A. 银行设置的现金收付登记簿

B. 个人出租门店签订的租赁合同

C. 电网与用户之间签订的供用电合同

D. 出版单位与发行单位之间订立的图书订购单

9. 下列各项中，应当征收印花税的项目有（　　）。

A. 产品加工合同

B. 法律咨询合同

C. 技术开发合同

D. 出版印刷合同

10. 孙某将自有商铺无偿赠与非法定继承人王某，已向税务机关提交经审核并签字盖章的"个人无偿赠与不动产登记表"。下列有关孙某赠房涉及税收的表述中，正确的有（　　）。

A. 孙某应缴纳契税

B. 王某应缴纳契税

C. 孙某应缴纳印花税

D. 王某应缴纳印花税

11. 关于印花税的计税依据，下列说法正确的有（　　）。

A. 货物运输合同以运输费用和装卸费用总额为计税依据

B. 以物易物方式的商品交易合同，以购销合计金额为计税依据

C. 电网与发电企业签订的供用电合同，以购销合同列明的金额为计税依据

D. 由委托方提供主要材料的加工合同，以加工费和主要材料合计金额为计税依据

12. 对国内各种形式的货物联运，下列说法正确的有（　　）。

A. 凡在起运地统一结算全程运费的，应以全程运费为计税依据，由起运地运费结算双方缴纳印花税

B. 凡在起运地结算全程运费的，分别由办理运费结算的各方缴纳印花税

C. 凡分程结算运费的，应以分程的运费作为计税依据，分别由办理运费结算的各方缴纳印花税

D. 凡分程结算运费的，由起运地运费结算双方缴纳印花税

13. 下列合同中，免征印花税的有（　　）。

A. 贴息贷款合同

B. 仓储保管合同

C. 农牧业保险合同

D. 建设工程勘察合同

14. 甲公司于2019年2月与乙公司签订了数份以货易货合同，以共计750000元的钢材换取650000元的水泥，甲公司取得差价100000元。下列各项中表述正确的有（　　）。

A. 甲公司2月应缴纳的印花税为225元

B. 甲公司2月应缴纳的印花税为420元

C. 甲公司可对易货合同采用汇总方式缴

纳印花税

    D. 甲公司可对易货合同采用汇贴方式缴纳印花税

15. 下列各项中，符合印花税有关规定的有（　　）。

    A. 流动资金借款周转性合同先以其规定的最高限额为计税依据，在签订时贴花一次，在限额内随借随还时，再另贴印花

    B. 凡一项信贷业务既签订借款合同，又一次或分次填开借据的，应以借款合同和借据所载金额分别计税贴花

    C. 对借款方以财产作抵押，从贷款方取得一定数量抵押贷款的合同，应按借款合同贴花

    D. 借款合同由借款方与银团各方共同书立、各执一份合同正本的，借款方与银团各方应分别在所执的合同正本上，按各自的借款金额计税贴花

16. 下列各项中，符合印花税有关违章处罚规定的有（　　）。

    A. 已贴印花税票，揭下重用造成未缴或少缴印花税的，一律依法追究刑事责任

    B. 在应税凭证上未贴少贴印花税票，处以未贴少贴金额3倍至5倍的罚款

    C. 纳税人对纳税凭证未妥善保存，可处以2000元以下的罚款

    D. 伪造印花税票情节严重的，处以1万元以上5万元以下的罚款；构成犯罪的，依法追究刑事责任

三、计算问答题

1. 某企业2019年签订如下合同：

    (1) 与会计师事务所签订年报审计合同，审计费为12万元。

    (2) 与国外某公司签订一份受让期五年的专利技术合同，技术转让费按此项技术生产的产品实现销售收入的2%收取，每年分别在6月和12月结算。

    (3) 与国内甲公司签订委托定制产品合同，约定产品生产的原材料由甲公司提供，合同只约定定制产品总金额40万元，未分别载明提供的材料款和加工费。

    (4) 与供电部门签订一份供电合同，合同约定按实际供电数量和金额按月结算电费。

    (5) 与某材料供应商签订一份材料采购合同，合同金额为60万元；次月因生产计划变化，经与供应商协商减少采购数量，签订一份补充合同，合同金额修改为50万元。

    (6) 与银行签订一份流动资金周转借款合同，最高贷款限额为5000万元，每次在限额内借款。

    (7) 以500万元取得一宗土地用于建造厂房，与土地管理部门签订一份土地使用权出让合同。

    问题：请分别说明该企业签订的合同是否缴纳印花税；若缴纳，则简述计算缴纳印花税时的计税依据和适用税目。

2. 某公司主要从事建筑工程机械的生产制造，2019年发生以下业务：

    (1) 签订钢材采购合同一份，采购金额8000万元；签订以货换货合同一份，用库存的3000万元A型钢材换取对方相同金额的B型钢材；签订销售合同一份，销售金额15000万元。

    (2) 公司作为受托方签订甲、乙两份加工承揽合同，甲合同约定：由委托方提供主要材料（金额300万元），受托方只提供辅助材料（金额20万元），受托方另收取加工费50万元；乙合同约定：由受托方提供主要材料（金额200万元）并收取加工费40万元。

    (3) 公司作为受托方签订技术开发合同一份，合同约定：技术开发金额共计1000万元，其中研究开发费用与报酬金额之比为3:1。

    (4) 公司作为承包方签订建筑安装工程承包合同一份，承包金额300万元，公司随后又将其中的100万元业务分包给另一单

位，并签订相关合同。

（5）公司 2019 年 9 月新增实收资本 2000 万元、资本公积 500 万元。

（6）公司 2019 年 6 月启用其他账簿 10 本。

要求：根据上述资料，按照下列序号计算回答问题，每问需计算出合计数。

（1）该公司业务（1）应缴纳的印花税。

（2）该公司业务（2）应缴纳的印花税。

（3）该公司业务（3）应缴纳的印花税。

（4）该公司业务（4）应缴纳的印花税。

（5）该公司业务（5）应缴纳的印花税。

（6）该公司业务（6）应缴纳的印花税。

3. 甲企业 2019 年度发生部分经营业务如下：

（1）1 月份取得国有土地 4000 平方米，签订了土地使用权出让合同，记载的出让金额为 4000 万元，并约定当月交付；然后委托施工企业建造仓库，工程 4 月份竣工，5 月份办妥了验收手续。该仓库在甲企业账簿"固定资产"科目中记载的原值为 9500 万元。

（2）3 月份该企业因为生产规模扩大，购置了乙企业的仓库 1 栋，产权转移书据上注明的交易价格为 1200 万元，在企业"固定资产"科目上记载的原值为 1250 万元，取得了房屋权属证书。

其他相关资料：已知当地省政府规定的房产税计算余值的扣除比例为 30%，契税税率 4%，城镇土地使用税税率 20 元/平方米，产权交易印花税税率 0.5‰。

根据上述资料，按照下列序号计算回答问题。

（1）计算业务（1）甲企业应缴纳的契税、印花税。

（2）计算业务（1）甲企业 2019 年应缴纳的房产税、城镇土地使用税。

（3）计算业务（2）甲企业应缴纳的契税、印花税。

（4）计算业务（2）甲企业 2019 年应缴纳的房产税。

同步训练答案及解析

一、单项选择题

1. D 【解析】车辆购置税的征税范围包括购置汽车、有轨电车、汽车挂车、排气量超过一百五十毫升的摩托车。

2. D 【解析】取得小汽车自用行为属于车辆购置税的征税范围，要缴纳车辆购置税。销售小汽车、将自产小汽车用于奖励职工、投资入股的行为，不属于车辆购置税的征税范围，不征收车辆购置税。

3. A 【解析】因代办保险收取的保险费、因代办牌照收取的车辆牌照费、因代办缴税收取的车辆购置税税款不计入车辆购置税的计税依据。

4. B 【解析】王某应缴纳的车辆购置税 =（226000 + 1000）÷ 1.13 × 10% = 20088.50（元）

5. C 【解析】回国服务的在外留学人员用现汇购买 1 辆个人自用国产小汽车，免征车辆购置税；购置挂车减半征收车辆购置税；设有固定装置的非运输车辆，免征车辆购置税。

6. A 【解析】纳税人进口自用的应税车辆以组成计税价格为计税依据。对外销售和投资的小汽车不属于自用，无需缴纳车辆购置税。汽车贸易公司应纳车辆购置税 =（25 + 25 × 30%）÷（1 - 12%）× 10% × 3 = 11.08（万元）。

7. B 【解析】选项 A，纳税人购置需要办理车辆登记的应税车辆，向车辆登记地的主管税务机关申报纳税。选项 C，纳税人购置自用的应税车辆，应自购买之日起 60 日内申报纳税；选项 D，进口自用的应税车辆，应当自进口之日起 60 日内申报纳税。

8. B 【解析】选项B，机动车船的税负重于非机动车船。

9. D 【解析】选项A，以每辆作为计税单位；选项B，以整备质量每吨作为计税单位；选项C，以艇身长度每米作为计税单位。

10. C 【解析】选项A，正常缴纳车船税；选项B、D，免征车船税。

11. A 【解析】纯电动乘用车、燃料电池乘用车不属于车船税征税范围，其他混合动力汽车按照同类车辆适用税额减半征税。

    该旅游公司应纳车船税 = 4×500×50% + 5×100×3 + 16×900 = 16900（元）

12. C 【解析】挂车按照货车税额的50%计算纳税。车船税法及其实施条例涉及的整备质量、净吨位等计税单位，有尾数的一律按照含尾数的计税单位据实计算车船税应纳税额。计算得出的应纳税额小数点后超过两位的可四舍五入保留两位小数。

    该机械制造厂2019年应纳的车船税 = 1.499×3×16 + 1.2×16×50% + 2×360 = 801.55（元）

13. A 【解析】选项A，车船税纳税义务发生时间为取得车船所有权或者管理权的当月。

14. D 【解析】合同的鉴定人和担保人，不是印花税纳税义务人；权利许可证照的领受人为印花税纳税义务人。

15. B 【解析】选项A，法律咨询合同不属于技术咨询，不贴印花；选项B，融资租赁合同按借款合同缴纳印花税；选项C，银行根据业务管理需要设置的各种登记簿，其记载的内容与资金活动无关，不属于印花税列举征税的凭证，不征收印花税；选项D，电网与用户之间签订的供用电合同不属于印花税列举征税的凭证，不征收印花税。

16. D 【解析】权利、许可证照包括政府部门发给的房屋产权证、工商营业执照、商标注册证、专利证、土地使用证。

17. C 【解析】有些合同，在签订时无法确定计税金额，可在签订时先按定额5元贴花，以后结算时再按实际金额计税，补贴印花。应补缴印花税 = (6000 + 9000) × 1‰ - 5 = 10（元）。

18. A 【解析】以货易货合同，以换出资产的价值420万元加上换入资产的价值380万元作为计税依据。

    应纳印花税 = 5×5 + (500 + 300)×0.5‰×50%×10000 + (420 + 380)×0.3‰×10000 = 4425（元）

19. D 【解析】(1)购销合同应纳税额 = 2000×0.3‰ = 0.6（万元），不论合同是否兑现或是否按期兑现，均应贴花。本题中购销、借款合同作废不能免税，要正常缴纳印花税。

    (2)借款合同应纳税额 = 2000×0.05‰ = 0.1（万元）

    (3)融资租赁合同属于借款合同，应纳税额 = 1000×0.05‰ = 0.05（万元）

    该公司应纳税额 = 0.6 + 0.1 + 0.05 = 0.75（万元） = 7500（元）

20. D 【解析】甲公司代乙公司购买材料的行为，应按购销合同缴纳印花税，加工费按照加工承揽合同贴花，辅料按照购销合同贴花。

    应纳印花税 = (150 + 50)×0.3‰×10000 + 30×0.5‰×10000 = 750（元）

21. B 【解析】记载资金的账簿，按增加实收资本金额0.5‰贴花；其他账簿和专利证按件贴花5元，税务登记证不属于印花税征税范围。自2018年5月1日起，对按万分之五税率贴花的资金账簿减半征收印花税，对按件贴花五元的其他账簿免征印花税。应纳印花税 = 120×0.5‰×50%×10000 + 1×5 = 305（元）。

22. D 【解析】选项D，技术合同只就合同所载的报酬金额计税，研究开发经费不作为计税依据。

23. C 【解析】应纳税额不足1角的，免税；1角以上的，其税额尾数不满5分的不计，满5分的按1角计算。按金额比例贴花的应税凭证，未标明金额的，应按照凭证所载数量及国家牌价计算金额；没有国家牌价的，按市场价格计算金额，然后按规定税率计算应纳税额。对已履行并贴花合同，所载金额与合同履行后实际结算金额不一致的，只要双方未修改合同金额，一般不再办理完税手续。

二、多项选择题

1. ABC 【解析】销售应税车辆的行为，不属于车辆购置税的应税行为。

2. ACD 【解析】选项B，接受投资入股的车辆属于车辆购置税应税行为，应该由接受捐赠一方缴纳车辆购置税。

3. BD 【解析】小汽车在生产环节、委托加工环节和进口环节缴纳消费税。汽车贸易公司销售小汽车不缴纳消费税，故汽车贸易公司应缴纳消费税 = 0。

游艇生产企业应缴纳消费税 = 120×10% = 12（万元）

游艇不属于车辆购置税征税范围，旅游公司应缴纳游艇的车辆购置税 = 0

旅游公司应缴纳小汽车的车辆购置税 = 40×10% = 4（万元）

4. ABD 【解析】对购置的挂车减半征收车辆购置税。

5. ABD 【解析】游艇，以"艇身长度每米"为计税单位。

6. ABC 【解析】经批准临时入境的外国车船和香港特别行政区、澳门特别行政区、台湾地区的车船，不征收车船税，该项减免税不属于法定减免税，而是属于特定减免税。

7. ABCD 【解析】根据车船税法的规定，选项ABCD的说法均正确。

8. BD 【解析】选项A，银行根据业务管理需要设置的各种登记簿，如空白重要凭证登记簿、有价单证登记簿、现金收付簿等，其记载的内容与资金活动无关，仅用于内部备查，属于非营业账簿，均不征收印花税；选项C，电网与用户之间签订的供用电合同不属于印花税列举征税的凭证，不征收印花税。

9. ACD 【.解析】咨询合同中只有技术咨询合同缴纳印花税，其他咨询合同无需缴纳印花税。

10. BCD 【解析】在房地产交易中，销售方缴纳增值税、城建及附加、土地增值税、印花税、所得税；购买方缴纳契税和印花税。

11. BC 【解析】选项A，货物运输合同的计税依据为取得的运输费金额（即运费收入），不包括所运货物的金额、装卸费和保险费等；选项D，对于由委托方提供主要材料或原料，受托方只提供辅助材料的加工合同，无论加工费和辅助材料金额是否分别记载，均以辅助材料与加工费的合计数计税贴花，对委托方提供的主要材料或原料金额不计税贴花。

12. AC 【解析】对国内各种形式的货物联运，凡在起运地统一结算全程运费的，应以全程运费为计税依据，由起运地运费结算双方缴纳印花税；凡分程结算运费的，应以分程的运费作为计税依据，分别由办理运费结算的各方缴纳印花税。

13. AC 【解析】选项BD没有免税的规定。

14. BC 【解析】以货易货合同按照购销合计金额计算缴纳印花税，应纳税额 = （750000 + 650000）×0.3‰ = 420（元）；由于是数份合同，属于同一种类合同需要频繁贴花的，而且合同金额不大，可以采用汇总方式缴纳印花税。

15. CD 【解析】选项A，流动资金借款周转性合同以其规定的最高限额为计税依据，在签订时贴花一次，在限额内随借随还不签订新合同时，不再另贴印花；选项B，凡一项信贷业务既签订借款合同，又一次或分次填开借据的，只以借款合同所载金额计税贴花。

16. CD 【解析】已贴印花税票，揭下重用造成未缴或少缴印花税的，由税务机关追缴其不缴或者少缴的税款、滞纳金，并处不缴或者少缴税款50%以上5倍以下的罚款，构成犯罪的，依法追究刑事责任；在应税凭证上未贴少贴印花税票，由税务机关追缴其不缴或者少缴的税款、滞纳金，并处不缴或者少缴税款50%以上5倍以下的罚款。

三、计算问答题

1. 【答案】

(1)不缴纳印花税。因为年报审计合同不属于印花税征税范围。

(2)缴纳印花税，计税依据是合同所载的金额，但是合同无法确定计税金额，暂按5元贴花，结算时再按实际金额计税，补贴印花；适用"产权转移书据"税目。

(3)缴纳印花税，计税依据为40万元，适用"加工承揽合同"税目。

(4)不缴纳印花税。因为电网与用户签订的供用电合同不缴纳印花税。

(5)要缴纳印花税，计税依据为60万元，因为合同金额减少，多贴印花的，不得申请退税或抵扣；适用"购销合同"税目。

(6)要缴纳印花税，计税依据为5000万元，因为借贷双方签订的流动资金周转性借款合同，规定最高限额，对这类合同只以其规定的最高额为计税依据；适用"借款合同"税目。

(7)要缴纳印花税，计税依据为500万元；适用"产权转移书据"税目。

2. 【答案】

(1)商品购销活动中，采用以货换货方式进行商品交易签订的合同，应按合同所载的购、销合计金额计税贴花。

该公司业务(1)应缴纳的印花税=(8000+3000×2+15000)×0.3‰×10000=87000(元)

(2)①对于由受托方提供原材料的加工承揽合同，凡在合同中分别记载加工费金额和原材料金额的，应分别按"加工承揽合同"和"购销合同"计算印花税；②对于由委托方提供主要材料或原料，受托方只提供辅助材料的加工合同，无论加工费和辅助材料金额是否分别记载，均以辅助材料与加工费的合计数，依照"加工承揽合同"计算应纳的印花税额。

该公司业务(2)应缴纳的印花税=(50+20)×0.5‰×10000+200×0.3‰×10000+40×0.5‰×10000=1150(元)

(3)该公司业务(3)应缴纳的印花税=1000÷4×0.3‰×10000=750(元)

(4)该公司业务(4)应缴纳的印花税=(300+100)×0.3‰×10000=1200(元)

(5)该公司业务(5)应缴纳的印花税=(2000+500)×0.5‰×50%×10000=6250(元)

(6)该公司业务(6)应缴纳的印花税0元。

【思路点拨1】技术合同，只就合同所载的报酬金额计税，研究开发经费不作为计税依据。建筑安装工程承包合同的计税依据为承包金额，不得扣除任何费用。

【思路点拨2】如果施工单位将自己承包的建设项目再分包或转包给其他施工单位，其所签订的分包或转包合同，仍应按所载金额另行贴花。

【思路点拨3】自2018年5月1日起，对按万分之五税率贴花的资金账簿减半征收印花税，对按件贴花五元的其他账簿免征印花税。

3. 【答案】

(1)土地使用权出让合同应纳印花税=4000×10000×0.5‰=20000(元)

购置土地使用权应纳契税=4000×4%=160(万元)

(2)建造的仓库应纳房产税=9500×(1-

30%）×1.2%/12×7＝46.55（万元）

购置土地应纳城镇土地使用税＝4000×20×11/12≈73333.33（元）

（3）购置仓库应纳契税＝1200×4%＝48（万元）

购置仓库应纳印花税＝1200×10000×0.5‰＋1×5＝6005（元）

（4）购置仓库应纳房产税＝1250×（1－30%）×1.2%×9/12＝7.88（万元）

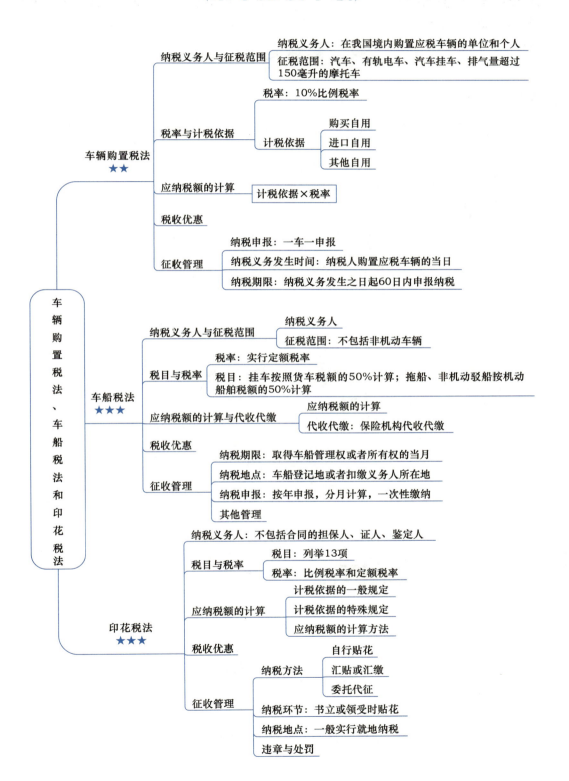

车辆购置税法
★★

- 纳税义务人与征税范围
  - 纳税义务人：在我国境内购置应税车辆的单位和个人
  - 征税范围：汽车、有轨电车、汽车挂车、排气量超过150毫升的摩托车
- 税率与计税依据
  - 税率：10%比例税率
  - 计税依据
    - 购买自用
    - 进口自用
    - 其他自用
- 应纳税额的计算
  - 计税依据×税率
- 税收优惠
- 征收管理
  - 纳税申报：一车一申报
  - 纳税义务发生时间：纳税人购置应税车辆的当日
  - 纳税期限：纳税义务发生之日起60日内申报纳税

车船税法
★★★

- 纳税义务人与征税范围
  - 纳税义务人
  - 征税范围：不包括非机动车辆
- 税目与税率
  - 税率：实行定额税率
  - 税目：挂车按照货车税额的50%计算；拖船、非机动驳船按机动船舶税额的50%计算
- 应纳税额的计算与代收代缴
  - 应纳税额的计算
  - 代收代缴：保险机构代收代缴
- 税收优惠
- 征收管理
  - 纳税期限：取得车船管理权或者所有权的当月
  - 纳税地点：车船登记地或者扣缴义务人所在地
  - 纳税申报：按年申报，分月计算，一次性缴纳
  - 其他管理

印花税法
★★★

- 纳税义务人：不包括合同的担保人、证人、鉴定人
- 税目与税率
  - 税目：列举13项
  - 税率：比例税率和定额税率
- 应纳税额的计算
  - 计税依据的一般规定
  - 计税依据的特殊规定
  - 应纳税额的计算方法
- 税收优惠
- 征收管理
  - 纳税方法
    - 自行贴花
    - 汇贴或汇缴
    - 委托代征
  - 纳税环节：书立或领受时贴花
  - 纳税地点：一般实行就地纳税
  - 违章与处罚

车辆购置税法、车船税法和印花税法

国际税收税务管理实务

考情解密

历年考情概况

本章篇幅较长，内容繁杂且晦涩难懂。但是与所占页码比重相比，本章在考试中所占的分值并不高，一般1道单选题、1道多选题，分值一般年份在3分左右；有的年份会涉及国际税收的计算(近5年中有3年考核国际税收的计算问答题，考核概率相对较高)，一旦考试中涉及国际税收的计算，本章的分值大约8~10分左右。

近年考点直击

考点	主要考查题型	考频指数	考查角度
国际税收协定典型条款	单选题、多选题	★★	(1)双重居民身份下最终居民身份的判定； (2)劳务所得的税务处理； (3)受益所有人的规定
非居民企业税收管理	单选题、多选题、计算问答题	★★★	(1)外国企业常驻代表机构企业所得税的核定征收，尤其注意经费支出的界定； (2)承包工程作业和提供劳务时企业所得税的核定征收； (3)对外支付时预扣预缴增值税的规定以及预提所得税的计算； (4)股息、利息、租金、特许权使用费和财产转让所得预提所得税的计算； (5)境外投资者从中国境内居民企业分配的利润，直接投资于鼓励类投资项目，递延纳税的条件及相关规定； (6)中国境内机构和个人对外付汇时哪些需要备案，哪些无需备案
境外所得税收管理	单选题、多选题、计算问答题	★★★	这是本章最有可能出计算问答题的地方。需要掌握，注意以下几点内容： (1)境外所得税收抵免的范围——直接抵免和间接抵免； (2)境外应纳税所得额的计算——注意哪些属于直接缴纳的税收，哪些属于间接负担的税收； (3)境外所得间接抵免的条件——持有20%以上股份、五层； (4)境外所得间接负担税额的计算——关键点，必须掌握； (5)注意税收饶让对税收抵免的影响
国际避税与反避税	单选题、多选题	★★	(1)税基侵蚀和利润转移行动计划及成果； (2)间接转让财产的税务处理； (3)成本分摊协议； (4)受控外国企业； (5)资本弱化

考点	主要考查题型	考频指数	考查角度
转让定价	单选题、多选题	★★★	(1)关联方的界定及关联交易类型； (2)同期资料管理中的主体文档、本地文档和特殊事项文档； (3)转让定价方法的类型及应用； (4)转让定价重点调查企业； (5)预约定价安排的范围及6个阶段
国际税收征管协作	单选题、多选题	★★	(1)情报交换的范围和密级； (2)海外账户税收遵从法案的范围； (3)金融账户涉税信息自动交换的有关规定

学习方法与应试技巧

由于本章内容繁杂且生涩难懂，而且考试中所占比重远低于页码所占比重，因此在本章学习中，关键在于：

1. 把握重点内容的学习。本章有近70页内容，在这些内容中需要大家关注重点内容，比如境外所得税收抵免的计算，对外支付时税款的扣缴，外国企业常驻代表机构企业所得税的计算，承包工程作业和提供劳务企业所得税的计算，股息、利息、租金、特许权使用费和财产转让所得应纳税额的计算，亏损弥补，资本弱化等内容，学习上述内容时，注意结合习题，反复练习，加深对所学内容

的理解与掌握。

2. 对于一些生涩难懂、且考试中基本不涉及的内容，有选择性地放弃。在本章学习中，大家要特别注意我们对重点难点等的标识，按照标识进行学习。

3. 多注意总结。由于本章内容庞杂，大家在学习过程中需要注意利用图表进行总结练习。

本章2020年考试主要变化

1. 删除承包工程作业和提供劳务中的登记备案管理和税务申报要求。

2. 删除《多边税收征管互助公约》的范围及我国声明保留的内容。

考点详解及精选例题

一、国际税收协定

扫我 解疑难

(一)国际税收协定及其范本

国际税收协定是指**两个或两个以上的主权国家**为了协调相互间在处理跨国纳税人征税事务和其他有关方面的税收关系，本着对等原则，经由政府谈判所签订的一种书面协

议或条约，也称为国际税收条约。

世界上最早的国际税收协定是比利时和法国于1843年签订的，早期的国际税收协定并无一定之规，相互之间差异较大。国际贸易中，影响最大的两个国际税收协定为《经合组织范本》(OECD范本)和《联合国范本》(UN范本)。两者总体结构基本一致，但内容存在重大差异，具体见表12-1。

第12章 国际税收税务管理实务

表 12-1　国际税收协定范本介绍

名称	适用范围	要点
《经合组织范本》（OECD范本）	虽在某些方面承认收入来源国的优先征税权，但其主导思想所强调的是居民税收管辖权。主要是为了促进经合组织成员国之间国际税收协定的签订	虽然在某些特殊方面承认收入来源国的优先征税权，但其主导思想所强调的是居民税收管辖权
《联合国范本》（UN范本）	较为注重扩大收入来源国的税收管辖权，在于促进发达国家和发展中国家之间国际税收协定的签订，同时也促进发展中国家相互间国际税收协定的签订。发展中国家多以此为依据	就收入来源国征税的权利而言，《联合国范本》强调，收入来源国对国际资本收入的征税应当考虑以下三点： （1）考虑为取得这些收入所应分担的费用，以保证对这种收入按其净值征税； （2）税率不宜过高，以免挫伤投资积极性； （3）考虑同提供资金的国家适当地分享税收收入，尤其是对在来源国产生的即将汇出境的股息、利息和特许权使用费所征收的预提所得税，以及对国际运输的船运利润所征收的税款，应体现税收分享原则

【例题1·单选题】下列关于《联合国范本》的表述，错误的是（　　）。

A. 较为注重扩大收入来源国的税收管辖权

B. 主要在于促进发达国家和发展中国家之间国际税收协定的签订，同时也促进发展中国家相互间国际税收协定的签订

C. 主导思想所强调的是居民税收管辖权

D. 多为发展中国家所采用作为签订税收协定的依据

解析 ▶《经合组织范本》的主导思想所强调的是居民税收管辖权。　答案 ▶ C

（二）我国缔结税收协定（安排）的情况

1. 1983年，我国同日本签订避免双重征税的协定，这是我国对外签订的第一个全面性地避免双重征税协定。

2. 截至2018年12月12日，我国已对外正式签署107个避免双重征税协定，其中100个协定已经生效；并与港澳台签订了相应的安排或协议。这些税收协定（安排、协议）的签署，在吸引外资和促进我国企业实施"一带一路"倡议等方面发挥了重要作用。

（三）国际税收协定典型条款介绍★★

国际税收协定的主要内容包括：协定适用范围、基本用语的定义、对所得和财产的课税、避免双重征税的办法、特别规定以及协定生效或终止的时间等。

1. 税收居民

（1）居民身份的判定。

判定居民身份的必要条件：居民应是在一国负有全面纳税义务的人。

"缔约国一方居民"是指按照该缔约国法律，由于住所、居所、管理机构所在地、总机构所在地、注册地或任何其他类似标准，在该缔约国负有纳税义务的人，也包括该缔约国、地方当局或法定机构；

居民应是在一国负有全面纳税义务的人，这是判断居民身份的必要条件。但"纳税义务"并不等同于事实上的征税。

（2）双重居民身份下最终居民身份的判定。

同时为缔约国双方居民的个人，其身份应按以下规则确定（注意先后顺序）：

①永久性住所。

②重要利益中心。

③习惯性居处。

④国籍。

【知识点拨】按上述四个标准的先后顺序确定，只有当使用前一标准无法解决问题时，才使用后一个标准。当采用上述标准依次判

断仍然无法确定其身份时，可由缔约国双方主管当局按照协定规定的相互协商程序协商解决。

（3）除个人以外（即公司和其他团体），同时为缔约国双方居民的人，应认定其是"实际管理机构"所在国的居民。如果缔约国双方因判定实际管理机构标准不同而不能达成一致意见的，应由缔约国双方主管当局按照协定规定的相互协商程序，通过相互协商解决。

【例题2·单选题】在国际税收中，双重居民身份下最终居民身份的判定应首先以（　　）为标准来判断。

A．永久性住所
B．重要利益中心
C．习惯性居处
D．实际管理机构

解析 ▶ 双重居民身份下最终居民身份的判定标准有：永久性住所、重要利益中心、习惯性居处和国籍。这些标准是有先后顺序的，只有当使用前一标准无法解决问题时，才使用后一标准。 答案 ▶ A

真题精练（客观题）

（2017年单选题）下列关于双重居民身份下最终居民身份判定标准的顺序中，正确的是（　　）。

A．永久性住所、重要利益中心、习惯性居处、国籍
B．国籍、永久性住所、重要利益、习惯性居处
C．重要利益中心、习惯性居处、永久性住所、国籍
D．习惯性居处、国籍、永久性住所、重要利益中心

解析 ▶ 先后顺序为：永久性住所、重要利益中心、习惯性居处、国籍。 答案 ▶ A

2．劳务所得（表12-2）

表12-2　劳务所得的税务处理

类别	税务处理	
独立个人劳务	缔约国一方居民个人由于专业性劳务或其他独立性活动取得的所得，应仅在该缔约国征税，但符合下列条件之一的，来源国有征税权： (1)该居民个人在缔约国另一方为从事上述活动的目的设有经常使用的固定基地； (2)该居民个人在任何12个月中在缔约国另一方停留连续或累计达到或超过183天	
非独立个人劳务	(1)一般情况下，应该在居民国征税	除适用董事费、退休金以及政府服务条款的规定以外，缔约国一方居民因受雇取得的薪金、工资和其他类似报酬，除在缔约国另一方从事受雇的活动以外，应仅在该缔约国一方征税
	(2)缔约国一方居民因在缔约国另一方从事受雇的活动取得的报酬，同时具有以下三个条件的，应仅在该缔约国一方（居民国）征税	①收款人在任何12个月中在该缔约国另一方停留连续或累计不超过183天； ②该项报酬由并非缔约国另一方居民的雇主支付或代表该雇主支付； ③该项报酬不是由雇主设在该缔约国另一方的常设机构或固定基地所负担
	(3)在缔约国一方企业经营国际运输的船舶或飞机上从事受雇活动取得的报酬，应仅在该缔约国征税	

（四）国际税收协定管理

1．受益所有人

（1）"受益所有人"，是指对所得或所得据以产生的权利或财产具有所有权和支配权的人。

（2）判定需要享受税收协定待遇的缔约对方居民（以下简称"申请人"）"受益所有人"身份时，应根据本条所列因素，结合具体案例的实际情况进行综合分析。一般来说，下列因素不利于对申请人"受益所有人"身份的

判定：

①申请人有义务在收到所得的**12 个月**内将所得的**50%**以上支付给**第三国（地区）居民**，"有义务"包括约定义务和虽未约定义务但已形成支付事实的情形。

②申请人从事的经营活动不构成实质性经营活动。

③缔约对方国家（地区）对有关所得不征税或免税，或征税但实际税率极低。

④在利息据以产生和支付的贷款合同之外，存在债权人与第三人之间在数额、利率和签订时间等方面相近的其他贷款或存款合同。

⑤在特许权使用费据以产生和支付的版权、专利、技术等使用权转让合同之外，存在申请人与第三人之间在有关版权、专利、技术等的使用权或所有权方面的转让合同。

（3）申请人从中国取得的所得为股息时，申请人虽不符合"受益所有人"条件，但直接或间接持有申请人 100%股份的人符合"受益所有人"条件，并且属于以下两种情形之一的，应认为申请人具有"受益所有人"身份：

①上述符合"受益所有人"条件的人为申请人所属居民国（地区）居民；

②上述符合"受益所有人"条件的人虽不为申请人所属居民国（地区）居民，但该人和间接持有股份情形下的中间层均为符合条件的人。

（4）下列申请人从中国取得的所得为股息时，可直接判定申请人具有"受益所有人"身份：

①缔约对方政府；

②缔约对方居民且在缔约对方上市的公司；

③缔约对方居民个人；

④申请人被第①至②项中的一人或多人直接或间接持有 100%股份，且间接持有股份情形下的中间层为中国居民或缔约对方居民。

（5）上述第（3）条、第（4）条要求的持股比例应当在取得股息前连续 12 个月以内任何

时候均达到规定比例。

（6）代理人或指定收款人等（以下统称"代理人"）不属于"受益所有人"。申请人通过代理人代为收取所得的，无论代理人是否属于缔约对方居民，都不应据此影响对申请人"受益所有人"身份的判定。

股东基于持有股份取得股息，债权人基于持有债权取得利息，特许权授予人基于授予特许权取得特许权使用费，不属于"代为收取所得"。

（7）根据上述第（2）条规定的各项因素判定"受益所有人"身份时，可区分不同所得类型通过公司章程、公司财务报表、资金流向记录、董事会会议记录、董事会决议、人力和物力配备情况、相关费用支出、职能和风险承担情况、贷款合同、特许权使用合同或转让合同、专利注册证书、版权所属证明等资料进行综合分析；判断是否为上述第（6）条规定的"代理人代为收取所得"情形时，应根据代理合同或指定收款合同等资料进行分析。

（8）申请人虽具"受益所有人"身份，但主管税务机关发现需要适用税收协定主要目的测试条款或国内税收法律规定的一般反避税规则的，适用一般反避税相关规定。

2. 合伙企业适用税收协定问题

有关合伙企业及其他类似实体（以下简称合伙企业）适用税收协定的问题，应按以下原则执行：

（1）依照中国法律在中国境内成立的合伙企业，其合伙人为税收协定缔约对方居民的，该合伙人在中国负有纳税义务的所得被缔约对方视为其居民的所得的部分，可以在中国享受协定待遇。

（2）依照外国（地区）法律成立的合伙企业，其实际管理机构不在中国境内，但在中国境内设立机构、场所的，或者在中国境内未设立机构、场所，但有来源于中国境内所得的，是中国企业所得税的非居民企业纳税人。除税收协定另有规定的以外，只有当该合伙企业是缔约对方居民的情况下，其在中

国负有纳税义务的所得才能享受协定待遇。该合伙企业根据《非居民纳税人享受税收协定待遇管理办法》报送的由缔约对方税务主管当局开具的税收居民身份证明，应能证明其根据缔约对方国内法，因住所、居所、成立地、管理机构所在地或其他类似标准，在缔约对方负有纳税义务。

税收协定另有规定的情况是指，税收协定规定，当根据缔约对方国内法。合伙企业取得的所得被视为合伙人取得的所得，则缔约对方居民合伙人应就其从合伙企业取得所得中分得的相应份额享受协定待遇。

（3）非居民纳税人享受税收协定待遇的税务管理

非居民纳税人享受协定待遇，采取"自行判断、申报享受、相关资料留存备查"的方式办理。非居民纳税人自行判断符合享受协定待遇条件的，可在纳税申报时，或通过扣缴义务人在扣缴申报时，自行享受协定待遇，同时按规定归集和留存相关资料备查，并接受税务机关后续管理。

（4）居民享受税收协定待遇的税务管理

①企业或个人（以下统称申请人）向主管其所得税的县级主管税务机关申请开具《税收居民证明》；

②申请人可以就其构成中国税收居民的任一公历年度申请开具《税收居民证明》；

③主管税务机关在受理申请之日起10个工作日内，由负责人签发《税收居民证明》并加盖公章或者将不予开具的理由书面告知申请人。主管税务机关无法准确判断居民身份的，应当及时报告上级税务机关。需要报告上级税务机关的，主管税务机关应当在受理申请之日起20个工作日内办结。

二、非居民企业税收管理

扫我解疑难

非居民企业：依照外国（地区）法律成立且实际管理机构不在中国境内，但在中国境内设立机构、场所的，或者在中国境内未设立机构、场所，但有来源于中国境内所得的企业。

（一）外国企业常驻代表机构★★★

外国企业常驻代表机构，是指按照国务院有关规定，在工商行政管理部门登记或经有关部门批准，设立在中国境内的外国企业（包括港澳台企业）及其他组织的常驻代表机构。

1. 税务登记管理

（1）代表机构应当自领取工商登记证件（或有关部门批准）之日起30日内，向所在地主管税务机关申报办理税务登记；

（2）代表机构税务登记内容发生变化或驻在期届满、提前终止业务活动的，应按规定向主管税务机关申报办理变更税务登记或注销登记；代表机构应在办理**注销登记前**，就其清算所得依法缴纳企业所得税。

2. 账簿凭证管理

代表机构应当按照有关法律、行政法规和国务院财政、税务主管部门的规定设置账簿，根据合法、有效凭证记账，进行核算。

3. 企业所得税

（1）代表机构应在季度终了之日起**15日**内向主管税务机关据实申报缴纳企业所得税；

（2）对账簿不健全，不能准确核算收入或成本费用，以及无法按照规定据实申报的代表机构，税务机关有权采取两种方式核定其应纳税所得额——代表机构的**核定利润率不应低于15%**。

①按收入总额核定应纳税所得额；

应纳企业所得税额＝收入总额×核定利润率×企业所得税税率

②按经费支出换算收入核定应纳税所得额

应纳税所得额＝本期经费支出额/（1-核定利润率）×核定利润率

应纳企业所得税额＝应纳税所得额×企业所得税税率

4. 其他税种

代表机构发生增值税应税行为，应就其

应税收入按照增值税的相关法规计算缴纳应纳税款。

5. 税务申报要求

代表机构的纳税地点是机构、场所所在地。采取据实申报方式的代表机构应该在季度终了之日起15日内向主管税务机关申报缴纳企业所得税。

增值税：同境内一般纳税期限的规定。

(二)承包工程作业和提供劳务★★

1. 企业所得税

应纳税所得额的确定见第4章企业所得税法，第7节第4项，非居民应纳税额的计算。

2. 其他税种

根据现行政策规定，非居民纳税人在中国境内承包工程作业和提供劳务属于增值税征税范围，且在境内设有经营机构的，应当按照规定计算并自行申报缴纳增值税。如果在境内未设有经营机构的，则以购买方为增值税的扣缴义务人。同时按照规定计算应缴纳或扣缴的城市维护建设税、教育费附加和地方教育附加。

$$应扣缴税额 = \frac{购买方支付的价款}{1+税率} \times 税率$$

【知识点拨1】 在扣缴增值税时，应该按照适用税率扣缴，而不能按照征收率扣缴。

【知识点拨2】 非居民企业与中国居民企业签订机器设备或货物销售合同，同时提供设备安装、装配、技术培训、指导、监督服务等劳务，其销售货物合同中未列明提供上述劳务服务收费金额，或者计价

不合理的，主管税务机关可以根据实际情况，参照相同或相近业务的计价标准核定劳务收入。无参照标准的，以不低于销售货物合同总价款的10%为原则，确定非居民企业的劳务收入。

【例题3·单选题】 2020年2月，境外某公司为境内甲公司提供技术咨询服务，合同约定含税价款200万元人民币，该境外公司在境内未设立经营机构，也没有其他境内代理人，则甲公司应当扣缴的增值税为（ ）万元。

A. 0   B. 11.32

C. 13.59   D. 8.74

解析 ▶ 甲公司应扣缴增值税＝200÷（1+6%）×6%＝11.32（万元）   答案 ▶ B

(三)股息、利息、租金、特许权使用费和财产转让所得★★

适用于在中国境内未设立机构、场所的，或者虽设立机构、场所但取得的所得与其所设机构、场所没有实际联系的非居民企业。实际征收企业所得税时（即预提所得税）适用10%的税率。

【知识点拨】 并非所有的非居民企业都适用于本规定，在中国境内设立机构、场所，取得的与其所设机构场所有实际联系的非居民企业，按25%的税率纳税。

1. 应纳税额计算

扣缴企业所得税应纳税额＝应纳税所得额×实际征收率

应纳税所得额的确定见表12-3。

表12-3 非居民企业应纳税所得额的确定

情形	应纳税所得额
股息、红利等权益性投资收益和利息、租金、特许权使用费所得	以**收入全额**为应纳税所得额； 营改增试点中的非居民企业，应以**不含增值税的收入全额**作为应纳税所得额
转让财产所得	以收入全额**减除财产净值**后的余额为应纳税所得额； 股权转让收入减除股权净值（计税基础）后的余额为股权转让所得的应纳税所得额
其他所得	参照前两项规定的方法计算应纳税所得额

2. 扣缴税款要求

(1) 支付人自行委托代理人或指定其他第三方代为支付相关款项，或者因担保合同或法律规定等原因由第三方保证人或担保人支付相关款项的，仍由委托人、指定人或被保证人、被担保人承担扣缴义务。

(2) 扣缴义务人应当自扣缴义务发生之日起 7 日内向扣缴义务人所在地主管税务机关申报和解缴代扣税款。扣缴义务人发生到期应支付而未支付的情形，扣缴义务人扣缴义务的确定如表 12-4 所示。

表 12-4　扣缴义务人扣缴义务的确定

情形	扣缴义务
①中国境内企业(以下称为企业)和非居民企业签订与利息、租金、特许权使用费等所得有关的合同或协议，如未按照合同或协议约定的日期支付上述所得款项，或者变更或修改合同或协议延期支付，但已计入企业当期成本、费用，并在企业所得税年度纳税申报中作税前扣除的	应在企业所得税年度纳税申报时按照企业所得税法有关规定代扣代缴企业所得税
②如果企业上述到期未支付的所得款项，不是一次性计入当期成本、费用，而是计入相应资产原价或企业筹办费，在该类资产投入使用或开始生产经营后分期摊入成本、费用，分年度在企业所得税前扣除的	应在企业计入相关资产的年度纳税申报时就上述所得全额代扣代缴企业所得税
③如果企业在合同或协议约定的支付日期之前支付上述所得款项的	应在实际支付时按照企业所得税法有关规定代扣代缴企业所得税
④非居民企业取得应源泉扣缴的所得为股息、红利等权益性投资收益的	相关应纳税款扣缴义务发生之日为股息、红利等权益性投资收益实际支付之日
⑤非居民企业采取分期收款方式取得应源泉扣缴所得税的同一项转让财产所得的	其分期收取的款项可先视为收回以前投资财产的成本，待成本全部收回后，再计算并扣缴应扣税款

(3) 按规定应当扣缴的所得税，扣缴义务人未依法扣缴或无法履行扣缴义务的，取得所得的非居民企业应按规定向所得发生地主管税务机关申报缴纳未扣缴税款。

(4) 扣缴义务人所在地主管税务机关为扣缴义务人所得税主管税务机关。对企业所得税法实施条例规定的不同所得，所得发生地主管税务机关按表 12-5 确定。

表 12-5　所得发生地主管税务机关

所得类型	所得发生地主管税务机关
不动产转让所得	不动产所在地税务机关
权益性投资资产转让所得	被投资企业的所得税主管税务机关
股息、红利等权益性投资所得	分配所得企业的所得税主管税务机关
利息所得、租金所得、特许权使用费所得	负担、支付所得的单位或个人的所得税主管税务机关

3. 其他相关规定

2017 年 1 月 1 日起，对境外投资者从中国境内居民企业分配的利润，直接投资于鼓励类投资项目，凡符合规定条件的，实行递延纳税政策，暂不征收预提所得税。2018 年 1 月 1 日起，适用范围由外商投资鼓励类项目扩大至所有非禁止外商投资的项目和领域。

(1) 境外投资者暂不征收预提所得税须同时满足以下条件：

①境外投资者以分得利润进行的直接投资，包括境外投资者以分得利润进行的增资、

第 12 章　国际税收 税务管理实务

新建、股权收购等权益性投资行为，但不包括新增、转增、收购上市公司股份(符合条件的战略投资除外)。具体是指：

a. 新增或转增中国境内居民企业实收资本或者资本公积。

境外投资者以分得的利润用于补缴其在境内居民企业已经认缴的注册资本，增加实收资本或资本公积符合上述情形。

b. 在中国境内投资新建居民企业。

c. 从非关联方收购中国境内居民企业股权。

d. 财政部、税务总局规定的其他方式。

②境外投资者分得的利润属于中国境内居民企业向投资者实际分配已经实现的留存收益而形成的股息、红利等权益性投资收益。

③境外投资者用于直接投资的利润以现金形式支付的，相关款项从利润分配企业的账户直接转入被投资企业或股权转让方账户，在直接投资前不得在境内外其他账户周转；境外投资者用于直接投资的利润以实物、有价证券等非现金形式支付的，相关资产所有权直接从利润分配企业转入被投资企业或股权转让方，在直接投资前不得由其他企业、个人代为持有或临时持有。

(2)境外投资者按规定可以享受暂不征收预提所得税政策但未实际享受的，可在实际缴纳相关税款之日起三年内申请追补享受该政策，退还已缴纳的税款；

(3)境外投资者通过股权转让、回购、清算等方式实际收回享受暂不征收预提所得税政策待遇的直接投资，在实际收取相应款项后7日内，按规定程序向税务部门申报补缴递延的税款；

(4)境外投资者享受暂不征收预提所得税政策待遇后，被投资企业发生重组符合特殊性重组条件，并实际按照特殊性重组进行税务处理的，可继续享受暂不征收预提所得税政策待遇，不补缴递延的税款。

(四)中国境内机构和个人对外付汇的税收管理★★★

1. 对外付汇需要进行税务备案的情形

境内机构和个人向境外单笔支付等值5万美元以上(不含等值5万美元，下同)下列外汇资金，除无须进行税务备案的情形外，均应向所在地主管税务机关进行税务备案：

(1)境外机构或个人从境内获得的包括运输、旅游、通信、建筑安装及劳务承包、保险服务、金融服务、计算机和信息服务、专有权利使用和特许、体育文化和娱乐服务、其他商业服务、政府服务等服务贸易收入；

(2)境外个人在境内的工作报酬，境外机构或个人从境内获得的股息、红利、利润、直接债务利息、担保费以及非资本转移的捐赠、赔偿、税收、偶然性所得等收益和经常转移收入；

(3)境外机构或个人从境内获得的融资租赁租金、不动产的转让收入、股权转让所得以及外国投资者其他合法所得。

外国投资者以境内直接投资合法所得在境内再投资单笔5万美元以上的，也应该按照规定进行税务备案。

2. 对外付汇无须进行税务备案的情形

(1)境内机构在境外发生的差旅、会议、商品展销等各项费用。

(2)境内机构在境外代表机构的办公经费，以及境内机构在境外承包工程的工程款。

(3)境内机构发生在境外的进出口贸易佣金、保险费、赔偿款。

(4)进口贸易项下境外机构获得的国际运输费用。

(5)保险项下保费、保险金等相关费用。

(6)从事运输或远洋渔业的境内机构在境外发生的修理、油料、港杂等各项费用。

(7)境内旅行社从事出境旅游业务的团费以及代订、代办的住宿、交通等相关费用。

(8)亚洲开发银行和世界银行集团下属的国际金融公司从我国取得的所得或收入，包括投资合营企业分得的利润和转让股份所得、在华财产(含房产)出租或转让收入以及贷款给我国境内机构取得的利息。

(9)外国政府和国际金融组织向我国提供的外国政府(转)贷款(含外国政府混合(转)贷款)和国际金融组织贷款项下的利息。本项所称国际金融组织是指国际货币基金组织、世界银行集团、国际开发协会、国际农业发展基金组织、欧洲投资银行等。

(10)外汇指定银行或财务公司自身对外融资如境外借款、境外同业拆借、海外代付以及其他债务等项下的利息。

(11)我国省级以上国家机关对外无偿捐赠援助资金。

(12)境内证券公司或登记结算公司向境外机构或境外个人支付其依法获得的股息、红利、利息收入及有价证券卖出所得收益。

(13)境内个人境外留学、旅游、探亲等因私用汇。

(14)境内机构和个人办理服务贸易收益和经常转移项下退汇。

(15)国家规定的其他情形。

【例题4·多选题】 下列对外付汇无须进行税务备案的情形有(   )。

A. 境内机构在境外发生的差旅、会议、商品展销等各项费用

B. 境内机构发生在境外的进出口贸易佣金、保险费、赔偿款

C. 进口贸易项下境外机构获得的国际运输费用

D. 保险项下保费、保险金等相关费用

解析 上述选项均属于对外付汇无需进行税务备案的情形。 **答案** ABCD

真题精练(客观题)

1. (2019年单选题)境内机构对外付汇的下列情形中,需要进行税务备案的是(   )。

A. 境内机构在境外发生差旅费10万美元以上的

B. 境内机构发生在境外的进出口贸易佣金5万美元以上的

C. 境内机构在境外发生会议费10万美元

以上的

D. 境内机构向境外支付旅游服务费5万美元以上的

解析 该题目考核境内机构对外付汇,何时需要进行税务备案,何时无需进行税务备案。 **答案** D

2. (2018年单选题)境内机构对外支付下列外汇资金时,须办理和提交《服务贸易等项目对外支付税务备案表》的是(   )。

A. 境内机构在境外发生的商品展销费用

B. 进口贸易项下境外机构获得的国际运输费用

C. 境内机构在境外承包工程的工程款

D. 我国区县级国家机关对外无偿捐赠援助资金

解析 选项D,我国省级以上国家机关对外无偿捐赠援助资金,支付外汇资金时,无须办理和提交《服务贸易等项目对外支付税务备案表》。 **答案** D

三、境外所得税收管理

扫我解疑难

企业取得的下列所得已在境外缴纳或负担的所得税税额,可以从其当期应纳税额中抵免,抵免限额为该项所得依法计算的应纳税额;超过抵免限额的部分,可以在以后5个年度内,用每年度抵免限额抵免当年应抵税额后的余额进行抵补:

(1)居民企业来源于中国境外的应税所得;

(2)非居民企业在中国境内设立机构、场所,取得发生在中国境外但与该机构、场所有实际联系的应税所得;

(3)居民企业从其直接或间接控制的外国企业分得的来源于中国境外的**股息、红利等权益性投资收益**,外国企业在境外实际缴纳的所得税税额中属于该项所得负担的部分。

(一)适用范围——直接抵免+间接抵免(见表12-6)★★

表 12-6　境外所得税收抵免的适用范围和抵免方法

纳税人境外所得的范围	居民企业	可以就其取得的境外所得直接缴纳和间接负担的境外所得税性质的税额进行抵免
	非居民企业	非居民企业在中国境内设立的机构(场所)可以就其取得的发生在境外,但与其有实际联系的所得直接缴纳的境外所得税性质的税额进行抵免
抵免方法	直接抵免	(1)企业就来源于境外的营业利润所得在境外所缴纳的企业所得税; (2)来源于或发生于境外的股息、红利等权益性投资所得、利息、租金、特许权使用费、财产转让等所得在境外被源泉扣缴的预提所得税
	间接抵免	境外企业就分配股息前的利润缴纳的外国所得税额中由我国居民企业就该项分得的股息性质的所得间接负担的部分,在我国的应纳税额中抵免

(二)境外所得税额抵免计算的基本项目(见表 12-7)★★

表 12-7　境外所得税额抵免计算的基本项目

项目	具体解释
1. 境内、外应纳税所得额	境内所得的应纳税所得额(以下称境内应纳税所得额)和分国(地区)别的境外所得的应纳税所得额(以下称境外应纳税所得额)
2. 可抵免境外所得税税额	分国(地区)别的可抵免境外所得税税额,指的是企业来源于中国境外的所得依照境外税收法律以及相关规定应当缴纳并已经实际缴纳的企业所得税性质的税款
3. 抵免限额	自 2017 年 7 月 1 日起,企业可以选择按国别(地区)分别计算[即"分国(地区)不分项"],或者不按国别(地区)汇总计算[即"不分国(地区)不分项"]其来源于境外的应纳税所得额,并按照有关规定分别计算其可抵免境外所得税税额和抵免限额。上述方式一经选择,5 年内不得改变。 企业选择采用不同于以前年度的方式(以下简称新方式)计算可抵免境外所得税税额和抵免限额时,对该企业以前年度按照有关规定没有抵免完的余额,可在税法规定结转的剩余年限内,按新方式计算的抵免限额中继续结转抵免
4. 确定实际抵免税额	将抵免限额与境外已纳税额比较,按较小一方抵免

(三)境外应纳税所得额的计算(见表 12-8)★★★

此项内容是境外所得抵免的第一步,也是关键一步,需要特别注意。

表 12-8　境外应纳税所得额的计算

情形	计算公式
一般情况	境外税前所得=境外所得+该项境外所得直接缴纳的境外所得税额
股息、红利所得	境外税前所得=境外股息、红利税后净所得+该项所得直接缴纳和间接负担的税额之和
境外应纳税所得额=境外税前所得−计算企业应纳税所得总额时已按税法规定扣除的有关成本费用中与境外所得有关的部分	

【例题 5·计算问答题】中国 A 公司持有甲国 B 公司 30%股权,B 公司 2019 年应纳税所得额为 1000 万元,甲国企业所得税税率 30%,B 公司缴纳 300 万元企业所得税,税后利润全额用于分配;甲国预提所得税税率 10%。A 公司为进行对 B 公司的投资,支付的项目研究、融资成本、管理费用共 30 万。请分析 B 公司向 A 公司分配股息红利的过程、A 公司实际获得的股息红利以及 A 公司来自甲国的应纳税所得额是多少?

答案

甲国 B 公司税后利润=1000×(1-30%)=

700（万元）

A公司可以分得的股息红利＝700×30%＝210（万元）

B公司在支付A公司股息红利时需要扣缴的预提所得税＝210×10%＝21（万元）

【思路点拨】 该项预提所得税虽然是B公司代扣代缴，但纳税人是A公司，属于A公司直接缴纳的企业所得税。

A公司实际获得的股息红利＝210－21＝189（万元）

A公司直接缴纳的企业所得税为21万元，间接负担的企业所得税＝210/700×300＝90（万元）

A公司来自甲国的应纳税所得额＝境外股息、红利税后净所得＋该项所得**直接缴纳和间接负担**的税额之和－计算企业应纳税所得总额时已按税法规定扣除的有关成本费用中与境外所得有关的部分进行对应调整扣除＝189＋21（直接缴纳）＋90（间接负担）－30＝270（万元）

上述过程见图12-1。

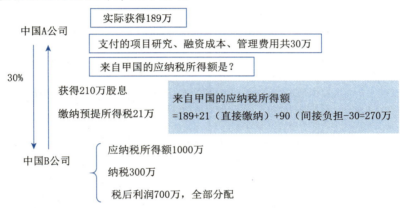

图12-1　境外应纳税所得额的计算

在计算境外应纳税所得额时需要注意以下内容：

1. 居民企业就来自境外的所得在境外缴纳的预提所得税属于该居民企业直接缴纳的税额。

2. 居民企业在境外投资设立不具有独立纳税地位的分支机构，其来源于境外的所得，以境外收入总额扣除与取得境外收入有关的各项合理支出后的余额为应纳税所得额；

时间界定：居民企业在境外设立不具有独立纳税地位的分支机构取得的各项境外所得，无论是否汇回中国境内，均应计入该企业所属纳税年度的境外应纳税所得额。

3. 居民企业应就其来源于境外的股息、红利等权益性投资收益，以及利息、租金、特许权使用费、转让财产等收入，扣除按规定计算的与取得该项收入有关的各项合理支出后的余额为应纳税所得额；

时间界定：来源于境外的股息、红利等权益性投资收益，应按被投资方作出利润分配决定的日期确认收入实现；来源于境外的利息、租金、特许权使用费、转让财产等收入，应按有关合同约定应付交易对价款的日期确认收入实现。

4. 非居民企业在境内设立机构、场所的，应就其发生在境外但与境内所设机构、场所有实际联系的各项应税所得，比照上述规定计算相应的应纳税所得额。

5. 在计算境外应纳税所得额时，企业为取得境内、外所得而在境内、境外发生的共同支出，与取得境外应税所得有关的、合理的部分，应在境内、境外［分国别（地区），下同］应税所得之间，按照资产比例、收入比例、员工工资支出比例等合理比例或其综合比例进行分摊后扣除。

6. 在汇总计算境外应纳税所得额时，企

业在境外同一国家(地区)设立不具有独立纳税地位的分支机构,按我国相关规定计算的亏损,不得抵减其境内或他国(地区)的应纳税所得额,但可以用同一国家(地区)其他项目或以后年度的所得按规定弥补。亏损的弥补如表12-9所示。

表12-9　亏损的弥补

情形		弥补时限
企业同一年度境内外所得加总≥0(非实际亏损额)		境外亏损可以无限期弥补
企业同一年度境内外所得加总为负数的	境外分支机构亏损额未超过企业盈利部分的非实际亏损额	
	境外分支机构亏损额>企业盈利部分的实际亏损额	弥补期限:5年

(四)可予抵免境外所得税额的确认(见表12-10)★★

可抵免境外所得税税额,是指企业来源于中国境外的所得依照中国境外税收法律以及相关规定应当缴纳并已实际缴纳的企业所得税性质的税款。

表12-10　可予抵免境外所得税额的确认

项目	具体规定
不应作为可抵免境外所得税额的情形	(1)按照境外所得税法律及相关规定属于错缴或错征的境外所得税税款; (2)按照税收协定规定不应征收的境外所得税税款; (3)因少缴或迟缴境外所得税而追加的利息、滞纳金或罚款; (4)境外所得税纳税人或其利害关系人从境外征税主体得到实际返还或补偿的境外所得税税款; (5)按我国税法规定,已经免征我国企业所得税的境外所得负担的境外所得税税款; (6)按照国务院财政、税务主管部门有关规定已经从企业境外应纳税所得额中扣除的境外所得税税款
可抵免的境外所得税税额的基本条件	(1)企业来源于中国境外的所得依中国境外税收法律以及相关规定计算而缴纳的税额; (2)缴纳的属于企业所得税性质的税额,而不拘泥于名称; (3)限于企业应当缴纳且已实际缴纳的税额(除另有饶让抵免或其他规定外); (4)可抵免的企业所得税税额,若是税收协定非适用所得税项目,或来自非协定国家的所得,无法判定是否属于对企业征收的所得税额的,应层报国家税务总局裁定

(五)境外所得间接负担税额的计算★★★

此项内容是计算境外税收抵免的难点和关键点,需要大家掌握,注意间接抵免的范围中五层和20%比例的限制——居民企业在用境外所得间接负担的税额进行税收抵免时,其取得的境外投资收益实际间接负担的税额,是指根据直接或者间接持股方式合计持股20%以上(含20%,下同)的五层外国企业股份,由此应分得的股息、红利等权益性投资收益中,从最低一层外国企业起逐层计算的属于由上一层企业负担的税额,其计算公式如下:

本层企业所纳税额属于由一家上一层企业负担的税额=(本层企业就利润和投资收益所实际缴纳的税额+符合本通知规定的由本层企业间接负担的税额)×本层企业向一家上一层企业分配的股息(红利)÷本层企业所得税后利润额

【知识点拨】本层企业向一家上一层企业分配的股息(红利)以该层企业实际分配的扣缴预提所得税前的股息(红利)数额为准。

(六)适用间接抵免的外国企业持股比例的计算★★★

自2017年1月1日起,企业在境外取得的股息所得,在按规定计算该企业境外股息所得的可抵免所得税额和抵免限额时，由该企业直接或者间接持有 20% 以上股份的外国企业，限于按照规定的持股方式确定的五层外国企业，即：

第一层：企业直接持有 20% 以上股份的外国企业；

第二层至第五层：单一上一层外国企业直接持有 20% 以上股份，且由该企业直接持有或通过一个或多个符合规定持股方式的外国企业间接持有总和达到 20% 以上股份的外国企业。

【知识点拨】"持股条件"是指，各层企业直接持股、间接持股以及为计算居民企业间接持股总和比例的每一个单一持股，均应达到 20% 的持股比例。

（七）税收饶让抵免的应纳税额的确定★★

居民企业从与我国政府订立税收协定（或安排）的国家（地区）取得的所得，按照该国（地区）税收法律享受了免税或减税待遇，且该免税或减税的数额按照税收协定规定应视同已缴税额在中国的应纳税额中抵免的，该免税或减税数额可作为企业实际缴纳的境外所得税额用于办理税收抵免。

【知识点拨1】税收饶让是为了保证所得来源国的税收优惠效果，一旦采用税收饶让方式，则境外减免税视同实际缴纳税额，不用在境内补税。

【知识点拨2】境外所得采用简易办法计算抵免额的，不适用饶让抵免。

（八）抵免限额的计算（见表 12-11）★★★

可以分国不分项、也可以不分国不分项（综合抵免法）计算抵免限额。

表 12-11　抵免限额的计算

抵免方法	抵免限额	简易计算公式
分国不分项抵免限额	中国境内、境外所得依照企业所得税法和实施条例的规定计算的应纳税总额×来源于某国（地区）的应纳税所得额÷中国境内、境外应纳税所得总额	来源于某国（地区）的应纳税所得额×中国企业所得税税率
不分国不分项抵免限额	中国境内、境外所得依照企业所得税法和实施条例的规定计算的应纳税总额×境外应纳税所得额÷中国境内、境外应纳税所得总额	境外应纳税所得额×中国企业所得税税率

【知识点拨1】之所以有简易计算公式，是因为我国企业所得税采用的是比例税率，而非累进税率。

【知识点拨2】计算抵免限额的企业所得税税率。

（1）一般企业：税率只能用 25%。

（2）自 2010 年 1 月 1 日起，以境内、境外全部生产经营活动有关的指标申请并经认定的高新技术企业，对其来源于境外所得可以按 15% 的优惠税率缴纳企业所得税，在计算境外抵免限额时，可按照 15% 的优惠税率计算境内外应纳税总额。

【知识点拨3】境内、外所得之间的亏损弥补（见表 12-12）

表 12-12　境内、外所得之间的亏损弥补

亏损情况	弥补方法	弥补时限
境内亏损，境外盈利	境外盈利可以弥补境内亏损	5 个纳税年度 【知识点拨】如果企业境内为亏损，境外盈利分别来自多个国家，则弥补境内亏损时，企业可以自行选择弥补境内亏损的境外所得来源国家（地区）顺序

亏损情况	弥补方法	弥补时限
境内盈利,境外亏损	不能用境内盈利弥补境外亏损,只能用其境外以后年度所得弥补	
	境外分支机构亏损额未超过企业盈利部分的非实际亏损额	境外亏损可以无限期弥补
	境外分支机构亏损额>企业盈利部分的实际亏损额	5个纳税年度

（九）实际抵免境外税额的计算★★★

将企业已在境外缴纳和负担的所得税税额与抵免限额进行比较,按照较小者确定实际抵免税额。

超过抵免限额的部分,可以在以后5个年度内,用每年度抵免限额抵免当年应抵税额后的余额进行抵补。

【例题6·单选题】北京市某居民企业2018年来自境外A国分公司的已纳所得税因超过抵免限额尚未抵免的余额为1万元,2019年在我国境内所得160万元,来自A国分公司税后所得20万元,在A国已缴纳所得税额5万元,其在我国汇总缴纳企业所得税（　　）万元。

A. 40.25
B. 46.25
C. 41.25
D. 39.25

解析 ▶ 2019年境内、外所得总额=160+20+5=185（万元）

境内外所得应纳企业所得税税额=185×25%=46.25（万元）

2019年A国分公司所得税抵免限额=（20+5）×25%=6.25（万元）

因其在A国已经缴纳所得税5万元,小于抵免限额6.25万元,差额=6.25-5=1.25（万元）,2018年度超过抵免限额尚未抵免的余额为1万元,可以在本年度全部抵免,在我国汇总纳税=46.25-5-1=40.25（万元）。

答案 ▶ A

（十）简易办法计算抵免★

企业从境外取得营业利润所得以及符合境外税额间接抵免条件的股息所得,虽有所得来源国（地区）政府机关核发的具有纳税性质的凭证或证明,但因客观原因无

法真实、准确地确认应当缴纳并已经实际缴纳的境外所得税税额的,除就该所得直接缴纳及间接负担的税额在所得来源国（地区）的实际有效税率低于12.5%以上的外,可按境外应纳税所得额的12.5%作为抵免限额。

（十一）境外分支机构与我国对应纳税年度的确定★

1. 企业在境外投资设立不具有独立纳税地位的分支机构,其计算生产、经营所得的纳税年度与我国规定的纳税年度不一致的,与我国纳税年度当年度相对应的境外纳税年度,应为在我国有关纳税年度中任何一日结束的境外纳税年度。

【知识点拨】按境外纳税年度的结束日所在年度确定在我国计算抵免税额的年度。

2. 企业取得除第1点规定以外的境外所得实际缴纳或间接负担的境外所得税,应在该项境外所得实现日所在的我国对应纳税年度的应纳税额中计算抵免。

企业取得境外股息所得实现日为被投资方做出利润分配决定的日期,不论该利润分配是否包括以前年度未分配利润,均应作为该股息所得实现日所在的我国纳税年度所得计算抵免。

（十二）境外所得税抵免时应纳税额的计算★★

企业抵免境外所得税额后实际应纳所得税额的计算公式为:

企业实际应纳所得税额=企业境内外所得应纳税总额-企业所得税减免、抵免优惠税额-境外所得税抵免额。

四、国际避税与反避税 ★★

扫我解疑难

随着世界各国在税收领域加强合作，再加上我国对外合作与交往的日益扩大，因此国际避税与反避税的问题越来越重要，希望大家提起重视。

(一)税基侵蚀和利润转移项目(BEPS) ★★★

税基侵蚀和利润转移(BEPS)项目是由二十国集团(G20)领导人背书，并委托经合组织(OECD)推进的国际税改项目，是 G20 框架下各国携手打击国际逃避税，共同建立有利于全球经济增长的国际税收规则体系和行政合作机制的重要举措。

税基侵蚀和利润转移行动计划(BEPS 行动计划)的主要情况如表 12-13 所示。

表 12-13　税基侵蚀和利润转移行动计划(BEPS 行动计划)

类别	行动计划	相应成果
应对数字经济带来的挑战	数字经济	《关于数字经济面临的税收挑战的报告》
协调各国企业所得税制	混合错配、受控外国公司规则、利息扣除、有害税收实践	《消除混合错配安排的影响》《制定有效受控外国公司规则》《对利用利息扣除和其他款项支付实现的税基侵蚀予以限制》《考虑透明度和实质性因素有效打击有害税收实践》
重塑现行税收协定和转让定价国际规则	税收协定滥用、常设机构、无形资产、风险和资本、其他高风险交易	《防止税收协定优惠的不当授予》《防止人为规避构成常设机构》《确保转让定价结果与价值创造相匹配》
提高税收透明度和确定性	数据统计分析、强制披露原则、转让定价同期资料、争端解决	《衡量和监控 BEPS》《强制披露规则》《转让定价文档与国别报告》《使争议解决机制更有效》
开发多边工具促进行动计划实施	多边工具	《开发用于修订双边税收协定的多边工具》

真题精练(客观题)

1. (2018 年多选题)OECD 于 2015 年 10 月发布税基侵蚀和利润转移项目全部 15 项产出成果。下列各项中，属于该产出成果的有(　　)。
   A.《防止税收协定优惠的不当授予》
   B.《金融账户涉税信息自动交换标准》
   C.《消除混合错配安排的影响》
   D.《确保转让定价结果与价值创造相匹配》
   解析 ▶ 本题考核税基侵蚀和利润转移项目的 15 项成果。　　**答案** ▶ ACD

2. (2015 年多选题)以下各项中，属于税基侵蚀和利润转移项目(BEPS)行动计划的有(　　)。
   A. 数字经济

   B. 有害税收实践
   C. 数据统计分析
   D. 实际管理机构规则
   解析 ▶ 税基侵蚀和利润转移项目(BEPS)行动计划有数字经济、有害税收实践、数据统计分析、多边工具、税收协定滥用、常设机构等。　　**答案** ▶ ABC

(二)一般反避税 ★★

1. 一般反避税

(1)一般反避税概述

①一般反避税是指对企业实施的不具有合理商业目的而获取税收利益的避税安排，实施的特别纳税调整。

不具有合理商业目的：指以减少、免除或者推迟缴纳税款为主要目的。

②下列情况**不适用**《一般反避税管理办法

《试行》》

a. 与跨境交易或者支付无关的安排；

b. 涉嫌逃避缴纳税款、逃避追缴欠税、骗税、抗税以及虚开发票等税收违法行为。

③避税安排的特征

a. 以获取税收利益为唯一目的或者主要目的；

b. 以形式符合税法规定、但与其经济实质不符的方式获取税收利益。

④税务机关应当以具有合理商业目的和经济实质的类似安排为基准，按照实质重于形式的原则实施特别纳税调整。调整方法包括：

a. 对安排的全部或者部分交易重新定性；

b. 在税收上否定交易方的存在，或者将该交易方与其他交易方视为同一实体；

c. 对相关所得、扣除、税收优惠、境外税收抵免等重新定性或者在交易各方间重新分配；

d. 其他合理方法。

⑤企业的安排属于转让定价、成本分摊、受控外国企业、资本弱化等其他特别纳税调整范围的，应当首先适用其他特别纳税调整相关规定。

企业的安排属于受益所有人、利益限制等税收协定执行范围的，应当首先适用税收协定执行的相关规定。

（2）一般反避税调查

主管税务机关实施一般反避税调查时，应当向被调查企业送达《税务检查通知书》。

被调查企业认为其安排不属于避税安排的，应当自收到《税务检查通知书》之日起60日内提供资料。企业因特殊情况不能按期提供的，可以向主管税务机关提交书面延期申请，经批准可以延期提供，但是最长不得超过30日。主管税务机关应当自收到企业延期申请之日起15日内书面回复。逾期未回复的，视同税务机关同意企业的延期申请。

2. 间接转让财产

（1）非居民企业通过实施不具有合理商业

目的的安排，间接转让中国居民企业股权等财产，规避企业所得税纳税义务的，应按照《企业所得税法》的有关规定，重新定性该间接转让交易，确认为直接转让中国居民企业股权等财产。

（2）间接转让中国应税财产的交易双方及被间接转让股权的中国居民企业可以向主管税务机关报告股权转让事项，并提交以下资料：

①股权转让合同或协议（为外文文本的需同时附送中文译本）；

②股权转让前后的企业股权架构图；

③境外企业及直接或间接持有中国应税财产的下属企业上两个年度财务、会计报表。

④间接转让中国应税财产交易不适用第（1）条的理由。

真题精练（客观题）

（2019年多选题）间接转让中国应税财产的交易双方及被间接转让股权的中国居民企业可以向主管税务机关报告股权转让事项，并提交相关资料。下列各项材料中属于相关资料的有（　　）。

A. 股权转让合同

B. 间接转让中国应税财产交易双方的公司章程

C. 境外企业及直接或间接持有中国应税财产的下属企业上两个年度的会计报表

D. 股权转让前后的企业股权架构图

解析 ▶ 本题考核间接转让财产在进行税务处理时可以提交相关资料的规定。

答案 ▶ ACD

（三）特别纳税调整 ★★★

对于会计与税法的差异做出的纳税调整，属于一般纳税调整；税务机关出于实施反避税目的而对纳税人特定纳税事项所作的纳税调整，属于特别纳税调整。

1. 转让定价

转让定价也称划拨定价，即交易各方之间确定的交易价格，它通常是指关联企业之间内部转让交易所确定的价格，这种内部交易价格通常不同于一般市场价格。

2. 成本分摊协议

企业应与其关联方签署成本分摊协议，共同开发、受让无形资产，或者共同提供、接受劳务。

（1）参与方使用成本分摊协议所开发或受让的无形资产不需另支付特许权使用费。

（2）涉及劳务的成本分摊协议一般适用于集团采购和集团营销策划。

（3）企业应自与关联方签订（变更）成本分摊协议之日起30日内，向主管税务机关报送成本分摊协议副本，并在年度企业所得税纳税申报时，附送《中华人民共和国企业年度关联业务往来报告表》。

（4）对于符合独立交易原则的成本分摊协议，有关税务处理如下：

①企业按照协议分摊的成本，应在协议规定的各年度税前扣除；

②涉及补偿调整的，应在补偿调整的年度计入应纳税所得额；

③涉及无形资产的成本分摊协议，加入支付、退出补偿或终止协议时对协议成果分配的，应按资产购置或处置有关规定处理。

（5）企业与其关联方签署成本分摊协议，有下列情形之一的，其自行分摊的成本不得税前扣除：

①不具有合理商业目的和经济实质。

②不符合独立交易原则。

③没有遵循成本与收益配比原则。

④未按有关规定备案或准备、保存和提供有关成本分摊协议的同期资料。

⑤自签署成本分摊协议之日起经营期限少于20年。

【例题7·多选题】 企业与其关联方签署成本分摊协议，其自行分摊的成本不得税前扣除的有（　　）。

A. 不具有合理商业目的和经济实质

B. 不符合独立交易原则

C. 没有遵循成本与收益配比原则

D. 自签署成本分摊协议之日起经营期限少于20年

解析 ▶ 上述四个选项均属于不得税前扣除的情形。　　**答案** ▶ ABCD

真题精练（客观题）

（2016年多选题）甲企业与其关联方签署了成本分摊协议，共同开发无形资产，并约定退出补偿时协议成果转让给关联方；该成本分摊协议符合独立交易原则。下列关于甲企业成本分摊的税务处理中，正确的有（　　）。

A. 退出协议时，该无形资产应按资产处置的税务规定处理

B. 协议终止时，应与关联方对已有协议成果作出合理分配

C. 按照协议分摊的成本，应在协议规定的各年度税前扣除

D. 涉及补偿调整的，应调整成本发生年度的应纳税所得额

解析 ▶ 本题考核成本分摊协议的税务处理。
　　答案 ▶ ABC

3. 受控外国企业

受控外国企业是指由居民企业，或者由居民企业和居民个人控制的设立在实际税负低于25%的企业所得税税率水平50%（12.5%）的国家（地区），并非出于合理经营需要对利润不作分配或减少分配的外国企业。

对于受控外国企业的上述利润中应归属于该居民企业股东的部分，应当视同分配计入该居民企业的当期收入。

【知识点拨】 股权控制是指单层直接或多层间接单一持有外国企业10%以上有表决权股份，且共同持有该外国企业50%以上股份。中国居民股东多层间接持有股份按各层持股比例相乘计算，中间层持有股份超过50%的，按100%计算。

（1）计入中国居民企业股东当期的视同受控外国企业股息分配的所得，应按以下公式计算：

中国居民企业股东当期所得 = 视同股息分配额×实际持股天数÷受控外国企业纳税年度天数×股东持股比例

中国居民股东多层间接持有股份的，股东持股比例按各层持股比例相乘计算。

（2）计入中国居民企业股东当期所得已在境外缴纳的企业所得税税款，可按照所得税法或税收协定的有关规定抵免。

（3）免予调整的规定

中国居民企业股东能够提供资料证明其控制的外国企业满足以下条件之一的，可免于将外国企业不作分配或减少分配的利润视同股息分配额，计入中国居民企业股东的当期所得：

①设立在国家税务总局指定的非低税率国家（地区）；

②主要取得积极经营活动所得；

③年度利润总额低于 500 万元人民币。

【例题 8 · 多选题】 下列关于受控外国企业管理的说法，正确的有（　　）。

A. 中国居民股东多层间接持有股份按各层持股比例相乘计算，中间层持有股份超过 40% 的，按 100% 计算

B. 中国居民股东多层间接持有股份的，股东持股比例按各层持股比例相乘计算

C. 受控外国企业与中国居民企业股东纳税年度存在差异的，应将视同股息分配所得计入受控外国企业纳税年度终止日所属的中国居民企业股东的纳税年度

D. 计入中国居民企业股东当期所得已在境外缴纳的企业所得税税款，可按照所得税法或税收协定的有关规定抵免

解析 ▶ 选项 A，中国居民股东多层间接持有股份按各层持股比例相乘计算，中间层持有股份超过 50% 的，按 100% 计算。

答案 ▶ BCD

4. 资本弱化

企业从其关联方接受的债权性投资与权益性投资的比例超过规定标准而发生的利息支出，不得在计算应纳税所得额时扣除。

不得扣除利息支出＝年度实际支付的全部关联方利息×（1−标准比例÷关联债资比例）

（1）标准比例：接受关联方债权性投资与其权益性投资比例

①金融企业，为 5 : 1；

②其他企业，为 2 : 1。

（2）关联债资比例是指企业从其全部关联方接受的债权性投资（以下简称关联债权投资）占企业接受的权益性投资（以下简称权益投资）的比例，关联债权投资包括关联方以各种形式提供担保的债权性投资。

关联债资比例的具体计算方法如下：

关联债资比例＝年度各月平均关联债权投资之和÷年度各月平均权益投资之和

其中：

各月平均关联债权投资＝（关联债权投资月初账面余额+月末账面余额）÷2

各月平均权益投资＝（权益投资月初账面余额+月末账面余额）÷2

【知识点拨】 权益投资为企业资产负债表所列示的所有者权益金额。如果所有者权益小于实收资本（股本）与资本公积之和，则权益投资为实收资本（股本）与资本公积之和；如果实收资本（股本）与资本公积之和小于实收资本（股本）金额，则权益投资为实收资本（股本）金额，即在计算关联债资比例时，所有者权益的负数不计算在内。

【例题 9 · 计算问答题】 某企业下设一家全资子公司，其注册资本为 200 万元。该公司接到美国某公司订单，为完成订单，该公司需要一次性采购 800 万元的原材料，为此该公司按照金融机构同期同类贷款利率 6% 向其母公司借款 800 万元，借款 1 年（2019 年 1 月 1 日~12 月 31 日），支付利息 48 万元。本年度该公司无其他关联方借款，假设该企业 2019 年度各月平均权益投资为 350 万，请问年度汇算清缴时利息支出是否需要进行纳税调整？

答案 ▶

（1）确定年度实际支付的全部关联方利息：48 万元

利息支出包括直接或间接关联债权投资实际支付的利息、担保费、抵押费和其他具

有利息性质的费用。

"实际支付利息"是指企业按照权责发生制原则计入相关成本、费用的利息

（2）关联债资比例

=年度各月平均关联债权投资之和/年度各月平均权益投资之和

=9600/4200

=2.2857

（3）不得扣除的利息支出

=年度实际支付的全部关联方利息×（1-标准比例/关联债资比例）

=48×（1-2/2.2857）

=6（万元）

五、转让定价税务管理

扫我解疑难

（一）关联申报★

1. 关联方

（1）关联关系的判定

①在资金、经营、购销等方面存在直接或者间接的控制关系；

②直接或者间接地同为第三者控制；

③在利益上具有相关联的其他关系。

（2）构成关联关系的具体判断

①一方直接或间接持有另一方的股份总和达到25%以上；双方直接或间接同为第三方所持有的股份达到25%以上。如果一方通过中间方对另一方间接持有股份，只要一方对中间方持股比例达到25%以上，则其对另一方的持股比例按照中间方对另一方的持股比例计算；两个以上具有夫妻、直系血亲、兄弟姐妹以及其他抚养、赡养关系的自然人共同持股同一企业，在判定关联关系时持股比例合并计算；

②双方存在持股关系或者同为第三方持股，虽持股比例未达到第①项规定，但双方之间借贷资金总额占任一方实收资本比例达到50%以上，或者一方全部借贷资金总额的10%以上是由另一方担保（独立金融机构除外）；

③双方存在持股关系或者同为第三方持股，虽持股比例未达到第①项规定，但一方的生产经营活动必须由另一方提供专利权、非专利技术、商标权、著作权等特许权才能正常进行；

④双方存在持股关系或者同为第三方持股，虽持股比例未达到第①项规定，但一方的购买、销售、接受劳务、提供劳务等经营活动由另一方控制；

⑤一方半数以上董事或半数以上高级管理人员由另一方任命或者委派，或者同时担任另一方的董事或者高级管理人员；或者双方各自半数以上董事或半数以上高级管理人员同为第三方任命或者委派；

⑥具有夫妻、直系血亲、兄弟姐妹以及其他抚养、赡养关系的两个自然人分别与双方具有第①至⑤项关系之一；

⑦双方在实质上具有其他共同利益。

（3）仅因国家持股或者由国有资产管理部门委派董事、高级管理人员而存在第（2）条第①至⑤项关系的，不构成此处所说的关联关系。

2. 关联交易类型

关联交易主要包括以下几种类型：

（1）有形资产使用权或者所有权的转让。有形资产包括商品、产品、房屋建筑物、交通工具、机器设备、工具器具等。

（2）金融资产的转让。金融资产包括应收账款、应收票据、其他应收款项、股权投资、债权投资和衍生金融工具形成的资产等。

（3）无形资产使用权或者所有权的转让。无形资产包括专利权、非专利技术、商业秘密、商标权、品牌、客户名单、销售渠道、特许经营权、政府许可、著作权等。

（4）资金融通。资金包括各类长短期借贷资金（含集团资金池）、担保费、各类应计息预付款和延期收付款等。

（5）劳务交易。劳务包括市场调查、营销策划、代理、设计、咨询、行政管理、技术

服务、合约研发、维修、法律服务、财务管理、审计、招聘、培训、集中采购等。

【例题 10·多选题】下列选项中，属于关联交易类型的有（　　）。

A. 无形资产使用权或者所有权的转让
B. 金融资产的转让
C. 资金融通
D. 劳务交易

解析 ▶ 关联交易的类型包括：（1）有形资产使用权或者所有权的转让；（2）金融资产的转让；（3）无形资产使用权或者所有权的转让；（4）资金融通；（5）劳务交易。

答案 ▶ ABCD

3. 国别报告

（1）国别报告主要披露最终控股企业所属跨国企业集团所有成员实体的全球所得、税收和业务活动的国别分布情况。

（2）存在下列情形之一的居民企业，应当在报送《年度关联业务往来报告表》时填报国别报告：

①该居民企业为跨国企业集团的最终控股企业，且其上一会计年度合并财务报表中的各类收入金额合计超过 55 亿元；

②该居民企业被跨国企业集团指定为国别报告的报送企业。

（二）同期资料管理★★（见表 12-14）

同期资料包括主体文档、本地文档和特殊事项文档。

表 12-14　同期资料管理

类别		具体规定
主体文档		主体文档主要披露最终控股企业所属企业集团的**全球业务整体情况**
	应准备主体文档的条件	符合下列条件之一的企业，应当**准备主体文档**： （1）年度发生跨境关联交易，且合并该企业财务报表的最终控股企业所属企业集团已准备主体文档； （2）年度关联交易总额超过 10 亿元的企业
	主体文档包括的内容	主要披露最终控股企业所属企业集团的**全球业务整体情况**，包括： （1）组织架构； （2）企业集团业务； （3）无形资产； （4）融资活动； （5）财务与税务状况
本地文档		本地文档主要披露企业关联交易的详细信息
	准备本地文档的条件	年度关联交易金额符合下列条件之一的企业，应当就其全部关联交易准备本地文档： （1）有形资产所有权转让金额（来料加工业务按照年度进出口报关价格计算）超过 2 亿元； （2）金融资产转让金额超过 1 亿元； （3）无形资产所有权转让金额超过 1 亿元； （4）其他关联交易金额合计超过 4000 万元
特殊事项文档		特殊事项文档包括**成本分摊协议特殊事项文档和资本弱化特殊事项文档**。 （1）企业签订或者执行成本分摊协议的，应当准备成本分摊协议特殊事项文档； （2）企业关联债资比例超过标准比例需要说明符合独立交易原则的，应当准备资本弱化特殊事项文档
豁免情形		（1）企业仅与**境内**关联方发生关联交易的，可以**不准备**主体文档、本地文档和特殊事项文档； （2）企业执行预约定价安排的，可以不准备预约定价安排涉及关联交易的**本地文档和特殊事项文档**

类别	具体规定
时限及其他要求	（1）**主体文档**应当在企业集团最终控股企业会计年度终了之日起**12个月**内准备完毕；**本地文档和特殊事项文档**应当在关联交易发生年度**次年6月30日**之前准备完毕。同期资料应当自税务机关要求之日起30日内提供。企业因不可抗力无法按期提供同期资料的，应当在不可抗力消除后30日内提供同期资料； （2）同期资料应当使用中文，并标明引用信息资料的出处来源。 （3）同期资料应当自税务机关要求的准备完毕之日起**保存10年**。企业合并、分立的，应当由合并、分立后的企业保存同期资料

真题精练（客观题）

（2018年单选题）关联交易同期资料中的主体文档，应当在企业集团最终控股企业会计年度终了之日起一定期限内准备完毕。这一期限为（　）个月。

A. 15　　　　　　　　B. 18

C. 12　　　　　　　　D. 24

解析 ▶ 主体文档应当在企业集团最终控股企业会计年度终了之日起12个月内准备完毕。　　　　　**答案** ▶ C

（三）转让定价调整方法（见表12-15）★

★★

企业发生关联交易以及税务机关审核、评估关联交易均应遵循独立交易原则，选用合理的转让定价调整方法。转让定价调整方法包括：**可比非受控价格法、再销售价格法、成本加成法、交易净利润法、利润分割法和其他符合独立交易原则的方法。**

选用合理的转让定价调整方法应进行可比性分析。可比性分析因素主要包括：（1）**交易资产或劳务特性；**（2）**交易各方功能和风险；**（3）**合同条款；**（4）**经济环境；**（5）**经营策略。**

表12-15　转让定价方法

方法	含义	适用范围	关联交易与非关联交易存在差异时的调整
可比非受控价格法	以非关联方之间进行的与关联交易相同或类似业务活动所收取的价格作为关联交易公平成交价格	可以适用于所有类型关联交易	应就该差异**对价格的影响**进行合理调整
再销售价格法	以关联方购进商品再销售给非关联方的价格减去可比非关联交易毛利后的金额作为关联方购进商品的公平成交价格。 公平成交价格=再销售给非关联方的价格×(1-可比非关联交易毛利率) 可比非关联交易毛利率=可比非关联交易毛利÷可比非关联交易收入净额×100%	通常适用于再销售者未对商品进行改变外形、性能、结构或更换商标等实质性增加工的简单加工或单纯购销业务	应就该差异**对毛利率的影响**进行合理调整
成本加成法	以关联交易发生的合理成本加上可比非关联交易毛利后的金额作为关联交易的公平成交价格。 公平成交价格=关联交易的合理成本×(1+可比非关联交易成本加成率) 可比非关联交易成本加成率=可比非关联交易毛利÷可比非关联交易成本×100%	通常适用于有形资产的购销、转让和使用，劳务提供或资金融通的关联交易	应就该差异**对成本加成率的影响**进行合理调整

方法	含义	适用范围	关联交易与非关联交易存在差异时的调整
交易净利润法	以可比非关联交易的利润率指标确定关联交易的净利润	通常适用于有形资产的购销、转让和使用，无形资产的转让和使用以及劳务提供等关联交易	应就该差异对利润的影响进行合理调整
利润分割法	根据企业与其关联方对关联交易合并利润的贡献计算各自应该分配的利润额	通常适用于各参与方关联交易高度整合且难以单独评估各方交易结果的情况	——

【例题 11·单选题】甲企业销售一批货物给乙企业，该销售行为取得利润 20 万元；乙企业将该批货物销售给丙企业，取得利润 200 万元。税务机关经过调查后认定甲企业和乙企业之间存在关联交易，将 220 万元的利润按照 6∶4 的比例在甲和乙之间分配。该调整方法是(   )。

A. 利润分割法

B. 再销售价格法

C. 交易净利润法

D. 可比非受控价格法

解析 ▶ 利润分割法根据企业与其关联方对关联交易合并利润的贡献计算各自应当分配的利润额。

答案 ▶ A

(四)转让定价调查及调整 ★★

1. 转让定价调查

(1)转让定价重点调查企业

转让定价调查应重点选择以下企业：

①关联交易数额较大或类型较多的企业；

②长期亏损、微利或跳跃性盈利的企业；

③低于同行业利润水平的企业；

④利润水平与其所承担的功能风险明显不相匹配的企业；

⑤与避税港关联方发生业务往来的企业；

⑥未按规定进行关联申报或准备同期资料的企业；

⑦其他明显违背独立交易原则的企业。

实际税负相同的境内关联方之间的交易，只要该交易没有直接或间接导致国家总体税收收入的减少，原则上不做转让定价调查、调整。

税务机关可以进行案头审核和现场调查。

(2)现场调查

①现场调查人员须 2 名以上。

②现场调查时调查人员应出示《税务检查证》，并送达《税务检查通知书》。

③现场调查可根据需要依照法定程序采取询问、调取账簿资料和实地核查等方式。

(3)资料收集

企业应在《税务事项通知书》规定的期限内提供相关资料，因特殊情况不能按期提供的，应向税务机关提交书面延期申请，经批准，可以延期提供，但最长不得超过 30 日。税务机关应自收到企业延期申请之日起 15 日内函复，逾期未函复的，视同税务机关已同意企业的延期申请。

企业的关联方以及可比企业应在与税务机关约定的期限内提供相关资料，约定期限一般不应超过 60 日。

2. 转让定价调整

企业对初步调整意见有异议的，应自收到通知书之日起 7 日内书面提出，税务机关收到企业意见后，应再次协商审议；企业逾期未提出异议的，视为同意初步调整意见。

3. 跟踪管理

(1)税务机关对企业实施转让定价纳税调整后，应自企业被调整的最后年度的下一年度起 5 年内实施跟踪管理；

（2）在跟踪管理期内，企业应在跟踪年度的次年6月20日之前向税务机关提供跟踪年度的同期资料。

4. 向境外关联方支付费用的转让定价管理

企业向境外关联方支付费用不符合独立交易原则的，税务机关可以在该业务发生的纳税年度起10年内，实施特别纳税调整。

【例题12·单选题】下列企业，不属于转让定价重点调查企业的是( )。

A. 低于同行业利润水平的甲企业

B. 长期盈利的乙企业

C. 与避税港关联方发生业务往来的丙企业

D. 关联交易数额较大的丁企业

解析 长期亏损、微利或跳跃性盈利的企业，属于转让定价重点调查企业；长期盈利的企业，不属于转让定价重点调查企业。

答案 B

（五）预约定价安排 ★★

预约定价安排是企业就其未来年度关联交易的定价原则和计算方法，向税务机关提出申请，与税务机关按照独立交易原则协商、确认后达成的协议。

按照参与的国家税务主管当局的数量，预约定价安排可以分为单边、双边和多边三种类型。

预约定价安排的谈签与执行通常经过预备会谈、谈签意向、分析评估、正式申请、协商签署和监控执行6个阶段。

1. 预约定价安排的适用范围

（1）适用于主管税务机关向企业送达接收其谈签意向的《税务事项通知书》之∃；

（2）企业以前年度的关联交易与预约定价安排适用年度相同或类似的，经企业申请，税务机关可以将预约定价安排确定的定价原则和计算方法追溯适用于以前年度该关联交易的评估和调整。

2. 预约定价安排的预备会谈（见表12-16）

表12-16　预约定价安排的预备会谈

类型	预备会谈的要求
企业申请单边预约定价安排	应向主管税务机关书面提出预备会谈申请。主管税务机关组织与企业开展预备会谈
企业申请双边或多边预约定价安排的	应同时向国家税务总局和主管税务机关书面提出预备会谈申请。国家税务总局统一组织与企业开展预备会谈

3. 预约定价安排的谈签意向（见表12-17）

税务机关和企业在预备会谈期间达成一致意见的，主管税务机关向企业送达同意其提交谈签意向的《税务事项通知书》，企业在收到通知书后向税务机关提出谈签意向。

表12-17　预约定价安排的谈签意向

业务类型		具体规定
（1）向谁提交《预约定价安排谈签意向书》	企业申请单边预约定价安排	应向主管税务机关提交，并附送单边预约定价安排申请草案
	企业申请双边或多边预约定价安排的	应同时向国家税务总局和主管税务机关提交，并附送双边或多边预约定价安排申请草案
（2）税务机关可以拒绝企业提交谈签意向的情形	有下列情形之一的，税务机关可以拒绝企业提交谈签意向： （1）税务机关已经对企业实施特别纳税调整立案调查或其他涉税案件调查，且尚未结案的； （2）未按照有关规定填报年度关联业务往来报告表； （3）未按照有关规定准备、保存和提供同期资料； （4）预备会谈阶段税务机关和企业无法达成一致意见

4. 预约定价安排的分析评估

税务机关可以从功能和风险状况、可比交易信息、关联交易数据、定价原则和计算方法、价值链分析和贡献分析、交易价格或利润水平、假设条件等方面进行分析评估。

5. 预约定价安排的正式申请

经过分析评估，税务机关认为预约定价安排申请草案符合独立交易原则的，主管税务机关向企业送达同意其提交正式申请的《税务事项通知书》，企业收到通知后，可以向税务机关提交《预约定价安排正式申请书》，并附送预约定价安排正式申请报告。

有下列情形之一的，税务机关可以拒绝企业提交正式申请：

（1）预约定价安排申请草案拟采用的定价原则和计算方法不合理，且企业拒绝协商调整；

（2）企业拒不提供有关资料或提供的资料不符合税务机关要求，且不按时补正或者更正；

（3）企业拒不配合税务机关进行功能和风险实地访谈；

（4）其他不适合谈签预约定价安排的情况。

6. 预约定价安排的协商签署

税务机关应当在分析评估的基础上形成协商方案，并据此开展协商工作。

7. 预约定价安排的监控执行

（1）企业应当在纳税年度终了后6个月内，向主管税务机关报送执行预约定价安排情况的的纸质版和电子版年度报告；

（2）预约定价安排执行期间，企业发生影响预约定价安排的实质性变化，应当在发生变化之日起30日内书面报告主管税务机关。但由于非主观原因而无法按期报告的，可以延期报告，但延长期限不得超过30日；

（3）预约定价安排期满后自动失效。如企业需要续签的，应在预约定价安排执行期满之日前90日内向税务机关提出续签申请。

8. 预约定价安排的优先受理

有下列情形之一的，税务机关可以优先受理企业提交的申请：

（1）企业关联申报和同期资料完备合理，披露充分；

（2）企业纳税信用级别为A级；

（3）税务机关曾经对企业实施特别纳税调查调整，并已经结案；

（4）签署的预约定价安排执行期满，企业申请续签，且预约定价安排所述事实和经营环境没有发生实质性变化；

（5）企业提交的申请材料齐备，对价值链或者供应链的分析完整、清晰，充分考虑成本节约、市场溢价等地域特殊因素，拟采用的定价原则和计算方法合理；

（6）企业积极配合税务机关开展预约定价安排谈签工作；

（7）申请双边或者多边预约定价安排的，所涉及的税收协定缔约对方税务主管当局有较强的谈签意愿，对预约定价安排的重视程度较高；

（8）其他有利于预约定价安排谈签的因素。

9. 预约定价安排的其他事项

在预约定价安排签署前，税务机关和企业均可暂停、终止预约定价安排程序。

【例题13·单选题】下列关于预约定价安排管理的表述中，错误的是（　　）。

A. 企业可以与税务机关就其未来年度关联交易的定价原则和计算方法达成预约定价安排

B. 预约定价安排包括单边和双边两种类型

C. 企业有谈签预约定价安排意向的，应当向税务机关书面提出预备会谈申请

D. 预约定价安排适用于主管税务机关向企业送达接收其谈签意向的《税务事项通知书》之日所属纳税年度起3至5个年度的关联交易

解析 ▶ 预约定价安排包括单边、双边和多边3种类型。　　　　答案 ▶ B

六、国际税收征管合作

扫我解疑难

（一）情报交换★★

1. 情报交换概述

情报交换应在税收协定生效并执行以后进行，税收情报涉及的事项可以溯及税收协定生效并执行之前。情报交换在税收协定规定的权利和义务范围内进行。情报交换通过税收协定确定的主管当局或其授权代表进行。我国主管当局为国家税务总局。

2. 情报交换的种类与范围

（1）情报交换的种类。

情报交换的类型包括专项情报交换、自动情报交换、自发情报交换以及同期税务检查、授权代表访问和行业范围情报交换等。

（2）情报交换的范围。

除缔约国双方另有规定外，情报交换的范围一般为：

①国家范围应仅限于与我国正式签订含有情报交换条款的税收协定并生效执行的国家；

②税种范围应仅限于税收协定规定的税种，主要为具有所得（和财产）性质的税种；

③人的范围应仅限于税收协定缔约国一方或双方的居民；

④地域范围应仅限于缔约国双方有效行使税收管辖权的区域。

我国从缔约国主管当局获取的税收情报可以作为税收执法行为的依据，并可以在诉讼程序中出示。

3. 税收情报的保密

（1）税收情报一般应确定为秘密级。

（2）属以下情形的，应确定为机密级：

①税收情报事项涉及偷税、骗税或其他严重违反税收法律法规的行为；

②缔约国主管当局对税收情报有特殊保密要求的。

（3）税收情报事项涉及最重要的国家秘密，泄露会使国家的安全和利益遭受特别严重的损害，应确定为绝密级。

（4）税收情报的内容涉及其他部门或行业的秘密事项，按有关主管部门的保密范围确定密级。

对于难以确定密级的情报，三管税务机关应逐级上报总局决定。

（5）在确定密级时，应该同时确定保密期限（见表12-18）。

表12-18　税收情报的保密期限

税收情报类型	保密期限
绝密级	30年
机密级	20年
秘密级	10年

（6）税务机关可以将收集情报的目的、情报的来源和内容告知相关纳税人、扣缴义务人或其他当事人，以及与执行税收协定所含税种相应的国内法有关的部门或人员，并同时告知其保密义务。

但是，有下列情形之一的，未经总局批准，税务机关不得告知：

①纳税人、扣缴义务人或其他当事人有重大税收违法犯罪嫌疑，告知后会影响案件调查的；

②缔约国一方声明不得将情报的来源和内容告知纳税人、扣缴义务人或其他当事人的。

（7）税收情报在诉讼程序中作为证据使用时，税务机关应根据行政诉讼法等法律规定，向法庭申请不在开庭时公开质证。

【例题14·多选题】　国际税收协定中，情报交换的范围包括（　）。

A. 国家范围应仅限于与我国正式签订含有情报交换条款的税收协定并生效执行的国家

B. 税种范围应仅限于税收协定规定的税种，主要为具有所得（和财产）性质的税种

C. 人的范围应仅限于税收协定缔约国一方或双方的企业

D. 地域范围应仅限于缔约国双方有效行使税收管辖权的区域

解析 ▶ 选项C，人的范围应仅限于税收协定缔约国一方或双方的居民。 **答案** ▶ ABD

（2017年多选题）下列关于税收情报交换的表述中，正确的有（ ）。

A. 税收情报应作密件处理

B. 税收情报交换在税收协定规定的权利和义务范围内进行

C. 税收情报交换应在税收协定生效并执行以后进行

D. 我国从缔约国主管当局获取的税收情报可以在诉讼程序中出示

解析 ▶ 税收情报应作密件处理。情报交换在税收协定规定的权利和义务范围内进行。我国享有从缔约国取得税收情报的权利，也负有向缔约国提供税收情报的义务。我国从缔约国主管当局获取的税收情报可以作为税收执法行为的依据，并可以在诉讼程序中出示。情报交换应在税收协定生效并执行以后进行，税收情报涉及的事项可以溯及税收协定生效并执行之前。 **答案** ▶ ABCD

（二）海外账户税收遵从法案 ★★★

美国《海外账户税收遵从法案》简称（FATCA），其主要目的是追查全球范围内美国富人的逃避缴纳税款行为。要求外国机构向美国税务机关报告美国账户持有人信息，若外国机构不遵守FATCA，**美国将对外国机构来源于美国的所得和收入扣缴30%的惩罚性预提所得税**。

1. FATCA的实施模式

模式一：通过政府开展信息交换，包括互惠型和非互惠型两种子模式——我国2014年6月与美国签订政府间协议。

模式二：金融机构直接向美国税务机关报送信息。

2. 账户分级管理：FACTA对美国纳税人账户实行分级管理

3. 纳税人承担举证责任

虽然金融机构负有尽职调查与信息报告义务，但举证责任最终仍由纳税人承担。

（2016年单选题）下列关于《海外账户税收遵从法案》的表述中，正确的是（ ）。

A.《海外账户税收遵从法案》规定举证责任最终由纳税人承担

B.《海外账户税收遵从法案》的主要目的是追查全球企业避税情况

C. 根据《海外账户税收遵从法案》被认定为"不合作账户持有人"将被扣缴40%的预提所得税

D.《海外账户税收遵从法案》仅适用于美国境内

解析 ▶ 选项B，《海外账户税收遵从法案》的主要目的是追查全球范围内美国富人的逃避缴纳税款行为；选项C，虽然金融机构负有尽职调查与信息报告义务，但举证责任最终仍由纳税人承担。如果某账户持有人不能证明自己并非美国纳税人或者无法向外国金融机构提供必要的证明文件，那么该账户持有人会被认定为"不合作账户持有人"，将被扣缴30%的预提所得税，并且将面临被关闭账户的风险；选项D，作为美国国内法，《海外账户税收遵从法案》的适用范围远远超出美国辖区。 **答案** ▶ A

（三）金融账户涉税信息自动交换标准（AEOI） ★★★

1. 受G20委托，OECD于2014年7月发布了AEOI。

2. AEOI由《主管当局协议范本》（MCAA）和《统一报告标准》（CRS）两部分内容组成；

《主管当局协议范本》（简称MCAA）是规范各国（地区）税务主管当局之间如何开展金融账户涉税信息自动交换的操作性文件，以互惠型模式为基础，分为双边和多边两个版本。

《统一报告标准》（简称CRS）规定了金融机构收集和报送外国税收居民个人和企业账

户信息的相关要求和程序。

3. 我国境内金融机构从 2017 年 1 月 1 日起按照 AEOI 标准履行尽职调查程序，识别在本机构开立的非居民个人和企业账户，收集并报送账户相关信息，由国家税务总局定期与其他国家（地区）税务主管当局相互交换信息。我国首次对外交换非居民金融账户的涉税信息的时间是 2018 年 9 月。

4. 了解金融机构需要报送的信息。

真题精练（客观题）

（2017 年单选题）下列国际组织或机构中，发布了《金融账户涉税信息自动交换标准》的是（　）。

A. 联合国

B. 世界银行

C. 经济合作与发展组织

D. 世界贸易组织

解析　经济合作与发展组织（OECD）于 2014 年 7 月发布了《金融账户涉税信息自动交换标准》。　　　**答案** ▶ C

真题精练（主观题）

1. （2018 年计算问答题，6 分）甲公司为一家注册在香港的公司，甲公司通过其在开曼群岛设立的特殊目的公司 SPV 公司，在中国境内设立了一家外商投资企业乙公司。SPV 公司是一家空壳公司，自成立以来不从事任何实质业务，没有配备资产和人员，也没有取得经营性收入。甲公司及其子公司相关股权架构示意如下，持股比例均为 100%。

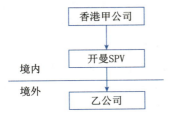

乙公司于 2017 年发生了如下业务：

（1）5 月 5 日，通过 SPV 公司向甲公司分配股息 1000 万元。

（2）7 月 15 日，向甲公司支付商标使用费

1000 万元、咨询费 800 万元，7 月 30 日向甲公司支付设计费 5 万元。甲公司未派遣相关人员来中国提供相关服务。

（3）12 月 20 日，甲公司将 SPV 公司的全部股权转让给另一中国居民企业丙公司，丙公司向甲公司支付股权转让价款 8 000 万元。

其他相关资料：假设 1 美元折合 6.5 元人民币。

要求：根据上述资料，按照下列序号回答问题，如有计算需计算出合计数。

（1）计算乙公司向 SPV 公司分配股息时应代扣代缴的企业所得税。

（2）计算乙公司向甲公司支付商标使用费、咨询费、设计费应代扣代缴的增值税。

（3）计算乙公司向甲公司支付商标使用费、咨询费、设计费应代扣代缴的企业所得税。

（4）指出乙公司上述对外支付的款项中，需要办理税务备案手续的项目有哪些？并说明理由。

（5）判断甲公司转让 SPV 公司的股权是否需要在中国缴纳企业所得税？并说明理由。

2. （2016 年计算问答题，6 分）我国居民企业甲在境外进行了投资，相关投资架构及持股比例如下图：

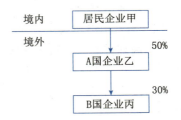

2015 年经营及分配状况如下：

（1）B 国企业所得税税率为 30%，预提所得税税率为 12%，丙企业应纳税所得总额 800 万元，丙企业将部分税后利润按持股比例进行了分配。

（2）A 国企业所得税税率为 20%，预提所得税税率为 10%，乙企业应纳税所得总额

（该应纳税所得总额已包含投资收益还原计算的间接税款）1000 万元，其中来自丙企业的投资收益 100 万元，按照 12% 的税率缴纳 B 国预提所得税 12 万元；乙企业在 A 国享受税收抵免后实际缴纳的税款 180 万元，乙企业将全部税后利润按持股比例进行了分配。

（3）居民企业甲适用的企业所得税税率 25%，其来自境内的应纳税所得额为 2400 万元。

要求：根据上述资料，按照下列序号回答问题，如有计算需计算出合计数。

（1）简述居民企业可适用境外所得税收抵免的税额范围。

（2）判断企业丙分回企业甲的投资收益能否适用间接抵免优惠政策并说明理由。

（3）判断企业乙分回企业甲的投资收益能否适用间接抵免优惠政策并说明理由。

（4）计算企业乙所纳税额属于企业甲负担的税额。

（5）计算企业甲取得来源于企业乙投资收益的抵免限额。

（6）计算企业甲取得来源于企业乙投资收益的实际抵免额。

3.（2015 年计算问答题，6 分）外国甲公司 2015 年为中国乙公司提供内部控制咨询服务，为此在乙公司所在市区租赁一办公场所，具体业务情况如下：

（1）1 月 5 日，甲公司与乙公司签订服务合同，确定内部控制咨询服务具体内容，合同约定服务期限为 8 个月，服务收费为人民币 600 万元（含增值税），所涉及的税费由税法确定的纳税人一方缴纳。

（2）1 月 12 日，甲公司从国外派业务人员抵达乙公司并开始工作，服务全部发生在中国境内。

（3）9 月 1 日，乙公司对甲公司的工作成果进行验收，通过后确认项目完工。

（4）9 月 3 日，甲公司所派业务人员全部离开中国。

（5）9 月 4 日，乙公司向甲公司全额付款。

其他相关资料：主管税务机关对甲公司采用"按收入总额核定应纳税所得额"的方法计征企业所得税，并核定利润率为 15%；甲公司适用增值税一般计税方法；甲公司为此项目进行的采购均未取得增值税专用发票。

要求：根据上述资料，按照下列序号回答问题，如有计算需计算出合计数。

（1）回答甲公司申请办理税务登记手续的期限。

（2）回答甲公司申报办理注销税务登记的期限。

（3）计算甲公司应缴纳的企业所得税。

（4）计算甲公司应缴纳的增值税。

（5）计算甲公司应缴纳的城市维护建设税、教育费附加、地方教育附加。

真题精练（主观题）答案

1. 答案 ▶

（1）乙公司应代扣代缴的企业所得税 = 1000×10% = 100（万元）

（2）乙公司应代扣代缴的增值税 = （1000+800+5）÷（1+6%）×6% = 102.17（万元）

【思路点拨 1】 由于甲公司并未派遣相关人员来中国提供相关服务，但由于服务接受方在中国境内，因此需要缴纳中国的增值税。

（3）乙公司应代扣代缴的企业所得税 = 1000÷（1+6%）×10% = 94.34（万元）

【思路点拨 2】 由于甲公司并未派遣相关人员来中国提供咨询服务和设计服务，因此劳务发生地不在中国，企业所得税的来源地不在中国，咨询服务费和设计服务费无需缴纳中国的企业所得税；特许权使用费所得按照负担、支付所得的企业或机构场所所在地确定企业所得税的所得来源地，由于支付方在中国境内，因此需要缴纳中国的企业所得税。

【思路点拨 3】 第（2）问和第（3）问结合在一起，考核的关键点是企业所得税的所得来源地与增值税的境内、境外的判断标准是不同的。

（4）商标使用费、咨询费。境内机构和个人向境外单笔支付等值 5 万美元以上的特定种类外汇资金，应向所在地主管税务机关进行税务备案。设计费没有超过 5 万美元，无需进行税务备案。

（5）需要在中国缴纳企业所得税。根据《关于非居民企业间接转让财产企业所得税若干问题的公告》，间接转让中国居民股权等财产，规避企业所得税纳税义务的，应按照《企业所得税法》的有关规定，确认为直接转让中国居民企业股权财产，需要在中国缴纳企业所得税。

2. 答案 ▷

（1）居民企业可以就其取得的境外所得直接缴纳和间接负担的境外企业所得税性质的税额进行抵免。

（2）企业丙不能适用间接抵免优惠政策。由于企业甲对于企业丙的持股比例为 15%（50%×30%），未达到 20% 的要求。

（3）企业乙可以适用间接抵免优惠政策。由于企业甲对于企业乙的持股比例为 50%，达到了 20% 的要求。

（4）由企业甲负担的税额 =［乙企业就利润和投资收益所实际缴纳的税额（180+12）+乙企业间接负担的税额 0］×乙向一家上一层企业分配的股息 404（808×50%）÷本层企业所得税后利润额 808（1000-180-12）= 96（万元）

（5）企业甲应纳税总额 =［2400+（404+96）］×25% =（2400+500）×25% = 725（万元）

抵免限额 =（404+96）×25% = 125（万元）

（6）可抵免境外税额 =（1000-180-12）×50%×10%（直接缴纳）+96（间接负担）= 136.4（万元）

136.4>125，实际抵免税额为 125 万元。

3. 答案 ▷

（1）甲公司申请办理税务登记手续的期限为合同签订之日起 30 日内。

（2）甲公司申报办理注销税务登记的期限为项目完工后 15 日内。

（3）甲公司应缴纳的企业所得税 = 600÷（1+6%）×15%×25% = 21.23（万元）

（4）甲公司应缴纳的增值税 = 600÷（1+6%）×6% = 33.96（万元）

（5）甲公司应缴纳的城市维护建设税、教育费附加、地方教育附加 = 33.96×（7%+3%+2%）= 4.08（万元）

【真题精练（主观题）总结】

近 5 年国际税收计算问答题的考点见表12-19。

表 12-19　近 5 年国际税收计算问答题的考点

业务类型	考点
向境外支付款项的税务处理	（1）向境外支付代扣代缴企业所得税、增值税的计算。 （2）企业所得税的所得来源地与增值税的境内、境外的判断标准是不同的。 （3）对外支付是否需要进行税务备案。 （4）间接转让财产重新定性，定性为直接转让财产进行税务处理的规定
分回的股息红利的税务处理	（1）境外所得税收抵免的税额范围。 （2）境外所得税额抵免的条件。 （3）来自境外所得直接缴纳和间接负担税额的计算。 （4）境外所得的抵免限额。 （5）境外所得的实际抵免额
外国企业常设机构的税务处理	（1）办理税务登记手续、注销税务登记的期限。 （2）外企常驻代表机构应纳企业所得税的计算。 （3）外企常驻代表机构应纳增值税及附加的计算

一、单项选择题

1. 发展中国家在谈判和缔结国际税收协定时，较多地参照了（　　）。

A. 《联合国范本》

B. 《主管当局协议范本》

C. 《OECD 范本》

D. 《多边税收征管互助公约》

2. 个人外的公司和其他团体，若同时具有双重身份，应按（　　）确定其最终的居民身份。

A. 注册登记所在国

B. 法定代表人所在国

C. 实际管理机构所在国

D. 所得收入来源国

3. 境内机构和个人向境外单笔支付等值（　　）万美元以上外汇资金，均应向所在地主管税务机关进行税务备案。

A. 1　　　　　　　　　B. 2

C. 3　　　　　　　　　D. 5

4. 下列申请人从中国取得的所得为股息时，不可直接判定申请人具有"受益所有人"身份是（　　）。

A. 缔约对方政府

B. 缔约对方居民个人

C. 缔约对方居民且在缔约对方非上市的公司

D. 申请人被缔约对方政府中的一人直接持有 100% 股份

5. 某非居民企业在中国境内提供建筑劳务，税务机关对其 2019 年经营业务进行检查时发现该企业劳务收入为 54 万元，但无法查实成本费用，税务机关采用核定办法对其征收所得税，应税所得率为 15%。2019 年该非居民纳税人应缴纳的企业所得税为（　　）万元。

A. 1.5　　　　　　　　B. 1.62

C. 1.88　　　　　　　　D. 2.03

6. 境外某公司在中国境内未设立机构、场所，2019 年取得境内甲公司支付的含增值税贷款利息收入 100 万元，取得境内乙公司支付的不含增值税财产转让收入 80 万元，该项财产净值 60 万元。2019 年度该境外公司在我国应缴纳企业所得税（　　）万元。

A. 11.43　　　　　　　B. 12

C. 18　　　　　　　　D. 36

7. 境外某广告公司与境内 A 企业签订合同，约定 2019 年为 A 企业提供咨询服务，含增值税价款 60 万美元，1 美元 = 6.2 元人民币。该境外广告公司在境内未设立经营机构且没有代理人，则 A 企业应当扣缴境外广告公司应纳的增值税税额（　　）万元。

A. 20.79　　　　　　　B. 21.06

C. 34.56　　　　　　　D. 35.68

8. 在中国发生纳税义务的非居民纳税人需要享受国际税收协定待遇条件的，下列处理错误的是（　　）。

A. 非居民纳税人自行申报的，应当自行判断能否享受协定待遇，无需事前备案

B. 在源泉扣缴和指定扣缴的情况下，非居民纳税人认为自身符合协定待遇条件，需要享受协定待遇的，应当主动向扣缴义务人提出，由扣缴义务人依协定规定扣缴税款

C. 非居民纳税人享受税收协定财产收益、演艺人员和运动员、其他所得条款待遇的只能由扣缴义务人在每次扣缴申报时，向主管税务机关报送相关报告表和资料

D. 非居民纳税人自行申报的，应当就每一个经营项目、营业场所或劳务提供项目分别向主管税务机关报送规定的报告表和资料

9. 税务机关实施特别纳税调查，应当重点关注的企业不包括（　　）。

A. 低于同行业利润水平的企业

B. 已按照规定准备同期资料的企业

C. 存在长期微利的企业

D. 与避税港关联方发生业务往来的企业

10. 下列关于国际税收协定管理的描述错误的是(　　)。

A. 非居民纳税人在享受协定待遇后，情况发生变化，但是仍然符合享受协定待遇条件的，应当立即向主管税务机关重新报送规定的报告表和资料

B. 非居民纳税人填报或报送的资料应采用中文文本

C. 非居民纳税人享受税收协定财产收益条款待遇的，应当在每次纳税申报时，向主管税务机关报送相关报告表和资料

D. 非居民纳税人自行申报的，应当就每一个经营项目、营业场所或劳务提供项目分别向主管税务机关报送规定的报告表和资料

11. 某外商投资企业2019年度境内所得应纳税所得额为150万元，全年已预缴税款35万元，来源于境外某国税前所得50万元，境外实纳税款15万元，该企业当年汇算清缴应补(退)的税款是(　　)万元。

A. 15　　　　　　　　B. 2.5

C. 12.5　　　　　　　D. 18

12. 下列BEPS行动计划中，不属于提高税收透明度和确定性类别的是(　　)。

A. 数据统计分析

B. 争端解决

C. 税收协定滥用

D. 强制披露原则

13. 甲、乙两家企业是关联企业。2019年5月1日，乙企业从甲企业借款3000万元，期限半年，双方约定按照金融企业同类同期贷款年利率8%结算利息，乙企业无其他关联方债权性投资。乙企业注册资本为200万元，所有者权益构成为：实收资本200万元，资本公积100万元，未分配利润−50万元。则2019年不得扣除的

关联方借款利息为(　　)万元。

A. 0　　　　　　　　B. 72

C. 88　　　　　　　D. 120

14. 企业与其关联方签署成本分摊协议，其自行分摊的成本可以税前扣除的是(　　)。

A. 自签署成本分摊协议之日起经营期限为15年

B. 不符合独立交易原则

C. 分配80%的成本，可获得60%收益

D. 具有合理商业目的和经济实质

15. 下列关于同期资料的表述中，错误的是(　　)。

A. 年度关联交易总额超过10亿元的应准备主体文档

B. 同期资料应当加盖企业印章，并由法定代表人或者法定代表人授权的代表签章

C. 同期资料应当自税务机关要求的准备完毕之日起保存10年

D. 企业仅与境内关联方发生关联交易的，也要准备主体文档、本地文档和特殊事项文档

16. 下列关于预约定价安排适用范围的说法中，正确的是(　　)。

A. 预约定价安排适用于主管税务机关与企业协商签署预约定价安排之日所属纳税年度起3至5个年度的关联交易

B. 预约定价安排是企业就其未来年度关联交易的定价原则和计算方法，与税务机关按照独立交易原则协商、确认后达成的协议，不适用于以前年度关联交易的调整

C. 预约定价安排的谈签不影响税务机关对企业不适用预约定价安排的年度及关联交易的特别纳税调查调整和监控管理

D. 预约定价安排一般适用于主管税务机关向企业送达接收其谈签意向的《税务事项通知书》之日所属纳税年度前3个年度每年度发生的关联交易金额1000万元人民币以上的企业

17. 税务机关分析、评估企业关联交易时，因企业与可比企业营运资本占用不同而对营业利润产生的差异原则上不作调整。确需调整的，须层报( )批准。
    A. 主管税务机关
    B. 省级税务机关
    C. 财政部
    D. 国家税务总局
18. 绝密级税收情报保密期限一般为( )年。
    A. 5   B. 10
    C. 15   D. 30
19. 一般适用于有形资产的购销、转让和使用，劳务提供或资金融通的关联交易的转让定价方法是( )。
    A. 成本加成法
    B. 再销售价格法
    C. 交易净利润法
    D. 可比非受控价格法

二、多项选择题

1. 国际税收协定适用范围包括( )。
    A. 人的范围   B. 税种范围
    C. 空间范围   D. 时间范围
2. 在中国境内设立机构场所的非居民企业因会计账簿不健全，资料残缺难以查账，或者其他原因不能准确计算并据实申报其应纳税所得额的，税务机关有权核定其应纳税所得额，下列关于非居民企业核定征收的表述中，正确的有( )。
    A. 按收入总额核定应纳税所得额，适用于能够正确核算收入或通过合理方法推定收入总额，但不能正确核算成本费用的非居民企业
    B. 按成本费用核定应纳税所得额，适用于能够正确核算成本费用，但不能正确核算收入总额的非居民企业
    C. 按经费支出换算收入核定应纳税所得额，适用于能够正确核算经费支出总额，但不能正确核算收入总额和成本费用的非居民企业
    D. 采取核定征收方式征收企业所得税的

非居民企业，在中国境内从事适用不同核定利润率的经营活动，应从高适用利润率，计算缴纳企业所得税

3. 下列企业取得的境外所得中，已在境外缴纳的企业所得税税款，可以从其当期应纳税额中抵免的有( )。
    A. 居民企业来源于中国境外的生产经营的应税所得税税额
    B. 非居民企业取得的与其在境内所设机构、场所有实际联系的境外应税所得税税额
    C. 非居民企业取得的与其在境内所设机构、场所无实际联系的境外应税所得税税额
    D. 居民企业从其直接控制的外国企业分得的股息等权益性投资所得税税额

4. 下列关于境外所得税收管理的说法错误的有( )。
    A. 企业可以选择"分国不分项"或者"不分国不分项"计算其来源于境外的应纳税所得额
    B. 境外所得抵免的方式一经选择，5年内不得改变
    C. 企业选择采用不同于以前年度的方式计算可抵免境外所得税税额和抵免限额时，对该企业以前年度按照有关规定没有抵免完的余额，不得结转抵免
    D. 企业可以选择"分国不分项"或者"分国又分项"计算其来源于境外的应纳税所得额

5. 下列关于境外所得间接抵免的说法中错误的有( )。
    A. 由居民企业直接或者间接持有20%以上股份的外国企业，仅限于符合持股方式的三层外国企业
    B. 如果企业当期境内外所得盈利额与亏损额加总后和为负数，则以境外分支机构的亏损额超过企业盈利额部分的实际亏损额，在5年的期限内进行亏损弥补，未超过企业盈利额部分的非实际亏损额仍可无

限期向后结转弥补

C. 企业从境外取得符合境外税额间接抵免条件的股息所得，凡就该所得缴纳及间接负担的税额在所得来源国(地区)的法定税率且其实际有效税率明显高于我国的，可直接以按本通知规定计算的境外应纳税所得额和《企业所得税法》规定的税率计算的抵免限额作为可抵免的已在境外实际缴纳的企业所得税税额

D. 企业从境外取得营业利润所得，虽有所得来源国政府机关核发的具有纳税性质的凭证或证明，但因客观原因无法真实、准确地确认应当缴纳并已经实际缴纳的境外所得税税额的，一律按境外应纳税所得额的 12.5% 作为抵免限额

6. 下列对避税安排特征的表述正确的有( )。

A. 以获取税收利益为唯一目的

B. 以获取税收利益为主要目的

C. 以形式不符合税法规定，但与其经济实质相符的方式获取税收利益

D. 以形式符合税法规定，但与其经济实质不符的方式获取税收利益

7. 以下各项中，属于税基侵蚀和利润转移项目(BEPS)行动计划的有( )。

A. 多边工具

B. 税收协定滥用

C. 数据统计分析

D. 常设机构

8. 下列关于年度关联交易金额条件的表述，应当准备本地文档的有( )。

A. 金融资产转让金额超过 1 亿元

B. 其他关联交易金额合计超过 4000 万元

C. 无形资产所有权转让金额超过 1 亿元

D. 有形资产所有权转让金额(来料加工业务按照年度进出口报关价格计算)超过 2 亿元

9. 下列规定或计算方法中，属于企业与关联方签署成本分摊协议内容的有( )。

A. 非参与方使用协议成果的规定

B. 协议变更的条件及处理规定

C. 参与方会计方法的运用及变更说明

D. 参与方之间补偿支付的条件及处理规定

10. 下列关于资本弱化管理的陈述，正确的有( )。

A. 标准比例区分金融企业和其他企业，分别为 5∶1 和 2∶1

B. 企业实际支付关联方利息存在转让定价问题的，税务机构应首先实施转让定价调查调整

C. 支付给税率高于本企业的境内关联方的利息不受资本弱化的限制

D. 企业关联债资比例超过标准比例需要说明符合独立交易原则的，不用准备资本弱化特殊事项文档

11. 下列属于转让定价方法的有( )。

A. 可比非受控价格法

B. 再销售价格法

C. 交易净利润法

D. 利润分割法

12. 下列关于转让定价方法的表述中正确的有( )。

A. 可比非受控价格法可以适用于所有类型的关联交易

B. 再销售价格法以关联方购进商品再销售给非关联方的价格减去可比非关联交易毛利后的金额作为关联方购进商品的公平成交价格

C. 交易净利润法以可比非关联交易的利润率指标确定关联交易的净利润

D. 可比非受控价格法以关联交易发生的合理成本加上可比非关联交易毛利后的金额作为关联交易的公平成交价格

13. 国际税收征管协作中，情报交换的种类包括( )。

A. 专项情报交换

B. 自动情报交换

C. 自发情报交换

D. 同期税务检查

三、计算问答题

1. 中国居民企业 A（所得税税率为 25%）持有甲国 B 公司 40% 股权，甲国的所得税税率为 10%。2019 年 B 公司实现应纳税所得额为 4000 万元，在甲国缴纳企业所得税 400 万元。B 公司决定向股东分配 2500 万元的税后利润，A 公司分得 1000 万元，并按照甲国的预提所得税税率缴纳了 50 万元的预提所得税，实际获得 950 万元的股息所得。A 公司为进行对 B 公司的投资，当年发生的管理费用为 20 万元。

要求：请根据上述资料，回答下列问题，如有计算，请计算出合计数。

（1）A 公司来自 B 公司的股息所得，是否符合间接抵免条件，请说明理由。

（2）计算 A 公司来自 B 公司的股息所得直接缴纳和间接负担的税额。

（3）计算 A 公司来自 B 公司股息所得调整后的应纳税所得额。

（4）计算 A 公司来自 B 公司的股息所得在我国应补缴的企业所得税税额。

2. 我国境内某居民企业（以下称甲企业）在 A 国设立一分公司（以下称境外分公司），2018 年甲企业境内应纳税所得额 120 万元，境外分公司税前所得 50 万元。2019 年甲企业境内应纳税所得额 400 万元，境外分公司税前所得 -80 万元。甲企业适用企业所得税税率 25%，境外分公司适用企业所得税税率 30%。

要求：根据上述资料，按照下列序号回答问题，如有计算需计算出合计数。

（1）该公司境外分公司的税收抵免属于直接抵免还是间接抵免？

（2）2018 年度汇总纳税时，境外分公司所得的抵免限额。

（3）计算 2018 年度汇总纳税时，境外分公司所得实际抵免的所得税税额。

（4）如果 2018 年境外实际已纳税额超过抵免限额，可以在多长时间内抵补？

（5）该公司 2019 年境外分公司的亏损可以在多长时间内弥补？为什么？

同步训练答案及解析

一、单项选择题

1. A 【解析】发展中国家在谈判和缔结国际税收协定时，较多地参照了《联合国范本》。

2. C 【解析】公司和其他团体，同时为缔约国双方居民的人，应认定其是"实际管理机构"所在国的居民。

3. D 【解析】境内机构和个人向境外单笔支付等值 5 万美元以上（不含等值 5 万美元）外汇资金，除无须进行税务备案的情形外，均应向所在地主管税务机关进行税务备案。

4. C 【解析】下列申请人从中国取得的所得为股息时，直接判定申请人具有"受益所有人"身份：

（1）缔约对方政府；（选项 A）

（2）缔约对方居民且在缔约对方上市的公司；

（3）缔约对方居民个人；（选项 B）

（4）申请人被第（1）至（2）项中的一人或多人直接或间接持有 100% 股份，且间接持有股份情形下的中间层为中国居民或缔约对方居民。（选项 D）

5. D 【解析】成本费用无法核实，按照应税收入额核定计算所得税。应纳所得税额 = 54×15%×25% = 2.03（万元）。

6. A 【解析】应纳企业所得税 = 100/1.06×10%+（80-60）×10% = 11.43（万元）

【思路点拨】对在中国境内未设立机构、场所的非居民企业，股息、红利等权益性投资收益和利息、租金、特许权使用费所得，以不含增值税的收入全额为应纳税所得额，不得扣除税法规定之外的税费支出。转让财产所得，以收入全额减除财产净值后的余额为应纳税所得额。

7. B 【解析】境外单位在境内未设有经营机构的，则以其境内代理人为增值税扣缴义务人；在境内没有代理人的，则以购买方为增值税扣缴义务人，扣缴义务人应当按照下列公式计算应扣缴税额：应扣缴税额＝购买方支付的价款÷(1+税率)×税率。

A企业应扣缴增值税＝60×6.2÷(1+6%)×6%＝21.06(万元)

8. C 【解析】非居民纳税人享受税收协定财产收益、演艺人员和运动员、其他所得条款待遇的，应当在每次纳税申报时，或由扣缴义务人在每次扣缴申报时，向主管税务机关报送相关报告表和资料。

9. B 【解析】税务机关实施特别纳税调查，应当重点关注具有以下风险特征的企业：

(1)关联交易金额较大或者类型较多；

(2)存在长期亏损、微利或者跳跃性盈利；(选项C)

(3)低于同行业利润水平；(选项A)

(4)利润水平与其所承担的功能风险不相匹配，或者分享的收益与分摊的成本不相配比；

(5)与避税港关联方发生业务往来；(选项D)

(6)未按照规定进行关联申报或者准备同期资料；

(7)其他明显违背独立交易原则。

10. A 【解析】选项A，非居民纳税人在享受协定待遇后，情况发生变化，但是仍然符合享受协定待遇条件的，应当在下一次纳税申报时或由扣缴义务人在下一次扣缴申报时重新报送规定的报告表和资料。

11. B 【解析】该企业汇总应纳税额＝(150+50)×25%＝50(万元)，境外已纳税款扣除限额＝50×25%＝12.5(万元)，境外实纳税额15万元，可扣除12.5万元。境内已预缴35万元，则汇总纳税应纳所得税

额＝50-12.5-35＝2.5(万元)。

12. C 【解析】提高税收透明度和确定性包括：数据统计分析、强制披露原则、转让定价同期资料、争端解决。

13. B 【解析】实际支付的关联方利息＝3000×8%÷2＝120(万元)

关联债资比例＝(3000×6)÷(300×12)＝5；

不得扣除利息支出＝120×(1-2÷5)＝72(万元)

【思路点拨】关联债资比例＝年度各月平均关联债权投资之和÷年度各月平均权益投资之和

其中：各月平均关联债权投资＝(关联债权投资月初账面余额+月末账面余额)÷2

各月平均权益投资＝(权益投资月初账面余额+月末账面余额)÷2

每个月的借款均是3000，借款期限6个月之和就是3000×6。同时，年度各月平均权益投资之和，每月都有，所以12个月为300×12。不得扣除利息支出＝年度实际支付的全部关联方利息×(1-标准比例÷关联债资比例)。

14. D 【解析】选项C没有遵循成本与收益配比原则，因此其自行分摊的成本不得在税前扣除。

企业与其关联方签署成本分摊协议，有下列情形之一的，其自行分摊的成本不得税前扣除：

(1)不具有合理商业目的和经济实质；

(2)不符合独立交易原则；

(3)没有遵循成本与收益配比原则；

(4)未按规定备案或准备、保存和提供有关成本分摊协议的同期资料；

(5)自签署成本分摊协议之日起经营期限少于20年。

15. D 【解析】企业仅与境内关联方发生关联交易的，可以不准备主体文档、本地文档和特殊事项文档。

16. C 【解析】选项A，预约定价安排适用于主管税务机关向企业送达接收其谈签

意向的《税务事项通知书》之日(而非协商签署预约定价安排之日)所属纳税年度起3至5个年度的关联交易;选项B,企业以前年度的关联交易与预约定价安排适用年度相同或者类似的,经企业申请,税务机关可以将预约定价安排确定的定价原则和计算方法追溯适用于以前年度该关联交易的评估和调整,追溯期最长为10年;选项D,预约定价安排一般适用于主管税务机关向企业送达接收其谈签意向的《税务事项通知书》之日所属纳税年度前3个年度每年度发生的关联交易金额4000万元人民币以上的企业,而非1000万。

17. D 【解析】税务机关分析、评估企业关联交易时,因企业与可比企业营运资本占用不同而对营业利润产生的差异原则上不作调整。确需调整的,须层报国家税务总局批准。

18. D 【解析】绝密级情报保密期限一般为30年,机密级情报保密期限一般为20年,秘密级情报保密期限一般为10年。

19. A 【解析】成本加成法通常适用于有形资产的购销、转让和使用,劳务提供或资金融通的关联交易。

二、多项选择题

1. AB 【解析】国际税收协定的适用范围包括人的范围和税种的范围。

2. ABC 【解析】选项D,应分别核算并适用相应的利润率计算缴纳企业所得税;凡不能分别核算的,应从高适用利润率,计算缴纳企业所得税。

3. ABD 【解析】选项C,非居民企业来源于境外和境内与所设机构无关联的所得,不是我国的征税所得,不存在征税问题,更不存在抵免所得税问题。

4. CD 【解析】选项C,企业选择采用不同于以前年度的方式计算可抵免境外所得税税额和抵免限额时,对该企业以前年度按照有关规定没有抵免完的余额,可在税法规定结转的剩余年限内,按新方式计算的抵免限额中继续结转抵免。选项D,企业可以选择"分国不分项"或者"不分国不分项"计算其来源于境外的应纳税所得额。

5. AD 【解析】选项A,自2017年1月1日起,企业在境外取得的股息所得,在按规定计算该企业境外股息所得的可抵免所得税额和抵免限额时,由该企业直接或者间接持有20%以上股份的外国企业,限于按照规定的持股方式确定的五层外国企业。选项D,企业从境外取得营业利润所得,虽有所得来源国政府机关核发的具有纳税性质的凭证或证明,但因客观原因无法真实、准确地确认应当缴纳并已经实际缴纳的境外所得税税额的,除就该所得直接缴纳及间接负担的税额在所得来源国(地区)的实际有效税率低于12.5%以上的外,可按境外应纳税所得额的12.5%作为抵免限额。

6. ABD 【解析】避税安排具有以下特征:
(1)以获取税收利益为唯一目的或者主要目的。
(2)以形式符合税法规定,但与其经济实质不符的方式获取税收利益。

7. ABCD 【解析】税基侵蚀和利润转移项目(BEPS)行动计划有数字经济、有害税收实践、数据统计分析、多边工具、税收协定滥用、常设机构等。

8. ABCD 【解析】以上四个选项均属于应当准备本地文档的情况。

9. ABCD 【解析】以上四个选项均属于企业与关联方签署成本分摊协议的内容。

10. ABC 【解析】选项D,企业关联债资比例超过标准比例需要说明符合独立交易原则的,应当准备资本弱化特殊事项文档。

11. ABCD 【解析】转让定价方法包括可比非受控价格法、再销售价格法、成本加成法、交易净利润法、利润分割法和其他符合独立交易原则的方法。

12. ABC 【解析】选项 D，成本加成法以关联交易发生的合理成本加上可比非关联交易毛利作为关联交易的公平成交价格。

13. ABCD 【解析】情报交换的类型包括专项情报交换、自动情报交换、自发情报交换、同期税务检查、授权代表访问和行业范围情报交换。

三、计算问答题

1. 【答案】

(1)A 公司来自 B 公司的股息所得，符合间接抵免条件，因为 A 公司对 B 公司的直接持股比例超过 20%。

(2)A 公司直接缴纳的来自 B 公司股息的预提所得税为 50 万元。

B 公司所纳税额属于由 A 公司负担的部分 =(本层企业就利润和投资收益所实际缴纳的税额+符合规定的由本层企业间接负担的税额)×本层企业向一家上一层企业分配的股息(红利)÷本层企业所得税后利润额 = 400×1000÷3600 = 111.11(万元)

A 公司来自 B 公司的所得直接缴纳和间接负担的税额 = 50+111.11 = 161.11(万元)

(3)A 公司来自 B 公司股息所得调整后的应纳税所得额 = 境外股息、红利税后净所得+该项所得直接缴纳和间接负担的税额

之和-计算企业应纳税所得总额时已按税法规定扣除的有关成本费用中与境外所得有关的部分 = 950+161.11-20 = 1091.11(万元)

(4)抵免限额 = 1091.11×25% = 272.78(万元)

直接缴纳和间接负担的税额 161.11 万元，按照 161.11 万元抵免，需补缴税款 111.67 万元。

2. 【答案】

(1)直接抵免。总分公司之间的抵免属于直接抵免。

(2)境外分公司抵免限额 = 50×25% = 12.5(万元)

(3)2018 年甲企业境外分公司实际缴纳税额 = 50×30% = 15(万元)

由于抵免限额 12.5 万元小于 15 万元，所以 2018 年境外分公司实际抵免的所得税税额为 12.5 万元。

(4)可以在 5 个纳税年度抵补。

(5)无限期弥补；

理由：企业在同一纳税年度的境内外所得加总为正数的，其境外分支机构发生的亏损，为非实际亏损额，可无限期向后结转弥补。

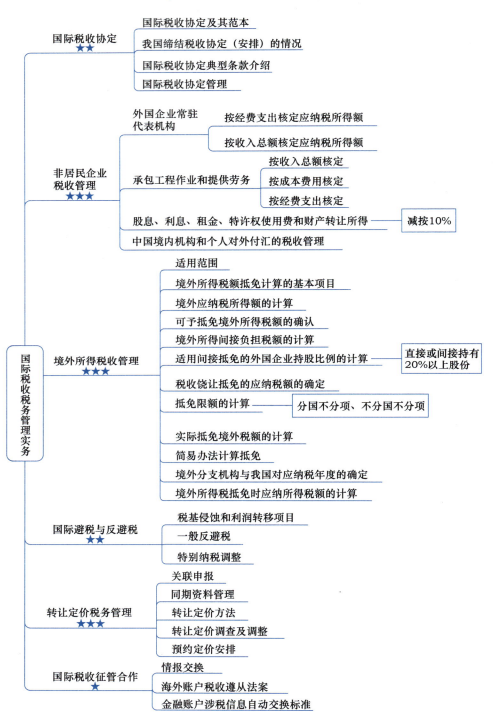

第13章 税收征收管理法

考情解密

历年考情概况

本章在"税法"考试中，是非重点章节，本章内容比较多，集中了大量的时间性、程序性的规定。从历年考试情况来看，本章的平均分值3分左右，主要是在客观题中考核。

近年考点直击

考点	主要考查题型	考频指数	考查角度
征管法概述	单选题、多选题	★	(1)征管法的适用范围； (2)征管法的遵守主体
税务登记	单选题、多选题	★★	(1)开业、变更、注销税务登记的范围和时间的规定； (2)停业复业的管理规定； (3)税务登记证的使用和管理
账簿、凭证管理；发票管理	单选题、多选题	★★	(1)设置账簿的范围、时限规定； (2)财会制度备案要求； (3)账簿、凭证的管理； (4)发票管理要求
纳税申报管理	单选题、多选题	★★	(1)纳税申报的方式； (2)延期申报管理
税款征收	单选题、多选题	★★★	(1)税款征收原则，尤其注意税款优先的规定； (2)核定征收的情形； (3)税收保全措施(预防措施)与税收强制执行措施(补救措施)的异同； (4)欠税清缴制度； (5)税款的退还和追征制度
税务检查	单选题、多选题	★★	(1)税务检查的形式和方法； (2)税务检查中税务机关的检查权，尤其注意查账权和银行存款账户检查权
法律责任	单选题、多选题	★	考查各种情况下违反税法规定的法律责任
纳税担保	单选题、多选题	★★	(1)纳税保证人的范围，尤其注意哪些情况不得做纳税保证人； (2)纳税保证的范围和时限； (3)哪些可以做纳税抵押，哪些不得做纳税抵押； (4)纳税质押中的动产质押和权利质押的界定
纳税信用管理	单选题、多选题	★★	纳税信用信息采集和纳税信用评估结果的应用

学习方法与应试技巧

税收征管法属于我国税法体系中的程序法，与税收实体法有明显的不同。学习本章内容时主要以记忆为主，需要理解的内容较少，对于记忆性的内容建议大家通过图表进行总结，对比记忆，提高学习效率。在学习过程中，注意结合近年考点进行学习。

本章2020年考试主要变化

1. 新增处于非正常状态纳税人的税务注销办理。

2. 重新编写非正常户的处理。

3. 新增企业破产清算程序中的税收征管的内容。

4. 新增《无欠税证明》开具服务的内容。

5. 新增纳税信用修复的内容。

6. 新增税收违法行为检举管理办法的内容。

7. 新增税务文书电子送达规定（试行）的内容。

考点详解及精选例题

一、税收征收管理法概述

（一）税收征收管理法的适用范围★★

税收征收管理法（简称征管法）适用于依法由税务机关征收的各种税收的征收管理。

注意以下问题：

1. 凡依法由税务机关征收的各种税收的征收管理，均适用《征管法》；

2. 海关征收的关税、船舶吨税及代征的增值税、消费税，适用其他法律、法规的规定；

3. 由税务机关征收的一部分费用，如**教育费附加，不适用《征管法》**。

真题精练（客观题）

1.（2018年单选题）下列税费的征收管理，适用《中华人民共和国税收征收管理法》的是（　）。

A. 房产税　　　　B. 地方教育附加

C. 关税　　　　　D. 海关代征消费税

解析 《中华人民共和国税收征收管理法》的适用范围是税务机关征收的各种税收。由海关征收的关税及代征的增值税、消费税，不属于《中华人民共和国税收征收管理法》的适用范围；由税务机关征收的地方教育附加，不属于税收范畴，不适用《中华人民共和国税收征收管理法》。

答案 A

2.（2015年单选题）下列税费的征收管理，适用《中华人民共和国税收征收管理法》的是（　）。

A. 关税

B. 房产税

C. 海关代征增值税

D. 教育费附加

解析 《税收征收管理法》只适用于由税务机关征收的各种税收的征收管理。选项AC，由海关征收，不适用《征管法》；选项D，是由税务机关征收教育费附加，不属于税收范畴，不适用《征管法》。

答案 B

（二）税收征收管理法的遵守主体（见表13-1）

表13-1　税收征收管理法的遵守主体

不同主体	具体内容
税务行政主体	税务机关：各级税务局、税务分局、税务所和省以下税务局的稽查局
税务行政管理相对人	纳税人、扣缴义务人和其他有关单位
有关单位和部门	

二、税务管理

扫我解疑难

(一)税务登记管理★★①

税务登记管理包括设立、变更、注销、停业复业、跨区域涉税事项报验管理等。

企业，企业在外地设立的分支机构和从事生产、经营的场所，个体工商户和从事生产、经营的事业单位，均应办理税务登记。此外，除国家机关、个人和无固定生产、经营场所的流动性农村小商贩外的其他纳税人，也应办理税务登记。根据税收法律、行政法规的规定负有扣缴税款义务的扣缴义务人（国家机关除外），均应当按照规定办理扣缴税款登记。

1. 设立税务登记（见表13-2）

表13-2　设立税务登记的相关规定

项目	具体规定	
开业税务登记的时间和地点（先工商、后税务，30日）	①从事生产、经营的纳税人	应当自领取营业执照、有关部门批准设立、或纳税义务发生之日起30日内，办理税务登记
	②有独立的生产经营权、在财务上独立核算并定期向发包人或出租人上交承包费或租金的承包承租人	应当自承包承租合同签订之日起30日内，办理税务登记
	③境外企业在中国境内承包建筑、安装、装配、勘探工程和提供劳务的	应当自项目合同或协议签订之日起30日内，向项目所在地税务机关办理税务登记
	④其他纳税人，除国家机关、个人和无固定生产、经营场所的流动性农村小商贩外	均应自纳税义务发生之日起30日内，向纳税义务发生地税务机关申报办理税务登记
	①比照开业登记办理的情形：扣缴义务人应当自扣缴义务发生之日起30日内，申报办理扣缴税款登记。②税务机关对纳税人税务登记地点发生争议的，由其共同的上级税务机关指定管辖。③纳税人在申报办理税务登记时，应当根据不同情况向税务机关如实提供规定的证件和资料，并如实填写税务登记表。④纳税人提交的证件和资料齐全且税务登记表的填写内容符合规定的，税务机关应当日办理并发放税务登记证件。纳税人提交的证件和资料不齐全或税务登记表的填写内容不符合规定的，税务机关应当场通知其补正或重新填报	
设立税务登记程序	(1)税务机关应根据申请人情况，不再统一要求纳税人提供注册地址及生产、经营地址等场地的证明资料和验资报告，可不进行实地核查。(2)税务机关对纳税人填报的《税务登记表》、提供的证件和资料，应当在收到日报的当日审核完毕；证件、资料齐全，《税务登记表》填写内容符合规定的，税务机关应当日办理并发放税务登记证件	
"三证合一"的管理	2015年10月1日起，我国实行三证合一的管理制度——实现营业执照、组织机构代码证、税务登记证"三证"联办同发。实行三证合一的管理制度后，新设立企业、农民专业合作社领取由市场监督部门核发加载法人和其他组织统一社会信用代码的营业执照后，无需再次进行税务登记，不再领取税务登记证。企业办理涉税事宜时，在完成补充信息采集后，凭加载统一代码的营业执照，可代替税务登记证使用	

---

① 在本部分内容中我们统一将"工商行政管理机关"修订为"市场监管部门"。

【例题1·多选题】根据税收征收管理法和税务登记管理办法的有关规定，下列各项中应当进行税务登记的有(　　)。

A. 从事生产经营的事业单位

B. 企业在境内其他城市设立的分支机构

C. 企业在本地设立的非独立核算的分支机构

D. 有来源于中国境内所得但未在中国境内设立机构、场所的非居民企业

解析 ▶ 企业在外地设立的分支机构和从事生产、经营的场所，需要办理税务登记，在本地设立的分支机构无需办理税务登记。

答案 ▶ AB

2. 变更税务登记

(1)纳税人已在市场监督部门办理变更登记的，应当自市场监督部门变更登记之日起30日内，向原税务登记机关如实提供所需证件、资料，申报办理变更税务登记。

(2)纳税人按照规定不需要在市场监督部门办理变更登记，或者其变更登记的内容与工商登记内容无关的，应当自税务登记内容实际发生变化之日起30日内，或者自有关机关批准或者宣布变更之日起30日内，持相关证件到原税务登记机关申报办理变更税务登记。

【知识点拨】符合规定的，税务机关应于受理当日办理变更税务登记。

3. 注销税务登记(见表13-3)

表13-3　注销税务登记的有关规定

项目		具体规定
注销税务登记的时限要求	一般情况(先税务，后工商)：解散、破产、撤销以及其他情形，依法终止纳税义务	在向市场监督部门或其他机关办理注销登记前
	特殊情况 按规定不需要在市场监督部门或者其他机关办理注销登记的	自有关机关批准或者宣告终止之日起15日内
	被市场监督部门吊销营业执照的或者被其他机关予以撤销登记	自营业执照被吊销或者被撤销之日起15日内
	境外企业在中国境内承包建筑、安装、装配、勘探工程和提供劳务的	项目完工、离开中国前15日内
	因住所、经营地点变动，涉及改变税务登记机关的	应当在向工商行政管理机关或其他机关申请办理变更、注销登记前，或者住所、经营地点变动前，向原税务登记机关申报办理注销税务登记，并自注销税务登记之日起30日内向迁达地税务机关申报办理税务登记
	特别说明：仍由同一主管税务机关管辖的，变更登记	
清税证明免办服务	对向市场监管部门申请简易注销的纳税人，符合下列情形之一的，可免予到税务机关办理清税证明，直接向市场监管部门申请办理注销登记： a. 未办理过涉税事宜的； b. 办理过涉税事宜但未领用发票、无欠税(滞纳金)及罚款的； c. 经人民法院裁定宣告破产的纳税人，持人民法院终结破产程序裁定书向税务机关申请税务注销的，税务机关即时出具清税文书，按照有关规定核销"死欠"	
采取"承诺制"容缺办理的情形	对未处于税务检查状态、无欠税(滞纳金)及罚款、已缴销增值税专用发票及税控专用设备，且符合下列情形之一的纳税人，税务机关提供即时办结服务，采取"承诺制"容缺办理，即：纳税人在办理税务注销时，若资料不齐，可在其作出承诺后，税务机关即时出具清税文书。 A. 纳税信用级别为A级和B级的纳税人； B. 控股母公司纳税信用级别为A级的M级纳税人	

项目	具体规定
采取"承诺制"容缺办理的情形	C. 省级人民政府引进人才或经省级以上行业协会等机构认定的行业领军人才等创办的企业； D. 未达到增值税纳税起征点的纳税人； E. 未纳入纳税信用级别评价的定期定额个体工商户
处于非正常状态纳税人的税务注销办理	处于非正常状态纳税人在办理税务注销前，需先解除非正常状态，补办纳税申报手续

【例题2·单选题】 下列关于税务登记时限的表述中，正确的是（　）。

A. 从事生产经营的纳税人，应当自领取营业执照之日起10日内办理税务登记

B. 从事生产经营以外的纳税人，应当自纳税义务发生之日起15日内办理税务登记

C. 税务登记内容发生变化的，应当自变更营业执照之日起20日内办理变更税务登记

D. 境外企业在中国境内提供劳务的，应当自项目合同签订之日起30日内办理税务登记

解析 选项A、B、C，均应该在30日之内办理相应的税务登记。　**答案** D

真题精练（客观题）

1. （2019年多选题）在办理税务注销时，对处于税务检查状态，无欠款罚款、已缴销增值税专用发票及税控专用设备，且符合下列情形之一的纳税人，可采用"承诺制"容缺办理的有（　）。

A. 纳税信用等级为B级的纳税人

B. 省人民政府引进人才创办的企业

C. 控股母公司的纳税信用级别为B级的M级纳税人

D. 未达到增值税起征点的纳税人

解析 本题考核注销税务登记中可以采取"承诺制"容缺办理的情形。选项C，控股母公司纳税信用级别为A级的M级纳税人才可以采用"承诺制"容缺办理。　**答案** ABD

2. （2018年单选题）下列情形中，纳税人应当注销税务登记的是（　）。

A. 纳税人改变生产经营方式的

B. 纳税人被工商行政管理部门吊销营业执照的

C. 纳税人改变名称的

D. 纳税人改变住所和经营地点未涉及改变原主管税务机关的

解析 选项A、C、D，应该是变更税务登记。　**答案** B

4. 停业、复业登记

（1）实行定期定额征收方式的个体工商户需要停业的，应当在停业前向税务机关申报办理停业登记。纳税人的停业期限不得超过一年；

（2）纳税人在申报办理停业登记时，应结清应纳税款、滞纳金、罚款，税务机关应收存其税务登记证件及副本、发票领购簿、未使用完的发票和其他税务证件；

（3）纳税人停业期间发生纳税义务的，应当依法申报缴纳税款；

（4）纳税人应当于恢复生产经营之前，办理复业登记；

（5）纳税人停业期满不能及时恢复生产、经营的，应当在停业期满前向税务机关办理延长停业登记。

【例题3·单选题】 下列关于停业的税务管理，表述正确的是（　）。

A. 实行查账征收方式的纳税人需要停业的，应办理停业登记

B. 若停业期间发生经营行为时，不需要申报缴纳税款

C. 纳税人办理停业登记，税务机关收存其税务登记证，但无需收存其发票

D. 一旦纳税人申请停业，其未使用完的发票由税务机关予以收存

解析 选项 A，只有定期定额征收方式的纳税人停业时，才涉及办理停业登记，查账征收方式的纳税人，不涉及办理停业登记的问题；选项 B，纳税人停业期间发生纳税义务的，应当依法申报缴纳税款；选项 C，纳税人办理停业登记，税务机关不仅收存其税务登记证，而且需要收存其发票。 **答案** D

5. 外出经营报验登记

（1）税务机关按照一地一证的原则，发放《外管证》，《外管证》的有效期限一般为 30日，最长不得超过 180 日。但建筑安装行业纳税人项目合同期限超过 180 日的，按照合同期限确定有效期限。

（2）纳税人应当自《外管证》签发 30 日内，持《外管证》向经营地税务机关报验登记，并接受经营地税务机关的管理。

（3）纳税人应当在《外管证》有效期届满后 10 日内，持《外管证》回原税务登记地税务机关办理《外管证》缴销手续。

【知识点拨】 根据税总发〔2017〕103 号国家税务总局关于创新跨区域涉税事项报验管理制度的通知，为切实减轻纳税人办税负担，提高税收征管效率，外出经营活动税收管理进行了更名与创新，主要内容如下：①将"外出经营活动税收管理"更名为"跨区域涉税事项报验管理"。②纳税人跨区域经营前不再开具相关证明，改为填报《跨区域涉税事项报告表》。纳税人跨省（自治区、直辖市和计划单列市）临时从事生产经营活动的，不再开具《外出经营活动税收管理证明》，改向机构所在地的税务机关填报《跨区域涉税事项报告表》。③取消跨区域涉税事项报验管理的固定有效期。税务机关不再按照 180 天设置报验管理的固定有效期，改按跨区域经营合同执行期限作为有效期限。合同延期的，纳税人可向经营地或机构所在地的国税机关办理报验管理有效期限延期手续。④实行跨区域涉税事项报验管理信息电子化。

6. 税务登记证的作用和管理

除按照规定不需要发给税务登记证件的

外，纳税人办理下列事项时，必须持税务登记证件：

（1）开立银行账户；

（2）申请减税、免税、退税；

（3）申请办理延期申报、延期缴纳税款；

（4）领购发票；

（5）申请开具跨区域涉税事项报告表；

（6）办理停业、歇业；

（7）其他有关税务事项。

纳税人遗失税务登记证件的，应当在 15日内书面报告主管税务机关，并登报声明作废。

【知识点拨】 纳税人正常办理纳税申报、缴纳税款，无需持税务登记证；延期申报、延期缴纳税款才需要持税务登记证。

【例题 4·多选题】 下列有关办理税务登记的做法，正确的有（　　）。

A. 纳税人遗失税务登记证件的，应当在 15 日内书面报告主管税务机关，并登报声明作废

B. 纳税人税务登记的内容发生变化时，应自市场监督部门办理变更登记之日起 30 日内，向原税务登记机关申报办理变更税务登记

C. 纳税人因住所变动涉及改变主管税务登记机关的，应向原税务登记机关申报办理注销税务登记，并在 30 日内向迁入地税务机关申请办理税务登记

D. 纳税人在办理注销登记后，应当向税务机关结清应纳税款、滞纳金、罚款、缴销发票和其他税务证件

解析 选项 D，纳税人在办理注销登记前（而非税务登记后），应当向税务机关结清应纳税款、滞纳金、罚款、缴销发票和其他税务证件。 **答案** ABC

7. 非正常户处理

（1）纳税人负有纳税申报义务，但连续三个月所有税种均未进行纳税申报的，税收征管系统自动将其认定为非正常户，并停止其发票领用簿和发票的使用。

（2）对欠税的非正常户，税务机关依照有关规定追征税款及滞纳金。

（3）已认定为非正常户的纳税人，就其逾期未申报行为接受处罚、缴纳罚款，并补办纳税申报的，税收征管系统自动解除非正常状态，无需纳税人专门申请解除。

【例题5·多选题】 下列各项中，属于法定税务登记事项的有（   ）。

A. 设立税务登记

B. 注销税务登记

C. 停业税务登记

D. 跨区域涉税事项报验管理

解析 税务登记事项有四种：设立税务登记、变更注销税务登记、停业复业税务登记、跨区域涉税事项报验管理。

答案 ABCD

（二）账簿、凭证管理★★

1. 账簿、凭证管理（见表13-4）

表13-4　账簿、凭证的设置

项目		具体规定
设置账簿的范围	①从事生产、经营的纳税人	应自其领取营业执照或发生纳税义务之日起15日内设置账簿
	②扣缴义务人	应当自扣缴义务发生之日起10日内，按照所代扣、代收的税种，分别设置代扣代缴、代收代缴税款账簿
	③生产经营规模小又确无建账能力的纳税人	可以聘请经批准从事会计代理记账业务的专业机构或经税务机关认可的财会人员代为建账和办理账务。聘请上述机构或者人员有实际困难的，经县以上税务机关批准，可以按照税务机关的规定，建立收支凭证粘贴簿、进货销货登记簿或使用税控装置
对会计核算的要求		纳税人、扣缴义务人会计制度健全，能够通过计算机正确、完整计算其收入和所得或者代扣代缴、代收代缴税款情况的，其计算机输出的完整的书面会计记录，可视同会计账簿；账簿、会计凭证和报表，应当使用中文。民族自治地方可以同时使用当地通用的一种民族文字，外商投资企业和外国企业可以同时使用一种外国文字
财务会计制度的备案		凡从事生产、经营的纳税人必须将所采用的财务、会计制度和具体的财务、会计处理办法，按税务机关的规定，自领取税务登记证件之日起15日内，及时报送主管税务机关备案
账簿、凭证的保管		账簿、记账凭证、报表、完税凭证、发票、出口凭证以及其他有关涉税资料，除另有规定者外，应当保存10年

【例题6·单选题】 下列关于账簿设置的表述，正确的是（   ）。

A. 扣缴义务人应当自税收法律、行政法规规定的扣缴义务发生之日起15日内，按照所代扣、代收的税种，分别设置代扣代缴、代收代缴税款账簿

B. 从事生产、经营的纳税人应自其领取税务登记证之日起15日内按照规定设置账簿

C. 纳税人、扣缴义务人会计制度健全，能够通过计算机正确、完整计算其收入和所得或者代扣代缴、代收代缴税款情况的，其计算机储存的会计记录可视同会计账簿，不必打印成书面资料

D. 生产经营规模小又确无建账能力的纳税人，若聘请专业机构或者人员有实际困难的，经县以上税务机关批准，可以按照规定建立收支凭证粘贴簿、进货销货登记簿或者使用税控装置

解析 选项A，扣缴义务人应当自税收法律、行政法规规定的扣缴义务发生之日起10日内（而非15日内），按照所代扣、代收的税种，分别设置代扣代缴、代收代缴税款账簿；选项B，从事生产、经营的纳税人应自其领取营业执照（而非税务登记证）之日起15日内按照规定设置账簿；选项C，纳税人、扣缴义务人会计制度健全，能够通过计算机

正确、完整计算其收入和所得或者代扣代缴、代收代缴税款情况的，其计算机输出（而非储存）的会计记录可视同会计账簿，需要打印成书面资料。

答案 ▶ D

2. 发票管理

（1）税务机关是发票的主管机关。在全国范围内统一式样的发票，由国家税务总局确定。在省、自治区、直辖市范围内统一式样的发票，由省、自治区、直辖市税务局（以下简称省税务局）确定；专票由国务院税务主管部门指定的企业印制，其他发票，由省、自治区、直辖市税务局指定企业印制。未经规定的税务机关指定，不得印制发票。

（2）发票领购管理见表13-5。

表13-5 发票领购管理

主体	发票领购
（1）依法办理税务登记的单位和个人	在领取《税务登记证》，可以申请领用发票，提出购票申请时，提供：经办人身份证明、税务登记证件或其他有关证明、以及财务印章或发票专用章的印模，向主管税务机关办理发票领购手续
（2）需要临时使用发票的单位和个人	可以直接向税务机关申请办理
（3）临时到本省、自治区、直辖市以外从事经营活动的单位和个人	应凭所在地税务机关的证明，向经营地税务机关申请领购经营地发票
税务机关对外省、自治区、直辖市来本辖区从事临时经营活动的单位和个人申请领购发票的，可以要求其提供保证人或者根据所领购发票的票面限额及数量交纳不超过1万元的保证金，并限期缴销发票	

（3）发票开具、使用、取得的管理

①销货方按规定填开发票，收购单位和扣缴义务人支付个人款项时等特殊情况下，由付款方向收款方开具发票；

②发票不得跨省、直辖市、自治区使用。发票限于领购单位和个人在本省、自治区、直辖市内开具。发票领购单位未经批准不得跨规定使用区域携带、邮寄、运输空白发票，禁止携带、邮寄或运输空白发票出入境。

（4）发票保管管理

已开具的发票存根联和发票登记簿，应当保存5年。保存期满，报经税务机关查验后销毁。

（5）发票的检查

税务人员进行检查时，应当出示税务检查证。要求（见表13-6）

表13-6 税务检查的要求

情形	要求
将已开具的发票调出查验时	应当向被查验的单位和个人开具发票换票证。发票换票证与所调出查验的发票有同等的效力。被调出查验发票的单位和个人不得拒绝接受
将空白发票调出查验时	应当开具收据
单位和个人从中国境外取得的与纳税有关的发票或者凭证，税务机关在纳税审查时有疑义的	可以要求其提供境外公证机构或者注册会计师的确认证明，经税务机关审核认可后，方可作为计账核算的凭证

（6）《关于创新税收服务和管理的意见》对发票发放领用的服务与监管提出新的要求

①申领普通发票原则上取消实地核查，统一在办税服务厅即时办结；

②一般纳税人申请增值税专用发票最高开票限额不超过10万元的，主管税务机关不需事前进行实地查验。

（7）增值税电子普通发票的推广与应用

增值税电子普通发票的开票方和受票方需要纸质发票的，可以自行打印增值税电子普通发票的版式文件，其法律效力、基本用途、基本使用规定等与税务机关监制的增值税普通发票相同。

3. 税控管理

《征管法》中规定：不能按照规定安装、使用税控装置，损毁或者擅自改动税控装置的，由税务机关责令限期改正，可以处以**2000元以下**的罚款；情节严重的，**处2000元以上1万元以下**的罚款。

(三)纳税申报管理★★

1. 纳税申报的对象为纳税人和扣缴义务人。

2. 纳税申报方式：直接申报、邮寄申报、数据电文。邮寄申报以寄出的邮戳日期为实际申报日期。

除上述方式外，实行**定期定额**缴纳税款的纳税人，可以实行**简易申报、简并征期**等申报纳税方式。

3. 延期申报管理：纳税人因有特殊情况，不能按期进行纳税申报的，经**县以上**税务机关核准，可以延期申报。但应当在规定的期限内向税务机关提出书面延期申请，经税务机关核准，在核准的期限内办理。

延期申报≠延期纳税。延期申报需要预缴税款，并在核准的延期内办理纳税结算。

【例题7·多选题】纳税人可以采用数据电文方式申报纳税，具体来说包括(　　)。

A. 电话语音
B. 电子数据交换
C. 网络传输
D. 特快专递

解析 ▶ 数据电文，是指经税务机关确定的电话语音、电子数据交换和网络传输等电子方式，特快专递是邮寄申报方式。　**答案** ▶ ABC

【例题8·单选题】下列纳税人，可以实行简易申报方式的是(　　)。

A. 当期未发生纳税义务的纳税人
B. 当期开始享受免税待遇的纳税人
C. 实行定期定额方式缴纳税款的纳税人
D. 不能按期缴税且有特殊困难的纳税人

解析 ▶ 只有实行定期定额缴纳税款的纳税人，可以实行简易申报、简并征期等申报纳税方式。　**答案** ▶ C

真题精练（客观题）

(2017年多选题)根据《税收征收管理法》规定，下列属于纳税申报对象的有(　　)。

A. 代收代缴义务人
B. 享受减税的纳税人
C. 享受免税的纳税人
D. 纳税期内没有应纳税款的纳税人

解析 ▶ 纳税申报的对象为纳税人和扣缴义务人。扣缴义务人包括代扣代缴义务人和代收代缴义务人。纳税人在纳税期内没有应纳税款的，也应当按照规定办理纳税申报。纳税人享受减税、免税待遇的，在减税、免税期间应当按照规定办理纳税申报。　**答案** ▶ ABCD

对于一般情况下的税务管理我们以图13-1总结如下：

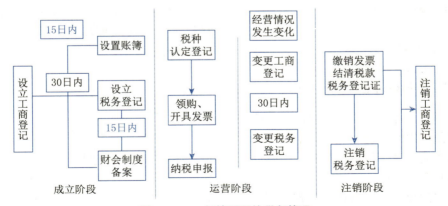

图13-1　一般情况下的税务管理

三、税款征收 ★★★

（一）税款征收的原则

1. 税务机关是征税的唯一行政主体。

采取税收保全措施、强制执行措施的权力，不得由法定的税务机关以外的单位和个人行使。

2. 税务机关只能依法征收税款。

3. 税务机关不得违法开征、停征、多征、少征、提前征收或者延缓征收税款或摊派税款。

4. 税务机关征收税款必须遵守法定权限和法定程序。

5. 税务机关征收税款或扣押、查封商品、货物或其他财产时，必须向纳税人开具完税凭证或开付扣押、查封的收据或清单。

6. 税款、滞纳金、罚款统一由税务机关上缴国库。

7. 税款优先的原则。

（1）税收优先于无担保债权。

（2）税款与有担保债权：平等的。纳税人发生欠税在前的，税收优先于抵押权、质权和留置权的执行；纳税人欠缴的税款发生在纳税人以其财产设定抵押、质押或者纳税人的财产被留置之前的，税收应当先于抵押权、质权、留置权执行。

（3）税收优先于罚款、没收非法所得。

纳税人欠缴税款，同时又被税务机关决定处以罚款、没收非法所得，税收优先于罚款、没收非法所得。

（二）税款征收的方式（见表13-7）

表13-7　税款征收的方式

征收方式	适用范围
查账征收	一般适用于财务会计制度较为健全，能够认真履行纳税义务的纳税单位
查定征收	一般适用于账册不够健全，但能够控制原材料或进销货的纳税单位
查验征收	一般适用于经营品种比较单一、经营地点、时间和商品来源不固定的纳税单位
定期定额征收	一般适用于无完整考核依据的小型纳税单位
委托代征税款	一般适用于小额、零散税源的征收
邮寄纳税	主要适用于那些有能力按期纳税，但采用其他方式纳税又不方便的纳税人
其他方式	利用网络申报、用IC卡纳税等方式

【例题9·单选题】下列关于税款征收方式的表述，错误的是（　　）。

A. 查定征收一般适用于财务会计制度健全的纳税单位

B. 定期定额征收一般适用于无完整考核依据的小型纳税单位

C. 委托代征税款一般适用于小额、零散税源的征收

D. 查验征收一般适用于经营品种比较单一、经营地点、时间和商品来源不固定的纳税单位

解析 查定征收一般适用于账册不够健全，但是能够控制原材料或进销货的纳税单位。

答案 A

（三）税款征收制度

在此部分内容中，最重要的是：延期缴纳税款、税收保全措施、税收强制执行措施、欠税清缴制度、税款的退还和追征制度。

1. 代扣代缴、代收代缴税款制度

（1）对法律、行政法规没有规定负有代扣、代收税款义务的单位和个人，税务机关不得要求其履行代扣、代收税款义务。

（2）税法规定的扣缴义务人必须依法履行代扣、代收税款义务。扣缴义务人如果不履行义务，除依法给予处罚外，应当责成扣缴义务人限期将应扣未扣、应收未收税款补扣

504

或补收。

（3）扣缴义务人依法履行代扣、代收税款义务时，纳税人不得拒绝。纳税人拒绝的，扣缴义务人应当在1日之内报告主管税务机关处理。不及时向主管税务机关报告的，扣缴义务人应承担应扣未扣、应收未收税款责任。

（4）扣缴义务人代扣、代收税款，只限于法律、行政法规规定的范围，并依照法律、行政法规规定的征收标准执行。对法律、法规没有规定代扣、代收的，扣缴义务人不能超越范围代扣、代收税款，扣缴义务人也不得提高或降低标准代扣、代收税款。

（5）税务机关按照规定付给扣缴义务人代扣、代收手续费。代扣、代收税款手续费只能由县（市）以上税务机关统一办理退库手续，不得在征收税款过程中坐支。

2. 延期缴纳税款制度

（1）纳税人因有特殊困难，不能按期缴纳税款的，经省、自治区、直辖市税务局批准，可以延期缴纳税款，但最长不得超过3个月。

【知识点拨】特殊困难是指：

①因不可抗力，导致纳税人发生较大损失，正常生产经营活动受到较大影响的。

②当期货币资金在扣除应付职工工资、社会保险费后，不足以缴纳税款的。

（2）税款的延期缴纳，必须经省、自治区、直辖市税务局批准，方为有效。

①税务机关应当自收到申请延期缴纳税款报告之日起20日内作出批准或者不予批准的决定；不予批准的，从缴纳税款期限届满之次日起加收滞纳金。

②批准延期内免予加收滞纳金。

（3）延期期限最长不得超过3个月，同一笔税款不得滚动审批。

【例题10·单选题】纳税人不能按照税法规定的纳税期限缴纳税款，（ ），不足以缴纳税款的，可申请延期纳税。

A. 当期银行存款在扣除应付职工工资、社会保险费后

B. 当期货币资金在扣除应付职工工资、

C. 当期货币资金在扣除银行存款及各项上交款项后

D. 当期货币资金在扣除应付职工工资和应计提的公益金、公积金以后

解析 ▶ 当期货币资金在扣除应付职工工资、社会保险费后，不足以缴纳税款的，属于特殊困难，可以申请延期缴纳税款。

答案 ▶ B

真题精练（客观题）

（2017年单选题）根据《税收征收管理法》中延期缴纳税款制度的规定，下列表述中正确是（ ）。

A. 批准的延期期限内加收滞纳金

B. 延期缴纳税款必须经县级税务机关批准

C. 延期缴纳的同一笔税款不得滚动审批

D. 延期缴纳税款的期限最长不得超过30天

解析 ▶ 纳税人在申请延期缴纳税款时应当注意以下几个问题：①在规定期限内提出书面申请。②税款的延期缴纳，必须经省、自治区、直辖市税务局批准，方为有效。③延期期限最长不得超过3个月，同一笔税款不得滚动审批。④批准延期内免予加收滞纳金。

答案 ▶ C

3. 税收滞纳金征收制度

纳税人未按照规定期限缴纳税款的，扣缴义务人未按照规定期限解缴税款的，税务机关除责令限期缴纳外，从滞纳税款之日起，按日加收滞纳税款万分之五的滞纳金。

【知识点拨1】加收滞纳金的起止时间：税款缴纳期限届满次日起至纳税人、扣缴义务人实际缴纳或者解缴税款之日止。

【知识点拨2】对纳税人、扣缴义务人、纳税担保人应缴纳的欠税及滞纳金不再要求同时缴纳，可以先行缴纳欠税，再依法缴纳滞纳金。

4. 减免税收制度

（1）纳税人在享受减免税待遇期间，仍应

按规定办理纳税申报。

（2）纳税人享受减税、免税的条件发生变化时，应当自发生变化之日起 15 日内向税务机关报告，经税务机关审核后，停止其减税、免税；对不报告，又不再符合减税、免税条件的，税务机关有权追回已减免的税款。

（3）减免税分为核准类减免税和备案类减免税。

（4）纳税人依法可以享受减免税待遇，但未享受而多缴税款的，凡属于无明确规定需经税务机关审批或没有规定申请期限的，纳税人可以在规定期限内申请减免税，要求退还多缴的税款，但不加算银行同期存款利息。

（5）申请减免材料不齐全或者不符合法定形式的，应当一次性书面告知纳税人。

（6）减免税期限超过 1 个纳税年度的，进行一次性审批。

【例题 11 · 单选题】下列关于减免税制度的表述，正确的是(   )。

A. 减免税分为核准类减免税和备案类减免税

B. 纳税人在享受减免税待遇期间，可以暂不作纳税申报

C. 纳税人同时从事减免项目与非减免项目的，不能分别核算的或核算不清的，由税务机关按合理方法核定

D. 减免税期限超过 1 个纳税年度的，每年审批一次

解析 ▶ 选项 B，纳税人在享受减免税待遇期间，仍应按规定办理纳税申报。选项 C，纳税人同时从事减免项目与非减免项目的，应分别核算，独立计算减免项目的计税依据以及减免税额度。不能分别核算的，不能享受减免；核算不清的，由税务机关按合理方法核定。选项 D，减免税期限超过 1 个纳税年度的，进行一次性审批。 答案 ▶ A

5. 税额核定和税收调整制度

（1）税额核定制度

纳税人发生无账可查、难以查账或计税依据不可信情形的，税务机关有权核定其应纳税额，具体核定征税的情形如表 13-8 所示。

表 13-8　核定征税的情形

核定征税的原因	具体情形
无账可查	①依照法律、行政法规的规定可以不设置账簿的； ②依照法律、行政法规的规定应当设置但未设置账簿的； ③擅自销毁账簿或者拒不提供纳税资料的； ④发生纳税义务，未按照规定的期限办理纳税申报，经税务机关责令限期申报，逾期仍不申报的
难以查账	⑤虽设置账簿，但账目混乱或者成本资料、收入凭证、费用凭证残缺不全，难以查账的
计税依据不可信	⑥纳税人申报的计税依据明显偏低，又无正当理由的

【例题 12 · 多选题】下列纳税人中，税务机关有权核定其应纳税额的有(   )。

A. 虽设置账簿，但账目混乱，难以查账的纳税人

B. 虽设置账簿，但会计报表编制格式有问题的纳税人

C. 依照法律、行政法规的规定可以不设置账簿的纳税人

D. 依照法律、行政法规的规定应当设置但未设置账簿的纳税人

解析 ▶ 选项 C，虽设置账簿，但会计报表编制格式有问题的纳税人，只需要调整报表编制格式即可，仍属于查账征收范围。

答案 ▶ ACD

（2）关联企业税收调整制度

关联企业是指：①在资金、经营、购销

等方面，存在直接或间接的拥有或控制关系；②直接或间接地同为第三者所拥有或控制关系；③在利益上具有相关联的其他关系。

企业或者外国企业在中国境内设立的从事生产、经营的机构、场所与其关联企业之间的业务往来，应当按照独立企业之间的业务往来收取或者支付价款、费用；不按照独立企业之间的业务往来收取或者支付价款、费用，而减少其应纳税的收入或者所得额的，税务机关有权进行合理调整。

了解关联企业的调整方法。注意调整期限：纳税人与其关联企业未按照独立企业之间的业务往来支付价款、费用的，税务机关自该业务往来发生的纳税年度起**3年内**进行调整；有特殊情况的，可以自该业务往来发生的纳税年度起**10年内**进行调整。

6. 未办理税务登记者和临时生产经营者的税款征收制度

对未按照规定办理税务登记的从事生产、经营的纳税人以及临时从事生产、经营的纳税人，由税务机关核定其应纳税额，责令缴纳；不缴纳的，税务机关可以扣押其价值相当于应纳税款的商品、货物。扣押后缴纳应纳税款的，税务机关必须立即解除扣押，并归还所扣押的商品、货物；扣押后仍不缴纳应纳税款的，经**县以上**税务局（分局）局长批准，依法拍卖或者变卖所扣押的商品、货物，以拍卖或者变卖所得抵缴税款。

【知识点拨】执行程序

（1）核定应纳税额；

（2）责令缴纳；

（3）不缴纳的，税务机关扣押商品、货物；

（4）解除扣押或者拍卖、变卖所扣押的商品、货物；

（5）抵缴税款。

7. 税收保全措施（预防措施）（见表13－9）★★★

表13-9　税收保全措施的具体规定

项目	具体规定
对象	从事生产、经营的纳税人，不包括非从事生产、经营的纳税人，也不包括扣缴义务人和纳税担保人
前提	①纳税人有逃避纳税义务的行为； ②必须在规定的纳税期**之前**和责令限期缴纳应纳税款的限期内——**预防措施**
法定程序	①责令纳税人提前缴纳税款； ②责成纳税人提供纳税担保； ③未提供纳税担保的，采取税收保全措施； ④纳税人按期限缴纳了税款的，税务机关应当自收到税款或银行转回的完税凭证之日起**1日内**解除税收保全
具体措施	①冻结纳税人的存款； ②扣押、查封纳税人的商品、货物或其他财产。 【知识点拨1】需要经过县以上税务局（分局）局长审批。 【知识点拨2】冻结存款、扣押查封权的金额（或价值）相当于应纳税款
物品范围	个人及其所扶养家属维持生活必需的住房和用品，不在税收保全措施范围之内，个人及其所扶养家属维持生活必需的住房和用品**不包括**机动车辆、金银饰品、古玩字画、豪华住宅或者1处以外的住房；税务机关对**单价5000元以下**的其他生活用品，不采取税收保全措施和强制执行措施

【例题13·多选题】下列关于税务机关实施税收保全措施的表述中，正确的有（　）。

A. 可以采取税收保全措施的纳税人仅限于从事生产、经营的纳税人

B. 税务机关对单价5000元以下的其他生活用品，应采取税收保全措施

C. 冻结纳税人的存款时，其数额要以相当于纳税人应纳税款的数额为限

D. 个人及其所扶养家属维持生活必需的住房和用品，不在税收保全措施的范围之内

解析 ▶ 税务机关对单价 5000 元以下的其他生活用品，不采取税收保全措施。

答案 ▶ ACD

8. 税收强制执行措施（补救措施）（见表 13-10）★ ★ ★

表 13-10 税收强制执行措施的具体规定

项目	具体规定
对象	从事生产、经营的纳税人，扣缴义务人，纳税担保人
应坚持的原则	告诫在先原则——纳税人、扣缴义务人、纳税担保人未按照规定的期限缴纳或者解缴税款的，应当先行告诫，责令限期缴纳。逾期仍未缴纳的，再采取税收强制执行措施
具体措施	①从存款中扣缴税款，扣缴税款的同时，可以处以不缴或者少缴的税款50%以上 5 倍以下的罚款； ②扣押、查封、依法拍卖或变卖，以拍卖或变卖所得抵缴税款。 【知识点拨】需要经过县以上税务局（分局）局长审批
注意事项	①未缴纳的滞纳金必须同时强制执行。 ②拍卖或者变卖所得抵缴税款、滞纳金、罚款以及扣押、查封、保管、拍卖、变卖等费用后，剩余部分应当在3 日内退还被执行人

税收保全措施和强制执行措施是历年考试的重点内容，两者的对比如表 13-11 所示。

表 13-11 税收保全措施和强制执行措施的对比

	税收保全措施	强制执行措施
措施性质	预防措施	补救措施
对象	从事生产经营的纳税人，不包括扣缴义务人和纳税担保人	从事生产经营的纳税人，扣缴义务人，纳税担保人
前提	未提供纳税担保	告诫在先原则——责令限期缴纳，逾期仍未缴纳
措施	（1）冻结存款：书面通知纳税人开户银行或者其他金融机构冻结纳税人的金额相当于应纳税款的存款； （2）扣押、查封权：扣押、查封纳税人的价值相当于应纳税款的商品、货物或者其他财产	（1）扣缴税款：书面通知其开户银行或者金融机构从其存款中扣缴税款； （2）扣押、查封、依法拍卖或者变卖其价值相当于应纳税款的商品、货物或者其他财产，以拍卖或者变卖所得抵缴税款
审批	县以上税务局（分局）局长	

【例题 14 · 多选题】 下列关于税务机关实施税收保全措施的表述中，正确的有（　　）。

A. 税收保全措施仅限于从事生产、经营的纳税人

B. 只有在事实全部查清，取得充分证据的前提下才能进行

C. 扣缴纳税人的存款时，其数额要以相当于纳税人应纳税款的数额为限

D. 对单价为 4200 元的电动车，不采取税收保全措施

解析 ▶ 选项 B，税收保全措施属于预防措施，采取该措施时无需查清全部事实、取得充分证据。选项 C，税收保全措施是冻结存款，不能直接扣缴税款。

答案 ▶ AD

【例题 15 · 单选题】 根据征管法规定，下列对税收强制执行措施表述错误的是（　　）。

A. 强制执行措施适用于从事生产、经营的纳税人和扣缴义务人，不包括纳税担保人

B. 应当先行告诫，责令限期缴纳，逾期仍未缴纳的，再采取税收强制执行措施

C. 对纳税人未缴纳的滞纳金必须同时强制执行

D. 要经县以上税务局局长批准

解析 ▶ 税收强制执行措施不仅适用于从事生产、经营的纳税人，而且也适用于扣缴义务人和纳税担保人。　　　　答案 ▶ A

9. 欠税清缴制度 ★★★

(1)严格控制欠缴税款的审批权限

缓缴税款的审批权限集中在省、自治区、直辖市税务机关。

(2)限期缴税时限

责令缴纳或者解缴税款的最长期限不得超过15日。

(3)建立欠税清缴制度，防止税款流失

①欠缴税款的纳税人及其法定代表人在出境前未按照规定结清应纳税款、滞纳金或者提供纳税担保的，税务机关可以通知出境管理机关阻止其出境。

离境清税制度适用于依我国税法规定，负有纳税义务且欠缴税款的所有自然人、法人的法定代表人和其他经济组织的负责人，包括外国人、无国籍人和中国公民。

②建立改制纳税人欠税的清缴制度。

纳税人有合并、分立情形的，应当向税务机关报告，并依法缴清税款。

a. 纳税人合并时未缴清税款的，应当由合并后的纳税人继续履行未履行的纳税义务；

b. 纳税人分立时未缴清税款的，分立后的纳税人对未履行的纳税义务应当承担连带责任。

③大额欠税处分财产报告制度。

欠缴税款数额在5万元以上的纳税人，

在处分其不动产或者大额资产之前，应当向税务机关报告。

④税务机关可以对欠缴税款的纳税人行使代位权、撤销权。

⑤建立欠税公告制度。

【例题16·多选题】欠缴税款旳纳税人及其法定代表人需要出境，应当在出境前向税务机关( )。

A. 结清应纳税款

B. 结清滞纳金

C. 提供纳税担保

D. 提供税收保全

解析 ▶ 提供税收保全不适用离境欠税清缴的情形。　　　　答案 ▶ ABC

【例题17·多选题】下列主管税务机关对欠税的纳税人作出的行为中，符合《税收征收管理法》及有关政策规定的有( )。

A. 在报纸上定期公告其欠税情况

B. 通知出境管理机关阻止其办税人员出境

C. 不允许其领购发票

D. 向人民法院申请以税务机关名义代其行使债权抵缴税款

解析 ▶ 选项B，应该是通知出境管理机关阻止欠缴税款的纳税人或其法定代表出境，而非阻止其办税人员出境；选项C，对于欠缴税款的纳税人，没有不允许其领购发票的规定。　　　　答案 ▶ AD

10. 税款的退还和追征制度(见表13-12) ★★★

表13-12　税款的退还和追征

情形		处理措施	
税款的退还(纳税人多缴纳税款)	税务机关发现后	应当立即退还	无时间限制，但不加算利息
	纳税人自结算税款之日起3年内发现的	可以向税务机关要求退还多缴的税款并加算银行同期存款利息，税务机关及时查实后应当立即退还	时间限制，加算利息

情形			处理措施
税款的追征（纳税人少缴纳税款）	税务机关的责任		税务机关在**3 年内**可以要求纳税人、扣缴义务人补缴税款，但是**不得加收滞纳金**
	纳税人、扣缴义务人的责任	计算等**失误**	税务机关在**3 年内**可以追征税款、滞纳金；有特殊情况的，追征期可以**延长到 5 年**
		对偷税、抗税、骗税的	税务机关可以**无限期追征**其未缴或者少缴的税款、滞纳金或者所骗取的税款

【知识点拨】表中所称的特殊情况，是指纳税人或者扣缴义务人因计算错误等失误，未缴或者少缴、未扣或者少扣、未收或者少收税款，累计数额在 10 万元以上的。

【例题 18·单选题】因纳税人、扣缴义务人计算错误等失误，未缴或者少缴税款的，税务机关在三年内可以追征税款、滞纳金；有特殊情况的，追征期可以延长到（ ）。

A. 5 年　　　　B. 7 年
C. 10 年　　　D. 无限期

解析 ▶ 因纳税人、扣缴义务人计算等失误，未缴或者少缴税款的，税务机关在 3 年内可以追征税款、滞纳金；有特殊情况的追征期可以延长到 5 年。　　　　答案 ▶ A

11. 企业破产清算程序中的税收征管

自 2020 年 3 月 1 日起：

（1）税务机关在人民法院公告的债权申报期限内，向管理人申报企业所欠税款（含教育费附加、地方教育附加）、滞纳金及罚款。因特别纳税调整产生的利息，也应一并申报。

企业所欠税款、滞纳金、罚款，以及因特别纳税调整产生的利息，以人民法院裁定受理破产申请之日为截止日计算确定。

（2）在人民法院裁定受理破产申请之日至企业注销之日期间，企业应当接受税务机关的税务管理，履行税法规定的相关义务。

（3）企业所欠税款、滞纳金、因特别纳税调整产生的利息，税务机关按照企业破产法相关规定进行申报。

12.《无欠税证明》开具服务

自 2020 年 3 月 1 日起，国家税务总局决定向纳税人提供《无欠税证明》开具服务。

（1）纳税人因境外投标、企业上市等需要，确需开具《无欠税证明》的，可以向主管税务机关申请办理。

（2）已实行实名办税的纳税人到主管税务机关申请开具《无欠税证明》的，办税人员持有效身份证件直接申请开具，无需提供登记证照副本或税务登记证副本。

（3）对申请开具《无欠税证明》的纳税人，证件齐全的，主管税务机关应当受理其申请。

（4）纳税人办结相关涉税事宜后，符合开具条件的，主管税务机关应当**即时开具**《无欠税证明》。

扫我解疑难

四、税务检查★★

（一）税务检查的形式和方法

1. 税务检查的形式

税务检查的形式包括：（1）重点检查；（2）分类计划检查；（3）集中性检查；（4）临时性检查；（5）专项检查。

2. 税务检查的方法

税务检查的方法包括：（1）全查法；（2）抽查法；（3）顺查法；（4）逆查法；（5）现场检查法；（6）调账检查法；（7）比较分析法；（8）控制计算法；（9）审阅法；（10）核对法；（11）观察法；（12）外调法；（13）盘存法；（14）交叉稽核法。

【例题 19·多选题】下列各项中，属于税务检查形式的有（ ）。

A. 重点检查

B. 分类计划检查

C. 集中性检查

D. 专项检查

解析 ▶ 除以上形式外，还有临时性检查。

答案 ▶ ABCD

（2016 年多选题）下列方法中属于税务检查方法的有（ ）。

A. 全查法

B. 外用法

C. 抽查法

D. 现场检查法

解析 ▶ 税务检查的方法有：全查法、抽查法、顺查法、逆查法、现场检查法、调账检查法、比较分析法、控制计算法、审阅法、核对法、观察法、外调法、盘存法、交叉稽核法。

答案 ▶ ACD

（二）税务检查的职责

1. 税务机关的检查权（见表 13-13）

表 13-13　税务机关的检查权

职权类别	具体规定	
（1）查账权	检查纳税人的账簿、记账凭证、报表和有关资料，检查扣缴义务人代扣代缴、代收代缴税款账簿、记账凭证和有关资料。具体要求如下	
	因检查需要时，经县以上税务局（分局）局长批准，可以将纳税人、扣缴义务人以前会计年度的账簿、记账凭证、报表和其他有关资料调回税务机关检查	税务机关必须向纳税人、扣缴义务人开付清单，并在3个月内完整退还
	有特殊情况的，经设区的市、自治州以上税务局局长批准，税务机关可以将纳税人、扣缴义务人当年的账簿、记账凭证、报表和其他有关资料调回检查	税务机关必须在 30 日内退还
（2）场地检查权	税务机关有权到纳税人的生产、经营场所和货物存放地检查，但不得进入纳税人生活区进行检查	
（3）责成提供资料权	责成纳税人、扣缴义务人提供与纳税或者代扣代缴、代收代缴税款有关的文件、证明材料和有关资料	
（4）询问权	询问纳税人、扣缴义务人与纳税或者代扣代缴、代收代缴税款有关的问题和情况	
（5）在交通要道和邮政企业的查证权	到车站、码头、机场、邮政企业及其分支机构检查纳税人托运、邮寄应税商品、货物或者其他财产的有关单据凭证和资料	
（6）查询存款账户权	经县以上税务局（分局）局长批准	凭全国统一格式的检查存款账户许可证明，查询从事生产、经营的纳税人、扣缴义务人在银行或者其他金融机构的存款账户
	税务机关在调查税收违法案件时，经设区的市、自治州以上税务局（分局）局长批准	可以查询案件涉案人员的储蓄存款

2. 采取税收保全措施或强制执行措施

税务机关采取税收保全措施的期限一般不得超过 6 个月；重大案件需要延长的，应当报国家税务总局批准。

3. 税务机关调查税务违法案件时，对与案件有关的情况和资料，可以记录、录音、录像、照相和复制。

【例题 20·多选题】下列关于税务机关行使税务检查权的表述中，符合税法规定的有（ ）。

A. 到纳税人的住所检查应纳税的商品、货物和其他财产

B. 责成纳税人提供与纳税有关的文件、证明材料和有关资料

C. 到车站检查纳税人托运货物或者其他财产的有关单据、凭证和资料

D. 经县税务局长批准，凭统一格式的检查存款账户许可证，查询案件涉嫌人员的储蓄存款

解析 选项 A，税务机关只能到纳税人的生产、经营场所和货物存放地检查，但不得进入纳税人生活区进行检查；选项 B，查询案件涉嫌人员的储蓄存款，需要经设区的市、自治州以上税务局(分局)局长批准。

答案 BC

五、法律责任★

扫我解疑难

(一)违反税务管理基本规定的法律责任

1. 纳税人有下列行为之一的，由税务机关责令限期改正，可以处2000元以下的罚款；情节严重的，处2000元以上1万元以下的罚款。

(1)未按规定的期限申报办理税务登记、变更或者注销登记的；

(2)未按规定设置、保管账簿或者保管记账凭证和有关资料的；

(3)未按规定将财务、会计制度或者财务、会计处理办法和会计核算软件报送税务机关备查的；

(4)未按规定将其全部银行账号向税务机关报告的；

(5)未按规定安装、使用税控装置，或者损毁或擅自改动税控装置的；

(6)纳税人未按照规定办理税务登记证件验证或者换证手续的。

2. 纳税人不办理税务登记的，由税务机关责令限期改正；逾期不改正的，由市场监督部门吊销其营业执照。

3. 纳税人通过提供虚假的证明资料等手段，骗取税务登记证的，处2000元以下的罚款；情节严重的，处2000元以上10000元以下的罚款。纳税人涉嫌其他违法行为的，按有关法律、行政法规的规定处理。

4. 扣缴义务人未按照规定办理扣缴税款登记的，税务机关应当自发现之日起3日内责令其限期改正，并可处以1000元以下的罚款。

5. 纳税人未按照规定使用税务登记证件，或者转借、涂改、损毁、买卖、伪造税务登记证件的，处2000元以上10000元以下的罚款；情节严重的，处10000元以上50000元以下的罚款。

(二)扣缴义务人违反账簿、凭证管理的法律责任

扣缴义务人未按规定设置、保管代扣代缴、代收代缴税款账簿或者保管代扣代缴、代收代缴税款记账凭证及有关资料的，由税务机关责令改正，可处以2000元以下的罚款；情节严重的，处以2000元以上5000元以下的罚款。

(三)纳税人、扣缴义务人未按规定进行纳税申报的法律责任

由税务机关责令限期改正，可处以2000元以下的罚款；情节严重的，可处以2000元以上1万元以下的罚款。

(四)对偷税、虚假申报、欠税、抗税等行为的认定及其法律责任

违反税务管理规定应承担的各种法律责任应对比掌握，偷税、虚假申报、欠税、抗税的处罚如表13-14所示。

表 13-14　偷税、虚假申报、欠税、骗税、抗税的处罚

类型	法律依据		措施
偷税	《征管法》		由税务机关追缴其不缴或者少缴的税款、滞纳金，并处不缴或少缴的税款 50% 以上 5 倍以下的罚款
	《刑法》	1. 纳税人采取欺骗、隐瞒手段进行虚假纳税申报或者不申报，逃避缴纳税款数额较大并且占应纳税额 10% 以上的	处 3 年以下有期徒刑或者拘役，并处罚金
		2. 逃避缴纳税款数额巨大并且占应纳税额 30% 以上的	处 3 年以上 7 年以下有期徒刑，并处罚金
进行虚假申报或不申报	《征管法》	1. 纳税人、扣缴义务人编造虚假计税依据的	由税务机关责令限期改正，并处 5 万元以下罚款
		2. 纳税人不进行纳税申报，不缴或者少缴应纳税款的	由税务机关追缴其不缴或少缴的税款、滞纳金，并处不缴或者少缴税款 50% 以上 5 倍以下的罚款
欠税	《征管法》	纳税人	由税务机关追缴欠缴的税款、滞纳金，并处以**欠缴税款 50% 以上 5 倍以下**的罚款。构成犯罪的，依法追究刑事责任
		扣缴义务人	由税务机关向纳税人追缴税款，对**扣缴义务人**处应扣未扣、应收未收税款**50% 以上 3 倍以下罚款**
	《刑法》	数额在 1 万元以上不满 10 万元的	处 3 年以下有期徒刑或者拘役，并处或者单处欠缴税款 1 倍以上 5 倍以下的罚金
		数额在 10 万元以上的	处 3 年以上 7 年以下有期徒刑，并处欠缴税款 1 倍以上 5 倍以下的罚金
骗取出口退税	《征管法》《刑法》		处骗取税款或拒缴税款 1 倍以上 5 倍以下的罚款或罚金
抗税			

【例题 21·多选题】 下列选项中，对纳税人、扣缴义务人的法律责任理解正确的有（　）。

A. 扣缴义务人未按照规定设置、保管代扣代缴、代收代缴税款账簿或者保管代扣代缴、代收代缴税款记账凭证及有关资料的，由税务机关责令限期改正，可以处 2000 元以下的罚款；情节严重的，处 2000 元以上 5000 元以下的罚款

B. 纳税人未按照规定的期限办理纳税申报和报送纳税资料的，或者扣缴义务人未按照规定的期限向税务机关报送代扣代缴、代收代缴税款报告表和有关资料的，由税务机关责令限期改正，可以处 2000 元以下的罚款；情节严重的，可以处 5000 元以上的罚款

C. 纳税人不进行纳税申报，不缴或者少缴应纳税款的，由税务机关追缴不缴或者少缴的税款、滞纳金，并处不缴或者少缴税款 1 倍以上 5 倍以下罚款

D. 扣缴义务人应扣未扣、应收而不收税款的，由税务机关向纳税人追缴税款，对扣缴义务人处应扣未扣、应收未收税款 50% 以上 3 倍以下的罚款

解析 ▶ 选项 B 中，情节严重的，可以处 2000 元以上 1 万元以下的罚款；选项 C，纳税人不进行纳税申报，不缴或者少缴应纳税款的，由税务机关追缴不缴或者少缴的税款、滞纳金，并处不缴或者少缴税款 50% 以上 5 倍以下罚款。　**答案** ▶ AD

六、纳税担保试行办法 ★★

扫我解疑难

纳税担保，是指经税务机关同意或确认，纳税人或其他自然人、法人、经济组织以保证、抵押、质押的方式，为纳税人应当缴纳的税款及滞纳金提供担保的行为。

（一）纳税保证

1. 纳税保证人

纳税保证人是指在中国境内具有纳税担保能力的自然人、法人或者其他经济组织。具体规定如表13-15所示。

表13-15 纳税保证人的具体规定

项目	具体规定
纳税担保能力	（1）法人或其他经济组织财务报表资产净值超过需要担保的税额及滞纳金2倍以上的
	（2）自然人、法人及其他经济组织所拥有或依法可以处分的未设置担保的财产的价值超过需要担保的税额及滞纳金的
不得作为纳税担保人的情形	国家机关、学校、幼儿园、医院等事业单位、社会团体不得作为纳税保证人
	企业法人的职能部门不得作为纳税保证人。企业法人的分支机构有法人书面授权的，可以在授权范围内提供纳税担保
	有以下情形之一的，不得作为纳税保证人： （1）有偷税、抗税、骗税、逃避追缴欠税行为被税务机关、司法机关追究过法律责任未满2年的； （2）因有税收违法行为正在被税务机关立案处理或涉嫌刑事犯罪被司法机关立案侦查的； （3）纳税信誉等级被评为C级以下的； （4）在主管税务机关所在地的市（地、州）没有住所的自然人或税务登记不在本市（地、州）的企业； （5）无民事行为能力或限制民事行为能力的自然人； （6）与纳税人存在担保关联关系的； （7）有欠税行为的

2. 纳税担保范围

纳税担保的范围包括税款、滞纳金和实现税款、滞纳金的费用。

纳税人有下列情况之一的，适用纳税担保：

（1）税务机关有根据认为从事生产、经营的纳税人有逃避纳税义务行为，在规定的纳税期之前经责令其限期缴纳应纳税款，在限期内发现纳税人有明显的转移、隐匿其应纳税的商品、货物以及其他财产或者应纳税收入的迹象，责成纳税人提供纳税担保的；

（2）欠缴税款、滞纳金的纳税人或者其法定代表人需要出境的；

（3）纳税人同税务机关在纳税上发生争议而未缴清税款，需要申请行政复议的；

（4）税收法律、行政法规规定可以提供纳税担保的其他情形。

3. 纳税保证责任

纳税保证为连带责任保证，纳税人和纳税保证人对所担保的税款及滞纳金承担连带责任。

4. 纳税担保时限

（1）纳税担保书须经纳税人、纳税保证人签字盖章并经税务机关签字盖章同意方为有效。纳税担保从税务机关在纳税担保书签字盖章之日起生效。

（2）税务机关自纳税人应缴纳税款的期限届满之日起60日内有权要求纳税保证人承担保证责任，缴纳税款、滞纳金。

纳税保证人应当自收到税务机关的纳税通知书之日起15日内履行保证责任，缴纳税款及滞纳金。

【例题 22·单选题】 下列可以作为纳税保证人的是（　）。

A. 企业法人的职能部门

B. 因偷税正在被税务机关立案处理的纳税人

C. 纳税信誉等级被评为 D 级以下的法人组织

D. 有法人书面授权的企业法人的分支机构

解析 ▶ 选项 AB 不能作为纳税保证人；选项 C，纳税信誉等级 C 级以下的也不能作为纳税保证人。　　**答案** ▶ D

真题精练（客观题）

1.（2018 年多选题）根据《税收征收管理法》规定，下列情形中的企业不得作为纳税保证人的有（　）。

A. 与纳税人存在担保关联关系的

B. 纳税信用等级被评为 C 级以下的

C. 有欠税行为的

D. 因有税收违法行为正在被税务机关立案处理的

解析 ▶ 本题考核不得作为纳税保证人的情形。　　**答案** ▶ ABCD

2.（2015 年多选题）具有特殊情形的企业不得作为纳税保证人。下列各项属于该特殊情形的有（　）。

A. 有欠税行为的

B. 与纳税人存在担保关联关系的

C. 纳税信用等级被评为 C 级以下的

D. 因有税收违法行为正在被税务机关立案处理的

解析 ▶ 本题考核不得作为纳税保证人的情形。2015 年和 2018 年考题的考点是相同的。　　**答案** ▶ ABCD

（二）纳税抵押

纳税抵押是指纳税人或纳税担保人不转移对可抵押财产的占有，将该财产作为税款及滞纳金的担保。纳税人逾期未缴清税款及滞纳金的，税务机关有权依法处置该财产以抵缴税款及滞纳金。

1. 可以抵押的财产

（1）抵押人所有的房屋和其他地上定着物。

（2）抵押人所有的机器、交通运输工具和其他财产。

（3）抵押人依法有权处分的国有的房屋和其他地上定着物。

（4）抵押人依法有权处分的国有的机器、交通运输工具和其他财产。

（5）经设区的市、自治州以上税务机关确认的其他可以抵押的合法财产。

以依法取得的国有土地上的房屋抵押的，该房屋占用范围内的国有土地使用权同时抵押。以乡（镇）、村企业的厂房等建筑物抵押的，其占用范围内的土地使用权同时抵押。

2. 不得抵押的财产

（1）土地所有权。

（2）土地使用权，上述抵押范围规定的除外。

（3）学校、幼儿园、医院等以公益为目的的事业单位、社会团体、民办非企业单位的教育设施、医疗卫生设施和其他社会公益设施；学校、幼儿园、医院等以公益为目的的事业单位、社会团体，可以其教育设施、医疗卫生设施和其他社会公益设施以外的财产为其应缴纳的税款及滞纳金提供抵押。

（4）所有权、使用权不明或者有争议的财产。

（5）依法被查封、扣押、监管的财产。

（6）依法定程序确认为违法、违章的建筑物。

（7）法律、行政法规规定禁止流通的财产或者不可转让的财产。

（8）经设区的市、自治州以上税务机关确认的其他不予抵押的财产。

3. 抵押办理程序

纳税人在规定的期限届满未缴清税款、滞纳金的，税务机关应当在期限届满之日起 15 日内书面通知纳税担保人自收到纳税通知书之日起 15 日内缴纳担保的税款、滞纳金。

纳税担保人未按照前款规定的期限缴纳所担保的税款、滞纳金的，由税务机关责令限期在15日内缴纳；逾期仍未缴纳的，经县以上税务局（分局）局长批准，税务机关依法拍卖、变卖抵押物，抵缴税款、滞纳金。

【例题23·多选题】 下列财产中，可以作为纳税抵押的有（　）。

A. 抵押人被查封的房屋

B. 抵押人有权处分的国有房屋

C. 抵押人被监管的财产

D. 抵押人有权处分的交通运输工具

解析 ▶ 根据规定，依法被查封、扣押和监管的财产，不能作为纳税抵押的财产。

答案 ▶ BD

真题精练（客观题）

（2016年单选题）纳税人的下列财产或财产权利，不得作为纳税质押品的是（　）。

A. 汽车　　　　　B. 活期存款单

C. 定期存款单　　D. 房屋

解析 ▶ 纳税质押分为动产质押和权利质押。纳税抵押是指纳税人或纳税担保人不转移对可抵押财产的占有，将该财产作为税款及滞纳金的担保。不动产可以作纳税抵押品，不得作为纳税质押品。 **答案** ▶ D

（三）纳税质押

纳税质押是指经税务机关同意，纳税人或纳税担保人将其动产或权利凭证移交税务机关占有，将该动产或权利凭证作为税款及滞纳金的担保。

纳税质押分为动产质押和权利质押。动产质押包括现金以及其他除不动产以外的财产提供的质押；权利质押包括汇票、支票、本票、债券、存款单等权利凭证提供的质押。

（四）法律责任

1. 纳税人、纳税担保人采取欺骗、隐瞒等手段提供担保的，由税务机关处以1000元以下的罚款；属于经营行为的，处以10000元以下的罚款。

2. 非法为纳税人、纳税担保人实施虚假纳税担保提供方便的，由税务机关处以1000元以下的罚款。

3. 纳税人采取欺骗、隐瞒等手段提供担保，造成应缴税款损失的，由税务机关依法处以未缴、少缴税款50%以上5倍以下的罚款。

七、纳税信用管理 ★★

扫我解疑难

（一）纳税信用管理的概念及使用范围

纳税信用管理，是指税务机关对纳税人的纳税信用信息开展的采集、评估、确定、发布和应用等活动。

（二）纳税信用管理的具体规定（见表13-16）

《关于纳税信用评价有关事项的公告》（国家税务总局公告2018年第8号）新增下列企业参与纳税信用评价：

（1）从首次在税务机关办理涉税事宜之日起时间不满一个评价年度的企业（以下简称"新设立企业"）。评价年度是指公历年度，即1月1日至12月31日。

（2）评价年度内无生产经营业务收入的企业。

（3）适用企业所得税核定征收办法的企业

表 13-16　纳税信用管理的具体规定

项目		具体规定
信息采集	采集的内容	纳税人信用历史信息、税务内部信息、外部信息
	采集途径	（1）纳税人信用历史信息由税务机关从税务管理系统采集，税务管理系统暂缺的信息由税务机关通过纳税人申报采集。
		（2）税务内部信息从税务管理系统中采集。
		（3）外部信息主要通过税务管理系统、国家统一信息平台、相关部门官方网站、新闻媒体或者媒介等渠道

项目		具体规定
纳税信用评估	评估方法	纳税信用评价采取年度评价指标得分和直接判级方式
	评价指标体系	评价指标包括税务内部信息和外部评价信息。税务内部信息包括经常性指标信息和非经常性指标信息；外部信息包括外部参考信息和外部评价信息
	评价周期	纳税信用评价周期为一个纳税年度，有下列情形之一的纳税人，不参加本期的评价： (1)纳入纳税信用管理时间不满一个评价年度的。 (2)因涉嫌税收违法被立案查处尚未结案的。 (3)被审计、财政部门依法查出税收违法行为，税务机关正在依法处理，尚未办结的。 (4)已申请税务行政复议、提起行政诉讼尚未结案的。 (5)其他不应参加本期评价的情形
	纳税信用级别	A 级纳税信用为年度评价指标得分 90 分以上的。 有下列情形之一的纳税人，本评价年度不能评为 A 级： (1)实际生产经营期不满 3 年的。 (2)上一评价年度纳税信用评价结果为 D 级的。 (3)非正常原因一个评价年度内增值税连续 3 个月或者累计 6 个月零申报、负申报的。 (4)不能按照国家统一的会计制度规定设置账簿，并根据合法、有效凭证核算，向税务机关提供准确税务资料的
		B 级纳税信用为年度评价指标得分 70 分以上不满 90 分的
		未发生后述第 5 项所列失信行为的下列企业适用 M 级纳税信用： (1)新设立企业。 (2)评价年度内无生产经营业务收入且年度评价指标得分 70 分以上的企业
		C 级纳税信用为年度评价指标得分 40 分以上不满 70 分的
		D 级纳税信用为年度评价指标得分不满 40 分或者直接判级确定的。 有下列情形之一的纳税人，本评价年度直接判为 D 级： (1)存在逃避缴纳税款、逃避追缴欠税、骗取出口退税、虚开增值税专用发票等行为，经判决构成涉税犯罪的。 (2)存在第(1)项所列行为，未构成犯罪，但偷税(逃避缴纳税款)金额 10 万元以上且占各税种应纳税总额 10%以上，或者存在逃避追缴欠税、骗取出口退税、虚开增值税专用发票等税收违法行为，已缴纳税款、滞纳金、罚款的。 (3)在规定期限内未按税务机关处理结论缴纳或者足额缴纳税款、滞纳金和罚款的。 (4)以暴力、威胁方法拒不缴纳税款或者拒绝、阻挠税务机关依法实施税务稽查执法行为的。 (5)存在违反增值税发票管理规定或者违反其他发票管理规定的行为，导致其他单位或者个人未缴、少缴或者骗取税款的。 (6)提供虚假申报材料享受税收优惠政策的。 (7)骗取国家出口退税款，被停止出口退(免)税资格未到期的。 (8)有非正常户记录或者由非正常户直接责任人员注册登记或者负责经营的。 (9)由 D 级纳税人的直接责任人员注册登记或者负责经营的。 (10)存在税务机关依法认定的其他严重失信情形的

第 13 章 税收征收管理法

项目		具体规定
评估结果的确定和发布	发布时间和复核	(1)税务机关每年4月确定上一年度纳税信用评价结果，并为纳税人提供自我查询服务。 (2)纳税人对纳税信用评价结果有异议的，可以书面向作出评价的税务机关申请复评
	信用等级的调整	税务机关对纳税人的纳税信用级别实行动态调整
纳税信用评估结果的应用		纳税信用等级分为A、B、M、C、D五级。税务机关按照守信激励，失信惩戒的原则，对不同信用级别的纳税人实施分类服务和管理
		(1)对纳税信用评价为A级的纳税人，税务机关给予以下列激励措施： ①主动向社会公告年度A级纳税人名单。 ②一般纳税人可单次领取3个月的增值税发票用量，需要调整增值税发票用量时即时办理，取消其增值税发票的认证。 ③普通发票按需领用。 ④连续3年被评为A级信用级别(简称3连A)的纳税人，除享受以上措施外，还可以由税务机关提供绿色通道或专门人员帮助办理涉税事项
		(2)对纳税信用评价为B级的纳税人，税务机关实施正常管理，适时进行税收政策和管理规定的辅导，并视信用评价状态变化趋势选择性地提供纳税信用A级纳税人适用的激励措施
		(3)对纳税信用评价为M级的企业，税务机关实行下列激励措施： ①取消增值税专用发票认证。 ②税务机关适时进行税收政策和管理规定的辅导
		(4)对纳税信用评价为C级的纳税人，税务机关应依法从严管理，并视信用评价状态变化趋势选择性地提供纳税信用D级纳税人适用的管理措施
		(5)对纳税信用评价为D级的纳税人，税务机关应采取以下措施： ①公开D级纳税人及其直接责任人员名单，对直接责任人员注册登记或者负责经营的其他纳税人纳税信用直接判为D级。 ②增值税专用发票领用按辅导期一般纳税人政策办理，普通发票的领用实行交(验)旧供新、严格限量供应。 ③加强出口退税审核。 ④加强纳税评估，严格审核其报送的各种资料。 ⑤列入重点监控对象，提高监督检查频次，发现税收违法违规行为的，不得适用规定处罚幅度内的最低标准。 ⑥将纳税信用评价结果通报相关部门，建议在经营、投融资、取得政府供应土地、进出口、出入境、注册新公司、工程招投标、政府采购、获得荣誉、安全许可、生产许可、从业任职资格、资质审核等方面予以限制或禁止。 ⑦D级评价保留2年，第三年纳税信用不得评价为A级。 ⑧税务机关与相关部门实施的联合惩戒措施，以及结合实际情况依法采取的其他严格管理措施

项目	具体规定
纳税信用修复	(1)可以申请纳税信用修复的情形 ①纳税人发生未按法定期限办理纳税申报、税款缴纳、资料备案等事项且已补办的。 ②未按税务机关处理结论缴纳或者足额缴纳税款、滞纳金和罚款，未构成犯罪，纳税信用级别被直接判为 D 级的纳税人，在税务机关处理结论明确的期限期满后 60 日内足额缴纳、补缴的。 ③纳税人履行相应法律义务并由税务机关依法解除非正常户状态的。 (2)符合上述规定且失信行为已纳入纳税信用评价的，纳税人可在失信行为被税务机关列入失信记录的次年年底前向主管税务机关提出信用修复申请，税务机关按照《纳税信用修复范围及标准》调整该项纳税信用评价指标分值，重新评价纳税人的纳税信用级别；符合上述条件但失信行为尚未纳入纳税信用评价的，纳税人无需提出申请，税务机关按照《纳税信用修复范围及标准》调整纳税人该项纳税信用评价指标分值并进行纳税信用评价。 符合②、③项所列条件的，纳税人可在纳税信用被直接判为D级的次年年底前向主管税务机关提出申请，税务机关根据纳税人失信行为纠正情况调整该项纳税信用评价指标的状态，重新评价纳税人的纳税信用级别，但不得评价为 A 级。 非正常户失信行为纳税信用修复一个纳税年度内只能申请一次。纳税年度自公历 1 月 1 日起至 12 月 31 日止。 纳税信用修复后纳税信用级别不再为 D 级的纳税人，其直接责任人注册登记或者负责经营的其他纳税人之前被关联为 D 级的，可向主管税务机关申请解除纳税信用 D 级关联。 (3)主管税务机关自受理纳税信用修复申请之日起15 个工作日内完成审核，并向纳税人反馈信用修复结果。 (4)纳税信用修复完成后，纳税人按照修复后的纳税信用级别适用相应的税收政策和管理服务措施，之前已适用的税收政策和管理服务措施不作追溯调整

【例题 24·多选题】 某企业 2016～2018 年连续三年被评为 A 级信用级别，则下列选项中该纳税人可以享受到的激励措施有（　　）。

A. 主动向社会公告年度该纳税人名单

B. 增值税发票按需领用

C. 取消其增值税发票的认证

D. 享受绿色通道或专门人员帮助办理涉税事项

解析 ▶ 选项 B，一般纳税人可单次领取 3 个月的增值税发票用量，需要调整增值税发票用量时即时办理。增值税普通发票按需领用。　　　　　**答案** ▶ ACD

真题精练（客观题）

（2019 年单选题）下列关于纳税信用管理的表述中，符合规定的是（　　）。

A. 税务机关每年 2 月确定上一年度纳税信用评价结果

B. 实际生产经营期不满 3 年的纳税人，本评价年度不能评为 B 级

C. 年度内无生产经营业务收入的企业，不参加本期评价

D. 以直接判级进行纳税信用评价适用于有重大失信行为纳税人

解析 ▶ 选项 A，税务机关每年 4 月确定上一年度纳税信用评价结果；选项 B，实际生产经营期不满 3 年的纳税人，本评价年度不能评为 A 级；选项 C，纳税评级管理办法，适用于评价年度内无生产经营业务收入的企业。　　　　　**答案** ▶ D

八、税收违法行为检举管理办法

扫我解疑难

制定税收违法行为检举管理办法，是为了保障单位、个人依法检举纳税人、扣缴义务人违反税收法律、行政法规行为的权利，规范检举秩序。

检举税收违法行为的单位、个人称检举人；被检举的纳税人、扣缴义务人称被检举人。检举人可以实名检举，也可以匿名检举。

市（地、州、盟）以上税务局稽查局设立税收违法案件举报中心。

（一）检举事项的接收与受理

1. 检举人检举税收违法行为应当提供被检举人的名称（姓名）、地址（住所）和税收违法行为线索；尽可能提供被检举人统一社会信用代码（身份证件号码），法定代表人、实际控制人信息和其他相关证明资料。鼓励检举人提供书面检举材料。

2. 举报中心接收实名检举，应当准确登记实名检举人信息。多人联名进行实名检举的，应当确定第一联系人；未确定的，以检举材料的第一署名人为第一联系人。

3. 税务机关应当合理设置检举接待场所，来访检举应当到税务机关设立的检举接待场所；多人来访提出柜同检举事项的，应当推选托表，代表人数应在3人以内。

4. 举报中心对接收的检举事项，应及时审查，有下列情形之一的，不予受理：

（1）无法确定被检举对象，或者不能提供税收违法行为线索的；

（2）检举事项已经或者依法应当通过诉讼、仲裁、行政复议以及其他法定途径解决的；

（3）对已经查结的同一检举事项再次检举，没有提供新的有效线索的。

除前款规定外，举报中心自接收检举事项之日起即为受理。

5. 检举事项管辖有争议的，由争议各方本着有利于案件查处的原则协商解决；不能协商一致的，报请共同上一级税务机关协调或者决定。

（二）检举事项的处理

1. 检举事项受理后，应分级分类，按照以下方式处理：

（1）检举内容详细、税收违法行为线索清楚、证明资料充分的，由稽查局立案检查。

（2）检举内容与线索较明确但缺少必要证明资料，有可能存在税收违法行为的，由稽查局调查核实。

（3）检举对象明确，但其他检举事项不完整或者内容不清、线索不明的，可以暂存待查，待检举人将情况补充完整以后，再进行处理。

（4）已经受理尚未查结的检举事项，再次检举的，可以合并处理。

（5）前述第（3）条规定以外的检举事项，转交有处理权的单位或者部门。

2. 举报中心应当在检举事项受理之日起15个工作日内完成分级分类处理，特殊情况除外。查处部门应在收到举报中心转来的检举材料之日起3个月内办理完毕；案情复杂无法在期限内办理完毕的，可以延期。

（三）检举事项的管理

1. 举报中心应当严格管理检举材料，督办案件的检举材料应当专门管理。

2. 已接收的检举材料原则上不予退还。不予受理的检举材料，登记检举事项的基本信息和不予受理原因后，经本级稽查局负责人批准可以销毁。暂存待查的检举材料，在受理之日起两年内未收到有价值的补充材料，可以销毁。

3. 检举材料的保管和整理，应按照档案管理的有关规定办理。

4. 举报中心每年度对检举案件和有关事项的数量、类别及办理情况等进行汇总分析，形成年度分析报告，并按规定报送。

（四）检举人的答复和奖励

1. 实名检举事项的处理情况，由作出处理行为的税务机关的举报中心答复。实名检举事项的查处结果，由负责查处的税务机关的举报中心答复。

2. 检举事项经查证属实，为国家挽回或者减少损失的，按照财政部和国家税务总局的有关规定对实名检举人给予相应奖励。

（五）权利保护

1. 检举人不愿提供个人信息或者不愿公

开检举行为的，税务机关应予以尊重和保密。

2. 税务机关应当在职责范围内依法保护检举人、被检举人的合法权益。

3. 税务机关工作人员与检举事项或者检举人、被检举人有直接利害关系的，应当回避。

4. 税务机关工作人员必须严格遵守要求的保密规定。

（六）法律责任

1. 税务机关工作人员违反本办法规定，将检举人的检举材料或者有关情况提供给被检举人或者与案件查处无关人员的，依法给予行政处分。

2. 检举人违反本办法规定的，税务机关工作人员应当对检举人进行劝阻、批评和教育；经劝阻、批评和教育无效的，可以联系有关部门依法处理。

（七）其他事项

九、税务文书电子送达规定（试行）

扫我解疑难

制定税务文书电子送达规定，为进一步便利纳税人办税，保护纳税人合法权益，提高税收征管效率，减轻征纳双方负担。本规定自 2020 年 4 月 1 日起施行。

1. 经受送达人同意，税务机关可以采用电子送达方式送达税务文书。

2. 税务机关采用电子送达方式的，以电子板式税务文书到达特定系统受送达人端的日期为送达日期，特定系统自动记录送达情况。

3. 税务处理决定书、税务行政处罚决定书（不含简易程序处罚）、税收保全措施决定书、税收强制执行决定书、阻止出境决定书以及税务稽查、税务行政复议过程中使用的税务文书等暂不适用本规定。

同步训练 限时50分钟

一、单项选择题

1. 下列各项中，需要办理设立税务登记的纳税人是（   ）。

   A. 个体工商户

   B. 无固定生产、经营场所的流动性农村小商贩

   C. 国家机关

   D. 自然人个人

2. 纳税人发生解散、破产、撤销以及其他情形，按照规定不需要在市场监督部门办理注销登记的，应当自有关机关批准或者宣告终止之日起（   ）日内，持有关证件向原税务登记管理机关申报办理注销税务登记。

   A. 60   B. 30

   C. 15   D. 10

3. 纳税人不办理税务登记的，由税务机关责令限期改正；逾期不改的，由（   ）。

   A. 税务机关责令停业整顿

   B. 税务机关处 2000 元以下的罚款

   C. 市场监督部门吊销其营业执照

   D. 税务机关处 2000 元以上 1 万元以下的罚款

4. 下列关于税务登记管理的表述错误的是（   ）。

   A. 对于 2016 年 1 月 1 日以后在机构编制、民政部门登记设立并取得统一社会信用代码的纳税人，以 18 位统一社会信用代码为其纳税人识别号，按照现行规定办理税务登记，发放税务登记证件

   B. 新设立企业领取由工商行政管理部门核发加载法人和其他组织社会统一社会信用代码的营业执照后，无需再次进行税务登记，不再领取税务登记证

   C. 税务登记证和营业执照、组织机构代码证实行"三证合一"，由"三证联办"和"一

证三码"逐渐发展为"一证一码"

D. 农民专业合作社领取由工商行政管理部门核发加载法人和其他组织统一社会信用代码的营业执照后，仍需要再次进行税务登记，领取税务登记证

5. 对各种账簿、凭证、表格必须保存10年以上，销毁时须经(　　)审验和批准。

   A. 主管税务机关

   B. 主管部门

   C. 主管财政机关

   D. 投资者

6. 下列关于发票管理的规定，错误的是(　　)。

   A. 税务机关是发票的主管机关

   B. 需要临时使用发票的单位和个人，可以直接向税务机关申请办理

   C. 已开具的发票存根联和发票登记簿，应当保存十年

   D. 一般纳税人申请增值税专用发票最高开票限额不超过10万元的，主管税务机关不需事前进行实地查验

7. 下列关于纳税申报的陈述，错误的是(　　)。

   A. 纳税申报的对象为纳税人和扣缴义务人

   B. 纳税人在纳税期内没有应纳税款的，可以按照规定不办理纳税申报

   C. 纳税人享受减税、免税待遇的，在减税、免税期间应当按照规定办理纳税申报

   D. 纳税人和扣缴义务人都必须按照法定的期限办理纳税申报

8. 纳税人因有特殊困难，不能按期缴纳税款的，经省、自治区、直辖市税务局批准，可以延期缴纳税款，但最长不得超过的期限是(　　)个月。

   A. 1　　　　　　　　B. 2

   C. 3　　　　　　　　D. 6

9. 下列关于税款优先的原则中，表述错误的是(　　)。

   A. 当纳税人发生的欠税在前时，税收优先于抵押权

   B. 对于法律上有规定的无担保债权，税收优先于该无担保债权

   C. 纳税人欠税，同时被税务机关决定处以罚款时，税收优先于罚款

   D. 纳税人欠税，同时被工商局处以罚款时，税款优先于罚款

10. 下列关于税款扣缴制度的表述中，正确的是(　　)。

    A. 代扣税款手续费可以由税务所统一办理退库手续

    B. 个人收到的个人所得税扣缴手续费，应计征个人所得税

    C. 对扣缴义务人未履行扣缴义务的，可处以应扣未扣税款50%以上3倍以下的罚款

    D. 扣缴义务人履行扣缴义务时，可从所扣缴的税款中减除扣缴手续费后再上交税务机关

11. 下列情形中，税务机关有权核定纳税人应纳税额的是(　　)。

    A. 擅自销毁账簿或者拒不提供纳税资料的

    B. 发生纳税义务，未按规定的期限办理纳税申报，经税务机关提醒后已缴纳税款的

    C. 纳税人申报的计税依据明显偏低，但有正当理由的

    D. 依照法律、行政法规的规定依法设置账簿的

12. 税务机关采取的下列措施中，属于税收保全措施的是(　　)。

    A. 查封纳税人的价值相当于应纳税款的商品或货物

    B. 书面通知纳税人的开户银行从其银行存款中扣缴税款

    C. 拍卖纳税人其价值相当于应纳税款的商品用以抵缴税款

    D. 对纳税人逃避纳税义务的行为处以2000元以上5000元以下的罚款

13. 下列关于税收强制执行措施的表述中，正确的是（　）。

A. 税收强制执行措施不适用于扣缴义务人

B. 作为家庭唯一代步工具的轿车，不在税收强制执行的范围之内

C. 税务机关采取强制执行措施时，可对纳税人未缴纳的滞纳金同时强制执行

D. 税务机关可对未按期缴纳工薪收入个人所得税的个人实施税收强制执行措施

14. 欠缴税款数额较大的纳税人在处分其不动产或者大额资产之前，应当向税务机关报告。欠缴税款数额较大是指欠缴税款在（　）万元以上。

A. 3 　　　　　　B. 5

C. 10 　　　　　D. 20

15. 对被查纳税人按照其会计核算的顺序，依次检查会计凭证、账簿、报表，并将其相互核对，这种检查方法是（　）。

A. 抽查法 　　　B. 顺查法

C. 逆查法 　　　D. 全查法

16. 下列选项中，可以作为纳税保证人的是（　）。

A. 因有税收违法行为正在被税务机关立案处理的企业

B. 纳税信誉等级被评为 B 级的企业

C. 与纳税人存在担保关联关系的企业

D. 在主管税务机关所在地的市（地、州）没有住所的自然人

17. 扣缴义务人应扣未扣、应收未收税款的，由税务机关向纳税人追缴税款，对扣缴义务人处以一定数额的罚款，其罚款限额是（　）。

A. 2000 元以下

B. 2000 元以上 5000 元以下

C. 应扣未扣、应收未收税款 50% 以上 3 倍以下

D. 应扣未扣、应收未收税款 50% 以上 5 倍以下

18. 下列关于纳税质押的相关规定，表述错误的是（　）。

A. 纳税质押自纳税担保书和纳税担保财产清单经税务机关确认和质押物移交之次日起生效

B. 纳税人以动产提供质押担保的，应当填写纳税担保书和纳税担保财产清单并签字盖章

C. 权利质押以存款单出质的，应由签发的金融机构核押

D. 权利质押包括汇票、支票、本票、债券、存款单等权利凭证提供的质押

19. 纳税人评价年度内经常性指标和非经常性指标信息齐全的，从（　）分起评。

A. 70 　　　　　B. 80

C. 90 　　　　　D. 100

20. 税务机关每年（　）确定上一年度纳税信用评价结果，并为纳税人提供自我查询服务。

A. 1 月 　　　　B. 3 月

C. 4 月 　　　　D. 6 月

二、多项选择题

1. 下列各项中，不适用《税收征收管理法》的有（　）。

A. 城镇土地使用税

B. 进口环节消费税

C. 车辆购置税

D. 教育费附加

2. 纳税信用评价周期为一个纳税年度，下列不参加本期评价的纳税人有（　）。

A. 纳入纳税信用管理时间不满一个评价年度的

B. 已申请税务行政复议、提起行政诉讼已结案的

C. 被审计、财政部门依法查出税收违法行为，税务机关正在依法处理，尚未办结的

D. 因涉嫌税收违法被立案查处尚未结案的

3. 下列纳税申报方式中，符合税收征收管理法规定的有（　）。

A. 直接申报 　　　B. 网上申报

C. 邮寄申报　　　　D. 口头申报

4. 下列关于纳税申报的陈述，正确的有（　　）。

A. 纳税人因有特殊情况，不能按期进行纳税申报的，经省级人民政府核准，可以延期申报

B. 纳税人采取邮寄方式办理纳税申报的，应当使用统一的纳税申报专用信封

C. 邮寄申报以寄出的邮戳日期为实际申报日期

D. 纳税人采取电子方式办理纳税申报的，不再需要书面报送主管税务机关

5. 下列各项中，符合税收征收管理法税款征收有关规定的有（　　）。

A. 税务机关减免税时，必须给纳税人开具承诺文书

B. 税务机关征收税款时，必须给纳税人开具完税凭证

C. 税务机关扣押商品、货物或者其他财产时必须开付收据

D. 税务机关查封商品、货物或者其他财产时必须开付清单

6. 下列选项中，属于税务机关征收税款的方式有（　　）。

A. 查账征收

B. 查验征收

C. 查定征收

D. 定期定额征收

7. 税收征管法规定税务机关可以采取的税收保全措施有（　　）。

A. 书面通知纳税人开户银行冻结纳税人的金额相当于应纳税款的存款

B. 书面通知纳税人开户银行从其存款中扣缴税款

C. 扣押、查封纳税人的价值相当于应纳税款的商品、货物或者其他财产

D. 扣押、查封、依法拍卖其价值相当于应纳税款的商品、货物或者其他财产，以拍卖所得抵缴税款

8. 下列关于税款的退还和追征制度的陈述，正确的有（　　）。

A. 纳税人超过应纳税额缴纳的税款，税务机关发现后应当立即退还

B. 纳税人自结算缴纳税款之日起 3 年内发现的，可以向税务机关要求退还多缴的税款并加算银行同期存款利息

C. 因纳税人、扣缴义务人计算等失误，未缴或者少缴税款的，税务机关在 5 年内可以追征税款、滞纳金

D. 对偷税、抗税、骗税的，税务机关追征其未缴或者少缴的税款、滞纳金或者所骗取的税款，不受规定期限的限制，应无限期追征

9. 下列关于税务机关行使税务检查权的表述中，符合税法规定的有（　　）。

A. 到纳税人的生产、经营场所和货物存放地检查应纳税的商品、货物和其他财产

B. 责成纳税人提供与纳税有关的文件、证明材料和有关资料

C. 到车站检查纳税人托运货物或者其他财产的有关单据、凭证和资料

D. 经县税务局长批准，凭统一格式的检查存款账户许可证，查询案件涉嫌人员的储蓄存款

10. 对纳税人未构成犯罪的偷税行为的处罚措施有（　　）。

A. 追缴其不缴或者少缴的税款

B. 追缴其不缴或者少缴税款的滞纳金

C. 处不缴或者少缴的税款 50% 以上 5 倍以下的罚款

D. 由当地上级主管部门给偷税企业的领导人记过或警告、撤职处分

11. 下列选项中，属于纳税担保范围的有（　　）。

A. 税款

B. 滞纳金

C. 抵押登记费用

D. 质押保管费用

12. 下列各项中，主管税务机关有权要求其提供担保人的有（　　）。

A. 在外地设立非独立核算分支机构的单位和个人

B. 无固定经营场地申请领购发票的单位和个人

C. 申请注销税务登记的单位和个人

D. 财务制度不健全的纳税人申请领购发票

13. 某房地产开发企业被税务机关要求提供纳税担保，该企业拥有的下列资产中，可以用作纳税抵押品的有（　　）。

  A. 小轿车   B. 写字楼

  C. 库存钢材   D. 土地所有权

14. 下列关于纳税信用管理的各项表述中，正确有（　　）。

A. 纳税信用评价采取年度评价指标得分和直接判级方式

B. 每年1月确定上一年度纳税信用评价结果

C. 纳税信用被评为A级的纳税人，普通发票实行按需领取

D. D级评价标准保留2年，第三年根据纳税人年度评价指标得分在A、B、C、D级中评定

15. 对纳税信用评价为D级的纳税人，税务机关应采取的措施包括（　　）。

A. 公开D级纳税人及其直接责任人员名单，对直接责任人员注册登记或者负责经营的其他纳税人纳税信用直接判为D级

B. 增值税专用发票领用按辅导期一般纳税人政策办理，普通发票的领用实行交（验）旧供新、严格限量供应

C. 列入重点监控对象，提高监督检查频次，发现税收违法违规行为的，不得适用规定处罚幅度内的最低标准

D. D级评价保留2年，第三年纳税信用不得评价为A级

16. 纳入纳税信用管理的企业纳税人，符合下列（　　）条件之一的，可在规定期限内向主管税务机关申请纳税信用修复。

A. 纳税人发生未按法定期限办理纳税申报、税款缴纳等事项且已补办的

B. 纳税人发生未按法定期限办理资料备案等事项且已补办的

C. 未按税务机关处理结论缴纳或者足额缴纳税款、滞纳金和罚款，已构成犯罪，纳税信用级别被直接判为D级的纳税人，在税务机关处理结论明确的期限期满后60日内足额缴纳、补缴的

D. 纳税人履行相应法律义务并由税务机关依法解除非正常户状态的

同步训练答案及解析

一、单项选择题

1. A 【解析】除国家机关、个人和无固定生产、经营场所的流动性农村小商贩外，其他都要办理税务登记。

2. C 【解析】纳税人发生解散、破产、撤销以及其他情形，依法终止纳税义务的，应当在向市场监督部门办理注销登记前，持有关证件向原税务登记管理机关申报办理注销税务登记；按照规定不需要在工商管理机关办理注销登记的，应当自有关机关批准或者宣告终止之日起15日内，持有关证件向原税务登记管理机关申报办理注销税务登记。

3. C 【解析】纳税人不办理税务登记的，由税务机关责令限期改正；逾期不改正的，由市场监督部门吊销其营业执照。

4. D 【解析】自2015年10月1日起，新设立企业、农民专业合作社领取由工商行政管理部门核发加载法人和其他组织社会统一社会信用代码的营业执照后，无需再次进行税务登记，不再领取税务登记证。

5. A 【解析】对各种账簿、凭证、表格必须

保存 10 年以上，销毁时须经主管税务机关审验和批准。

6. C 【解析】开具发票的单位和个人应当按照规定存放和保管发票。已开具的发票存根联和发票登记簿，应当保存五年。

7. B 【解析】纳税人在纳税期内没有应纳税款的，也应当按照规定办理纳税申报。

8. C 【解析】纳税人因有特殊困难，不能按期缴纳税款的，经省、自治区、直辖市税务局批准，可以延期缴纳税款，但最长不得超过 3 个月。

9. B 【解析】税收优先于无担保债权，但并不是说优先于所有的无担保债权，对于法律另有规定的无担保债权，不能行使税收优先权。

10. C 【解析】选项 A，代扣、代收税款手续费只能由县(市)以上税务机关统一办理退库手续，不得在征收税款过程中坐支；选项 B，个人收到的个人所得税扣缴手续费，不计征个人所得税；选项 D，扣缴义务人履行扣缴义务时，不可从所扣缴的税款中减除扣缴手续费。

11. A 【解析】纳税人(包括单位纳税人和个人纳税人)有下列情形之一的，税务机关有权核定其应纳税额：

(1)依照法律、行政法规的规定可以不设置账簿的。

(2)依照法律、行政法规的规定应当设置但未设置账簿的。

(3)擅自销毁账簿或者拒不提供纳税资料的。

(4)虽设置账簿，但账目混乱或者成本资料、收入凭证、费用凭证残缺不全，难以查账的。

(5)发生纳税义务，未按照规定的期限办理纳税申报，经税务机关责令限期申报，逾期仍不申报的。

(6)纳税人申报的计税依据明显偏低，又无正当理由的。

12. A 【解析】税务机关可以采取下列税收

保全措施：(1)书面通知纳税人开户银行或者其他金融机构冻结纳税人的金额相当于应纳税款的存款。(2)扣押、查封纳税人的价值相当于应纳税款的商品、货物或者其他财产。所以选项 A 是正确的。

13. C 【解析】选项 A，税收强制执行不仅适用于纳税人还适用于扣缴义务人；选项 B，作为家庭使用的轿车，也在强制执行的范围内；选项 D，税务机关不可以对未按期缴纳工薪收入的个人所得税的个人实施税收强制执行措施。

14. B 【解析】欠缴税款数额在 5 万元以上的纳税人，在处分其不动产或大额资产之前，应当向税务机关报告。

15. B 【解析】顺查法与逆查法对称，是对被查纳税人按照其会计核算的顺序，依次检查会计凭证、账簿、报表，并将其相互核对的一种检查方法。

16. B 【解析】纳税信誉等级被评为 C 级以下的，不得作为纳税保证人。

17. C 【解析】根据《税收征收管理法》规定，扣缴义务人应扣未扣、应收未收税款的，由税务机关向纳税人追缴税款，对扣缴义务人处以应扣未扣、应收未收税款 50% 以上 3 倍以下罚款。

18. A 【解析】纳税质押自纳税担保书和纳税担保财产清单经税务机关确认和质押物移交之日起生效。

19. D 【解析】纳税人评价年度内经常性指标和非经常性指标信息齐全的，从 100 分起评。

20. C 【解析】税务机关每年 4 月确定上一年度纳税信用评价结果，并为纳税人提供自我查询服务。

二、多项选择题

1. BD 【解析】税务机关征收的各种税收，适用《征管法》。选项 B，是由海关代为征收的税收，征收机关不是税务机关，不适用《征管法》；选项 D，教育费附加虽然由税务机关征收，但不属于税收范畴，不适用《征管法》。

2. ACD 【解析】纳税信用评价周期为一个纳税年度，有下列情形之一的纳税人，不参加本期的评价：

(1)纳入纳税信用管理时间不满一个评价年度的；

(2)因涉嫌税收违法被立案查处尚未结案的；

(3)被审计、财政部门依法查出税收违法行为，税务机关正在依法处理，尚未办结的；

(4)已申请税务行政复议、提起行政诉讼尚未结案的；

(5)其他不应参加本期评价的情形。

3. ABC 【解析】纳税申报的形式主要有以下三种：直接申报；邮寄申报；数据电文。网上申报就是数据电文申报方式的一种形式。

4. BC 【解析】纳税人因有特殊情况，不能按期进行纳税申报的，经县以上税务机关核准，可以延期申报；纳税人采取电子方式办理纳税申报的，应当按照税务机关规定的期限和要求保存有关资料，并定期书面报送主管税务机关。

5. BCD 【解析】税务机关做出的减免税审批决定，应当向纳税人送达减免税审批书面决定，但是这不是承诺文书。

6. ABCD 【解析】税务机关征收税款的方式有多种，选项 ABCD 都属于其主要的方式。

7. AC 【解析】选项 BD 属于税收强制执行措施，不是税收保全措施。

8. ABD 【解析】因纳税人、扣缴义务人计算等失误，未缴或者少缴税款的，税务机关在 3 年内可以追征税款、滞纳金；有特殊情况的，追征期可以延长到 5 年。

9. ABC 【解析】税务机关在调查税务违法案件时，经设区的市、自治州以上税务局(分局)局长批准，可以查询案件涉嫌人员的储蓄存款。

10. ABC 【解析】对于选项 D 的陈述，税法

没有此规定。

11. ABCD 【解析】纳税担保的范围包括税款、滞纳金和实现税款、滞纳金的费用，费用包括抵押、质押登记费用，质押保管费用，以及保管、拍卖、变卖担保财产等相关费用支出。

12. BD 【解析】主管税务机关有权要求其提供担保人适用于以下情形：一是无固定经营场地的单位和个人申请领购发票，二是财务制度不健全的纳税人申请领购发票。

13. ABC 【解析】下列财产不得抵押：

(1)土地所有权。

(2)土地使用权，有特别规定的除外。

(3)学校、幼儿园、医院等以公益为目的的事业单位、社会团体、民办非企业单位的教育设施、医疗卫生设施和其他社会公益设施；学校、幼儿园、医院等以公益为目的的事业单位、社会团体，可以其教育设施、医疗卫生设施和其他社会公益设施以外的财产为其应缴纳的税款及滞纳金提供抵押。

(4)所有权、使用权不明或者有争议的财产。

(5)依法被查封、扣押、监管的财产。

(6)依法定程序确认为违法、违章的建筑物。

(7)法律、行政法规规定禁止流通的财产或者不可转让的财产。

(8)经设区的市、自治州以上税务机关确认的其他不予抵押的财产。

14. AC 【解析】选项 B，每年 4 月，而非 1 月确定上一年度纳税信用评价结果；选项 D，D 级评价标准保留 2 年，第三年纳税信用等级不得评价为 A 级。

15. ABCD 【解析】本题四个选项均是正确的。

16. ABD 【解析】可以进行纳税信用修复的情形包括：(1)纳税人发生未按法定期限办理纳税申报、税款缴纳、资料备案等

事项且已补办的税人发生未按法定期限办理纳税申报、税款缴纳、资料备案等事项且已补办的；（2）未按税务机关处理结论缴纳或者足额缴纳税款、滞纳金和罚款，未构成犯罪，纳税信用级别被直接判为 D 级的纳税人，在税务机关处理结论明确的期限期满后 60 日内足额缴纳、补缴的；（3）纳税人履行相应法律义务并由税务机关依法解除非正常户状态的。由于选项 C，已经构成犯罪，不符合信用修复条件。

本章知识串联

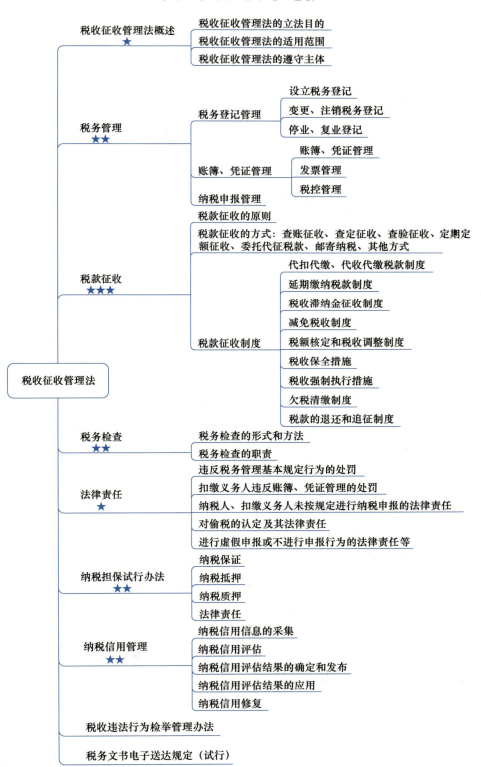

第14章 税务行政法制

考情解密

历年考情概况

本章在税法考试中，是非重点章节。本章内容比较零散，以记忆性内容为主。从历年考试的情况来看，本章主要以客观题的形式进行考查，分值一般在 2 分左右。

近年考点直击

考点	主要考查题型	考频指数	考查角度
税务行政处罚	单选题、多选题	★★	（1）税务行政处罚的设定和种类； （2）税务行政处罚的主体，尤其是征管法对税务所的特别授权； （3）简易程序的适用范围以及一般程序中听证的适用范围； （4）税务行政处罚的具体措施； （5）税务行政处罚中有关时间的规定和加处罚款的规定
税务行政复议	单选题、多选题	★★★	（1）必经复议和选择复议的范围； （2）税务行政复议过程中有关时间的规定； （3）应予受理的条件； （4）停止执行的情形； （5）中止与终止的情形； （6）行政复议的调解与和解的情形
税务行政诉讼	单选题、多选题	★★	税务行政诉讼的原则、管辖、受案方法等具体规定

学习方法与应试技巧

本章内容主要是程序性的问题，考试主要集中在行政处罚、行政复议和行政诉讼，其中行政复议尤为重要，要全面掌握，本章的内容主要还是以记忆为主。

本章2020年考试主要变化

本章内容无变动。

考点详解及精选例题

一、税务行政处罚 ★★

扫我解疑难

税务行政处罚是公民、法人或者其他组织有违反税收征收管理秩序的**违法行为，尚**未构成犯罪，依法应当承担行政责任的，由税务机关给予的行政处罚。

（一）税务行政处罚的原则

（1）法定原则。

（2）公正、公开原则。

（3）以事实为依据原则。

(4)过罚相当原则。

(5)处罚与教育相结合原则。

(6)监督、制约原则。

(二)税务行政处罚的设定和种类

1. 税务行政处罚的设定

我国税收立法权主要集中在中央。

(1)全国人大及其常务委员会可以通过法律的形式设定各种税务行政处罚。

(2)国务院可以通过行政法规的形式设定除限制人身自由以外的税务行政处罚。

(3)国家税务总局可以通过规章的形式设定警告和罚款。（见表14-1）

表14-1 国家税务总局通过规章的形式设定警告和罚款

情形		罚款数额
非经营活动的违法行为		设定罚款≤1000元
经营活动的违法行为	有违法所得的	设定罚款≤违法所得的3倍，且≤30000元
	没有违法所得的	设定罚款≤10000元

【知识点拨】税务局及其以下各级税务机关可以通过规范性文件对税务行政处罚作出具体规定，这是执法行为，不是对税务行政处罚的设定。

【例题1·多选题】下列关于税务行政处罚设定的表述中，正确的有( )。

A. 国家税务总局对非经营活动中的违法行为，设定罚款不得超过1000元

B. 国家税务总局对非经营活动中有违法所得的违法行为，设定罚款不得超过5000元

C. 国家税务总局对经营活动中没有违法所得的违法行为，设定罚款不得超过10000元

D. 国家税务总局对经营活动中有违法所得的违法行为，设定罚款不得超过违法所得的3倍且最高不得超过30000元

解析 ▶ 国家税务总局对非经营活动中有违法所得的违法行为，设定罚款不得超过1000元。 答案 ▶ ACD

真题精练（客观题）

(2016年单选题)下列关于税务行政处罚的设定中，正确的是( )。

A. 国务院可以通过法律的形式设定各种税务行政处罚

B. 国家税务总局可以通过规章的形式设定警告和罚款

C. 地方人大可以通过法律的形式设定各种税务行政处罚

D. 省税务机关可以设定税务行政处罚的规范性文件

解析 ▶ 选项A应该是全国人大及其常委会；选项C应该是全国人大及其常务委员会；选项D，省税务机关税务局可以通过规范性文件对税务行政处罚作出具体规定，这是执法行为，不是对税务行政处罚的设定。 答案 ▶ B

2. 税务行政处罚的种类

税务行政处罚的种类主要有：

(1)罚款。

(2)没收财物违法所得。

(3)停止出口退税权。

(4)法律、法规和规章规定的其他行政处罚。

【例题2·多选题】下列选项中，属于税务行政处罚主要类型的有( )。

A. 罚款

B. 没收财物违法所得

C. 注销税务登记

D. 不予退还税款

解析 ▶ 税务行政处罚的种类主要有三种，除选项AB外，还有停止出口退税权。 答案 ▶ AB

真题精练（客观题）

(2017年多选题)根据现行税务行政处罚规定，下列属于税务行政处罚的有( )。

A. 行政罚款

B. 停止出口退税权

C. 加收滞纳金

D. 没收财物违法所得

解析 ▶ 税务行政处罚的主要类型有：① 罚款；②没收财物和违法所得；③停止出口退税权。

答案 ▶ ABD

(三)税务行政处罚的主体和管辖

1. 税务行政处罚主体

实施税务行政处罚的主体主要是县以上税务机关。各级税务机关的内设机构、派出机构不具处罚主体资格，不得以自己的名义实施税务行政处罚。但是，税务所可以在2000元以下的范围内行使罚款权。这是《征管法》对税务所的特别授权。

2. 税务行政处罚的管辖

税务行政处罚由当事人税收违法行为发生地的县(市、旗)以上税务机关管辖。

(1)从地域管辖看，税务行政处罚实行行为发生地原则。

(2)从级别管辖看，必须是县(市、旗)以上的税务机关，法律特别授权的税务所除外。

(3)从管辖主体的要求看，必须有税务行政处罚权。

(四)税务行政处罚的程序(见表14-2)

表14-2 税务行政处罚的程序

类型	具体规定
1. 简易程序	简易程序的适用条件： (1)案情简单、事实清楚、违法后果比较轻微且有法定依据应当给予处罚的违法行为； (2)给予的处罚较轻，仅适用于对公民处以50元以下和对法人或其他组织处以1000元以下罚款的违法案件
2. 一般程序	适用一般程序的案件：情节比较复杂，处罚比较重的案件 程序： (1)调查与审查 (2)听证 听证的范围是对公民作出2000元以上或者对法人或其他组织作出10000元以上罚款的案件。 除涉及国家秘密、商业秘密或者个人隐私的不公开听证的以外，对于公开听证的案件，应当先期公告案情和听证的时间、地点并允许公众旁听。 (3)决定

【例题3·单选题】下列关于税务行政处罚的表述中，错误的是( )。

A. 税务行政处罚听证的范围是对公民作出5000元以上，或者对法人或其他组织作出2万元以上罚款的案件

B. 适用税务行政处罚一般程序的案件一般是情节比较复杂、处罚比较重的案件

C. 税务机关对当事人作出罚款行政处罚决定的，当事人应当在收到行政处罚决定书之日起15日内缴纳罚款，到期不缴纳的，税务机关可以对当事人每日按罚款数额的3%加处罚款

D. 税务机关行政执法人员当场收缴罚款的，必须向当事人出具合法罚款收据，并应当自收缴罚款之日起2日内将罚款交至税务机关

解析 ▶ 税务行政处罚听证的范围是对公民作出2000元以上，或者对法人或其他组织作出1万元以上罚款的案件，因此选项A错误。

答案 ▶ A

(五)税务行政处罚权力清单(见表14-3)

表 14-3　税务行政处罚权力清单

类型	违法行为	处罚内容
账簿凭证 管理类	未按规定设置、保管账簿资料,报送财务、会计制度办法核算软件,安装使用税控装置的	税务机关责令限期改正,可以处2000元以下的罚款;情节严重的,处2000元以上1万元以下的罚款
	扣缴义务人未按照规定设置、保管代扣代缴、代收代缴税款账簿或者保管代扣代缴、代收代缴税款记账凭证及有关资料的	税务机关责令限期改正,可以处2000元以下的罚款;情节严重的,处2000元以上5000元以下的罚款
	非法印制、转借、倒卖、变造或伪造完税凭证的	税务机关责令其改正,处2000元以上1万元以下的罚款;情节严重的,处1万元以上5万元以下的罚款;构成犯罪的,依法追究刑事责任
纳税申报类	未按规定期限办理纳税申报和报送纳税资料的(包括纳税人和扣缴义务人)	税务机关责令限期改正,可以处2000元以下的罚款;情节严重的,处2000元以上1万元以下的罚款
	纳税人、扣缴义务人编造虚假计税依据的	税务机关责令其限期改正,并处5万元以下的罚款
税务检查类	纳税人、扣缴义务人逃避、拒绝或者以其他方式阻挠税务机关检查	税务机关责令其改正,可以处1万元以下的罚款;情节严重的,处1万元以上5万元以下的罚款
	纳税人、扣缴义务人的开户银行或其他金融机构拒绝接受税务机关依法检查纳税人、扣缴义务人存款账户,或拒绝执行税务机关作出的冻结存款或扣缴税款的决定,或在接到税务机关的书面通知后帮助纳税人、扣缴义务人转移存款,造成税款流失的	税务机关处10万元以上50万元以下的罚款;对直接负责的主管人员和其他直接责任人员处1000元以上1万元以下的罚款
	税务机关依规定到车站、码头、机场、邮政企业及其分支机构检查纳税人有关情况时,有关单位拒绝的	税务机关责令其改正,可以处1万元以下的罚款;情节严重的,处1万元以上5万元以下的罚款

(六)税务行政处罚的执行

税务机关对当事人作出罚款行政处罚决定的,当事人应当在收到行政处罚决定书之日起15日内缴纳罚款,到期不缴纳的,税务机关可以对当事人每日按罚款数额的3%加处罚款;税务机关行政执法人员当场收缴罚款的、必须向当事人出具合法罚款收据,应当自收缴之日起2日内,交至税务机关。税务机关应当在2日内将罚款交付指定的银行或者其他金融机构。

【例题4·单选题】税务机关行政执法人员当场收缴罚款的,必须向当事人出具合法罚款收据,并应当自收缴罚款之日起的一定时限内将罚款交至税务机关。下列各项中,符合上述时限规定的是(　)日。

A. 2　　　　　　　B. 3

C. 5　　　　　　　D. 10

解析　税务机关行政执法人员当场收缴罚款的、必须向当事人出具合法罚款收据,应当自收缴之日起2日内,交至税务机关。税务机关应当在2日内将罚款交付指定的银行或者其他金融机构。　　**答案**　A

(七)税务行政处罚裁量权行使规则

1. **行使税务行政处罚裁量权应当遵循的原则**

(1)合法原则。

(2)合理原则。

(3)公平公正原则。

（4）公开原则。

（5）程序正当原则——依法保障当事人的知情权、参与权和救济权等各项法定权利。

（6）信赖保护原则——非因法定事由并经法定程序，不得随意改变已经生效的行政行为。

（7）处罚与教育相结合原则。

2. 行政处罚裁量基准制定

（1）税务行政处罚裁量基准，应当包括违法行为、处罚依据、裁量阶次、适用条件和具体标准等内容。

（2）税务行政处罚裁量基准应当以规范性文件形式发布，并结合税收行政执法实际及时修订。

3. 行政处罚裁量规则适用

（1）法律、法规、规章规定可以给予行政处罚，当事人首次违反且情节轻微，并在税务机关发现前主动改正的或者在税务机关责令限期改正的期限内改正的，不予行政处罚。

（2）税务机关应当责令当事人改正或者限期改正违法行为的，除法律、法规、规章另有规定外，责令限期改正的期限一般不超过30日。

（3）对当事人的同一个税收违法行为不得给予两次以上罚款的行政处罚。当事人同一个税收违法行为违反不同行政处罚规定且均应处以罚款的，应当选择适用处罚较重的条款。

（4）当事人有下列情形之一的，不予行政处罚：

①违法行为轻微并及时纠正，没有造成危害后果的。

②不满14周岁的人有违法行为的。

③精神病人在不能辨认或者不能控制自己行为时有违法行为的。

④其他法律规定不予行政处罚的。

（5）当事人有下列情形之一的，应当依法从轻或者减轻行政处罚：

①主动消除或者减轻违法行为危害后果的。

②受他人胁迫有违法行为的。

③配合税务机关查处违法行为有立功表现的。

④其他依法应当从轻或者减轻行政处罚的。

（6）违反税收法律、行政法规应当给予行政处罚的行为在五年内未被发现的，不再给予行政处罚。

（7）行使税务行政处罚裁量权应当依法履行告知义务。

税务机关对公民作出2000元以上罚款或者对法人或者其他组织作出1万元以上罚款的行政处罚决定之前，应当告知当事人有要求举行听证的权利；当事人要求听证的，税务机关应当组织听证。

二、税务行政复议 ★★★

扫我解疑难

税务行政复议是当事人不服税务机关及其工作人员作出的税务具体行政行为，依法向上一级税务机关（复议机关）提出申请，复议机关经审理对原税务机关具体行政行为依法作出维持、变更、撤销等决定的活动。

（一）税务行政复议机构和人员（简单了解）

税务机关中初次从事行政复议的人员，应当通过国家统一法律职业资格考试取得法律职业资格。

（二）税务行政复议范围（见表14-4）

在税务行政复议范围中，一定要分清哪些属于必经复议，哪些属于选择复议，尤其要注意必经复议中"税务机关作出的征税行为"的具体范围，这是历年较为重要的考点。

表 14-4　税务行政复议范围

情形	范围
必经复议（先复议，后起诉）	税务机关作出的征税行为：包括确认纳税主体、征税对象、征税范围、减税、免税、退税、抵扣税款、适用税率、计税依据、纳税环节、纳税期限、纳税地点和税款征收方式等具体行政行为，征收税款、加收滞纳金，扣缴义务人、受税务机关委托征收的单位和个人作出的代扣代缴、代收代缴、代征行为等
选择复议（可以复议，也可以直接起诉）	(1)行政许可、行政审批行为。 (2)发票管理行为，包括发售、收缴、代开发票等。 (3)税收保全措施、强制执行措施。 (4)行政处罚行为： ①罚款； ②没收财物和违法所得； ③停止出口退税权。 (5)不依法履行下列职责的行为： ①颁发税务登记； ②开具、出具完税凭证、外出经营活动税收管理证明； ③行政赔偿； ④行政奖励； ⑤其他不依法履行职责的行为。 (6)资格认定行为。 (7)不依法确认纳税担保行为。 (8)政府信息公开工作中的具体行政行为。 (9)纳税信用等级评定行为。 (10)通知出入境管理机关阻止出境行为。 (11)其他具体行政行为

【知识点拨 1】 申请人认为税务机关的具体行政行为所依据的下列规定不合法，对具体行政行为申请行政复议时，可以一并向行政复议机关提出对有关规定的审查申请；申请人对具体行政行为提出行政复议申请时不知道该具体行政行为所依据的规定的，可以在行政复议机关作出行政复议决定以前提出对该规定的审查申请：

(1)国家税务总局和国务院其他部门的规定。

(2)其他各级税务机关的规定。

(3)地方各级人民政府的规定。

(4)地方人民政府工作部门的规定。

此处的规定不包括规章。

【知识点拨 2】税总发〔2017〕103 号《国家税务总局关于创新跨区域涉税事项报验管理制度的通知》中规定，将"外出经营活动税收管理"更名为"跨区域涉税事项报验管理"。

【例题 5·多选题】下列税务行政诉讼范围中，必须先经过税务行政复议程序的有( )。

A. 税务机关作出的税收保全措施

B. 税务机关作出的加收滞纳金决定

C. 税务机关作出的确认征税对象的决定

D. 税务机关作出的税收强制执行措施

解析 ▶ 纳税人对税务机关作出的加收滞纳金决定、确认征税对象的决定不服，必须先经过税务行政复议程序，对复议决定不服的，才可以提起税务行政诉讼。选项 A、D 属于选择复议的范畴。 **答案** ▶ BC

真题精练(客观题)

1. (2019 年多选题)纳税人对税务机关作出下列行政不服的，可申请行政复议，也可以直接向法院提起行政诉讼的有( )。

A. 收缴发票行为

B. 暂停免税办理

C. 没收违法所得

D. 阻止出入境行为

解析 申请人对"征税行为"的行为不服的，应当先向行政复议机关申请行政复议；对行政复议决定不服的，可以向人民法院提起行政诉讼。其中，选项B，属于税务机关作出的征税行为。 **答案** ACD

2.（2017年单选题）纳税人对税务机关作出的下列行政行为不服时，应当先向行政复议机关申请复议后，才可以向人民法院提起行政诉讼的是（ ）。

A. 加收滞纳金

B. 税收保全措施

C. 处以税款50%的罚款

D. 强制执行措施

解析 对具体征税行为不服时，先复议再诉讼。征税行为包括确认纳税主体、征税

对象、征税范围、计税依据、加收滞纳金等。 **答案** A

3.（2015年单选题）税务机关作出的下列行政行为，纳税人不服时可以申请行政复议也可以直接向人民法院提起行政诉讼的是（ ）。

A. 罚款

B. 加收滞纳金

C. 确认征税范围

D. 确认抵扣税款

解析 选项A，属于税务行政处罚行为，纳税人对税务机关作出的税务行政处罚行为不服的，可以申请税务行政复议，也可以直接向人民法院提起行政诉讼。选项B、C、D，属于税务机关作出的征税行为，纳税人对税务机关作出的征税行为不服的必须先申请行政复议。 **答案** A

（三）税务行政复议管辖（见表14-5）

表14-5 税务行政复议管辖

申请人	复议机关
对各级税务局的具体行政行为不服的	上一级税务局
对计划单列市税务局的具体行政行为不服的	国家税务总局
对税务所（分局）、各级税务局的稽查局的具体行政行为不服的	其所属税务局
对国家税务总局的具体行政行为不服的	国家税务总局 对行政复议决定不服，申请人可以向人民法院提起行政诉讼，也可以向国务院申请裁决。国务院的裁决为最终裁决
对两个以上税务机关以共同的名义作出的具体行政行为不服的	共同上一级税务机关
对税务机关与其他行政机关以共同的名义作出的具体行政行为不服的	共同上一级行政机关
对被撤销的税务机关在撤销以前所作出的具体行政行为不服的	继续行使其职权的税务机关的上一级税务机关
对税务机关作出逾期不缴纳罚款加处罚款的决定不服的	作出行政处罚决定的税务机关
对已处罚款和加处罚款的决定都不服的	作出行政处罚决定的税务机关的上一级税务机关
申请人向具体行政行为发生地的县级地方人民政府提交行政复议申请的，由接受申请的县级地方人民政府依照规定予以转送	

【例题 6 · 单选题】 下列关于税务行政复议管辖范围的说法中，错误的是( )。

A. 对计划单列市税务局的具体行政行为不服的，向省税务局申请行政复议

B. 对两个以上税务机关共同作出的具体行政行为不服的，向共同上一级税务机关申请行政复议

C. 对国家税务总局作出的具体行政行为不服的，应向国家税务总局申请行政复议

D. 对税务所(分局)、各级税务局的稽查局的具体行政行为不服的，向其所属税务局申请行政复议

解析 ▶ 选项 A，对计划单列市税务局的具体行政行为不服的，向国家税务总局申请行政复议。

答案 ▶ A

真题精练(客观题)

(2016 年多选题，改)下列申请行政复议的表述中，符合税务行政复议管辖规定的有( )。

A. 对国家税务总局的具体行政行为不服的，向国家税务总局申请行政复议

B. 对各级税务局的具体行政行为不服的，向其上一级税务局申请行政复议

C. 对计划单列市税务局的具体行政行为不服的，向国家税务总局申请行政复议

D. 对税务机关作出逾期不缴纳罚款加处罚款的决定不服的，向作出行政处罚的税务机关申请复议

解析 ▶ 四个选项均符合题目要求。

答案 ▶ ABCD

(四)税务行政复议申请人和被申请人

1. 税务行政复议的申请人(见表 14-6)

表 14-6　税务行政复议的申请人

情形	申请人
1. 合伙企业申请行政复议的	以核准登记的企业为申请人，由执行合伙事务的合伙人代表该企业参加行政复议
2. 有权申请行政复议的公民死亡的	其近亲属可以申请行政复议
3. 有权申请行政复议的公民是无行为能力人或限制行为能力人的	其法定代理人可以代理申请行政复议
4. 有权申请行政复议的法人或其他组织发生合并、分立或终止的	承受其权利义务的法人或其他组织可以申请行政复议
同一行政复议案件申请人超过 5 人的，应当推选 1 至 5 名代表参加行政复议	

2. 税务行政复议的被申请人(见表 14-7)

表 14-7　税务行政复议的被申请人

情形	被申请人
申请人对具体行政行为不服申请行政复议的	作出该具体行政行为的税务机关
申请人对扣缴义务人的扣缴税款行为不服的	主管该扣缴义务人的税务机关
对税务机关委托的单位和个人的代征行为不服的	委托税务机关
税务机关与法律、法规授权的组织以共同的名义作出具体行政行为的	税务机关和法律、法规授权的组织
税务机关与其他组织以共同名义作出具体行政行为的	税务机关
税务机关依照法律、法规和规章规定，经上级税务机关批准作出具体行政行为的	批准机关
申请人对经重大税务案件审理程序作出的决定不服的	审理委员会所在税务机关
税务机关设立的派出机构、内设机构或者其他组织，未经法律、法规授权，以自己名义对外作出具体行政行为的	税务机关

【知识点拨】被申请人**不得委托本机关以外人员**参加行政复议。

【例题7·单选题】有权提出税务行政复议申请的法人或者其他组织发生合并、分立或终止的，（　）可以作为特殊申请人提出复议申请。

A. 法人和其他组织的主管单位

B. 承受其财产的法人或其他组织

C. 有权处理其债务关系、控股关系的法人或其他组织

D. 承受其权利义务的法人或其他组织

解析 ▶ 有权申请行政复议的法人或其他组织发生合并、分立或终止的，由承受其权利义务的法人或其他组织可以申请行政复议。

答案 ▶ D

真题精练（客观题）

（2019年单选题）下列可以作为税务行政复议申请人的是（　）。

A. 有权申请行政复议的股份制企业，其股东代表大会

B. 有权申请行政复议的公民下落不明的，其近亲属

C. 有权申请行政复议的公民为限制行为能力人，其法定代理人

D. 有权申请行政复议的法人发生终止的，该法人的法定代表人

解析 ▶ 有权申请行政复议的公民为无行为能力人或者限制行为能力人，其法定代理人可以代理申请行政复议。 答案 ▶ C

（五）税务行政复议申请

1. 税务行政复议的申请期限（见表14-8）

申请人可以在知道税务机关作出具体行政行为之日起60日内提出行政复议申请。因不可抗力或者被申请人设置障碍等原因耽误法定申请期限的，申请期限的计算应当扣除被耽误时间，自障碍消除之日起继续计算。

表14-8　税务行政复议的申请期限

情形	申请期限
当场作出具体行政行为的	自具体行政行为作出之日起计算
载明具体行政行为的法律文书直接送达的	自受送达人签收之日起计算
载明具体行政行为的法律文书邮寄送达的	自受送达人在邮件签收单上签收之日起计算；没有邮件签收单的，自受送达人在送达回执上签名之日起计算
具体行政行为依法通过公告形式告知受送达人的	自公告规定的期限届满之日起计算
税务机关作出具体行政行为时未告知申请人，事后补充告知的	自该申请人收到税务机关补充告知的通知之日起计算
被申请人能够证明申请人知道具体行政行为的	自证据材料证明其知道具体行政行为之日起计算
申请人依法申请税务机关履行法定职责，税务机关未履行的	有履行期限规定的，自履行期限届满之日起计算
	没有履行期限规定的，自税务机关收到申请满60日起计算

【知识点拨1】税务机关作出具体行政行为，依法应当向申请人送达法律文书而未送达的，视为该申请人不知道该具体行政行为。

【知识点拨2】申请人申请行政复议的，必须先依法缴纳或者解缴税款和滞纳金，或者提供相应的担保，方可在缴清税款和滞纳金后或者所提供的担保得到作出具体行政行为的税务机关确认之日起60日内提出行政复议申请。

【知识点拨3】申请人对税务机关作出逾期不缴纳罚款加处罚款的决定不服的，应当先缴纳罚款和加处罚款，再申请行政复议。

对罚款及加处罚款不服申请复议的规定如表14-9所示。

表 14-9 对罚款及加处罚款不服申请复议的规定

情形	申请税务行政复议的规定
对税务机关作出逾期不缴纳罚款加处罚款的决定不服的	向作出行政处罚决定的税务机关申请行政复议；先缴纳罚款和加处罚款，再申请行政复议
对已处罚款和加处罚款都不服的	一并向作出行政处罚决定的税务机关的上一级税务机关申请行政复议

2. 税务行政复议申请的提交(见表 14-10)

表 14-10 税务行政复议申请提交方式

情形	方式
书面申请	可以采取当面递交、邮寄或者传真等方式提出行政复议申请。有条件的行政复议机关可以受理以电子邮件形式提出的行政复议申请
口头申请	行政复议机构应当场制作行政复议申请笔录，交申请人核对或者向申请人宣读，并由申请人确认

3. 税务行政复议申请的其他规定

申请人向行政复议机关申请行政复议，复议机关已经受理的，在法定行政复议期限内申请人不得再向人民法院提起行政诉讼；申请人向人民法院提起行政诉讼，人民法院已经依法受理的，不得申请行政复议。

【例题 8·单选题】税务机关在对某企业进行纳税检查过程中，发现该单位在经营期间偷逃增值税 50000 元，税务机关对其作出追缴税款，加收滞纳金并处以 25000 元罚款的处理决定，并送达处罚决定及处理决定书，该纳税人对处罚不服向上一级税务机关申请复议，其可在结清税款、滞纳金并收到税务机关填发的缴款凭证之日起( )日内提起复议申请。

A. 10　　　　B. 15
C. 30　　　　D. 60

解析 ▶ 申请人申请行政复议的，必须依照税务机关根据法律、法规确定的税额、期限，先行缴纳或者解缴税款和滞纳金，或者提供相应的担保，才可以在缴清税款和滞纳金以后或者所提供的担保得到作出具体行政行为的税务机关确认之日起 60 日内提出行政复议申请。　　　　**答案** ▶ D

(六)税务行政复议受理(见表 14-11)

表 14-11 税务行政复议受理

情形	条件
应当受理	(1)属于规定的行政复议范围。 (2)在法定申请期限内提出。 (3)有明确的申请人和符合规定的被申请人。 (4)申请人与具体行政行为有利害关系。 (5)有具体的行政复议请求和理由。 (6)符合税务行政复议申请中规定的条件。 (7)属于收到行政复议申请的行政复议机关的职责范围。 (8)其他行政复议机关尚未受理同一行政复议申请，人民法院尚未受理同一主体就同一事实提起的行政诉讼
停止执行	(1)被申请人认为需要停止执行的。 (2)行政复议机关认为需要停止执行的。 (3)申请人申请停止执行，行政复议机关认为其要求合理，决定停止执行的。 (4)法律规定停止执行的

【知识点拨】 复议机关收到行政复议申请后，应当在5日内进行审查，决定是否受理。

复议机关收到行政复议申请后未按规定期限审查并作出不予受理决定的，视为受理。

复议机关决定不予受理或者受理后超过复议期限不作答复的，申请人可以自收到不予受理决定书之日起或者行政复议期满之日起15日内，依法向人民法院提起行政诉讼。

【例题9·多选题】 下列的税务行政复议，复议机关不予受理的有( )。

A. 没有明确的被申请人

B. 已向人民法院提出行政诉讼，未被受理

C. 已向其他法定复议机关提出申请，且受理

D. 纳税人就半年前已知道的具体行政行为提出复议

解析 ▶ 选项A、C、D，不符合税务行政复议受理的条件。 **答案** ▶ ACD

【例题10·单选题】 对应当先向复议机关申请行政复议，对行政复议决定不服再向人民法院提起行政诉讼的具体行政行为，复议机关决定不予受理或者受理后超过复议期限不作答复的，纳税人及其当事人可以自收到不予受理决定书之日起或行政复议期满之日起( )日内依法向人民法院提起行政诉讼。

A. 10　　　　　　B. 15

C. 20　　　　　　D. 30

解析 ▶ 议机关决定不予受理或者受理后超过复议期限不作答复的，申请人可以自收到不予受理决定书之日起或者行政复议期满之日起15日内，依法向人民法院提起行政诉讼。

答案 ▶ B

【例题11·多选题】 行政复议期间具体行政行为不停止执行，但是有( )情形的，可以停止执行。

A. 被申请人认为需要停止执行的

B. 被申请人申请停止执行，复议机关认为其要求合理，决定停止执行的

C. 申请人申请停止执行，复议机关认为

其要求合理，决定停止执行的

D. 复议机关认为需要停止执行的

解析 ▶ 行政复议期间具体行政行为不停止执行，但是有下列情形之一的，可以停止执行：被申请人认为需要停止执行的；申请人申请停止执行，复议机关认为其要求合理，决定停止执行的；复议机关认为需要停止执行的；法律规定停止执行的。 **答案** ▶ ACD

(七)税务行政复议证据

1. 在行政复议中，被申请人对其作出的具体行政行为负有举证责任。

2. 在行政复议过程中，被申请人不得自行向申请人和其他有关组织或者个人搜集证据。

3. 行政复议机构认为必要时，可以调查取证。调查取证时，行政复议工作人员不得少于2人。

4. 行政复议证据包括：书证；物证；视听资料；电子数据；证人证言；当事人的陈述；鉴定意见；勘验笔录、现场笔录。

5. 下列证据材料不得作为定案依据：

(1)违反法定程序收集的证据材料。

(2)以偷拍、偷录和窃听等手段获取侵害他人合法权益的证据材料。

(3)以利诱、欺诈、胁迫和暴力等不正当手段获取的证据材料。

(4)无正当事由超出举证期限提供的证据材料。

(5)无正当理由拒不提供原件、原物，又无其他证据印证，且对方不予认可的证据的复制件、复制品。

(6)无法辨明真伪的证据材料。

(7)不能正确表达意志的证人提供的证言。

(8)不具备合法性、真实性的其他证据材料。

(八)税务行政复议审查和决定

1. 行政复议机关应当自受理行政复议之日起7日内，将行政复议申请书副本或行政复议申请笔录复印件发送被申请人。

被申请人应当自收到申请书副本或者申请笔录复印件之日起10日内，提出书面答复，并提交当初作出具体行政行为的证据、依据和其他有关材料。

2. 行政复议原则上采用书面审查的办法。

3. 税务行政复议中止和终止（见表14-12）★★★

税务行政复议中止和终止是历年考试的重点，哪种情形属于中止，哪种情形属于终止，需要大家能够加以区分。

表14-12 税务行政复议中止和终止

类型	具体情形
行政复议中止	（1）作为申请人的公民死亡，其近亲属尚未确定是否参加行政复议的。 （2）作为申请人的公民丧失参加行政复议的能力，尚未确定法定代理人参加行政复议的。 （3）作为申请人的法人或者其他组织终止，尚未确定权利义务承受人的。 （4）作为申请人的公民下落不明或者被宣告失踪的。 （5）申请人、被申请人因不可抗力，不能参加行政复议的。 （6）行政复议机关因不可抗力原因暂时不能履行工作职责的。 （7）案件涉及法律适用问题，需要有权机关作出解释或者确认的。 （8）案件审理需要以其他案件的审理结果为依据，而其他案件尚未审结的。 （9）其他需要中止行政复议的情形
行政复议终止	（1）申请人要求撤回行政复议申请，行政复议机构准予撤回的。 （2）作为申请人的公民死亡，没有近亲属，或者其近亲属放弃行政复议权利的。 （3）作为申请人的法人或者其他组织终止，其权利义务的承受人放弃行政复议权利的。 （4）申请人与被申请人依照相关规定，经行政复议机构准许达成和解的。 （5）行政复议申请受理以后，发现其他行政复议机关已经先于本机关受理，或者人民法院已经受理的

【知识点拨】中止行政复议前三项，满60日行政复议中止的原因未消除的，行政复议终止。

【例题12·多选题】行政复议期间，有（　　）情形的，行政复议中止。

A. 作为申请人的公民下落不明或者被宣告失踪的

B. 作为申请人的法人或者其他组织终止，其权利义务的承受人放弃行政复议权利的

C. 作为申请人的公民死亡，其近亲属尚未确定是否参加行政复议的

D. 行政复议机关因不可抗力原因暂时不能履行工作职责的

解析▶选项B属于行政复议终止的情形。

答案▶ACD

【真题精练（客观题）】

（2018年单选题）税务行政复议期间发生的下列情形中，应当终止行政复议的是（　　）。

A. 作为申请人的公民死亡且没有近亲属

B. 案件涉及法律适用问题，需要有权机关作出解释

C. 作为申请人的公民下落不明

D. 作为申请人的法人终止且尚未确定权利义务承受人

解析▶选项B，属于税务行政复议中止的情形；选项C、D，属于行政复议中止的情形，满60日行政复议中止的原因未消除的，行政复议终止。 答案▶A

4. 行政复议期间

行政复议机关应当自受理申请之日起60日内作出复议决定。若情况复杂，可适当延期，但是最长不超过30日。

5. 行政复议决定的执行

申请人、第三人逾期不起诉又不履行行政复议决定的，或者不履行最终裁决的行政复议决定的，按照表14-13分别处理。

表 14-13　行政复议决定的执行

情形	执行机关
(1)维持具体行政行为的行政复议决定	由作出具体行政行为的行政机关依法强制执行,或者申请人民法院强制执行
(2)变更具体行政行为的行政复议决定	由复议机关依法强制执行,或者申请人民法院强制执行

(九)税务行政复议和解与调解

1. 可以调解和和解的情形

对下列行政复议事项,按照自愿、合法的原则,申请人和被申请人在行政复议机关**作出行政复议决定以前可以达成和解**,行政复议机关也可以调解:

(1)行使自由裁量权作出的具体行政行为,如行政处罚、核定税额、确定应税所得率等;

(2)行政赔偿;

(3)行政奖励;

(4)存在其他合理性问题的具体行政行为。

2. 调解应当符合的要求

(1)尊重申请人和被申请人的意愿;

(2)在查明案件事实的基础上进行;

(3)遵循客观、公正和合理原则;

(4)不得损害社会公共利益和他人合法权益。

经行政复议机构准许和解终止行政复议的,申请人不得以同一事实和理由再次申请行政复议;

行政复议调解书经双方当事人签字,即

具有法律效力;

申请人不履行行政复议调解书的,由被申请人依法强制执行,或者申请人民法院强制执行。

真题精练(客观题)

(2018年多选题)对下列事项进行行政复议时,申请人和被申请人在行政复议机关作出行政复议前可以达成和解的有( )。

A. 行政赔偿　　　　B. 行政奖励

C. 行政处罚　　　　D. 核定税额

解析 ▶ 本题考核可以达成和解的情形。

答案 ▶ ABCD

(十)税务行政复议指导和监督

行政复议期间税务行政复议机关发现被申请人和其他下级税务机关的相关行政行为违法或需要做好善后工作的,可以制作行政复议意见书。有关机关应当自收到行政复议意见书之日**起60日**内将纠正相关行政违法行为或者做好善后工作的情况报告行政复议机关。

税务行政复议过程中的时间规定比较复杂,我们用图14-1总结如下。

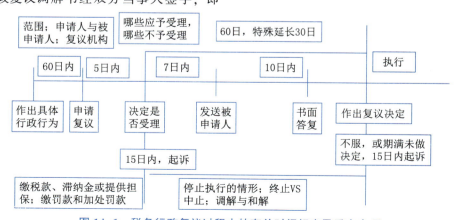

图 14-1　税务行政复议过程中的有关时间规定及重点事项

三、税务行政诉讼

扫我解疑难

(一)税务行政诉讼的概念★★

税务行政诉讼以解决税务行政争议为前提，这是税务行政诉讼与其他行政诉讼活动的**根本区别**，具体体现在：

1. 被告必须是税务机关，或经法律、法规授权的行使税务行政管理权的组织，而不是其他行政机关或组织。

2. 税务行政诉讼解决的争议发生在税务行政管理过程中。

3. 因税款征纳问题发生的争议，当事人在向人民法院提起行政诉讼前，必须先经税务行政复议程序，即复议前置。

(二)税务行政诉讼的原则

1. 人民法院特定主管原则。

2. 合法性审查原则。

3. 不适用调解原则。

4. 起诉不停止执行原则。

5. 税务机关负举证责任原则。

6. 由税务机关负责赔偿的原则。

真题精练(客观题)

(2015年多选题)下列选项中，属于税务行政诉讼原则的有(   )。

A. 起诉不停止执行原则

B. 不适用调解原则

C. 人民法院特定主管原则

D. 由税务机关负责赔偿的原则

解析 税务行政诉讼的原则包括：(1)人民法院特定主管原则；(2)合法性审查原则；(3)不适用调解原则；(4)起诉不停止执行原则；(5)税务机关负举证责任原则；(6)由税务机关负责赔偿原则。

答案 ABCD

(三)税务行政诉讼的管辖

1. 级别管辖。

2. 地域管辖。

3. 裁定管辖：是指人民法院依法自行裁定的管辖，包括移送管辖、指定管辖及管辖权的转移三种情况。

(四)税务行政诉讼的受案范围

1. 税务机关作出的征税行为.

2. 税务机关作出的责令纳税人提交纳税保证金或者纳税担保行为。

3. 税务机关作出的行政处罚行为：

(1)罚款；

(2)没收违法所得；

(3)停止出口退税权；

(4)收缴发票和暂停供应发票。

4. 税务机关作出的通知出境管理机关阻止出境行为。

5. 税务机关作出的税收保全措施：

(1)书面通知银行或者其他金融机构冻结存款；

(2)扣押、查封商品、货物或者其他财产。

6. 税务机关作出的税收强制执行措施：

(1)书面通知银行或者其他金融机构扣缴税款；

(2)拍卖所扣押、查封的商品、货物或者其他财产抵缴税款。

7. 认为符合法定条件申请税务机关颁发税务登记证和发售发票，税务机关拒绝颁发、发售或者不予答复的行为。

8. 税务机关的复议行为：

(1)复议机关改变了原具体行政行为；

(2)期限届满，税务机关不予答复。

【例题13·多选题】 下列各项中，属于税务行政诉讼受案范围的有(   )。

A. 税务机关通知银行冻结其存款的行为

B. 税务机关逾期未对其复议申请作出答复的行为

C. 税务机关对其所缴的税款没有上交国库的

D. 税务机关制订的规范性文件损害了纳税人合法权益的行为

解析 选项C，税务机关收缴的税款未上缴国库，不属于税务行政诉讼的受案范围；

选项D，对于抽象行政行为，同样不属于税务行政诉讼的受案范围。 **答案▶** AB

（五）税务行政诉讼的起诉和受理

在税务行政诉讼等行政诉讼中，起诉权是单向性的权利，税务机关不享有起诉权，只有应诉权，即税务机关只能作为被告；与民事诉讼不同，作为被告的税务机关不能反诉。

税务机关作出具体行政行为时，未告知当事人诉权和起诉期限，致使当事人逾期向人民法院起诉的，其起诉期限从当事人实际知道诉讼权或者起诉期限时计算。但最长不得超过2年。

真题精练（客观题）

（2018年单选题）税务行政诉讼中，税务机关享有的权利是（ ）。

A. 起诉权

B. 反诉权

C. 应诉权

D. 撤诉权

解析▶ 在税务行政诉讼等行政诉讼中，起诉权是单向性的权利，税务机关不享有起诉权，只有应诉权，即税务机关只能作为被告；与民事诉讼不同，作为被告的税务机关不能反诉。 **答案▶** C

（六）税务行政诉讼的审理和判决

人民法院审理行政案件，实行合议、回避、公开审判和两审终审制度。审理的核心是审查被诉具体行政行为是否合法。

同步训练 限时40分钟

一、单项选择题

1. 税务行政处罚的实施主体主要是（ ）。

A. 县以上的税务机关

B. 财政部

C. 人民政府

D. 国家税务总局

2. 税务所可以在一定限额以下实施罚款作为税务行政处罚，该限额为（ ）元。

A. 50 B. 2000

C. 10000 D. 50000

3. 某国有企业因有违反税收征收管理法的行为，被税务机关处以8000元的罚款。假定该企业收到税务行政处罚决定书的时间为2020年3月1日，则该企业4月5日缴纳罚款时的总金额为（ ）元。

A. 8000 B. 9200

C. 13040 D. 16640

4. 扣缴义务人未按照规定设置、保管代扣代缴、代收代缴税款账簿或者保管代扣代缴、代收代缴税款记账凭证及有关资料的，税务机关责令其限期改正，可以处（ ）元以下的罚款。

A. 1000 B. 2000

C. 5000 D. 10000

5. 按照税务行政处罚的地域管辖权，我国税务行政处罚实行的是（ ）。

A. 收入来源地原则

B. 行为发生地原则

C. 居民所在地原则

D. 户籍所在地原则

6. 下列税务行政处罚情形中，当事人可以在税务机关作出税务行政处罚决定之前要求听证的是（ ）。

A. 某公司被处以5000元罚款

B. 某中国公民被处以500元罚款

C. 某合伙企业被处以1500元罚款

D. 某非营利组织被处以15000元罚款

7. 下列税务行政复议范围中，必须先经过税务行政复议程序的是（ ）。

A. 税务机关作出的行政处罚行为

B. 取消增值税一般纳税人资格

C. 征收滞纳金行为

D. 税务机关作出的停止出口退税权的决定

8. 根据《税收征收管理法》及其他相关规定，对税务机关的征税行为提起诉讼，必须先经过复议，对复议决定不服的，可以在接到复议决定书之日起（　）日内向人民法院起诉。

A. 15　　　　　　　B. 30

C. 60　　　　　　　D. 90

9. 甲市乙县税务局丙镇税务所在执法时给予本镇纳税人赵某1500元罚款的行政处罚，赵某不服，向行政复议机关申请行政复议，则被申请人是（　）。

A. 甲市税务局

B. 乙县税务局

C. 丙镇税务所

D. 乙县人民政府

10. 对税务机关作出逾期不缴纳罚款加处罚款的决定不服的，可以向其申请行政复议的是（　）。

A. 国家税务总局

B. 省税务局

C. 作出行政处罚决定的税务机关

D. 作出行政处罚决定的税务机关的上一级税务机关

11. 行政复议的申请人可以在知道税务机关作出具体行政行为之日起（　）日内提出行政复议申请。

A. 15　　　　　　　B. 30

C. 60　　　　　　　D. 90

12. 复议机关收到行政复议申请后，应当在（　）日内进行审查，决定是否受理。对于复议机关不予受理的，纳税人可以在收到不予受理决定书之日起（　）日内，依法向人民法院提起行政诉讼。

A. 5，15　　　　　B. 7，15

C. 5，30　　　　　D. 7，30

13. 下列关于税务行政复议听证的说法错误的是（　）。

A. 第三人不参加听证的，不影响听证举行

B. 行政复议听证人员不得少于2人

C. 行政复议听证笔录是行政复议机构审理案件的唯一依据

D. 涉及国家秘密、商业秘密和个人隐私的案件不公开进行听证

14. 在税务行政复议期间发生的下列情形中，应当终止行政复议的是（　）。

A. 作为申请人的公民下落不明的

B. 申请人要求撤回行政复议申请，行政复议机构准予撤回的

C. 案件涉及法律适用问题，需要有权机关作出解释或者确认的

D. 作为申请人的公民死亡，其近亲属尚未确定是否参加行政复议的

15. 下列各项中，不符合《行政复议法》和《税务行政复议规则》规定的是（　）。

A. 对税务机关作出逾期不缴纳罚款加处罚款的决定不服的，向作出行政处罚决定的税务机关申请行政复议

B. 对国家税务总局作出的具体行政行为不服的，向国家税务总局申请行政复议

C. 对国家税务总局作出的具体行政行为不服的，向国家税务总局申请行政复议，对行政复议决定不服的，可以向国务院申请裁决

D. 对省级税务机关作出的具体行政行为不服，经向国家税务总局申请复议，对复议决定仍不服的，可以向国务院申请裁决

16. 关于行政复议决定的执行，下列说法正确的是（　）。

A. 维持具体行政行为的行政复议决定，可以由作出具体行政行为的行政机关依法强制执行

B. 维持具体行政行为的行政复议决定，由复议机关依法强制执行

C. 变更具体行政行为的行政复议决定，不可由复议机关强制执行

D. 变更具体行政行为的行政复议决定，由原作出具体行政行为的行政机关依法强制执行

17. 下列事项中，不得调解的是（　）。

A. 核定税额

B. 确定应税所得率

C. 纳税机关的公告

D. 行政赔偿

18. 税务行政诉讼不适用的原则是( )。

    A. 合法性审查原则

    B. 起诉不停止执行原则

    C. 调解原则

    D. 税务机关负责赔偿的原则

19. 下列关于税务行政裁量权行使规则的表述,不正确的是( )。

    A. 税务机关应当责令当事人改正或者限期改正违法行为的,除法律、法规、规章另有规定外,责令限期改正的期限一般不超过15日

    B. 对当事人的同一个税收违法行为不得给予两次以上罚款的行政处罚

    C. 不满十四周岁的人有违法行为的,不予行政处罚

    D. 受他人胁迫有违法行为的,应当依法从轻或者减轻行政处罚

二、多项选择题

1. 下列选项中,属于税务行政处罚原则的有( )。

    A. 以事实为依据原则

    B. 公开、公正原则

    C. 过罚相当原则

    D. 监督、制约原则

2. 国家税务总局制定的税务行政处罚规章中对非经营活动和经营活动中的违法行为设定的处罚有( )。

    A. 非经营活动违法行为设定罚款不得超过1000元

    B. 非经营活动违法行为设定罚款不得超过10000元

    C. 经营活动有违法所得的,设定罚款不得超过违法所得的3倍,且最高不得超过30000元

    D. 经营活动没有违法所得的,设定罚款不得超过1000元

3. 根据规定,税务行政处罚的简易程序仅适用于( )。

    A. 对公民处以50元以下罚款的违法案件

    B. 对公民处以100元以下罚款的违法案件

    C. 对法人或者其他组织处以1000元以下罚款的违法案件

    D. 对法人或者其他组织处以1500元以下罚款的违法案件

4. 下列关于税务行政处罚权力清单相关规定的表述,正确的有( )。

    A. 纳税人未按照规定安装、使用税控装置,或者损毁或者擅自改动税控装置的,税务机关责令其限期改正,情节严重的,处2000元以上1万元以下的罚款

    B. 非法印制、转借、倒卖、变造或者伪造完税凭证的,税务机关责令其改正,处2000元以上1万元以下的罚款

    C. 纳税人逃避、拒绝或者以其他方式阻挠税务机关检查的,税务机关责令其改正,可以处2000元以下的罚款

    D. 扣缴义务人的开户银行或者其他金融机构拒绝接受税务机关依法检查扣缴义务人存款账户的,税务机关处10万元以上50万元以下的罚款,对直接负责的主管人员和其他直接责任人员处1000元以上1万元以下的罚款

5. 税务机关实施的下列具体行政行为中,属于行政复议受案范围的有( )。

    A. 代开发票

    B. 税收保全措施

    C. 纳税信用等级评定

    D. 行政许可行为

6. 下列选项中,如果纳税人对税务机关作出的行为不服,不必经过税务行政复议,可直接进入税务行政诉讼程序的有( )。

    A. 暂停供应发票和收缴发票

    B. 加收滞纳金

    C. 罚款

    D. 征收税款

7. 下列关于税务行政复议受理的陈述,正确的有( )。

A. 行政复议机关收到行政复议申请以后，应当在 5 日内审查，决定是否受理

B. 对符合规定的行政复议申请，自行政复议机构审查期满之日起即为受理

C. 受理行政复议申请，应当书面告知申请人

D. 行政复议期间具体行政行为一般不停止执行

8. 按照《税务行政复议规则》规定，不得作为定案依据的证据材料有（　　）。

A. 以偷拍获取侵害他人合法权益的证据材料

B. 不能正确表达意志的证人提供的证言

C. 拒不提供原件的复制品

D. 超出举证期限提供的证据材料

9. 行政复议期间，下列情形中，行政复议中止的有（　　）

A. 申请人丧失行为能力，尚未确定法定代理人

B. 申请人死亡，须等待其继承人表明是否参加行政复议的

C. 申请人撤回行政复议申请

D. 申请人死亡，无近亲属

10. 税务行政复议申请人提供担保的方式主要有（　　）。

A. 保证　　　　B. 抵押

C. 质押　　　　D. 留置

11. 税务行政复议机关可以对某些税务行政复议事项进行调解。以下符合税务行政复议调解要求的有（　　）。

A. 遵循客观、公正和合理的原则

B. 尊重申请人和被申请人的意愿

C. 在查明案件事实的基础上进行

D. 不得损害社会公共利益和他人合法权益

12. 根据税务行政法制的规定，税务行政诉讼的受案范围包括（　　）。

A. 税务机关作出的罚款行为

B. 税务机关作出的复议行为

C. 税务机关作出的税收保全措施

D. 税务机关作出的税收强制执行措施

同步训练答案及解析

一、单项选择题

1. A 【解析】税务行政处罚的实施主体主要是县以上的税务机关。

2. B 【解析】各级税务机关的内设机构、派出机构不具有处罚主体，不能以自己名义实施税务行政处罚。但是税务所可以实施罚款额在 2000 元以下的税务行政处罚。

3. C 【解析】该企业在 2018 年 4 月 5 日缴纳罚款时的总金额 =（16＋5）×8000×3%＋8000＝13040（元）。

4. B 【解析】扣缴义务人未按照规定设置、保管代扣代缴、代收代缴税款账簿或者保管代扣代缴、代收代缴税款记账凭证及有关资料的，税务机关责令其限期改正，可以处 2000 元以下的罚款；情节严重的，处 2000 元以上 5000 元以下的罚款。

5. B 【解析】当纳税人发生违法行为时，只有行为发生地的税务机关可以作出税务行政处罚，其他地方的税务机关则无权实施。

6. D 【解析】税务行政处罚听证的范围是对公民作出 2000 元以上，或者对法人或其他组织作出 1 万元以上罚款的案件。

7. C 【解析】选项 C，属于税务机关作出的征税行为，对其不服，应该先复议再起诉。

8. A 【解析】根据《征管法》第八十八条及其他相关规定，对税务机关的征税行为提起诉讼，必须先经过复议；对复议决定不服的，可以在接到复议决定书之日起 15 日内向人民法院起诉。

9. C 【解析】税务所作为税务局的派出机

第 14 章 税务行政法制

构，经法律、法规的授权，有一定的税务行政处罚权（2000 元以内罚款的处罚权）。只要满足两个条件：一是法律、法规对税务所有授权，二是税务所以自己的名义作出具体行政行为，则税务所就可以成为税务行政复议的被申请人。

10. C 【解析】对税务机关作出逾期不缴纳罚款加处罚款的决定不服的，向作出行政处罚决定的税务机关申请复议。

11. C 【解析】行政复议的申请人可以在知道税务机关作出具体行政行为之日起 60 日内提出行政复议申请。

12. A 【解析】复议机关收到行政复议申请后，应当在 5 日内进行审查，决定是否受理。对于复议机关不予受理的，纳税人可以在收到不予受理决定书之日起 15 日内，依法向人民法院提起行政诉讼。

13. C 【解析】行政复议听证笔录是作出行政复议决定的证据之一。

14. B 【解析】选项 A、C、D，属于行政复议中止的情形。

15. D 【解析】选项 D，对省级税务机关作出的具体行政行为不服，经向国家税务总局申请复议，对总局的复议决定不服的，纳税人不能向国务院申请裁决，只能向人民法院起诉。

16. A 【解析】对于维持具体行政行为的行政复议决定，由作出具体行政行为的行政机关依法强制执行或是申请人民法院强制执行；对于变更具体行政行为的行政复议决定，由复议机关依法强制执行，或者申请人民法院强制执行。

17. C 【解析】对下列税务行政复议事项，依照自愿、合法的原则，申请人和被申请人在行政复议机关作出行政复议决定以前可以达成和解，税务行政复议机关也可以调解：行使自由裁量权作出的税务具体行政行为，如行政处罚、核定税额、确定应税所得率等；行政赔偿；行政奖励；存在其他合理性问题的具体行

政行为。

18. C 【解析】税收行政管理权是国家权力的重要组成部分，税务机关无权依自己意愿进行处置，因此，人民法院也不能对税务行政诉讼法律关系的当事人进行调解。

19. A 【解析】税务机关应当责令当事人改正或者限期改正违法行为的，除法律、法规、规章另有规定外，责令限期改正的期限一般不超过 30 日。

二、多项选择题

1. ABCD 【解析】税务行政处罚的原则：（1）法定原则；（2）公正、公开原则；（3）以事实为依据原则；（4）过罚相当原则；（5）处罚与教育相结合原则；（6）监督、制约原则。

2. AC 【解析】非经营活动中违法行为设定罚款不得超过 1000 元；对经营活动中的违法行为，有违法所得的，设定罚款不得超过违法所得的 3 倍，且最高不得超过 3 万元，没有违法所得的，设定罚款不得超过 10000 元，超过限额的，应当报国务院批准。

3. AC 【解析】简易程序的适用条件：一是案情简单、事实清楚、违法后果比较轻微且有法定依据应当给予处罚的违法行为；二是给予的处罚较轻，仅适用于对公民处以 50 元以下和对法人或者其他组织处以 1000 元以下罚款的违法案件。

4. ABD 【解析】纳税人、扣缴义务人逃避、拒绝或者以其他方式阻挠税务机关检查，税务机关责令其改正，可以处 1 万元以下的罚款；情节严重的，处 1 万元以上 5 万元以下的罚款。

5. ABCD 【解析】上述选项均属于行政复议受案范围。

6. AC 【解析】对税务机关作出的征税行为（包括选项 BD）不服，必须先经税务行政复议，复议仍不服，才可诉讼，对选项 AC 中的行政行为不服的，可直接提起税务行

政诉讼。

7. ACD　【解析】选项 B，对符合规定的行政复议申请，自行政复议机构收到之日起即为受理。

8. AB　【解析】下列证据材料不得作为定案依据：（1）违反法定程序收集的证据材料；（2）以偷拍、偷录、窃听等手段获取侵害他人合法权益的证据材料；（3）以利诱、欺诈、胁迫、暴力等不正当手段获取的证据材料；（4）当事人无正当事由超出举证期限提供的证据材料；（5）当事人无正当理由拒不提供原件、原物，又无其他证据印证，且对方当事人不予认可的证据的复制件或者复制品；（6）无法辨明真伪的证据材料；（7）不能正确表达意志的证人提供的证言；（8）不具备合法性和真实性的其他证据材料。

9. AB　【解析】行政复议期间，有下列情形之一的，行政复议中止：

（1）作为申请人的公民死亡，其近亲属尚未确定是否参加行政复议的；

（2）作为申请人的公民丧失参加行政复议的能力，尚未确定法定代理人参加行政复议的；

（3）作为申请人的法人或者其他组织终止，尚未确定权利义务承受人的；

（4）作为申请人的公民下落不明或者被宣告失踪的；

（5）申请人、被申请人因不可抗力，不能参加行政复议的；

（6）行政复议机关因不可抗力原因暂时不能履行工作职责的；

（7）案件涉及法律适用问题，需要有权机关作出解释或者确认的；

（8）案件审理需要以其他案件的审理结果为依据，而其他案件尚未审结的；

（9）其他需要中止行政复议的情形。

10. ABC　【解析】纳税担保方式包括：保证、抵押、质押。不包含留置。

11. ABCD　【解析】上述选项均为调解应当符合的要求。

12. ABCD　【解析】税务行政诉讼的受案范围共 8 项，除上述 4 项外，还包括税务机关作出的征税行为、责令纳税人提交纳税保证金（或提供担保）行为、阻止出境行为、认为符合法定条件申请税务机关颁发税务登记证和发售发票，税务机关拒绝颁发、发售或不予答复的行为。

本章知识串联

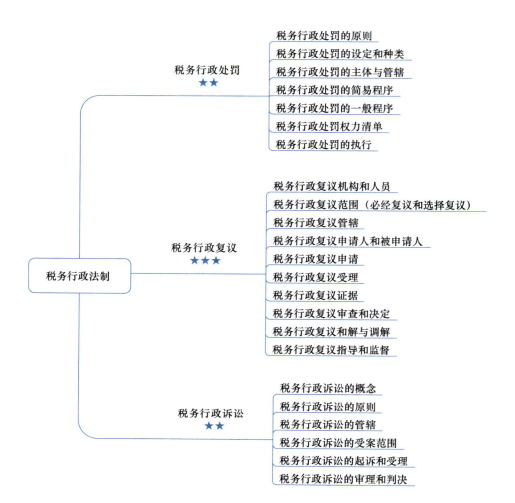

税务行政处罚
★★
- 税务行政处罚的原则
- 税务行政处罚的设定和种类
- 税务行政处罚的主体与管辖
- 税务行政处罚的简易程序
- 税务行政处罚的一般程序
- 税务行政处罚权力清单
- 税务行政处罚的执行

税务行政法制

税务行政复议
★★★
- 税务行政复议机构和人员
- 税务行政复议范围（必经复议和选择复议）
- 税务行政复议管辖
- 税务行政复议申请人和被申请人
- 税务行政复议申请
- 税务行政复议受理
- 税务行政复议证据
- 税务行政复议审查和决定
- 税务行政复议和解与调解
- 税务行政复议指导和监督

税务行政诉讼
★★
- 税务行政诉讼的概念
- 税务行政诉讼的原则
- 税务行政诉讼的管辖
- 税务行政诉讼的受案范围
- 税务行政诉讼的起诉和受理
- 税务行政诉讼的审理和判决

第3部分

2020

易错易混知识点辨析

智慧启航

没有加倍的勤奋，就既没有才能，也没有天才。

——门捷列夫

2020 年易错易混知识点辨析

一、混合销售 VS 兼营

扫我解疑难

混合销售和兼营行为的税务处理既是考试的

重点，也是考试的难点。我们在"第二章　增值税法"中做过总结，此处再强调一下。

混合销售、兼营的界定与税务处理及特殊业务的规定(见表 1)

表 1　销售货物并提供建筑、安装服务及提供后续维修保养服务的税务处理

销售类型	税务处理
一般纳税人销售自产机器设备、活动板房、钢结构件等的同时提供安装服务	分别核算；分别按税率或征收率计算纳税 如果销售的是自产机器设备：安装服务可以按照甲供工程选择简易
一般纳税人销售外购机器设备的同时提供安装服务	(1)按照混合销售进行税务处理； (2)如已按兼营的有关规定，分别核算： a. 机器设备销售额按照 13% 计算纳税，安装服务按照 9% 计算纳税； b. 机器设备销售额按照 13% 计算纳税，安装服务可以按照甲供工程选择适用简易计税方法计税——征收率 3%
一般纳税人销售电梯的同时提供安装服务	安装服务可以按照甲供工程选择适用简易计税方法计税。 此处电梯可以是自产的，也可以是外购的
纳税人对安装运行后的机器设备、电梯提供维护保养服务	按照"其他现代服务"缴纳增值税。 注意：(1)修理修配劳务：税率 13%；(2)维修保养服务：税率 6%

在界定混合销售和兼营行为并进行税务处理过程中，需要注意的是：

1. 混合销售行为是一项行为既涉及货物又涉及服务；而兼营行为则是多项行为及不同税率或征收率的应税行为，换言之，到底是一项行为，还是多项行为，是区分混合销售和兼营的关键。

2. 行为之间是否具有关联性和从属性。混合销售的货物和服务之间具有关联性和从属性，比如销售货物并送货上门，比如提供美容服务时使用了美容产品等，均是典型的混合销售行为。

3. 注意销售货物并提供安装服务的特殊处理。在其税务处理中销售自产货物、外购货物的税务处理不同；销售机器设备、电梯的税务处理不同于其他的税务处理，请特别注意表 1 的相关内容。

4. 注意对安装运行后的机器设备、电梯提供维护保养服务，是按照"其他现代服务"征收 6% 的增值税，而不是按照"加工修理修配"征收 13% 的增值税。

实战演练

【例题 1·单选题】下列各项业务中，属于增值税混合销售行为的是(　　)。

A. 酒店提供住宿和餐饮服务

B. 建筑公司包工包料提供建筑服务

C. 某药店既销售药品又提供医疗服务

D. 汽车销售公司销售汽车并为其他客户提供装饰服务

解析 ➡ 其他选项均属于增值税兼营行为。

答案 ➡ B

【例题 2·多选题】某设备经销公司为增值税一般纳税人，销售外购设备并提供安装服务，

下列税务处理正确的有( )。

A. 如果该公司未分别核算设备销售额和安装业务金额,应该一并按照销售设备依 13% 的税率征收增值税

B. 如果该公司对设备销售和安装服务分别核算,可以按照兼营的规定征收增值税

C. 如果该业务已按兼营的有关规定,分别核算,则设备销售额按照 13% 税率计算缴纳增值税,安装服务可以按照 9% 税率计算缴纳增值税

D. 如果该业务已按兼营的有关规定,分别核算,则设备销售额按照 13% 税率计算缴纳增值税,安装服务可以按照 3% 征收率计算缴纳增值税

解析 ▶ 上述处理均是正确的。 **答案** ▶ ABCD

二、折扣销售 VS 销售折扣 VS 销售折让

扫我解疑难

折扣销售又称为商业折扣,是先折扣后销售,也就是我们通常说的"打折"。增值税中,销售额和折扣额在同一张发票的"金额"栏分别注明的,可按折扣后的销售额征收增值税;会计上是按照折扣后的金额来确认销售收入的。

销售折扣是先销售后折扣,也就是我们通常所说的"现金折扣"。增值税中:折扣额不得从销售额中减除。这是一种融资性质的理财费用,是企业为了提前收回货款而给予客户应收款项上的减免,应该在实际发生的时候计入财务费用。

销售折让是因为企业的产品存在质量问题,而给购买方价款上的优惠,应该冲减销售收入,但是注意不能冲减销售成本。增值税中折让额可以从销售额中减除。

在考试中,要辨别是折扣销售、销售折扣、销售折让,需要注意发生的原因——数量多、支付时间早,还是产品质量问题,确定发生原因之后再进行税务处理。

📝 实战演练

【例题·单选题】某工艺品厂为增值税一般纳税人,2019 年 12 月 2 日销售给甲企业 200 套工艺品,每套不含税价格 600 元。由于部分工艺品存在瑕疵,该工艺品厂给予甲企业 15% 的销售折让,已开具红字专用发票。为了鼓励甲企业及时付款,该工艺品厂提出 2/20,n/30 的付款条件,甲企业于当月 15 日付款。该工艺品厂此项业务的销项税额为( )元。

A. 15600　　　　B. 13260

C. 19200　　　　D. 16320

解析 ▶ 在本题中,由于产品质量问题给予的价格减让属于销售折让,销售折让可以从销售额中减除;由于对方提前付款给予的折扣属于销售折扣,也称作现金折扣,销售折扣不得从销售额中减除。销项税额 = $600 \times 200 \times (1-15\%) \times 13\% = 13260$(元)。 **答案** ▶ B

三、进项税额转出 VS 视同销售

扫我解疑难

两者的关系是:有销项税额,相应的进项税额符合规定,就可以抵扣;无销项税额,相应的进项税额不得抵扣。

例如:将自产、委托加工的货物用于集体福利或个人消费(含交际应酬消费),属于视同销售,生产货物所用的进项税额允许抵扣;将外购的货物用于集体福利或者个人消费(含交际应酬消费),无需视同销售,无销项税额,相应的进项税额不得抵扣;若已经抵扣过进项税额,则需要作进项税转出。

📝 实战演练

【例题·单选题】某食品加工厂为增值税一般纳税人,2019 年 9 月从农民手中购入粮食生产饼干,农产品收购发票上注明收购金额为 200000 元。该企业将 60% 用于本企业生产食品饼干并全部销售,取得不含税销售额 850000 元;将其余部分用于职工食堂。另将部分自产饼干奖励给优秀职工,同类不含税售价为 30000 元。则该企业当月应纳增值税( )元。

A. 102400   B. 103600

C. 96400   D. 94400

解析 ▶ 外购货物用于集体福利，进项税额不得抵扣；自产货物用于个人消费，属于视同销售，要计算销项税额。纳税人购进用于生产销售或委托受托加工13%税率货物的农产品按照10%计算抵扣进项税额。应纳增值税 $= 850000 \times 13\% + 30000 \times 13\% - 200000 \times 10\% \times 60\% = 102400$（元）。

答案 ▶ A

四、免税 VS 零税率

扫我解疑难

免征增值税，即免税，是指应纳增值税为0，同时不能抵扣进项税额。

零税率：出口货物、劳务或者境内单位和个人发生的跨境应税行为，税率为零。增值税应纳税额＝销项税额－进项税额，适用零税率即销项税额为0，应纳税额＝0－进项税额。这意味着不仅免税，而且还可以退还税款，或进项留抵。

📝 实战演练

【例题·多选题】境内的单位提供的下列各项中适用零税率的有（　　）。

A. 在境内载运旅客或者货物出境

B. 航天运输服务

C. 境内单位向境外单位提供的完全在境外消费的离岸服务外包业务

D. 境内单位向境外单位提供的完全在境外消费的知识产权服务

解析 ▶ 选项 D 享受增值税免税政策。

答案 ▶ ABC

五、劳务派遣服务 VS 人力资源外包服务

扫我解疑难

劳务派遣服务，是指劳务派遣公司为了满足用工单位对于各类灵活用工的需求，将员工派遣至用工单位，接受用工单位管理并为其工作的服务。

人力资源外包服务，指的是企业为了降低人力成本，实现效率最大化，将人力资源事务中非核心部分的工作全部或部分委托人才服务专业机构管（办）理。

通俗地说劳务派遣就是将人派出去，如 A 劳务派遣公司将员工10人派遣到用工单位 B 公司工作，此时员工与 A 劳务派遣公司签订的是劳动合同，A 公司与 B 公司签订的是派遣协议，员工与 B 公司签订的是岗位协议；而人力资源外包服务是将非核心工作包出去，如企业将员工招聘、培训的工作委托其他单位完成。如 C 公司委托 D 人力资源外包服务公司代为招聘20名员工，招聘成功后员工与 C 公司签订劳动合同，而不是与 D 人力资源外包服务公司签订劳动合同。

劳务派遣服务与人力资源外包服务的税务处理（见表2）。

表 2   劳务派遣服务与人力资源外包服务的税务处理

业务类型	纳税人类型	税务处理
劳务派遣服务	①一般纳税人	a. 全额计税：采用一般计税方法，以取得的全部价款和价外费用为销售额，按照6%计算缴纳增值税
		b. 可选差额纳税：以取得的全部价款和价外费用，扣除代用工单位支付给劳务派遣员工的工资、福利和为其办理社会保险及住房公积金后的余额为销售额，按照简易计税方法依5%的征收率计算缴纳增值税
	②小规模纳税人	a. 全额计税：以取得的全部价款和价外费用为销售额，按照简易计税方法依3%的征收率计算缴纳增值税
		b. 可选差额纳税：以取得的全部价款和价外费用，扣除代用工单位支付给劳务派遣员工的工资、福利和为其办理社会保险及住房公积金后的余额为销售额，按照简易计税方法依5%的征收率计算缴纳增值税

业务类型	纳税人类型	税务处理
人力资源外包服务	①一般纳税人	a. 一般计税：纳税人提供人力资源外包服务，按照经纪代理服务（而非人力资源服务）缴纳增值税，其销售额不包括受客户单位委托代为向客户单位员工发放的工资和代理缴纳的社会保险、住房公积金
		b. 简易计税：一般纳税人提供人力资源外包服务，可以选择适用简易计税方法，按照5%的征收率计算缴纳增值税
	②小规模纳税人	小规模纳税人提供人力资源外包服务，按照经纪代理服务缴纳增值税，依3%的征收率计算缴纳增值税。其销售额不包括受客户单位委托代为向客户单位员工发放的工资和代理缴纳的社会保险、住房公积金

从表2我们可以看到，提供劳务派遣服务的纳税人，可以全额计税，也可以选择差额计税；提供人力资源外包服务的纳税人，其销售额不包括受客户单位委托代为向客户单位员工发放的工资和代理缴纳的社会保险、住房公积金。两者的表述不同，注意人力资源外包服务销售额的范围。

📝 **实战演练**

【例题·单选题】A劳务派遣公司（以下简称A公司）为增值税一般纳税人，与B公司签订劳务派遣协议，为B公司提供劳务派遣服务。A公司代B公司给劳务派遣员工支付工资，并缴纳社会保险和住房公积金。2020年2月，A公司共取得含税劳务派遣收入55万元，其中代B公司支付给劳务派遣员工工资23万元、为其办理社会保险18万元及缴纳住房公积金10万元。A公司选择按差额纳税。2020年2月A公司应缴纳增值税（　　）万元。

A. 0.12　　　　　B. 0.19
C. 1.60　　　　　D. 2.62

解析 ➤ 一般纳税人提供劳务派遣服务，可以以取得的全部价款和价外费用为销售额，按照一般计税方法计算缴纳增值税；也可以选择差额纳税，以取得的全部价款和价外费用，扣除代用工单位支付给劳务派遣员工的工资、福利和为其办理社会保险及住房公积金后的余额为销售额，按照简易计税方法依5%的征收率计算缴纳增值税。

A公司选择差额纳税，按照简易计税方法依5%的征收率计算缴纳增值税。应纳增值税 = $(55-23-18-10) \div (1+5\%) \times 5\% = 0.19$（万元）。

答案 ➤ B

六、会计上收入确认时间 VS 企业所得税收入确认时间 VS 增值税纳税义务发生时间

扫我解疑难

会计上收入确认时间：以会计准则为准，实行权责发生制，承认谨慎性原则。

企业所得税收入确认时间：以企业所得税法及相关规定为准，实行权责发生制，但不承认谨慎性原则。当企业所得税与会计对收入确认存在差异时，应该进行纳税调整，无需调账。

增值税纳税义务发生时间：以增值税的相关规定为准。增值税纳税义务发生时，会计上和企业所得税上不一定确认收入。

因此我们的结论是：会计上收入确认时间 ≠ 企业所得税收入确认时间 ≠ 增值税纳税义务发生时间

📝 **实战演练**

【例题·计算问答题】某市A公司将房屋出租给B公司，租期5年，自2019年7月1日至2024年6月30日，每年不含增值税租金为120万元，2019年7月A公司一次性收取5年租金，共计630万元（含30万元增值税）。A公司将收取的630万元款项全部计入"其他应付款"，请问该业务应如何计算缴纳增值税（按照简易计税计算）？对2019年会计利润、应纳税所得额会产生何种影响？房产税、印

第3部分 知识点辨析 易错易混

花税如何计算缴纳？

答案 ▶

（1）增值税：对于不动产租赁，在收到预收款时，增值税纳税义务已经发生，应该缴纳30万元增值税［630/（1＋5%）×5%］；并补缴城建税及教育费附加（含地方教育附加）3.6万元。

（2）会计：2019年应确认的收入＝120/12×6＝60万元，对2019年利润的影响＝60－3.6＝56.4（万元）。

（3）企业所得税：2019年可以按60万元确认收入，对2019应纳税所得额的影响为56.4万元；也可以按600万元确认收入，对2019年应纳税所得额的影响为600－3.6＝596.4（万元）。

（4）房产税：按年计算，2019年1~6月份应该从价计征房产税，2019年7~12月份应该以60万元的租金收入从租计征房产税。

（5）印花税：印花税应该按照合同记载金额即600万元作为计税依据，依照"财产租赁合同"计算缴纳印花税。

七、增值税的视同销售 VS 所得税的视同销售

扫我解疑难

1. 增值税的视同销售以税法所列举的行为为准，而企业所得税的视同销售，则是以所有权是否发生转移为准。

2. 在企业所得税的综合题中，是否需要进行纳税调整，以企业所得税是否视同销售为准，而非以增值税是否视同销售为准。

📝 **实战演练**

【例题·计算问答题】某设备公司2019年10月将自产的两台设备通过民政部门捐赠给地震灾区。设备的生产成本为100万元/台，同类售价140万元/台。企业将236.4万元计入"营业外支出——捐赠支出"。请问该项业务在企业所得税上应该如何进行纳税调整？

答案 ▶

（1）视同销售收入纳税调增：280万元，视同销售成本纳税调减：200万元；

（2）公益性捐赠在不超过会计利润总额12%范围内可以扣除，超过部分纳税调增。

八、投资入股的增值税、消费税、土地增值税、企业所得税、个人所得税的税务处理（见表3）

扫我解疑难

表3　投资入股的税务处理

形态	增值税	消费税	企业所得税	个人所得税
有形动产	视同销售，按照平均售价或组成计税价格计算缴纳增值税	纳税人用于换取生产资料和消费资料，投资入股和抵偿债务等方面的应税消费品，应当以纳税人同类应税消费品的最高销售价格作为计税依据计算消费税	可以分5年均匀计入应纳税所得额	可以分5年计算缴纳个人所得税，无需均匀缴纳
技术成果	视同销售，但技术转让有免增值税的规定	——	可以：（1）分5年均匀计入应纳税所得额；（2）暂不纳税，转让股权时再纳税	可以：（1）分5年计入应纳税所得额；（2）暂不纳税，转让股权时再纳税

形态	增值税	土地增值税	房产税	企业所得税	个人所得税税
不动产、土地使用权	按照销售缴纳增值税。注意：差额纳税；简易计税的规定	非房地产开发企业改制重组中以房地产投资入股，暂不征土地增值税，否则征土地增值税	共担风险：被投资方缴纳房产税 不担风险：投资方从租计征房产税	可以分5年均匀计入应纳税所得额	可以分5年计算缴纳个人所得税，无需均匀缴纳
货币资金	不担风险，收取固定利润或保底利润，按照贷款服务征收增值税				

需要注意的关键点：

(1)纳税人用于换取生产资料和消费资料，投资入股和抵偿债务等方面的应税消费品，应当以纳税人同类应税消费品的最高销售价格作为消费税的计税依据，以平均售价作为增值税和所得税的计税依据。

(2)投资入股时，无论企业所得税和个人所得税均可以分5年递延纳税，但企业所得税是均匀递延纳税，而个人所得税无需均匀递延纳税。

(3)以不动产、土地使用权投资入股时，是否需要缴纳土地增值税取决于投资方和被投资方是否为房地产开发企业；

(4)以房产投资入股时，房产税如何纳税，取决于是否承担投资风险。

📝 **实战演练**

【例题·计算问答题】2019年9月宝龙汽车制造厂以10辆自产汽车与瑞德公司合资成立了宝瑞汽车销售公司。该品牌汽车的平均售价为25万元/辆，最高售价为28万元/辆。请问对于该项投资行为，增值税、消费税的计税依据是多少？按什么金额确定企业所得税的收入？

答案 ▶

增值税的计税依据为250万元，消费税的计税依据为280万元，按照250万元确定企业所得税的收入。

九、增值税与企业所得税的境内外的判断

扫我解疑难

增值税与企业所得税关于境内、境外判断标准是不同的(见表4)。

表4　增值税与企业所得税的境内、境外的判断标准

	增值税	企业所得税
销售货物	销售货物的起运地或者所在地在境内	按照交易活动发生地确定
加工、修理修配劳务	提供的应税劳务发生在境内	按照劳务发生地确定
销售不动产	所销售的不动产在境内	按照不动产所在地确定
出租不动产	所租赁的不动产在境内	按照负担、支付所得的企业或者机构、场所所在地，个人的住所地确定
销售无形资产	(1)所销售自然资源使用权的自然资源在境内；(2)除(1)外，销售方或者购买方在境内	特许权使用费所得，按照负担、支付所得的企业或者机构、场所所在地，个人的住所地确定

	增值税	企业所得税
销售服务	除另有规定外，**销售方或者购买方在境内**	（1）利息、租金所得，按照**负担、支付所得**的企业或者机构、场所所在地，个人的住所地确定； （2）其他，按照**服务发生地**确定
扣缴义务人	境外的单位或者个人在境内发生应税行为，在境内未设有经营机构的，以其境内代理人为扣缴义务人；在境内没有代理人的，以购买方为扣缴义务人。 应扣缴税额＝购买方支付的价款÷（1+税率）×税率 特别注意：按照税率，而非征收率扣缴增值税	未设立机构、场所的非居民企业从中国境内取得的所得；虽设立机构、场所的非居民企业，但从中国境内取得的所得与其所设机构、场所没有实际联系的所得：以支付人为扣缴义务人。税率：10%；如果有协定，按照协定税率扣缴
注意事项	下列情形**不属于**在境内销售服务或者无形资产（无需缴纳我国的增值税）： （1）**境外**单位或者个人向**境内**单位或者个人销售**完全在境外发生**的服务。 （2）**境外**单位或者个人向**境内**单位或者个人销售**完全在境外使用**的无形资产。 （3）**境外**单位或者个人向**境内**单位或者个人出租**完全在境外使用**的有形动产	居民企业就来源于境内、外的全部所得履行纳税义务；非居民企业就来源于中国境内的所得以及发生在中国境外但与其在中国境内所设机构、场所有实际联系的所得履行纳税义务

📝 **实战演练**

【例题·多选题】 中国 A 公司向美国 B 公司支付利息 1000 万元、商标使用费 3000 万元、咨询费 800 万元、设计费 50 万元。B 公司未派遣相关人员来中国提供相关服务。关于其税务处理，正确的有（　　）。

A. A 公司应该就其支付利息扣缴增值税、企业所得税

B. A 公司应该就其支付的商标权使用费扣缴增值税、企业所得税

C. A 公司应该就其支付的咨询费扣缴增值税、企业所得税

D. A 公司应该就其支付的设计费扣缴增值税、企业所得税

解析 ▶▶ 选项 A，利息属于贷款服务，其服务接受方在中国，因此需要扣缴中国的增值税；支付利息所得的企业所在地在中国，因此应该扣缴企业所得税；选项 B，商标使用权的接受方在中国，需要扣缴增值税，支付特许权使用费的企业所在地在中国，因此应该扣缴企业所得税；选项 C、D，咨询服务、设计服务的接受方在中国，应该缴纳中国的增值税，但由于对方未派遣人员来中国，因此服务发生地未在中国，因此无需扣缴企业所得税。

答案 ▶ AB

扫获解疑难

十、增值税与资源税的计税依据

一般情况下，增值税与资源税的计税销售额是相同的，但存在下列不同之处（见表5）。

表5　增值税与资源税计税销售额的差异

项目	具体规定
1. 运杂费用	增值税的计税销售额包括运杂费用；而资源税的计税销售额不包括应税产品从坑口或洗选(加工)地到车站、码头或购买方指定地点的运输费用、建设基金以及随运销产生的装卸、仓储、港杂费用
2. 折算率	对于洗选煤、原矿与精矿销售额换算时，资源税涉及折算率的问题，而增值税的销售额不涉及折算率的问题
3. 组成计税价格	(1)增值税是价外税，组成计税价格=含税销售额÷(1+增值税税率或征收率) (2)资源税是价内税，组成计税价格=成本×(1+成本利润率)÷(1−资源税税率)

📝 实战演练

【例题·多选题】某煤矿本月以未税原煤生产洗选煤，洗选煤的不含增值税销售额为180万元，其中含从加工厂到购买方指定地点的运费5万元，洗选煤的折算率为60%，假设煤炭的资源税税率为6%，下列说法正确的有(　　)。

A. 洗选煤资源税的计税销售额不包括5万元运费

B. 该项业务应纳资源税为6.48万元

C. 该项业务应纳资源税为6.30万元

D. 该项业务增值税销项税额为23.4万元

解析 ▶ 资源税的计税依据不包括应税产品从坑口或洗选(加工)地到车站、码头或购买方指定地点的运输费用、建设基金以及随运销产生的装卸、仓储、港杂费用。应纳资源税=(180−5)×60%×6%=6.3(万元)；增值税销项税额=180×13%=23.4(万元)。

答案 ▶ ACD

十一、煤炭、天然气和原油等的增值税、消费税与资源税(见表6)

扫我解疑难

表6　煤炭、天然气和原油等的增值税、消费税与资源税

	增值税	消费税	资源税
煤炭	居民用煤炭制品增值税税率9%，其他煤炭产品增值税税率为13%		原煤、以未税原煤加工的洗选煤需要缴纳资源税，其他的煤炭产品无需缴纳资源税
天然气	天然气增值税税率为9%		天然气需要缴纳资源税
原油、汽油、柴油	增值税税率均为13%	原油无需缴纳消费税，汽油、柴油需要按照销售数量缴纳消费税	原油需要按照销售额(包括视同销售额)缴纳资源税，汽油、柴油无需缴纳资源税

📝 实战演练

【例题·多选题】某油田开采原油后将部分原油直接销售，将部分原油用于冶炼汽油，关于其税务处理，正确的有(　　)。

A. 该油田应该以原油开采数量作为计税依据缴纳资源税

B. 该油田应该以原油销售数量和冶炼汽油使用的原油数量作为计税依据缴纳资源税

C. 该油田应该以原油销售额和冶炼汽油使用的原油视同销售额作为计税依据缴纳资源税

D. 销售原油无需缴纳消费税，销售汽油需要按照销售数量缴纳消费税

解析 ▶ 原油从价定率征收资源税，而非从量定额征收资源税；原油不属于消费税的征税范围，汽油、柴油属于消费税的征税范围，需要从量定额征收消费税。　答案 ▶ CD

第 4 部 分

2020

考前预测试题

没有人事先了解自己到底有多大的力量，直到他试过以后才知道。

——歌德

2020 年考前预测试题

预测试题（一）

扫我做试题

一、**单项选择题**(本题型共 24 小题，每小题 1 分，共 24 分。每小题只有一个正确答案，请从每小题的备选答案中选出一个你认为正确的答案。)

1. 下列税法要素中，能够反映具体的征税范围，是对课税对象质的界定是(   )。
   A. 纳税环节
   B. 征税对象
   C. 税目
   D. 计税依据

2. 下列各项中，应征收增值税的是(   )。
   A. 铁路总公司获得的退票费
   B. 被保险人获得的保险赔付
   C. 存款利息收入
   D. 资产重组中涉及的不动产和土地使用权

3. 2019 年 4 月 1 日增值税税率调整后，下列货物适用 13% 税率的是(   )。
   A. 居民用煤炭制品
   B. 天然气
   C. 汽油
   D. 报纸

4. 2020 年 1 月，甲公司向乙公司购买了 1000000 元可以在丙超市使用的购物卡，当月未发放。3 月份，发放 800000 元作为职工福利，实际当月持卡消费 500000 元。当月，丙超市与乙公司进行结算，收取货款 500000 元。另根据使用协议，丙超市向乙公司支付 1% 的手续费 5000 元，乙公司开具增值税专用发票，乙公司当月无进项税。甲、乙、丙均为增值税一般纳税人。乙公司 3 月份应缴纳增值税为(   )元。
   A. 0
   B. 283.02
   C. 300.00
   D. 726.50

5. 某卷烟批发企业 2020 年 3 月，批发销售给卷烟零售企业卷烟 5 箱(标准箱)，取得含税收入 110 万元，包装费 2 万元，该企业当月应纳消费税(   )万元。
   A. 10.71
   B. 10.83
   C. 10.91
   D. 11.03

6. 依据企业所得税的相关规定，下列表述中，正确的是(   )。
   A. 企业未使用的房屋和建筑物，不得计提折旧

B. 企业以经营租赁方式租入的固定资产，应当计提折旧

C. 企业盘盈的固定资产，以该固定资产的原值为计税基础

D. 企业自行建造的固定资产，以竣工结算前发生的支出为计税基础

7. 下列关于企业所得税收入确认，表述错误的是（　　）。

A. 利息收入按照合同约定的债务人应付利息的日期确认收入的实现

B. 企业转让股权收入，应于实际收到股权转让款时，确认收入实现

C. 租金收入按照合同约定的承租人应付租金的日期确认收入的实现

D. 特许权使用费收入，按照合同约定的特许权使用人应付特许权使用费的日期确认收入的实现

8. 个人所得税的专项附加扣除中，属于限额扣除的是（　　）。

A. 赡养老人支出

B. 大病医疗支出

C. 首套住房贷款利息支出

D. 继续教育支出

9. 2020 年 2 月，张某通过股票交易账户在二级市场购进甲上市公司股票 100000 股，成交价格为每股 12 元。同年 4 月因甲上市公司进行 2019 年度利润分配取得 35000 元分红所得。同年 7 月张某以每股 12.6 元的价格将股票全部转让。下列关于张某纳税事项的表述中，正确的是（　　）。

A. 2 月购进股票时应缴纳的印花税为 1200 元

B. 股票分红所得应缴纳的个人所得税为 3500 元

C. 7 月转让股票时应缴纳的个人所得税为 8000 元

D. 7 月转让股票时应缴纳的印花税为 2560 元

10. 某市一生产企业为增值税一般纳税人。本期进口原材料一批，向海关缴纳进口环节增值税 10 万元；本期在国内销售甲产品实际缴纳增值税 30 万元、消费税 50 万元，缴纳消费税滞纳金 1 万元；销售坐落于外省某县的不动产，在当地预缴增值税 3 万元，机构所在地补缴增值税 2 万元；本期出口乙产品一批，按规定计算的免抵税额 5 万元、应退税额为 0。该企业本期在机构所在地应缴纳城市维护建设税（　　）万元。

A. 4.55

B. 6.09

C. 4.25

D. 5.6

11. 我国某公司 2020 年 1 月从国内甲港口出口一批锌锭到国外，货物成交价格 170 万元（不含出口关税），其中包括货物运抵甲港口装载前的运输费 10 万元、单独列明甲港口到国外目的地港口之间的运输保险费 20 万元。锌锭出口关税税率为 20%。该公司出口锌锭应缴纳的出口关税为（　　）万元。

A. 25.6

B. 29.6

C. 30

D. 34

12. 根据资源税法的规定，下列征税对象不是可采用从价计征或从量计征方式征收资源税的是（　　）。

A. 海盐

B. 地热

C. 砂石

D. 矿泉水

13. 下列有关房产税纳税人的表述中，错误的是（　　）。

A. 产权属于国家所有的房屋，其经营管理单位为纳税人

B. 房屋租典纠纷未解决的，由房产代管人纳税

C. 纳税单位无租使用房产管理部门的房产，应由使用人代为缴纳房产税

D. 产权出典的房屋，出典人为纳税人

14. 下列项目中，免征土地增值税的是（ ）。

A. 个人继承的房产

B. 国有土地使用权的出让

C. 因国家建设被征用的房地产

D. 合作建房建成后转让的房地产

15. 某企业经批准改制成全体职工持股的股份有限公司，改制后原投资主体持股比例为80%，改制后的股份有限公司承受了原企业价值800万元的房屋所有权；改制后当年，公司以债权人的身份接受某破产企业价值300万元的房产作为债务抵偿，以330万元的价格购进某外贸企业的一座办公楼，则该股份有限公司应就以上事项应缴纳契税（ ）万元。（契税税率3%）

A. 0

B. 9.9

C. 18.9

D. 42.9

16. 某企业占用林地40万平方米建造生态度假村，还占用林地100万平方米开发经济林木，所占耕地适用的定额税率为20元/平方米。该企业应缴纳耕地占用税（ ）万元。

A. 800

B. 1400

C. 2000

D. 2800

17. 李某有面积为140平方米的房产一套，价值106万元。杨某有面积为120平方米的房产一套，价值82万元。两人进行房屋交换，差价部分杨某以现金补偿李某。已知契税适用税率为3%，杨某应缴纳的契税为（ ）万元。

A. 4.8

B. 2.88

C. 2.16

D. 0.72

18. 以下关于车辆购置税的计税依据的说法错误的是（ ）。

A. 纳税人购买自用应税车辆的计税价格，为纳税人实际支付给销售者的全部价款，不包括增值税税款

B. 纳税人进口自用应税车辆的计税价格，为关税完税价格加上关税、消费税和增值税

C. 纳税人自产自用应税车辆的计税价格，按照纳税人生产的同类应税车辆的销售价格确定，不包括增值税税款

D. 纳税人以受赠、获奖或者其他方式取得自用应税车辆的计税价格，按照购置应税车辆时相关凭证载明的价格确定，不包括增值税税款

19. 某船运公司2019年度拥有旧机动船5艘，每艘净吨位1500吨；拥有拖船4艘，每艘发动机功率2240千瓦。2019年7月购置新机动船6艘，每艘净吨位3000吨。该公司船舶适用的车船税年税额为：净吨位201～2000吨的，每吨4元；净吨位2001～10000吨的，每吨5元。该公司2019年度应缴纳的车船税为（ ）元。

A. 87006.4

B. 99006.4

C. 105006.4

D. 123006.4

20. 某房地产开发企业2019年开发三期普通住宅，以自有资金取得土地使用权2300万元，合同注明土地使用权70年，已取得有关产权证书；当年对外销售开发房产60000平方米，收入19200万元，全部签订售房合同。该房地产开发企业就上述业务应缴纳印花税（ ）元。

A. 107500

B. 108405

C. 107505

D. 108400

21. 下列关于预约定价安排管理，表述错误的是（　　）。

A. 预约定价安排的谈签或执行同时涉及两个以上省、自治区、直辖市和计划单列市税务机关的，由国家税务总局统一组织协调

B. 预约定价安排包括单边、双边两种类型

C. 预约定价安排适用于主管税务机关向企业送达接收其谈签意向的《税务事项通知书》之日所属纳税年度起3至5个年度的关联交易

D. 税务局与企业共同签订的预约定价安排，在执行期内，企业应向税务局报送执行预约定价安排情况的年度报告和实质性变化报告

22. 关于公益慈善事业捐赠个人所得税政策的说法，错误的是（　　）。

A. 居民个人发生的公益捐赠支出可以在分类所得、综合所得或者经营所得中扣除

B. 在当期一个所得项目扣除不完的公益捐赠支出，可以按规定在其他所得项目中继续扣除

C. 居民个人取得工资薪金所得的，可以选择在预扣预缴时扣除，也可以选择在年度汇算清缴时扣除

D. 居民个人取得劳务报酬所得、稿酬所得、特许权使用费所得的，可以选择在预扣预缴时扣除，也可以选择在年度汇算清缴时扣除

23. 下列各项中，不符合《税收征收管理法》有关规定的是（　　）。

A. 采取税收保全措施时，冻结的存款以纳税人应纳税款的数额为限

B. 采取税收强制执行措施时，被执行人未缴纳的滞纳金必须同时执行

C. 税收强制执行措施的适用范围不仅限

于从事生产经营的纳税人，也包括扣缴义务人

D. 税收保全措施的适用范围不仅限于从事生产经营的纳税人，也包括扣缴义务人

24. 下列关于税务行政处罚设定和实施主体的陈述，错误的是（　　）。

A. 按照我国现行规定，实施税务行政处罚的主体主要是县以上的税务机关

B. 全国人民代表大会及其常务委员会可以通过法律的形式设定各种税务行政处罚

C. 国务院可以通过行政法规的形式设定除限制人身自由以外的税务行政处罚

D. 国家税务总局可以通过规章的形式设定警告但不可以设定罚款

二、多项选择题（本题型共14小题，每小题1.5分，共21分。每小题均有多个正确答案，请从每小题的备选答案中选出你认为正确的答案。每题所有答案选择正确的得分；不答、错答、漏答均不得分。）

1. 下列对税法原则表述正确的有（　　）。

A. 税收法定原则是税法基本原则中的核心

B. 法律优位原则在税法上的作用主要体现在处理不同等级税法的关系上

C. 法律不溯及既往原则是绝大多数国家所遵循的法律程序技术原则

D. 程序优于实体原则在诉讼发生时税收程序法优于税收实体法

2. 关于增值税的加计抵减，说法正确的有（　　）。

A. 加计抵减的适用范围是邮政服务、电信服务、现代服务、生活服务取得的销售额占全部销售额的比重超过50%的纳税人

B. 允许邮政服务、电信服务、现代服务、生活服务纳税人按照当期可抵扣进项税额加计10%，抵减应纳税额

C. 已计提加计抵减额的进项税额，按规定作进项税额转出的，应在进项税额转出当

期，相应调减加计抵减额

D. 适用加计抵减政策的纳税人按照抵减前的应纳税额与可抵减加计抵减额较小者，确定实际抵减额

3. 关于纳税人取得的财政补贴收入，税务处理正确的有（ ）。

A. 中央财政补贴收入不征收增值税

B. 与其销售货物、劳务、服务、无形资产、不动产的收入或者数量直接挂钩的，应按规定计算缴纳增值税

C. 在企业所得税上，如果符合专项用途财政性资金条件的，作为不征税收入处理

D. 在企业所得税上，不征税收入形成的成本费用不得税前扣除

4. 下列关于超豪华小汽车征收消费税的规定，表述正确的有（ ）。

A. 征收范围为每辆含增值税零售价格130万元及以上的乘用车和中轻型商用客车

B. 对我国驻外使领馆工作人员应税（消费税）进口自用，且完税价格130万元及以上的超豪华小汽车消费税，按照生产（进口）环节税率和零售环节税率加总计算，由海关代征

C. 国内汽车生产企业直接销售给消费者的超豪华小汽车，消费税税率按照生产环节税率和零售环节税率加总计算

D. 对超豪华小汽车，在生产（进口）环节按现行税率征收消费税的基础上，在零售环节加征消费税，税率为5%

5. 下列有关来源于中国境内、境外所得的确定原则的表述中，正确的有（ ）。

A. 销售货物所得按照交易活动发生地确定

B. 提供劳务所得按照劳务报酬支付地确定

C. 权益性投资资产转让所得按照被投资企业所在地确定

D. 股息所得按负担、支付所得的企业所在地确定

6. 下列项目，属于税法与会计暂时性差异的

有（ ）。

A. 税法上允许固定资产加速折旧

B. 股息、红利属于免税收入

C. 职工教育经费

D. 职工福利费

7. 2019年1月1日起，我国个人所得税实行综合征收和分类征收的方式，下列应税项目中属于综合所得的有（ ）。

A. 特许权使用费所得

B. 稿酬所得

C. 财产租赁所得

D. 经营所得

8. 个人所得税中，综合所得的专项附加扣除包括（ ）。

A. 居民个人按照国家规定的范围和标准缴纳的基本养老保险、基本医疗保险、失业保险等社会保险费和住房公积金

B. 赡养老人支出

C. 单位为职工缴纳的基本养老保险、基本医疗保险、失业保险、工伤保险、生育保险等社会保险费和住房公积金

D. 子女教育支出

9. 以下对于城市维护建设税税收优惠的表述错误的有（ ）。

A. 城市维护建设税按实际缴纳的增值税、消费税税额计征，随增值税、消费税的法定减免而减免

B. 对增值税、消费税实行先征后返、先征后退、即征即退办法的，除另有规定外，对随增值税、消费税附征的城市维护建设税和教育费附加，同时给予退（返）还

C. 对出口产品退还增值税、消费税的，同时退还已缴纳的城市维护建设税

D. 因减免税而对"两税"进行退库的，可同时对已征收的城市维护建设税实施退库

10. 下列情形中，应由房产代管人或者使用人缴纳房产税的有（ ）。

A. 房屋产权未确定的

B. 房屋租典纠纷未解决的

C. 房屋承典人不在房屋所在地的

D. 房屋产权所有人不在房屋所在地的

11. 根据资源税法的规定，下列有关资源税税收优惠的表述中，正确的有( )。

A. 对衰竭期矿山开采的矿产品，资源税减征 30%

B. 从低丰度油气田开采的原油减征 30%资源税

C. 对页岩气资源税(按 6% 的规定税率)减征 30%

D. 对油田范围内运输稠油过程中用于加热的原油、天然气免征资源税

12. 下列项目中，可以免征或不征土地增值税的有( )。

A. 国家机关转让自用的房产

B. 税务机关拍卖欠税单位的房产

C. 对国有企业进行评估增值的房产

D. 因国家建设需要而被政府征用的房产

13. 下列凭证中，属于印花税征税范围的有( )。

A. 银行设置的现金收付登记簿

B. 个人出租门店签订的租赁合同

C. 电网与用户之间签订的供用电合同

D. 出版单位与发行单位之间订立的图书订购单

14. 国际税收征管协作中，情报交换的种类包括( )。

A. 自动情报交换

B. 自发情报交换

C. 专项情报交换

D. 行业范围情报交换

三、计算问答题(本题型共 4 小题，每小题 6 分，共 24 分。要求列出计算步骤，每步骤运算得数精确到小数点后两位。)

1. 甲酒厂位于 A 市，为增值税一般纳税人，主要生产销售粮食白酒和啤酒。2020 年 2 月该厂的生产销售情况如下：

(1)外购高度白酒 55 吨，取得的增值税专用发票上注明的单价为每吨 20000 元；外

购生产白酒的各种辅料，取得的增值税专用发票上注明的价款共计 10000 元。

(2)用外购的 40 吨高度白酒及辅料生产 A型粮食白酒 50 吨，由非独立核算的门市部对外销售，本月销售了 30 吨，每吨不含税售价 42000 元。

(3)将外购的 15 吨高度白酒委托位于县城的乙酒厂生产 B 型白酒 20 吨，乙酒厂共计收取 80000 元的不含增值税加工费，收回后以每吨不含增值税价格 35000 元售出。

(4)销售啤酒 230 吨，每吨的含税售价为 2980 元，另外每吨收取包装物押金 550 元。

(5)将自产的 10 吨 C 型白酒用于春节职工福利，生产成本共为 12000 元，无同类白酒的销售价格。

其他相关资料：白酒的消费税税率为 20% 加 0.5 元/斤，成本利润率为 10%。

要求：根据上述资料，按照下列序号回答问题，如有计算需计算出合计数。

(1)计算销售 A 型白酒应缴纳的消费税。

(2)计算乙酒厂应代收代缴的消费税、城市维护建设税、教育费附加及地方教育附加。

(3)计算用于职工福利的白酒应缴纳的消费税。

(4)计算甲酒厂当月应缴纳的消费税(不含委托加工部分代收代缴的消费税)。

2. 我国公民张先生为国内某企业高级技术人员，2019 年 1~12 月收入情况如下：

(1)每月取得工薪 35000 元，单位从其工资中代扣代缴的三险一金为 4000 元，张先生每月的专项附加扣除为 2400 元。2 月份取得上年度一次性奖金 100000 元。

(2)5 月转让 2016 年购买的二居室精装修住房一套，不含增值税售价 230 万元，转让过程中支付的相关税费 13.8 万元(不含增值税)。该套房屋的购进价为 100 万元，购房过程中支付的相关税费 3 万元。所

有税费支出均取得合法凭证。

(3)6月因提供重要线索，协助公安部门侦破某重大经济案件，获得公安部门奖金2万元，已取得公安部门提供的获奖证明材料。

(4)通过拍卖行将3年前购入的一幅字画拍卖，取得收入300000元，购买时实际支付的价款50000，拍卖时支付相关税费4000元。

要求：根据上述资料，按下列序号回答问题，每问需计算出合计数。

(1)假设全年奖不计入综合所得，计算单位在支付全年工薪所得时一共应预扣预缴多少个人所得税？

(2)假设全年奖不计入综合所得，计算单位在支付全年奖时应扣缴多少个人所得税？

(3)计算转让房屋所得应缴纳的个人所得税。

(4)计算从公安部门获得的奖金应缴纳的个人所得税。

(5)计算拍卖字画应缴纳的个人所得税。

(6)张先生对全年奖是应该选择并入综合所得计算纳税，还是不并入综合所得计算纳税？

(7)张先生2019年的综合所得是否需要汇算清缴？为什么？

3. 某物流企业发生如下业务：

(1)经批准占用耕地50000平方米，于2018年5月31日办妥占用耕地手续，其中用于建设大宗商品仓储设施用地32000平方米、办公楼占地17200平方米、经县级以上人民政府教育行政主管部门批准设立的幼儿园占地800平方米。

(2)2018年6月1日，物流企业就该耕地与当地政府签订土地出让合同，支付土地出让金5000万元。

(3)2019年8月4日，仓库、办公楼及幼儿园建成投入使用。企业账簿"固定资产"

科目中记载的房产原值合计为9500万元，其中仓库原值5000万元、办公楼原值3800万元、幼儿园原值700万元。

(4)为满足运输需要，2019年9月10日，企业购入整备质量10吨的货车20辆、整备质量8吨的挂车10辆，支付不含增值税的价款400万元，其中货车300万元、挂车100万元，另支付挂车购置工具件和零配件价款2.26万元。

(5)2019年12月，与乙公司签订运输合同一份，合同注明运费金额15万元，其中含装卸费3万元、保险费2万元。本次运输货物价值600万元；与丙公司签订仓储保管合同一份，双方约定将丙公司价值800万元的一批材料存放于物流企业的仓库保管，收取保管费5万元，保管期限1年。

其他相关资料：当地耕地占用税税额为12元/平方米、城镇土地使用税年税额为4元/平方米、契税税率为4%。当地政府确定的房产税减除比例为30%。该企业所在地货车车船税年税额20元/整备质量每吨。

要求：根据上述资料，按顺序回答下列问题。

(1)计算该物流企业应缴纳的耕地占用税。

(2)计算该物流企业应缴纳契税。

(3)请问占用耕地缴纳城镇土地使用税的纳税义务发生时间，计算该物流企业2019年度应缴纳的城镇土地使用税。

(4)计算该物流企业2019年度应缴纳的房产税。

(5)计算该物流企业2019年度应缴纳的车辆购置税和车船税。

(6)计算该物流企业2019年12月应缴纳的印花税。

4. 某县房地产开发公司于2016年6月受让一宗土地使用权，依据受让合同支付转让方地价款8000万元，当月办妥土地使用证并支付了相关税费。自2018年7月起至2019年6月末，该房地产开发公司使用受让土地 60%（其余 40%尚未使用）的面积开发建造一栋写字楼并全部销售，依据销售合同共计取得不含税销售收入 18000 万元。在开发过程中，根据建筑承包合同支付给建筑公司的劳务费和材料费共计 6200 万元，开发销售期间发生管理费用 700 万元、销售费用 400 万元、利息费用 500 万元（只有 70%能够提供金融机构的证明），土地增值税前可以扣除的税金及附加 90 万元。

其他相关资料：契税税率为 3%；开发费用扣除比例为 4%。

要求：根据上述资料，按照下列序号回答问题，每问需计算出合计数。

（1）计算该房地产开发公司应缴纳的印花税。

（2）计算该房地产开发公司土地增值额时可扣除的地价款和契税。

（3）计算该房地产开发公司土地增值额时可扣除的开发费用。

（4）计算该房地产开发公司销售写字楼应缴土地增值税的增值额。

（5）计算该房地产开发公司销售写字楼应缴纳的土地增值税。

四、综合题（本题型共 2 题，第 1 小题 15 分，第 2 小题 16 分，共 31 分。要求列出计算步骤，每步骤运算得数精确到小数点后两位。）

1. 位于市区的甲公司系增值税一般纳税人，从事建筑材料生产销售、建筑服务，该公司 2020 年 2 月业务如下：

（1）将一栋办公楼改造成员工宿舍分给员工使用。已知该办公楼购置于 2018 年 8 月，取得的增值税专用发票上注明价款 600 万元、进项税额 60 万元，每月折旧额 5 万元。

（2）购进生产预制料件用砂、土、石料一批，取得增值税专用发票，注明价款 200 万元，增值税税额 6 万元，同时支付含税运费 21.8 万元，取得增值税专用发票。

（3）本月购买办公用品，取得增值税专用

发票，注明价款 5 万元；购买劳保用品，支付价款 2.5 万元，取得普通发票。购买的办公用品和劳保用品专门用于一般计税方法计税项目。

（4）甲公司因业务需要与 A 劳务派遣公司（以下简称 A 公司，增值税一般纳税人）签订劳务派遣协议，A 公司为甲公司提供劳务派遣服务。A 公司代甲公司给劳务派遣员工支付工资，并缴纳社会保险和住房公积金。2020 年 2 月，A 公司共取得劳务派遣收入 60 万元（含税），其中代甲公司支付给劳务派遣员工工资 38 万元、为其办理社会保险 9 万元及缴纳住房公积金 4 万元。A 公司选择按差额计税方法计税，开具增值税专用发票。

（5）租入一台生产设备，既用于一般计税方法计税项目，又用于简易计税方法计税项目，支付不含税价款 460 万元，取得增值税专用发票。

（6）采用预收款方式销售建材一批，不含税价款 1200 万元，合同约定，2020 年 1 月 10 日预收货款 330 万元，2 月 28 号交货并付清余款，相应款项已经收到，货物已发出。

（7）销售一批自产活动板房同时负责安装，活动板房不含税价款 200 万元，开具增值税专用发票，2 月 28 日安装完毕，收取安装费 11.3 万元，开具增值税普通发票。

（8）购买零配件，取得增值税专用发票，注明价款 1 万元，增值税税额 0.13 万元。

（9）销售位于本市区的厂房一处，该厂房于 2013 年购置，购置原价 235 万元，对外销售取得含税价款 515 万元，甲公司选择简易计税办法，开具增值税专用发票。

（10）将本单位闲置的一处仓库对外出租，每月不含增值税租金 2.4 万元，租期 3 年，一次性收取不含税租金 28.8 万元。对于该项出租行为，采用一般计税方法。收取租金时开具了增值税专用发票。

(11)对外销售一批 2008 年购置的旧设备，取得含税收入 10.8 万元，开具增值税普通发票，未放弃减税优惠。

(12)本月为职工支付的公路客票 1250 元，火车票 3800 元，国内飞机票 85000 元，国际机票 8000 元，纸质的票 950 元。

(13)生产建材过程中，直接对外排放污水。企业仅有 1 个污水排放口，已安装使用符合国家规定的自动监测设备，监测数据显示，该排放口当月共排放污水 2 万吨（折合 2 万立方米），应税污染物为六价铬和色度，六价铬浓度值为 0.5mg/L，色度超标倍数为 3 倍。

其他相关资料：(1)2019 年 3 月 31 日之前增值税税率分别为 16%、10% 和 6%，2019 年 4 月 1 日之后调整为 13%、9% 和 6%。

(2)所有增值税专用发票均在本月通过认证。(3)公司所在地水污染物税率为 2.8 元/污染当量，六价铬的污染当量值为 0.02/千克，色度污染当量值为 5 吨倍。

要求：根据上述资料，按照下列序号计算回答问题，每问需计算出合计数。

(1)计算业务(1)不得抵扣的进项税额。

(2)计算业务(2)准予抵扣的进项税额。

(3)计算 A 劳务派遣公司应缴纳的增值税。

(4)计算公司当月销项税额。

(5)计算当月准予抵扣的进项税额。

(6)计算按简易计税方法缴纳的增值税。

(7)计算当月应缴纳的增值税。

(8)计算当月应缴纳的城市维护建设税、教育费附加和地方教育附加。

(9)计算当月应缴纳的环境保护税。

2. 位于市区的某生产化工产品的公司，为增值税一般纳税人，2019 年全年经营情况如下：全年主营业务收入 25000 万元，其他业务收入 13000 万元，营业外收入 9400 万元，主营业务成本 16000 万元，其他业务成本 9600 万元，营业外支出 2100 万元，税金及附加 2400 万元，销售费用 5200 万元，管理费用 3300 万元，财务费用 420 万元；取得投资收益 2820 万元，其中来自境内非上市居民企业分得的股息收入 1000 万元。当年发生的部分业务如下：

(1)2019 年 9 月份，以委托代销方式销售一批产品，产品不含增值税售价为 3000 万元，成本 2200 万元，截至 2019 年年底已经收到 60% 产品的代销清单，并收到相应款项 2034 万元，但由于尚未向对方开具发票，因此公司将该笔款项计入"其他应付款"核算。相关进项税额计算正确。

(2)一栋闲置库房未申报缴纳城镇土地使用税，该库房占地面积 1200 平方米，原值 660 万元，已提取折旧 450 万元，车间余值 210 万元。

(3)与某原材料生产企业签订资产交换协议，以成本 400 万元，不含税售价 500 万元的化工产品换入等值原材料一批，会计上未确认收入、成本，未计算缴纳印花税（无需考虑增值税影响）。

(4)将购进的一笔三年期国债售出，取得收入 103 万元。售出时持有该国债 183 天，该笔国债的买入价为 100 万元，年利率 5%，利息到期一次支付。该公司已将 3 万元计入投资收益。

(5)发生广告费和业务宣传费支出 4800 万元；发生业务招待费 300 万元，其中 200 万元未取得合法票据。

(6)实际发放已经计入成本费用中的职工工资 5800 万元；支付实习员工工资 100 万元，残疾职工工资 55 万元，由于实行股权激励按权责发生制计算的薪酬 68 万元，经查员工尚未实际行权；职工福利费总额为 947 万元，拨缴工会经费 120 万元，职工教育经费支出 135 万元。

(7)当年转让一项账面价值为 3000 万元的专利技术，转让收入为 12000 万元，该项转让已经省科技部门认定登记。

(8)为了达到当地环境治理的指标要求，

当年购置 500 万元的污水处理设备投入使用，该设备属于《环境保护专用设备企业所得税优惠目录》所列设备。

其他相关资料：除非特别说明，各扣除项目均已取得有效凭证，相关优惠已办理必要手续；无进项税额调整事项。城镇土地使用税税额是 20 元/平方米。购销合同的印花税税率 0.3‰。

要求：根据上述资料，按照下列序号回答问题，如有计算需计算出合计数。

（1）分别计算该公司 2019 年度应补缴的增值税、城建税及附加。

（2）分别计算该公司 2019 年度应补缴的城镇土地使用税和印花税。

（3）计算业务（4）应调整的应纳税所得额。

（4）计算广告费和业务宣传费应调整的应纳税所得额。

（5）计算业务招待费应调整的应纳税所得额。

（6）计算业务（6）应调整的应纳税所得额。

（7）计算业务（7）应调整的应纳税所得额。

（8）计算该公司 2019 年度的会计利润。

（9）计算该公司 2019 年应纳企业所得税税额。

扫我查答案+解析

预测试题(二)

扫我做试题

一、**单项选择题**(本题型共 24 小题,每小题 1 分,共 24 分。每小题只有一个正确答案,请从每小题的备选答案中选出一个你认为正确的答案。)

1. 下列规范性文件中,属于国务院制定的税收行政法规的是( )。
   A.《增值税暂行条例实施细则》
   B.《税收征收管理法实施细则》
   C.《中华人民共和国土地增值税暂行条例》
   D.《税收征收管理法》

2. 某公司为增值税一般纳税人,2020 年 2 月为职工支付的公路客票 880 元,火车票 3000 元,国内飞机票 80000 元,国际机票 35000 元,纸质的票 950 元;此外为聘请的税务顾问购买机票款项为 4800 元。该公司本月可以抵扣的旅客运费的进项税额是( )元。
   A. 6878.84
   B. 6925.87
   C. 6957.28
   D. 7353.61

3. 下列各项中,属于增值税混合销售行为的是( )。
   A. 某设备生产企业销售自产设备,并提供安装服务
   B. 铁路公司提供铁路运输服务,并在火车上提供餐饮服务
   C. 铝合金门窗厂销售门窗并负责运输
   D. 某药店销售药品,还提供医疗服务

4. 某餐馆为增值税一般纳税人,2020 年 3 月取得含增值税餐饮收入总额为 485 万元,当期采购农产品,取得农产品收购发票注明的买价为 200 万元,本期取得增值税专用发票上注明增值税额为 3 万元,该餐馆 3 月份应纳增值税为( )万元。
   A. 6.46
   B. 5.35
   C. 3.3
   D. 1

5. 下列产品中,属于消费税征税范围的是( )。
   A. 酒精
   B. 金银首饰
   C. 高尔夫车
   D. 普通护肤护发品

6. 某工业企业 2018 年税法上确认的亏损为 22 万元。2019 年纳税调整后所得为 168 万元,该企业从业人数 285 人,资产总额 4800 万元。该企业 2019 年应纳企业所得税( )万元。
   A. 7.3
   B. 9.6
   C. 14.6
   D. 36.5

7. 下列关于企业重组的所得税处理的陈述正确的是( )。
   A. 在特殊性税务处理下,收购企业取得被收购企业股权的计税基础,以收购企业支付的股权部分原有计税基础确定
   B. 企业发生债权转股权的,应当分解为债务清偿和股权投资两项业务,适用一般性税务处理的,确认有关债务清偿所得或损失
   C. 适用一般性税务处理时,企业分立相关企业的亏损可以相互结转弥补
   D. 重组交易中,适用特殊性税务处理时,双方均不计算所得或损失

8. 下列各项中,征收个人所得税的是( )。
   A. 个人取得教育部颁发的教学名师奖
   B. 个人转让自用达 5 年以上并且是唯一的家庭居住用房取得的所得

C. 保险赔偿

D. 个人取得的劳动分红

9. 下列关于个人所得税的说法正确的是( )。

　　A. 无论居民纳税人还是非居民纳税人都涉及综合征收

　　B. 居民纳税人综合所得的预缴税额大于应纳税额的，如果不申请退税，可以不办理汇算清缴

　　C. 稿酬所得按照 7 级超额累进预扣率预扣预缴税款

　　D. 纳税人应该在每年的 1 月 1 日至 5 月 31 日对综合所得进行汇算清缴

10. 个人所得税的综合所得中所指的专项扣除是( )。

　　A. 全年 60000 元的费用扣除

　　B. 居民个人按照国家规定的范围和标准缴纳的基本养老保险、基本医疗保险、失业保险等社会保险费和住房公积金

　　C. 单位为职工缴纳的基本养老保险、基本医疗保险、失业保险、工伤保险、生育保险等社会保险费和住房公积金

　　D. 职工缴纳的企业年金

11. 位于市区的某化妆品生产企业为增值税一般纳税人，经营内销与出口业务。2019 年 9 月份实际缴纳消费税 40 万元，出口货物增值税免抵税额 5 万元。另外，进口货物缴纳增值税 17 万元、消费税 30 万元。该企业 9 月份应缴纳的城市维护建设税为( )万元。

　　A. 2.8

　　B. 3.15

　　C. 4.6

　　D. 6.09

12. 下列关于烟叶税的说法中，正确的是( )。

　　A. 烟叶税是以纳税人收购烟叶的收购金额为计税依据征收的一种税

B. 烟叶税的征收范围是指晾晒烟叶、烤烟叶和新鲜的采摘烟叶

C. 烟叶税的纳税人是种植烟叶的单位和个人

D. 应当于纳税义务发生月终了之日起 10 日内申报并缴纳税款

13. 下列税费中，应计入进口货物关税完税价格的是( )。

　　A. 单独核算的境外技术培训费用

　　B. 报关时海关代征的增值税和消费税

　　C. 由买方单独支付的入关后的运输费用

　　D. 进口货物运抵我国境内输入地点起卸前的保险费

14. 某油田 2019 年 6 月份开采原油 3000 吨，销售 2500 吨，取得含税销售收入 800 万元，另外收取储备费 10 万元。该油田当月应缴纳的资源税为( )万元。（原油的资源税税率为 5%）

　　A. 35.84

　　B. 34.91

　　C. 40

　　D. 40.5

15. 下列情形中，纳税人应进行土地增值税清算的是( )。

　　A. 直接转让土地使用权的

　　B. 房地产开发项目尚未竣工但已销售面积为 50% 的

　　C. 转让未竣工结算房地产开发项目 50% 股权的

　　D. 取得销售（预售）许可证满 1 年仍未销售完毕的

16. 下列关于房产税纳税义务发生时间的表述中，正确的是( )。

　　A. 纳税人出租房产，自交付房产之月起缴纳房产税

　　B. 纳税人自行新建房屋用于生产经营，从建成之月起缴纳房产税

　　C. 纳税人将原有房产用于生产经营，从生产经营之月起缴纳房产税

D. 房地产开发企业自用本企业建造的商品房，自房屋使用之月起缴纳房产税

17. 某企业在市区拥有一块地，尚未由有关部门组织测量面积，但持有政府部门核发的土地使用证书。下列关于该企业履行城镇土地使用税纳税义务的表述中，正确的是( )。

A. 暂缓履行纳税义务

B. 自行测量土地面积并履行纳税义务

C. 待将来有关部门测定完土地面积后再履行纳税义务

D. 以证书确认的土地面积作为计税依据履行纳税义务

18. 下列行为中，应缴纳契税的是( )。

A. 个人过世后，其法定继承人继承房产

B. 企业以自有房产等价交换另一企业的房产

C. 个人以自有房产投入本人独资经营的企业

D. 企业以自有房产投资于另一企业

19. 某船运公司 2019 年度拥有旧机动船 20 艘，每艘净吨位 750 吨，非机动驳船 2 艘，每艘净吨位 150 吨；当年 8 月新购置机动船 6 艘，每艘净吨位 1500 吨，当月取得购买机动船的发票。该公司 2019 年度应缴纳的车船税为( )元。(已知机动船舶，具体适用税额为：净吨位不超过 200 吨的，每吨 3 元；净吨位 201 吨至 2000 吨的，每吨 4 元。)

A. 61000

B. 76000

C. 75450

D. 77000

20. 下列合同中，应按"购销合同"税目征收印花税的是( )。

A. 企业之间签订的土地使用权转让合同

B. 发电厂与电网之间签订的购售电合同

C. 银行企业之间签订的融资租赁合同

D. 开发商与个人之间签订的商品房销售合同

21. 下列关于环境保护税的说法正确的是( )。

A. 声源一个月内超标不足 15 天的，免征环保税

B. 应税大气污染物的计税依据按照污染物排放量确定

C. 进行虚假纳税申报的纳税人以水污染物的产生量作为污染物的排放量

D. 规模化养殖排放应税污染物免征环境保护税

22. 在转让定价调查及调整的跟踪管理期内，企业应在跟踪年度的次年( )之前向税务机关提供跟踪年度的同期资料。

A. 1 月 1 日

B. 5 月 31 日

C. 6 月 20 日

D. 6 月 30 日

23. 下列税费征收管理，符合《中华人民共和国税收征收管理法》的是( )。

A. 关税

B. 房产税

C. 教育费附加

D. 海关代征的增值税

24. 税务机关做出的下列行政行为，纳税人不服时可以申请行政复议也可以直接向人民法院提起行政诉讼的是( )。

A. 罚款

B. 加收滞纳金

C. 确认抵扣税款

D. 确认征收范围

二、多项选择题(本题型共 14 小题，每小题 1.5 分，共 21 分。每小题均有多个正确答案，请从每小题的备选答案中选出你认为正确的答案。每题所有答案选择正确的得分；不答、错答、漏答均不得分。)

1. 下列属于中央政府固定收入的税种有( )。

A. 车辆购置税

B. 房产税

C. 海关代征的进口环节增值税

D. 土地使用税

2. 下列选项中，可以免征增值税的有（ ）。

A. 个人转让金融商品

B. 药店销售药品

C. 对金融机构向小型企业、微型企业和个体工商户发放小额贷款取得的利息收入

D. 个人转让著作权

3. 下列关于增值税的表述，正确的有（ ）。

A. 纳税人现场制作食品并直接销售给消费者的，按照销售货物缴纳增值税

B. 纳税人通过省级土地行政主管部门设立的交易平台转让补充耕地指标，按照转让无形资产缴纳增值税

C. 已售票但客户逾期未消费取得的运输逾期票证收入，按照交通运输服务缴纳增值税

D. 国际旅客运费不得抵扣进项税额

4. 下列产品中，在计算缴纳消费税时准予扣除外购应税消费品已纳消费税的有（ ）。

A. 外购已税鞭炮焰火生产的鞭炮焰火

B. 外购已税烟丝生产的卷烟

C. 外购已税实木地板为原料生产的实木地板

D. 外购已税白酒生产酒心巧克力

5. 下列选项中，属于企业所得税财政性资金的有（ ）。

A. 来源于政府及其有关部门的贷款贴息

B. 企业按规定取得的出口退税款

C. 即征即退、先征后退、先征后返的各种税收

直接减免的增值税

6. 下列关于企业所得税所得来源地的确定，错误的有（ ）。

A. 股息、红利等权益性投资所得，按照分配所得的企业所在地确定

B. 租金所得，按动产或不动产所在地确定

C. 提供劳务所得，按机构所在地确定

D. 特许权使用费所得，按支付所得的企业或机构、场所所在地确定

7. 某人 2019 年取得综合所得，需要办理汇算清缴的情形包括（ ）。

A. 取得综合所得，综合所得年收入额超过 11 万元，补税 500 元

B. 取得综合所得，综合所得年收入额超过 15 万元，补税 500 元

C. 纳税年度内预缴税额低于应纳税额，需要补税 398 元

D. 纳税年度内预缴税额高于应纳税额，纳税人需要办理退税

8. 下列选项中，属于进口货物海关估价方法的有（ ）。

A. 相同货物成交价格估价方法

B. 类似货物成交价格估价方法

C. 倒扣价格估价方法

D. 计算价格估价方法

9. 下列关于环境保护税税收减免及征收管理的说法，正确的有（ ）。

A. 规模化禽畜养殖排放应税污染物的，暂免征收环境保护税

B. 流动污染源排放应税污染物的，暂免征收环境保护税

C. 环境保护税纳税义务发生时间为纳税人排放应税污染物的当日

D. 环境保护税按月计算，按年申报缴纳

10. 下列各项符合房产税计税依据的有（ ）。

A. 地下建筑物若作商业和的其他用途，以其房屋原价的 50% ~ 60% 作为计税依据

B. 房产原值，不包括土地使用权价款

C. 更换房屋附属设备将新附属设备价值计入原值时，可扣减原来相关设备价值后的余额为计税依据

D. 地下建筑物若作工业用途，其房产计税原值为房屋原价的 50% ~ 60%，在此基础上扣除原值减除比例作为计税依据

11. 下列各项中，符合印花税有关规定的有（　）。

A. 已贴用的印花税票，不得揭下重用

B. 对技术开发合同，以合同所载的报酬金额和研究开发经费作为计税依据

C. 应税合同不论是否兑现或是否按期兑现，均应贴花

D. 伪造印花税票的，税务机关可处以伪造印花税票金额 3 倍至 5 倍的罚款

12. 下列关于耕地占用税的税收优惠表述正确的有（　）。

A. 军事设施占用耕地免征耕地占用税

B. 社会福利机构占用耕地减半征收耕地占用税

C. 农村居民在规定用地标准以内占用耕地新建自用住宅，按照当地适用税额减半征收耕地占用税

D. 免征或者减征耕地占用税后，纳税人改变原占地用途，不再属于免征或者减征耕地占用税情形的，应当按照当地适用税额补缴耕地占用税

13. 根据《税收征收管理法》的规定，下列属于税收强制执行措施的有（　）。

A. 书面通知纳税人开户银行或者其他金融机构冻结纳税人的金额相当于应纳税款的存款

B. 扣押、查封、拍卖纳税人价值相当于应纳税款的商品、货物或者其他财产，以拍卖所得抵缴税款

C. 书面通知纳税人开户银行或者其他金融机构从其存款中扣缴税款

D. 扣押、查封纳税人的价值相当于应纳税款的商品、货物或其他财产

14. 下列原则中，属于税务行政诉讼原则的有（　）。

A. 合法性审查原则

B. 不适用调解原则

C. 纳税人负举证责任原则

D. 由税务机关负责赔偿原则

三、计算问答题(本题型共 4 小题，每小题 6 分，共 24 分。要求列出计算步骤，每步骤运算得数精确到小数点后两位。)

1. 某市卷烟厂为增值税一般纳税人，主要生产销售卷烟，2019 年 9 月发生下列经济业务：

(1)从国外进口卷烟 100 标准箱，支付买价 165 万元，支付到达我国海关前的运输费用 15 万元、保险费用 12 万元。

(2)将烟叶一批(账面成本为 220000 元)发给外地一家烟丝加工厂加工烟丝，加工厂提供辅料一批，加工后直接发给卷烟厂，共收取辅料及加工费 82000 元，开具增值税专用发票给卷烟厂(受托方没有同类产品售价)。

(3)购进卷烟纸一批，取得增值税专用发票，注明价款 110000 元；支付给运输单位不含税运费 8000 元，取得运输单位开具的增值税专用发票，款项已付，货物已入库。

(4)卷烟厂外购一批材料，不含税价款 200000 元，取得专用发票；其中 15%因管理不善被盗。

(5)将上月购进的部分 A 种烟丝作为福利发给本厂职工一批，原进项税额已无法准确确定，已知该批烟丝实际采购成本为 18000 元，同种等量烟丝的市场售价为 37000 元；将生产的 B 种烟丝在某交易会上赠送给一烟草企业作推广，账面成本为 20000 元。

(6)销售 A 牌卷烟 200 箱(每标准箱五万支，下同)，每箱不含税销售价格 12500 元，收取包装物押金 8100 元，并已单独记账。

(7)销售 B 牌卷烟 150 箱，每箱不含税销售价格为 30000 元。

(8)上月收取的包装 A 牌卷烟的包装物押金 7000 元已逾期，包装物未收回，押金不予退还。

(9)将自产 A 牌卷烟 10 箱移送本厂设在本市的非独立核算门市部,出厂销售价每箱 12500 元,门市部零售价(含税)每箱 15000 元,门市部本月已售出 5 箱。

其他相关资料:进口卷烟关税税率 20%;消费税适用税率为:卷烟定额税率为每标准箱 150 元;比例税率为每标准条对外调拨价格在 70 元以上(含 70 元)的,税率 56%,70 元以下的,税率 36%;烟丝税率 30%,烟丝成本利润率为 5%;1 标准箱 = 250 条,1 标准条 = 200 支。

要求:根据上述资料,按照下列序号回答问题,如有计算需计算出合计数。

(1)计算进口业务缴纳的税金合计额。

(2)计算业务(2)中受托方代收代缴的消费税税额。

(3)计算本期销项税额。

(4)计算本期国内销售环节应纳消费税税额(不含委托加工业务涉及的消费税)。

(5)计算本期应纳增值税税额。

2. 某县联合企业为增值税一般纳税人,2019 年 11 月生产经营情况如下:

(1)专门开采天然气 45000 千立方米,销售天然气 37000 千立方米,取得不含税销售额 7400 万元。

(2)开采原煤 35 万吨,销售 20 万吨,取得不含税销售额 9800 万元。

(3)以开采的原煤直接加工洗煤 12 万吨,全部对外销售,取得不含税销售额 7200 万元。

(4)企业职工食堂领用原煤 2500 吨,不含税平均售价为 122.5 万元。

(5)开采铁矿石 1000 吨,本月对外销售原矿 800 吨,每吨不含税价格 0.07 万元。铁矿石以精矿为征税对象,换算比为 2。另向购买方一并收取从矿区到指定运达地含税客运费 1 万元。

(6)当月购进采掘机械设备 40 台,取得增值税专用发票,注明每台设备支付货款 25

万元、增值税 3.25 万元,已全部投入使用。购进其他货物、服务准予抵扣增值税 567 万元。

(7)当月购进一不动产项目,取得增值税专用发票注明价款 6000 万元,增值税 540 万元。

已知:资源税税率,铁矿、原煤为 5%,天然气为 6%;洗选煤的折算率为 70%,保留两位小数。

要求:根据上述资料,按照下列序号回答问题,每问需计算出合计数。

(1)计算该联合企业当月应缴纳天然气的资源税。

(2)计算该联合企业当月应缴纳煤炭的资源税。

(3)计算该联合企业当月应缴纳铁矿石的资源税。

(4)计算该联合企业当月应缴纳的资源税。

(5)计算该联合企业当月应缴纳的增值税。

(6)计算该联合企业当月应缴纳的城市维护建设税、教育费附加、地方教育附加。

3. 甲企业位于市区,2019 年 6 月 1 日转让一处 2015 年 4 月 1 日购置的仓库,其购置和转让情况如下:

(1)2015 年 4 月 1 日购置该仓库时取得的发票上注明的价款为 500 万元,另支付契税款 20 万元并取得契税完税凭证。

(2)由于某些原因在转让仓库时未能取得评估价格。

(3)转让仓库的产权转移书据上只记载了含增值税金额为 815 万元,并按规定缴纳了转让环节的税金,甲企业采用简易计税方法计算增值税。

要求:根据上述资料,按下列序号回答问题,每问需计算出合计数。

(1)计算该企业转让仓库时应缴纳的增值税、城市维护建设税、教育费附加、地方教育附加、印花税。

(2)计算该企业转让仓库计征土地增值税

时允许扣除的金额。

(3)计算该企业转让仓库应缴纳的土地增值税。

(4)如果有评估价，请解释重置成本价的含义。

(5)如果该企业转让仓库时既没有取得评估价格，也不能提供购房发票，税务机关应如何进行处理。

4. 中国公民赵某，在一家上市公司任职，2019年取得收入如下：

(1)每月工资薪金42000元，单位代扣代缴的三险一金为5000元，赵某的专项附加扣除为2400元。2月份取得上年度一次性奖金50000元。

(2)在国内另一家公司担任独立董事，3月份取得该公司支付的独立董事津贴40000元。

(3)6月份与某出版社达成协议，为其翻译外文书稿，并在其出版物上署名，取得收入100000元。

(4)赵某2019年5月通过希望工程基金会捐款50000元用于希望小学的建设。

要求：根据上述资料，按下列序号回答问题，每问需计算出合计数。

(1)假设全年奖不并入综合所得，在不考虑公益性捐赠的情况下，计算单位支付赵某工资时全年一共预扣预缴了多少个人所得税？

(2)假设全年奖不并入综合所得，在不考虑公益性捐赠的情况下，计算单位在发放全年奖时应如何扣缴个人所得税？

(3)计算另一家公司在支付独立董事津贴时应预扣预缴多少个人所得税？

(4)计算出版社在支付稿酬时应预扣预缴多少个人所得税？

(5)对于公益性捐赠，应如何在个人所得税前扣除？

(6)年度终了，赵某是否应该汇算清缴？为什么？

(7)如果赵某选择在综合所得汇算清缴时扣除公益性捐赠，汇算清缴时，赵某应补退多少个人所得税？

四、综合题(本题型共2题，第1小题15分，第2小题16分，共31分。要求列出计算步骤，每步骤运算得数精确到小数点后两位。)

1. 某市区某化妆品有限公司为增值税一般纳税人，2019年11月发生以下各项业务：

(1)从国外进口一批高档化妆品，成交价1380000元、货物运抵境内输入地点起卸前的运费、保险费及相关费用20000元，支付货物进口后的保险费用20000元。因管理不善，在自海关运往单位的途中，意外损失了35%的高档化妆品，已经申报了保险赔偿。剩余的高档化妆品用于生产加工A类高档化妆品。

(2)以价值80000元的原材料委托县城的工厂加工高档化妆品，取得的专用发票上注明的加工费为55000元，受托方无同类产品销售价格，按规定代收代缴了税金。收回后全部销售，取得含税收入352152元。

(3)当月委托B公司代销A类高档化妆品，发出货物，不含税售价为1500000元。

(4)当月为修建员工浴室耗用上月购进的修理材料成本为20万元，其中运费成本为2.8万元(取得了增值税专用发票)。

(5)销售B类高档化妆品21500件，不含税单价58元，发生不含税运费支出2000元，取得了一般纳税人运输企业开具的增值税专用发票；将1000件B类化妆品用于公益性捐赠，营业外支出账户按成本列支，公益性捐赠发生额7000元；购进材料，取得防伪税控系统增值税专用发票上注明销售额100000元、税额13000元，该批材料月末未入库。

(6)从某废旧物资回收经营单位购入一批废旧物资，增值税专用发票上注明销售额5000元。

(7)从自来水公司购进自来水，取得增值

税专用发票，注明税额 720 元，其中 20% 的自来水用于职工浴室。

(8) 月底，因资金紧张，经和 B 公司协商，就代销化妆品事宜，提前支付 50% 的款项，B 公司已经将转账支票交付该公司。

其他相关资料：本月取得的相关发票均在本月申请并通过认证，进口关税税率为 20%；除损失部分外进口高档化妆品全部被化妆品生产车间领用。

要求：根据上述资料，按下列序号计算回答问题，每问需计算出合计数。

(1) 计算进口高档化妆品应缴纳的税金。

(2) 计算委托加工高档化妆品应代收代缴的税费。

(3) 计算本月增值税销项税额。

(4) 计算本月准予抵扣的增值税进项税额。

(5) 计算当月应纳增值税。

(6) 计算本月应缴纳的消费税（不含进口环节和受托方代收代缴的消费税）。

(7) 计算本月应缴纳的城市维护建设税、教育费附加和地方教育附加。

2. 某电器生产企业为增值税一般纳税人，2019 年度会计自行核算取得营业收入 25000 万元、营业外收入 3000 万元、投资收益 1000 万元，扣除营业成本 12000 万元、营业外支出 1000 万元、税金及附加 300 万元、管理费用 6000 万元、销售费用 5000 万元、财务费用 2000 万元，企业自行核算实现年度利润总额 2700 万元。2020 年初聘请某会计师事务所进行审计，发现如下问题：

(1) 2 月 28 日企业签订租赁合同将一处价值 600 万元的仓库对外出租，3-12 月份取得不含税租金收入 30 万元，其他税费缴纳正常，但未计算缴纳房产税和印花税。

(2) 12 月份与境内关联企业签订资产交换协议，以成本 300 万元，不含税售价 400 万元的中央空调换入等值设备一台，会计上未做收入核算，未计算缴纳印花税。假

设增值税进销项影响抵消。

(3) 管理费用和销售费用中含业务招待费 500 万元，广告费 3000 万元。

(4) 上年结转未抵扣的广告费 850 万元。

(5) 管理费用中含新产品研究开发费用 2000 万元。

(6) 计入成本、费用的实发工资 8000 万元。拨缴职工工会经费 150 万元，发生职工福利费 1200 万元、职工教育经费 250 万元。

(7) 该企业接受境内关联企业甲公司权益性投资金额 2000 万元。2019 年以年利率 6% 向甲公司借款 5000 万元，支付利息 300 万元计入财务费用，金融机构同期同类贷款利率为 5%。该企业实际税负高于甲公司，并无法提供资料证明其借款活动符合独立交易原则。

(8) 营业外支出中含通过中国青少年发展基金会援建希望小学捐款 400 万元，并取得合法票据。

(9) 12 月份购进属于《安全生产专用设备企业所得税优惠目录》规定的安全生产专用设备，取得增值税专用发票，注明价款 500 万元，进项税额 65 万元。

其他相关资料：当地房产税房产余值减除比例为 30%，购销合同的印花税税率 0.3‰，财产租赁合同印花税税率 1‰，各扣除项目均已取得有效凭证，相关优惠已办理必要手续。

要求：根据上述资料，按照下列顺序计算回答问题，如有计算需计算出合计数。

(1) 计算业务 (1) 应缴纳的房产税和印花税。

(2) 计算业务 (2) 应缴纳的印花税。

(3) 计算该企业 2019 年度的会计利润总额。

(4) 计算广告费支出应调整的应纳税所得额。

(5) 计算业务招待费支出应调整的应纳税

所得额。

(6)计算研发费用应调整的应纳税所得额。

(7)计算工会经费，职工福利费和职工教育经费应调整的应纳税所得额。

(8)计算利息支出应调整的应纳税所得额。

(9)计算公益捐赠应调整的应纳税所得额。

(10)计算该企业 2019 年度的应纳税所得额。

(11)计算该企业 2019 年度的应缴纳的企业所得税税额。

扫我查答案+解析

致亲爱的读者

　　"梦想成真"系列辅导丛书自出版以来，以严谨细致的专业内容和清晰简洁的编撰风格受到了广大读者的一致好评，但因水平和时间有限，书中难免会存在一些疏漏和错误。读者如有发现本书不足，可扫描"扫我来纠错"二维码上传纠错信息，审核后每处错误奖励10元购课代金券。（多人反馈同一错误，只奖励首位反馈者。请关注"中华会计网校"微信公众号接收奖励通知。）

　　在此，诚恳地希望各位学员不吝批评指正，帮助我们不断提高完善。

邮箱：mxcc@cdeledu.com

微博：@ 正保文化

扫我来纠错　　　　中华会计网校
　　　　　　　　　微信公众号